25 EEUWEN WESTERSE FILOSOFIE

25 EEUWEN WESTERSE FILOSOFIE

TEKSTEN
TOELICHTINGEN

ONDER REDACTIE VAN
JAN BOR
CONCEPT: JAN BOR & S. E. TEPPEMA

ZEVENDE DRUK
MET MEDEWERKING
VAN LAURENS LANDEWEERD

BOOM & AMSTERDAM

© 2003 Uitgeverij Boom, Amsterdam

Niets in deze uitgave mag worden verveelvoudigd en/of openbaar gemaakt door middel van druk, microfilm, fotokopie of op welke andere wijze ook zonder voorafgaande schriftelijke toestemming van de uitgever; *no part of this book may be reproduced in any way whatsoever without the written permission of the publisher.*

Eindredactie Errit Petersma

Omslagontwerp & boekverzorging René van der Vooren, Amsterdam

Afbeelding omslag Portret van Plato, marmer, kopie van een origineel uit mogelijk de vierde eeuw v. Chr.; Fitzwilliam Museum, Cambridge.

ISBN 90 5352 821 0 | NUR 732

Inhoud

11   *Inleiding* J. Bor

Oudheid

25   *Inleiding* R. Ferwerda

38   PARMENIDES & HERACLITUS [*Inleiding* J. Mansfeld]
         Parmenides, uit *Het leerdicht*
         Heraclitus, uit *Fragmenten*

50   SOCRATES [*Inleiding* J. Bor]
         Plato, uit *De verdediging van Socrates*

57   PLATO [*Inleiding* J. Bor]
         Plato, uit *De Staat,* De allegorie van de grot

65   ARISTOTELES [*Inleiding* J. Mansfeld]
         Aristoteles, uit *Metafysica, Fysica* en *Analytica posteriora*

78   EPICURUS [*Inleiding* R. Ferwerda]
         Epicurus, uit *Brief aan Menoeceus, Spreuken*

87   SENECA [*Inleiding* R. Ferwerda]
         Seneca, uit *Brieven aan Lucilius,* Lessen in filosofie

97   PLOTINUS [*Inleiding* P. Boot]
         Plotinus, uit *Enneaden*

103   AUGUSTINUS [*Inleiding* C. D. van Troostwijk]
         Augustinus, uit *Over de orde*

112   BOËTHIUS [*Inleiding* I. Bocken]
         Boëthius, uit *De vertroosting van de filosofie*

Middeleeuwen

123   *Inleiding* I. Bocken

131   SCOTUS ERIUGENA [*Inleiding* E. P. Bos]
         Scotus Eriugena, uit *De indeling van de natuur*

INHOUD

141 ANSELMUS [Inleiding E.P. Bos]
Anselmus, uit *De redenen van de menswording van God*
149 ABELARDUS [Inleiding I. Bocken & E.P. Bos]
Abelardus, uit *De logische studie 'Tegemoetkomend aan het verzoek van onze vrienden'*
156 THOMAS VAN AQUINO [Inleiding I. Bocken & E.P. Bos]
Thomas van Aquino, uit *Samenvatting van de theologie*
164 DUNS SCOTUS [Inleiding I. Bocken & E.P. Bos]
Duns Scotus, uit *Ordinatio*
172 OCKHAM [Inleiding I. Bocken & E.P. Bos]
Ockham, uit *Commentaar op het eerste boek van de Sententiae*
179 ECKHART [Inleiding F. Maas]
Eckhart, uit *Preken*

Renaissance

189 *Inleiding* P. Pekelharing

200 CUSANUS [Inleiding Th. van Velthoven]
Cusanus, *Dialoog over de verborgen God*
208 ERASMUS [Inleiding I. Bocken]
Erasmus, uit *De vrije wil*
215 MACHIAVELLI [Inleiding K. van Berkel]
Machiavelli, uit *De heerser*
224 MONTAIGNE [Inleiding P. Hoexum]
Montaigne, uit *Essays*

Zeventiende & achttiende eeuw

233 *Inleiding* H. van Ruler

247 DESCARTES [Inleiding J. Bor]
Descartes, uit *Over de methode*

INHOUD

255　HOBBES [*Inleiding* S. E. Teppema]
　　　Hobbes, uit *Leviathan*
262　SPINOZA [*Inleiding* S. E. Teppema]
　　　Spinoza, uit *Briefwisseling*
268　LOCKE [*Inleiding* M. Lievers]
　　　Locke, uit *Essay over het menselijk inzicht*
277　LEIBNIZ [*Inleiding* M. Karskens]
　　　Leibniz, uit *Metafysische verhandeling*
285　BERKELEY [*Inleiding* J. Bor]
　　　Berkeley, uit *Over de beginselen van de menselijke kennis*
290　HUME [*Inleiding* J. Bor]
　　　Hume, uit *Het menselijk inzicht*
299　ROUSSEAU [*Inleiding* S. E. Teppema]
　　　Rousseau, uit *Het maatschappelijk verdrag*
308　KANT [*Inleiding* J. Bor]
　　　Kant, uit *Prolegomena*

Negentiende eeuw

319　*Inleiding* H. Krop

328　HEGEL [*Inleiding* F. T. van Peperstraten]
　　　Hegel, uit *Encyclopedie*, Toespraak 22 oktober 1818
336　SCHOPENHAUER [*Inleiding* H. J. Pott]
　　　Schopenhauer, uit *De wereld een hel*
342　COMTE [*Inleiding* S. E. Teppema]
　　　Comte, uit *Het positieve denken*
349　KIERKEGAARD [*Inleiding* S. E. Teppema]
　　　Kierkegaard, uit *Het begrip angst*
355　MARX [*Inleiding* H. P. M. Goddijn]
　　　Marx, uit *Het communistisch manifest* en *Bijdrage tot kritiek op de politieke economie*
363　NIETZSCHE [*Inleiding* P. van Tongeren]
　　　Nietzsche, uit *Voorbij goed en kwaad*

INHOUD

Twintigste eeuw

377 Inleiding J. Bor

384 FREGE [*Inleiding* M. Lievers]
Frege, uit *Over 'Sinn' en 'Bedeutung'*

395 BERGSON [*Inleiding* J. Bor]
Bergson, uit *Inleiding tot de metafysica*

403 HUSSERL [*Inleiding* H. Philipse]
Husserl, uit *Logische onderzoekingen*

410 RUSSELL [*Inleiding* H. Visser]
Russell, uit *Geschiedenis van de westerse wijsbegeerte*

419 WITTGENSTEIN [*Inleiding* R. Doeser & H. Visser]
Wittgenstein, uit *Tractatus logico-philosophicus* en *Filosofische onderzoekingen*

430 HEIDEGGER [*Inleiding* S. Baekers]
Heidegger, uit *Wat is metafysica?*

438 BENJAMIN [*Inleiding* R. Boomkens]
Benjamin, uit Over het begrip van de geschiedenis en Parijse passages

445 POPPER [*Inleiding* R. Doeser]
Popper, uit *De groei van kennis*

453 ADORNO [*Inleiding* J. Baars]
Adorno, uit *Minima moralia*

461 SARTRE [*Inleiding* S. E. Teppema]
Sartre, uit *Over het existentialisme*

467 ARENDT [*Inleiding* C. van der Hoek]
Arendt, uit *Vita activa*

475 QUINE [*Inleiding* M. Lievers]
Quine, uit *Van stimulus tot wetenschap*, Naturalisme

487 FOUCAULT [*Inleiding* K. Vintges]
Foucault, uit *Discipline, toezicht en straf*

493 PUTNAM [*Inleiding* M. Lievers]
Putnam, uit *De betekenis van betekenis*

502 HABERMAS [*Inleiding* M. Korthals]
Habermas, uit De filosoof als stadhouder en interpreet

INHOUD

508   DERRIDA [*Inleiding* G. Groot]
       Derrida, uit *Marges van de filosofie*
517   TAYLOR [*Inleiding* W. Lemmens]
       Taylor, uit *De malaise van de moderniteit*
526   RORTY [*Inleiding* H.J. Pott & R. de Wilde]
       Rorty, uit *Solidariteit of objectiviteit*

535   *Bibliografie*

544   *Over de auteurs*

Inleiding

Wat is een filosoof? Althans, wat is een filosoof in onze westerse denktraditie? Een filosoof is iemand die zich van het gewone volk en Jan Modaal onderscheidt door een bijzonder soort verlangen dat hem is ingeblazen. Hij verlangt naar wijsheid, is er begerig naar, is wijsgeer en richt daar zijn leven op in. Aldus het beeld dat Plato van de filosoof schetst in het *Symposium* en dat door de hele geschiedenis van de westerse filosofie van grote invloed is geweest. «Het zit namelijk zo», laat hij een verstandige vrouw genaamd Diotima in de dialoog zeggen. «Geen enkele god doet aan filosofie of verlangt ernaar wijs te worden, want dat is hij al; en als er nog een ander wijs iemand bestaat, zal ook deze geen filosofie bedrijven. Aan de andere kant doen onwetende mensen geen filosofie en willen ze niet wijs worden, aangezien het ongelukkige aan onwetendheid nu juist is dat iemand die, al is hij niet mooi en goed en wijs, dit toch meent te zijn. Wie niet weet dat hij iets mist, verlangt ook niet naar wat hij niet denkt te missen.»

Maar wie is dan wel een filosoof? Wie beoefenen de filosofie, als het niet de wijzen noch de onwetenden zijn? Precies degenen, antwoordt Diotima, die daartussenin zitten. Net als Eros of Liefde, de zoon van Armoede en Rijkdom, uit is op het mooie en dus ook op wijsheid, begeert de filosoof de wijsheid zonder zelf wijs te zijn, en wéét hij dat hij haar mist. Hij weet dat hij onwetend is. Gedreven door Eros bedrijft hij *filo-sofia*, de liefde tot de wijsheid en is derhalve een filo-soof, een minnaar van de wijsheid.

Beelden van de filosoof ❧ Een filosoof is ook iemand die de ervaring heeft hoe het spektakel om hem heen, de wereld zoals deze verschijnt, de wereld van de steeds veranderende verschijnselen, even iets doorschijnends, zelfs schijnbaars krijgt. Alsof ze deel heeft aan een schijnwereld, een wereld op het toneel, de wereld van het filmdoek, en mogelijk zelfs in haar geheel een schijnvertoning blijkt. Ligt er, zo vraagt hij zich af, aan die voortdurende

INLEIDING *Beelden van de filosoof*

verandering niet iets blijvends ten grondslag? Inderdaad bevroedt hij dat er achter de wirwar van verschijnselen iets schuilgaat wat in zichzelf rust en zichzelf gelijk blijft. Naar deze waarheid gaat de filosoof via zijn denken op zoek, zoals Parmenides dat een eeuw geleden vóór Plato in zijn leerdicht verhaalt (al is daarin nog geen sprake van de term 'filosoof'). Of hij geeft, zoals zijn tijdgenoot en tegenpool Heraclitus zijn werk (waarvan alleen nog maar een paar fragmenten over zijn) begint, een uitleg ofwel verklaring (*logos*) van de dingen; hij verdiept zich in de samenhang ervan, het patroon volgens welke zich alles in de wereld voltrekt. Maar het gros van de mensen ontgaat deze uitleg; ze zijn ziende blind en horende doof. Daarom houdt de filosoof zich verre van de massa en denkt hij in het verborgene.

Maar behalve een begrip van de dingen, een inzicht in de orde die hen schraagt en die aan de gewone waarneming onttrokken is, is een filosoof in onze traditie vanaf het allereerste begin ook uit op wetenschappelijke kennis van de waargenomen verschijnselen; ook daarover stelt hij vaak de meest ingenieuze theorieën op. Hij is een onafhankelijk en vrij man, een vrijgestelde, een aristocraat van de geest, die de filosofie niet bedrijft om er beter van te worden of om iets nuttigs te produceren, maar als een 'kunst om de kunst'. De kennis die hij nastreeft is er dus louter en alleen omwille van zichzelf. De filosoof verwondert zich over de dingen en contempleert (dat drukt het Griekse woord *theooria* uit, waarvan ons begrip 'theorie' is afgeleid) het wonder ervan door erover na te denken. Hij vraagt naar het waarom van de verschijnselen en zoekt de verandering die hij om zich heen gadeslaat rationeel te verklaren. Al de eerste Griekse filosofen, die tegelijk de eerste wetenschapsbeoefenaren waren, zochten zo de oorzaak van de natuurlijke verschijnselen te doorgronden. Maar van dit type vorsende, onderzoekende, op kennis van de wereld gerichte filosoof is vooral Plato's leerling Aristoteles het stralende voorbeeld. Wijsheid stelt hij zelfs gelijk met de wetenschap van wat hij noemt de 'eerste beginselen en oorzaken', datgene wat aan de verschijnselen ten grondslag ligt en ze veroorzaakt. En de wijze is degene 'die in de hoogste mate de wetenschap van het algemene bezit' (waaruit hij dan al het andere, wat daaronder is gerangschikt, afleidt).

Tenslotte is, als we het nog steeds over de Griekse filosofie hebben, Diogenes de eerste filosofische dadaïst avant la lettre. Hij vertolkt het soort wijsgeren dat zich geheel buiten de gevestigde orde opstelt en die de abstracte

INLEIDING *Beelden van de filosoof*

bouwwerken, zeg maar de ideologieën, de allesomvattende en overkoepelende denksystemen van de andere filosofen ridiculiseert. Plato had de mens gedefinieerd als een wezen met twee benen zonder vleugels, waarop Diogenes een haan kaal plukte en zei: «Hier is de mens van Plato.» Van diens Ideeënleer, die voorgaf de hele wereld onder de noemer van het superidee van het Goede te brengen, moest hij dan ook niets hebben. Zijn antwoord erop was dat hij bij vol daglicht een lamp aanstak en rondliep met de woorden: «Ik zoek een mens!» En toen Alexander de Grote hem zei dat hij de vorst alles kon vragen wat hij maar wilde, gaf Diogenes als antwoord: «Neem dan uw schaduw weg die mij hindert.» Ook deinsde hij er niet voor terug zich in het openbaar te bevredigen, met de mededeling: «Ach, was het ook maar mogelijk de honger te stillen door eens over je maag te wrijven.»

Stijlen van leven, gedachten over de wereld ⸙ En wat is filosofie, alweer volgens onze traditie? Wat doen de filosofen; waarin onderscheidt hun activiteit zich van die van andere mensen? Zoals de Franse historicus op het gebied van de klassieke filosofie Pierre Hadot onvermoeibaar heeft betoogd en zoals deels ook valt af te leiden uit het boven geschetste Griekse beeld van de filosoof, met name dat van Plato, bestond filosofie in de Oudheid niet alleen in het construeren van het soort abstracte bouwwerken die we tegenwoordig filosofische theorieën noemen. Dat is de moderne opvatting ervan: filosofie als het telkens weer opnieuw ontwerpen van een rationeel gefundeerd wereldbeeld. De klassieke filosofen, vaak verenigd in scholen, ging het bovenal om een bepaalde, ingetogen stijl van leven, een specifieke *way of life*, een levenskunst, die zij met de hele inzet van hun bestaan beoefenden en die mede ondersteund werd door verschillende spirituele oefeningen. Van het door hen voorgestane filosofische leven legden ze dan wel rekenschap af in een theorie over de wereld, de mens en de maatschappij. Tezamen vormden deze stijl van leven en het filosofische discours dat deze legitimeerde dat wat de Grieken, en in hun voetspoor de Romeinen, met het woord 'filosofie' aanduidden.

Niettemin was de rechtvaardiging van deze manier van leven, via een doordenking van het wereldbeeld dat deze impliceerde, wel een rationele; er werden argumenten aangevoerd voor een ingenomen standpunt. En ook de gekozen levensstijl zelf was vooral 'dialectisch', dialogisch, discursief, vorsend en in die (Griekse) zin theoretisch-beschouwelijk en reflexief van aard.

INLEIDING *Stijlen van leven, gedachten over de wereld*

Denk maar aan de twee grote voorbeelden, Plato en Aristoteles, die het hele verdere westerse denken diepgaand zullen beïnvloeden. Dit intellectuele karakter van het wijsheidsstreven dat de Grieken filosofie noemden, ook als bepaalde manier van leven, heeft ons idee ervan aldus bepaald.

Daarbij komt dat de Griekse opvatting van filosofie ook grondig beïnvloed is door haar aanvankelijke huwelijk met de wetenschap. De eerste filosofen uit het Griekenland van de zesde eeuw v. Chr. zochten naar een beginsel, een oorzaak die aan de zintuiglijk waargenomen wereld ten grondslag zou liggen. Zij gingen ervan uit dat ze leefden in een geordende wereld, een kosmos, die voor ons stervelingen begrijpelijk is. Zo maakten zij zich los van het gezag van de mythe door in hun verklaringen van de natuurlijke verschijnselen geen beroep te doen op goden of andere bovennatuurlijke krachten, maar door er een rationele verklaring van na te streven: een verklaring die voor natuurlijke gebeurtenissen natuurlijke oorzaken zoekt en die, gefundeerd op waarnemingen en argumenten, voor anderen navolgbaar is. Voor het eerst — en dat is een mijlpaal in de geschiedenis van het menselijke denken — is er bij deze denkers sprake van een poging om de werkelijkheid op een redelijke manier te verklaren, en legden zij zich tegelijk rekenschap af van hun benadering van de wereld: ze dachten na óver het denken. Later noemt men dit: filosofie.

Zoals dus de eerste filosofen rationele theorieën over de wereld opstelden — het overgeleverde, mythologische verhaal voldeed niet meer —, is ook de filosofie na hen de telkens herhaalde poging de wereld denkend te reconstrueren. En het is een poging om het leven te begrijpen en naar dat begrip ervan het leven ook in te richten. Verder blijft wat filosofie is natuurlijk een uitermate lastige vraag om te beantwoorden. Niet alleen zijn er per tijdvak, dus ook in de periode van haar ontstaan, verschillende filosofische stromingen waarbinnen de filosofie steeds anders wordt opgevat, en ondergaat het idee van wat filosofie behelst in de loop van de tijd een belangrijke wijziging. Ook houdt iedere filosoof van formaat, zoals mede uit de hier gebundelde teksten blijkt, er zijn eigen mening over op na. Filosofen reageren op elkaar en ontwikkelen, vaak van voren af aan beginnend, de meest verschillende leren, die alle een bepaalde, al dan niet uitgesproken opvatting meebrengen over wat filosofie is. Zo beschouwd is het niet zo vreemd dat de filosofen het onderling niet eens zijn over de vraag wat nu precies filosofie

INLEIDING *Stijlen van leven, gedachten over de wereld*

is. Er zijn niet alleen verscheidene filosofische theorieën, er bestaan ook de meest uiteenlopende meningen over wat filosofie inhoudt.

Gemeenschappelijke oorsprong ❧ Inderdaad blijkt er, als je een vergrootglas houdt boven de geschiedenis van de westerse filosofie (en dat geldt evengoed voor de Indiase en de Chinese filosofie), veel meer diversiteit als eenheid te zijn. Zelfs gaat dat op voor het middeleeuwse denken, dat toch graag wordt opgevat als een monolithisch blok, dat van de christelijke filosofie: ook deze periode laat een veelheid aan wijsgerige stromingen zien. Dat neemt niet weg dat er, zoals we al zagen, wel een gemeenschappelijke oorsprong voor de westerse filosofie is aan te wijzen, namelijk het denken van de zogenaamde presocraten, dat rond 600 v. Chr. begon. Daaruit valt vervolgens een dominante trend, een globale tendens binnen de westerse filosofie af te leiden.

Over de eerste Griekse filosoof, Thales van Milete, doet overigens een merkwaardig verhaal de ronde. Toen hij een keer de sterren stond te observeren en daarbij in een kuil viel, beantwoordde een oude vrouw zijn hulpkreet zo: «Hoe kun je verwachten alles over de hemel aan de weet te zullen komen, Thales, als je niet eens kunt zien wat vlak voor je voeten ligt.» Zo'n vijfentwintig eeuwen later zal Wittgenstein, als indirect antwoord op Thales' filosofie en de vele wijsgerige theorieën na hem, eenzelfde kritisch geluid laten horen, maar dan filosofisch onderbouwd. «Want», zegt hij, «filosofische problemen ontstaan als de taal op vakantie gaat.» En ook: «De meeste vragen en uitspraken van de filosofen berusten erop dat wij de logica van onze taal niet begrijpen.» Inmiddels heeft de filosofie dan een lange ontwikkeling, ook van zelfkritiek, doorgemaakt.

Hoe dan ook ontwikkelt zich gedurende deze vijfentwintig eeuwen een traditie waarin mensen fundamentele vragen stellen—naar de oorzaak van de natuurlijke verschijnselen en naar wat beweging behelst, naar wat het goede leven is en wie ze zelf zijn, naar hoe de maatschappij geordend moet worden, en wat al niet—en die ze, via de weg van het denken, op de meest verschillende manier beantwoorden: de filosofie. Het resultaat is een labyrint vol werken en geleerde commentaren, zoals deze de neerslag vormen van vijfentwintig eeuwen westerse filosofie. Binnen deze traditie manifesteert zich van het begin af aan ook een tegenstroom (Diogenes is daar het sprekende voorbeeld van): men twijfelt aan de waarheid van de uitspraken die door

INLEIDING *Gemeenschappelijke oorsprong*

tal van filosofen gedaan worden, soms wordt hun gedachtegoed ronduit belachelijk gemaakt. Zijn de filosofen met hun gedachteconstructies inderdaad vergeten te kijken naar datgene wat vlak voor hun voeten ligt, en had Thales al meteen bij het begin van de westerse filosofie de vermaning aan zijn adres serieuzer moeten nemen? Heeft Wittgenstein daarom gelijk als hij de filosofen een spiegel voorhoudt, door ze te wijzen op het futiele en zinloze van het merendeel van hun theorieën? Maar (alweer) waarin bestaat de filosofische onderneming dan, die volgens sommigen tot het hoogste inzicht leidt, een glimp van wijsheid, en volgens anderen op een ernstige misvatting berust?

Beginselverklaring § Zoals gezegd: er is niet één antwoord op deze vraag. Maar er vallen wel een dominante thematiek en lijn binnen het westerse denken aan te geven. Zo vormt het denken van de al genoemde Parmenides — hij leefde een eeuw na Thales en een eeuw voor Plato — een hoogtepunt in de eerste periode van de Griekse filosofie en zal dit het uitgangspunt en de inhoud van ons denken bepalen, evenals de richting die het zal inslaan. In zijn leerdicht wordt zoiets als een beginselverklaring van de westerse filosofie gegeven of, kun je ook zeggen, wordt er het programma van ontvouwd.

Want Parmenides stelt om te beginnen dat het zijnde (of werkelijke) en het denken identiek zijn. Daarmee wordt dit zijnde (in dit boek vertaald als 'wat ís'), de totaliteit van de dingen, de wereld dus in haar geheel, tot object van filosofische reflectie gemaakt. Aldus wordt de ontologische of zijnsfilosofische oriëntatie van het westerse denken aangekondigd: het gaat daarin om een uitleg van of theorie over het bestaande. Dat is in Parmenides' ogen intelligibel, voor het denken toegankelijk en begrijpelijk. Sterker nog, als overtuigd rationalist gaat hij ervan uit dat alleen datgene wat denkbaar is bestaat; wat niet denkbaar is bestaat derhalve niet. Zo streeft hij en streven de westerse filosofen na hem telkens weer naar inzicht in deze alleen voor het verstand bevattelijke samenhang en structuur.

Waarin bestaat dat inzicht; wat onderscheidt ware kennis van onware kennis en louter opinies? Ook daarover denkt Parmenides, terwijl hij zijn wereldbeeld ontvouwt, al na en staat hij wat dat aangaat aan de wieg van de logica en de kennistheorie. Hij ontfermt zich niet alleen over 'wat ís', maar buigt zich al denkend over het denken, vraagt zich af aan welke voorwaarden het moet voldoen om tot ware kennis te komen. Hij heeft het in dit verband

INLEIDING *Beginselverklaring*

over twee wegen: de eerste dat het zijnde is en het niet-zijnde niet is, wat de juiste weg is; en de tweede dat het zijnde niet is en dat het niet-zijnde noodzakelijk is, wat de weg van de onwaarheid is. Daarmee stelt hij uitdrukkelijk, aangezien die tweede benadering een tegenspraak bevat, dat je je niet mag tegenspreken: een ware theorie moet logisch consistent zijn. Tevens sluit hij zich, en het denken dat in zijn voetspoor treedt, af voor een reflectie op het niet-zijnde ofwel het niets (waarvan je inderdaad niet kunt stellen dat het er is), waarmee nogmaals zijn ontologische oriëntatie naar voren treedt. In het oosterse denken zal die reflectie op het niets — maar dan niet naïevelijk opgevat als iets wat er is, maar als 'noch zijnde noch niet zijnde', waarmee het zich aan een ontologische bepaling onttrekt: het valt inderdaad niet nader te benoemen en te kennen — wel voltrokken worden.

Op nog een belangrijk punt bereidt Parmenides de westerse filosofie voor. Hij schrijft: «Op deze (eerste) weg zijn vele kentekenen, dat wat ís niet is ontstaan en onvergankelijk is, uniek, uit één stuk, onwrikbaar, en niet te vervolmaken. Het was niet ooit en zal ook niet ooit zijn, daar het nu in zijn geheel bijeen is, één is, aaneengesloten is.» Het zijnde is in zijn ogen dus één of ondeelbaar, het is volmaakt en het is onveranderlijk, eeuwig, tijdloos. Het heeft geen deel aan de veelheid van de dingen, de wereld van de veranderlijke verschijnselen, die we waarnemen. Die wereld ziet hij integendeel als vergankelijke schijn, een illusie, een fata morgana, terwijl het ware zijnde als iets volmaakts wat in zichzelf rust alleen in en voor ons denken bestaat. Het heeft daarmee een ideëel karakter. Zo zoekt hij naar de blijvende eenheid en abstracte samenhang van alles, en verklaart de wereld zoals deze aan onze zintuigen verschijnt, de wereld waarin de tijd heerst en die geen moment aan zichzelf gelijk is, voor illusoir. Dat tijd en verandering onmogelijk zijn zal zijn leerling Zeno aan de hand van een aantal paradoxen proberen aan te tonen. In elk geval is met deze nadruk op het werkelijke als het blijvende de toon voor de komende vijfentwintig eeuwen westers denken gezet.

Denken over wat blijft ❦ Deze stelling kan hier natuurlijk onmogelijk bewezen worden. Maar een paar voorbeelden, waarmee met zevenmijlslaarzen door vijfentwintig eeuwen westerse denkgeschiedenis wordt gestapt, kunnen haar, zo niet staven dan wel illustreren.

Om te beginnen is Plato diepgaand door Parmenides en diens metafysica

INLEIDING *Denken over wat blijft*

van het blijvende beïnvloed: Plato, over wiens denken ooit is gezegd — door Alfred North Whitehead — dat de geschiedenis van de filosofie er een reeks voetnoten bij is, en ook — door Nietzsche — dat het christendom (en daarmee het christelijke denken) platonisme voor het volk is. Want evenals voor Parmenides is voor Plato het streven van de filosoof gericht op een aanschouwing van datgene wat onveranderlijk is en met de zintuigen niet kan worden waargenomen, al verklaart hij de wereld van de verschijnselen daarbij niet voor illusoir. «Filosofen», zegt hij, «zijn in staat te leven in contact met datgene wat altijd aan zichzelf gelijk en op dezelfde wijze is.» Dat zijn voor hem de Ideeën, die als onveranderlijke, volmaakte en ideële entiteiten de ware werkelijkheid vormen. Ze tronen boven de zichtbare wereld, zijn als het ware oerbeelden waarnaar de waarneembare dingen gemodelleerd zijn. De dingen die we zien zijn afdrukken van deze Ideeën, die we slechts door zuiver denken kunnen bevatten. De filosofie vormt zo een ladder die we moeten opklimmen om deze zuivere wereld, dit ware zijnde, te betreden.

Aristoteles, die een even grondige invloed op het westerse denken heeft uitgeoefend als Plato, plaatst de Ideeën als vormende krachten ín de waarneembare dingen. Veel meer dan voor Plato zijn de beweging en verandering voor hem een serieus thema van onderzoek. De overgang van de aanleg die in de dingen huist naar het verwerkelijkt zijn daarvan noemt hij beweging. Maar aangezien de dingen naar hun 'natuurlijke plaats' en daarmee naar rust streven, voert ook hij de beweging terug op wat onbeweeglijk en volmaakt is. Dat geldt eens te meer voor de beweging van de hemellichamen, die eeuwig hun perfecte cirkels draaien, in beweging gezet door een 'onbewogen beweger'. De filosofie is als koningin der wetenschappen uit op kennis van de eerste, meest universele beginselen: datgene waaruit al het andere wordt afgeleid. Ze in de eerste plaats zijnsleer. Daarbij maakt ze gebruik van de door Aristoteles ontwikkelde logica.

De periode na Aristoteles, die van de hellenistische en de Romeinse filosofie, wordt gekenmerkt door de ontwikkeling van verschillende wijsgerige scholen, waarin (zoals reeds geopperd) een bepaald levensideaal wordt nagestreefd. Eén daarvan is een leven van maar liefst vijf eeuwen beschoren: de Stoa. De wijze is volgens het stoïsche ideaal degene die inzicht heeft verworven in het onveranderlijke, redelijke principe dat in de kosmos werkzaam is (de zogenaamde *logos*) en zijn bestaan in overeenstemming daarmee inricht.

INLEIDING *Denken over wat blijft*

Hij laat zich dientengevolge door redelijkheid leiden, streeft het vrij-zijn van emoties en begeerten na. Op een geheel andere wijze is bij Plotinus, de grondlegger van het neoplatonisme, de blik op het onveranderlijke gericht. Hij spreekt in dit verband van het Ene, waaruit al het andere voortvloeit. De weg ertoe is er een van contemplatie en schouwing, die uiteindelijk voert voorbij de grenzen van het in redelijke zin kenbare. Zo spreekt Plotinus soms een taal die oosters aandoet, al staat hij midden in de door Parmenides geïnaugureerde traditie.

Augustinus en Boëthius sluiten de antieke traditie af en zullen een grote invloed uitoefenen op het hele middeleeuwse denken. Door hun werken wordt het gedachtegoed van Plato en Aristoteles (althans diens logische werken), samengevoegd in het neoplatonisme, doorgegeven. Zo zijn de vroege Middeleeuwen deels een voortzetting van het antieke denken, en leeft de antieke geest voort in de metafysica, het hart van de middeleeuwse filosofie. Echt werkelijk is het bovennatuurlijke en onzichtbare: het goddelijke Ene. Werkelijk is dus wat blijft: daarop is de weg naar boven gericht. Tegelijk betekent het christendom een breuk met de antieke ideeën van de wijze en de wijsheid; filosofie is niet langer een manier van leven, maar wordt pure theorie. Nu is 'wijsheid' met het geloof verbonden en is ze voor de grote massa toegankelijk. Zoals Augustinus betoogt, zijn niet wijzelf tot het bevrijdende inzicht in staat; uiteindelijk geeft God de genade aan wie Hij deze wil geven en onthoudt Hij haar aan wie Hij haar wil onthouden.

Vanaf de elfde eeuw vindt een opbloei van wijsgerige activiteit plaats. Voor Anselmus zijn de geloofswaarheden op een redelijke manier te bewijzen; hij meent zelfs het bestaan van God als het hoogst denkbare te kunnen bewijzen. De in het Westen verloren werken van Aristoteles, door de Arabieren bewaard en becommentarieerd, worden vanaf circa 1200 een belangrijk uitgangspunt. Zijn inzichten gelden als toonaangevend; het middeleeuwse wereldbeeld krijgt zo een aristotelische signatuur. De belangrijke vraag van de antieke zijnsleer, hoe het veranderlijke en het onveranderlijke zich tot elkaar verhouden, wordt nu in christelijke termen omgeduid: hoe verhouden zich de geschapen dingen, de bonte verscheidenheid van alle concrete zijn, tot het hoogste en volmaakte zijn, God? Thomas van Aquino brengt in deze een verbinding tot stand tussen het 'horizontale' aristotelische denken en de 'verticale' neoplatonistische zijnsleer.

INLEIDING *Voetnoten bij Kant*

Voetnoten bij Kant ❧ Het moderne denken betekent een breuk met het verleden. De opkomst van de 'nieuwe' natuurwetenschap — Copernicus, Kepler, Galilei — leidt tot een revolutie in het denken over de wereld. Deze is niet, met de aarde in het centrum, omsloten door hemelsferen, terwijl daarboven de oneindige en onzichtbare God met zijn engelenschare resideert. Ze wordt opengebroken: het universum zelf blijkt oneindig; voor God is er in deze nieuwe kosmos letterlijk geen plaats. Zo lijdt het aristotelisch-christelijke wereldbeeld van de Middeleeuwen schipbreuk.

Beweging is het centrale probleem van de nieuwe fysica en Newton, die aantoont dat op de aarde en in de hemel dezelfde bewegingswetten gelden, stelt er de definitieve theorie over op. Toch blijft ook hierin de geest van Parmenides heersen, in zoverre de fysica op zoek is naar wetten die aan tijd en verandering onttrokken zijn. Want wat zijn de wetten die de natuur bestieren anders dan zelf onbeweeglijke en eeuwige verbanden om de beweging van zowel de kleinste deeltjes als die van de grootste en verst verwijderde hemellichamen te verklaren? Laplace zal het een eeuw na Newton zo formuleren: voor een wezen dat kennis zou hebben van alle wetten en van de begintoestanden van alle lichamen op een bepaald moment «zou niets onzeker zijn, en toekomst en verleden zouden in één oogopslag zichtbaar zijn». In principe is het er allemaal al en heeft de tijd als onvoorspelbare verandering er geen vat op. Zo is dus ook de fysica uit op een eliminatie van het veranderlijke, instabiele, onzekere en onvoorziene, kortom van de tijd. In het antwoord dat *de* fysicus van de twintigste eeuw, Albert Einstein, zijn lijfwacht gaf toen deze hem vroeg wat hij al wandelend over het strand neerkrabbelde: «Ik onderzoek de mathematica van het universum.» Die wiskunde is tijdloos; in Einsteins universum is de toekomst er al.

Kant vormt het hoogtepunt in de moderne filosofie: het westerse wijsgerige denken van de negentiende en de twintigste eeuw is te beschouwen als een reeks voetnoten bij hem. Hij ontketent — zoals hij het zelf noemt — een 'copernicaanse revolutie' in de filosofie door te stellen dat onze kennis van de verschijnselen gebonden is aan bepaalde voorwaarden, die niet uit de ervaring worden afgeleid, maar die inherent aan het kennen zijn en dit pas mogelijk maken. Deze voorwaarden liggen in Kants ogen vast. Als principes waaraan het kennen moet voldoen, gelden ze noodzakelijk en algemeen, dus met betrekking tot alle mogelijke ervaring, en garanderen ze de eeuwigheid van Newtons wetten. Daarmee staat ook Kant nog in de traditie van Parmenides, al ligt voor hem het blijvende niet in een tijdloos opgevat zijnde, maar in ons kenapparaat.

Zo loopt er, ondanks alle verscheidenheid die het ook kenmerkt, een dominante lijn door het westerse denken: het is op zoek naar een blijvende grond of beginsel in een wereld die als veranderlijk en efemeer verschijnt: of het deze nu plaatst in een bovennatuur, in de natuur zelf of in het denken dat deze natuur tot object heeft. Pas Nietzsche forceert een breuk met deze traditie door aan de wording, chaos en veelheid de voorrang te geven: «Het geloof aan het zijnde blijkt slechts een gevolg te zijn: het eigenlijke *primum mobile* is het ongeloof aan het wordende, het wantrouwen in het wordende, de geringschatting van al het worden...» Toch roept zijn metafysica van 'de eeuwige terugkeer van het gelijke' nog reminiscenties op aan de gedachte van een alles bestierende *logos*. Ook Bergson, en dan niet alleen op psychologische gronden, maar op grond van een gedegen filosofische analyse, geeft in zijn metafysica de voorrang aan de tijd qua onvoorspelbare verandering. Niettemin blijft er zelfs bij hem nog een residu van parmenidesiaans denken over, als hij die tijd of *durée* zelf, als stuwend beginsel van zowel de kosmologische als de biologische evolutie, als een substantie opvat. Datzelfde geldt voor Heidegger: al plaatst hij de in onze traditie telkens weer eeuwig opgevatte ontologische structuren in een temporeel perspectief, toch klinkt in zijn bijna obsessieve aandacht voor het 'zijn' als onderscheiden van de 'zijnden' (de dingen) de stem van Parmenides na.

Pas in een aantal recente ontwikkelingen binnen de natuurkunde wordt de 'pijl van de tijd' serieus genomen. Maar worden daarmee ook de dierbare natuurwetten, Einsteins 'mathematics of the universe', voor veranderlijk genomen? Of zal de geest van Parmenides blijven waren door ons westerse denken?

OUDHEID

Athene, godin van de wijsheid, en een van de helden van Marathon. Griekse vaas (ongedateerd). Archeologisch Museum, Ferrara.

Inleiding

«Wijs ben ik niet, maar ik ben wel wijsgerig (*philosophos*)» heeft Pythagoras volgens de overlevering gezegd. Daarmee was hij de eerste die het woord 'filosoof' in de mond nam. Toch staat hij niet als de eerste westerse filosoof te boek. Die eer komt Thales van Milete toe, die in de zesde eeuw v. Chr. leefde. De eerste westerse filosofen schreven hun werken in het Grieks, dat niet alleen gesproken werd in het land dat tegenwoordig Griekenland heet, maar ook in Klein-Azië, Zuid-Italië en op Sicilië.

Van sommige Griekse filosofen — Plato, Aristoteles en Plotinus — zijn alle of vrijwel alle werken bewaard gebleven. Van andere bezitten we slechts fragmenten van hun werk of testimonia over hun denken. Deze fragmenten en testimonia vinden we in het werk van andere filosofen, die hen met instemming citeren of hun opvattingen bestrijden, maar ook in biografieën, zoals die van Diogenes Laërtius, en in compilatiewerken waarin in kort bestek de opvattingen van diverse filosofen worden weergegeven en besproken.

De filosofie was in Griekenland een aangelegenheid van mannen, dat wil zeggen van vrije en welgestelde mannen die zich in hun vrije tijd (*scholè*) bezighielden met vragen betreffende de oorsprong van de dingen en later ook met ethische problemen. In de school van Plato mochten vrouwen alleen in mannenkleren de lessen volgen. Slechts de school van Epicurus liet vrouwen toe, hetgeen weer tot gevolg had dat de Tuin van Epicurus door veel tijdgenoten als een soort tuin der lusten werd beschouwd.

De eerste personen van wie min of meer filosofische uitspraken bewaard zijn gebleven staan bekend onder de naam van de 'zeven wijzen'. Onder hen bevinden zich de Atheense staatsman Solon (ca. 640 – ca. 558), de Scythische koning Anacharsis en de al genoemde Thales. Aan hen worden bekende gezegden als «Ken uzelf» en «Alles met mate» toegeschreven. Deze wijzen stonden wel in hoog aanzien, maar kunnen toch niet als filosofen worden betiteld, omdat van hen niet bekend is dat ze hun uitspraken ook met argumenten probeerden te onderbouwen. Thales vormde hierop een uitzondering.

Presocratici ❧ Met de term 'presocratici' worden filosofen aangeduid die vóór Socrates leefden, hoewel sommigen van hen ook nog werkten tijdens Socrates' leven en Democritus zelfs nog na diens dood. Ze worden ook wel 'hylozoïsten' genoemd, omdat ze het levensbeginsel (*zooê*) in de materie (*hulê*) zochten. Een belangrijk kenmerk van de hylozoïsten is dat ze door over de verschijnselen om hen heen na te denken daar een oorsprong, een eerste beginsel (*archê*) in probeerden te ontdekken. Uit deze *archê* zou niet alleen alles zijn voortgekomen, maar ze zou ook het latere ontwikkelingsproces van de dingen blijvend sturen. Hiermee keerden deze filosofen zich af van de praktijk van vooral dichters als Homerus en Hesiodus die het ontstaan van alles op het conto van goden schreven en daar in hun mythen (*muthoi*) verslag van deden. De filosofen vervingen de *muthoi* door *logoi*, logische betogen. De goden verloren zo in de geschriften van de filosofen hun vooraanstaande positie en werden of niet meer genoemd of als een deel van de materiële wereld beschouwd. Zo verkondigde Thales dat alles vol goden was en Heraclitus dat de goden zich ook in de keuken bevonden. Empedocles noemde de vier elementen goden.

Thales (ca. 624 – ca. 545) beschouwde het water als de oorsprong van alles. Zoals de meeste Griekse filosofen reisde hij veel en bezocht hij onder andere Egypte, waar hij de hoogte van de piramiden berekende. Hij bekwaamde zich ook zo goed in de astronomie dat hij een zonsverduistering kon voorspellen.

Pythagoras (zesde eeuw v. Chr.) kwam van Samos, maar reisde veel en vestigde zich tenslotte in Zuid-Italië, waar hij in verschillende steden pythagorische gemeenschappen stichtte. Hij was niet alleen een groot wiskundige, naar wie de bekende stelling is genoemd, maar ook een soort religieuze leider die zijn volgelingen allerlei voorschriften voor een gelukkig leven meegaf, en die in zielsverhuizing geloofde. Hij beschouwde de getallen als de oorsprong van alles. Hij ontdekte ook dat in de muziek de verschillende tonen in een getalsmatige verhouding tot elkaar stonden. Als die goede verhoudingen overal aanwezig waren, werd de kosmos precies dat wat het Griekse woord uitdrukt: een schone ordening.

OUDHEID *Inleiding*

Anaximander van Milete (611–ca. 547) beschouwde het onbepaalde als de oorsprong van alles waarin zich nog niet een duidelijk element onderscheidde. Zijn tijdgenoot Anaximenes van Milete dacht dat de lucht de oorsprong van alles was, terwijl Heraclitus van Efeze het vuur als de oorsprong bestempelde. Deze laatste kreeg de naam van wenende filosoof, omdat hij leerde dat 'alles stroomde', en ook die van duistere filosoof, omdat zijn filosofische uitspraken zo onhelder waren dat zelfs Socrates ze niet allemaal begreep.

Xenophanes, Parmenides en Zeno worden wel de Eleaten genoemd, omdat ze in Elea in Zuid-Italië woonden en werkten. Xenophanes (ca. 577–480) was een dichter van spot- en dansliederen en verweet Homerus en Hesiodus dat ze de goden allerlei ondeugden toedichtten als stelen, bedriegen en hoereren. Hij verafschuwde deze mensvormigheid der goden en schreef dat leeuwen en koeien, als ze konden schilderen, hun goden als leeuwen of koeien zouden afbeelden. God was volgens hem één en onlichamelijk, een bol die alles hoort en alles ziet.

Zijn leerling Parmenides (circa 500 v. Chr.) schreef een moeilijk te begrijpen leerdicht over de natuur waarin hij de bol van het zijn als de enige werkelijkheid voorstelde en alle dingen die wij met de ogen zien, afdeed als bedrog en niet-zijn. Omdat er in de bol van zijn geen leegte was, bestond er volgens hem geen beweging en daarom was de beweging die wij menen te zien slechts schijn. Parmenides' leerling Zeno van Elea (vijfde eeuw v. Chr.) probeerde deze onwaarschijnlijke gedachte te verdedigen door zijn paradoxen te ontwerpen. Daarvan is die van Achilles en de schildpad de beroemdste. Als de snelle loper Achilles een wedstrijd met een schildpad houdt, zien we dat Achilles de strijd wint. Dit is volgens hem echter gezichtsbedrog, hetgeen hij als volgt beargumenteerde. Achilles staat aan het begin van de renbaan en de schilpad bevindt zich halverwege. Als ze tegelijk beginnen te bewegen komt Achilles op een bepaald moment aan op de plek waarvandaan de schildpad is gestart. Om hem in te halen moet Achilles de afstand overbruggen die de schildpad net heeft afgelegd, maar als hij daar weer is, is de schildpad weer een beetje verder gekropen en zo eindeloos door. Volgens deze redenering zal Achilles hem dus nooit inhalen.

Anaxagoras van Clazomenae in Klein-Azië (ca. 500–ca. 428), die later in Athene werkte, bedacht dat alles oorspronkelijk een ongedifferentieerde massa was waarin alle elementen vertegenwoordigd waren. Deze massa werd door de *nous* (geest of intellect) in beweging gebracht en daardoor werd de wereld en alles wat erin was gevormd.

Empedocles, een arts uit Agrigentum op Sicilië (ca. 492 – ca. 432), zocht de oorsprong van alles in vier elementen tegelijk, vuur, water, aarde en lucht, die hij de wortels noemde. Ze werden door liefde bij elkaar gebracht en met elkaar vermengd om de wereld en alles wat erin was te vormen en door haat weer van elkaar gescheiden. Deze cyclus zette zich eeuwig voort. Wij hebben volgens hem onze waarneming hieraan te danken dat zich van de voorwerpen flinterdunne 'afstroomsels' losmaken die onze zintuigen treffen. Onze ziel verzamelt die en gaat erover nadenken. Hij had naast zijn filosofische belangstelling, net als Pythagoras, ook een religieus aandoende kant; hij verbood zichzelf en zijn volgelingen het eten van bonen en vlees, dit laatste omdat hij in zielsverhuizing geloofde en niet het risico wilde lopen dat hij een voorouder zou opeten. Hij vond volgens de overlevering de dood door in de krater van de Etna te springen.

Democritus van Abdera in Noord-Griekenland (ca. 460 – ca. 370) is de laatste in de reeks presocratici. Hij heeft heel veel boeken geschreven over een groot aantal onderwerpen die helaas allemaal verloren zijn gegaan. Hij leerde (net als Empedocles) dat wij met onze zintuigen flinterdunne 'afstroomsels' van de voorwerpen opvangen. Daarmee kunnen we wel een soort onechte kennis verkrijgen, maar alleen met ons denken kunnen we de ware kennis vinden. De enige waarheid is dat alles uit leegte en ondeelbare vormen (atomen) bestaat. Deze atomen bevatten zelf geen leegte (evenmin als de bol van zijn van Parmenides), maar ze bewegen zich in de leegte eromheen en vormen door toevallig tegen elkaar aan te botsen de kosmos en alles wat daarin is. Bij de dood maken de atomen zich van elkaar los en kunnen dan weer nieuwe dingen vormen. Dit geldt ook voor de atomen van de ziel, die zich alleen door hun ronde en fijne vorm van de atomen van het lichaam onderscheiden. De beweging komt uit de atomen zelf voort, en dus waren goden in zijn wereldbeschouwing totaal overbodig. Anders dan de andere presocratici heeft hij ook over ethische onderwerpen geschreven; enkele honderden ethische spreuken zijn onder Democritus' naam overgeleverd. Hij stelt daarin de blijmoedigheid en het genot als de grondslagen van het geluk van de mensen voor en acht het

OUDHEID *Inleiding*

persoonlijk belang hoger dan het staatsbelang. Hij wordt wel de lachende filosoof genoemd.

Socrates en de sofisten ❧ Socrates (469–399) vond de filosofie van zijn voorgangers veel te materialistisch en verlegde zijn aandacht al spoedig naar de ethiek. Omdat hij naar eigen zeggen «wist dat hij niets wist», ging hij bij zijn stadgenoten op zoek naar kennis. Maar door zijn ironische manier van vragen stellen maakte hij zich zo gehaat dat hij voor de rechtbank werd gedaagd op beschuldiging van het bederven van de jeugd en het introduceren van nieuwe goden. Met dit laatste kan zijn bedoeld dat hij herhaalde malen sprak over een innerlijke stem die hem weerhield bepaalde dingen te doen. Die innerlijke stem verbood hem ook om met behulp van zijn vrienden uit Athene te vluchten en zo zijn post te verlaten. Hij werd veroordeeld tot het drinken van de gifbeker. In de *Verdedigingsrede* die Plato voor hem schreef zegt Socrates dat hij zich geen zorgen maakt over zijn dood: of er was niets meer na de dood of hij zou naar oorden gaan waar hij kon converseren met mensen van vroeger die hij bewonderde.

In de vijfde eeuw dienden zich ook de sofisten aan. Uit de verhalen die er over hen bestaan kunnen we opmaken dat ze vrijwel allemaal zeer zelfingenomen waren en in weelde leefden. Ze oefenden vaak het beroep van redenaar uit om mensen voor de rechtbank te verdedigen of aan te klagen, maar stichtten ook scholen waarin ze voor veel geld jongelui van goede afkomst de retorica bijbrachten en eveneens algemene wijsheid (*sophia*). Vandaar hun naam. Een belangrijk filosofisch probleem waarvoor ze allemaal een oplossing zochten, was de vraag of de dingen van *nature* zo waren als ze waren of dat mensen uit *gewoonte* of op grond van *conventie* de aard van dingen hadden vastgesteld. Bijvoorbeeld: bestaan goden echt en hebben zij de wetten geschonken of hebben de mensen goden uitgevonden en hebben mensen de wetten volgens onderlinge afspraak gemaakt? Zijn woorden klanken die van nature bij de dingen horen waarop ze betrekking hebben, of hebben mensen met elkaar afgesproken dat bepaalde klanken bepaalde dingen aanduiden? De meeste sofisten waren van mening dat alle dingen op conventie berustten en dat men ze daarom ook gemakkelijk kon en mocht wijzigen als de situatie daarom vroeg.

Dit betekende in de praktijk dat een mens en dus ook een sofist zelf kon

OUDHEID *Inleiding*

uitmaken wat 'rechtvaardig' was en dat er geen algemeen begrip 'rechtvaardigheid' bestond waaraan hij zijn mening zou moeten toetsen. Een van hen, Thrasymachus, stelde dat het recht van de sterkste altijd gold, zoals dat in de natuur ook het geval was. Protagoras van Abdera (ca. 490 – ca. 420) achtte de individuele mens de maat van alle dingen. Gorgias van Leontini, een leerling van Empedocles, bewees op de volgende manier dat echte kennis niet te verkrijgen was. A: Er bestaat niets. B: Als er wel iets bestaat, is dit onkenbaar. C: Als iets voor iemand kenbaar is, kan hij er niets over vertellen aan anderen. In brede kringen in Athene werden de sofisten een gevaar voor de stad geacht, omdat ze door hun slimme redeneerwijze alle traditionele zekerheden ondergroeven. Ook Socrates werd als een sofist beschouwd. Deze was het daar echter absoluut mee oneens, ten eerste omdat hij geen geld voor zijn lessen vroeg en ten tweede omdat hij zijn hele leven op zoek was naar een maatstaf die buiten de mensen gelegen was. Plato heeft in veel van zijn dialogen (*Gorgias*, *Protagoras*) Socrates dan ook laten optreden als bestrijder van de sofisten.

Socrates had naast Plato nog veel leerlingen en bewonderaars die op hun eigen wijze het gedachtegoed van Socrates uitdroegen en uitwerkten. De bekendste waren de cynici, filosofen die als een hond leefden. De eerste cynicus was Antisthenes; hij werkte in Athene en hield zich behalve met dialectiek ook met ethiek bezig. Hij beschouwde de deugd als het enige goede voor de mens en vond dat hij deze met alle mogelijke inspanning moest nastreven. Daaraan was alles ondergeschikt: het gewone fatsoen, het onderscheid tussen vrije burgers en slaven en ook de traditionele godsdienst. Over zijn leerling Diogenes van Sinope doen veel mooie verhalen de ronde: hij leefde in een ton, liep op klaarlichte dag met een lantaarn op de markt rond om een mens te zoeken en smeet zijn drinknap weg toen hij zag dat een hond water uit een rivier dronk door zijn tong te gebruiken. De cynici hebben veel invloed op de stoïcijnen gehad. In schril contrast met hen meende Aristippus uit Cyrene dat het genot (*hèdonè*) het hoogste goed voor de mensen was. Zijn hedonisme werd later door Epicurus overgenomen.

Plato ❦ Plato (427 – 347) stamde uit een aristocratische familie. Al op vrij jeugdige leeftijd werd hij een leerling van Socrates en legde hij zich erop toe de ideeën van zijn leermeester in zijn geschriften te verbreiden. Omdat we geen boeken van Socrates bezitten, is het moeilijk te bepalen waar Plato de gedachten van Socrates verwoordt en waar hij zijn eigen opvattingen verkondigt. Hij maakte enkele reizen naar Sicilië om er zijn staatkundige ideeën in praktijk te brengen, echter zonder resultaat. In Athene stichtte hij in 387 een school, de Academie.

In zijn vroegste dialogen laat Plato steevast Socrates optreden om met een willekeurige persoon, een vriend of een sofist een belangrijk probleem te bespreken. Socrates wordt dan opgevoerd als iemand die niet weet wat bijvoorbeeld vroomheid of rechtvaardigheid is.

In de grote dialogen die Plato tussen zijn veertigste en zestigste jaar schreef (*Phaedo*, *Phaedrus*, *De Staat* en *Symposium*) probeerde hij de impasse omtrent ware kennis te doorbreken door te stellen dat er boven onze wereld een andere wereld is van eeuwige Vormen of Ideeën, waarvan de dingen op aarde afbeeldingen zijn en waaraan ze ook deelhebben. In zijn latere jaren kwam Plato enigszins op deze opvatting terug. Hij liet in zijn dialoog *Parmenides* Parmenides er een vernietigende kritiek op uitoefenen. Maar in de *Timaeus* voerde hij de Vormen weer op. In deze dialoog beschreef hij op visionaire wijze de schepping van de kosmos. De goddelijke handwerksman (*demiurg*) vormt de vier materiële elementen, water, lucht, aarde en vuur, om tot de kosmos en de dingen die er in de kosmos zijn, terwijl hij zijn blik gericht houdt op de Vormen in de hogere wereld, opdat alles hier zo goed mogelijk zal zijn. Bij de beschrijving van de materie baseerde hij zich op wat hij bij voorgangers als Empedocles en Democritus aantrof, maar hij gaf er wel een geheel eigen uitwerking aan. De samenstelling van de ziel was totaal anders dan die van de lichamen (tegen Democritus) en de ziel zou na de dood voortleven.

Bij zijn staatsopvatting ging Plato uit van de gedachte dat de beste man de staat moest regeren en dat het staatsbelang boven het individuele belang stond, tegengesteld dus aan wat Democritus had geleerd. Er gaat het verhaal dat Plato zo'n haat had tegen Democritus dat hij het bevel gaf al diens boeken te verbranden. Mogelijk kwam die haat voort uit afgunst, maar mogelijk ook omdat hun politieke ideeën zo diametraal verschilden. Met name in zijn allerlaatste werken (*De Wetten* bijvoorbeeld) legde Plato een grote belangstelling aan de dag voor de wereld van de sterren, die hij als een soort goden ging beschouwen. Deze vergoddelijking van de kosmos vinden we in de Stoa terug.

OUDHEID *Inleiding*

Met uitzondering van Aristoteles hebben de leerlingen van Plato, de academici, zoals Speusippus en Xenocrates, zich in het begin vooral beziggehouden met de verdere uitwerking van zijn Ideeënleer. In de derde eeuw verlegde die aandacht zich naar het vroegere denken van Plato, waardoor iemand als Arcesilaus eerder een scepticus kan heten dan een platonist. Daarna ontwikkelde het platonisme zich via het middel-platonisme tot het neoplatonisme.

Aristoteles ᛭ Aristoteles werd in 384 in het noorden van Griekenland geboren, als zoon van de hofarts van de koning van Macedonië. In 367 ging hij bij Plato in de Academie studeren. Hij schreef er dialogen en boeken over logica. Omdat hij na de dood van Plato niet als diens opvolger werd aangewezen, vertrok hij in 347 naar Lesbos waar hij samen met zijn leerling Theophrastus veel biologisch veldwerk verrichtte, hetgeen resulteerde in een omvangrijk boek: *Onderzoek naar dieren*. Van 343 tot 340 was hij de leraar van Alexander, de zoon van de koning van Macedonië, die later de naam 'de Grote' kreeg. In 335 keerde hij naar Athene terug waar hij een eigen school stichtte, het Lyceum, ook wel de *peripatos* (wandelgang) genoemd. Na de dood van Alexander werd Aristoteles uit Athene verbannen; hij stierf in 322.

De meeste werken die we van Aristoteles over hebben zijn niet voor het grote publiek bedoeld. Ze vormen een soort aantekeningen voor eigen gebruik. Ze beslaan een wijd terrein: logica, fysica, metafysica (letterlijk betekent dit woord: boeken die na de fysica zijn geschreven), letterkunde, astronomie, politiek, ethiek en biologie. In zijn logische werken ontwikkelde hij een instrumentarium van dialectische regels die hij kon gebruiken bij het bestuderen van alle vakgebieden. Hij ging er daarbij van uit dat we geen andere werkelijkheid kunnen kennen dan die we om ons heen zien en dat die de basis van ons onderzoek moet vormen. De Ideeënleer van Plato verwierp hij, omdat die ons niets kon leren over onze werkelijkheid. Ieder ding of wezen was volgens hem een samenstel van *vorm* en *materie*: de materie is *potentieel* het ding dat het moet worden, de immateriële vorm die aan de materie wordt toegevoegd brengt de materie tot *verwerkelijking*. Als dit wordingsproces voltooid is heeft het zijn doel (*telos*) bereikt.

Op grond van deze theorie noemt men Aristoteles een teleologisch denker. Omdat eerdere filosofen, zoals Empedocles en Democritus, zich niet hadden afgevraagd waar de eerste beweging vandaan kwam of wat het doel van het wordingsproces in de kosmos was, wees hij hun theorieën af. Zelf dacht Aristoteles dat een onbewogen beweger zo'n grote aantrekkingskracht op lagere dingen (de sterren) uitoefende dat deze 'uit liefde' in eeuwige beweging kwamen. Deze veroorzaakten op hun beurt in de daaronder staande zaken een beweging die niet eeuwig was. In zijn latere biologische werken (*Over de beweging van dieren*, *Over de voortplanting van dieren* en *Over de ziel*) ontwikkelde hij met behulp van de bovengenoemde categorieën een indrukwekkende theorie over de voortplanting, die het denken meer dan twintig eeuwen in haar ban hield. Hij stelde dat bij de paring het mannetje, door zijn zaad in de baarmoeder van het vrouwtje te brengen, in het menstruatievocht van het vrouwtje beweging en dus leven veroorzaakte. Het menstruatievocht was de materie van het embryo, het zaad van het mannetje was drager van de vorm en bezat tevens een 'luchtig' element, het zogenaamde *pneuma*, dat drager van de ziel was. Dat wil zeggen van het waarnemende deel van de ziel, want het vegetatieve deel bevond zich ook in planten en in het menstruatievocht. Alleen de geest kwam van buiten en deze was als enige ook eeuwig. De ziel bestuurde het lichaam tijdens het leven via het al genoemde *pneuma*. Aristoteles beschouwde de vrouw dus als een gemankeerde man, omdat ze geen eigen *vormende* bijdrage aan het embryo leverde, maar alleen een *materiële*.

In zijn ethische werken, zoals de *Ethica Nicomachea* (geschreven voor zijn zoon Nicomachus), bracht hij onderscheid aan tussen emoties en intellect. Hij zag de emoties niet als het absolute kwaad, maar gaf het advies op verstandige wijze van die emoties gebruik te maken om zodoende een gelukkig leven te krijgen. Ook bij andere ethische dilemma's was hij voorstander van een gulden middenweg.

De volgelingen van Aristoteles, de peripatetici, misten de universele denkkracht van hun leermeester. Ze legden zich ieder op verschillende wetenschappen toe (Theophrastus bijvoorbeeld op de plantkunde, Aristoxenus op de muziek). Aristoteles' metafysica kreeg in de Oudheid bij de filosofen minder aandacht dan die van Plato en kwam pas in de Middeleeuwen tot grote bloei.

OUDHEID *Inleiding*

Na Aristoteles ❧ Epicurus afficheerde zichzelf als een autodidact en moest niets hebben van de filosofie van Plato en Aristoteles. Hij was in 341 op Samos geboren en vestigde zich in 307 in Athene. Hij gebruikte het atomisme van Democritus als basis voor zijn natuurfilosofie en een mengsel van het hedonisme van Democritus en van Aristippus als de grondslag voor zijn ethiek. Doordat zijn filosofie erg op het welzijn van het individu was gericht («Pluk de dag», «Leef in het verborgene») vervlakte zijn gedachtegoed in de eeuwen na hem tot een particuliere moraal voor alledag; het epicurisme heeft dan ook geen diepe denkers voortgebracht. Epicurus stierf in 270. De Romeinse dichter Lucretius (ca. 97–55) heeft de ideeën van Epicurus in zijn gedicht *De rerum natura* in de Romeinse wereld grote bekendheid gegeven.

De op Cyprus geboren Zeno van Citium (ca. 335–ca. 265) vestigde zich in dezelfde tijd als Epicurus in Athene. Hij kwam met zijn leerlingen bijeen in de 'bontgekleurde zuilengang', de Stoa, waaraan de school haar latere naam ontleende. Zeno's filosofie is even materialistisch als die van Epicurus, maar hij onderscheidde in de kosmos wel twee belangrijke principes waarbij hij zich sterk op Heraclitus oriënteerde. De materie zonder hoedanigheden is het passieve principe, de *logos* (rede) of het scheppende vuur het actieve. De structuur van deze *logos* is veel fijner dan die van de materie en kan overal in de materie doordringen om er vorm aan te geven. De *logos* wordt ook wel *pneuma* (levensadem) genoemd en is in feite ook God. De menselijke ziel is een emanatie van dit goddelijke *pneuma* en keert na de dood naar dit goddelijk beginsel terug. De mens bereikt zijn geluk door de deugd te beoefenen en overeenkomstig de natuur (van de goddelijke kosmos en van hemzelf) te leven en dient daarvoor elke emotie uit te bannen. Hierin is de invloed van de cynici zichtbaar, evenals in de gedachte dat de mens niet in de eerste plaats een burger van een stadstaat is, maar een wereldburger. Voor hun kosmologie, waarin goden en kosmos samenvielen, gingen de stoïcijnen terug op de laatste werken van Plato. Latere stoïcijnen verdiepten zich in de logica (Cleanthes en Chrysippus) en in de kosmologie (Panaetius en Posidonius); Seneca, Epictetus en keizer Marcus Aurelius zijn vooral bekend geworden om hun ethische werken.

Pyrrho van Elis (360–270) en Timon van Phlius (320–230) zijn de grondleggers van het scepticisme. Ze gingen er, onder verwijzing naar Democritus en de meeste sofisten, van uit dat het wezen van de dingen niet kenbaar was

OUDHEID *Inleiding*

en dat men bij uitspraken daarover zijn mening moest opschorten. De verschijnselen dienden in het dagelijks leven als maatstaven voor het gedrag. Men kon wel zeggen dat honing zoet *scheen*, maar niet dat hij zoet *was*. Een scepticus kwam tot de opschorting van zijn mening door met behulp van argumenten de verschijnselen te bestuderen. Omdat bijvoorbeeld de ene filosoof het water en een andere de lucht als *archê* beschouwde, concludeerden de sceptici dat het wezen der dingen niet bekend was en schortten zij daarover hun mening op. Zo gingen ze alle problemen te lijf. De opschorting van mening over al deze zaken zorgde automatisch voor gemoedsrust en geluk. Als de scepticus die toestand had bereikt, kon hij aan het gewone leven deelnemen door zich te richten op de verschijnselen, op de leiding van de natuur en de eigen gevoelens, op de overlevering van wetten en gewoonten en op het onderwijs in technische vaardigheden. Hoewel Pyrrho zijn mening opschortte over het bestaan van goden, had hij er bijvoorbeeld geen problemen mee om in Elis priester te zijn. Er ontstond na de dood van Timon geen sceptische school, maar in de Academie van Plato werd het scepticisme overgenomen door Arcesilaus en Carneades. In de eerste eeuw v. Chr. werkten verschillende filosofen Pyrrho's scepticisme verder uit. Sextus Empiricus heeft in veertien boeken de geschiedenis en de inhoud van het scepticisme beschreven. Mede door een felle aanval van Augustinus op het scepticisme is er eeuwenlang geen aandacht voor geweest, tot het na het verschijnen van een Latijnse vertaling van Sextus in de zestiende eeuw door Montaigne weer op de kaart werd gezet; sindsdien is het niet meer uit het westerse denken weg te denken.

Rome ❧ Onder de Romeinen zijn geen werkelijk vernieuwende denkers te vinden. Lucretius vertolkte de gedachtewereld van Epicurus; Seneca (ca. 1 v. Chr.–ca. 65 n. Chr.), Epictetus (55–125) en Marcus Aurelius (121–180) die van de Stoa, terwijl het werk van Cicero (106–43) invloeden vertoont uit alle voorgaande filosofenscholen. Voor een deel bleven de filosofen zich van het Grieks bedienen, bijvoorbeeld Epictetus, de scepticus Sextus Empiricus en zelfs Marcus Aurelius. Ook Plotinus (205–270) schreef zijn *Enneaden* in het Grieks, hoewel hij in de tweede helft van zijn leven in Rome woonde en werkte.

In het middel-platonisme, een stroming die na Carneades opkwam en tot aan Plotinus verscheidene vertegenwoordigers kende, heeft men zich veel beziggehouden met de Ideeënwereld van Plato. Men ging onderscheid aanbrengen tussen de Ideeën zelf en God die deze Ideeën ofwel in zich had ofwel onder zich. God zelf was onkenbaar. Zijn bestaan kon men alleen afleiden langs de weg van de ontkenning (hij is onzichtbaar), van de analogie (hij is een koning) of van de overstijging (hij is meer dan zijn). Bij de joodse filosoof Philo van Alexandrië (ca. 25 v. Chr. – ca. 50 n. Chr.) en in stromingen als het hermetisme en gnosticisme (derde en vierde eeuw) komen we analoge speculaties over de hogere wereld tegen.

Plotinus borduurde op al deze gedachten verder en verdeelde de hogere wereld in drie hypostasen: het Ene, de Vormen of Ideeën of het zijn, en de ziel. Het Ene, dat geheel één en ondeelbaar is, schept het zijn, waarin categorieën als beweging en rust zijn te onderscheiden. Daarna schept het de ziel, die op haar beurt de wereldziel en de individuele zielen tot aanzijn roept. Het Ene is daarin aanwezig, niet door een materiële emanatie, maar door zijn vermogen. Dit vormende vermogen manifesteert zich ook in de materiële wereld door middel van de *logos*, het woord of de rede, die dit vermogen naar beneden laat afdalen tot aan de materie die het als een spiegel weerkaatst. Om zijn geluk te bereiken moet de mens het Ene in zichzelf opsporen en via concentratie op zijn innerlijk zich van de materie afkeren en met het Ene een worden. Zijn ware vaderland vindt de wijze mens door aan God, het Ene, gelijk te worden en geheel alleen naar het Ene alleen te vluchten. Als hij die extatische beleving heeft gehad, wordt hij geheel door het Ene vervuld en kan hij als een herboren en mededogend mens voor zichzelf en zijn medemensen zorg dragen. Na de dood leeft de ziel voort. Hoewel Plotinus zichzelf een platonist noemde, is zijn geestelijke afstand tot Plato zo groot dat men hem en zijn navolgers als neoplatonisten aanduidt.

De gedachten van Plotinus zijn door zijn niet-christelijke navolgers als Porphyrius, Jamblichus, Proclus en Damascius in verschillende richtingen uitgewerkt en gesystematiseerd. Aan de geschiedenis van het neoplatonisme kwam in 529 een eind toen keizer Justinianus de Academie in Athene sloot. Christelijke denkers als Augustinus, de Grieks schrijvende Cappadocische kerkvaders (Gregorius van Nyssa, Gregorius van Nazianzus en Basilius de Grote, allen vierde eeuw) en Pseudo-Dionysius de Areopagiet (vijfde/zesde eeuw) hebben zijn denken gebruikt om een filosofisch fundament onder

OUDHEID *Inleiding*

hun christelijk geloof te leggen. De in het Latijn geschreven *Vertroosting van de filosofie* van Boëthius kan als de afsluiting van de antieke filosofie worden beschouwd.

Parmenides & Heraclitus

(rond 500 v. Chr.)

De belangrijkste Griekse filosofen vóór Socrates — men spreekt wel van presocratici — zijn Parmenides en Heraclitus. Voor een datering anders dan bij benadering ontbreken de gegevens; het meest aannemelijk is de vooronderstelling dat ze tijdgenoten zijn die van elkaars werk niet op de hoogte waren; ze kunnen rond 500 v. Chr. geplaatst worden. Van hun werk zijn slechts fragmenten over, waaruit hier een keuze volgt.

Van het begin af aan is kenmerkend voor de Griekse filosofie — in tegenstelling tot de mythologische verklaring van de wereld waarop zij aansluit — dat met rationele middelen gewerkt wordt en uitspraken gedaan worden die met een beroep op een, van het bovennatuurlijke onafhankelijke, eigen ervaring gecontroleerd kunnen worden. Heraclitus kijkt om zich heen en zoekt in zichzelf naar antwoorden op de vragen die zich aan hem opdringen; en hoewel Parmenides zijn theorie aanbiedt in de vorm van een door een godin aan de denker toegestane openbaring, moet deze met zijn eigen redeneervermogen haar uitspraken toetsen.

Parmenides staat in een traditie: hij heeft niet alleen voorgangers, maar ook volgelingen, of liever: zijn ontologie heeft het gehele Griekse denken nadrukkelijk gekleurd. Heraclitus is meer iemand die op zichzelf staat; hij sluit weliswaar bij zijn voorgangers aan, maar er kan niet van een heraclitische traditie gesproken worden in de zin waarin men van een parmenidische traditie spreekt. Toch heeft Heraclitus bewonderaars gevonden: zijn these dat alles verandert, sprak Plato aan, was voor Plato althans een uitdaging. Vanwege zijn these dat alles vuur is riepen de stoïcijnen hem tot hun stamvader uit. In de negentiende eeuw vond Hegel aansluiting bij Heraclitus voor de gedachte dat alles bestaat uit tegendelen die in elkaar overgaan, terwijl Nietzsche bij hem terecht kon voor wat betreft de profetische toon en het idee van de alle anderen overtreffende en uitvagende superieure persoonlijkheid. Uitspraken van Heraclitus kunnen ons inderdaad nog altijd 'raken', omdat Heraclitus niet alleen verklaren wil hoe de wereld natuurwetenschappelijk gesproken in elkaar zit, maar ook aan de volledige empirische menselijke persoonlijkheid, inclusief gevoelens en gedragingen, een plaats in die wereld toekent. Hij is gegrepen door de mysteriën van de persoonlijke ervaring, die voor afstomping behoed moet worden.

Parmenides daarentegen spreekt tot ons van welhaast ontoegankelijke hoogten; hij haalt zijn toehoorders uit het gewone leven weg en dwingt ze op te stijgen naar de emotieloze wereld van het kennend verstand. Aanvaardbaar is voor hem slechts wat de toets van de rationele beoordeling kan doorstaan, en wel in die zin dat alleen uitspraken worden toegelaten die altijd en universeel geldig zijn. Zulke uitspraken zijn alleen mogelijk over 'wat ís', dat wil zeggen werkelijk is, niet verandert, niet beweegt, niet gedeeld kan worden, niet ontstaan kan of verdwijnen, maar altijd en eeuwig onveranderlijk hetzelfde is. De wereld van onze alledaagse ervaring, en zelfs die van het natuurwetenschappelijk (presocratisch) onderzoek voldoet niet aan deze criteria. Wij kunnen die wereld dus niet kennen in de zin waarin wij 'wat ís' kunnen kennen, ook al hebben de mensen er zo hun opvattingen over (hun 'dunkingen'), en ook al is het mogelijk die opvattingen zodanig door te lichten dat een verklaring van de natuurlijke wereld gegeven kan worden, die enerzijds aantoont dat die wereld berust op het *miskennen* van de criteria waaraan wat gekend kan worden moet voldoen (de zgn. 'dwaling' der mensen), anderzijds echter consequent de wereld opbouwt uitgaande van de quasi-aanvaarding van wat door het dwalend oordeel — zij het eigenlijk ten onrechte — is vastgelegd. Parmenides biedt dus toch ook, naast zijn kenleer en ontologie, een natuurverklaring (waarvan hier slechts de aankondiging is opgenomen). Maar zijn ontologie triomfeert uitdrukkelijk over het menselijk leven en declasseert de wereld waarin dit leven zich afspeelt tot een soort schimmenspel.

Heel anders is het bij Heraclitus: hoewel ook deze aanneemt dat de ware stand van zaken áchter de verschijnselen gezocht moet worden — hetgeen de mensen zijns inziens tot dusverre hadden verzuimd — gaat het hem toch ook om de rehabilitatie van deze verschijnselen zélf, die weer met hun bronnen verbonden moeten worden. Dan is ook een verantwoord leven, persoonlijk én als lid van een gemeenschap, eerst recht mogelijk.

Parmenides echter schept een distantie tot de wereld en het leven, die niet of haast niet overbrugbaar is. Zijn ontologie is er niet minder baanbrekend en invloedrijk om: als eerste maakt hij het menselijk kennen zélf tot vraagstuk en biedt hij oplossingen aan voor de vraag aan welke voorwaarden kennis zou moeten voldoen. Als eerste is hij zich, zij het nog in naïeve vorm, bewust van het eminent belang van een consequent doorgevoerde logische redenering.

Plato accepteerde zowel Heraclitus' gedachte dat alles om ons heen voortdurend verandert, als Parmenides' these dat alleen kennis van wat onveranderlijk is bestaansrecht heeft. Hij was ook gevoelig voor Heraclitus' vermaning dat een zedelijk verantwoord leven voor ieder van ons van het eerste belang is (bij Parmenides kon hij hiervoor niet terecht). Hoe hij, van deze uiteenlopende aansporingen uitgaande, een eigen systeem ontwikkelde, is onderwerp van een volgende paragraaf.

Parmenides, *Het leerdicht* (fragmenten)

[*Methodologische inleiding*]

De merries, die mij brengen zover als mijn volharding reikt — zij zijn mijn geleidsters sedert het ogenblik dat zij, mij voerende, mij op de weg, de roemrijke, der godin hebben doen gaan, die de man die weet (wat zijn bestemming is) naar... [*enige woorden onbegrijpelijk*] brengt. Langs deze weg werd ik gebracht in snelle vaart, dit was de weg waarlangs de wijze merries, die de wagen trekken, mij brachten, en jonkvrouwen waren het, die ons de weg wezen.

Door twee met zorg gedreven wielen aan weerszijden wordt de wagenas rondgedraaid; bij het warmlopen in de naven brengt hij een fluitend geluid voort, telkens wanneer de zonnejonkvrouwen de vaart van het geleide deden toenemen. Tevoren hadden deze reeds, op hun weg naar het Licht, het huis van de Nacht achter zich gelaten en met een handgebaar zich de sluiers van het hoofd gestoten.

Gevat tussen bovendorpel en stenen drempel bevindt zich aldaar de poort van de banen van Nacht en Dag. Zelf van ether is deze gevuld met machtige vleugeldeuren. Daarvan bewaakt de godin van het Recht de ineengrijpende sluitbalken. Zij was het dus tot wie de jonkvrouwen het woord richtten, en met haar welgevallige betogen — zij wisten wat zij moesten zeggen! — brachten zij haar ertoe snel de pen dragende sluitbalk op hun verzoek weg van de poort te stoten. Waar vleugeldeuren geweest waren ontstond, toen zij openzwaaiden, een gigantisch gapend gat: na elkaar draaiden zij weg in hun steekgaten, op hun assen, prachtig voorzien met pinnen en pennen, en rijk met koper beslagen. Dáár doorheen dus stuurden de jonkvrouwen wagen en paarden recht langs het wagenspoor.

En zie: goedgunstig ontving mij een godin, met haar hand nam zij mijn rechterhand, zó zeide zij haar woord en sprak mij toe.

Jongeling! Gij, gezel van onsterfelijke leidselhoudsters, gij die dankzij de merries die u brengen onze woonplaats nu bereikt hebt — wees welkom! Immers, geen slecht lot was het dat u uitgeleide deed om langs deze weg het doel te bereiken — een weg die ver buiten de paden der mensen ligt —, maar juiste Beschikking en Recht. U is het beschoren opheldering te krijgen

PARMENIDES *Het leerdicht*

over álles, zowel wat betreft het onwrikbare hart van de terecht overtuigende Waarheid, als wat betreft de dunkingen der stervelingen, die het aan ware overtuigingskracht ontbreekt. Niettemin zult u ook inzicht dáárin verwerven, hoe wat hun goeddunkt aannemelijk zou hebben moeten zijn, indien het alles geheel en al zou doordringen.

Wáár ik ook begin, voor míj hangt het samen, want ik zal er weer naar terugkeren.

Welnu dan, ík zal het u zeggen (luister en breng mijn woorden over!) welke wegen van onderzoek als énige te begrijpen zijn: de eerste, dat het ís, en dat niet is dat het niet is, is de weg der Overtuiging (want deze vergezelt de Waarheid). De tweede, dat het níet is, en dat het naar behoren is dat het niet is. Deze laatste, zeg ik u, is een spoor waarover in het geheel niets te vernemen valt; want dat wat níet is kunt u niet leren kennen (dat is immers niet te volbrengen) of uitspreken; want dat men het begrijpt is hetzelfde als dat het ís.

Zie helder in dat voor het verstand het afwezige even vaststaand aanwezig is [nl. als het aanwezige]; het zal wat ís niet afsnijden van wat ís, dat het zich aaneensluit, in overeenstemming met de juiste orde, overal en in alle richtingen: noch zich verstrooiend, noch zich samenballend (…).

[*De menselijke dwaling*]

Men moet uitspreken en begrijpen dat het is wat ís; want het is nu eenmaal zo dat het is, maar niet dat het niets [is]. Ik draag u op dit ter harte te nemen: de eerste weg van onderzoek, waarvan [ik] u [terughoud,] is díe. Dan echter ook van die, waarover de stervelingen dwalen, die niets weten, de dubbelhoofdigen: onmacht stuurt immers in hun borst het dwalend verstand. Zij worden meegevoerd, even doof als niet-ziend, in botte verbazing, uitsluitsellozen stammen, voor wie dat iets bestaat en dat iets níet is als hetzelfde geldt en ook weer als niet hetzelfde, en er een weg is, waarop alles omslaat in zijn tegendeel. Nooit immers kan worden afgedwongen dat ís wat níet is! Integendeel: van díe weg van onderzoek moet u het verstand

PARMENIDES *Het leerdicht*

áfhouden, en gewoonte zomin als rijke ervaring mogen u ertoe dwingen langs die weg de doelloze blik of het geluid-verstopte oor of de [sprekende] tong hun gang te laten gaan. Neen! Beoordeel veeleer uitsluitend naar de maatstaf der redenering, het strijdbaar argument daartegen, dat door mij onder woorden is gebracht.

[De kennis van wat ís. Begin der kosmologie]

Alléén de beschrijving van de weg dat het ís, blijft dus nog over. Op deze weg zijn vele kentekenen dat wat ís niet is ontstaan en onvergankelijk is, uniek, uit één stuk, onwrikbaar, en niet te vervolmaken. Het was niet ooit en zal ook niet ooit zijn, daar het nu in zijn geheel bijeen is, één is, aaneengesloten is.

Immers, wat voor oorsprong ervan zou u willen opsporen? Hoe of waarvandaan zou het moeten zijn toegenomen? Niet gedoog ik dat u zegt of zou begrijpen: «uit wat níet is». Immers, wat voor verplichting zou het ertoe hebben moeten aanzetten om, van niets uitgaande, zich op een vroeger of later tijdstip te ontwikkelen? Zodoende is onvermijdelijk dat het hetzij geheel en al is, hetzij geheel en al niet is. — Evenmin overigens [is het voortgekomen] uit iets wat ís: want geen kracht van overtuiging zal ooit dulden dat iets zou kunnen ontstaan buiten dát [wat ís]. Juist daarom heeft de godin van het Recht niet de boeien geslaakt en daardoor het de vrijheid gegeven te ontstaan of te vergaan; integendeel, zij houdt het vast.

Uitsluitsel hierover ligt in het volgende besloten: het ís, of het is níet. En als uitsluitsel is immers gevonden — zoals onvermijdelijk is — de ene weg als onbegrijpbaar en onbenoembaar terzijde te laten, want dat is niet de ware weg, en dat de andere bestaat en ook de echte is. Hoe dus zou wat ís pas op een later tijdstip kunnen bestaan, of hoe zou het kunnen ontstaan? Zou het ontstaan zijn, dan ís het immers niet, en al evenmin [is het], als het ooit eens zou zijn in een toekomst. Daarmee is ontstaan gedoofd en ondergang spoorloos.

Het is ook al niet onderverdeeld, aangezien het helemaal gelijk is. Niet is het hier in mindere, daar in meerdere mate — wat het beletten zou een aaneengesloten geheel te vormen; neen, het is geheel vervuld van wat ís.

Verder: onbeweeglijk/onveranderlijk gekluisterd in geweldige boeien, is

PARMENIDES *Het leerdicht*

het zonder oorsprong en zonder op te houden, nu ontstaan en ondergang heel ver weg gedreven zijn, en de ware overtuiging ze heeft verstoten. Als hetzelfde, als blijvend op dezelfde plek, en op zichzelf, is het gelegen, en blijft daarmee bestendig ter plaatse. Machtige Onontkoombaarheid houdt het immers gekluisterd in de omgrenzing, die het alom afsluit. Daarom ook is het niet geoorloofd dat wat is onvoleindigd zou zijn: niet komt het in énig opzicht te kort; deed het dat, het zou alles ontberen.

Begrijpen is hetzelfde als dat waarop het begrip gericht is. Je kunt het begrijpen immers niet aantreffen zonder wat ís, en waarin het als uitspraak zijn grond vindt. Er is immers niets en er zal ook verder niet iets zijn buiten en naast wat ís, aangezien het Lot heeft vastgelegd dat het uit één stuk is, en onbeweeglijk/onveranderlijk. Daarom is alles, waartoe de stervelingen besloten hebben in de overtuiging dat het waar is: dat iets ontstaat en vergaat, is en niet is, van plek verandert en een andere stralende kleur aanneemt, niet meer dan naam.

Verder: aangezien er een uiterste grens is, is het van alle kanten af gerekend volmaakt, overeenkomstig de massa van een zorgvuldig rondgedreven bol, van het midden uit in alle richtingen zich even ver uitstrekkend. Het mag niet zo zijn, immers, dat het aan die of die kant wat groter of kleiner is. Er is immers niet een níet-zijnde, dat het ervan zou afhouden, gelijkheid te bereiken, en er is ook niet iets wat ís van dien aard dat ervan wat ís hier meer en daar minder zou zijn, omdat het als geheel onverlet blijft. Aan zichzelf in alle richtingen gelijk, komt het gelijk, binnen zijn grenzen, uit.

Hier aangekomen, besluit ik, voor wat de waarheid betreft, de aan u gegeven betrouwbare uitleg, die ook te begrijpen is. Verwerf van hier af inzicht in de dunkingen der stervelingen, luisterend naar wat er aan bedrieglijke ordening in mijn woorden ligt.

Zij hebben namelijk het besluit genomen, op grond van hun inzicht, om naam te geven aan twee gedaanten — slechts één daarvan [te benoemen] is ongeoorloofd—; daarin ligt hun dwaling. Zij hebben deze wat betreft de bouw als tegendelen gescheiden en onderling onderscheiden kenmerken bepaald: voor de ene [gedaante] het etherisch vlammenvuur, dat mild is, zeer licht in gewicht, met zichzelf in ieder opzicht hetzelfde en niet hetzelfde met de andere [gedaante]. Maar ook die [hebben zij] als

PARMENIDES *Het leerdicht*

tegendeel op zichzelf [bepaald]: ondoorgrondelijke Nacht, een gedrongen en zwaar bouwsel.

De daarmee overeenstemmende inrichting van de wereld deel ik u volledig mede, opdat niet enig menselijk inzicht u de loef afsteke.

> A. P. D. Mourelatos, *The Route of Parmenides*. Londen: New Haven, 1970.
> Vertaald voor deze bundel door J. Mansfeld.

Heraclitus, *Fragmenten*

Tegenover de hier geboden, onveranderlijk geldige uitleg [of: verklaring; *logos*] blijken de mensen zonder begrip te staan, zowel vóór ze hem horen als wanneer ze hem eenmaal gehoord hebben. Want niettegenstaande alles in overeenstemming met de hier geboden uitleg verloopt, lijken zij zonder ondervinding te zijn zodra zij het erop wagen met de soort van uitspraken en feiten waarover ik mijn uiteenzetting geef, elk gegeven overeenkomstig zijn ware aard ontledend en aangevend hoe het ermee gesteld is. De andere mensen echter ontgaat wat zij tot stand brengen wanneer zij wakker zijn evenzeer als wat zij in hun slaap vergeten.

Daarom heeft men zich aan te sluiten bij het [universele, — *dat betekent het*] *gemeenschappelijke, want het gemeenschappelijke is universeel.* — Ongeacht het feit dat de uitleg een universele is leeft de grote massa echter alsof zij over particulier verstand beschikt.

De mensen zijn ten aanzien van het doorzien van het klaarblijkelijke aan misleiding ten prooi op vergelijkbare wijze als Homerus, die van alle Grieken nog de wijste was. Want hij liet zich misleiden door knapen die luizen gedood hadden en zeiden: «Wat wij gezien en gevangen hebben, dat laten wij achter, en wat wij niet gezien en niet gevangen hebben, dat nemen wij mee.»

Zij reinigen zich door zich met nieuw bloed te besmeuren, wat zoiets is

HERACLITUS *Fragmenten*

alsof iemand die in modder is terechtgekomen zich met modder schoon zou wassen. Zo iemand zou als niet goed wijs beschouwd worden als een der mensen hem bij die handelwijze in het oog zou krijgen. Ook bidden zij tot godenbeelden zoals ze overal om ons heen staan, wat net zoiets is alsof men tegen tempels zou staan aan te praten zonder van goden of heroën ook maar te weten wat dat zijn.

Natuur pleegt zich verborgen te houden.

Indien het onverwachte niet verwacht wordt zal men het niet ontdekken, omdat het [dan] niet na te speuren valt en ontoegankelijk blijft.

Wij moeten met betrekking tot de belangrijkste dingen niet in het wilde weg verbanden leggen.

Hoe zou ooit iemand wat nooit ondergaat kunnen ontgaan?

Inzicht hebben is iets van universele aard.

Zij die goud zoeken, woelen een hoop aarde om en vinden maar weinig.

Waarvan het zien en horen lering brengt, daaraan geef ik de voorrang.

Slechte getuigen zijn voor de mensen ogen en oren, wanneer hun zielen van huis uit niet in staat zijn deze te verstaan.

Onwetendheid kan men maar beter verborgen houden.

Luisterend niet naar mij maar naar de uitleg is het wijs ermee in te stemmen dat alles één is.

Er is slechts één wijsheid: op voet van vertrouwdheid te staan met het inzicht dat overal alles bestiert.

Van wie ik ook de verklaringen gehoord heb, niemand komt zover dat hij

HERACLITUS *Fragmenten*

beseft dat het wijze iets is wat van alles afzonderlijk staat.

Het ene wijze, dat geheel alléén staat, is niet bereid en toch ook weer wél bereid in de naam Zeus tot uitdrukking te worden gebracht.

De god: dag nacht, zomer winter, oorlog vrede, verzadiging honger — *alle tegendelen, dat is de bedoeling*—; en hij neemt andere gestalten aan; zoals [vuur], wanneer het zich met reukstoffen verbindt, zijn naam ontleent aan het aroma van ieder daarvan.

Verbindingen: gehelen en geen gehelen, samenkomend zich afzonderend, samenklinkend uiteenklinkend; uit alles één en uit één alles.

Het strijdige samenkomend en uit het zich afzonderende de schoonste harmonie.

Onzichtbare harmonie is sterker dan zichtbare.

Zij hebben er geen begrip van hoe het zich afzonderende met zichzelf instemt: een steeds weerkerende harmonie, als bij boog en lier.

Oorlog is de vader van allen en de koning van allen: want sommigen heeft hij goden laten zijn, anderen mensen, sommigen tot slaaf gemaakt, anderen vrij.

Men behoort te weten dat de echte oorlog iets universeels is en recht tweedracht, en dat alles geschiedt naar tweedracht en behoren.

Ziekte maakt gezondheid prettig en goed, honger verzadiging, vermoeidheid het uitrusten.

Zee: het zuiverste en tegelijk het meest bedorven water, voor de vissen drinkbaar en leven gevend, voor de mensen ondrinkbaar en dodelijk.

Begin en eind vallen op de omtrek van een cirkel samen.

HERACLITUS *Fragmenten*

De weg op en neer is één en dezelfde.

Vergeleken met een god mag een volwassene onmondig heten, zoals een kind in vergelijking met een volwassene.

De hier besproken [fraaie] ordening, dezelfde in alle gevallen, is noch door een der goden, noch door een der mensen tot stand gebracht — nee, hij was altijd en is en zal zijn: vuur, eeuwig levend, met mate ontvlammend en met [nl. in dezelfde] mate uitdovend.

Alles is inwisselbaar voor vuur en vuur voor alles, zoals waren voor goud en goud voor waren.

Wendingen van vuur: in de eerste plaats zee; en van zee de helft aarde, de helft vuurwasem; (…) zee vergiet zich naar twee zijden, en wordt toegemeten in dezelfde verhouding als gold voordat aarde ontstond.

Koude dingen worden warm, het warme wordt koud, het vochtige wordt droog, het droge wordt vochtig.

Als onsterfelijken zijn zij sterfelijk, als sterfelijken onsterfelijk: het leven van de sterfelijken is de dood der onsterfelijken, het leven van de onsterfelijken de dood der sterfelijken.

Hetzelfde is: levend en gestorven, ontwaakt en slapend, jong en oud: want het één is, erin omslaand, het ander en het ander, erin omslaand, het één.

Alles zal het vuur, eenmaal erbij aankomend, [oor]delen en overmeesteren.

Alle vee wordt met de zweep gehoed.

De zon zal de [hem gegunde] maten niet te buiten gaan, anders zullen de Erinyen [: Furiën, Wraakgodinnen], de handlangsters van Dikè, hem wel weten te vinden.

HERACLITUS *Fragmenten*

Was er geen zon, het was wat de andere hemellichamen betreft nacht.

Voor zielen betekent het de dood, dat water ontstaat, voor water de dood, dat aarde ontstaat, uit aarde ontstaat water, uit water ziel.

De droge ziel is de meest wijze, en superieur.

Wanneer een man dronken is wordt hij al wankelend door een onvolwassen knaap geleid, zonder te beseffen waar hij heen gaat, omdat zijn ziel vochtig is.

Op wie in dezelfde rivieren treden stromen steeds nieuwe wateren toe; ook [individuele] zielen dampen immers uit het vochtige op.

In dezelfde rivieren treden wij en treden wij niet, wij zijn en wij zijn niet.

Het is onmogelijk tweemaal in dezelfde rivier te treden; (…) hij verstrooit en brengt samen (…) en komt [op ons] toe en gaat [van ons] af.

De grenzen van de ziel zul je niet kunnen gaan ontdekken, ook al bega je iedere weg: zo onuitputtelijk is wat zij te verklaren heeft.

's Mensen habitus is zijn demon [: godheid, 'lot'].

Voor de god is alles mooi, goed en rechtvaardig, maar de mensen hebben het ene als onrechtvaardig, het andere als rechtvaardig ondersteld.

Ezels hebben liever hakstro dan goud.

Varkens voelen zich lekkerder in modder dan in schoon water.

Met begrip zich uitsprekend behoort men kracht te putten uit wat aan alles universeel is, net als een stad kracht put uit zijn wet, en [men moet dit zelfs] in nog veel krachtiger mate [doen]: want alle menselijke wetten worden gevoed door één, de goddelijke; de macht daarvan is onbeperkt; en hij is

HERACLITUS *Fragmenten*

voor alle gevallen toereikend, en overheerst alles.

De burgers behoren te strijden ter verdediging van de wet zoals [zij behoren te strijden] ter verdediging van de wallen.

Wet is het ook te gehoorzamen aan de wil van één man.

Eén is voor mij [evenveel als] ontelbaren, als hij superieur is.

Het zou de volwassen Efeziërs hun verdiende loon zijn zich en bloc te verhangen en het stadsbestuur aan de onvolwassenen [na] te laten — zij, die Hermodorus hebben verbannen die van hen de meest bekwame was, zeggende: «Niemand van ons mag de meest bekwame zijn, en is hij het toch, dan maar ergens anders en bij andere mensen.»

Eén ding verkiezen boven al het andere de besten: eeuwige roem boven wat sterfelijk is; de grote massa echter, schaapsgelijk, heeft genoeg.

Lijken komen eerder in aanmerking te worden weggeworpen dan mest.

Het eeuwige leven is een kind: spelend als een kind, dobbelstenen werpend; het koningschap is aan een kind.

> M. Marcovich, *Heraclitus, Editio Maior. Greek Text with a Short Commentary.* Merida: Venezuela, 1967. Nederlandse vertaling: *Heraclitus, Fragmenten*, bezorgd, vertaald en toegelicht door J. Mansfeld. Amsterdam: Athenaeum — Polak & Van Gennep, 1979, p. 21, 22, 25, 30, 33-41, 43, 44, 47, 48, 51, 56, 58, 59, 61-64, 66.

Socrates

(469 – 399 v. Chr.)

In 399 v. Chr. wordt Socrates, burger van Athene, onder beschuldiging van ongeloof en bederf van de jeugd voor de rechters gedaagd en ter dood veroordeeld. Al zijn er misschien politieke motieven in het spel, de belangrijkste reden achter het gevoerde proces is toch wel dat Socrates de opvattingen van zijn medeburgers inzake juist en onjuist gedrag aan de kaak stelt en hun 'schijnweten' ontmaskert. Zodoende vormt hij een bedreiging voor de ingeslapen Atheners. Hoewel hij, ook van min of meer officiële zijde, in de gelegenheid wordt gesteld na zijn veroordeling te ontsnappen, aanvaardt hij het vonnis en drinkt in het bijzijn van enkele goede vrienden de gifbeker leeg.

Socrates zelf heeft geen geschreven woord achtergelaten. We kennen hem alleen uit de geschriften van anderen, van wie Plato de belangrijkste is. Zo weten we dat Socrates een man uit het volk was, die door zijn gesprekken met zowel eenvoudige Atheners als geleerde sofisten een grote schare bewonderaars verwierf. Veelbetekenend is in dat verband de uitspraak van Alcibiades, die zelf nog een belangrijke rol zou spelen in de geschiedenis van Athene: «Horen wij immers een ander spreken, al is het een nog zo voortreffelijk redenaar, over andere onderwerpen, dan laat ons dat tenminste, om zo te zeggen, volkomen koud. Maar hoort men jou of jouw woorden in de woorden van een ander, zelfs van een nog zo grote stuntel in het woord (…), dan zijn wij onszelf niet meer, doch volkomen in hun ban.»

Socrates' betekenis moet gezocht worden in zijn persoonlijkheid en, daarmee samenhangend, in de uitwerking die zijn woorden hadden. Toch dienen we in hem geen sofist te zien die erop uittrok om jonge mannen in welsprekendheid te onderrichten. Hij dringt anderen geen mening op en meet zichzelf geenszins de titel van leraar aan. De gesprekken die hij voert, meestal op straat, vinden spontaan plaats. Daarin worden de verschillende in te nemen standpunten met betrekking tot een bepaalde zaak tegen elkaar afgewogen en getoetst. Socrates is telkens degene die de vragen stelt en zijn gesprekspartners aanspoort tot het geven van antwoorden.

Meestal blijken de meningen die men erop na hield, ongefundeerd te zijn en tot verder nadenken aanleiding te geven. In deze uitwisseling van gedachten toont Socrates zich een meester in de dialectiek. In veel gevallen beweegt de discussie zich rond het moeilijk te vertalen begrip *aretè*, 'deugd'. Was dat iets waarin de sofisten meenden onderricht te kunnen geven, Socrates gaat veeleer in op de vraag wat die 'deugd' nu eigenlijk is. Hij tracht de mening die men er over zaken als rechtvaardigheid, vroomheid of vriendschap op na houdt te analyseren; daarbij gaat het allereerst om een duidelijk begrip van wat besproken wordt. Op die wijze dwingt Socrates zichzelf en anderen tot een omschrijving van de centrale termen; vandaar dat Aristoteles later stelt dat Socrates de eerste was die zich met het probleem van de definitie heeft beziggehouden.

Toch is dat niet de enige verdienste van Socrates. In de gesprekken die hij voert, streeft hij een bepaald doel na. Hij tracht degenen met wie hij praat te winnen voor het inzicht dat 'deugd' niet louter een zaak van conventie is, maar iets wat in ieder van ons latent aanwezig is. In het filosofisch gesprek kan dat inzicht gewekt worden en Socrates vergelijkt zichzelf daarbij met een verloskundige, het beroep van zijn moeder. «Tot nu toe ben ik niet zo ver mezelf te kennen, zoals de spreuk in Delphi voorschrijft. En zolang die onwetendheid voortduurt, schijnt het me belachelijk toe me in andere zaken te verdiepen», merkt hij op. Wat Socrates beoogt is geen theoretische kennis, maar zelfkennis; in die zin moeten we zijn uitspraak verstaan dat deugd en kennis één zijn.

Socrates is geen dogmaticus die anderen vertelt wat ze moeten doen. De meeste socratische dialogen, zoals die door Plato zijn opgeschreven, eindigen in *aporia*, verlegenheid. De ontwikkelde standpunten worden weersproken, het onderzoek in het gesprek blijkt niet afgesloten te zijn. Dat is kenmerkend voor Socrates' benadering: wat men denkt te weten, wordt in het gesprek weerlegd, doordat een ander standpunt ervoor in de plaats gesteld wordt. Maar uiteindelijk bekent Socrates het ook niet te weten. Onvermoeibaar wijst hij op bestaande vooroordelen, waardoor hij als een bedreiging gevoeld wordt door al degenen die de gevestigde opvattingen instandhouden. Niet dat hij zich tegen die opvattingen verzet, hij tracht ze echter op hun geldigheid te onderzoeken en heeft dat met de dood moeten bekopen. Men was aan dat onderzoek niet toe en het is de vraag of men er nu aan toe is.

In het hier vertaalde deel van Plato's *Apologie* lezen we hoe Socrates zich voor zijn rechters verdedigt. Tot op het laatste moment van zijn leven heeft hij zijn overtuiging in praktijk gebracht, namelijk dat waarheid niet aangeleerd, maar gezocht moet worden.

Plato, *De verdediging van Socrates* (fragment)

Nu zal misschien iemand van u geneigd zijn mij in de rede te vallen en te zeggen: «Maar, Socrates, waar houd jij je dan mee bezig? Waar komen die lasterpraatjes tegen jou vandaan? Het zal toch wel niet zo zijn dat al die geruchten en praatjes ontstaan zijn doordat je niets bijzonders deed, niets anders dan anderen? Vertel ons dat eens, dan kunnen we voorkomen dat we zomaar lukraak over jou gaan oordelen.» Wel, deze vraag zou mij terecht lijken, en ik wil dan ook proberen u duidelijk te maken wat het is dat mij die naam en die slechte reputatie bezorgd heeft. Luistert u dus maar. Misschien zullen er meerderen onder u zijn die denken dat ik het niet serieus bedoel, maar ik verzeker u dat ik de volle waarheid zal zeggen. Dat ik die naam heb gekregen, komt door niets anders dan door een zeker inzicht waarover ik beschik. Wat voor inzicht dat dan is? Wel, je zou het menselijke wijsheid kunnen noemen. Zoiets schijn ik inderdaad te bezitten. Die anderen die ik net noemde beschikken misschien over een bovenmenselijke wijsheid, of hoe moet ik het noemen, maar die heb ik niet; en wie zegt van wel, die liegt en probeert mij zwart te maken.

 Alstublieft, Atheners, maak nu geen rumoer wanneer u misschien vindt dat ik wat boud spreek! Want wat ik nu ga zeggen heb ik niet van mijzelf — ik beroep mij op mijn zegsman die uw vertrouwen moet genieten. Voor mijn wijsheid, als ik die al heb, en hoe die ook moge zijn, neem ik als getuige de god van Delphi. U kent toch Chaerephon? Van jongs af aan was hij mijn vriend, en hij was ook een vriend van uw democratische partij. Hij ging met u in ballingschap, u weet nog wel, en met u kwam hij ook terug. U weet natuurlijk wat voor man Chaerephon was, hoe voortvarend in alles wat hij ondernam. Zo trok hij toen hij eens naar Delphi ging de stoute schoenen aan en raadpleegde het orakel — nogmaals, Atheners, alstublieft geen kabaal! De vraag die hij stelde, was namelijk of er iemand was die wijzer was dan ik. En toen heeft de Pythia geantwoord dat niemand wijzer was. Zijn broer hier kan dat bevestigen, want zelf is hij overleden.

 Waarom ik u dit vertel? Wel, ik wil u laten zien hoe die laster over mij ontstaan is. Toen ik dat antwoord hoorde dacht ik: wat zou de god bedoelen? En wat wil hij ermee zeggen? Want ik ben mij ervan bewust dat ik helemaal geen wijs man ben. Wat mag hij dan wel bedoelen met de uit-

PLATO *De verdediging van Socrates*

spraak dat ik het wijst ben? Want onwaarheid spreken doet hij natuurlijk niet, dat is hem niet toegestaan. Lange tijd vroeg ik mij af wat hij ermee wilde zeggen. Ten slotte ben ik — met grote tegenzin — een onderzoek begonnen, en wel op de volgende manier. Ik ging naar iemand toe die de naam had wijs te zijn, in de hoop, zo ergens dan hier, de godspraak te kunnen weerleggen: u zei nu wel dat ik de wijste was, maar hier heb ik toch iemand die wijzer is dan ik. Ik knoopte dus een gesprek met hem aan — zijn naam wil ik niet noemen, maar het was een van onze staatslieden met wie ik deze ervaring had, Atheners. En terwijl ik met hem sprak, merkte ik dat, al ging hij dan in de ogen van veel anderen, maar met name ook in die van hemzelf, door voor wijs, hij dat bepaald niet was. Toen probeerde ik hem te laten zien dat hij wel dacht een wijs man te zijn, maar dat hij dat niet was. Het gevolg was dat niet alleen hij een hekel aan mij kreeg, maar ook een heleboel mensen die erbij waren. En toen ik wegging dacht ik: ik ben toch wel wat wijzer dan hij, want misschien is het wel zo dat geen van ons beiden iets van enig belang weet, maar hij denkt iets te weten zonder dat hij het weet, terwijl ik, die evenmin iets weet, tenminste ook niet denk dat ik het weet. Het ziet er dus naar uit dat ik op dit geringe punt in zoverre wijzer ben dan hij dat ik wat ik niet weet ook niet denk te weten.

    Vervolgens wendde ik mij tot een tweede, van wie men zei dat hij nog wijzer was dan de eerste. En daar ging het precies zo, opnieuw haalde ik mij vijandschap op de hals, zowel van hem als van een heleboel anderen.

    Zo ging ik de hele rij af. Ik merkte wel dat ik mij gehaat maakte, en dat vond ik helemaal niet leuk, het baarde mij zorgen, maar ik vond het nodig de zaak van de god boven alles te stellen. Bij mijn onderzoek naar de betekenis van de godspraak moest ik mij dus tot iedereen wenden van wie men zei dat hij iets wist. En op mijn woord, Atheners — want ik moet de waarheid tegen u spreken — het verging mij zo: zij die het beroemdst waren, bleken mij bij het onderzoek dat ik in de geest van de god verrichtte het armzaligst, terwijl anderen, die minder hoog stonden aangeschreven, juist over meer inzicht bleken te beschikken — ja, ik moet u wel het hele verhaal geven van mijn zwerftocht en van mijn inspanningen die ik mij getroostte. Ten slotte kwam ik dan toch tot de conclusie dat de godspraak inderdaad niet te weerleggen viel. Want na de politici ging ik naar de dichters — tragici, dithyrambendichters en anderen. Bij hen, dacht ik, zal ik mijzelf op heterdaad betrappen dat ik minder weet dan zij. Van hun gedachten koos ik die uit waaraan zij naar mijn indruk de meeste zorg hadden besteed. Ik vroeg ze dan naar de bedoeling ervan; zo kon ik nog wat van hen leren, dacht ik. Ik schaam mij, Atheners, u te zeggen zoals het werkelijk is, maar het kan niet anders: bijna allen die er telkens bij waren, wisten beter over hun gedichten te praten dan zijzelf. Dus ook met betrekking tot de dichters, maar op natuurlijke aanleg en bezieling, net zoals het geval is bij zieners en orakelsprekers. Want ook die weten heel mooie dingen te zeggen, zonder dat zij echter weten wat zij zeggen. Ik begreep dat zich zoiets ook bij dichters voordeed. En tegelijk merkte ik dat zij er vanwege hun dichtkunst van overtuigd waren dat zij bijzonder wijs waren met betrekking tot dingen waarin zij het niet waren. Ook daar ging ik dus weg in de overtuiging dat ik hen overtrof in hetzelfde waarin ik het ook van de politici won.

Ten slotte ging ik naar de handwerkslieden. Ik was mij er immers van bewust dat ik zo goed als niets wist, en van hen wist ik in elk geval dat zij heel knap waren in het maken van mooie dingen. En daarin werd ik niet teleurgesteld, integendeel: zij wisten dingen die ik niet wist, en in zoverre hadden zij meer inzicht dan ik. Maar, Atheners, ik merkte dat deze voortreffelijke ambachtslieden dezelfde fout maakten als de dichters: omdat zij zo bedreven waren in hun vak, dacht elk van hen dat hij ook van de belangrijkste andere zaken veel verstand had — een dwaasheid die hun wijsheid in de schaduw stelde. Zo stelde ik mij in de naam van het orakel de vraag wat ik liever zou willen: zo zijn als ik was, dat wil zeggen zonder hun kennis, maar ook zonder hun onwetendheid, of in beide te zijn zoals zij. En toen heb ik mijzelf, en het orakel, het antwoord gegeven: voor mij is het beter te zijn zoals ik ben.

Het gevolg van mijn onderzoek, mannen van Athene, was dat ik mij veel vijanden op de hals haalde, vijanden van de hinderlijkste en onaangenaamste soort, met het gevolg dat er veel lasterpraatjes ontstonden en dat ik de naam kreeg een wijs man te zijn. Want telkens wanneer ik de onwetendheid van de mensen aan het licht breng, denken degenen die erbij zijn dat ik daar veel van af weet. In werkelijkheid, heren, zal het wel zo zijn dat het de god is die wijs is, en dat hij met die orakelspreuk heeft willen zeggen dat menselijke wijsheid weinig of niets om het lijf heeft. De god lijkt dan wel iets over Socrates te zeggen, maar blijkbaar gebruikte hij mijn naam

PLATO *De verdediging van Socrates*

maar bij wijze van voorbeeld, alsof hij wilde zeggen: onder u, mensen, is hij het wijst, die als Socrates heeft leren begrijpen dat hij, als het om waarheid gaat, niets voorstelt. En daarom ga ik nog steeds rond om iedereen die ik voor wijs aanzie, burger zowel als vreemdeling, in de geest van de god te onderzoeken en te ondervragen. En als ik dan vind dat hij niet wijs is, dan help ik de god door hem dat duidelijk te maken. En door deze bezigheid ben ik niet in de gelegenheid geweest, noch in staatszaken noch in mijn persoonlijke aangelegenheden, iets van enig belang te presteren. Nee, ik ben straatarm, doordat ik in dienst sta van de god.

Daar komt nog bij dat de jongelui die mij uit eigen beweging volgen, en dat zijn degenen die het minst om handen hebben, zoons van de rijkste burgers dus, het leuk vinden om mensen te horen uitvragen. En dikwijls doen zij mij dan na door ook zelf te proberen anderen aan de tand te voelen, waarbij zij dan, denk ik, tot de conclusie komen dat heel veel mensen wel denken dat ze iets weten, maar in feite weinig of niets weten. Het gevolg hiervan is dat de ondervraagden boos worden — niet op zichzelf, maar op mij! Die Socrates, zeggen ze dan, dat is een ellendeling, want hij bederft de jeugd! En vraag je hun dan: wat doet die man dan wel, en wat leert hij hun, dan staan ze met hun mond vol tanden: dat weten ze niet. En om hun verlegenheid niet te laten merken, komen ze dan met zulke voor de hand liggende dingen als altijd al tegen alle wijsheidzoekers worden ingebracht: wat aan de hemel en onder de aarde is, niet in de goden geloven, het zwakste argument tot het sterkste maken. Maar de waarheid gaan ze natuurlijk uit de weg: dat aan het licht is gekomen dat zij wel voorgeven iets te weten, maar dat zij in feite niets weten. Maar doordat ze, denk ik, op hun eer staan, fel zijn, en met velen, en ook doordat ze als met één mond en met overredingskracht over mij spreken, hebben zij u met hun langdurige en kwaadaardige laster bijna de oren van het hoofd gepraat. Zo hebben ook Meletus en Anytus en Lyco hun aanvallen tegen mij gericht: Meletus — uit ergernis — uit de kring van de dichters, Anytus uit de handwerkslieden en staatslieden, Lyco uit de redenaars. Het zou mij ook verbazen, ik zei het al eerder, als ik in staat zou zijn in zo korte tijd een zo wijdverbreide laster uit het hoofd te praten.

Dat is de waarheid, mannen van Athene, ik zeg het zonder ook maar iets te verbergen of iets te verzwijgen. Ik weet dus wel dat het juist dit is waar-

PLATO *De verdediging van Socrates*

door ik mij vijanden maak. Maar dat bewijst eens te meer dat ik de waarheid spreek, en dat hier de oorzaak ligt van de lastercampagne tegen mij. U kunt dat nú nagaan of later, maar u zult zien dat het zo is, en niet anders.

J. Burnet, *Platonis Opera*. Oxford, 1946, 1967²; Apologia, 20c-24b.
Nederlandse vertaling: Plato, *Verzameld werk*, boek 1, vertaling Xaveer de Win, bewerking Jef Ector, Rein Ferwerda, Ko Kleisen, Carlos Steel en anderen. Kapellen/Baarn: Pelckmans/Agora, 1999, p. 269-273.

Plato

(427 – 347 v. Chr.)

Aanvankelijk voorbestemd tot het volgen van een politieke carrière komt Plato rond zijn twintigste jaar in contact met Socrates. Door die ontmoeting wordt zijn belangstelling voor de filosofie gewekt. In de meer dan twintig geschriften die hij heeft nagelaten, bereikt het Griekse denken een ongekend hoogtepunt. Zoals Socrates zijn gedachten in het gesprek met anderen ontwikkelt, zo schrijft Plato zijn gedachten in dialoogvorm neer. De eerste groep dialogen van zijn hand is naar alle waarschijnlijkheid een letterlijke weergave van de denkbeelden van zijn leermeester. In het latere werk ontwikkelt Plato echter een eigen visie. Daarin tracht hij te komen tot een antwoord op de vragen die Socrates in zijn discussies opriep, maar onbeantwoord liet. Deze geschriften zijn ontstaan, nadat Plato de Academie had opgericht, een soort universiteit waarin naast filosofie onder andere wiskunde en astronomie onderwezen werden. Plato sterft op tachtigjarige leeftijd.

De grondgedachte van het latere werk wordt in het volgende fragment uit *De Staat* kort samengevat. «We beweren dat de schone, de goede dingen, en zo ook de diverse particuliere dingen, veelvuldig zijn: en zo onderscheiden we ze ook in de taal. (…) Doch we spreken ook van het schone op zichzelf, van het goede op zichzelf. En dat doen we ook voor alles wat we daareven als veelvuldig poneerden. We keren de verhouding ditmaal om, en stellen thans voor elke particuliere klasse één Idee voorop, in de overtuiging dat er maar één is; en dat noemen we dan de 'wezenheid van elk ding'. (…) En van de eerste beweren we dat ze wél gezien, doch niet met het verstand gevat worden, terwijl de Ideeën wél verstandelijk gevat, doch niet gezien worden.» De essentie van de dingen die we waarnemen noemt Plato de Idee (*eidos, idea*: gestalte, type, vorm). Deze kennen we slechts door het denken, terwijl hetgeen we met de zintuigen waarnemen, namelijk de verschillende bijzondere dingen, de verschijningsvorm van zulke Ideeën is. Iets is bijvoorbeeld mooi, zegt Plato, doordat het aan het 'schone zelf', ofwel aan de Idee van het schone deel heeft. Aan de vele mooie dingen die we waarnemen, ligt met andere woorden de algemene Idee van het schone ten grondslag. Dit is het schone in zijn absolute volmaaktheid, de schoonheid zelf.

Door nu de dingen in hun algemeenheid te denken, meent Plato, stijgen we op naar het rijk van de Ideeën. Want algemene begrippen corresponderen volgens hem met de Ideeën, hoewel ze niet aan elkaar gelijkgesteld mogen worden. Ideeën zijn dus niet het product van menselijk denken, maar vormen de ware werkelijkheid, omdat ze de essentie zijn van de waargenomen dingen. Als object van zuiver denken kunnen ze gekend en in die zin aanschouwd worden. Daarmee heeft de Ideeënwereld een autonoom, van het denken onafhankelijk bestaan en gaat Plato uit van een objectieve werkelijkheid boven de wereld van de zintuiglijke waarneming. De Ideeën liggen vast en zijn onveranderlijk. Ze zijn als het ware het voorbeeld volgens welke de zichtbare dingen gevormd worden. Of, in een ander beeld, de waarneembare dingen zijn afspiegelingen van de eeuwige Ideeën.

Plato schijnt met deze werkelijkheidsconceptie — zijn zogenaamde Ideeënleer — een antwoord te hebben willen geven op de vraag hoe algemene eigenschappen als mooi, groot of gezond aan verschillende, individuele objecten kunnen worden toegekend. Schoonheid, om ons tot het gekozen voorbeeld te beperken, wordt daarbij niet enkel opgevat als iets wat in de dingen gegeven is. Als essentie van al wat mooi is, bestaat het volgens Plato op zich. Daarmee onderscheidt hij twee niveaus van werkelijkheid, het ideële en het zichtbare. Een ander, minstens even belangrijk motief voor het aannemen van de Ideeën lag besloten in de vraag die Socrates zich al stelde: wat is 'deugd'? Tegenover het relativisme van de sofisten, dat hij uitgebreid bekritiseert, stelt Plato dat 'deugden' als dapperheid, bezonnenheid en bovenal het goede absoluut en objectief bestaan. Ze zijn als zodanig te kennen; ja, echte deugdzaamheid is op inzicht gebaseerd. Die kennis hebben we van voor onze geboorte — Plato gaat uit van de leer der wedergeboorte — en wordt door herinnering gewekt. Zo beschouwt Plato moreel inzicht als gefundeerd in een kennis van de Ideeën en tracht hij daarmee een hecht fundament aan de waardeleer te geven.

Deze superieure vorm van kennis (*epistèmè*), waarin de Ideeën in hun zuivere vorm door het denken aanschouwd worden, dient streng te worden onderscheiden van de kennis die we van de waarneembare dingen hebben en die door Plato als mening (*doxa*) wordt aangeduid. Daartoe horen ook de opinies die we er met betrekking tot morele waarden op na houden. Deze zijn aangeleerd en door conventie bepaald; ze berusten op willekeur en wisselen al naar gelang de omstandigheden. Het uiteindelijke inzicht is volgens Plato gelegen in de aanschouwing van het goede, de hoogste van alle Ideeën. Het is datgene «wat elke ziel najaagt, waardoor ze doet wat ze doet, met een voorgevoel van het bestaan ervan». Als de zon in de zichtbare wereld schijnt, schijnt het goede in de wereld van het denken over de Ideeën en is het de bron van onze kennis daarvan. Om dit inzicht is het de filosoof te doen. In de gelijkenis van de grot, die hier wordt weergegeven, schetst Plato hoe het de mens vergaat die dit inzicht te beurt valt. Er moet echter een lange en moeilijke weg worden afgelegd om dit te bereiken. Nu is die kennis niet voor iedereen weggelegd. Maar, meent Plato, het is in elk geval iets waarover de leiders van een rechtvaardige staat dienen te beschikken. Er zal nooit een einde aan de problemen van de staten komen, zegt hij, «tenzij filosofen in deze wereld koningen worden of tenzij degenen die we nu koningen of leiders noemen werkelijk en waarachtig filosofen worden». De ware leiders, dat wil zeggen, zij die het belang van de gemeenschap en niet het eigenbelang dienen, moeten dus opklimmen tot het inzicht in het goede. In *De Staat*, Plato's hoofdwerk, wordt dit ideaal uitgewerkt en ontvouwt Plato zijn opvattingen over de inrichting van een rechtvaardige staat.

Het is niet alleen bij theoretiseren gebleven. Op uitnodiging van Dionysius II, vorst te Syracuse, heeft Plato een poging ondernomen zijn ideeën met betrekking tot de ideale staat in praktijk te brengen. Maar veel is er van deze onderneming niet terechtgekomen. Partijtwist en intrige noopten hem, zelfs met gevaar voor eigen leven, terug te keren naar Athene. Daar leidde hij tot zijn dood toe de Academie en schreef onder andere *De Wetten*, zijn laatste grote werk, waarin hij zich opnieuw en nu een stuk praktischer op het probleem van de staatsinrichting en wetgeving bezonnen heeft.

Plato, De allegorie van de grot

— Vervolgens, zei ik, moet je het effect dat opvoeding (of het ontbreken daarvan) op onze natuurlijke aanleg heeft eens vergelijken met een ervaring als deze: stel je namelijk mensen voor in een soort van ondergronds, grotachtig verblijf, met een lange toegang, die naar het daglicht leidt en langs de hele breedte van de spelonk loopt. Van jongs af zijn ze daar aan benen en hals gekluisterd, zodat ze niet van hun plaats weg kunnen en alleen maar voor zich uit kunnen kijken, doordat de boeien het hun onmogelijk maken het hoofd naar links of rechts te draaien. En wat het licht betreft, dat krijgen zij van een vuur dat boven hen, heel in de verte en achter hun rug brandt. Tussen het vuur en de gevangenen in, in de hoogte, loopt een weg. En kijk, langs die weg is een muurtje opgetrokken, net een van die schotten zoals marionettenspelers tussen henzelf en het publiek plaatsen, en waarboven ze hun poppen vertonen.

— Ik kan het me voorstellen.

— Stel je dan ook voor dat er langs dat muurtje mensen lopen met allerhande voorwerpen, die boven het muurtje uitsteken, en ook met beelden van mensen, met dieren in steen en hout, en uit allerhande materialen

PLATO De allegorie van de grot

vervaardigd. En natuurlijk zijn er tussen die voorbijtrekkende dragers mensen die praten en anderen die zwijgen.
— Een niet alledaags tafereel is dat, zei hij, en niet alledaagse gevangenen!
— Precies onze evenbeelden, zei ik. Want in de eerste plaats, geloof je dat zulke mensen zowel van zichzelf als van elkaar ooit iets anders te zien hebben gekregen dan de schaduw, die door het vuur geworpen wordt op de rotswand vóór hen?
— Hoe zou dat kunnen, zei hij, indien ze gedwongen zijn heel hun leven lang hun hoofd onbeweeglijk te houden?
— En verder: van de voorwerpen die langs gedragen worden, zien ze daar niet precies hetzelfde van?
— Natuurlijk.
— Veronderstel nu eens dat ze met elkaar konden praten. Denk je niet dat ze in de mening zouden verkeren dat ze, door namen te geven aan wat ze zien, de werkelijk bestaande dingen zelf zouden noemen?
— Vanzelfsprekend.
— En stel dan eens dat de kerker ook nog een echo bezit, vanuit de rotswand tegenover hen: zouden ze dan, volgens jou, menen dat het geluid ergens anders vandaan komt dan van de voorbijgaande schaduw?
— Bij Zeus nee! zei hij.
— In elk geval zouden zulke mensen nooit iets anders voor de werkelijkheid houden dan de schaduwen van de nagemaakte voorwerpen.
— Dat kan gewoon niet anders.
— Stel je nu eens voor hoe hun bevrijding uit de boeien en de genezing van de onwetendheid zou plaatsvinden, indien het hun, overeenkomstig hun natuur, als volgt zou vergaan. Als een van hen nu eens werd bevrijd van zijn boeien, en ertoe gedwongen werd plotseling op te staan en op te kijken naar het licht; als hij, bij alles wat hij zo doet, pijn zou hebben, en als de schittering van het licht het hem onmogelijk zou maken die dingen te onderscheiden, waarvan hij daarvoor de schaduwen zag: wat zou hij zeggen, denk je, als iemand hem zei dat alles wat hij tot dan toe zag maar flauwekul was, maar dat hij nu, heel wat dichter bij de werkelijkheid staande en naar werkelijker dingen gekeerd, een juistere kijk heeft op de zaken? En met name als men hem één voor één de langstrekkende voorwerpen aanwees en hem telkens de vraag stelde: «Wat is dat?» en hem dwong te antwoorden: denk je

PLATO De allegorie van de grot

niet dat hij in verlegenheid zou raken en denken dat wat hij daarvoor zag, échter was dan wat men hem nu aanwijst?
— Veel echter.
— En veronderstel dat men hem zou dwingen in het vuur zelf te kijken: zal hij dan geen pijn krijgen aan zijn ogen en zich afwenden en zijn toevlucht zoeken bij dat andere, waar hij wél naar kan kijken, en menen dat dit laatste werkelijk duidelijker is dan alles wat men hem aanwijst?
— Zo is het.
— En als iemand hem dan met geweld daarvandaan sleepte door de ruwe en steile opgang, en hem niet losliet voordat hij hem naar buiten in het zonlicht had getrokken, zou hij dan geen pijn hebben en zich ergeren aan zo'n behandeling, denk je? En als hij in het licht komt en zijn ogen zo vol lichtstralen krijgt, zal hij niet in staat zijn om ook maar iets te zien van wat wij nu werkelijkheid noemen. Nietwaar?
— Tenminste niet onmiddellijk, zei hij.
— Gewenning, nietwaar, dát is het wat hij nodig heeft, wil hij de dingen daarboven zien. Eerst zou hij de schaduwen het gemakkelijkst zien, dan de weerspiegelingen van mensen en dingen in het water, vervolgens de dingen zelf. Van die dingen zal hij gemakkelijker de hemellichamen en de hemel zelf zien, wanneer hij 's nachts opkijkt naar het licht van maan en sterren, dan dat hij overdag naar de zon en het zonlicht zou kijken.
— Natuurlijk.
— Pas op het eind, denk ik, zal hij de zon — niet meer haar spiegelbeelden in het water of elders, waar ze zelf niet is, maar de zon zelf, op zichzelf, op haar eigen plaats aan de hemel — kunnen waarnemen en aanschouwen zoals ze is.
— Noodzakelijkerwijs.
— En dan kan hij daarover beginnen te redeneren en zal hij tot de conclusie komen dat zij het is die de jaargetijden en de jaren doet ontstaan, die alles in de zichtbare wereld regeert en die in zekere zin de oorzaak is van alles wat hij en zijn medegevangenen altijd zagen.
— Dat is klaarblijkelijk de conclusie waar zijn vorige ervaringen hem toe zullen leiden.
— En als hij dan eens terugdenkt aan zijn vroeger verblijf en aan de wijsheid van daar en aan zijn medegevangenen van toen, denk je dan niet dat

PLATO De allegorie van de grot

hij zichzelf gelukkig zal achten om de verandering, maar de anderen beklagen?
— Diep beklagen.
— Veronderstel nu eens dat zij vroeger [in de grot] de gewoonte hadden onderling bepaalde eerbewijzen en woorden van lof en prijzen uit te loven voor wie van hen het scherpste de langstrekkende schaduwen kon waarnemen, en voor wie zich het best kon herinneren wat daarvan gewoonlijk het eerst of het laatst of tegelijk voorbijtrok, en, natuurlijk, voor hem die het knapst was om daaruit te voorspellen wat er zou volgen: geloof je dat hij nu nog erg gesteld zou zijn op zulke eerbewijzen en jaloers op wie daarginds de eer en de macht bezit? Zou het hem niet vergaan zoals Homerus het zegt: dat hij liever als *dagloner in dienst bij een ander, bij een onvermogende boer* zou zijn, en liever alles zou lijden dan er de 'meningen' van daarginds op na te houden en een bestaan als dat in de grot te leiden?
— Zijn leven van nu zal hij verkiezen, denk ik; en liever zal hij alles verduren dan een leven als dat in de grot te leiden.
— En bedenk ook nog dit. Als zo iemand weer in de grot zou afdalen en zijn vorige plaats zou innemen: zouden zijn ogen dan niet vol duisternis zijn, nu hij zo plotseling uit de zon kwam?
— Ongetwijfeld.
— En veronderstel dan dat hij wéér zijn oordeel moest uitspreken over die schaduwen daar en een wedstrijd aangaan met de anderen, die altijd gevangen zijn gebleven. Zou hij geen raar figuur slaan zolang zijn blik vertroebeld is, en totdat zijn ogen zich hebben aangepast — en die gewenning zou wel eens een heel poosje kunnen duren! Men zou zeggen dat zijn tocht naar boven hem de ogen heeft gekost en dat het dus de moeite niet loont om zelfs maar een poging te doen naar boven te gaan. En, als iemand probeerde hen te bevrijden en naar boven te brengen, zouden ze hem dan niet van kant maken, als ze hem in handen konden krijgen en doden?
— Zonder twijfel.

[*Verklaring van de allegorie*]

— Dit beeld nu, mijn beste Glauco, moet je in zijn geheel toepassen op wat we boven zeiden. Daartoe moet je de zichtbaar-waarneembare wereld

PLATO De allegorie van de grot

gelijkstellen met het verblijf in de gevangenis, het licht van het vuur daarin met de kracht van de zon. Wil je dan ook de tocht naar boven en de aanblik van de dingen daar gelijkstellen met de opstijging van de ziel naar de verstandelijk-kenbare wereld, dan zul je niet ver weg blijven van wat ik althans vertrouw dat waar is, omdat je er toch zo op uit bent dat te vernemen. Of het inderdaad waar is, dat weet God. Mijn overtuiging is in elk geval dat in de wereld van het kenbare de Idee van het Goede het laatst van al en slechts met moeite gezien wordt. Heeft men haar echter eenmaal gezien, dan moet men concluderen dat zij klaarblijkelijk in alles de oorzaak is van al wat goed en schoon is, daar zij in de zichtbare wereld het licht en de meester van het licht [de zon] baart, en in de kenbare wereld — waar zijzelf de meesteres is — waarheid en verstand bezorgt. En dan moet men ook concluderen dat men haar zowel in het privé-bestaan als in het openbare leven moet zien, indien men wijs wil handelen.
— Ik ben het helemaal met je eens, zei hij, althans voorzover ik je kan begrijpen.
— Wel dan, deel hierover dan ook mijn mening en wees er niet verbaasd over dat zij, die eenmaal in die hoge regionen zijn gekomen, weigeren zich met de menselijke aangelegenheden in te laten: hun ziel snakt ernaar steeds daarboven te vertoeven. Dat ligt ook nogal voor de hand, als ook op dit punt de toestand is, zoals we hem boven in onze allegorie hebben uiteengezet.
— Ja, dat ligt voor de hand.
— En verder: vind je er iets vreemds aan dat een man, die van dat goddelijk schouwspel overgaat naar de menselijke ellende, zich onhandig gedraagt en een erg dwaas figuur slaat, wanneer hij, terwijl alles hem nog voor de ogen schemert en vooraleer hij voldoende heeft kunnen wennen aan de hier heersende duisternis, gedwongen wordt in rechtszaken of elders de strijd aan te gaan over wat [slechts] een schaduw van de rechtvaardigheid is, of over de afbeeldingen die deze schaduwen werpen, en wanneer hij een dispuut moet aangaan over de vraag wat daarvoor dan wel de opvatting is van mensen die nooit de rechtvaardigheid op zichzelf hebben gezien.
— Nee, daar is helemaal niets vreemds aan.
— Integendeel. Wie bij zijn verstand is, zou zich moeten herinneren dat er twee soorten vertroebeling van het oog zijn, te wijten aan twee verschil-

lende oorzaken: aan de overgang van het licht naar de duisternis, en aan die uit de duisternis naar het licht. En als hij ervan overtuigd is dat dit net zo geldt voor de ziel, zal hij niet als een dwaas gaan lachen, wanneer hij ziet dat een ziel in de war raakt of onmogelijk iets kan onderscheiden. Hij zal zich integendeel afvragen of ze niet uit een helderder leven komt en daarom verblind is bij gebrek aan aanpassing, ofwel of ze, uit een grovere onwetendheid in een helderder licht tredend, niet verblind wordt door een al te schel licht. En dán zal hij de eerste wel feliciteren met de toestand waarin ze haar leven doorbrengt, terwijl hij de andere zal beklagen. En wil hij om deze laatste lachen, dan zal zijn lach minder belachelijk zijn dan wanneer hij dat bij de andere zou doen, die van boven uit het licht komt.
— Dat klinkt heel redelijk.
— Indien dat waar is, hernam ik, moeten we over die aangelegenheden tot de volgende overtuiging komen: dat de opvoeding niet is wat sommigen, die zich voor professoren uitgeven, erover beweren. Zij beweren, als ik me niet vergis, in de ziel een kennis te brengen, die er oorspronkelijk niet in was, net zoals iemand in blinde ogen het gezicht zou brengen.
— Dat beweren ze inderdaad.
— Onze redenering toont daarentegen aan dat het vermogen en het werktuig om te leren reeds in de ziel van iedereen bestaan. Het is net alsof een oog niet van de duisternis naar het licht zou kunnen draaien zonder het hele lichaam mee te doen draaien: zo dient ook het orgaan van de kennis samen met de hele ziel uit het wordende omgewend te worden, totdat het sterk genoeg wordt om de aanblik te verdragen van het zijnde, en wel van het schitterendste deel van het zijnde. En dit noemden we het Goede. Is het niet zo?

J. Burnet, *Platonis Opera*. Oxford, 1946, 1967²; Politeia, 514a-517a.
Nederlandse vertaling: Plato, *Verzameld werk*, boek VII, vertaling Xaveer de Win, bewerking Jef Ector, Rein Ferwerda, Ko Kleisen, Carlos Steel en anderen. Kapellen/Baarn: Pelckmans/Agora, 1991, p. 323-327 (deel II).

Aristoteles
(384 – 322 v. Chr.)

Plato's leerling Aristoteles sluit vooral bij het latere werk van zijn leermeester aan. Daarin was de klassieke Ideeënleer reeds op belangrijke onderdelen gewijzigd of aangevuld. Plato ontwikkelde bijvoorbeeld een theorie met betrekking tot de uitspraak (*logos*, de verbinding van subject en predikaat), als vehikel van waarheid dan wel onwaarheid. Voor Aristoteles' logica was dit fundamenteel. Ook gaf Plato een natuurfilosofie, echter met het voorbehoud dat de natuur alleen cognitief toegankelijk is in zoverre de bovennatuurlijke orde daarin functioneel weerspiegeld is.

Aristoteles heeft Plato's theorie van de twee werelden afgewezen. Er is zijns inziens geen andere werkelijkheid dan die welke wij ook met onze zintuigen kunnen ervaren. Hij blijft evenwel Plato's voetspoor drukken in zoverre hij betoogt dat er zaken zijn die bij voorkeur of zelfs uitsluitend voor het intellect toegankelijk zijn.

Dankzij zintuigen en intellect kunnen wij de wereld om ons heen begrijpen. Dit kan op een naïeve wijze gebeuren, maar ook op een wetenschappelijke manier, waarbij het streven is tot het formuleren van onbetwijfelbare uitspraken te komen. Zodra wij wetenschappelijk worden, valt de werkelijkheid echter in een aantal deelgebieden uiteen. In de wiskunde heeft men niets aan biologische inzichten. Aristoteles constateert dat er een aantal van zulke deelgebieden is: de werelden der natuur, die van het handelen en die van de literatuur. Aristoteles' geschriften weerspiegelen deze verkaveling: fysica, meteorologie, psychologie en biologie; ethica en politica; poëtica en retorica; een werk met de (latere) titel *Metafysica*; en een groep traktaten van formeel-logische en wetenschapstheoretische aard, waaronder de *Analytica*.

De metafysica is een wetenschap die de opdeling der disciplines overwint en de werkelijkheid als geheel tracht te doorgronden. In dit opzicht is ze te vergelijken met de naïeve attitude, voor welke er nog geen opdeling van de werkelijkheid bestaat. De metafysica is echter niet naïef: welbewust ziet ze af van alles wat specifiek is. Ze onderzoekt iets niet in zoverre het 'natuurlijk' is, of 'psychisch', maar alleen 'in zoverre het ís' — een vraagstelling die in de deeldisciplines niet aan de orde kan komen. Desondanks is volgens Aristoteles deze algemene vraagstelling van eminent belang voor ieder specialisme. De beoefenaar van een wetenschap gaat er immers — naïef — van uit dat wat hij onderzoekt ook ís, en als zodanig cognitief toegankelijk is.

Ook de analytica heeft een algemeen karakter. Ze is echter geen wetenschap. De analytische geschriften behandelen de formele logica en de toepassingen daarvan. Een wetenschap is alleen een wetenschap, indien ze methodisch op de juiste wijze formeel-logische structuren aanbrengt, in zoverre haar terrein van onderzoek dat toelaat (de wiskunde laat zich bijvoorbeeld veel verder formaliseren dan — volgens Aristoteles — de ethica).

Van Aristoteles zijn hier teksten opgenomen uit zijn metafysische, fysische en logische geschriften. In het kort wordt daarover nog iets meer gezegd.

De *Fysica* handelt over de natuurlijke dingen, in zoverre ze ontstaan en vergaan, bewegen en veranderen, en in zoverre dezelfde verschijnselen zich daarbij steeds herhalen. Parmenides is hier Aristoteles' grote tegenstander (Plato in mindere mate), omdat Parmenides deze processen naar het rijk der zinsbegoocheling verwezen had. Aristoteles constateert dat beweging — of liever bewegingen — iets gegevens is, dat zich niet weg laat redeneren. Hij geeft Parmenides toe dat iets niet uit niets ontstaan of tot niets vergaan — in absolute zin; in een relatieve zin zijn ontstaan en vergaan, en ook verandering, echter wel degelijk cognitief verklaarbaar. Ieder ding is een samenstel van *vorm* en *materie*. Zowel de vormen als de materie zijn eeuwig en onveranderlijk, veranderlijk echter is de betrekking tussen deze beide componenten onderling. Onveranderlijk gegeven is bovendien de voortdurende herhaling van het proces van deze veranderlijke verhouding. Het eenvoudigst is dit zichtbaar te maken bij een levend wezen: een eik ontstaat niet uit niets, maar uit een eikel, en ook een eikel is niet uit niets ontstaan, maar van een eik afkomstig. In de materiële eikel is in zekere zin de vorm 'eik', die de volwassen eik kenmerkend bepaalt, al aanwezig, namelijk als een specifiek 'nog niet' (uit een eikel groeit geen kastanje en de vorm 'kastanje' is niet het bepalend afwezige in de eikel). De ontwikkeling wordt verklaard als een geleidelijke overgang van een relatief niet-zijn (geen eik zijn) naar een zijn (eik zijn). De ontwikkeling voltrekt zich binnen en aan de — toenemende — materie, die als drager ('substraat') ervan gezien wordt. De vorm is eeuwig: een eerdere eik had hem aan de eikel opgelegd, enzovoort. Op dezelfde wijze zijn ook de processen in de grote natuur gerichte processen: water dampt op *tot* lucht, lucht slaat neer *tot* water, dag en nacht en de seizoenen wisselen elkaar op steeds dezelfde wijze af.

Bij de ontwikkeling van een levend wezen is de te verwezenlijken vorm (*eidos*) doel en eindpunt (*telos*). Men spreekt in dit verband daarom van een 'teleologische' natuurbeschouwing. Aristoteles noemt de vorm ook *oorzaak* van de ontwikkeling: formele of vormoorzaak, doel-oorzaak en oorzaak van de verandering en 'beweging' die optreedt. De materie is eveneens oorzaak (materiële oorzaak).

De *Metafysica* handelt over dingen in het algemeen. Voorwerp van onderzoek is 'wat *is* in zoverre het *is*'. Daarom moet onderzocht worden welke betekenissen het woord 'zijn' zoal heeft. De belangrijkste is: 'bestaan', in de zin van *zelfstandig zijn*, het 'zijn' van de dingen dus: een mens is iets zelfstandigs, maar een kleur ('blond') bestaat alleen in afhankelijkheid van en verbonden met iets anders, dat wél zelfstandig is. Aristoteles' term voor 'zelfstandig ding' is *ousia*, traditioneel vertaald met substantie. De natuurlijke dingen zijn allemaal substanties. In de metafysica onderzoekt men de natuurlijke dingen evenwel niet als natuurlijke dingen, dat wil zeggen niet in zoverre ze ontstaan en vergaan, bewegen en veranderen, maar in zoverre ze *zijn*. Het belangrijkst daarbij, want steeds op dezelfde wijze gegeven, is de *vorm* die de materie bepaalt; Aristoteles noemt deze vorm 'wat het [voor iets] was, te zijn [wat het is]', traditioneel vertaald met essentie. Deze is voor ons cognitief toegankelijk: hij kan aan het ding onttrokken worden ('abstractie') en in de gedaante van een begrip neerslaan in ons intellect.

Nu zijn de natuurlijke dingen die slechts een tijdelijke verbinding zijn van vorm en materie niet de enige. Er zijn er ook waarbij deze verbinding eeuwig is: de hemellichamen, waarvan ieder een samenstel is van een superieure individuele vorm en van een superieur soort materie, de ether.

Aristoteles redeneert nu verder door uit te gaan van de 'trappen' der 'zijnde' dingen: als er vergeleken met iets wat ís, iets soortgelijks is wat beter is, moet er ook iets zijn wat het beste is. Er moet dus iets zijn wat nog boven de hemellichamen staat, want deze waren beter dan de gewone dingen. Aristoteles wijst dit hoogste 'zijnde' ook aan: vormen, die niet aan materie gebonden zijn en die de oorzaak zijn van de onveranderlijke bewegingen der hemellichamen, en dus, via deze hemellichamen, oorzaak van de veranderlijk zich repeterende bewegingen in de ondermaanse natuur. De belangrijkste van deze immateriële vormen is degene die het firmament doet draaien: de eerste onbewogen Beweger, of: God.

Tot slot iets over de *Analytica*. 'Analytica' betekent: de kunst van het losmaken, van het ontbinden. Als we een algemene uitspraak nemen, bijvoorbeeld «Alle lezers van deze regels zijn sterfelijk», dan beginnen we met vast te stellen dat daarin een subject ('alle lezers…') met een predikaat ('sterfelijk') verbonden is door middel van het woordje 'zijn'. Deze uitspraak pretendeert waar te zijn. Als we willen vaststellen of ze waar is, moeten we de met 'zijn' gelegde verbinding ongedaan maken, de uitspraak ana-lyseren, en proberen een 'term' of begrip te vinden, dat een noodzakelijk verband tussen subject en predikaat aanbrengt. We moeten bij onze oorspronkelijke uitspraak, ons 'probleem', twee andere uitspraken zoeken, en in allebei die uitspraken moet de gezochte 'term' voorkomen, terwijl in de ene ons oorspronkelijk subject, in de andere ons oorspronkelijk predikaat moet terugkeren, als volgt.

> «Als sterfelijk wordt gezegd van alle mensen, en mens wordt gezegd van alle lezers van deze regels, dan wordt sterfelijk gezegd van alle lezers van deze regels.»

We kunnen dit ook, in navolging van Aristoteles, met symbolen weergeven.

> «Als A wordt gezegd van alle B,
> en B wordt gezegd van alle C,
> _____
> dan wordt A gezegd van alle C.»

Een dergelijk samenstel van uitspraken noemt Aristoteles *syllogisme*, wel vertaald met 'sluitrede'. De beide uitspraken boven de streep heten premissen, de uitspraak daaronder conclusie. In de uitgeschreven redenering wordt de conclusie uit de premissen *afgeleid* (deductie); bij het wetenschappelijk onderzoek gaat het er echter in de regel om bij een gegeven, als (mogelijke) conclusie beschouwde uitspraak de premissen te vinden (*analyse*). De daaropvolgende deductie van de conclusie is een louter formele zaak.

In de eerste *Analytica* laat Aristoteles zien hoeveel mogelijke constellaties van premissen en conclusie als schema's van geldig redeneren aanvaard en gebruikt kunnen worden. Een formeel geldige redenering hoeft echter nog geen ware te zijn: de waarheid van de conclusie is afhankelijk van de waarheid der premissen — is een gedelegeerde waarheid. Bij de ontwikkeling van een wetenschap zal men dus de boven een conclusie gevonden premissen opnieuw moeten 'ontbinden'. Hierover spreekt Aristoteles in de tweede *Analytica*. Binnen iedere wetenschap moet men het als het ware steeds hogerop zoeken. Als alles goed gaat, komt men tenslotte bij premissen uit, die zelf niet meer afgeleid kunnen worden. Deze 'eerste' premissen hoeven niet bewezen of verklaard te worden; we kunnen er bovendien ons vertrouwen in uitspreken, omdat wij ze op methodisch-analytische wijze hebben opgespoord.

De deductieve opbouw van een syllogistisch systeem van wetenschappelijke uitspraken is secundair ten aanzien van de 'analytische' taken van de onderzoeker. Typerend voor Aristoteles' eigen vakwetenschappelijke geschriften is dat het onderzoek ons in de regel niet als resultaat, dat wil zeggen in deductieve vorm, maar als beweging, als het onderzoek naar de eerste premissen van een wetenschap wordt aangeboden. Het gaat erom de dingen te *verklaren*, de het noodzakelijk verband aanbrengende nieuwe termen te vinden. De lezer van deze regels is sterfelijk, *omdat* hij een mens is.

Aristoteles, *Metafysica*, boek IV (fragmenten)

Er is een wetenschap, die het zijnde als zijnde en de kenmerken, die daartoe krachtens de eigen aard ervan behoren, onderzoekt. Deze wetenschap is niet dezelfde als een van de zogenaamde deelwetenschappen, want geen van deze andere wetenschappen neemt op algemene wijze het zijnde als zijnde in beschouwing, maar scheiden daar een deel van af om er het eigene van te bestuderen, zoals bijvoorbeeld de mathematische wetenschappen doen.

Wij zijn evenwel opzoek naar de eerste beginselen en hoogste oorzaken, en het is duidelijk dat er dan iets moet zijn waarvan deze beginselen en oorzaken deel uitmaken. Waar nu naar deze beginselen en oorzaken ook wordt gezocht door mensen die naar de elementen van zijnde dingen op zoek zijn,

ARISTOTELES *Metafysica*, boek IV

is het noodzakelijk dat zij ook elementen zijn van het zijnde, niet bij toeval [*per accidens*], maar als zijnde.

De term 'zijnde' wordt in verschillende betekenissen gebruikt, echter met betrekking tot één idee en één bepaalde natuur, en dus niet in een dubbelzinnige betekenis, maar zoals de term 'gezond' verwijst naar gezondheid (waarbij gedacht kan worden aan het-bewaren-van, het-tot-standbrengen-van of het-aanduiden-van gezondheid, of het in gezondheid verkeren) en zoals de term 'geneeskundig' verwijst naar de geneeskunde (deze term wordt gebruikt voor het aanduiden van het-beoefenen-van de geneeskunde, het-geschikt-zijn-voor de geneeskunde, of van de functie van de geneeskunde), zo zullen we ook andere termen tegenkomen die op soortgelijke wijze worden gebruikt.

De term 'zijnde' wordt dus in verschillende betekenissen gebruikt, echter altijd met verwijzing naar één beginsel. Want sommige dingen worden 'zijnden' genoemd, omdat ze substanties zijn, andere worden 'zijnden' genoemd, omdat ze aandoeningen van een substantie zijn, en weer andere worden 'zijnden' genoemd, omdat ze een proces tot substantie vormen: een vernietiging, beroving, kwaliteit, vervaardiging, schepping, namelijk van substantie of van dingen die naar substantie verwijzen, of van ontkenning van deze dingen of van substantie zelf. Daarom zeggen wij ook van 'niet-zijnde' dat het 'niet-zijnde' *is*.

En derhalve, evenals er één wetenschap is van alle dingen die met gezondheid hebben te maken, zo is dit ook het geval met alle andere dingen. Want niet alleen in het geval van dingen die één kenmerk gemeenschappelijk hebben, is er sprake van onderzoek door één wetenschap, maar ook wanneer de dingen verwijzen naar één gemeenschappelijke natuur. Want ook deze dingen worden in zekere zin gebruikt met verwijzing naar één idee.

Het mag dus duidelijk zijn dat de zijnden als zijnden ook door één wetenschap worden bestudeerd. Nu gaat wetenschap in elk geval in hoofdzaak over dat wat primair is, dat wil zeggen: waarvan de andere dingen afhankelijk zijn en waarvan ze hun benaming krijgen. Als dat primaire nu substantie is, moet de filosoof de beginselen en de oorzaken van substanties vatten. Er bestaat van elke klasse van zijnden één waarnemingen één wetenschap, zoals de taalwetenschap één wetenschap is die alle klanken bestu-

ARISTOTELES *Metafysica*, boek IV

deert. Daarom vormt ook de studie van de soorten van het zijnde als zijnde de taak van een wetenschap die één is naar klasse, terwijl de studie van de verschillende soorten van het zijnde behoort tot specifieke onderdelen van die wetenschap.

Stel nu dat 'zijnde' en 'één' identiek zijn en een gemeenschappelijke natuur hebben, in de zin dat ze in elkaar vervat zijn zoals beginsel en oorzaak, maar niet op de wijze dat ze door één definitie worden geduid (ofschoon het geen verschil maakt, als we ze wel in dezelfde betekenis opvatten — dat is eerder nuttig voor ons betoog). Immers, 'één mens' en 'mens' zijn hetzelfde, en ook 'zijnde mens' en 'mens', want de verdubbeling 'één mens en één *zijnde* mens' drukt niet verschillende dingen uit (het is duidelijk dat er tussen die twee geen onderscheid is op grond van ontstaan of vergaan). Evenzo geldt dit ten aanzien van 'één', zodat de toevoeging ervan op hetzelfde neerkomt, en '*één* zijnde mens' niet verschilt van 'zijnde mens'.

Stel bovendien dat de substantie van elk ding één is, niet bij toeval, en evenzo dat het [de substantie] ook een zijnde is, dan moeten de soorten van 'één'[heid] even groot in aantal zijn als er soorten van zijnden zijn. Naar de essentie van deze soorten verricht een wetenschap onderzoek, die naar klasse één is.

Wij moeten zeggen of het tot één dezelfde of tot verschillende wetenschappen behoort, wanneer we onderzoek doen naar zogenaamde axioma's van de mathematica en naar substantie. Het is duidelijk dat de bestudering van deze axioma's eveneens tot één wetenschap behoort, en wel de wetenschap van de filosoof. Want deze axioma's zijn van toepassing op alle zijnde dingen, en niet op een speciaal soort van zijnde dingen, dat losstaat van de andere dingen. Bovendien maken alle mensen er gebruik van, omdat het axioma's zijn van het zijnde als zijnde en elk soort 'zijn' bezit; zij maken er echter slechts gebruik van, voorzover het voor hen voldoende is, dat wil zeggen: voorzover het de klasse van zijnden betreft waarover zij bewijsvoeringen leveren. Dus, omdat de mathematische axioma's voor alle dingen als zijnden gelden (want dat hebben ze gemeenschappelijk), richt het onderzoek van hem, die het zijnde als zijnde bestudeert, zich tevens op deze axioma's. En daarom probeert niemand van de onderzoekers van een deelgebied, de meetkundige noch de rekenkundige, te zeggen of die

ARISTOTELES *Metafysica*, boek IV

axioma's waar zijn of onwaar. Sommige natuurfilosofen spraken zich begrijpelijkerwijs inderdaad in die zin uit, want zij meenden als enigen de natuur als geheel én het zijnde te onderzoeken. Maar omdat er nog een soort denker is die hoger staat dan de natuurfilosoof (want de natuur is slechts één klasse van zijnde), is het onderzoek naar de mathematische axioma's ook de taak van hem, wiens onderzoek universeel is en de primaire substantie betreft. Ook natuurfilosofie is een soort wijsheid, maar niet van primaire aard. De pogingen van sommigen die erover discussiëren hoe de waarheid moet worden opgevat, missen geoefendheid in de logica. Want daarvan moet men eerst kennis hebben, en men moet geen onderzoek naar die axioma's doen, als men nog student is. Het is dus duidelijk dat het de taak van de filosoof is, dat wil zeggen: van hem die de natuur van alle substantie onderzoekt, ook de beginselen van logische redeneringen te onderzoeken. En het past degene die het meest van elke zijns klasse weet, om de meest zekere beginselen van zijn eigen onderwerp te formuleren; zo ook moet degene die het meest weet van het zijnde als zijnde, de meest zekere beginselen van alle dingen kunnen formuleren. Deze nu is de filosoof, en het meest zekere beginsel van alle dingen is datgene waarover geen vergissing mogelijk is. Want zo'n beginsel moet het meest bekend zijn (immers, alle mensen vergissen zich over zaken die onbekend zijn) en niet gebaseerd zijn op hypothese. Want het is noodzakelijk dat het beginsel, dat de onderzoeker van welk zijnde ook tracht te vinden, geen hypothese is. En dat wat iemand moet weten, die ook maar iets weet, moet hij al hebben als hij aan zijn onderzoek begint.

Het is dus duidelijk dat het meest zekere beginsel zo'n soort beginsel is. Laten wij vervolgens zeggen wat dit beginsel is: «Het is voor dezelfde eigenschap onmogelijk om zowel wél als níet aan eenzelfde ding in dezelfde relatie toe te komen.» En daarbij moeten wij verdere onderscheidingen maken om logische problemen te vermijden. Dit is in elk geval het meest zekere van alle beginselen, want het beantwoordt aan de vereiste definitie. Want het is voor iedereen onmogelijk te veronderstellen dat hetzelfde wél en níet is, zoals — naar sommigen vermoeden — Heraclitus beweert. Het is immers niet noodzakelijk dat iemand wat hij zegt ook gelooft. En als het onmogelijk is dat tegengestelde eigenschappen aan hetzelfde subject toekomen (waarbij ook voor deze uitspraak de gebruikelijke eigenschappen gelden), geldt ook

ARISTOTELES *Metafysica,* boek IV

dat een mening, die aan een andere tegengesteld is, deze andere mening tegenspreekt. Zodat het zonder meer onmogelijk is dat dezelfde mens op eenzelfde moment veronderstelt dat hetzelfde zowel is als niet is. Want wie zich hierin vergist, heeft tegelijkertijd twee tegengestelde meningen. Daarom verwijzen allen, die zich op het gebied van de bewijsvoering begeven, terug naar dit laatste beginsel. Want dit is ook het beginsel voor alle andere axioma's.

> W. Jaeger, Aristotelis *Metaphysica,* O. C. T. Oxford: Clarendon Press, 1978, p. 59-61, 64-66 (1003a21-1003b36; 1005a19-1005b34). Vertaald voor deze bundel door P. Boot.

Aristoteles, *Fysica,* boek II (fragment)

De oude denkers (te weten de natuurfilosofen), naar wie wij nu kijken, lijken zich met de materie bezig te houden. Immers, Empedocles en Democritus hebben slechts in geringe mate een deel van de vorm en van de essentie gevat. Maar als anderzijds de kunst de natuur nabootst, en het de taak van dezelfde wetenschap (namelijk de natuurfilosofie) is om tot op zekere hoogte de vorm en de stof [materie] te kennen (zoals een arts kennis heeft van gezondheid en van gal en slijm, waardoor gezondheid ontstaat, en eveneens zoals een bouwer van een huis kennis heeft van de vorm van een huis én van het materiaal, namelijk van bakstenen en planken, en op dezelfde wijze in andere gevallen) als dat nu het geval is, is het ook van de natuurfilosofie de taak om beide naturen (namelijk vorm en stof) te kennen.

Voorts behoort ook het waarom of het doel tot de taak van dezelfde wetenschap, evenals alle middelen waarmee het doel wordt bereikt. De natuur is het doel en het waarom. Want als een ding een voortdurende verandering doormaakt, welke tot een einde komt, is dat einde het laatste en het waarom. Daarom ook is het belachelijk, wanneer een dichter zich laat verleiden te zeggen: «Hij heeft het einde [namelijk de dood] waarom hij is geboren.» Want niet wil elk laatste zeggen dat dat ook het doel is — alleen het beste is doel. Want ook de kunsten maken hun materiaal (sommige kunsten gebruiken het direct, andere moeten het eerst geschikt maken), en wij maken van alles gebruik alsof het voor ons aanwezig is. Wij zijn immers op een bepaalde manier ook een doel. Het waarom heeft immers twee betekenissen: dat is uitgelegd in ons werk *Over filosofie*. De kunsten nu die de stof beheersen en kennis bezitten, zijn twee in getal, namelijk de kunst die het product gebruikt, en de kunst die de productie daarvan verzorgt. Daarom ook is de kunst die gebruikt in zekere zin de kunst die de productie verzorgt, terwijl echter de eerste kunst kennis bezit van de vorm en de producerende kunst kennis bezit van de stof. Want de stuurman heeft kennis van en geeft voorschriften voor wat de vorm van het roer moet zijn, terwijl iemand anders kennis heeft van wat voor hout en door welke bewerkingen het roer moet worden gemaakt. Voor producten van de kunst echter maken wij het materiaal met het oog op de functie, terwijl in producten van de natuur de materie al aanwezig is. Voorts is stof een van de betrekkelijke termen: want op elke stof is een bepaalde vorm betrokken.

In hoeverre nu moet de natuurfilosoof kennis bezitten van de vorm of de essentie? Tot een bepaald punt misschien, zoals de arts kennis moet hebben van een zenuw, of de smid van het brons, zo ook moet de natuurfilosoof kennis bezitten van zaken die naar vorm te onderscheiden zijn, maar toch in de materie zijn: immers, de mens én de zon brengen een mens voort. De wijze van bestaan en de essentie van wat onderscheiden wordt [de vorm] moet door de eerste filosofie [d.w.z. de metafysica, in tegenstelling tot de fysica = natuurfilosofie] worden gedefinieerd.

Nu we deze dingen hebben gedefinieerd, moeten we over de oorzaken onderzoeken wat hun karakter is en hoeveel ze in getal zijn. Want omdat ons onderzoek gericht is op kennis, en wij van mening zijn dat we niet eerder kennis van enig ding bezitten voordat wij het waarom (d.w.z. de eerste oorzaak) van enig ding hebben gevat, is het duidelijk dat wij dit ook moeten doen met betrekking tot ontstaan en vergaan en met betrekking tot elke fysische verandering, om de die processen beheersende beginselen te kennen en daarop elk van onze problemen te herleiden.

In een eerste betekenis heet oorzaak datgene waaruit iets ontstaat en wat blijvend daarin aanwezig is, bijvoorbeeld het brons van een standbeeld en het zilver van een schaal en dergelijke soorten.

In een tweede betekenis heet oorzaak datgene wat de vorm en het voor-

ARISTOTELES *Fysica,* boek II

beeld is, dat is de definitie van de essentie en de klassen ervan (zoals er bijvoorbeeld bij een octaaf een verhouding van 2:1 is, en in het algemeen het getal), en verder de delen van de definitie.

Voorts heet in een derde betekenis oorzaak datgene wat het eerste begin van verandering of van tot stilstand komen is, zoals iemand die raad geeft een oorzaak is, en een vader de oorzaak van een kind is, en in het algemeen wat maakt oorzaak is van wat veranderd wordt.

Voorts heet in een vierde betekenis oorzaak het doel, dat is het waarom, zoals gezondheid oorzaak is van het rondwandelen. Immers, waarom wandelt iemand rond? «Omdat hij gezond is», zeggen we, en wanneer we dat zeggen, menen we zo de oorzaak te hebben aangegeven. En hetzelfde geldt voor alle stappen, die door toedoen van iets anders plaatsvinden als middel tot het doel, zoals vermageren, purgeermiddelen en geneesmiddelen een middel tot gezondheid zijn. Want al die dingen zijn er omwille van het doel, ofschoon ze van elkaar verschillen, omdat sommige activiteiten zijn en andere instrumenten [middelen].

W. D. Ross, *Aristotelis Physica*, O. C. T., Oxford: Clarendon Press, 1960.
Physica II, 194a19-195a1. Vertaald voor deze bundel door P. Boot.

Aristoteles, *Analytica posteriora*

Aangezien het object van zuiver wetenschappelijke kennis onmogelijk anders kan zijn dan het is, moet kennis, verkregen langs de weg van het bewijs, noodzakelijkerwijs waar zijn. Kennis die bewezen is hebben wij echter wanneer we een bewijs hebben. Daarom moet het bewijs uitgaan van noodzakelijke premissen. Dus moeten we onderzoeken welke de premissen zijn en wat hun aard is. Laten we eerst evenwel definiëren wat 'waar in alle gevallen', wat 'essentieel' en wat 'universeel' is.

Ik noem dat 'waar in alle gevallen', waarvan niet geldt dat het waar is in één geval, en niet waar is in een ander geval, en waarvan evenmin geldt dat het waar is op het ene moment en niet waar op het andere moment. Bijvoorbeeld, als 'levend wezen' in alle gevallen een predikaat is van 'mens',

ARISTOTELES *Analytica posteriora*

dan is, als het waar is dat «Dit is een mens», het ook waar dat «Dit is een levend wezen», en als nu een van beide waar is, is ook het andere waar. Op dezelfde wijze geldt dit voor een [meetkundig] punt, dat in alle gevallen van een lijn kan worden gepredíceerd. Het volgende is daarvoor een aanwijzing: wanneer ons gevraagd wordt of iets in alle gevallen waar is, kunnen wij als bezwaren aanvoeren dat het in één geval of op een bepaald moment niet waar is.

'Essentieel' zijn, [ten eerste], alle dingen die aan iets anders toekomen, indien ze er als een essentieel element toe behoren (zoals een lijn tot een driehoek behoort, of een punt tot een lijn; want het zijn [de substantie] van driehoeken en lijnen is samengesteld uit deze elementen [namelijk lijnen en punten], welke onderdeel vormen van de definitie van de driehoek en de lijn). En voorts zijn, [ten tweede], alle dingen 'essentieel' die aan iets anders toekomen, als zij aan dat andere toekomen, terwijl dat andere onderdeel vormt van hun definitie, zoals recht en gebogen toekomen aan de lijn, en oneven en even, primair en samengesteld, kwadraat en niet-kwadraat toekomen aan een getal. En bij al deze dingen zijn die dingen, zoals lijn of getal, aanwezig in de formule die deze dingen definieert. En evenzo noem ik in het geval van andere dingen dergelijke attributen voor elk ding 'essentieel'. Maar attributen, die op geen van deze twee manieren aanwezig zijn, noem ik 'accidentele' [toevallige] eigenschappen, zoals bijvoorbeeld 'muzikaal' of 'wit' een toevallige eigenschap is van een 'levend wezen'.

Voorts noem ik, [ten derde], 'essentieel' wat niet van een ander subject wordt gepredíceerd, bijvoorbeeld 'het wandelende' wandelt en 'het witte' is wit, omdat het nog iets anders is [namelijk substantie], terwijl substantie, in de betekenis van 'elk individueel ding' niet is wat het is, omdat het nog iets anders is. Dingen dus, die niet van een subject worden gepredíceerd, noem ik 'essentieel'. Dingen, wel van een subject gepredíceerd, noem ik 'accidenteel'.

Voorts is, [ten vierde], op een andere wijze een ding 'essentieel', dat door zijn eigen aard bij elk ander ding aanwezig is. En wat niet door zijn eigen aard ermee verbonden is, is 'accidenteel', bijvoorbeeld «Terwijl hij wandelde, bliksemde het»: immers, niet door toedoen van het wandelen bliksemde het, maar dat is, zeggen we, toeval. Als een ding echter door zijn eigen aard bij iets aanwezig is, is het 'essentieel', bijvoorbeeld als een dier sterft, terwijl

ARISTOTELES *Analytica posteriora*

het de keel is doorgesneden, dan komt dat juist door het doorsnijden van de keel, omdat dat de doodsoorzaak is en de dood niet een accident is van [toevalligerwijs samengaat met] het doorsnijden van de keel.

Dit dus wordt in verband met zuiver wetenschappelijke objecten 'essentieel' genoemd, hetzij dat deze aanwezig zijn in hun subjecten, hetzij in de zin dat de subjecten in hen aanwezig zijn en dat dit aanwezig zijn ook noodzakelijk is. Want het is onmogelijk dat deze eigenschappen niet in hun subjecten aanwezig zijn, hetzij simpelweg, hetzij als tegengesteld paar eigenschappen, zoals bijvoorbeeld in een lijn 'recht' of 'krom' moet zijn, en in een getal 'oneven' of 'even'. Want in dezelfde zijnsklasse is het tegengestelde van een bepaalde eigenschap hetzij de ontkenning hetzij het tegendeel ervan, zoals bij getallen wat niet oneven is juist even is, voorzover dit logisch daaruit volgt. Derhalve, omdat het noodzakelijk is een bepaalde eigenschap van een bepaald subject te bevestigen of te ontkennen, is het noodzakelijk dat essentiële eigenschappen in hun subjecten aanwezig zijn.

Op deze wijze hebben wij dus onderscheid gemaakt tussen 'waar in alle gevallen' en 'essentieel'.

Ik noem 'universeel' wat in alle gevallen, in essentie en op zich, bij zijn subject aanwezig is. Het is dus duidelijk dat al wat universeel is, noodzakelijkerwijs aanwezig is in zijn subject. De essentiële eigenschap en de eigenschap die tot het subject behoort, zijn identiek, zoals bijvoorbeeld 'punt' en 'recht' essentieel tot een lijn behoren (zij horen immers bij een lijn als zodanig), en twee rechte hoeken tot een driehoek als zodanig behoren (immers, de driehoek is ook essentieel gelijk aan twee rechte hoeken). Een eigenschap is dan universeel aanwezig, wanneer aangetoond wordt dat die eigenschap bij elk eerst willekeurig geval aanwezig is, zoals bijvoorbeeld het hebben van twee rechte hoeken niet universeel voor elke [meetkundige] figuur geldt (ofschoon het mogelijk is van een [meetkundige] figuur aan te tonen dat deze twee rechte hoeken heeft, maar dit van elke willekeurige [meetkundige] figuur niet mogelijk is, terwijl men er ook niet bij het bewijs van een willekeurige [meetkundige] figuur gebruik van maakt: immers, een vierkant is een [meetkundige] figuur, maar de hoeken ervan zijn niet gelijk aan twee rechte hoeken). Anderzijds heeft elke willekeurige gelijkzijdige driehoek hoeken, gelijk aan twee rechte hoeken, maar is niet het 'gelijkzijdig' het belangrijkst, maar het 'driehoek'. Dus bij elk willekeurig iets, waarvan eerst bewezen is dat het twee rechte hoeken heeft of een andere eigenschap, is primair een universele eigenschap aanwezig, en het essentiële bewijs van dit predikaat is het bewijs dat het universeel bij een primair subject behoort, terwijl het bewijs dat het tot andere dingen op een bepaalde wijze behoort, niet een essentieel, maar een secundair bewijs is, zoals het gelijkzijdig zijn van de driehoek niet essentieel is, maar een toevoeging.

    W. D. Ross, *Aristotle's Prior and Posterior Analytics*. Oxford: Clarendon Press, 1949. Analytica Posteriora I, 4, 73a21-74a2. Vertaald voor deze bundel door P. Boot.

Epicurus

(341 – 270 v. Chr.)

Epicurus werd in 341 als zoon van een Atheense kolonist op het eiland Samos geboren. Zijn vader was schoolmeester. Al op jonge leeftijd toonde Epicurus interesse in filosofie. In 323 vertrok hij naar Athene, maar hij voegde zich in 321 weer bij zijn familie die van Samos naar Colophon was verbannen. De volgende tien jaar bekwaamde hij zich verder in de filosofie, onder anderen bij Nausiphanes van Teos die hem de beginselen van het atomisme bijbracht dat door Democritus van Abdera was ontwikkeld. Dit atomisme zou zijn denken diepgaand en blijvend beïnvloeden. In 311 vestigde hij zich als leraar in Mytilene op Lesbos en in 310 in Lampsacus, aan de kust van Klein-Azië. In 306 verhuisde hij naar Athene waar hij zijn filosofische school begon die later ook wel als de Tuin zou worden aangeduid. In de Tuin werden in tegenstelling tot de meeste andere scholen ook vrouwen en slaven tot het onderwijs toegelaten.

Epicurus beroemde zich erop dat hij een autodidact was en had zelfs voor die filosofen aan wie hij duidelijk schatplichtig was absoluut geen respect. Democritus noemde hij een kletsmajoor en Nausiphanes een kwal en een hoer. Hij was volgens de overlevering een buitengewoon productieve schrijver, maar helaas zijn er slechts enkele brieven en zo'n honderdtwintig spreuken tot ons gekomen. De brieven en ruim veertig spreuken zijn te vinden in het tiende boek van Diogenes Laërtius, *Leven en leer van beroemde filosofen*. Over zijn denken kunnen we veel te weten komen bij de Romeinse dichter Lucretius (95 – 55 v. Chr.). Diens gedicht *Over de natuur der dingen* is in feite een poëtische verwoording van de filosofie van Epicurus.

Voor zijn kosmologie baseerde Epicurus zich op het werk van Democritus, waarmee hij zich duidelijk keerde tegen het gedachtegoed van Plato en Aristoteles. Zijn theorie hield in dat alles is ontstaan uit ondeelbare vormen, de zogenaamde atomen. Deze bewegen zich met grote snelheid voort in de leegte van de kosmos. Doordat ze op elkaar botsen en zich op allerlei manieren met elkaar verbinden, vormen zij de dingen die er zijn: hemellichamen, de aarde en alles wat zich op de aarde bevindt. Op basis van deze theorie kunnen voor natuurverschijnselen als bliksem en donder en zons- en maansverduisteringen natuurlijke verklaringen worden gegeven. Er is geen enkele reden om er waarschuwingen van de goden aan de mensen in te zien. Goden bestaan wel, maar ze bemoeien zich niet met wat in het heelal gebeurt. Daar heersen slechts automatische krachten die de atomen voortdrijven, al kent Epicurus aan de atomen wel een zekere eigen macht toe: ze kunnen van hun vastgestelde baan afwijken en op die manier steeds nieuwe dingen vormen. In de kosmos bestaat volgens Epicurus dus geen voorzienigheid of doelmatigheid, zoals Plato, Aristoteles en de Stoa aannamen.

Ook de ziel bestaat uit atomen; deze zijn rond en zeer fijn en liggen door het hele lichaam verspreid. De ziel is de zetel van de waarneming, het denken en de emoties. Bij de dood scheiden zich de atomen van de ziel van die van het lichaam en verstrooien zich weer in de kosmos. Dit is een natuurlijk proces, en omdat het pijnloos is, hoeft men voor de dood geen angst te koesteren. «Zolang wij er zijn, is de dood er niet; als hij er is, zijn wij er niet meer. De dood is dus niet iets wat ons aangaat.»

Om ons een idee van de waarheid te vormen hebben we drie maatstaven tot onze beschikking: de waarneming, de algemene begrippen en de aandoeningen of gevoelens. We nemen de dingen waar doordat er zich van de voorwerpen flinterdunne schilfertjes losmaken, de zogenaamde 'beelden', die de vorm en de eigenschappen van de voorwerpen behouden. Deze bewegen zich door de lucht naar het waarnemende subject die ze met zijn zintuigen opvangt. De algemene begrippen, niet alleen concrete zaken als 'hond' en 'koe', maar ook abstracte begrippen, zijn in de loop der jaren door de mensen gevormd en worden gebruikt om tot een inzichtelijk oordeel te komen, onder andere over de binnenkomende 'beelden'. De voornaamste aandoeningen zijn pijn en genot. Wij bezitten de vrijheid om uit te maken wat in een bepaalde situatie goed of slecht voor ons is. Pijn kan soms beter zijn dan genot.

Wanneer men over een bepaalde zaak (bijvoorbeeld over de zon, omdat die te ver weg is) niet door waarneming tot een betrouwbaar en zeker oordeel kan komen, mag men aannemen dat we de waarheid erover weten als er zich niets voordoet wat zich tegen ons oordeel verzet.

Epicurus' ethiek is eveneens grotendeels aan die van Democritus ontleend. Het geluk van een mens is volgens hem in onverstoorbaarheid (*ataraxia*) gelegen. Hij kan de onverstoorbaarheid bereiken door dingen te doen die hem genot (*hèdonè*) verschaffen, zowel lichamelijk als geestelijk. Negatief bekeken verwerft men onverstoorbaarheid door het uitbannen van de vrees voor leed en pijn, de dood, de goden, natuurverschijnselen en het noodlot. Positief gezien is de onverstoorbaarheid een evenwicht tussen de atomen in de ziel, zoals gezondheid een evenwicht is tussen de verschillende bestanddelen die het lichaam constitueren. Zo'n evenwichtige ziel schenkt ons het ware genot.

Ons inzicht, ons praktisch verstand (*phronêsis*) leert ons dat er drie soorten begeerten bestaan: begeerten die natuurlijk en noodzakelijk zijn zoals die naar eten en drinken, begeerten die natuurlijk en niet-noodzakelijk zijn, zoals die naar *lekker* eten en drinken en ten derde ijdele begeerten die niet-natuurlijk en niet-noodzakelijk zijn, zoals die naar een standbeeld. Alleen de eerste soort moeten we bevredigen. Daarom streeft een wijs mens ernaar zijn begeerten tot een minimum te reduceren en zichzelf zoveel mogelijk onafhankelijk te maken. Een sober leven biedt de beste garantie voor een gelukkig leven.

In het verkeer met de medemens dient men zich afstandelijk te gedragen. Aangezien een gezinsleven, het opvoeden van kinderen en vooral deelname aan het politieke bedrijf spanningen en onrust veroorzaken, moet men zich daar verre van houden: «Leef in het verborgen.» Als men in het dagelijks leven toch met anderen in aanraking komt, moet men streven naar onderlinge rechtvaardigheid. Het devies daarbij is dat men andere mensen geen schade moet toebrengen om te verhinderen dat men op zijn beurt door die anderen wordt benadeeld. Onrechtvaardig gedrag moet men ook vermijden, omdat men anders in onrust raakt door de vrees dat het ontdekt zal worden en dat men straf zal krijgen.

Epicurus laat zich zeer lovend uit over vriendschap. Voor vrienden offert men zich op en stelt men zelfs zijn leven in de waagschaal. Want als men zijn vrienden vertrouwen schenkt, levert dat zeer veel vreugde op.

Reeds in de Oudheid waardeerde men Epicurus en zijn filosofie op geheel verschillende manieren. Sommigen beschouwden de epicureeërs als laag-bij-de-grondse hedonisten of genotzoekers die als levensmotto *Carpe diem*, «Pluk de dag», hanteerden. De Romeinse dichter Horatius noemde zichzelf schertsend een vet glanzend varken uit de kudde van Epicurus. En er deden wilde verhalen de ronde over Epicurus als iemand die zich overgaf aan slemppartijen en seksuele uitspattingen. Deze leefwijze zou tot gevolg hebben gehad dat hij zijn gezondheid volledig ruïneerde en als een menselijk wrak aan zijn einde kwam.

Anderen daarentegen prezen Epicurus' hoogstaande ideeën over soberheid en vriendschap en zijn intelligente wereldbeschouwing. Ze wezen erop dat zijn zwakke gezondheid, waar hij zijn hele leven mee te kampen had, aan natuurlijke omstandigheden te wijten was en dat die hem dwong tot een sober bestaan. De laatste opvatting lijkt meer met de feiten overeen te komen. Er is daarom alle reden geloof te hechten aan zijn eigen woorden dat hij het ware genot zocht in de omgang met zijn vrienden en in het bestuderen van de natuur en het menselijk gedrag.

Toen hij op 72-jarige leeftijd last van nierstenen kreeg en zijn einde zag naderen, schreef hij aan een van zijn vrienden: «Op deze gelukkige dag, die tevens mijn sterfdag is, schrijf ik jullie deze brief. Mijn moeilijkheden bij het urineren zijn er nog steeds en hebben nog niets aan intensiteit ingeboet. Daartegenover staat de vreugde in mijn ziel over de herinnering aan de fijne gesprekken die we hebben gehad.»

Epicurus, Brief aan Menoeceus (fragmenten)

122. Laat niemand in zijn jeugd het beoefenen van de filosofie uitstellen, of op zijn oude dag het filosoferen moe worden. Want men is nooit te jong of te oud voor het gezond houden van de ziel. Wie zegt dat de tijd voor de studie van de filosofie nog niet is aangebroken, of dat die al voorbij is, is als iemand die zegt dat de tijd voor het geluk er nog niet is of er niet meer is. Dus jong en oud dienen te filosoferen, de een om, als hij oud wordt, jong te kunnen blijven bij het genieten van de goede dingen des levens, doordat hij dankbaar terugdenkt aan wat achter hem ligt; de ander om op hetzelfde moment jong en oud te kunnen zijn, doordat hij geen angst heeft voor de dingen die nog moeten komen. We dienen dus onszelf toe te leggen op wat geluk brengt, daar we als dat geluk aanwezig is, alles hebben, en als het ontbreekt, alles doen om het te verkrijgen.

123. Wat ik je onophoudelijk geadviseerd heb, dat moet je doen en daarop moet je je toeleggen, vanuit het besef dat dat de grondslagen van het goede leven zijn. Geloof in de eerste plaats dat God een onsterfelijk en gelukzalig levend wezen is, zoals het in het algemeen geaccepteerde begrip God is omschreven. En voeg daar niets aan toe wat niet strookt met zijn onsterfelijkheid of niet overeenkomt met zijn gelukzaligheid, maar koester al die gedachten over hem die zijn met onsterfelijkheid verbonden gelukzaligheid onverlet laten. Want er bestaan werkelijk goden en de kennis omtrent hen is helder en duidelijk; maar ze zijn niet zoals de grote massa hen zich voorstelt, want die houdt niet consequent vast aan het beeld dat ze ervan heeft. Niet de man die de goden loochent die door de massa worden vereerd, maar degene die aan de goden toeschrijft wat de massa over hen gelooft, is goddeloos.

124. Want de uitspraken over de goden van de grote massa zijn geen natuurlijke algemene begrippen, maar onware veronderstellingen. Op grond daarvan worden de grootste rampen en zegeningen die ons treffen de goden in de schoenen geschoven. Want door zich onafgebroken met de eigen deugden te vereenzelvigen wil de grote massa goden die op hen lijken, en beschouwt ze alles wat niet zo is als vreemd.

Gewen je eraan te geloven dat de dood niet iets is wat ons aangaat, want al wat goed en slecht is, veronderstelt waarneming, en de dood is een beroofd

EPICURUS Brief aan Menoeceus

zijn van waarneming; dus een juist inzicht dat de dood ons niet aangaat, maakt de sterfelijkheid van het leven genietbaar: dat voegt dan niet een oneindige tijd aan het leven toe, maar neemt het verlangen naar onsterfelijkheid weg.

125. Immers, het leven is niet angstwekkend voor wie echt begrepen heeft dat het niet angstwekkend is om niet te leven. Dwaas is dus de man die beweert dat hij de dood vreest, niet omdat die verdriet zal veroorzaken als hij komt, maar omdat hij verdriet veroorzaakt door het vooruitzicht. Want het is zinloos verdriet te hebben bij het vooruitzicht op iets wat geen narigheid veroorzaakt als het aanwezig is. De dood, het verschrikkelijkste van alle kwaden, is dus niet iets wat ons aangaat, gezien het feit dat zolang wij er zijn, de dood er niet is, en dat als de dood gekomen is, wij er niet meer zijn. De dood gaat dus noch de levenden, noch de doden iets aan, want op de levenden heeft hij geen betrekking, en de doden bestaan niet meer. Maar de grote massa wil nu eens de dood ontvluchten als het grootste van alle kwaden en dan weer kiest ze ervoor als de verlossing van de kwade dingen in het leven.

126. Maar de wijze wil niet van het leven afkomen en is evenmin bang om niet te leven. Want hij heeft geen hekel aan het leven, maar hij vindt ook niet dat het een ramp is om niet te leven. En zoals hij niet altijd dat voedsel kiest dat in de grootste hoeveelheid aanwezig is, maar dat wat het lekkerst is, zo geniet hij ook niet van een levenstijd die het langst duurt, maar van een die het aangenaamst is. En iemand die jonge mensen adviseert om goed te leven en ouden van dagen om goed te sterven is naïef, niet alleen omdat het leven zelf aangenaam is, maar ook omdat de inzet voor goed leven en goed sterven dezelfde is. Nog veel slechter is de mens [Theognis] die beweert dat het goed is niet geboren te zijn en: «Eenmaal geboren, zo snel mogelijk de poort van de Hades binnen te gaan.»

127. Want als hij dat uit volle overtuiging zegt, waarom verlaat hij het leven dan niet? Want dat heeft hij helemaal in eigen hand, als hij tenminste vastbesloten is. Als hij het echter spottend bedoelt, dan praat hij lichtzinnig bij een zaak die geen lichtzinnigheid verdraagt.

We moeten ons goed herinneren dat de toekomst weliswaar niet geheel in onze macht ligt, maar ook niet geheel buiten onze macht ligt; zo zullen we hem dus niet maar rustig afwachten als iets wat toch zeker zal gebeuren, maar ook niet in wanhoop raken omdat we denken dat hij absoluut niet zal komen.

We moeten bedenken dat sommige begeerten natuurlijk zijn en andere onzinnig, dat sommige natuurlijke begeerten noodzakelijk zijn en andere alleen maar natuurlijk; sommige noodzakelijke begeerten zijn noodzakelijk voor ons geluk, andere dienen om ons lichaam van ongemakken te vrijwaren en weer andere zijn gewoon noodzakelijk om in leven te blijven.

128. Want een helder en vast begrip van deze zaken stelt ons in staat ons kiezen en verwerpen steeds te betrekken op de gezondheid van het lichaam en de onverstoorbaarheid van de ziel. Want dat is het doel van een gelukkig leven. Ter wille daarvan doen we immers alles: om geen pijn te hebben en geen angst. Als ons dat eenmaal ten deel is gevallen, luwt elke storm in onze ziel, omdat een levend wezen dan niet op weg hoeft te gaan naar iets wat het mist of naar iets anders te zoeken waardoor het goede van lichaam en ziel nog kan worden aangevuld. Want dan alleen hebben we behoefte aan genot, wanneer we lijden vanwege het ontbreken van genot. Maar wanneer we geen pijn hebben, hebben we geen behoefte meer aan genot. En daarom zeggen we dat het genot het begin en het doel is van een gelukkig leven.

129. Want dat genot hebben wij als het eerste en van nature bij ons horende goede leren kennen, en daarop baseren wij in beginsel elke keuze of verwerping en daarbij komen we steeds weer terecht om van elk ding vast te stellen of het goed is, waarbij we als maatstaf ons gevoel hanteren. En omdat dat goede het eerste is en van nature bij ons hoort, daarom kiezen we lang niet altijd voor het genot, maar in sommige gevallen laten we een menigte genietingen links liggen, namelijk wanneer de onaangename gevolgen ervan voor ons groter zijn. En we denken dat veel vormen van pijn beter voor ons zijn dan genietingen, bijvoorbeeld wanneer we een groter genot ervaren als wij die pijn lange tijd hebben verdragen. Elk genot is dus iets goeds, doordat het van nature bij ons hoort, maar elk genot hoeft niet gekozen te worden. Het is net als met pijn: elke pijn is iets slechts, maar niet elke pijn hoeft van nature vermeden te worden.

130. Al deze zaken behoren echter beoordeeld te worden door ze tegen elkaar af te wegen en te letten op de voor- en nadelen die erin zitten.

EPICURUS Brief aan Menoeceus

Want in bepaalde omstandigheden gebruiken we het goede als iets slechts en omgekeerd het slechte als iets goeds.
Ook de onafhankelijkheid van uiterlijke dingen achten we een groot goed, niet om te allen tijde met weinig tevreden te zijn, maar om, als we niet veel hebben, met weinig genoegen te nemen, in de volle overtuiging dat die mensen het grootste genoegen aan luxe beleven, die deze het minst nodig hebben, en dat al wat natuurlijk is gemakkelijk te krijgen is en al wat nutteloos is moeilijk. Eenvoudige kost geeft een even groot genot als een rijk maal, wanneer eenmaal het pijngevoel dat het gevolg is van honger is weggenomen.

131. En water en brood verschaffen het hoogste genot, wanneer men die tot zich neemt als men honger en dorst heeft. Wanneer men zich went aan eenvoudige en niet-luxueuze maaltijden, is dat niet alleen bevorderlijk voor de gezondheid, maar het maakt de mens ook onvervaard tegenover de onvermijdelijke ontberingen van het leven, het maakt ons sterker wanneer we nu en dan van luxe maaltijden kunnen genieten en onbevreesd tegenover het lot. Wanneer we dus zeggen dat genot het levensdoel is, bedoelen we niet de genietingen van feestnummers en de genietingen die louter uit consumeren bestaan — zoals sommige mensen denken die nergens iets van afweten en die met ons van mening verschillen of aan onze opvattingen een verkeerde draai geven — maar de afwezigheid van pijn in het lichaam en van onrust in de ziel.

132. Want een aangenaam leven krijgt men niet door een aaneenschakeling van drinkgelagen en feesten of door pleziertjes met jongens en vrouwen of het eten van vis en alle andere lekkernijen die een luxueuze tafel biedt, maar door een nuchtere redenering die de oorzaken van elke keuze en verwerping naspeurt en de ongefundeerde meningen uitbant, op grond waarvan de grootst mogelijke onrust onze geest in zijn greep houdt.
De basis van dit alles en het grootste goed is praktisch verstand. Daarom is praktisch verstand zelfs waardevoller dan filosofie; uit dit verstand ontstaan alle overige deugden op natuurlijke wijze, want het leert ons dat we niet aangenaam kunnen leven als we niet verstandig en mooi en rechtvaardig leven, en evenmin verstandig en mooi en rechtvaardig als we niet aangenaam leven. Want de deugden zijn vergroeid met het aangename leven en het aangename leven is daarvan niet te scheiden.

EPICURUS Brief aan Menoeceus

133. Wie beschouw je immers als beter dan de man die eerbiedige gedachten over de goden koestert en altijd onverschrokken tegenover de dood staat; die tevens het hoogste doel van de natuur met logisch redeneren heeft nagespeurd en begrijpt dat het maximum aan goede dingen gemakkelijk te bereiken en te verkrijgen is en dat anderzijds de slechtste dingen of maar korte tijd duren of maar kort pijn veroorzaken? Deze man lacht om het lot dat door sommige mensen afgeschilderd wordt als de meester van alle dingen. Hij zegt veeleer dat sommige dingen noodzakelijkerwijs geschieden en andere door toeval plaatsvinden en weer andere in onze macht liggen, omdat de noodzaak zich van ons niets aantrekt en het lot onberekenbaar is en dat wat in onze macht ligt geen andere meester kent. Daarvoor kan men dan ook altijd kritiek krijgen of lof oogsten.

134. Het zou immers nog beter zijn maar met de mythische voorstelling van de goden mee te gaan dan zich slaafs te onderwerpen aan het onwrikbare lot waarover de natuurfilosofen het hebben. De mythe laat ons immers nog de hoop dat men de goden kan vermurwen door hen te eren, maar het lot draagt een onverbiddelijke noodzaak in zich.

Het lot vat onze wijze niet als een god op, zoals de grote massa dat doet — want god dobbelt niet —, maar evenmin als een grillige oorzaak — want hij gelooft niet dat het lot door de mensen iets goeds of iets slechts te geven invloed uitoefent op het gelukkige leven, maar wel dat het de regie voert over de uitgangspunten van de grote goede en kwade dingen.

135. Hij denkt dat het beter is om wel bij zijn verstand te zijn en geen voorspoed te kennen dan om wel voorspoedig te zijn maar zonder verstand; want het is bij onze handelingen beter dat iets wat goed doordacht is door het lot in goede banen wordt geleid.

Oefen je hierin en in soortgelijke dingen, dag en nacht, zowel alleen als met je geestverwanten, dan zul je noch in wakende, noch in dromende toestand ooit onrustig zijn en zul je als een god onder mensen leven; want een mens die te midden van onsterfelijke zegeningen verkeert, lijkt in niets op een sterfelijk wezen.

EPICURUS Spreuken

Spreuken

2. De dood is niet iets wat ons aangaat, want dat wat ontbonden is, heeft geen waarneming, en dat wat geen waarneming heeft, is niet iets wat ons aangaat.

11. Als angst voor de hemelverschijnselen en de dood ons niet zou plagen en wij niet bang zouden zijn dat de dood iets is wat ons aangaat, en wij evenmin geplaagd zouden worden door het besef dat wij de grenzen van pijn en begeerte niet kennen, zouden wij de natuurwetenschap niet nodig hebben.

14. Ofschoon veiligheid tegenover andere mensen tot op zekere hoogte verkregen kan worden door gevestigde macht en door rijkdom, is de zuiverste vorm van veiligheid die welke men ontleent aan een rustig leven, ver van het mensengewoel.

27. Van de dingen die de wijsheid verschaft voor het integrale levensgeluk, is het verwerven van vriendschap veruit het belangrijkste.

33. Rechtvaardigheid is niet een zaak op zichzelf, maar het is bij het omgaan van mensen met elkaar op welke plaatsen dan ook, steeds weer een verdrag om geen schade te berokkenen of te ondergaan.

34. Onrecht is niet een kwaad op zichzelf, maar het wordt een kwaad door de angst die voortkomt uit het vermoeden dat men niet als dader verborgen zal blijven voor degenen die aangesteld zijn om dat soort zaken te bestraffen.

35. Het is onmogelijk dat degene die heimelijk iets doet wat men met elkaar afgesproken heeft niet te doen, namelijk om niet te benadelen en niet benadeeld te worden, erop mag vertrouwen dat hij niet tegen de lamp zal lopen, ook al is hem dit tot nu toe duizend maal gelukt. Want tot aan zijn dood blijft het onzeker of hij de dans zal ontspringen.

Diogenes Laërtius: Brief van Epicurus aan Menoeceus.
Uit: *Leven en leer van beroemde filosofen*, Boek X 122-135,
vertaling R. Ferwerda. Amsterdam: Ambo, 2002.
Enkele spreuken uit *Kernstellingen*, ibidem 139-151,
de nummers 2, 11, 14, 27, 33, 34, 35.

Seneca

(ca. 1 v. Chr. - 65 n. Chr.)

De waardering voor Lucius Annaeus Seneca is in de loop der eeuwen altijd ambivalent geweest. Zijn heldere schrijftrant, zijn oproepen tot een ethisch verantwoord leven en zijn moedig ondergane zelfdoding oogstten bewondering, maar zijn halfzachte houding tegenover de tirannieke Nero en de herkomst van zijn grote rijkdommen riepen vragen op over de waarachtigheid van zijn mooie woorden.

Seneca werd in Cordoba in Spanje geboren, maar vertrok al op jonge leeftijd naar Rome. Na een ernstige ziekte die zijn gezondheid blijvend ondermijnde legde hij zich toe op een studie retorica en wijsbegeerte, waarbij onder anderen de stoïcijn Attalus zijn leermeester was. Na een verblijf in Egypte vestigde hij zich in 32 in Rome als advocaat. Zijn verhouding met de keizers Caligula en Claudius was moeilijk, maar toen Claudius' vrouw Agrippina hem de opvoeding van haar zoon Nero toevertrouwde en Nero in 54 keizer werd, kreeg hij samen met Burrus, de bevelhebber van de pretoriaanse lijfwacht, grote politieke macht die acht jaar duurde. Na Burrus' dood in 62 trok hij zich min of meer gedwongen uit het openbare leven terug. In 65 werd hij beschuldigd van medeplichtigheid aan de samenzwering van Piso tegen Nero en kreeg hij het bevel zich van het leven te benemen. De geschiedschrijver Tacitus heeft in zijn *Annalen* Seneca's laatste ogenblikken op hoogst dramatische wijze geschilderd. Zijn levenseinde werd dankzij die beschrijving op één lijn gesteld met het drinken van de gifbeker door Socrates.

Seneca heeft een aantal toneelstukken geschreven die vooral in de zestiende en zeventiende eeuw in Nederland, Frankrijk en Engeland grote invloed uitoefenden op toneelschrijvers. Hij heeft ook een satire op keizer Claudius geschreven (*Pompoenificatie*) en een populariserende verhandeling over allerlei natuurwetenschappelijke vraagstukken. Maar zijn grote bekendheid heeft hij te danken aan zijn filosofische geschriften en vooral aan zijn brieven. De titels van zijn boeken geven duidelijk aan dat hij zich in de eerste plaats voor ethische kwesties interesseerde: *De standvastigheid van de wijze, Over woede, Over het gelukkige leven, Over vrije tijd, Over zielenrust, Over de kortheid des levens, Over barmhartigheid, Over het verrichten en ontvangen van weldaden* en enkele troostredes. Hij toont zich hierin een duidelijke aanhanger van de stoïcijnse filosofie, hoewel hij ook wel bereid is om goede gedachten uit andere filosofische systemen over te nemen. Hij ziet de wereld als een product van samenwerking tussen materie en God: God regeert de materie, de materie gehoorzaamt God die een vaderlijke liefde koestert voor goede mensen. De ziel is een fijnstoffelijk wezen dat na de dood verder leeft en de geest is een deel van de goddelijke geest. In meer neerslachtige buien weet hij echter niet zo zeker meer dat de ziel zal voortbestaan. Dan is de dood het einde van alles.

De mens behoort overeenkomstig de natuur te leven, zowel zijn eigen natuur als de natuur in het algemeen. Zijn hoogste goed is de rede en daarom zal hij die in de eerste plaats moeten ontwikkelen. Alleen op die manier bereikt hij morele volmaaktheid (*virtus*). Seneca spreekt met afkeer over gladiatorenspelen en oorlog voeren en komt verschillende keren krachtig op voor een menswaardige behandeling van slaven. Zijn werken lopen over van aansporingen tot zelfbeheersing, naastenliefde en plichtsbetrachting. Hij verontschuldigt zich over zijn grote rijkdom door te betogen dat hij daar geen slaaf van is en er veel goed mee kan doen. Overal predikt hij de aanvaarding van het lot: *Ducunt volentem fata, nolentem trahunt*: «De lotsbeschikkingen zijn gids voor degene die ze vrijwillig volgt, maar ze sleuren hem mee die zich ertegen verzet.» In zijn 125 overgeleverde brieven aan zijn jongere vriend Lucilius komen al deze thema's terug. De brieven, die dateren uit de jaren 63 en 64, zijn in een levendige stijl geschreven en bevatten ook mededelingen over de gemoedstoestand en het lichamelijke lief en leed van de auteur. De hier opgenomen brief 76 is een fraai exempel van de onderhoudende manier waarop Seneca zichzelf en zijn vriend tot een stoïcijns leven opwekt.

Seneca, Lessen in filosofie

1. Je kondigt mij je vijandschap aan voor het geval ik ook maar iets van wat ik elke dag doe voor jou verborgen houd. Nu moet je eens zien hoe ongecompliceerd ik met jou omga: ik ga je het volgende meedelen. Ik volg de lessen van een filosoof en het is om precies te zijn al de vijfde dag dat ik naar de school ga en vanaf het achtste uur naar zijn uiteenzettingen luister. «Je hebt er wel een mooie leeftijd voor», hoor ik je al zeggen. Waarom zou die niet goed zijn? Want wat is dwazer dan niets te willen leren omdat je al lange tijd niets geleerd hebt?

SENECA Lessen in filosofie

2. «Goed, maar moet ik dan hetzelfde doen als die jongeheren en studenten?» Het is uitstekend met mij gesteld als dit de enige schande is die de oude dag voor mij meebrengt; deze school laat mensen van elke leeftijd toe. «Maar moeten wij dan zo oud worden om jonge mensen na te doen?» Zal ik als oud man naar het theater gaan, zal ik in de circus rondhangen en zal er geen enkel gladiatorenpaar vechten, zonder dat ik erbij ben, maar zal ik mij schamen naar een filosoof te gaan?

3. Je moet leren zolang als je onwetend bent en, als je het spreekwoord wilt geloven, zolang als je leeft. En deze spreuk is in geen enkele situatie meer toepasselijk dan in deze: zolang als je leeft moet je leren hoe je moet leven. Overigens leer ik daar ook anderen wel iets. Vraag je wat ik hun leer? Dat ook een oude man iets moet leren.

4. Nu schaam ik mij over het mensdom telkens als ik de school binnenga. Wie op weg is naar het huis van Metronax moet, zoals je weet, voorbij het theater van de Napolitanen. Dat is afgeladen vol en er wordt onder hevige discussie vastgesteld wie een goede fluitspeler is. Ook een Griekse trompettist en een presentator trekken veel publiek. Maar op die plaats waar een hoogstaand man gezocht wordt en waar te leren is wie dat is, zit maar een handjevol mensen en die schijnen in de ogen van de massa niets beters te doen te hebben; zij worden onnozel en lamlendig genoemd. Ik wil mij die bespotting wel op de hals halen: de verwijten van onkundigen moeten met gelijkmoedigheid aangeboord worden en door iemand die op weg is naar wat goed is in zichzelf moet de minachting zelf geminacht worden.

5. Ga door, Lucilius, en haast je om te voorkomen dat er met jou hetzelfde gebeurt als met mij en dat je op je oude dag nog in de leer moet gaan. Of liever: je moet je haasten, omdat je nu aan iets begonnen bent wat je op je oude dag amper nog kunt leren. «Hoeveel vordering zal ik maken?» zeg je. Zoveel als je je inspant. Wat verwacht je?

6. Niemand wordt door toeval wijs. Geld kan vanzelf komen, eer kan je aangeboden worden, invloed en status worden misschien in overvloed je deel, maar morele kwaliteit krijg je niet zomaar. Zelfs met een geringe inspanning of een kleine moeite wordt de kennis niet verworven. Maar het is wel al die inspanning waard voor iemand die al het goede ineens wil verwerven. Want er is maar één ding dat goed is en dat is wat goed is in zichzelf. In alles wat de naam heeft goed te zijn zul je niets vinden wat waar en wat zeker is.

7. En ik zal je uitleggen waarom alleen dat wat goed is in zichzelf goed is, omdat je meent dat ik dit in een vorige brief te weinig uitgewerkt heb en van oordeel bent dat dit je meer aangeprezen dan bewezen is. Ik zal kort samenvatten wat er al gezegd is.

8. Alles heeft zijn eigen waarde. De wijnstok is waardevol door zijn vruchtbaarheid en de smaak van de wijn, het hert door zijn snelheid. Bij lastdieren vraag je hoe sterk hun rug is, omdat zij alleen gebruikt worden om een vracht te dragen; bij een hond gaat het in de eerste plaats om een scherpe reukzin, als hij de buit moet opsporen, om snelheid als hij het wild moet achtervolgen en om moed als hij het moet bijten en aanvallen. Bij elk wezen moet datgene het beste zijn waarvoor het geboren en waarop het getaxeerd wordt.

9. Wat is in een mens het beste? De rede. Hierdoor staat hij boven de dieren en komt hij dicht bij de goden. Een volledig ontplooide rede is dus zijn eigenlijke waarde, het overige heeft hij met dieren en planten gemeen. Hij is sterk: dat zijn leeuwen ook. Hij is mooi: dat zijn pauwen ook. Hij is snel: dat zijn paarden ook. Ik zeg niet dat hij in al die opzichten overtroffen wordt; ik zoek niet naar wat hij in de hoogste mate heeft, maar wat hem het meest eigen is. Hij heeft een lichaam: dat hebben bomen ook. Hij heeft een instinct en kan zich op eigen initiatief voortbewegen: dat kunnen beesten, zelfs wormen, ook. Hij heeft een stem: maar hoeveel luider is de stem die honden hebben, hoeveel doordringender die van de adelaar, hoeveel zwaarder die van de stier en hoeveel welluidender en wendbaarder die van de nachtegaal.

10. Wat is er in de mens dat hem eigen is? De rede. Als die goed en geheel ontplooid is, bereikt hij al het geluk dat voor een mens bestemd is. Als dus elk wezen, wanneer het zijn eigen goed gerealiseerd heeft, prijzenswaardig is en het door zijn natuur gestelde doel bereikt heeft, en als de rede voor de mens de hem eigen waarde is, dan is hij, wanneer hij die tot ontplooiing gebracht heeft, prijzenswaardig en heeft hij het door zijn natuur gestelde doel gerealiseerd. Deze volledig ontplooide rede wordt morele volmaaktheid genoemd en zij is tegelijk het goede in zichzelf.

11. In de mens is dus alleen dat goed wat alleen in een mens is. Want we zijn

nu niet op zoek naar wat goed is, maar naar wat het goede van de mens is. Als er niets anders typisch eigen is aan de mens behalve de rede, dan zal die zijn enige goed zijn; maar dat moet in evenwicht gebracht worden met alle mensen. Als iemand slecht is, zal hij, neem ik aan, afkeuring ontmoeten, als hij goed is goedkeuring. Bijgevolg is in de mens het eerste en enige datgene waardoor hij goed- en afgekeurd wordt.

12. Je twijfelt er niet aan of dit goed is, je twijfelt eraan of het wel het enig goede is. Stel dat iemand al het andere heeft, gezondheid, rijkdom, een uitgebreide stamboom, een huis vol bezoekers, maar dat hij in ieders ogen een slecht mens is, dan zul je hem toch afkeuren. En als iemand niets heeft van de dingen die ik opgenoemd heb, als hij gebrek heeft aan geld, niet over een schare van aanhangers beschikt, niet van adel is en geen reeks van voorouders kan laten zien, maar als hij in ieders ogen een goed mens is, dan zul je waardering voor hem hebben. Dus dat is het enig goede van een mens door het bezit waarvan iemand, ook al is hij van alle andere dingen verstoken, te prijzen is en door het gemis waarvan iemand, ook al heeft hij al het andere in overvloed, te veroordelen en te verwerpen is.

13. Het is met de mensen niet anders gesteld dan met de dingen: een schip wordt niet goed genoemd wanneer het in zijn kleuren opgeschilderd is en ook niet als het een zilveren of gouden sneb heeft, als er een in ivoor gesneden beeldje van de beschermgod op staat of als het in zijn ruim schatten en vorstelijke rijkdom bergt, maar als het stevig op het water ligt, sterk is en goed gebreeuwd is, zodat er geen water door de naden binnendringt, als het de kracht van de zee kan weerstaan, als het vlot te besturen is, snel en geen speelbal van de wind.

14. Een zwaard zul je niet goed noemen, omdat het aan een vergulde draagriem hangt of in een met edelstenen bezette schede steekt, maar omdat het een scherpe snede heeft en een punt die door elke bescherming heen kan dringen. Wie een liniaal zoekt, kijkt niet of hij mooi is, maar of hij recht is: elk ding wordt goed gevonden als het beantwoordt aan datgene waarvoor het bestemd is, als het is wat het moet zijn.

15. Dus doet het ook bij een mens volstrekt niet ter zake hoeveel bouwland hij heeft, hoeveel rente hij trekt, hoeveel mensen van hem afhankelijk zijn, hoe duur het bed is waarop hij ligt, hoe doorschijnend de beker is waaruit hij drinkt, maar alleen hoe goed hij is. En goed is hij als zijn rede ontwik-

keld is en consequent en in overeenstemming met de bedoelingen van zijn natuur.

16. Dit wordt morele volmaaktheid genoemd, dit is het goede op zichzelf en het enige goed van een mens. Want omdat alleen de rede de mens vervolmaakt, maakt alleen de rede hem volmaakt gelukkig; maar dat alleen is het goede waardoor alleen hij gelukkig gemaakt wordt. Wij zeggen dat ook die dingen goed zijn die uit de zedelijke volmaaktheid voortkomen en ermee samenhangen, dat wil zeggen: alles wat zij teweegbrengt: maar juist daarom is zij zelf het enig goede, omdat zonder haar niets goeds bestaat.

17. Als het goede helemaal in de geest gelokaliseerd is, dan is alles goed wat hem versterkt, verheft en verruimt. Maar wat de geest sterker, verhevener en ruimer maakt is de zedelijke volkomenheid. Want al het andere, dat onze begeerten prikkelt, drukt ook onze geest naar beneden, maakt hem onzeker en terwijl het hem schijnt te verheffen, blaast het hem op en bedriegt hem met alle soorten van ijdele schijn. Het enig goede is dus datgene waardoor onze geest beter wordt.

18. Alle daden in het hele leven worden bepaald door de overweging van wat goed op zichzelf en slecht is. De reden om iets te doen of niet te doen is hierop gebaseerd. Ik zal je uitleggen wat dit betekent: de goede man zal datgene doen waarvan hij vindt dat het in zich goed is het te doen, hij zal het ook doen als het voor hem moeilijk is, ook als het schadelijk is, ook als het gevaarlijk is. Van de andere kant zal hij niet doen wat in zich verkeerd is, ook al levert dat geld op, ook al levert het genot op of macht. Door niets zal hij van het goede afgehouden worden, door niets zal hij tot het kwade verleid worden.

19. Als hij dus onder alle omstandigheden dat wat goed is in zich wil volgen en onder alle omstandigheden dat wat verkeerd is in zich wil vermijden en bij alles wat hij in zijn leven onderneemt naar deze twee beginselen wil kijken, namelijk dat niets anders goed is dan wat goed is in zichzelf en niets anders verkeerd dan wat moreel verwerpelijk is, als alleen de zedelijke volkomenheid een leven zonder decadentie garandeert en als alleen zij zich houdt aan haar eigen beginselen, dan is die volkomenheid het enig goede en kan er niets gebeuren waardoor zij verandert in iets wat niet goed is. Zij ontsnapt aan elk gevaar van verandering. Dwaasheid kan zich langzaam opwerken tot wijsheid, maar wijsheid kan niet in dwaasheid terugvallen.

20. Ik heb je gezegd, en misschien herinner jij je dat nog, dat een groot aantal mensen minachting getoond heeft voor datgene waarnaar het volk vurig verlangt en wat in onberaden instinct zeer gevreesd wordt: er was iemand die van zijn rijkdom afzag, er was iemand die zijn hand in het vuur stak, iemand die bleef lachen onder de handen van een folteraar, iemand die geen tranen stortte bij de begrafenis van zijn kinderen, iemand die zonder angst de dood tegemoet ging: want liefde, woede en begeerte roepen de gevaren op. En wat een kortstondige halsstarrigheid van de geest kan, onder invloed van een bepaalde prikkel, hoeveel beter zal de zedelijke volmaaktheid dit kunnen, die haar kracht niet ontleent aan een plotselinge aandrift, maar die gelijkmatig is en put uit een eeuwige bron van sterkte?

21. Hiermee hangt samen dat die dingen die door mensen zonder wijsheid dikwijls en door wijzen altijd geminacht worden, noch goed noch slecht zijn. Dus het enig goede is de zedelijke volkomenheid zelf, die met opgeheven hoofd zich voortbeweegt te midden van voorspoed en tegenspoed en voor beide gestalten van de fortuin een superieure minachting aan de dag legt.

22. Als je de onjuiste mening aanhangt dat er behalve het goede in zichzelf nog iets anders goed is, zal elke morele kwaliteit daaronder lijden. Want niet één zal er stand kunnen houden, als zij afhankelijk wordt van iets buiten zichzelf. Als dat gebeurt, raakt zij in strijd met de rede, waaruit de morele kwaliteiten voortkomen, en met de waarheid die zonder de rede niet kan bestaan. Maar elke mening die met de waarheid in strijd is, is onjuist.

23. Je komt er niet onderuit toe te geven dat een hoogstaand man de goden een groot respect betoont. Daarom zal hij alles wat hem overkomt gelijkmoedig doorstaan: want hij zal beseffen dat het gebeurd is krachtens een goddelijke wet waardoor de loop van de hele wereld geregeld wordt. Als dat zo is, zal er in zijn ogen maar één ding goed zijn, namelijk wat goed is in zichzelf: want hiertoe behoort het ook aan de goden te gehoorzamen, zich niet op te winden over plotselinge gebeurtenissen en niet te jammeren over zijn lot, maar de beschikkingen daarvan gelaten te ondergaan en zijn bevelen uit te voeren.

24. Als er behalve wat goed is in zichzelf nog iets anders is dat goed is, zullen wij opgejaagd worden door een ongebreideld verlangen om in leven te blijven en naar dingen die het leven comfortabel maken; dat is ondraaglijk, zonder einde en zonder maat. Het enig goede is dus het moreel volmaakte, dat zijn eigen maat heeft.

25. Wij hebben gezegd dat het leven van de mensen gelukkiger zou zijn dan dat van de goden, dat ook die dingen goed zijn waarover de goden niet de beschikking hebben zoals geld en hoge ambten. Hieraan kun je nog de overweging toevoegen dat, voor het geval de zielen los van het lichaam blijven voortbestaan, hun een gelukkiger toestand wacht dan die zij kennen terwijl zij nog in het lichaam verblijven. Welnu, als datgene waarover wij dankzij ons lichaam de beschikking hebben, goed is, zal het voor zielen die van het lichaam bevrijd zijn slechter worden dan tevoren; maar het is zeer ongeloofwaardig dat gekerkerde en in hun mogelijkheden beknotte zielen gelukkiger zouden zijn dan zij die bevrijd zijn en voor wie het heelal ontsloten is.

26. Ik had ook gezegd dat, als datgene goed is wat zowel aan de mens als aan de stomme dieren ten deel valt, ook de stomme dieren een gelukkig leven zouden leiden. Maar dat is helemaal uitgesloten. Als het gaat om wat goed is in zich, moeten wij alles doorstaan. Dat zou niet nodig zijn als er behalve het goede in zich nog iets anders goed was. Ofschoon ik dat al breder uiteengezet heb in een vorige brief, heb ik het nog maar eens samengevat en in grote lijnen doorgenomen.

27. Maar nooit zal een opvatting als deze in jouw ogen een waarheid worden, als jij je geest niet verheft en je zelf niet afvraagt of je, wanneer de situatie erom zou vragen dat je voor je vaderland zou sterven en de veiligheid van al je medeburgers kopen met je leven, in die situatie je kop niet alleen lijdzaam, maar ook graag zou riskeren. Als je dit zou doen, geldt er geen andere waarde: want je laat alles in de steek om deze te realiseren. Je ziet dus hoe groot de kracht van het moreel volmaakte is: je zult voor het algemeen belang sterven, zelfs als je dat moet doen op het moment dat je er de noodzaak niet van inziet.

28. Soms wordt uit zo'n verheven daad een kort en vluchtig moment lang een grote vreugde geput en ofschoon de vruchten van het voltooide werk niet meer geplukt kunnen worden, omdat hij die het verricht heeft overleden en van menselijke taken ontslagen is, beleeft hij toch vreugde in de aanschouwing van de daad die hij gaat verrichten; en wanneer een dapper en rechtvaardig man als prijs voor zijn dood voor zich ziet de vrijheid van zijn vaderland, het welzijn van allen voor wie hij zijn leven offert, dan beleeft hij een groot genoegen en geniet hij zelfs van het gevaar waarin hij zich begeeft.

29. Maar ook hij aan wie deze vreugde ontzegd wordt, die het verrichten van een zeer belangrijke en over leven en dood beslissende daad verleent, zal zich zonder te aarzelen in de dood storten en er genoegen mee nemen dat hij rechtvaardig en plichtsgetrouw handelt. Je kunt op dat ogenblik zoveel tegenwerpingen maken als je wilt om hem af te schrikken, je kunt zeggen: «Je daad zal heel vlug vergeten zijn, je medeburgers zullen je niet dankbaar zijn», hij zal je antwoorden: «Dat alles heeft met mijn daad niets te maken; ik bekijk die zoals hij op zichzelf is; ik weet dat hij op zichzelf goed is; dat beginsel volg ik, waarheen het mij ook leidt of roept.»

30. Dat alleen is dus goed, waarvoor niet alleen een volmaakte, maar ook een edelmoedige geest met een goede aanleg gevoelig is. De rest is oppervlakkig en veranderlijk. Dus brengt het bezit daarvan veel onrust mee! Ook als het door een gunst van de fortuin allemaal opgehoopt wordt bij één mens, drukt het zwaar op zijn bezitters: altijd belast het die en soms verplettert het hen.

31. Van al die mensen die je in purper gekleed ziet, is er niet één gelukkig, evenmin als van hen aan wie de rolverdeling op het toneel een scepter en een koningsmantel toewijst. In aanwezigheid van het publiek schrijden ze plechtig op hun toneellaarzen, maar zodra ze afgegaan zijn gaan die laarzen uit en krijgen die mensen weer hun eigen formaat en gedaante. Niemand van hen die door rijkdom of ambt in een hoge positie geplaatst zijn, is werkelijk groot. Waarom lijken zij dan groot? Je meet hen samen met het voetstuk waarop zij staan. Een dwerg wordt niet groot als hij op een berg gaat staan; een kolos houdt zijn eigen lengte, ook al staat hij in een put.

32. In dit opzicht lijden wij aan een illusie en laten wij ons bedriegen dat wij niemand taxeren op dat wat hij zelf is, maar dat we alles waarmee hij opgetuigd is als iets van hem beschouwen. Maar als je een mens op zijn werkelijke waarde wilt schatten en wilt weten hoe hij is, bezie hem dan in zijn naaktheid. Hij moet zijn bezit afleggen, zijn ambten en andere leugen-

achtige gaven van de fortuin; hij moet zelfs zijn lichaam uittrekken. Kijk naar zijn geest, hoe die is en hoe groot, of hij rijk is door wat hij van een ander heeft of door wat van hem zelf is.

33. Als hij zonder met zijn ogen te knipperen naar het flikkeren van een zwaard kan kijken en weet dat het voor hem geen enkel verschil maakt of de ziel via de mond of via de keel het lichaam verlaat, dan mag je hem gelukkig noemen. En dat mag je ook als hij, wanneer hem lichamelijke folteringen in het vooruitzicht gesteld worden, hetzij door de loop van de omstandigheden, hetzij door het onrechtvaardig optreden van iemand die machtiger is, wanneer hij zonder zich ongerust te maken hoort over gevangenschap, verbanning en alles wat de menselijke geest ijdele vrees aanjaagt, en alleen maar zegt: «Geen enkele vorm van inspanning, mevrouw, komt voor mij als nieuw of onverwacht: alles heb ik al voorzien en zelf in mijn geest al doorstaan. U kondigt mij vandaag deze dingen aan: ik heb ze mij zelf altijd al aangekondigd en de mens die ik ben voorbereid op alles wat een mens kan overkomen.»

34. Van een ramp waarop wij voorbereid zijn komt de klap minder hard aan. Maar in de ogen van de dwazen en van hen die zich op de fortuin verlaten is elke gebeurtenis die zich voordoet, even onverwacht: voor mensen zonder ervaring bestaat een deel van een ramp in het feit dat hij onverwacht komt. Dit zal je duidelijk worden als je merkt dat zij die dingen, waarvan zij gemeend hadden dat ze onovercomelijk zijn, met meer moed verduren als zij er eenmaal aan gewend geraakt zijn.

35. Daarom probeert de wijze zich bij voorbaat al te wennen aan de ellende die hem kan overkomen en wat anderen licht maken door het langdurig te ondergaan, maakt hij licht door het langdurig te overwegen. We horen soms uitspraken van onervarenen die zeggen: ik wist dat dit mij te wachten stond. De wijze weet dat alles hem te wachten staat. Wat er ook gebeurt, hij kan altijd zeggen: ik wist het.

Lucius Annaeus Seneca, Brief 76: 'Lessen in filosofie'. Uit: *Brieven aan Lucilius*, vertaling Cornelis Verhoeven. Baarn: Ambo, 1980.

Plotinus

(204-270)

Plotinus is de grondlegger van het neoplatonisme. Hij is in Egypte geboren en heeft in Rome gedoceerd. Zijn filosofie heeft hij op latere leeftijd in het Grieks op schrift gesteld. Zijn leerling Porphyrius, die een *Leven van Plotinus* schreef, heeft de geschriften van Plotinus in zes *Enneaden* (groepen van negen geschriften) verdeeld en gepubliceerd.

Plotinus wil in het voetspoor van Plato zijn eigen filosofie ontwikkelen, maar heeft daarbij tal van originele gedachten naar voren gebracht. Evenals Plato maakt hij onderscheid tussen een intelligibele en een zintuiglijk waarneembare, materiële wereld. In de intelligibele wereld zijn het Ene of Goede, de wereld van de *nous* (intellect) of Ideeën, en de ziel aanwezig. Behalve door deze leer van de drie zogenaamde *hypostasen* (werkelijkheidsniveaus) is Plotinus' filosofie vooral bekend geworden door de leer van de *emanatie* of uitstroming van alles uit het Ene. Het laagste niveau dat deze emanatie bereikt, is het niveau van de materiële wereld, waar de dingen hun bestaan danken aan het feit dat ze aan de bij hun aard passende Vorm of Idee deelhebben. De wereld van de Vormen of Ideeën heeft de functie te verklaren hoe wij kennis kunnen hebben van de vergankelijke, materiële dingen: kennis is blijvend en omdat de dingen om ons heen aan de eeuwige Vormen deelhebben, is het mogelijk daarvan kennis te hebben. Plotinus is echter geen spiritualist of idealist die alleen de intelligibele wereld als echt en waar beschouwt. Juist omdat alle dingen in de materiële wereld altijd de intelligibele wereld 'schouwen', is de materiële kosmos, naar zijn eigen waarde beschouwd, goed (zie eerste fragment).

Dat geldt ook voor de mens: een mens is mens, doordat hij aan de Vorm mens deelheeft. De mens kan echter als een amfibie de materiële wereld verlaten door met zijn intellect de wereld van de Vormen te beschouwen en uiteindelijk op te stijgen tot het Ene (zie derde fragment).

Deze contemplatieve weg omhoog geldt niet

alleen voor de mens, maar — in tegenstelling tot Plato — meent Plotinus dat heel de natuur schouwt: alles in de materiële wereld komt niet alleen voort uit de intelligibele wereld, maar wil ook in een voortdurende, dynamische beweging naar die wereld terugkeren (zie tweede fragment).

Plotinus' antropologie gaat niet uit van een scherp dualisme tussen lichaam en ziel, maar van een 'lager zelf' en een 'hoger zelf'. De mens moet niet alleen volgens zijn lagere, lichamelijke zelf leven, maar moet zich ook met behulp van zijn hogere zelf richten op de intelligibele wereld om zo de structuren en eenheid van zijn eigen leven en van de wereld om zich heen te zien. Deze theorie is onder andere van invloed geweest op de leer van de archetypen van Carl Gustav Jung.

Het uiteindelijke doel voor de mens is de *unio mystica* met het Ene of Goede. Deze eenwording heeft Plotinus zelf twee of drie keer ervaren (zie derde fragment). Deze mystieke ervaring treedt op wanneer een mens in voldoende mate een filosofisch leven leidt, dat wil zeggen: afstand neemt van de lichamelijke en materiële omstandigheden waarin hij leeft, zich toelegt op een zuiver en rationeel denken en ten slotte daarboven uitstijgt om het Goede of Ene te zien.

Plotinus' filosofie en mystiek zijn gemotiveerd vanuit de gebrokenheid van de mens in deze wereld. De mens kan die gebrokenheid overwinnen en weer echt mens worden door zijn eenheid met deze wereld én met zijn hogere oorsprong te herstellen.

Plotinus, *Enneaden* (fragmenten)

III, 2 [47] *Over voorzienigheid 1*, hoofdstuk 3

Nu kan niemand zelfs dit heelal terecht verwijten dat het niet mooi is, en evenmin dat het niet de beste is van alle dingen die een lichaam hebben. Al evenmin kan men de oorzaak van zijn bestaan (daarvan) de schuld geven, daar het ten eerste uit noodzaak bestaat en niet op grond van rationele berekening is ontstaan, maar omdat een hoger wezen het naar zijn aard heeft verwekt als een beeltenis van zichzelf; in de tweede plaats, als rationele beredenering de schepper zou zijn, behoeft zij evenmin schaamte te voelen over het product. Het product is immers een geheel dat zeer schoon is, aan zichzelf genoeg heeft, liefde voor zichzelf koestert en ook voor zijn delen, zowel de belangrijkere als die welke minder belangrijk zijn maar er even goed bij passen. Als dan iemand om de delen het geheel zou beschuldigen,

PLOTINUS *Enneaden*

zou hij wel een vreemdsoortige beschuldiging uiten; de delen moet men immers in relatie met het geheel zelve bekijken, namelijk of ze daar wel in goede harmonie mee overeenstemmen, en als men het geheel bekijkt, moet men niet letten op een paar kleine delen. Dat doet iemand, die niet het heelal beschuldigt, maar een paar delen ervan afzondert (en die beschuldigt), zoals wanneer iemand van een volledig levend wezen alleen een haar of een teen neemt en de volledige mens uit het oog verliest, voorwaar toch een geweldig iets om te zien. Of als iemand, bij Zeus, geen oog heeft voor de andere levende wezens, maar het geringste eruit licht, of als iemand het hele geslacht, bijvoorbeeld van de mensen, zomaar ter zijde schuift en Thersites [een zeer lelijk iemand] ten tonele voert. Omdat nu dat wat ontstaan is het totale heelal is, kunt u als u uw aandacht daarop richt, wellicht het volgende van die kant te horen krijgen: «Een god heeft me geschapen en ik ben uit die hogere wereld ontstaan, volmaakt, bestaande uit alle levende wezens; ik heb voldoende aan mijzelf en ben van niets afhankelijk en heb niets nodig, omdat alles in mij is, planten en dieren, alle ontstane wezens, vele goden, scharen daimonen, edele zielen en mensen, die door hun deugd gelukkig zijn. De aarde is immers niet getooid met álle planten en álle soorten levende wezens, en de kracht der ziel is niet alleen tot de zee gekomen, zodat alle lucht en ether en de gehele hemel van die ziel verstoken zouden zijn: daarboven zijn alle edele zielen; ze schenken leven aan de sterren en aan de welgeordende eeuwigdurende rondwenteling van de hemel, die in navolging van de *nous* met verstand om eenzelfde punt eeuwigdurend in een cirkel rondgaat. Daarbuiten heeft zij immers niets te zoeken. Alle dingen in mij haken naar het Goede en zij bereiken dat, stuk voor stuk, eenieder naar zijn eigen vermogen. De hemel als geheel is daarvan afhankelijk immers en ook geheel mijn ziel en de goden, die in mijn (lichaams)delen zijn, en alle levende wezens en planten en alles wat in mij geen ziel schijnt te hebben. Sommige delen daarvan lijken alleen maar deel te hebben aan het zijn, andere aan het leven, weer andere in hogere mate (aan dat leven) doordat ze waarneming kennen, nog weer andere bezitten de rede en nog weer andere het leven in al zijn volheid. We mogen immers niet gelijke eisen stellen aan wezens (of delen), die niet gelijk zijn: men mag niet van een vinger eisen dat hij ziet, maar wel van een oog; van een vinger mag men iets anders eisen, meen ik, namelijk dat hij vinger is, en zijn eigen functie behoudt.»

PLOTINUS *Enneaden*

III, 8 [30] *Over natuur, schouwen en het Ene,*
hoofdstuk 1, 1-16, en hoofdstuk 4, 1-15

Gesteld nu wij zouden, alvorens over te gaan tot een serieuze aanpak, in eerste aanleg spelenderwijs beweren dat alle wezens naar schouwen verlangen en op dat doel hun blik richten, niet alleen die met rede begiftigde wezens maar ook de redeloze en ook de groeikracht in de planten en de aarde die ze doet groeien, en dat alle daarin slagen, voorzover het hun naar hun aard gegeven is, en dat sommige er werkelijk aan toekomen, en andere slechts een nabootsing, een afspiegeling daarvan voor ogen krijgen, zou iemand dan het paradoxale in dat betoog kunnen verdragen? Wel, daar dit betoog ten behoeve van onszelf wordt gehouden, kan er geen gevaar in steken als wij onze eigen ideeën spelenderwijs behandelen. Zijn wij dan ook ondanks ons spel op dit moment bezig te schouwen? Ja, zowel wijzelf als allen die spelen doen dat, of althans ze verlangen daarnaar onder hun spel. En het is wel waarschijnlijk dat, of nu een kind of een man speelt of serieus is, de een speelt om tot schouwen te komen en de ander voor datzelfde doel serieus is en dat elke handeling een serieuze poging is om tot schouwen te komen (...).

    En als nu iemand de natuur zou vragen waarom ze schept, zou ze, als ze naar de vraagsteller zou willen luisteren en als ze zou willen spreken, wellicht het volgende zeggen: «Eigenlijk hoorde u geen vragen te stellen, maar hoorde u zelf ook in stilzwijgen te begrijpen, zoals ik zwijg en niet gewoon ben te spreken. Wat dan begrijpen? Dat dat wat ontstaan is, is wat ik schouw in stilzwijgen, en een voorwerp van schouwen dat op natuurlijke wijze ontstaan is, en dat ik, daar ik uit zo'n schouwen ben geboren, een schouwende natuur heb. En mijn schouwen schept een product, zoals de meetkundigen tekeningen maken, als ze aan het schouwen zijn. Maar bij mij is het toch anders, want wanneer ik geen tekeningen maak en mij wel aan schouwen overgeef, ontstaan de lijnen die de lichamen begrenzen alsof ze uit mij geboren worden. En het vergaat mij dan net als mijn moeder en de wezens, die mij hebben voortgebracht. Want ook zij zijn uit schouwen voortgekomen en mijn geboorte heeft plaatsgevonden zonder dat zij iets deden, maar ik ben geboren omdat zij hogere vormende beginsels zijn en omdat die zichzelf schouwen.»

PLOTINUS *Enneaden*

IV, 8 [6] *Over de afdaling van de ziel in de lichamen*, hoofdstuk 1,
en VI, 9 [9] *Over het Goede of het Ene*, hoofdstuk 11, 45-51

Dikwijls wanneer ik in mezelf uit mijn lichaam ontwaak en ik buiten de andere dingen naar binnen in mezelf ben, zie ik een buitengewoon grote, wonderbare schoonheid. Ik ben er dán vooral van overtuigd dat ik tot het hogere behoor; met mijn activiteit bereik ik de hoogste vorm van leven, ik ben met het goddelijke vereenzelvigd en daarin vind ik mijn fundament. Als ik tot die hoogste activiteit ben gekomen, heb ik mezelf verheven boven al het andere intelligibele. Maar als ik na dat stilstaan in het goddelijke uit de geest (*nous*) naar het analytische denken ben afgedaald, dan worstel ik met het probleem hoe het toch komt dat ik ook nu weer afdaal, en hoe me ooit de ziel in mijn lichaam is gekomen, terwijl ze (toch) zo'n (schitterend wezen) was, toen ze zich op zichzelf (aan mij) vertoonde, ofschoon ze (op dat moment) in een lichaam verbleef. Want Heraclitus, die ons aanspoort dat uit te vorsen, leerde dat «omslagen uit tegengestelde delen in tegengestelde delen noodzakelijk zijn» en sprak over «de weg omhoog en omlaag» en over «al veranderend heeft het rust» en «het is een afmatting om voor dezelfde te zwoegen en erdoor geregeerd te worden»; daarmee liet hij ons naar de zin ervan gissen en liet hij na ons het woord duidelijk te maken, omdat eenieder wellicht bij zichzelf moet zoeken, zoals ook hijzelf door te zoeken gevonden had. En Empedocles zei dat er een wet is voor de zielen die zondigen om naar de aarde te vallen, en dat hij zelf, na uit de godenwereld verbannen te zijn, hier gekomen was in gehoorzaamheid aan de waanzin der twist. Daarmee onthulde hij tussen de regels door slechts even weinig, als ook Pythagoras, meen ik, en zijn leerlingen daarover en over andere dingen in allegorieën lieten doorschemeren. Daarbij werd Empedocles ook nog door de poëtische vorm van zijn woorden belemmerd om duidelijk te zijn. Rest ons dus nog de goddelijke Plato, die vele schone woorden aan de ziel gewijd heeft en over haar komst hier veelvuldig in zijn dialogen heeft gesproken, zodat we hoop hebben van hem iets duidelijks te horen. Wat zegt die filosoof nu? Het zal blijken dat hij niet overal hetzelfde zegt, zodat men gemakkelijk de bedoeling van de man had kunnen zien, maar hij spreekt wel geringschattend over al het zintuiglijk waarneembare, overal, en hij laakt de omgang van de ziel met het lichaam en zegt dat de ziel in kluisters is en in het lichaam begraven is en dat het woord dat in de mysteriën gesproken wordt, dat namelijk de ziel onder bewaking staat, een diepe waarheid bevat. En de grot bij hem, net zoals de spelonk bij Empedocles, beduidt, dunkt me, deze wereld, waar hij zegt dat het losmaken van de kluisters en de tocht omhoog uit de grot voor de ziel de tocht naar het intelligibele is. En in de *Phaedrus* noemt hij het 'verlies van vleugels' de oorzaak van de komst van de ziel hier. En perioden (rondwentelingen van de sterrenhemel) brengen bij hem de ziel na haar opstijging weer hier terug en 'veroordelingen' sturen andere zielen hierheen evenals 'toedelingen van een lot' en verschillende 'lotsbestemmingen' en 'noodzaken'. En nadat hij in al die passages de komst van de ziel in het lichaam heeft gelaakt, prijst hij in de *Timaeus*, sprekend over dit heelal, de wereld en noemt hij die een 'gelukzalige god' en zegt dat de ziel door de goede demiurg geschonken is, zodat dit heelal geest bezit, daar dit de geest wel moet bezitten, maar het zonder de ziel niet mogelijk was dat dit gebeurde. Daarom werd dus de ziel van het heelal door de godheid daarheen gestuurd en de ziel van elk van ons, opdat het heelal volmaakt zou zijn. Want al de verschillende soorten levende wezens die in de intelligibele wereld zijn, moesten ook in deze zichtbare wereld bestaan.

(...) En wanneer hij [de mens die schouwt] van het schouwen terugvalt en weer de deugd heeft opgewekt die in hem is en als hij zichzelf weer met die deugden gesierd ziet, zal hij weer vederlicht worden en zal hij door die deugd naar de geest gaan en naar de wijsheid en door de wijsheid naar het (Ene). En dat is dan het leven van goden en goddelijke en gelukkige mensen, een bevrijding uit de andere dingen, de aardse, een leven dat niet meer behagen schept in de aardse zaken, een vlucht van (een mens) alleen naar (het Ene) alleen.

P. Henry, H.-R. Schwyzer, *Plotini Opera* I, II en III. Brussel/Parijs, 1951-1973.
Nederlandse vertaling: Plotinus, *Enneaden*, vertaling R. Ferwerda. Baarn/Amsterdam: Ambo/Athenaeum — Polak & Van Gennep, 1984, p. 261-262, 361, 364, 516-517, 883.

Augustinus

(354 – 430)

Voordat Aurelius Augustinus in 391 priester en daarna bisschop wordt in het Noord-Afrikaanse Hippo, is hij vooral een zoeker. Hij leeft dan ook in roerige tijden. Enerzijds zijn er tekenen van het verval van de antieke en Romeinse wereld. Anderzijds kondigt zich het nieuwe christelijke Rome aan, dat trouwens pas in de gotische Middeleeuwen tot volle bloei zou komen. Augustinus heeft voor dit Rome de intellectuele fundamenten gelegd.

Augustinus is een grensganger tussen de antieke en de middeleeuwse wereld. Hij pendelt ook tussen filosofie en theologie. In zijn talloze geschriften maakt hij op eigenzinnige wijze de hellenistische en Romeinse wijsbegeerte dienstbaar aan de belangrijkste gebeurtenis uit zijn leven, zijn omarming van het christendom. Zo opent hij de traditie van de Europese metafysica, die de vragen naar het wezen van de werkelijkheid en de geschiedenis articuleert binnen het raamwerk van een door bijbelse teksten geïnspireerde religiositeit. Dat maakt hem, als vader van de christelijke metafysica, van groot belang voor de geschiedenis van de filosofie.

Het bekendste boek van Augustinus is zijn *Confessiones* (*Belijdenissen*). Het werk leest af en toe als een roman en bevat diepzinnige passages. Door het gehele werk heen komen de klassieke filosofische vragen betreffende de tijd, de ziel, de kosmos, de dood, het geheugen en het zijn in aanraking met het gelovige verlangen naar God. In de eerste negen boeken schetst Augustinus zijn levensweg en zijn vondst van de christelijke waarheid. In de laatste vier verwondert hij zich over de mogelijkheid daarvan, gezien het raadsel van tijd en schepping. Door de eigenheid waarmee hij de klassieke vragen behandelt, is zijn werk van meer dan louter historisch belang. Dat ontdekten recentelijk met name filosofen uit de fenomenologische richting. Husserl bijvoorbeeld beriep zich op Augustinus' behandeling van het tijdsprobleem. En ook voor Heidegger, Arendt, Ricoeur, Derrida en

Lyotard is Augustinus een actuele inspiratiebron gebleven.

Na een omzwerving via het manicheïsme, de scepsis en het neoplatonisme ontdekte Augustinus uiteindelijk de waarheid van het christendom, die hij formuleerde op grond van hetgeen zijn zoektocht hem opgeleverd had. De manicheeërs zetten hem op het spoor van de vraag naar het kwaad. Deze toentertijd wijdverbreide godsdienstige stroming ging uit van een strikte tegenstelling tussen een substantiële macht van het kwaad en een dito macht van het goede. Augustinus, overigens een neoplatoons denkmodel volgend, weerlegt deze tegenstelling door het kwaad voor te stellen als een loutere negativiteit. Het kwade heeft in zichzelf geen bestaansgrond. Kwaad is voor hem de absentie van het goede. Op die manier slaagt Augustinus erin de goddelijke scheppingswoorden uit de bijbel — «En God zag dat het goed was» — filosofisch recht te doen.

Uit teleurstelling over het manicheïsme aanvaardt Augustinus de scepsis, niet in de destructieve pyrrhonistische vorm, maar in de hellenistisch platoonse betekenis van het 'oneindige zoeken'. Kort daarna verwerpt hij dit denken weer op grond van op Descartes vooruitlopende argumenten. Augustinus toont aan dat het denken niet buiten de zekerheid van het «Ik denk» om kan en dat zonder uit te gaan van een waarheid denken een zichzelf verstrikkende bezigheid wordt. Maar de zekerheid van het «Ik denk» impliceert niet automatisch het inzicht in de waarheid. Dat inzicht ligt verankerd in God, de eerste en laatste bron van alle waarheid.

De grootste invloed op Augustinus, en daarmee op de Europese metafysica, is echter uitgegaan van het neoplatonistische denken in de trant van Plotinus. Diens zijnshiërarchie wordt door Augustinus overgenomen, met één verschil: het goddelijke Ene, waarvan volgens Plotinus de fenomenale werkelijkheid een emanatie is, wordt onder bijbelse invloed door Augustinus gepersonifieerd. De wereld is niet uitgevloeid uit het hoogste principe, maar is geschapen. Met het concept van de Schepper-God, dat ook een motief was in zijn verzet tegen de manicheeërs, geeft Augustinus antwoord op het probleem van de menselijke verlossing. Als het waar is dat alles, volgens Plotinus zelfs een steen, contemplatief gericht is op de hoogste eenheid waarheen het terug wil keren vanuit de lagere hypostasen, hoe is die terugkeer dan mogelijk? Hoe kan het lagere terugkeren naar het hogere, als niet het hogere daartoe het initiatief neemt? De Schepper-God is een schenkende god, die in de schepping de wereld bestaan geeft en die in de incarnatie aan de wereld de toegang tot de waarheid, en daarmee de mogelijkheid tot verlossing, schenkt.

Dat die schenking niet gelijkstaat met irrationeel denken, blijkt uit de hiernavolgende, relatief onbekende tekstfragmenten. Ze zijn afkomstig uit *De ordine*, een verslag van een gesprek over de werkelijkheidsorde dat Augustinus tussen zijn bekering (zomer 386) en zijn doop (voorjaar 387) voerde. Geheel volgens wijsgerig gebruik had hij zich met een aantal vrienden en volgelingen teruggetrokken in Cassiciacum, in een villa op het platteland. Augustinus verdeelt de zeven vrije kunsten in een *trivium* en een *quadrivium*. Daarmee legt hij de grondslag voor het middeleeuwse leerplan van kloosterscholen en universiteiten. Interessant is vooral de volgorde die hij in deze leervakken aanbrengt en die, naar zijn opvatting, correspondeert met de natuurlijke ontwikkelingsgang van de rede die de waarheid zoekt. De achtereenvolgende *artes* zijn een parcours waarlangs de zoekende ziel stapsgewijs komt bij het inzicht dat hem ontvankelijk maakt voor het geschenk van de goddelijke waarheid. Pedagogiek — het scholen en opvoeden van studenten — en anagogiek — het opklimmen van de ziel naar het zuivere zijn — gaan zo hand in hand. De middeleeuwers drukten dat overigens uit in de hoog oprijzende lijnen van de gotische bouwstijl in kerken en kathedralen. Zo treft men Augustinus' *artes liberales* afgebeeld in het voorportaal van de kathedraal van Chartres in Frankrijk. De zeven kunsten verwijzen omhoog naar de zogeheten *sedes sapientia*, een afbeelding van de maagd Maria die de waarheid, Christus, op haar schoot toont aan de omhoogkijkende beschouwer.

Augustinus, *Over de orde* (fragmenten)

De rede is de beweging van de geest waardoor die in staat is dat wat wij leren te onderscheiden en te verbinden. Het menselijk geslacht kan maar uiterst zelden gebruikmaken van deze gids om God te begrijpen of de ziel zelf, ofwel die in onszelf is ofwel die overal is. Dat komt alleen maar hierdoor dat het voor iedereen, als hij eenmaal buiten zichzelf getreden is naar aangelegenheden van deze zintuiglijke wereld, moeilijk is terug te keren in zichzelf. Ofschoon mensen dus zelfs in bedrieglijke aangelegenheden zich moeite geven alles volgens de rede te regelen, weten zij op een enkele uitzondering na niet wat de rede zelf is en wat haar aard is. Dat lijkt verbazingwekkend, maar toch is het zo. (…)

(31) Laten wij eerst eens zien in welk verband het woord dat 'rede' luidt, wordt gebruikt. Want wat hier voor ons van het grootste belang moet zijn is dat de mens zelf door de wijzen uit de Oudheid aldus gedefinieerd is: «De mens is een redelijk en sterfelijk dier.» Wij zien dat hierin een soort wordt genoemd dat 'dier' heet, en dat daaraan twee kenmerken zijn toegevoegd, waardoor, dunkt mij, de mens herinnerd moest worden aan dat waarnaar hij moest terugkeren en aan dat wat hij moest vermijden. Want zoals de uittocht van de ziel een afglijden naar het sterfelijke is, zo moet de terugtocht gericht zijn op de rede. Door het ene woord wordt dat wat 'redelijk' heet, onderscheiden van de beesten, door het andere dat wat 'sterfelijk' wordt genoemd van wat goddelijk is. Als de ziel zich niet aan het ene vasthoudt,

zal zij dierlijk zijn; als zij zich niet afwendt van het andere, zal zij niet goddelijk worden.

Omdat nu de geleerden een scherpzinnig en subtiel onderscheid plegen te maken tussen 'redelijk' en 'beredeneerbaar', mogen wij dat met het oog op ons onderwerp op geen enkele manier verwaarlozen. Want 'redelijk' hebben zij genoemd dat wat van de rede gebruikmaakt of kan maken, maar 'beredeneerbaar' dat wat met de rede gezegd of gedaan is. Dus kunnen wij dit badhuis 'beredeneerbaar' noemen en ook ons gesprek, maar 'redelijk' noemen wij degene die dit bouwwerk gemaakt heeft of ons zelf die dit gesprek voeren. De rede komt dus tevoorschijn uit de redelijke ziel en zij uit zich dan in dat wat in daden en woorden beredeneerd is. (…)

(35) Er zijn drie soorten dingen waarbij dat 'beredeneerbare' aan de orde is. Ten eerste is dat het geval bij daden die op een bepaald doel gericht zijn, ten tweede bij het doen van uitspraken en ten derde bij het genieten. Het eerste spoort ons aan om niets op een willekeurige manier te doen, het tweede om zaken op de juiste manier uiteen te zetten, het laatste om ons geluk te zoeken in de beschouwing. Het eerste heeft betrekking op ons ethisch optreden, de twee andere op de leer waarover wij nu spreken. Want dat in ons wat redelijk is, dat wil zeggen: wat de rede gebruikt en wat beredeneerbare dingen doet of eerbiedigt, weet zich door een natuurlijke band gebonden aan het samenleven met hen met wie het de rede gemeenschappelijk heeft.

Omdat nu de ene mens niet een werkelijk hechte band kan hebben met de andere, als zij niet samen kunnen praten en op die manier hun geest en hun gedachten als het ware in die van anderen kunnen laten overvloeien, zag de rede in dat zij namen moest hechten aan de dingen, dat wil zeggen: bepaalde klanken die als tekens ergens naar verwijzen, om ervoor te zorgen dat mensen, die nu eenmaal niet elkaars geesten konden gewaarworden, de zintuigen bij wijze van spreken als tolk zouden kunnen gebruiken om het contact tot stand te brengen.

De woorden intussen van hen die afwezig waren, konden niet worden gehoord. Dus heeft die rede lettertekens voortgebracht, nadat alle klanken van mond en tong vastgelegd en onderscheiden waren. Maar zij had niets daarvan tot stand kunnen brengen als de hoeveelheid dingen zich

AUGUSTINUS *Over de orde*

oneindig, zonder enige vastgestelde limiet zou lijken uit te strekken. Dus is uit bittere noodzaak het nut van tellen binnen haar gezichtskring gekomen. Na die twee uitvindingen kwam de kunst van het schrijven en rekenen ter wereld, die als het ware de kinderjaren van de grammatica zou zijn, die door Varro lettering genoemd werden. (…)

(38) Toen de grammatica voltooid en geordend was, voelde de rede zich gedrongen haar onderzoek en haar aandacht te richten op het vermogen zelf waarmee zij die kunst had voortgebracht. Want door dat vermogen te definiëren, onder te verdelen en te verbinden had zij daarin niet alleen structuur en orde aangebracht, maar zij had die ook weerbaar gemaakt tegen geleidelijk binnensluipende onjuistheden. Ze kan eventueel alleen tot het construeren van nog andere dingen overgaan, wanneer zij zelf eerst als het ware bepaalde bij haar passende werkwijzen en instrumenten zou onderscheiden, beschrijven en ontwikkelen en een wetenschap van de wetenschappen zelf in het leven zou roepen die ze 'dialectica' noemen. Die onderwijst het onderwijzen en onderwijst het leren. Hierin laat de rede zichzelf zien en brengt zij aan het licht wat zij is, wat zij wil en wat zij kan. Zij weet te weten; zij is de enige die mensen niet alleen tot wetenden wil maken, maar dat ook kan.

Omdat mensen intussen, dom als zij zijn, wanneer zij juiste, nuttige en eerzame adviezen krijgen, op een enkele uitzondering na, geen oog hebben voor de zuivere waarheid zelf, maar hun eigen gevoel en gewoonte volgen, was het nodig dat zij niet alleen, voorzover mogelijk, werden onderwezen, maar dikwijls in de eerste plaats ook gemotiveerd. Aan het onderdeel dat deze taak moet vervullen, een onderdeel waarin de dwingendheid een grotere plaats inneemt dan de integriteit, een wetenschap die haar armen helemaal vol heeft met versnaperingen die zij tussen het volk moet uitstrooien om te zorgen dat het zich laat verleiden tot wat in haar ogen nuttig is, heeft zij de naam 'retorica' gegeven. Dit is het punt dat in vrije studies en wetenschappen is bereikt door het deel in ons dat vanwege het hanteren van verwijzingen 'beredeneerbaar' wordt genoemd.

(39) Van hier wilde de rede de sprong wagen naar de meest zalige beschouwing van de goddelijke zaken zelf, maar om niet naar beneden te vallen,

AUGUSTINUS *Over de orde*

zocht zij naar trappen en baande zich een weg via wat al haar eigendom was en via de ordening daarin. (...)

(40) De rede begreep intussen wel dat dit een stof van maar uiterst geringe betekenis was, als de klanken niet een bepaalde vorm zouden krijgen door een nauwkeurige indeling van hun lengte en door een weloverwogen afwisseling van hoog en laag. En zij kwam tot de bevinding dat de grondslag hiervoor lag in wat zij in de grammatica, toen zij de lettergrepen aandachtig bestudeerde, 'voeten' en 'accenten' had genoemd. En omdat het niet moeilijk was op te merken dat bij de woorden de korte en lange duur van lettergrepen bij het spreken in ongeveer gelijke aantallen verspreid zijn, probeerde zij die voeten in vaste ordeningspatronen te verdelen en te verbinden en, daarbij aanvankelijk het gehoor zelf volgend, bracht zij in die geregelde verbindingen geledingen aan die zij 'cesuur' of *diaeresis* noemde. En om te voorkomen dat het lopen van die voeten zich verder zou bewegen dan naar haar oordeel passend was, bepaalde zij een begrenzing vanwaar die loop zich naar zijn begin moest wenden of 'reverteren' en naar die 'reversie' noemde zij die maat 'vers'. Wat niet door vastgestelde grenzen werd beheerst, maar toch op een beredeneerbare manier op geordende versvoeten verder liep, legde de rede vast met de naam 'ritme', wat in het Latijn niet anders dan als 'getal', dat wil zeggen als *numerus*, uitgedrukt kan worden. Zo werden uit de rede de dichters geboren. (...)

(41) Op dit vierde niveau, hetzij bij de ritmen, hetzij bij de modulering zelf, begreep de rede dat de getallen een beslissende positie innemen en dat zij de volmaaktheid van het geheel bepalen. Zij begon aan een zeer nauwgezet onderzoek naar hun aard, en kwam tot de bevinding dat zij goddelijk en eeuwig waren, en vooral ook dat de rede dankzij de hulp van de getallen alles wat eerder genoemd is in onderling verband had gebracht. En het was voor haar al heel moeilijk te verdragen dat de glans en de zuiverheid daarvan werden ontkleurd door het feit dat woorden fysieke materie zijn. En omdat datgene wat de geest ziet, altijd aanwezig is en als onsterfelijk ervaren wordt, en de getallen klaarblijkelijk tot die klasse behoren, terwijl het geluid, omdat het iets zintuiglijks is, voorbij stroomt, naar het verleden toe, en in de herinnering wordt vastgelegd, daarom werd in een beredeneerbare

leugen, waarbij de rede aan de dichters een gunst bewijst, verzonnen dat de Muzen de dochters zijn van Jupiter en Herinnering. En daardoor komt het dat deze wetenschap die deels zintuiglijk, deels intellectueel is, de naam 'muziek' heeft gekregen.

(42) Van hieruit begon zij haar tocht over het rijke gebied van de visueel waarneembare wereld; en terwijl zij haar blikken liet weiden over de aarde en langs de hemel, ontdekte zij dat zij in niets anders behagen schepte dan in schoonheid, in de vormen van de schoonheid, in de verhoudingen van de vormen en in de getallen van de verhoudingen. En zij vroeg zich bij zichzelf af of een lijn, een cirkel of welke andere vorm of figuur dan ook daar precies zo is als die het verstand in zichzelf bevat. En zij kwam tot de bevinding dat die vormen daarbij ver achterbleven en dat alles wat de ogen zien in geen enkel opzicht de vergelijking kan doorstaan met datgene wat de geest aanschouwt. Ook dit alles bracht zij onderscheiden en gestructureerd onder in een wetenschap en ze noemde die 'geometrie'.

De bewegingen aan de hemel brachten in haar veel teweeg en nodigden haar uit ze aandachtig in ogenschouw te nemen. En ook hier, begreep zij uit de volmaakt regelmatige opeenvolging van perioden, uit de onveranderlijke en vast omschreven banen van de hemellichamen en uit de streng bepaalde onderlinge afstanden, heerste niets anders dan die wet van verhouding en getal. Ook dat alles bracht zij op een vergelijkbare manier door te omschrijven en te onderscheiden in een geordend verband bijeen en gaf zo het aanzijn aan de sterrenkunde, voor de vrome geesten een bron van verder denken, voor de nieuwsgierige geesten een bron van kwellingen.

(43) Bij al deze wetenschappen deed alles zich aan de rede voor als beheerst door getallen. En die heerschappij kwam met meer druk juist in die verhoudingen naar voren die door de gedachte en de overwegingen van de rede als het meest onomstotelijk waar beschouwd werden, terwijl zij in dat wat zintuiglijk wordt waargenomen eerder schaduwen en sporen daarvan meende te herkennen. En op dit punt mikte zij heel hoog en had zij grote ambities: zij waagde het de onsterfelijkheid van de ziel te bewijzen. Zij onderzocht alles zorgvuldig, en ontdekte dat zij buitengewoon veel kon en dat zij alles wat zij kon, dankzij de getallen kon. Zij werd getroffen door iets

wonderlijks en begon te vermoeden dat zij misschien zelf het getal was waarmee alles werd geteld of, als zij niet het getal zelf was, dat het zich dan in elk geval daar moest bevinden waar zij uiteindelijk probeerde terecht te komen. En zij stortte zich met al haar krachten op het begrijpen van het getal dat haar de weg zou wijzen naar de omvattende waarheid. (…)

(44) Als iemand niet aan deze beelden toegeeft en als hij alles wat over zoveel wetenschappen naar allerlei kanten en op allerlei manieren verspreid is tot één eenvoudig, waar en betrouwbaar beginsel terugbrengt en werkelijk de naam 'geleerde' verdient, dan is hij op een niet willekeurige manier op zoek naar die goddelijke wetenschap, die hij niet alleen maar wil geloven, maar ook wil beschouwen, begrijpen en vasthouden. Maar wie nog de slaaf is van zijn begeerten en streeft naar vergankelijke zaken, of wie dit alles al ontvlucht is en een rein leven leidt, maar toch niet weet wat 'niets' is, wat ongevormde materie is, wat gevormde materie zonder leven is, wat een lichaam is, wat een soort in een lichaam is, wat plaats is en wat tijd is, wat ruimtelijkheid en tijdelijkheid zijn, wat beweging van plaats is en wat beweging is die niet beweging van plaats is, wat aanhoudende beweging is, wat eeuwigheid is, wat het is niet op een plaats te zijn en toch niet nergens, en wat het is buiten de tijd te zijn en altijd te zijn, wat het is tegelijk nergens te zijn en er nooit niet te zijn, al wie dus, hiermee onbekend, een onderzoek wil doen en wil discussiëren, ik zeg niet over God, de allerhoogste — over wie wij meer weten door niet te weten — maar over zijn eigen ziel, die zal zo grote vergissingen begaan als er maar begaan kunnen worden.

Met meer gemak daarentegen zal hij daarvan kennis verwerven die de eenvoudige en begrijpelijke getallen begrepen heeft. En dan nog zal pas hij ze begrijpen die een goed verstand heeft, die door het voorrecht van zijn leeftijd of van andere gunstige omstandigheden over veel vrije tijd beschikt, die een gepassioneerde belangstelling heeft voor intellectuele zaken en die de genoemde ordening van de wetenschappen heeft doorlopen voorzover dat voor hem nodig was. Want ofschoon al die vrije kunsten worden geleerd, voor een deel om er profijt van te hebben in het leven, voor een deel om de werkelijkheid te leren kennen en tot voorwerp van beschouwing te maken, toch is het erg moeilijk daarvan profijt te

AUGUSTINUS *Over de orde*

trekken voor iemand die zich niet vanaf zijn vroegste jeugd daarop met heel zijn verstand, met de grootste ijver en volharding heeft toegelegd.

> Augustinus, *De ordine*. Nederlandse vertaling: *Over de orde*,
> vertaling Cornelis Verhoeven. Budel: Damon, 2000, p. 92-106.

Boëthius
(ca. 480 – 525/6)

Samen met Augustinus heeft Manlius Severinus Boëthius zonder twijfel de meest ingrijpende invloed gehad op het probleembewustzijn van de middeleeuwse filosofie. Meer dan eens wordt deze zoon uit een voornaam Romeins adellijk geslacht de 'laatste Romein' genoemd. De vraag of Boëthius een christelijke denker was die nog in antieke categorieën dacht of omgekeerd een antieke denker die toevallig christen was, zal wel altijd onbeslist blijven. Vaststaat wel dat het denken van Boëthius een sleutelrol vervult in de genese van het middeleeuwse christelijke denken. Daarin vond men het instrumentarium waarmee over de breuk tussen het goddelijke en het menselijke perspectief kon worden nagedacht.

Boëthius had de bedoeling om alle werken van Plato en Aristoteles in het Latijn te vertalen, maar voltooide alleen de logische werken van Aristoteles en de *Isagoge* van Porphyrius. De meeste roem oogstte hij evenwel met zijn klassiek geworden werk *De vertroosting van de filosofie*, dat in afwachting van zijn executie in 525 in de gevangenis totstandkwam. Boëthius had het tot minister van de Gotische koning Theodoric gebracht, maar viel in ongenade door zijn (vermeende) deelname aan een complot van de oude Romeinse adel tegen de koning.

In zijn *Vertroosting* is Boëthius op zoek naar een positieve acceptatie van het eigen onrechtvaardige noodlot. Wachtend op zijn executie is het geloof in de goddelijke macht die de kosmische ordening instandhoudt uitermate abstract geworden: het is niet langer verzoenbaar met de concrete tragische situatie. Hoe kan de gevangene die door duistere machtsspelletjes al zijn hoge ambten verloren heeft en die weet dat hij onrechtvaardig ter dood veroordeeld is nog denken dat de werkelijkheid door een ordening gekenmerkt wordt en uiteindelijk op het Goede gericht is? De platonist Boëthius ziet in de filosofie — die in het werk als een vrouw optreedt — de weg om een hoger standpunt in te nemen, een meer omvattend perspectief waarin de mislukte aardse ambities en geluksvoorstellingen verschijnen als hindernissen voor de bevrijding door het ware geluk, dat wijsheid behelst. Het kwade is vanuit zichzelf parasitair, terwijl het goede alleen omwille van zichzelf kan en moet gedaan worden. Het goede is zijn eigen maatstaf en kan daarom niet afgemeten worden aan de gebeurtenissen in de wereld. God is het uiteindelijke samenvallen van dit goede en de gelukzaligheid. Dit vooronderstelt evenwel een verwijzing naar het goddelijke perspectief. Het eigen noodlot kan en moet in het licht van Gods voorzienigheid (*providentia*) geïnterpreteerd worden en krijgt daarmee een positieve zin. Maar juist deze mogelijkheid om naar de voorzienigheid te verwijzen wordt door Boëthius geproblematiseerd. Want hoe is het mogelijk dat God in zijn alwijze wereldordening toch toelaat dat onrechtvaardige mensen de rechtvaardigen kunnen treffen? Hoe kan de goddelijke — door redelijkheid gestuurde — wereldorde bestaan naast de willekeur die het menselijke en politieke handelen kenmerkt? Het lijkt erop dat God in zijn wijsheid onmogelijk kan begrijpen wat het is om dit omvattende perspectief van de voorzienigheid *niet* in te nemen. De voorzienigheid, dat het perspectief van de eeuwigheid is, verschijnt voor de mens als de grillige weg van het noodlot (*fortuna*) dat zich in het verloop van de tijd voltrekt.

Providentia en *fortuna* zijn twee perspectieven op hetzelfde fenomeen die nooit tegelijk ingenomen kunnen worden. Vanuit het perspectief van de *providentia* zijn de (on)gelukkige toevalligheden van het leven niet denkbaar en vanuit de tragische omstandigheden is het moeilijk om de werkelijkheid in het licht van de voorzienigheid te zien. Bij Boëthius wordt duidelijk dat filosofie niet langer probleemloos als de weg naar de goddelijke wijsheid gezien kan worden. Op een of andere manier moet ook het perspectief van het noodlot — en dus de mogelijkheid en werkelijkheid van onrechtvaardigheid — in de concretisering van de wijsheid worden verdisconteerd om de weg naar de wijsheid te kunnen gaan.

Voor Boëthius is de mens een wezen dat dit perspectief van de eeuwigheid weliswaar niet restloos kan innemen, maar dat wel de mogelijkheid in zich draagt om het tijdelijke gebeuren in het perspectief van het eeuwige nu (de voorzienigheid) te beschouwen. De bemiddeling tussen de omvattende goddelijke ordening en de wispelturige werkelijkheid van de mensen vindt bij Boëthius plaats door een beweging naar de subjectieve omgang met de werkelijkheid, die gekenmerkt wordt door twee perspectieven: het goddelijke en het menselijke. Deze sluiten elkaar uit, voorzover ze als objectieve kenmerken van de werkelijkheid begrepen worden, maar niet als perspectieven van waaruit de mens met de werkelijkheid kan omgaan.

Het probleem dat zich nu aandient is dat van een op de eeuwigheid gerichte 'goede' wil. Niet langer de vraag waarom God onrechtvaardigheid en chaos toelaat in zijn ordening staat voorop, maar de wijze waarop de mens in staat is zijn wil op dit goddelijke perspectief te richten, of niet.

In het hier vertaalde tekstfragment laat Boëthius Vrouwe Filosofie in goede platoonse traditie beargumenteren dat het Goede en het Ene met elkaar samenvallen. Even belangrijk in de tekst is het inzicht dat het Goede en het Ene voor alle levende wezens het uiteindelijke doel van ieder willen en streven zijn. Ook dit is een platoons motief, maar er vindt een verschuiving van het zwaartepunt plaats, voorzover dit willen zelf uitdrukkelijk gethematiseerd wordt.

Boëthius, *De vertroosting van de filosofie* (fragment)

— Ik stem in met uw betoog, zei ik daarop, want alles is door hechte redeneringen aaneengeklonken.

Waarop zij: hoeveel waarde hecht je eraan te weten te komen wat het goede zelf is?
— Dat is me oneindig veel waard, zeker als dat de kennis van God, die immers het goede is, zal insluiten.
— Maar dat is precies wat ik door een onbetwijfelbare redenering voor je inzicht zal ontsluiten, op voorwaarde dat we niet meer tornen aan onze conclusies totnogtoe.
— Afgesproken.
— Wel, we hebben aangetoond, niet waar, dat de dingen die door de meeste mensen worden nagejaagd, dáárom geen ware en volkomen goederen zijn, omdat ze van elkaar verschillen; dat ze, omdat dat verschil inhoudt dat aan het ene ontbreekt wat het andere bezit, iemand het volledige en absolute goed niet kunnen bezorgen; dat ze het ware goed (het waarlijk goede) pas worden wanneer ze als het ware opgaan in één vorm en één werkzaamheid, omdat dan pas onafhankelijkheid, macht, aanzien, roem en welbevinden elkaar insluiten en impliceren; en ten slotte, dat er, als ze alle niet één en hetzelfde zijn, geen enkele reden is om ze te rekenen tot wat nastrevenswaard is.
— Dat is inderdaad aangetoond en er valt niet meer aan te twijfelen.
— Als het dus, vervolgde ze, zolang ze van elkaar verschillen, geen goederen zijn en ze dat pas worden zodra ze één geworden zijn, is daar dan niet voor nodig dat ze eenheid verkrijgen?
— Dat zou ik wel zeggen, ja.
— En van alles wat (een) goed is, erken je toch ook dat het dat is doordat het deel heeft aan het goede (het goed-zijn) of niet?
— Dat erken ik.
— Maar dan moet je ook erkennen dat het éne (het één-zijn) en het goede (het goed-zijn) hetzelfde zijn; want wat van nature dezelfde werkzaamheid heeft, bezit één en dezelfde essentie.
— Dat valt niet te ontkennen.
— Welnu, hernam ze, is het je bekend dat alles wat bestaat zó lang als iets

zelfstandigs blijft bestaan als het één is, en ten onder gaat en uiteenvalt zodra het ophoudt één te zijn?
— Hoezo? vroeg ik.
— Ik zal een voorbeeld geven: als ziel en lichaam samenkomen en bijeen blijven, heet het resultaat 'een levend wezen'; maar zodra die elementen uiteengaan, en die eenheid dus wordt opgelost, is het gedaan met het levende wezen en is er geen sprake meer van, niet waar? Hetzelfde geldt voor een lichaam, op zichzelf beschouwd. Zolang het één vorm handhaaft, doordat de ledematen met elkaar verbonden blijven, ziet men één menselijke verschijningsvorm; maar als de delen van een lichaam de onderlinge verbinding opgeven en de eenheid opbreken, dan is het niet langer meer wat het was, een lichaam. En zo is het met alles: het zal ongetwijfeld blijken dat elk ding zijn bestaan handhaaft zolang het één is, en ten onder gaat zodra het dat niet meer is.
— De beschouwing van andere voorbeelden leert inderdaad dat het zo is en niet anders.
— Komt het nu voor, hernam ze, dat enig wezen, in zoverre het zich overeenkomstig zijn natuur gedraagt, de drift tot voortbestaan opgeeft en ernaar verlangt om aan zijn eind te komen en tot ontbinding over te gaan?
— Als ik de levende wezens in beschouwing neem die het natuurlijke vermogen hebben om te willen en niet te willen, dan vind ik niet één wezen dat zonder dwang van buiten afziet van zijn streven om in leven te blijven en eigener beweging zijn einde bespoedigt. Want elk levend wezen beijvert zich voor levensbehoud en mijdt dood en verderf. Maar wat ik op dit punt moet denken van planten en bomen, en van levenloze dingen, dat weet ik eenvoudig niet.
— Maar ook wat deze betreft, is er geen enkele reden tot onzekerheid. Om met bomen en planten te beginnen, je ziet toch dat ze alleen groeien op plekken die op hen zijn afgestemd, waar ze namelijk, afhankelijk van hun natuurlijke eigenschappen, niet snel uitdrogen en afsterven. Want sommige groeien op weidegronden, andere op bergen, of ze gedijen juist in moerassen of hechten zich in rotsige bodem; voor andere dient dor zand tot vruchtbare grond en die zouden juist verdorren als je ze zou proberen te verplanten. Aan elk schenkt de natuur het benodigde en zij beijvert zich ervoor dat geen boom of plant vóór zijn tijd afsterft. Waardoor anders

slurpen ze met hun wortels, als met evenzovele monden, het vocht uit de bodem, zodat het zich kan verspreiden door merg, hout en bast? Waardoor anders ligt wat zacht van aard is, zoals het merg, altijd in het binnenste opgeslagen, aan de buitenkant door het weerbaarder hout beschermd, dat op zijn beurt in de bast als het ware een geharde verdediger vindt tegen de barre ongemakken van het weder? En vergeet ook niet de zorg waarmee de natuur erop toeziet dat alles zich voortplant door de vermenigvuldiging van zijn zaad. Want wie weet niet dat men dit alles als kunstige apparaten kan zien, bedoeld om niet alleen tijdelijk behoud, maar ook schier eeuwige duurzaamheid veilig te stellen, generaties lang?

Maar wat men voor levenloos houdt, is ook dat niet, volgens hetzelfde beginsel, op het bereiken of het behoud van het eigene gericht? Waarom anders doet hun lichtheid vlammen opstijgen en drukt het gewicht wat uit aarde is omlaag, dan omdat dit voor elk de passende richtingen en bewegingen zijn? En door wat met de aard van iets overeenstemt, wordt het instandgehouden, zoals het door wat er strijdig mee is, wordt vernietigd. Wat hard is, bijvoorbeeld steen, hecht zich dan ook vasthoudend aan de samenhang tussen zijn delen en bemoeilijkt elke poging om het te splijten; wat zacht en vloeibaar is, zoals lucht en water, laat zich daarentegen wel gemakkelijk delen, maar die delen vloeien onmiddellijk weer ineen, terwijl vuur zich helemaal niet laat splijten.

Bij dit alles hebben we het niet over vrijwillige bewegingen van een geestelijk bewustzijn, maar over een natuurlijk streven dat bijvoorbeeld ook in ons werkzaam is wanneer we zonder erbij te denken voedsel verteren, of tijdens de slaap onbewust ademhalen. Want ook bij bezielde wezens komt de gehechtheid aan het bestaan niet voort uit de bewuste wil van hun geest, maar uit hun natuurlijke geaardheid zelf. Want vaak zijn er dwingende redenen die de wil doen uitzien naar de dood, terwijl de natuur ervoor terugschrikt, en, omgekeerd, verzet de wil zich soms tegen het enige waardoor de duurzaamheid van de mens is verzekerd, de voortplantingsdaad, waar het natuurlijke verlangen juist altijd naar uitgaat. Zozeer komt de liefde voor zichzelf niet voort uit een bewuste zielsbeweging, maar uit een natuurlijk streven; de voorzienigheid gaf immers aan de door haar geschapen dingen als belangrijkste verzekering van hun voortbestaan mee, dat hun natuurlijk verlangen ernaar uitgaat.

BOËTHIUS *De vertroosting van de filosofie*

Er is dus geen enkele reden om te betwijfelen dat alles wat bestaat van nature een duurzaam voortbestaan nastreeft en dood en vernietiging mijdt.
— Ik moet toegeven, zei ik, dat ik nu als iets onbetwijfelbaars voor me zie wat me lange tijd onzeker leek.
— Maar wat voortbestaan en permanentie nastreeft, verlangt er daardoor naar één te zijn; want zonder eenheid blijft geen zijnde wat het is.
— Dat is waar.
— Alles verlangt dus naar eenheid.
— Dat blijft toegegeven.
— Maar van dat één-zijn hebben we aangetoond dat het hetzelfde is als goed-zijn.
— Inderdaad.
— Alles streeft dus het goede na, iets wat men ook zo kan beschrijven: datgene waarnaar door alles wordt verlangd, is het goede zelf.
— Tot een meer ware bevinding kan men niet komen, zei ik. Want ófwel er bestaat niet één iets waarmee alles in betrekking en, als met een kruin, in verbinding staat, óf er bestaat wel iets waarheen de totaliteit van alle dingen zich rept, maar dat is dan ook het hoogste van alle goederen.

Daarop riep ze uit: mijn pupil, je bereidt me een grote vreugde, want het is de kern van de waarheid waarmee je je geest als het ware hebt gebrandmerkt. Maar daarmee werd je ook iets duidelijk waarvan je zo-even nog zei dat je het niet wist.
— Wat dan? vroeg ik.
— Het antwoord op de vraag wat het doel van alles is; want dat is natuurlijk datgene waarnaar door alles wordt verlangd. En omdat we hebben geconcludeerd dat dat het goede is, daarom moeten we erkennen dat het doel van alle dingen het goede is.

> Wie diep op waarheid zinnend haar alleen najaagt
> Maar niet verdwalen wil, het spoor ineens bijster,
> Hij kere in en richte 't ogenlicht inwaarts,
> Zijn queeste krommend tot een kring, en steeds rondgaand.
> Zijn geest belere hij dat wat hij ver weg zoekt
> Diep in hem opgetast al ligt als zijn rijkdom.
> Wat achter 't wolkendek van dwaling lang schuilging

Zal, helderder dan Phoebus zelf, dan weer schijnen.
Want al het licht werd niet verjaagd, hoezeer 't lijf ook
Vergetensgrage massa aan de geest opdrong.
Inwendig blijft het zaad der waarheid zacht smeulen,
Totdat het, aangewakkerd door de leer, vlam vat.
Want hoe kreeg ooit een vraag spontaan een juist antwoord
Als, diep in 't hart verzonken, niet die vonk leefde?
Sprak dus de mond van Plato's muze onwaarheid,
of leert men slechts waarvan men onbewust weet had?

— Met Plato, zei ik, stem ik van harte in, en over 'onbewust weet hebben' gesproken: het is ook al voor de tweede keer dat u me doet beseffen dat ik aan een soort geheugenverlies lijd, in de eerste plaats door de besmetting met het lichaam en vervolgens ook door die andere drukkende last, mijn verdriet.

Daarop antwoordde ze: gelet op waar je eerder mee hebt ingestemd, zal het niet lang meer duren of je herinnert je ook wat je eerder toegaf niet te weten.
— Wat was dat dan?
— Wel, hoe de besturing van de wereld in haar werk gaat.
— Inderdaad, nu herinner ik me dat ik mijn onwetendheid daarover moest toegeven, maar al heb ik nu wel een vermoeden waar u heen wilt, ik zou het toch heel graag met zoveel woorden uit uw mond vernemen.
— Dat deze wereld door God wordt bestuurd, dat vond je daareven onbetwijfelbaar.
— Dat vind ik nog steeds, zei ik, en ik zal het ook altijd blijven vinden. Mijn argumenten voor dit standpunt zal ik kort uiteenzetten. Deze wereld zou uit zo verschillende en met elkaar strijdige delen nooit een wezenlijke eenheid zijn geworden, als er niet Eén was die die verschillende delen met elkaar heeft verbonden. Maar, eenmaal verbonden, zouden ze, alleen al door het verschillende karakter dat hun nu eenmaal eigen is, weer in conflict met elkaar raken en uiteenvallen als er niet Eén was die wat hij verbonden heeft ook bijeenhóudt. Ten slotte zouden de natuurlijke processen niet zo ordelijk en voorspelbaar verlopen en de bewegingen van plaats, van tijd, van werking, van uitbreiding (toename) en van kwalitatieve verandering

BOËTHIUS *De vertroosting van de filosofie*

zouden niet zo welgeordend in hun werk gaan, als er niet Eén was die, zelf onveranderlijk, deze verschillende veranderingen ordent. Welnu, wat dit ook is waardoor al het geschapene in stand en in beweging gehouden wordt, ik noem het bij de naam die alle mensen eraan geven: God.
— Wanneer dit je overtuiging is, zei ze, dan hoef ik, geloof ik, niet veel meer te doen om je te helpen behouden en met geluk gezegend je vaderland terug te zien.

> K. Büchner, *Boëthius Consolatio Philosophiae*. Heidelberg, 1960.
> Nederlandse vertaling: *De vertroosting van de filosofie*, vertaling R. F. M. Brouwer. Baarn: Ambo, 1990, p. 132-137.

MIDDELEEUWEN

In zijn autobiografie beschrijft Abélard zijn liefdesaffaire met zijn leerlinge Héloïse. Deze is hem fataal geworden: op brute wijze werd hij door haar oom gecastreerd.

Inleiding

Met de opkomst en verspreiding van het christelijk geloof in Europa krijgt de filosofie een nieuw gezicht. De 'heidense' filosofie krijgt te maken met andere inzichten over waarheid. De filosofische theorie als levenspraktijk staat door de uitdaging van het christendom op het spel. Met de opkomst van het christelijk geloof als heilspraktijk wordt de filosofische theorie in zekere zin ontlast van haar taak het heil te bewerkstelligen en krijgt ze de handen vrij om nieuwe mogelijkheden van de rationaliteit te exploreren. Daarmee is niet gezegd dat in de duizend jaar lange periode die we gewoonlijk als 'Middeleeuwen' aanduiden, de filosofie volledig onafhankelijk van deze heilspraktijk — het geloof — begrepen wordt: het christendom krijgt namelijk mede vorm door het filosofische denken.

Hoe dan ook verandert er iets in de manier van kijken en denken. Het is de heilspraktijk van het geloof die nu het belangrijkste voorwerp van de filosofische reflectie gaat worden. Daarbij zien de meer gevorderde geesten onder de middeleeuwse filosofen de noodzaak om de breuk tussen theorie en praktijk die nu dreigt in het licht van het geloof te zien.

Het nieuwe van de middeleeuwse filosofie behelst niet primair de godsgedachte; die speelde immers ook in het antieke denken al een belangrijke rol. Nieuw was wel de gerichtheid op de mens, die zich op een of andere manier kan en zelfs moet verhouden tot God in de realisering van het hoogste geluk. Dit houdt ook de mogelijkheid in dat de mens dit hoogste geluk niet bereikt of er zich zelfs willens en wetens van af kan wenden. Dat probleem was voor de antieke filosofie niet relevant, omdat de theoretische reflectie zelf de weg naar het hoogste geluk was. Of Augustinus (354–430) nu een antieke of een middeleeuwse denker was, blijft een punt van discussie, maar vaststaat wel dat zijn haast obsessieve belangstelling voor het menselijke willen en het daarmee gepaard gaande vermogen tot zondigen in de ontwikkeling naar de middeleeuwse filosofie van beslissende invloed is geweest.

MIDDELEEUWEN *Inleiding*

Door de mogelijkheid van het mislukken, het defect en de (zonde)val in zijn denken te verdisconteren werd het domein van de filosofische reflectie plotseling veel breder. Al was de (neo)platonistische filosofie in de Oudheid al geconfronteerd met de vraag naar de materie en het defect, deze vraag kreeg vanaf de vroege Middeleeuwen een dringend karakter. 'Filosofie' is vanaf dan reflectie over de omvattende ordening (*kosmos*) van de dingen en de mensen, maar evenzeer over de mogelijkheid van het dreigende verval van deze ordening. Het mag duidelijk zijn dat de bedreiging van de orde (*ordo*) samenhangt met een toenemende aandacht voor het menselijke individu, dat zich met zijn eigen autonome wil ook van deze orde kan afwenden.

Het christelijke geloof, waartoe iedere middeleeuwse filosoof zich op een of andere manier verhoudt, bepaalt zo de interpretatie van de filosofie als theoretische bezigheid, en wel door de aandacht voor het individu dat zich een weg moet banen naar het hoogste geluk. 'Geloven' heeft altijd ook te maken met de menselijke wil, die in zich het vermogen draagt deze weg naar het hoogste geluk niet te gaan. Deze spanningsverhouding doortrekt alle vormen van filosofie in de Middeleeuwen. Het is, zo kan men zeggen, de breuk tussen het goddelijke en het menselijke perspectief die nu op uiteenlopende wijzen aan de orde komt.

Genade en vrije wil ✤ De introductie van de problematiek van de wil, die zich aan de wetmatigheden van de redelijkheid lijkt te onttrekken, stelde de middeleeuwse denkers voor nieuwe uitdagingen. De vraag was hoe de redelijke ordening die de werkelijkheid kenmerkt, zich verhoudt tot de mogelijkheid om het geluk—het leven in overeenstemming met die redelijkheid—te bereiken. Bij Boëthius (ca. 480–525/6) werd duidelijk hoe dit probleem al in de kiem in het antieke denken aanwezig is. In het werk van Boëthius wordt de continuïteit van de problematiek duidelijk. Bij een andere grote autoriteit van het middeleeuwse denken, Augustinus, wordt de scherpte van het probleem, en daarmee ook het breukmoment met de Griekse traditie, zichtbaar. Niemand heeft de kracht van het willen die door de redelijkheid niet overtroffen kan worden zo scherp aangevoeld. Bepalend voor de middeleeuwse problematiek was Augustinus' discussie met bisschop Pelagius, voor wie de menselijke keuzevrijheid centraal stond. Voor Pelagius kan de mens zijn wil op het goede richten. Voor Augustinus daarentegen is het voor de mens onmogelijk om zich door nadenken en moreel willen op de genade voor te bereiden.

Het in overeenstemming brengen van het menselijke perspectief met de goddelijke redelijkheid—het hoogste geluk—kan volgens Augustinus onmogelijk door de mens afgedwongen worden, maar vooronderstelt een act van een willende God. God geeft de genade aan wie Hij verkiest en Hij onthoudt haar wanneer het Hem belieft. Ondanks deze willekeur kan volgens Augustinus aan God de gerechtigheid niet ontzegd worden.

Het moment van genade is voor Augustinus de sluitsteen tussen redelijkheid en wil, al is het een moment dat zich aan de redelijkheid onttrekt. Hoewel Augustinus van mening was dat men filosofisch over God kan nadenken, zijn de goddelijke maatstaven ontoegankelijk voor de mens. Vanaf Augustinus en Boëthius behoort het tot de primaire vragen van de filosofie hoe de mens met dit moment van genade kan en moet omgaan. Waar de eenheid van redelijkheid en willen op het spel staat, moet ook de strekking van deze redelijkheid opnieuw geformuleerd worden. De positie van Augustinus betekent voor alle middeleeuwse filosofen een uitdaging om de redelijkheid in het kader van het probleem van de genade te begrijpen. Zo kan het denken van Johannes Scotus Eriugena (ca. 810 – ca. 880) beschouwd worden als een poging om de restanten van dualiteit die bij Augustinus blijven bestaan in een meer omvattend filosofisch systeem tot een nieuwe synthese te brengen. Ook bij Anselmus van Canterbury (1033/4 – 1109) wordt de augustiniaanse problematiek opnieuw doordacht. Zijn 'ontologisch argument' kan als een poging worden gezien om de oorspronkelijke eenheid van redelijkheid en wil te ontdekken, bemiddeld door het geloof enerzijds en de godsgedachte anderzijds.

Ook de synthese die Thomas van Aquino (1225 – 1274) in zijn *Summa theologiae* uitwerkt, kan geïnterpreteerd worden als een poging om de onbeheersbare maatstaven van de goddelijke wil in overeenstemming te brengen met de menselijke redelijke maatstaven. Klassiek is zijn analogie-gedachte. Voor Thomas hebben we geen inzicht in de goddelijke natuur, maar wat we van God zeggen of denken is ook niet geheel onwaar. De analogie-gedachte vooronderstelt een proportionaliteit tussen de maatstaven die de menselijke ervaring bepalen en de goddelijke maatstaven. De godsidee wordt als de volmaaktheid van menselijke eigenschappen weliswaar geheel verschillend van deze gedacht, maar ze is toch ook de volmaaktheid van wat we in de menselijke ervaring leren kennen.

Bij een latere denker als Duns Scotus (1266–1308) wordt de synthese die Thomas voorgesteld had bekritiseerd. De filosofie is niet in staat om iets over de natuur van God te zeggen. Ze kan het noodzakelijk bestaan van het oneindig zijnde als 'eerste zijnde' bewijzen, maar over de natuur hiervan kan alleen de theologie zich uitspreken. Er ontstaat een breuk tussen metafysica en theologie en het is opvallend genoeg het probleem van de vrije wil dat deze breuk tot stand brengt. Weliswaar is Gods willen niet 'willekeurig', maar de uiteindelijke grond van dit willen kan de mens niet begrijpen. Die ligt in de wil van God zelf. De gerechtigheid van Gods wil kan niet afgemeten worden aan maatstaven die buiten Zijn wezen om bepaald worden, maar eerder het omgekeerde is het geval: de gerechtigheid wordt door Gods willen bepaald en kan dus niet door de redelijkheid doorgrond worden. Duns Scotus' positie is die van het 'voluntarisme'. Het is opvallend dat de theologie in dit verband kan fungeren als een spiegel voor de menselijke verhoudingen: ook voor de mens geldt immers de autonomie van het willen, waaraan het verstand uiteindelijk ondergeschikt is. Bij Scotus wordt het fragiele evenwicht dat de middeleeuwse denkers tussen denken en willen gevonden hadden, doorbroken. De autonomie van het willen, waarvan Augustinus al onder de indruk was, krijgt geen plaats meer in de omvattende redelijke ordening; deze lijkt juist afhankelijk te zijn van de wil.

Het voluntarisme van Scotus wordt nog geradicaliseerd door Willem van Ockham (ca.1285–1349), die de almacht van God zo ver doortrekt dat zij volstrekt afgesneden is van de menselijke pogingen om deze wil te doorgronden en zo de eigen maatstaven met de goddelijke in overeenstemming te brengen. De laat-middeleeuwse nominalistische visie gaat er niet langer van uit dat de algemene begrippen waarmee de mens denkt en handelt ook goddelijke ideeën zijn. De aandacht voor de taal en de woorden waarmee de algemene begrippen tot uitdrukking gebracht worden, leidt tot het besef dat het onmogelijk is de goddelijke wil te herkennen. Deze breuk tussen het absolute en de beginselen van het menselijke begrijpen zal de weg vrijmaken voor de moderne natuurwetenschap. Ook wordt het grondprobleem van het middeleeuwse denken getransformeerd. Niet langer moet de rationaliteit zo gedefinieerd worden dat ze de principes van de menselijke wil omvat.

MIDDELEEUWEN *Inleiding*

Het probleem van de wil en de daarmee gegeven goddelijke genade is in het middeleeuwse denken zo dominant dat men het uiteindelijke mislukken van de synthese van redelijkheid en wil als het einde van het middeleeuwse denken kan beschouwen. De menselijke wil moet op zoek naar een nieuw ankerpunt. Van hieruit wordt ook de bijna dwangmatige zoektocht naar zekerheid die kentheorie, metafysica en politieke theorie in de moderne tijd kenmerkt, begrepen worden.

'*Ordo*' *en zijnshiërarchie* ♠ De antieke 'kosmos'-gedachte krijgt door het probleem van de wil een nieuwe inkleuring. De werkelijkheid zoals ze in de late Oudheid wordt ervaren, wordt nu in het licht geplaatst van de goddelijke ordening, de wijsheid of *logos*. Deze is de uiteindelijke maatstaf aan de hand waarvan we de betekenis van de natuur en de menselijke handelingen kunnen begrijpen. De wijsheid van God die de werkelijkheid doortrekt is voor de menselijke ziel weliswaar niet bereikbaar, maar de aldus ontstane kloof is in het perspectief van de middeleeuwse denkers juist het veld waarin wetenschap mogelijk wordt. Vanuit het perspectief van Boëthius behelst de natuurwetenschap—die in de School van Chartres in de twaalfde en dertiende eeuw haar hoogtepunt beleeft—een herkennen van de sporen van Gods wijsheid in de schepping. Het grondmodel blijft platonistisch, voorzover de menselijke geest vanuit het zintuiglijke moet opstijgen naar de intelligibele vormen van de dingen om zo uiteindelijk de oorsprong van deze ideeën in God te vinden. Zo onderneemt Hugo van St.-Victor (gest. 1141) in zijn *Didascalion* een poging om de wetenschappelijke disciplines te ordenen. Niet toevallig luidt de ondertitel van dit werk: *De studio legendi*, de 'vaardigheid van het lezen'. Het begrijpen van gelijkenissen en verschillen (*similitudo* en *dissimilitudo*) is dan een interpretatie van de geschapen werkelijkheid in het licht van de goddelijke wijsheid, die de orde van de dingen is.

Dat deze *ordo*, die tegelijkertijd het einddoel van alle dingen is bestaat, is een uitgangspunt van het middeleeuwse denken. Over de wijze waarop ze geïnterpreteerd moet worden, lopen de meningen (soms radicaal) uiteen. Hier staat de vraag voorop of God de schepper is van deze ordo en er als zodanig buiten staat, of dat Hij zelf aan de wetmatigheden ervan moet gehoorzamen. Is de goddelijke wil onderworpen aan een van tevoren gegeven rationaliteit of niet? Hoe kan men Hem dan nog almacht toeschrijven?

Ordo in middeleeuwse zin impliceert dat er chaotische elementen zijn die (nog) niet in deze ordening geplaatst kunnen worden. De zijnshiërarchie waar de middeleeuwer van uitgaat, verklaart waarom de ordening in de wereld (nog) uitblijft. Deze zijnshiërarchie speelt een centrale rol op de meest uiteenlopende gebieden. In de politieke theorie worden eindige en veranderlijke politieke structuren in hun voorlopigheid gethematiseerd ten opzichte van de Stad Gods waarin het volkomen geluk is gerealiseerd en die hoger staat ten opzichte van de wereldlijke machten. Ook in de natuurfilosofie en de metafysica bestaat deze ordening van zijnden die opstijgt van de dode materie, over planten, dieren, mensen en engelen tot God.

Maar hoe is het dan gesteld met de dingen in hun onvolkomenheid? Het platonistische denkschema kon materiële dingen slechts een onvolkomen bestaan toekennen. Zo bleef er een breuk bestaan tussen de eindige dingen en Gods wijsheid die de ordening van alle dingen is. De herontdekking van Aristoteles vanaf de tweede helft van de twaalfde eeuw verscherpte dit probleem nog, juist omdat hij uitging van de eindige en zintuiglijk waarneembare dingen. De grote uitdaging was, vooral vanaf de zogenaamde hoogscholastiek (Albertus Magnus, Thomas van Aquino, Duns Scotus), om Plato en Aristoteles te verzoenen, en om de eindige, onvolkomen dingen met de uiteindelijke ordening van Gods wijsheid te verzoenen.

Thomas van Aquino is dat gelukt, voorzover hij de gerichtheid op dit omvattende doel als zijnsact in de dingen zelf interpreteerde. Voor Thomas was het schouwen van de door God gewilde ordening geen zaak van een door de genade verkregen verlichting, maar van een rationele analyse van de doelgerichtheid van alle dingen. Weliswaar staat de uiteindelijke ordening, die het hoogste goede (*summum bonum*) is, daarbuiten, maar alle dingen worden door het streven naar deze ordening gekenmerkt.

Toch zouden de filosofen na Thomas ook deze synthese verder problematiseren. Indien deze ordening noodzakelijk is, dan verdwijnt namelijk de vrije wilsact van God, die de bron is van de ordening van de werkelijkheid. In de filosofie na Thomas worden voor dit probleem uitermate subtiele oplossingen gezocht. Denkers als Hendrik van Gent, Duns Scotus, maar ook William van Ockham slaan nieuwe wegen in, waarbij ze steeds uitgaan van een doelgerichte ordening (ordo) van waarheid en werkelijkheid. Deze

MIDDELEEUWEN *Inleiding*

gedachte is met andere woorden tegelijkertijd vooronderstelling van én opgave voor de middeleeuwse filosofie.

Het universaliëndebat ᛭ Hiermee hangt een andere kwestie samen die de gehele middeleeuwse filosofie doortrekt: de vraag naar het statuut en de oorsprong van de algemene begrippen. De vraag is of de sleutelbegrippen van het menselijke denken zoals die door Aristoteles gedefinieerd waren hun oorsprong vinden in het goddelijke intellect of dat zij alleen maar als menselijke begrippen geïnterpreteerd kunnen worden. Omgekeerd betekent dit ook dat men zich moet afvragen of de redelijkheid van God als een menselijke redelijkheid begrepen kan worden.

Al in de vroege Middeleeuwen was er kritiek op het overheersende 'realistische' — door Plato en Aristoteles geïnitieerde — model waarin de algemene begrippen als ideeën van God geïnterpreteerd werden. Zo vindt men bij Heiricus van Auxerre (841–876) de opvatting dat algemene begrippen niet buiten, maar alleen in de menselijke geest voorkomen. Ze zijn als het ware economische principes om niet in eindeloze opsommingen van gelijkaardige dingen terecht te komen. Ze vatten deze onder één noemer en hebben geen eigen realiteit. Deze 'nominalistische' opvatting blijft door de hele Middeleeuwen een rol spelen en vindt haar hoogtepunt bij een denker als Ockham. Volgens de realistische denkwijze daarentegen vinden de individuele dingen pas in het licht van de in het goddelijke intellect gegeven algemene begrippen hun betekenis. De tegenstelling tussen beide posities leidde tot uitermate verfijnde argumentatiestructuren, die een grote invloed uitoefenden op de ontwikkeling van logica en taalfilosofie. Ook voor de ontwikkeling van de latere, moderne natuurwetenschap was het debat van het grootste belang.

Ockham verdedigde vanuit een logisch en kentheoretisch 'nominalistische' positie ook een ontologisch individualisme: alleen individuele dingen bestaan, terwijl de algemene begrippen tot de kenact behoren en aldus de toegang tot de (volstrekt individuele) werkelijkheid mogelijk maken. Wetenschap kan zich vanaf Ockham niet meer richten op de algemene ideeën, maar alleen nog op het individuele en het singuliere. Deze toenemende aandacht voor het individuele wordt echter opvallend genoeg gefundeerd door een radicalisering van de goddelijke almachtsidee. De aandacht komt

MIDDELEEUWEN *Inleiding*

met andere woorden voort uit een ontzag voor de goddelijke wil, die voor de menselijke geest volstrekt ontoegankelijk wordt. De nominalistische kritiek op de goddelijke oorsprong van de algemene ideeën is derhalve ook een kritiek op alle syntheses die de middeleeuwse denkers tot stand hebben gebracht tussen de menselijke redelijkheid en het goddelijke willen.

Scotus Eriugena
(ca. 810 – ca. 880)

In de periode tussen de neoplatonistische filosofen Boëthius en pseudo-Dionysius de Areopagiet (ca. 500) aan de ene kant en Anselmus van Canterbury (elfde eeuw) aan de andere kant is Johannes Scotus Eriugena zonder twijfel de belangrijkste ons bekende wijsgeer. Zijn geboorteland Ierland bleef in de eeuwen voor zijn geboorte buiten de onrust van de Europese volksverhuizingen en was daardoor een goede plaats voor studie. Hij werkte waarschijnlijk vooral op het vasteland van Europa en wel als leraar grammatica aan het hof van Karel de Kale.

Als een der weinigen uit zijn tijd kende Scotus Grieks. Hij vertaalde werken van onder anderen pseudo-Dionysius. Scotus werd beïnvloed door Grieks-Byzantijnse geschriften en behoort tot de neoplatonistische traditie.

Het Latijnse Westen verwijderde zich tussen de achtste en de elfde eeuw in toenemende mate van het Griekse Oosten. Toen in de twaalfde eeuw de werken van Aristoteles in het Westen bekend werden, begreep men het neoplatonisme van Scotus steeds minder en kreeg ook diens hoofdwerk *De divisione naturae* (*De indeling van de natuur*) niet de aandacht die het verdiende. Daar kwam bij dat men in zijn werk onorthodoxe leerstellingen bespeurde. Op een concilie van 1210 en in een besluit van paus Honorius III van 1223 veroordeelde men Scotus' verwerping van de leer van de predestinatie (voorbeschikking); tevens bespeurde men pantheïsme in zijn werk, wat het orthodoxe christendom evenmin kon aanvaarden. Scotus verdween echter niet van het toneel; in de vijftiende eeuw schreef Cusanus noten bij Scotus' *Indeling* en benutte hij diens ideeën.

De hier vertaalde tekst gaat over het wezen van de mens. Scotus' definitie is het best te begrijpen vanuit Plato en de neoplatonistische traditie, en in contrast met de aristotelische beginselen. Want hoewel het neoplatonistische denken in de tijd van Scotus de toon aangaf, waren aristotelische opvattingen niet geheel onbekend. Men kende van Aristoteles enkele logische werken en wist globaal dat hij de waarneembare dingen in termen van hun veranderlijke verschijningsvorm definieerde.

Plato stelde echter dat de concreet individuele, meestal stoffelijke werkelijkheid van substanties en kwaliteiten — bijvoorbeeld koeien en bepaalde kleuren — haar grond vindt in de Ideeën. Dit zijn onstoffelijke, intelligente en voor het intellect kenbare werkelijkheden. De concrete dingen zijn een afschaduwing van de Ideeën.

De mens bestaat volgens Plato uit een lichaam en een ziel. Zijn ziel is onsterfelijk en in eerste instantie geest of denken. De mens moet dan ook gedefinieerd worden als geest. De ziel komt voort uit de Ideeën en is er daarom mee verwant. De ziel gaat nooit een echte verbinding aan met de stof: deze leer wordt met name in het neoplatonisme verder uitgewerkt.

Het westerse christendom heeft vanaf Augustinus getracht het christelijke geloof in rationele termen uit te drukken. Daarvoor benutte men in de vroege Middeleeuwen het neoplatonisme. God, zo stelde men, heeft de schepping op grond van Ideeën in zijn geest geschapen. De mens, het uitverkoren schepsel, is het beeld van God en weerspiegelt daarmee, zij het op onvolmaakte wijze, Gods wezen.

Deze thematiek komt in het hier gekozen fragment uit het vierde deel van Scotus' *De indeling van de natuur* aan de orde. Het boek is een dialoog tussen een leraar en een leerling. De leerling stelt, in de aristotelische traditie, de vraag waarom de mens is geschapen als een met zintuigen begiftigd wezen, dat wil zeggen waarom hij is zoals de dieren, terwijl het toch veel roemvoller was geweest als de mens gemaakt was als een soort engel. De leraar legt uit dat God zichzelf wilde uitdrukken in een beeld en gelijkenis. In de mens is namelijk de hele zintuiglijk waarneembare werkelijkheid aanwezig: wat de mens kan kennen, kan in hem gemaakt worden. Zo is de mens een beeld van God, die de gronden van heel de schepping in zijn geest, in het Woord, heeft. Aldus is de mens verheven boven de rest van de schepping, zoals God verheven is boven de hele schepping.

Kennis van een ding is beter dan het ding zelf: dat leerde Augustinus in de neoplatonistische traditie. Een begrip of idee dat in God subsisteert, dat wil zeggen onafhankelijk bestaat, kent andere dingen, is daar de grond van en is verhevener dan deze gekende objecten. De kennis nu die een mens bezit, is substantieel in de mens, zij het dat deze kennis de mens in zijn gebrekkige staat niet onmiddellijk tegenwoordig is: met Gods verlichting moet zij weer helder worden. Volgens geloof en rede is de kennis door een hogere natuur, dat wil zeggen God, gevormd.

De mens is volgens Scotus wezenlijk een Idee in de geest van God; hij definieert de mens daarmee op een neoplatonistische wijze. De definitie dat de mens een met zintuigen en rede begiftigd wezen is, dat sterfelijk is, dat kan waarnemen enzovoort, beschouwt de mens daarentegen in termen van iets bijkomstigs, namelijk van zijn lichamelijke eigenschappen. Deze definitie gaat uit van aristotelische beginselen.

Primair is de mens dus in de geest Gods. Aangezien de kennis van een ding de substantie ervan is, is ook het begrip dat de mens van zichzelf heeft zijn substantie. Er is echter geen sprake van twee substanties: de ene substantie kan men op twee wijzen begrijpen, namelijk in God en onder God, in de schepping. Deze twee definities van substantie verwijzen naar verschillende niveaus in de natuur. In God is de substantie eeuwig, onvergankelijk, van nature, en dus logisch eerder, een oorzaak, kent het geheel, is een voortbrenger en is in de wijsheid Gods. Onder God is de substantie in de tijd, veranderlijk, later, een gevolg, heeft slechts beperkte kennis en is op de weg terug naar God. *Wezenlijk* blijft de mens, zoals iedere substantie en kwaliteit, een idee in Gods geest.

Scotus zegt vervolgens dat, zowel in de oorzaken als in de gevolgen, het wezen van de mens onvatbaar is. Hij kan van zichzelf ook slechts weten *dat* hij is, niet *wat* hij is. Op een vergelijkbare wijze kan God ook van zichzelf slechts weten *dat* hij is en niet *wat* hij is. Hiervan is de reden dat God geen wezen bezit, omdat hij verheven is boven het niveau van wezens, zoals de mens. De mens kent dus in de eerste plaats *niet*: niet zichzelf en, uiteraard, ook niet God. Scotus leert een negatieve theologie.

Scotus Eriugena, *De indeling van de natuur* (fragment)

Leerling (…) Ik wil verder nog van u weten waarom God de mens in het genus *bezintuigd wezen* heeft geschapen, terwijl hij hem toch naar zijn beeld en gelijkenis heeft willen maken. Want het zou — dat is duidelijk — veel eervoller zijn als de mens zonder enige vorm van zintuiglijkheid zou zijn, omdat de mens uitgekozen was om boven alle bezintuigde wezens deel te hebben aan een verheven aard, en om lotgenoot te zijn van de hemelse wezens die geen zelfde substantie mogen hebben als de aardse bezintuigde wezens. De hemelse wezens worden immers niet door aardse lichamen bezwaard, en zij gebruiken geen lichamelijke zintuigen om zintuiglijk waarneembare dingen te kennen.
(…)

Leraar U eist een zeer grondige theorie over de menselijke natuur en dwingt mij onze discussie verder voort te zetten. Het zou mij voldoende zijn u op uw vraag waarom God de mens in het genus *bezintuigd wezen* heeft geschapen — terwijl hij hem toch naar zijn beeld heeft willen vormen — kort te antwoorden: «Hij wilde hem als een bezintuigd wezen scheppen om daarin zijn beeld duidelijk uit te drukken.» Wie echter vraagt waarom hij dat zo gewild heeft vraagt naar de redenen van de goddelijke wil. Het is te aanmatigend en overmoedig daarnaar te vragen. *Want wie kent Gods bedoeling?* (Romeinen 11: 34).

Echter, als ik dit zou zeggen, zou u misschien ontevreden zwijgen en menen dat wij niets in het reine en volmaakte kunnen brengen. Ik zal dus niet zeggen waarom hij het heeft gewild — omdat hij elk begrip te boven gaat —, maar ik zal zeggen, voorzover hij zelf heeft aangegeven wat hij heeft willen doen. Hij heeft heel de zichtbare en onzichtbare schepping in de mens gemaakt, omdat men weet dat de hele geschapen natuur in God is. Want hoewel het nog onduidelijk is door het ontbreken van een hoger licht hoe de eerste gesteldheid van de mens is na de zonde, toch is niets van nature in de hemelse wezens wat niet wezenlijk in de mens subsisteert. Dat is immers inzicht en verstand; [tegelijk] heeft [de mens] van nature de aard om een hemels en engelenlichaam te hebben dat na de wederopstanding duidelijk bij goeden en slechten tevoorschijn zal komen. Want dit zal aan de hele menselijke natuur gemeenschappelijk zijn dat zij in eeuwige, onvergankelijke en geestelijke lichamen herrijst. *Een bezintuigd lichaam wordt gezaaid*, zegt hij [namelijk Paulus]; *een geestelijk lichaam zal verrijzen* (1 Korinthiërs 15:44). Heel de zintuiglijke wereld is in hem geschapen. Want er is geen deel van de wereld, lichamelijk dan wel onlichamelijk, dat niet in de geschapen mens subsisteert, waarneemt, leeft, belichaamd wordt. Weeg niet de lichamelijke massa bij een mens; beschouw juist zijn natuurlijk vermogen, en dit vooral wanneer u in het menselijk lichaam de pupil van het oog ziet, die, hoewel zij de kleinste van alle leden is, een heel groot vermogen is. Als God dus de mens niet in het genus *bezintuigd wezen* zou scheppen, of als hij tenminste de hele natuur van alle bezintuigde wezens niet in de mens zou plaatsen, hoe zou hij dan de gehele zichtbare en onzichtbare natuur bevatten? Wij kunnen daarom redelijkerwijs zeggen: God heeft de mens in het genus *bezintuigd wezen* willen plaatsen, omdat hij de hele schepping in hem heeft willen scheppen.

Als u aan mij vraagt waarom hij de hele natuur in hem wilde scheppen, dan antwoord ik dat hij hem naar zijn beeld en gelijkenis wilde maken, opdat, zoals het voornaamste oerbeeld alles in voortreffelijkheid van wezen overtreft, zo zijn beeld heel de schepping in waardigheid en bevalligheid overtreft. Waarom hij echter in het bijzonder de mens boven de andere zichtbare en onzichtbare schepselen naar zijn beeld wilde maken — ik beken dat ik dat in het geheel niet weet.

Leerling Mijn vraag waarom God de mens onder het genus *bezintuigd wezen* wilde maken, heeft u, naar ik meen, voldoende en op inzichtelijke

SCOTUS ERIUGENA *De indeling van de natuur*

wijze beantwoord. Mijn volgende vraag is hoe in de mens alle dingen geschapen zijn en in hem subsisteren: 1. volgens hun wezen alleen of volgens bijkomstige eigenschappen alleen, of 2. volgens alle dingen, die in heel de schepping beschouwd worden: dat wil zeggen: volgens hun wezen, soort, soortelijk verschil en wezenlijke eigenschap, en alle dingen die gekend worden als aan deze laatste bijkomstig?
(…)
Leraar Wat denkt u? Verschilt de natuur van de dingen, en van het begrip van die dingen die in de ziel veroorzaakt wordt?
Leerling Ja. Want hoe kan een lichamelijke soort, bijvoorbeeld van een bepaald bezintuigd wezen, of van gras, of van een boom, en het begrip ervan dat in een onlichamelijke natuur veroorzaakt wordt, één natuur hebben? Evenzo: hoe kunnen de voor het verstand kenbare soort die iedere kunde bestudeert, en het begrip van die soort één natuur hebben?
Leraar Als zij dus een ander genus of natuur hebben, en niet hetzelfde, zeg mij dan, zo vraag ik u, wat is naar uw mening voortreffelijker: hebben de dingen een voortreffelijker natuur dan het begrip ervan, of heeft het begrip zelf [een voortreffelijker natuur] dan de dingen die gekend worden.
Leerling Ik zou gezegd hebben dat de zichtbare soorten een betere natuur hebben dan het begrip ervan, als de heilige *Augustinus* in het elfde hoofdstuk van het negende boek van zijn *De Drie-eenheid* niet de volgende opvatting had uitgesproken. *Wanneer wij door een zintuig van het lichaam, zegt hij, de lichamen leren kennen, ontstaat er een gelijkenis in onze geest die een voorstelling in het geheugen is. Want wanneer wij deze lichamen kennen, zijn zij zelf geheel niet in de geest, maar hun gelijkenissen. Toch is het beeld van een lichaam in de geest beter dan de lichamelijke gedaante, voorzover deze [eerste], zoals de geest, in een betere natuur is, dat wil zeggen in een levende substantie. Welnu, ik durf niet te zeggen dat de door het verstand kenbare dingen beter zijn dan de kennis ervan in de ziel.* Want dat datgene wat kent beter is dan wat gekend wordt, leert de rede duidelijk. Als immers het begrip van alle dingen in de goddelijke wijsheid subsisteert, ga ik niet te ver als ik zeg dat deze onvergelijkbaar veel beter is dan alle dingen waarover dit begrip gaat. En als dat zo is, komt een dergelijke orde in heel de schepping, naar ik meen, uit de goddelijke voorzienigheid voort, dat niet alleen iedere natuur die het begrip van wat haar volgt bevat, hoger en beter

SCOTUS ERIUGENA *De indeling van de natuur*

is, maar ook dat het begrip zelf door de waardigheid van natuur waarin zij is, het ding verre voorafgaat waarvan het het begrip is. Dus zou ik eenvoudiger kunnen zeggen dat het begrip van voor het verstand kenbare dingen eerder is dan die door het verstand kenbare dingen zelf.
(…)
Leraar Ik twijfel er niet aan dat een kunde door de geest gekend wordt. Als ik echter zou zeggen dat door de ervaring en de geest die de ervaring heeft, één en dezelfde kunde gekend wordt, dan ben ik bang dat ik beweer dat de geest en zijn ervaring twee dingen zijn wier kracht ligt in het begrip van de kunde, en niet één en hetzelfde ding, dat van nature begrip van een kunde heeft. Als echter de ware rede leert dat de geest en zijn ervaring niet twee dingen, maar één en hetzelfde zijn, moet ik het ermee eens zijn dat alles wat door de geest gekend wordt, ook door zijn ervaring gekend wordt, en onmiddellijk volgt dat de geest en de ervaring, of althans de ervaren geest, een voortreffelijker natuur hebben dan de wetenschap die hij kent, ervan uitgaande dat kennende instanties eerder zijn dan gekende. Als ik echter zou zeggen dat de kunde zelf de ervaring van de ervaren geest is, volgt dat óf 1. de ervaren geest en de ervaren kunde twee welbepaalde dingen zijn die elkaar kennen, en door elkaar gekend zijn en hierdoor een gelijke natuurlijke waarde hebben, óf 2. ik geef toe dat de geest, zijn ervaring, en kunde die hij kent en waardoor hij gekend wordt, één en hetzelfde wezen hebben. Maar wat men hiervan ook moet vinden is nog niet duidelijk.
(…)
Hij [de geest] bezit dus niet de ervaring van een kunde, of de kunde zelf van nature, maar bijkomstig komen zij van buiten aan hem toe.
Leerling Ik zou dat durven zeggen. Het is immers niet waarschijnlijk dat God de geest naar zijn beeld en gelijkenis heeft geschapen, terwijl ervaring en kunde niet van nature in hem zijn. Anders zou hij geen geest zijn, maar een wild en onredelijk leven. Want men kan niet met recht beweren, naar ik meen, dat een mens op bijkomstige wijze naar het beeld van God is geschapen, en niet volgens substantie, vooral omdat wij zien dat kennis en verstand substantieel in hem zijn.
Leraar Zij zijn dus niet bijkomstig in hem, maar van nature.
Leerling Ik zou dat niet zonder meer beweren, geloof ik. Want hoewel de geest zonder ervaring en zonder wijsheid geboren wordt, zoals duidelijk

is — dit is zijn deel door overtreding van het goddelijk gebod waardoor hij zowel zichzelf als zijn schepper is vergeten — kan hij toch, als hij hervormd is door de regels van onderricht, zijn God en zichzelf, en zijn ervaring en kunde en alle dingen die van nature in hem subsisteren, in zichzelf vinden wanneer hij verlicht is door de genade van de Heiland.

Leraar Wij moeten dus nu nog bezien hoe ervaring en kunde in hem zijn: als natuurlijke kwaliteiten, die zij voortreffelijkheden noemen, zoals *wijsheid* en *wetenschap* — die hij door weerkaatsing van de goddelijke straal ziet — of als de substantiële delen waaruit hij bestaat, zodat geest, ervaring, kunde een 'drieheid' zijn die tot één wezen behoren.

Leerling Wat u als laatste hebt gezegd, geloof ik. Want hij schijnt mij een substantiële 'drieheid' met één natuur toe.

Leraar Dus kent de geest zijn ervaring en zijn kunde, en door zijn ervaring en zijn kunde wordt hij gekend, niet *wat* hij is, maar *dat* hij is. Anders zou hij geen 'drieheid' zijn met één wezen en op hetzelfde niveau.

Leerling Ik zal dat niet ontkennen, omdat de rede mij dwingt het in die zin te erkennen.

Leraar Zie dus of zij door elkaar onderling of door een andere, hogere natuur gevormd worden.

Leerling Als het katholieke geloof niet leert dat er een hogere natuur is, waaruit deze 'drieheid' haar subsistentie vindt, gevormd en gekend wordt, en de waarheid dit niet zou goedkeuren, dan zou ik misschien voorzichtig antwoorden dat zij door zichzelf gevormd werd of zeker een hoofdvorm ervan was. Welnu, omdat datgene hoger is waaruit alle dingen gevormd worden, beginnen gevormd te worden, en waarnaar deze dingen, als zij bekeerd zijn, gevormd worden die tot haar bekeerd worden of omgekeerd kunnen worden, twijfel ik er niet aan dat door haar ook de 'drieheid' van de geest gevormd wordt.

Leraar Dus is het zeer dwaas hierover onzeker te zijn. Alleen de goddelijke geest bezit dus in zichzelf een waar begrip van de ervaren en kundige menselijke geest, die hij kent als een geest die hij door zichzelf en tot zichzelf gevormd heeft.

Leerling Een betere opvatting is niet mogelijk.

Leraar Meent u dat er een verschil bestaat tussen de menselijke geest, en het begrip ervan in de geest van wie deze [menselijke geest] vormt en kent?

SCOTUS ERIUGENA *De indeling van de natuur*

Leerling Nee, maar ik weet zelfs dat de substantie van heel de mens niets anders is dan het begrip ervan in de geest van de Maker, die alles, voordat het ontstond, in zichzelf kende. Ook weet ik dat dat begrip de ware en enige substantie is van die dingen die gekend zijn, omdat zij daarin op de meest volmaakte wijze gemaakt zijn en daarin eeuwig en onveranderlijk subsisteren.

Leraar Wij kunnen de mens dus als volgt definiëren: «De mens is een intellectueel begrip in de geest Gods, welk begrip eeuwig gemaakt is.»

Leerling Dat is een zeer ware en bewezen definitie van de mens, en niet alleen van de mens, maar ook van alles wat in de goddelijke wijsheid gemaakt is. Ik ben niet bang voor hen die de mens niet definiëren zoals hij gekend wordt te zijn, maar hem op grond van de dingen definiëren die als bijkomstig aan de mens gekend worden, als zij zeggen: «De mens is een bezintuigd wezen, met rede begaafd, sterfelijk, in staat tot zintuiglijke waarneming en tot kunde.» En wat verwonderlijker is, zij noemen deze definitie *ousiadisch* [van Grieks *ousia*, 'substantie'], terwijl deze definitie toch niet de substantie betreft, maar datgene wat aan de substantie bijkomstig is, en opgevat is uit die dingen die door haar ontstaan aan de substantie van buiten af toekomen. Immers, het begrip van de mens in de geest Gods is niets daarvan. Daar is de mens enkelvoudig, kan niet 'dit' of 'dat' genoemd worden, gaat iedere definitie of verzameling van delen te boven, omdat alleen *zijn* ervan wordt gepredikeerd, maar niet *wat* hij is. Want de enige en ware *ousiadische* definitie zegt slechts *dat* iets is, en niet weet *wat* iets is.

Leraar Denkt u dat de mens een of andere kennis heeft van alle voor de zintuigen en het verstand kenbare dingen die de menselijke geest kan kennen?

Leerling Dat lijkt mij duidelijk. (...)

Leraar Het is dus niet verwonderlijk dat men het begrip van de dingen die de menselijke geest bezit (voorzover dit begrip in hem geschapen is) als de substantie van de dingen waarvan het begrip is, verstaat. Op deze wijze lijkt de menselijke geest namelijk op de geest Gods, waarin het begrip van het geschapen heelal de onmededeelbare substantie van het heelal zelf is. Zoals wij zeggen dat het begrip van alle dingen die in het heelal gekend worden en door een lichamelijk zintuig waargenomen worden, de substantie van die dingen is die aan het verstand of het zintuig onderworpen

SCOTUS ERIUGENA *De indeling van de natuur*

zijn, zo is het ook niet verwonderlijk dat wij de kennis van de soortelijke verschillen, wezenlijke eigenschappen en de natuurlijke accidenten de verschillen zelf, de eigenschappen en de accidenten noemen.
Leerling Dat is niet verwonderlijk.
Leraar In de menselijke natuur is dus onredelijkheid geschapen en iedere soort, ieder soortelijk verschil en wezenlijke eigenschap van die onredelijkheid en alles wat als bijkomstig van nature gekend wordt, omdat het begrip van al deze en dergelijke dingen in hem is geschapen. 'Van dergelijke', zeg ik, met het oog op alles wat de natuur buiten de bezintuigde wezens bevat, bijvoorbeeld de elementen van het universum, de *genera* en de soorten van kruiden en stenen, hun kwantiteiten en kwaliteiten, en andere dingen groot in aantal door ontelbare verschillen. In de menselijke natuur is het begrip van al deze dingen aangeboren, hoewel het hem nog niet helder is dat deze in hem is, totdat deze tot haar oude volkomenheid is hersteld; met die volkomenheid zal zij de grootte en de schoonheid van het beeld dat in haar is geschapen op de meest zuivere wijze kennen en niets zal haar verborgen zijn van die dingen die in haar geschapen zijn, wanneer de menselijke natuur omgeven is door een goddelijk licht, en naar God gekeerd is, in wie zij alle dingen helder zal beschouwen. Of bedoelde de voortreffelijke *Boëthius* iets anders toen hij zei: *Wijsheid is het vatten van de waarheid van dingen die zijn en die een onveranderlijke substantie bezitten? Welnu, wij zeggen dat die dingen zijn die niet door vermeerdering groeien, noch door ineen slinken verminderen, noch door wisselingen veranderen, maar altijd in hun eigen kracht zichzelf bewaren, steunend op de hulpmiddelen van hun natuur. Welnu, dit zijn kwaliteiten, kwantiteiten, vormen, grootten, kleinheden, gelijkheden, gesteldheden, acten, disposities, plaatsen, tijden en al wat op een of andere wijze in lichamen verenigd wordt gevonden. Die dingen zijn zelf een onlichamelijke natuur en krachtig op grond van hun onveranderlijke substantie, maar zij zijn veranderlijk door deelneming aan een lichaam en zij gaan door het aanraken van veranderlijke dingen tot een wisselende onbestendigheid over. Waar denkt u dat deze dingen anders subsisteren dan in de begrippen in de ziel van de wijze? Want waar zij gekend worden, daar zijn zij. Ja, zij zijn werkelijk begrippen in de ziel.* (...)
Leerling Wij moeten dus twee substanties van een mens kennen: één alge-

SCOTUS ERIUGENA *De indeling van de natuur*

mene, in de oorspronkelijke oorzaken, de andere bijzonder, in de gevolgen van God.

Leraar Ik zou niet zeggen: twee, maar één op twee manieren begrepen. Want op verschillende wijze wordt de menselijke substantie, ten gevolge van de schepping, in de intelligente oorzaken gezien, op een andere wijze ten gevolge van het ontstaan, in de gevolgen. In het eerste geval is zij vrij van elke veranderlijkheid, in het andere hieraan onderworpen. (…) De rede leert duidelijk dat elk van beide stellingen waar is. De menselijke geest kent zichzelf en kent zichzelf niet. Hij weet *dat* hij is, maar hij weet niet *wat* hij is.

Johannes Scotus Eriugena, *De divisione naturae*. Patrologia Latina, 122, hoofdstuk VII, col. 762B-772B; ed. J.P. Migne. Parijs, 1865. Vertaald voor deze bundel door E.P. Bos.

Anselmus

(1033/4 – 1109)

Anselmus van Canterbury stamde uit Noord-Italië; hij werd geboren in Aosta (Piemonte). Na een ruzie met zijn vader verliet hij zijn geboortestreek, zwierf een aantal jaren en studeerde op verschillende plaatsen in Frankrijk, onder andere in het beroemde benedictijnenklooster van Le Bec, dat onder leiding stond van Lanfranc. Daar werd hij in 1063 prior, studieprefect en novicenmeester en in 1078 abt. Uit deze periode stammen zijn eerste belangrijke werken. Ten slotte volgde Anselmus in 1093 Lanfranc op als aartsbisschop van Canterbury.

In het eerste boek (eerste hoofdstuk) van zijn *Cur Deus homo*, zijn hoofdwerk dat hij in 1098 voltooide, maakt Anselmus duidelijk wat de fundamentele drijfveer is voor zijn denken: zowel hier als in zijn andere werk wil hij *redelijke verklaringen* geven van zijn geloof. Hij herneemt hiermee de vraagstelling van zijn inspirator Augustinus. Anselmus' antwoord op deze vraag zal geïllustreerd worden door middel van een keuze uit *Cur Deus homo*.

In dit werk wordt een centraal leerstuk van het christelijk geloof behandeld. Door de menswording van God is voor de mens de gelukzaligheid bereikbaar: wat zijn de redenen van deze menswording, hoe kan men dit fundamentele leerstuk begrijpelijk maken?

Anselmus wil aantonen dat men voor dit geloofsgegeven noodzakelijke redenen kan geven. Het geloof is hierbij vertrekpunt voor de argumentatie: het levert de vragen op voor het menselijk verstand; dit verstand kan de redelijkheid van het christelijk geloof aantonen. Deze activiteit wordt trouwens door de bijbel zelf gerechtvaardigd (zie fragment I, I).

De rede heeft in Anselmus' visie een even groot bereik als het geloof: er is een *materiële* identiteit. Uiteraard is er wel een *formeel* verschil tussen geloof en rede: aan de geloofszekerheid wordt nooit getornd (zie I, XXV): het geloof alleen is noodzakelijk en voldoende voor het behoud van de mens. Het is echter wel zo dat de geloofsgegevens volgens Anselmus een rationeel karakter dragen.

Anselmus' visie kan men opvatten als reactie

tegen anti-dialectische opvattingen uit de tijd vóór hem. In de tiende en elfde eeuw verdedigden sommigen het standpunt dat men de regels der logica op de geloofsleer kon loslaten. Anderen, bijvoorbeeld Petrus Damiani (1007–1072), riepen op zich af te wenden van de logica ten gunste van een ascetisch leven. Het is duidelijk dat Anselmus, tegenover bijvoorbeeld Damiani, meent dat men de eigen gronduitgangspunten inzichtelijk kan maken. Deze positie namen vele middeleeuwse denkers in, ook na Anselmus. Het bijzondere van Anselmus is echter dat hij meende dat de geloofsmysteries in beginsel *volledig* kunnen worden begrepen.

Anselmus, *De redenen van de menswording van God* (fragment)

Boek 1, hoofdstuk 1 *Het thema van het hele werk*

Dikwijls, en met de meeste nadruk, hebben velen (zowel mondeling als schriftelijk) mij gevraagd of ik de argumenten op schrift wilde zetten om een probleem op te lossen dat binnen ons geloof ligt. Deze argumenten geef ik hun gewoonlijk ten antwoord wanneer zij daarom vragen. Zij zeggen namelijk dat deze hun bevallen, en ze menen dat ze afdoende zijn. Ze vragen dit niet om door de rede tot het geloof te komen, maar om datgene wat ze geloven vol genoegen te begrijpen en te beschouwen. Ze vragen het ook om zoveel mogelijk *bereid te zijn om steeds aan eenieder die dat vraagt rekenschap te geven van de hoop die in ons is* (1 Petrus 3:15). Dit probleem werpen niet alleen de ongelovigen ons vaak voor de voeten, die dan de spot drijven met de eenvoud van het christendom die ze een dwaasheid vinden. Maar ook overdenken vele gelovigen het vaak.

De vraag is om welke reden of noodzaak God mens geworden is, en door zijn dood de wereld het leven heeft teruggegeven, zoals wij geloven en belijden. Hij had dit toch ook door een ander (een engel of een mens) of alleen door zijn wil kunnen doen. Met deze vraag hebben niet alleen geletterden, maar ook vele ongeletterden problemen en ze verlangen er een redelijk antwoord op.

Velen verlangen dus een behandeling van dit probleem: bij het stellen ervan schijnt het zeer moeilijk, maar de beantwoording kan iedereen begrijpen en iedereen kan er plezier in hebben door het nut en de schoonheid van het redelijke antwoord: hoewel door de heilige kerkvaders er voldoende

ANSELMUS *De redenen van de menswording van God*

over gesproken is, zal ik ze toch op hun verzoek over dit probleem uiteenzetten wat God mij in zijn genade zal openbaren. Omdat velen, en met name de trageren van geest, beter begrijpen wat met vraag en antwoord wordt onderzocht, en dat daarom aangenamer vinden, zal ik diegene van de vraagstellers die mij met meer nadruk dan de anderen om de beantwoording van de vraag heeft verzocht, als gesprekspartner nemen. Zo zal dan Boso de vragen stellen en Anselmus zal ze beantwoorden. Dit gaat dan als volgt. (…)

Boek I, hoofdstuk XII *Is het logisch dat God alleen uit medelijden de zonde terzijde schuift zonder dat er voor de schuld enige boete wordt gedaan?*

Anselmus Laten we terugkeren naar ons onderwerp en laten we bekijken of het logisch is dat God alleen door medelijden de zonde terzijde schuift, zonder dat op enige wijze de eer aan God wordt teruggegeven die hem is ontnomen.
Boso Ik begrijp niet waarom dat niet logisch zou zijn.
Anselmus Als hij zo de zonde terzijde schuift is dat hetzelfde als haar niet te straffen. Want als hij de zonde in de juiste ordening stelt, zonder dat men er genoegdoening voor heeft gedaan, is dat hetzelfde als straffen: als hij haar niet straft, laat hij haar terzijde, zonder dat ze in de juiste ordening is gebracht.
Boso U spreekt begrijpelijk.
Anselmus Maar het is niet logisch dat God iets zonder de juiste ordening in zijn rijk laat bestaan.
Boso Als ik iets anders zou zeggen, ben ik bang dat ik een zonde zou begaan.
Anselmus Het is dus niet logisch dat God op die manier de zonde ongestraft laat.
Boso Dat volgt.

Boek I, hoofdstuk XX *De noodzaak voor de mens genoegdoening te geven naar de maat van zijn zonde, en de onmogelijkheid dat de mens dit uit zichzelf doet*

Anselmus Je twijfelt er toch niet aan, denk ik, dat de mens volgens de maat van de zonde genoegdoening moet geven.
Boso Ja, want als dat niet zo zou zijn, zou op een of andere manier de zonde

ANSELMUS *De redenen van de menswording van God*

niet in de juiste ordening gebracht zijn. En dat kan niet, want God laat immers niets ongeordends in zijn rijk toe. We hebben hierboven vastgesteld dat een ongerijmdheid, hoe gering ook, onmogelijk is bij God.
Anselmus Zeg dan eens: wat zou je God geven als boete voor je zonde?
Boso Berouw, *een verbroken en verbrijzeld hart* (Psalmen 51:19). Ik zou me van allerlei dingen onthouden en me allerlei lichamelijke kastijdingen toebrengen; ik zou vol medelijden zijn en vergeven, en ik zou gehoorzaam zijn.
Anselmus Wat geef je bij dit alles aan God?
Boso Eer ik God dan niet wanneer ik uit vrees voor God en uit liefde tot hem mijn hart breek en de vreugde van deze wereld van mij werp? En wanneer ik door me van allerlei dingen te onthouden en door me te kastijden de genietingen en de rust van dit leven vertrap? En eer ik God dan niet waar ik geef en vergeef en daarbij alles wat mij behoort weggeef, en wanneer ik mij gehoorzaam aan hem onderwerp?
Anselmus Wanneer je aan God geeft wat je hem al verschuldigd bent, ook al heb je *niet* gezondigd, moet je dit niet als schuld voor je zonde rekenen. Want alles wat je hebt genoemd, ben je God verschuldigd. Want in dit sterfelijk leven moet je zo'n liefde hebben en (wat het doel van je gebed is) zo'n verlangen om te komen waartoe je geschapen bent, en moet je zo'n verdriet hebben dat je dáár nog niet bent, en zo'n angst dat je er niet zult komen, dat je alleen maar vreugde mag voelen over wat je hulp en hoop geeft om daar te komen. Want je verdient niet te hebben wat je niet liefhebt en waarnaar je niet verlangt volgens de waarde die het heeft. En ook niet, als je er geen verdriet om hebt omdat je het nog niet hebt en nog in grote onzekerheid verkeert of je het zal bezitten of niet. De vlucht van de rust en genietingen van deze wereld, die de geest van de ware rust en genieting afhouden, dient daar ook toe, behalve voorzover ze, naar je weet, toereikend zijn voor jouw verlangen om daar te komen. En als je iets geeft, moet je goed in het oog houden dat je dat doet op grond van een schuld, omdat je inziet dat je wat je geeft, niet van jezelf hebt, maar van hem, van wie jij én degene aan wie je geeft, de knecht bent. En de natuur leert je dat je aan je medeknecht, dat wil zeggen als de ene mens tot de andere mens, doet waarvan je wilt dat hij het aan jou doet (verg. Mattheüs 7:12). En ook dat wie niet wil geven wat hij heeft, niet mag

ontvangen wat hij niet heeft. En als je onrecht terzijde schuift dat je is aangedaan, daarover zeg ik hier in het kort: aan jou komt de wraak niet toe, zoals ik hierboven heb gezegd. Want jij behoort jezelf niet toe, en ook behoort degene die jou onrecht heeft aangedaan, niet aan je toe, noch behoort hij zichzelf toe. Maar jullie zijn knechten van één God, die je uit het niets heeft geschapen. En als je je wreekt op je medeknecht, matig je je op overmoedige wijze een oordeel over de ander aan. En dat oordeel komt alleen toe aan de Heer en Rechter van allen. En als je spreekt over gehoorzamen: wat kun je aan God geven wat je niet verschuldigd bent? Aan hem ben je verschuldigd, als hij dat beveelt, alles wat je bent, hebt en kunt.

Boso Ik durf niet meer te zeggen dat ik op al die punten iets aan God geef wat ik hem niet verschuldigd ben.

Anselmus Wat zul je dan aan God geven als boete voor je zonde?

Boso Als ik mij zelf en al mijn kunnen, zelfs als ik niet zondig, aan hem verschuldigd ben om niet te zondigen, kan ik hem niets als boete voor mijn zonde geven.

Anselmus Wat zal er dan van je terechtkomen? Hoe zul je dan behouden kunnen blijven?

Boso Als ik jouw argumenten bekijk, zie ik niet hoe dat kan. Maar als ik mijn toevlucht zoek bij mijn geloof, hoop ik dat ik in het christelijk geloof, *dat door liefde werkt* (Galaten 5:6), behouden kan blijven. En ook hoop ik dit, omdat wij [in de bijbel] lezen, dat, *als een onrechtvaardige zich bekeert van zijn onrechtvaardige daden en rechtvaardigheid betracht* (Ezechiël 18:27), al zijn onrechtvaardigheden (Ezechiël 18:22; 33:16) vergeten zullen worden.

Anselmus Dit zegt men alleen tot hen die Christus hebben verwacht voordat hij kwam, of tot hen die in hem geloven nadat hij gekomen is. Maar wij hebben afgesproken te doen alsof Christus en het christelijk geloof nooit zijn geweest, toen wij afspraken alleen met de rede te onderzoeken of zijn komst voor de redding der mensen noodzakelijk was.

Boso Dat is zo.

Anselmus Laten we dus alleen op basis van de rede verdergaan.

Boso Ook al breng je me erg in moeilijkheden, toch vraag ik je van harte om verder te gaan op de manier waarop je begonnen bent.

ANSELMUS *De redenen van de menswording van God*

Boek 1, hoofdstuk xxv *De noodzaak dat de mens door Christus wordt behouden*

Boso Hoe zal dan de mens behouden blijven als hij zijn schuld niet goedmaakt, maar wanneer hij ook niet behouden kan blijven als hij geen boete doet? Of ook: wat voor gezicht zullen we opzetten wanneer we zeggen dat God dit medelijden niet kan tonen, terwijl God toch rijker is in medelijden dan een mens kan bevatten?

Anselmus Dat moet je aan hen vragen die niet geloven dat Christus noodzakelijk is voor het behoud van de mens. Want je bent hun woordvoerder. Zij moeten dan maar zeggen hoe de mens zonder Christus behouden kan worden. En als ze dat niet kunnen, moeten ze ophouden ons uit te lachen. Ze moeten dan bij ons komen en zich bij ons voegen: wij twijfelen er niet aan dat de mens door Christus behouden kan worden. En als ze dat niet willen, zullen ze eraan moeten wanhopen dat ze op een of andere wijze behouden kunnen blijven. Maar als ze daarvoor huiveren, laten ze dan met ons in Christus geloven, opdat ze behouden kunnen worden.

Boso Ik vraag je, zoals ik in het begin heb gedaan, me aan te tonen om wat voor reden de mens door Christus behouden wordt.

Anselmus Is al niet voldoende bewezen dat de mens door Christus behouden kan worden? Want ook de ongelovigen ontkennen niet dat de mens op een of andere wijze gelukkig kan worden. En is al niet voldoende aangetoond dat we geen enkel middel voor het behoud van de mens kunnen vinden, als we aannemen dat Christus niet bestaat? Want een mens zal óf door Christus, óf op een andere wijze, óf helemaal niet behouden kunnen worden. En daarom: als het niet waar is dat een mens helemaal niet behouden kan worden, en dat dit ook niet op een andere wijze kan geschieden, is het noodzakelijk dat het door Christus geschiedt.

Boso Het kan zijn dat iemand de argumenten inziet, dat het niet anders kan gebeuren, en ook niet begrijpt waarom het door Christus kan geschieden. Als hij beweert dat dit niet door Christus of op een andere wijze bewerkstelligd kan worden, wat zullen wij hem dan antwoorden?

Anselmus Wat moeten we hem antwoorden die alleen maar beweert dat onmogelijk is wat noodzakelijk is, omdat hij niet weet op welke wijze dit zo is?

ANSELMUS *De redenen van de menswording van God*

Boso Dat het niet redelijk is wat hij zegt.
Anselmus We moeten dus geen acht slaan op wat hij zegt.
Boso Dat is zo. Maar we moeten hem aantonen om wat voor reden werkelijk gebeurt waarvan hij denkt dat het onmogelijk is.
Anselmus Begrijp je soms niet uit wat we hiervoor hebben gezegd dat het noodzakelijk is dat sommige mensen gelukzaligheid verwerven? Want men kan zeggen dat het niet bij God past om een mens met smetten en al dat te laten bereiken, terwijl hij hem met het oog daarop zonder die smetten heeft geschapen. Hij zou dan bang zijn de schijn te wekken dat hij spijt heeft van zijn plan, of dat hij niet kan voltooien wat hij zich voorgenomen had. Maar dan is het om dezelfde reden nog veel minder mogelijk dat geen enkel mens bereikt waartoe hij geschapen is. Daarom moeten we óf buiten het christelijk geloof genoegdoening voor de zonde vinden (waarvoor we hierboven de noodzaak hebben aangetoond) — maar dat kan geen enkele redenering aantonen —, óf we moeten zonder onzekerheid geloven dat die genoegdoening in het christelijk geloof is. Want als men het bestaan van iets met een noodzakelijke argumentatie waarachtig heeft aangetoond, kan men daarover niet meer onzeker zijn, ook al doorziet men de manier niet hoe iets bestaat.
Boso Dat is waar.
Anselmus Wat wilt u nog meer weten?
Boso Ik ben niet gekomen om je een onzekerheid in mijn geloof weg te laten nemen, maar opdat je een redelijke verklaring aan mijn zekerheid geeft. Nu heb je me met redelijke argumenten ertoe gebracht om in te zien dat de mens omdat hij zondig is, dit voor zijn zonden aan God verschuldigd is. En ditzelfde kan hij niet als boete geven. Maar, als hij het niet kan geven, kan hij niet behouden blijven. Op dezelfde manier moet je me ertoe brengen dat ik op grond van redelijke en noodzakelijke argumenten begrijp dat alles wat het katholieke geloof ons voorhoudt te geloven over Christus, noodzakelijk is willen wij behouden blijven. En ook moet je mij tonen hoe God in zijn medelijden de mens behoudt, hoewel hij de zonde niet terzijde schuift, en dat dit gebeurt zonder dat de mens de schuld heeft afgedaan die hij verschuldigd is voor die zonde. En je moet, om je argumenten zekerder te maken, een eind teruggaan in je betoog. Daarmee zal je argument op een vaste grond kunnen staan.

ANSELMUS *De redenen van de menswording van God*

Anselmus Moge God mij hierbij helpen. Want je spaart me helemaal niet, en zonder rekening te houden met mijn zwakke kennis leg je mij zo'n zware taak op. Ik zal het toch proberen, nu ik eenmaal begonnen ben. Ik vertrouw daarbij niet op mezelf, maar op God, en ik zal, met Gods hulp, doen wat ik kan.

Boek II, hoofdstuk VI *De genoegdoening waardoor de mens gered wordt, kan alleen bewerkstelligd worden door een God-mens*

Anselmus Maar deze [nl. de genoegdoening] kan niet plaatsvinden, tenzij er iemand is die voor de zonde van de mens aan God iets als boete geeft wat groter is dan wat er ook maar buiten God bestaat.
Boso Dat is duidelijk.
Anselmus Ook degene die uit zijn eigen bezit aan God iets kan geven wat groter is dan alles wat onder God bestaat, moet groter zijn dan alles wat niet God is.
Boso Dat kan ik niet ontkennen.
Anselmus Maar er is niets wat boven alles staat wat niet God is, behalve God.
Boso Ja.
Anselmus Alleen God kan dus deze genoegdoening geven.
Boso Dat is logisch.
Anselmus Maar ook is het zo dat alleen de mens die genoegdoening verschuldigd is. Anders geeft de mens geen genoegdoening.
Boso Het is te begrijpen dat dit het meest rechtvaardig is.
Anselmus Als dus, zoals duidelijk is, de hemelse stad vervolmaakt wordt uit mensen, en als dit alleen maar kan gebeuren door middel van de eerdergenoemde genoegdoening — en die kan alleen God geven, maar de mens is haar verschuldigd —, is het noodzakelijk dat een God-mens de genoegdoening geeft.
Boso God zij geprezen (Psalmen 65:20; en vele andere plaatsen). We hebben nu iets groots gevonden op onze speurtocht. Ga nu door op de manier zoals je bent begonnen. Ik hoop dat God ons zal helpen.

F. S. Schmitt, *S. Anselmi Cantuariensis Archiepiscopi Opera Omnia*. Edinburgh: Ex officina abbatice Seccoviensis in Styria, 1946-1961, p. 47-48, 69, 94-96, 101. Vertaald voor deze bundel door E. P. Bos.

Abelardus

(1079 – 1142)

Petrus Abelardus is een filosoof die wellicht meer bekendheid heeft verworven omwille van zijn onstuimige levensloop dan om zijn wijsgerige inzichten. Dit is niet in de laatste plaats te danken aan zijn autobiografie, *Historia calamitatum mearum*, waarin hij uitvoerig verhaalt over zijn liefdesperikelen. Hij werd geboren in Le Pallet bij Nantes uit de kleine Bretonse landadel. Ten gunste van zijn broer Dagobert zag hij af van zijn eerstgeboorterecht en koos hij voor een klerikale loopbaan.

In 1103 begon Abelardus te doceren, aanvankelijk in Laon en, nadat hij daar was verjaagd, in Parijs, waar hij onderwijs gaf aan de kathedraalschool van de Notre Dame. Gedurende deze periode viel zijn veelbezongen liefde met de begaafde Héloïse. De afloop ervan was tragisch. Haar oom, die zijn nichtje in goed vertrouwen had geïntroduceerd, nam wraak door haar minnaar met assistentie van enkele medekanunniken te ontmannen. Een kleine zeven eeuwen na zijn dood werd hij samen met Héloïse op Pierre Lachaise in Parijs herbegraven.

Abelardus behoort tot de meest vooraanstaande en vooral eigenzinnige denkers in de lange geschiedenis van de middeleeuwse filosofie. Hij ontwikkelt een methode van denken die voor de latere scholastieke filosofie een beslissende betekenis heeft. Hierbij worden elkaar tegensprekende autoriteiten tegenover elkaar gesteld, om het denken dialectisch verder te kunnen laten gaan (*sic et non*, 'ja en neen'). Ook op het vlak van de ethiek markeert de filosofie van Abelardus een doorbraak: als reactie op een al te juridisch en formalistisch georiënteerde moraal richt Abelardus zijn aandacht op de subjectieve intentie van het handelen, eerder dan op deze handeling zelf. Dat zijn ethiek ten dele wordt gepresenteerd in een dialoog tussen een christen, een jood en een heiden, mag significant genoemd worden.

In zijn *Logica nostrorum petitioni*, waarvan hieronder twee fragmenten worden gepresenteerd, definieert Abelardus de logica als de wetenschap om geldige en ongeldige redeneringen te onderscheiden. Deze traditionele definitie impliceert voor Abelardus echter dat de logica de *leidster* is van heel de wijsbegeerte en van alle weten.

Wanneer men zich ten tijde van Abelardus wenste te bekwamen in deze voorname tak van wijsbegeerte, was de bestudering van het logische werk van Aristoteles de aangewezen weg. Maar om deze werken (waarvan in Abelardus' tijd slechts de *Categorieën* en de *De interpretatione* bekend waren) goed te begrijpen, diende men eerst de *Inleiding op de Categorieën* van Porphyrius (232 – ca. 304) door te nemen. De bedoeling van dit laatste werk was, volgens Abelardus, om die zaken duidelijk te maken die Aristoteles onbehandeld had gelaten, namelijk genus, soort, verschil, wezenlijke eigenschap en bijkomstige eigenschap. Deze vormen als het ware de grondslag waarop Aristoteles' categorieënleer is gebouwd. Porphyrius noemt de bovengenoemde vijf begrippen universaliën.

De vraag moet dan beantwoord worden of met deze universaliën alleen een *woord* correspondeert, of ook iets in de werkelijkheid, een ding van welke aard ook (of dit nu een platoons idee dan wel een aristotelische immanente vorm is). In de Middeleeuwen gaat de strijd over de universaliën *niet* over de vraag of er wel iets mee in de werkelijkheid correspondeert, en of deze werkelijkheid wel voor ons kenbaar is. Iedere middeleeuwse denker beantwoordde deze vragen bevestigend. De vraag betreft echter de kennistheoretische *waarde* van de algemene namen (universaliën).

Abelardus geeft een bijzonder interessante oplossing voor dit probleem. Hij verwerpt de mening dat *sermones* ('betekenis dragende woorden') louter woorden zijn, zoals een van zijn leermeesters, Roscellinus van Compiègne (1050 – 1125), verkondigde. Er is immers, aldus Abelardus, een *formeel* verschil tussen een naam als klank, als luchtstoot, kortom: als fysische entiteit, en een naam als betekenisdrager. Ook verwerpt Abelardus de theorie dat met de *sermones* een ding correspondeert, van welke aard ook: een platoons idee dan wel een aristotelische vorm. Als dit namelijk zo zou zijn, zegt Abelardus, zou één ding in verscheidene dingen identiek aanwezig zijn.

In Abelardus' visie ligt de universaliteit van namen in de *act van het menselijk verstand*, die aan een woord een betekenis verleent (welke dus een instelling van mensen is). Het is daarbij niet noodzakelijk dat er met het universale een object in de werkelijkheid correspondeert. Dit laatste aspect komt duidelijk naar voren in het tweede fragment uit de *Logica nostrorum petitioni*.

Abelardus, *De logische studie 'Tegemoetkomend aan het verzoek van onze vrienden'* (fragment)

Er is een andere theorie over de universaliën, die meer in overeenstemming is met de rede. Deze kent niet aan de dingen, en evenmin aan de woorden, gemeenschappelijkheid toe. Maar *zij stellen dat betekenis dragende woorden óf singulier, óf universeel zijn.* Dit geeft ook *Aristoteles*, de vorst der peripatetici, door zijn definitie van 'universale' duidelijk te kennen. Hij zegt: «Een universale is datgene wat op grond van zijn aard gepredikeerd [gezegd] wordt van een veelheid van dingen» ['op grond van z'n aard']; dat wil zeggen: het ontleent dit aan z'n oorsprong, namelijk aan het feit dat het daarvoor door mensen is ingesteld. De oorsprong van betekenis dragende woorden of namen is immers niets anders dan een menselijke instelling. Want dát het een naam of een betekenis dragend woord is, ontleent het aan de instelling door mensen. De oorsprong echter van een woord of van een ding is toch niets anders dan een schepping van de natuur, omdat het eigen zijn van een ding of van een woord nu juist bestaat in de werking van de natuur?

De oorsprong van woord en betekenis dragend woord maakt dus hun [formele] verschil uit, terwijl er wél volledig een materiële identiteit is. Dit kan preciezer met een voorbeeld worden uitgelegd. [Abelardus pakt een stenen beeldje.] Hoewel deze steen hier en dit beeldje hier materieel volledig identiek zijn, is toch dit steen van een andere oorsprong dan deze afbeelding. Want het is gewoon een feit dat de *status* van steen alleen door de goddelijke substantie verleend kan worden, maar de *status* van beeld kan door menselijke bewerking tot stand gebracht worden.

Wij zeggen dus dat betekenis dragende woorden universeel zijn, omdat ze op grond van hun oorsprong (d.w.z. op grond van menselijke instelling) gepredikeerd kunnen worden van een veelheid van dingen. Maar we zeggen van woorden of dingen volstrekt niet dat ze universeel zijn, ondanks het feit dat alle betekenis dragende woorden woorden zijn. Want als een ding van een veelheid van dingen gepredikeerd zou worden, zou ze nota bene in meer dan één ding identiek aangetroffen worden.

Argumenten tegen deze theorie: Men stelt om te beginnen de vraag: «Waarom argumenteren ze dat betekenis dragende woorden, en niet woorden, universeel zijn, terwijl toch de definitie van genus zowel bij woorden als bij betekenis dragende woorden past? Want van alles waarvan de definitie wordt gepredikeerd, daarvan wordt ook het definiens gepredikeerd. Welnu, de definitie van genus wordt gepredikeerd van een woord, aangezien een woord datgene is wat gepredikeerd wordt van een veelheid van dingen die soortelijk verschillen enz.» Dus is een woord een genus.

Het antwoord hierop is: De aangevoerde argumentatie: «Een woord is datgene wat van een veelheid van dingen wordt gepredikeerd enz.; dus is een woord een genus», stoelt niet op de regel: «Van alles waarvan wordt gepredikeerd enz.» (ook al is «datgene wat gepredikeerd wordt van een veelheid van dingen enz.» inderdaad de definitie van genus). Want men moet de regel «Van alles waarvan enz.» als volgt uitleggen: alles wat datgene in zich heeft waarop de definitie gericht is, heeft ook de substantie van het gedefinieerde in zich. Maar een woord bezit niet datgene waarop de definitie doelt en wat de inhoud van de definitie uitmaakt, namelijk de prediceerbaarheid van een veelheid. Maar het woord is [slechts] dat wat gepredikeerd wordt, omdat het [tegelijk] een predikeerbaar betekenis dragend woord is. De gegeven argumentatie vindt dus geen steun in deze regel. Men begrijpt dus dat hun theorie ondoordacht is.

Maar wanneer iemand nauwgezet de definitie van genus in het oog houdt, zal hij zeker tot de bevinding komen dat de formule «Datgene wat van een veelheid van dingen gepredikeerd wordt enz.» helemaal niet de definitie van genus genoemd kan worden. Want als men dit definiens van iets predikeert, impliceert dat helemaal niet dat dan ook genus daarvan gezegd wordt. Want de definitie van genus kan alleen maar totstandkomen, als ze twee dingen van geheel dezelfde aard [als subject en predikaat] kan koppelen. Laten we het dan dus zó zeggen: De definitie van genus is: prediceerbaar te zijn van een veelheid van dingen die soortelijk verschillen enz. En [als je dan zegt]: «Van alles waarvan het definiens wordt gepredikeerd, daarvan wordt ook het gedefinieerde gepredikeerd», betekent dat: alles wat datgene in zich heeft waarnaar de inhoud van het definiens verwijst, heeft datgene in zich wat de inhoud van het gedefinieerde is.

Maar als iemand aanhoudt en zegt dat die definitie ook van *woord* wordt gepredikeerd (omdat *woord* prediceerbaar enz. is), maakt hij een fout. Want in dat geval wordt niet de definitie van genus gepredikeerd. Men toont im-

ABELARDUS *De logische studie*

mers niet aan dat datgene erin aanwezig is, op grond waarvan de inhoud van de definitie ervan geldt, namelijk de betreffende prediceerbaarheid. Want dit adjectief vervult de rol van substantief. Bijvoorbeeld, wanneer ik zeg: «Socrates is iets wits», dat wil zeggen een wit ding, verbind ik door die uitdrukking 'wit' beslist niet de vorm die de uitdrukking toekent [(nl. witheid) met het subject Socrates]. De reden is dat het [adjectief] de rol van substantief vervult, hoewel toch ieder adjectief een vorm toekent.

Wat zij in hun tegenargument over *Porphyrius* beweren (die naar hun mening zegt dat deze formule als geheel «Wat geprediceerd wordt van een veelheid van dingen enz.» de definitie van genus is): dit deert mij niet. Want wanneer hij zegt: «Als de filosofen een definitie van genus gaven, deden zij dat met de formule: 'Dat wat van een veelheid van dingen enz. wordt geprediceerd',» dan heeft hij genus als predikaat en niet als subject opgevat. Want hij vat het niet zó op: «Datgene wat van een veelheid van dingen enz. geprediceerd wordt», maar hij heeft het zó bedoeld: «Dat wat van een veelheid van dingen geprediceerd wordt, is een genus», alsof hij expliciet zegt: «Het van een veelheid van dingen prediceerbare enz. is een genus.»

[Tegenwerping:] Wanneer dan dit woord dit betekenis dragende woord is [Abelardus schrijft als voorbeeld een woord, bijv. 'zintuiglijk wezen' op], en dit betekenis dragend woord een genus is, hoe kan men dan redelijkerwijze nog ontkennen dat dit woord een genus is?

Het antwoord hierop is: Wanneer wij zeggen: «Dit betekenis dragende woord is een genus», is dat hetzelfde als wanneer wij zeggen: «'Een betekenis dragend woord met deze meegegeven betekenis' is een genus.» Maar wanneer wij zeggen: «Dit woord is een genus», is dat hetzelfde als wanneer wij zeggen: «Dit materiële geval van woord is prediceerbaar... enz.» En dit is onjuist. Want het predikaat genus moet eerst gekoppeld worden aan het ene [in z'n significatieve functie], en daarna aan hetzelfde ding in z'n materialiteit. En dat kan nooit, want [om met Aristoteles te spreken]: «Het [woord] is al gebruikt en kan niet nog een keer gebruikt worden.»

Ik ben het er dus mee eens dat de volgende proposities waar zijn: «Dit naamwoord [nl. het opgeschreven woord 'zintuiglijk wezen'] is een genus», «Dit naamwoord is een universale». En ook: «Dit betekenis dragende woord 'zintuiglijk wezen' is een genus», «Dit woord 'zintuiglijk wezen' is een genus en een universale.» En evenzo alle proposities, waarin een woord onderwerp is dat een door de mens toegevoegde significatieve waarde heeft, en waarin niet alleen maar dat woord genomen wordt in zijn fysieke verschijningsvorm als uitgesproken klank, maar in zijn betekenis en in zijn functie van het prediceren van iets gemeenschappelijks. Dit is het geval indien een genus, een universale, een betekenis dragend woord, een woord, een naamwoord, een uitdrukking, een formule als subject optreedt. Maar een woord dat zonder meer naar een materieel ding verwijst, is net als een 'zintuiglijk wezen', 'een mens', 'een gearticuleerde klank', 'een luchtstoot'.

Men moet echter in de gaten houden dat deze proposities waar zijn: «Genus is een woord» en «Species is een woord». Want deze hebben de betekenis: «Een woord dat een genus aanduidt, is een woord», respectievelijk: «Een woord dat een species aanduidt, is een woord.» Hun omkeringen namelijk: «Een woord is een genus» of «Een woord is een species» moet men afwijzen. Want door deze proposities wordt de materiële identiteit ter sprake gebracht, die gelijkelijk in alle wordt gevonden [, of ze nu een genus of species etc. aanduiden]. Want wij gaan akkoord met de volgende proposities: «Dit concreet zintuiglijk wezen is een mens», «Deze concrete entiteit *Socrates* is Socrates», «Elk van deze dingen is iets». Maar we ontkennen volstrekt hun omkeringen, namelijk: «Een [concrete] mens is dit subtype van zintuiglijk wezen», «Socrates is dit materiële element van Socrates», «Iets is elk van beide dingen».

Na dit zo vastgesteld te hebben moeten we ons realiseren dat genera en species evenzeer bestaan wanneer niemand spreekt. Want wanneer ik [over een woord, bijvoorbeeld 'zintuiglijk wezen', 'mens' etc.] zeg: «Het is een genus (of: het is een species)», schrijf ik aan deze woorden niet iets toe, maar ik breng, zoals eerder al is uiteengezet, een hun allang gegeven betekenisfunctie ter sprake.

Men moet dus het volgende zeggen: alle concrete dingen verschillen numeriek van elkaar, bijvoorbeeld Socrates, Plato. Deze zelfde dingen komen ook met elkaar overeen in een bepaald opzicht, namelijk dat ze mensen zijn. Ik zeg dus dat ze niet in het opzicht van Socrates-heid, of Plato-heid of van een andere zaak waarin ze allebei participeren, met elkaar overeenkomen. Toch zeg ik dat ze in een bepaald opzicht overeenkomen, dat wil zeggen een overeenkomst hebben, namelijk in dat opzicht dat ze mensen zijn. Ik zeg bijvoorbeeld: «Ik wil iets.» Als iemand dan vraagt:

ABELARDUS *De logische studie*

«Wat wil je?», is dit volgende antwoord heel juist: «Een luchtkasteel.» Want toen ik zei: «Ik wil iets», heb ik gezegd dat ik een wens koester. En toen hij zei: «Wat wil je?», vroeg hij welke wens ik koesterde, en ik heb die vraag beantwoord.

> B. Geyer, *Peter Abaelards Philosophische Schriften. 11. Die Logica 'Nostrorum petitioni sociorum'. Die Glossen zu Porphyrius.* Zum ersten Male herausgegeben von Dr. Bernhard Geyer. In: Beiträge zur Gesch. der Philos. und Theol. des Mittelalters. Texte und Untersuchungen, Bd. XXI, Heft 4. Münster i. W.: Aschendorff, 1933, p. 522-524, 531-532. Vertaald voor deze bundel door E. P. Bos.

Thomas van Aquino
(1225 – 1274)

In vele opzichten is het werk van Thomas van Aquino een synthese van verschillende middeleeuwse filosofische stromingen. Op een oorspronkelijke manier slaagde hij erin het werk van Aristoteles, dat vanaf de tweede helft van de twaalfde eeuw opnieuw bekend was geworden, te integreren in een christelijke denkwijze, die tot dan toe eerder platoons gekleurd was. Maar ook omgekeerd maakte hij typisch christelijke concepten als de scheppingsgedachte filosofisch vruchtbaar. Vooral het systematische karakter van dit denken maakt indruk.

Thomas werd in 1225 op de burcht Roccasecca bij Aquino (tussen Rome en Napels) geboren in een adelijke familie en leek voorbestemd om in te treden bij de benedictijnen. Maar tegen de wil van zijn familie sloot hij zich aan bij de dominicanen. Hij studeerde bij Albertus Magnus en rondde zijn studie in Parijs af. Na verschillende jaren in Italië te hebben gewerkt, onder meer aan het pauslijk hof, keerde hij in 1269 terug naar Parijs. Daar moest hij een intellectuele strijd aangaan met zowel radicale aristotelianen als conservatieve theologen die in Aristoteles juist een gevaar zagen. In 1272 werd hij dan ook weggeroepen uit Parijs om in Napels te onderrichten. Op weg naar het concilie van Lyon, waarvoor hij door paus Gregorius X als deskundige was uitgenodigd, stierf Thomas van Aquino in 1274.

Thomas wordt vaak als een rationalist gekarakteriseerd. Dit is niet onterecht, omdat hij in tegenstelling tot zijn al even invloedrijke franciscaner tijdgenoot Bonaventura (1217 – 1274) wilde uitgaan van de natuurlijke rede, waarvan de grondcategorieën door Aristoteles gedefinieerd waren, om het geloof te begrijpen. De op platoonse leest geschoeide franciscaner denkschool was daarentegen eerder geïnteresseerd in de opgang van de menselijke geest naar God, het oerbeeld van alle dingen waarbij de genade een beslissende rol speelde. Voor Thomas stond de verzoening van het geloof met de natuurlijke rede voorop; weliswaar vallen geloof en natuurlijke rede niet samen, maar ze moeten in elkaars verlengde liggen.

Om zich van deze taak te kwijten moest hij een antwoord vinden op een van de grote vragen van het middeleeuwse denken: de verhouding tussen de (goddelijke) ideeën of essenties en de concrete, gerealiseerde dingen. De gerichtheid van alle dingen op het uiteindelijke doel, die tegelijk een terugkeer naar de goddelijke oorsprong behelst, beschouwt Thomas als de intrinsieke doelgerichtheid van alle dingen (in de lijn van Aristoteles).

De menselijke geest kan zijn eigen wezen realiseren door zich te richten op de essenties van de dingen en zo tot meer volmaakte zijnsvormen doordringen. Daarin begrijpt hij ook beter hun overeenstemming met het goddelijke intellect. Dit wordt samengevat in de formule *adaequatio rei et intellectus*, 'overeenstemming van het ding met het intellect'. Niet alleen moet het menselijk intellect zijn overeenstemming met het ding zoeken, maar het ding dient ook begrepen te worden in zijn overeenstemming met het goddelijke intellect. Om dit dubbele doel te bereiken geeft Thomas een nieuwe interpretatie aan het onderscheid tussen 'essentie' en 'existentie'. De concrete dingen worden dan begrepen in een activiteit van zijn, als de realisering van de essenties. Zo verwijzen ze naar God, die als de ultieme zijnsact identiteit van essentie en existentie is. Naarmate de menselijke geest zich meer richt op de samenhang tussen essentie en zijnsact in de dingen, realiseert hij meer en meer zijn eigen wezen als een wezen dat gekenmerkt wordt door een openheid voor het zijn (*faculta essendi*).

In dit licht moet Thomas' visie op het karakter van de hoogste wetenschap begrepen worden en moet de hier vertaalde tekst gelezen worden. Overigens moet deze ook in samenhang gelezen worden met de teksten van Duns Scotus en Willem van Ockham. De uiteenlopende antwoorden die zij geven op de vraag naar 'het eerste object' van het menselijke verstand, zijn bedoeld als een illustratie van hun verschillende wijsgerige posities.

De term 'eerste' in de boven gegeven vraag kan op ten minste twee wijzen worden geïntrepeteerd: ten eerste in de zin van *ontstaan*, dus in chronologische zin. Ten tweede in *kennistheoretische* zin, waarbij verwezen wordt naar datgene wat voor ons kennend vermogen de eerste passende en heldere ken-inhoud is of kan zijn.

Allereerst stelt Thomas (*quaestio* 85, art. 1) dat de objecten van de menselijke kennis geproportioneerd zijn aan de verschillende graden van de kennende vermogens. Hoe minder het kennende vermogen met het stoffelijke lichaam is verbonden, hoe minder het corresponderende object in de stof bestaat. Het menselijk verstand neemt een plaats in tussen het zintuiglijk vermogen (dat in een lichamelijk orgaan bestaat) en het verstand van engelen, dat puur onstoffelijk is. Deze tussenpositie van het menselijk verstand bestaat hierin dat het enerzijds een vermogen van de ziel is, en dus bij een concreet individuele substantie behoort (nl. de mens, waarbij de ziel de vorm van het lichaam is); maar anderzijds is het verstand niet verbonden met een lichamelijk orgaan. Volgens het laatste, onstoffelijke karakter van het verstand zou het alleen geschikt zijn voor kennis van noodzakelijke en onstoffelijke objecten, pure vormen.

Volgens het eerste aspect kan het verstand ook individuele vormen kennen, dat wil zeggen in lichamelijke stof, maar niet *voorzover* deze in de lichamelijke stof bestaat. Het verstand moet de vorm abstraheren uit een zintuiglijke voorstelling. Het vormt zich een kennisobject met een algemeen, dat wil zeggen niet-individueel karakter: de intelligibele soort (*species intelligibilis*). Deze soort is echter datgene *waardoor* het verstand kent, niet *wat* het verstand kent, aldus Thomas (*quaestio* 85, art. 2). Desondanks is het verstand niet in staat het singuliere ding (dat chronologisch het eerste object is) *direct* te kennen. Dit geschiedt alleen *indirect*, in een soort van reflectie, waarbij het verstand zich wendt, zegt Thomas, tot de zintuiglijke voorstellingen (*conversio ad phantasmata*) (*quaestio* 86, art. 1).

Het is duidelijk dat in de orde van *ontstaan* het singuliere eerst is, maar in de orde van *kennen* secundair. Volgens Thomas kan kennelijk minder algemene kennis slechts ontstaan via meer algemene kennis. Thomas verleent bovendien het algemene een betrekkelijk zelfstandige status door de ingreep van het verstand. Hij probeert hiermee een evenwicht en harmonie te scheppen tussen de wereld van de verstandsobjecten en die der zintuiglijke gegevens.

Thomas van Aquino, *Samenvatting van de theologie* (fragment)

Quaestio 85, artikel 1 *Kent ons verstand lichamelijke en stoffelijke dingen door abstractie uit de zintuiglijke voorstellingen?*

Het eerste artikel gaat als volgt.

Men argumenteert dat ons verstand lichamelijke en stoffelijke dingen niet kent door abstractie uit de zintuiglijke voorstellingen.

(Nu volgen vijf argumenten van opponenten.)

Hier tegenover staat een tekst uit het derde boek van de *De anima*: «Naarmate dingen scheidbaar zijn van stof, hebben ze een betrekking tot het verstandsvermogen.» Dus is het noodzakelijk dat men stoffelijke dingen met het verstand kent, naarmate ze van de materie losgemaakt worden (en uit de stoffelijke afbeeldingen, d. w. z. de zintuiglijke voorstellingen).

Ik antwoord dat het kenobject geproportioneerd is aan het kennende vermogen (zoals hierboven al gezegd is). Welnu, er zijn drie graden van kennend vermogen. Ten eerste is er het kennend vermogen dat de act is van een lichamelijk orgaan, namelijk het zintuig. Daarom is het object van ieder zintuiglijk vermogen de vorm zoals deze in de lichamelijke stof bestaat. En omdat deze stof het principe van individuatie is, kan ieder vermogen van het zintuiglijk deel [van de ziel] alleen concreet individuele dingen kennen.

Ten tweede is er het kennend vermogen dat noch een act is van een lichamelijk orgaan, noch op een of andere wijze met de lichamelijke stof verbonden is. Bijvoorbeeld: het verstand van engelen. Daarom is het object van hun kennend vermogen een vorm die zonder stof subsisteert. Want ook al kennen zij stoffelijke dingen, ze aanschouwen deze alleen in onstoffelijke wezens, namelijk of in zichzelf of in God.

Het menselijk verstand neemt tussen beide een middenpositie in: het is namelijk niet de act van een orgaan, maar toch is het een vermogen van de ziel (die de vorm van het lichaam is, zoals duidelijk is uit wat eerder gezegd is). Daarom is het eigen aan dit verstand een vorm te kennen die weliswaar individueel in lichamelijke stof bestaat, maar toch niet *voorzover* ze bestaat in die stof. Welnu, kennen van wat in individuele stof is, maar niet voorzover het in die stof is, is het abstraheren van een vorm uit de individuele stof. En deze individuele stof vindt haar weerspiegeling in de zintuiglijke voorstellingen. Daarom *moet men stellen dat ons verstand stoffelijke dingen kent door abstractie uit de zintuiglijke voorstellingen.* En door middel van de stoffelijke dingen die op deze wijze beschouwd zijn, komen wij tot een bepaalde kennis van onstoffelijke dingen, terwijl, in tegenstelling daarmee, de engelen door middel van het onstoffelijke stoffelijke dingen kennen.

Maar Plato richtte zijn aandacht alleen op de onstoffelijke aard van het menselijk verstand en niet op de vereniging van dit verstand (op een bepaalde wijze) met het lichaam. Op grond hiervan heeft hij geconcludeerd dat het object van het verstand de ideeën zijn die gescheiden zijn [van de stof]. Voorts stelde hij dat wij niet door abstractie kennen, maar door participatie in abstracte entiteiten (zoals hierboven is gezegd).

(Nu volgen de antwoorden van Thomas op de vijf argumenten van opponenten.)

Artikel 2 *Zijn de intelligibele kenbeelden die uit de zintuiglijke voorstellingen geabstraheerd zijn, voor ons verstand datgene wat gekend wordt?*

Het tweede artikel gaat als volgt.

Men argumenteert dat het intelligibele kenbeeld dat uit de zintuiglijke voorstellingen geabstraheerd is, voor ons verstand datgene is wat gekend wordt.

THOMAS VAN AQUINO *Samenvatting van de theologie*

1. Wat actueel gekend is, bevindt zich in de kenner: want wat actueel gekend is, is gelijk aan het verstand zelf in actualiteit. Welnu, van een gekend ding is alleen het geabstraheerde intelligibele kenbeeld in het verstand dat actueel kent. Dus is zo'n kenbeeld het actueel gekende zelf.

(Nu volgen nog twee argumenten van opponenten.)

Hier tegenover staat dat het intelligibele kenbeeld zich verhoudt tot het verstand als het zintuiglijk kenbeeld tot het zintuig. Welnu, het zintuiglijk kenbeeld is niet *datgene wat* zintuiglijk waargenomen wordt, maar eerder datgene waardoor het zintuig waarneemt. Dus is het intelligibele kenbeeld niet datgene wat actueel gekend wordt, maar datgene waardoor het verstand kent.

Ik antwoord: Sommige denkers hebben aangenomen dat de kenvermogens in ons alleen maar hun eigen aandoeningen kennen. Bijvoorbeeld: het zintuig neemt alleen de aandoening van het zintuiglijk orgaan waar. Volgens deze theorie kent het verstand alleen z'n eigen aandoening, dat wil zeggen het intelligibele kenbeeld dat het verstand opneemt. Dus is zo'n kenbeeld datgene wat gekend wordt.

Maar het is zonneklaar dat deze opvatting om twee redenen onjuist is. Ten eerste: wat wij kennen en waarover de wetenschappen gaan, is hetzelfde. Als wat wij kennen alleen de kenbeelden zouden zijn die zich in de ziel bevinden, zou volgen dat de wetenschappen niet over de dingen buiten de ziel zouden gaan, maar alleen over de intelligibele kenbeelden binnen de ziel. Op dezelfde wijze gaan volgens de volgelingen van Plato alle wetenschappen over de Ideeën; en daarvan meenden ze dat dit de actuele kenobjecten waren.

Ten tweede: [Als die opvatting juist zou zijn,] zou de misvatting van de ouden volgen, namelijk dat «alles wat zich aan iemand voordoet, waar is». En dientengevolge zouden contradictoire proposities tegelijkertijd waar zijn. Want als een vermogen alleen maar z'n eigen aandoeningen kent, oordeelt het alleen daarover. Iets doet zich dan aan iemand voor overeenkomstig de aandoening van het kennend vermogen. Dus zal het oordeel van het kennend vermogen altijd daarover gaan wat het beoordeelt, namelijk over z'n eigen aandoening als zodanig. En dus zal ieder oordeel waar zijn. Bijvoorbeeld: als het smaakvermogen alleen z'n eigen aandoening waarneemt, spreekt iemand een waar oordeel uit, wanneer hij, in het bezit van een gezond smaakvermogen, oordeelt dat honing zoet is. Evenzo: wanneer iemand met een ziek smaakvermogen oordeelt dat honing bitter is, spreekt hij ook een waar oordeel uit. Want ieder van beiden oordeelt naar de aandoening van zijn smaakvermogen. Dus volgt dat iedere mening evenzeer waar is, en in het algemeen: iedere opvatting.

Daarom moet men zeggen dat *het intelligibele kenbeeld datgene voor het verstand is waardoor het verstand kent*. Dit kan men als volgt inzien. Men kan immers op twee manieren spreken van 'handeling' (zoals staat in boek IX van de *Metafysica*): de ene blijft in de handelende instantie (bijv. *zien* en *begrijpen*); de andere gaat over op een extern ding (bijv. *warm maken* en *snijden*). Elk van beide handelingen voltrekt zich overeenkomstig een bepaalde vorm. Welnu, de vorm volgens welke een handeling zich voltrekt die overgaat op een extern ding, is de afbeelding van het object van die handeling. Bijvoorbeeld: de warmte van het ding dat warm maakt, is de afbeelding van datgene wat warm gemaakt is. Evenzo is de vorm, volgens welke een handeling zich voltrekt die in een handelende instantie blijft, de afbeelding van het object. Dus komt de afbeelding van een zichtbaar ding overeen met de wijze waarop het gezichtsvermogen ziet; en de afbeelding van een begrepen ding (nl. het intelligibele kenbeeld) is de vorm volgens welke het verstand kent.

Maar omdat het verstand over zichzelf reflecteert, kent het volgens die reflectie zowel z'n act van kennen zelf als het kenbeeld waardoor het kent. En op deze wijze is *het kennende kenbeeld in tweede instantie datgene wat gekend wordt. Maar datgene wat in eerste instantie gekend wordt, is het ding waarvan het intelligibele kenbeeld de afbeelding is.*

Dit kan men ook inzien op grond van de theorie der ouden, die stelden dat «het gelijke door het gelijke gekend wordt». Ze zeiden immers dat de ziel door middel van de aarde die in haar was, de aarde buiten haar kent. Enz. Als we het *kenbeeld* van aarde in de plaats zetten van *aarde* (overeenkomstig de leer van Aristoteles, die zegt dat er «niet een steen in onze ziel is, maar het *kenbeeld* van steen»), dan volgt dat de ziel door middel van het intelligibele kenbeeld de dingen kent die buiten de ziel zijn.

In antwoord op het eerste argument moet men dus zeggen dat de gekende zaak zich door de afbeelding ervan in de kenner bevindt. En in deze zin zegt men dat wat actueel gekend is, identiek is aan het verstand in actualiteit, voorzover de afbeelding van het gekende ding de vorm van het verstand is. Op dezelfde wijze is de afbeelding van een zintuiglijk waarneembaar ding de vorm van een zintuig in actualiteit. Dus: er volgt niet dat het geabstraheerde intelligibele kenbeeld datgene is wat actueel gekend wordt, maar dat het de afbeelding ervan is.

(Nu volgende antwoorden op het tweede en derde argument van de opponenten.)

Quaestio 86, artikel 1 *Kent ons verstand singuliere dingen?*

Het eerste artikel gaat als volgt.

Men argumenteert dat ons verstand singuliere dingen kent.

1. Ieder die een beweerzin kent, kent de termen ervan. Welnu, ons verstand kent deze beweerzin: «Socrates is een mens.» Want het is een functie van het verstand om proposities te vormen. Dus kent ons verstand dit singuliere ding: Socrates.

2. Verder: het praktische verstand leidt [de mens] tot handelen. Welnu, handelingen hebben betrekking op singuliere dingen. Dus kent ons verstand singuliere dingen.

3. Verder: ons verstand kent zichzelf. Welnu, het is zelf iets singuliers, want anders zou het er geen act over kunnen voltrekken (want acten gaan over singuliere dingen). Dus kent ons verstand het singuliere.

4. Verder: alles wat een lager vermogen kan, kan een hoger vermogen. Welnu, een zintuig kent een singulier ding. Dus, a fortiori, kent het verstand dit.

Hier tegenover staan de woorden van de wijsgeer (in het eerste boek van de *Fysica*): «Het universale is gekend door het verstand, het singuliere door het zintuig.»

Ik antwoord: Ons verstand kan het singuliere in stoffelijke dingen niet op directe en primaire wijze kennen. De oorzaak hiervan is dat het principe van singulariteit in stoffelijke dingen de individuele stof is: ons verstand nu (zoals hierboven is gezegd) kent door abstractie van het intelligibele kenbeeld uit deze stof. Welnu, wat uit de individuele stof geabstraheerd wordt, is het universale. Dus kan ons verstand op directe wijze alleen het universale kennen.

Maar het kan op indirecte wijze, als het ware door middel van reflectie, het singuliere kennen. Want, zoals hierboven is gezegd, het kan, ook nadat het de intelligibele kenbeelden heeft geabstraheerd, [het singuliere] volgens die intelligibele kenbeelden alleen maar actueel kennen, als het zich wendt tot de zintuiglijke voorstellingen. Hierin kent het de intelligibele kenbeelden (zie het derde boek van de *De anima*). Op deze wijze kent het dus direct het universale door middel van het intelligibele kenbeeld, maar het kent de singuliere dingen op indirecte wijze. De zintuiglijke voorstellingen hebben daarop betrekking. En op deze wijze vormt het verstand deze propositie: «Socrates is een mens.»

Het antwoord op het eerste argument van de tegenstander is dus duidelijk.

In antwoord op het tweede argument moet men zeggen dat de keuze van een particuliere zaak waaromtrent men een handeling kan verrichten, als het ware de conclusie is van een syllogisme dat behoort bij het praktische verstand (zie het zevende boek van de *Ethica*). Welnu, uit een universele propositie kan men alleen maar op directe wijze een singuliere conclusie trekken via een singuliere premisse. Dus zet de universele beschouwingswijze van het praktische verstand alleen [tot handelen] aan door middel van een individuele vattingsact van het zintuiglijk deel [van de ziel] (zie het derde boek van de *De anima*).

In antwoord op het derde argument moet men zeggen dat het singuliere als zodanig verstandelijk kenbaar is. Maar als stoffelijk ding niet. Want men kent alleen op onstoffelijke wijze. Daarom is ieder singulier en onstoffelijk ding (bijv. het verstand) verstandelijk kenbaar.

In antwoord op het vierde argument moet men zeggen dat een hoger vermogen kan wat een lager vermogen kan, maar dan wel op een meer verheven wijze. Dus, wat het zintuig op stoffelijke wijze en in z'n concreetheid kent (en dat is het kennen van een singulier ding op directe wijze), kent het verstand op onstoffelijke wijze en abstract. Dit is het kennen van een universale.

Thomas Aquinas, *Summa Theologiae*, cura et studio P. Caramello. Turijn: Marietti, 1952, p. 416a-419a, 425a-b. Vertaald voor deze bundel door E. P. Bos.

Duns Scotus

(1266–1308)

Johannes Duns Scotus, vanwege zijn complexe denkwijzen *doctor subtilis* (scherpzinnige leraar) genoemd, behoort tot de hoofdgestalten van de franciscaner filosofische school, die in de Middeleeuwen aan invloed en belang niet onderdeed voor de dominicaner. Hij werd in 1266 geboren in Duns in Schotland, ging theologie studeren in Oxford en later in Parijs. Daar maakte hij kennis met het werk van Hendrik van Gent en ontwikkelde mede in reactie daarop een denken dat kritisch staat tegenover het zijnsact-denken van Thomas. Belangrijker is nog dat hij de domeinen van filosofie en theologie uit elkaar heeft gehaald. Omdat de wil van God contingent is en door de natuurlijke rede niet doorgrond kan worden, heeft de filosofie een ander voorwerp dan de theologie. De breuk die het hele middeleeuwse denken kenmerkte, wordt door Duns Scotus niet langer gedicht. Het voluntarisme zet zich zo bij hem door en wordt spreekwoordelijk voor zijn denken.

Duns Scotus zet zich dus nadrukkelijk af tegen de gedachte van de zijnsanalogie bij Thomas. Deze maakte het mogelijk in alle zijnden dezelfde doelgerichtheid te ontwaren. Maar hierbij zou de metafysica evenveel voorwerpen hebben als er zijnden zijn. Voor Duns Scotus kan de filosofie zich alleen richten op het enkelvoudige zijnsbegrip, dat van alle positieve inhouden ontdaan is. Zo schept hij ruimte voor de theologie, die zich met contingente aangelegenheden bezighoudt: Gods wil is immers in Duns Scotus' visie contingent.

Volgens Duns Scotus heeft het denken van Aristoteles, dat in het teken van de substantie staat, een meer fundamenteel werkelijkheidsniveau uit het oog verloren. Zijn eigen denkwijze staat in het teken van de realiteit van de *mogelijkheden*. Ontologische mogelijkheden 'bestaan' wel niet in de fysische zin van het woord, maar ze zijn ook niet niets. Deze aandacht voor het veld van mogelijkheden houdt verband met de opkomst van de modale logica, die in deze tijd een hoge vlucht nam. Het onderscheid tussen het mogelijke en het werkelijke kan allerlei denkfouten en drogredeneringen voorkomen, met name voor het probleem van Gods voorzienigheid.

Duns Scotus is van mening dat het voorwerp van de metafysica zuiver één en enkelvoudig moet zijn. In deze gedachte komt het fundament van zijn visie op de hoogste wetenschap naar voren, die verschilt van die van Thomas. Duns Scotus meent dat het eerste object van de kennis 'zijnde' (*ens*) is. Dit is het meest gemeenschappelijke van alle dingen. Het is daarin *univook* (*univocus*), dat wil zeggen met gelijke betekenis, aanwezig: de term 'zijnde' duidt bij alles waarvoor het gebruikt wordt (vanaf het Ongeschapen Zijnde (God) tot en met het Geschapen Zijnde) aan dat al deze niet niet-zijn. Als univook concept heeft het voldoende eenheid, aldus Duns Scotus, om een contradictie op te leveren, als men het tezelfdertijd ter bevestiging en ter ontkenning van hetzelfde zou gebruiken.

Nu kan 'zijnde' niet van álles *wezenlijk* gepredikeerd worden, namelijk niet van de zogenoemde onherleidbare verschillen (*differentiae ultimae*). Hiermee bedoelt Duns Scotus op deze plaats: *substantie-accident*; *oneindig-eindig*; *noodzakelijk-contingent* etc. Dit betekent dat volgens Duns Scotus de *transcendente* orde fundamenteler is dan de *predikamentale* orde van de aristotelische categorieën. 'Zijnde' is een transcendente term: het kan niet worden gedefinieerd zoals men dingen uit de zintuiglijke werkelijkheid kan definiëren, maar men kan het wel helder en in zichzelf vatten. Alle zintuiglijke dingen, substanties of bijkomende eigenschappen, zijn een 'zijnde'. Dit concept loopt dus door alle geslachten (*genera*) en soorten, door het onderscheid tussen substantie en bijkomende eigenschap heen. De verschillende eigenschappen van de concreet individuele dingen laten zich in de zogenaamde tien categorieën van Aristoteles opdelen. Al deze predikaten horen tot de orde van prediceren, waarbij steeds iets van iets wordt gezegd, bijvoorbeeld «Socrates is wit» enz. Elders verduidelijkt Duns Scotus deze voorrang van de transcendente orde. Hij geeft dan het voorbeeld van *licht*: we kennen dit, vóórdat we weten of het substantie of accident is.

Hoewel 'zijnde' niet van alles wezenlijk gepredikeerd wordt, is het het eerste object van het verstand, en wel volgens gemeenschappelijkheid en virtualiteit (d.w.z. volgens de eigenschap die een ding heeft, zij het niet actueel, maar die in het ding besloten ligt).

Duns Scotus geeft argumenten voor die 'eerstheid' (*primitas*) van zijn. Anders immers, zegt hij, zouden wij God niet kunnen kennen. En ook: men zou kunnen denken dat *substantie* het eerste object van het verstand is. Volgens Duns Scotus echter kan men noch *intuïtieve kennis* hebben van substantie (dit is: kennis van een object dat aanwezig is), noch *abstractieve kennis* (dit is: kennis van een essentie van een object, afgezien van bestaan of niet-bestaan). Onze kenvermogens zijn in eerste instantie geconfronteerd met bijkomstige eigenschappen (*accidentia*), waarvan alleen het concept van 'zijnde' als wezenlijk concept geabstraheerd kan worden. In een latere inlas van Duns Scotus (gekenmerkt door de tekens /*** en ***/) brengt hij deze opvatting nog eens met nadruk naar voren.

Zo heeft Duns Scotus de mogelijkheid en rechtvaardiging van metafysica gegeven. Het fundamentele concept van 'zijnde' is het eerste wat helder gekend is. Volgens Scotus dient de metafysica de notie van 'zijnde' en alle zogenoemde transcendente termen ('één', 'waar', 'goed' etc.), maar ook de zogenoemde disjunctieve eigenschappen van 'zijnde' ('oneindig-eindig', 'noodzakelijk-contingent', 'oorzaak-veroorzaakt' etc.) te onderzoeken. Dit wil echter niet zeggen dat volgens Duns Scotus heel het denken in de metafysica opgaat: metafysica heeft bijvoorbeeld geen betrekking op individuele eigenschappen. Duns Scotus stelt wel de prioriteit van de transcendente orde boven de predikamentale orde.

Het is in deze visie op metafysica als wetenschap dat ook ruimte komt voor de contingente waarheden van het geloof, die door het metafysische denken niet uitgeput kunnen worden. Deze opvatting is meteen ook het (abstracte) fundament voor Duns Scotus' *voluntarisme*, dat volgens sommige auteurs een eerste aankondiging van de moderne rationaliteit behelst.

Duns Scotus, *Ordinatio* (fragment)

Boek 1, Distinctio III, deel 1, quaestio 3
Het eerste object van het verstand

Het tweede artikel.

Hierboven heb ik vier argumenten gegeven. Welnu, *zijnde* is het meest gemeenschappelijke van alles, en *zijnde* kan niet gemeenschappelijk en univook gepredikeerd worden van het wezen van alle dingen die op zichzelf kenbaar zijn (want zijnde wordt niet op de genoemde wijze gepredikeerd van de onherleidbare verschillen en ook niet van de eigenschappen van 'zijnde'). Daarom volgt uit de hierboven gegeven argumenten dat we geen eerste object van ons verstand hebben, omdat dit gemeenschappelijk gepredikeerd wordt van het wezen van alle dingen die op grond van zichzelf kenbaar zijn.

Toch zeg ik dat 'zijnde' het eerste object van ons verstand is. Want het heeft eerstheid op twee manieren tegelijk, namelijk van gemeenschappelijkheid en van virtualiteit. Want ieder ding dat op zichzelf kenbaar is, sluit of wezenlijk 'zijnde' in, of het wordt virtueel of wezenlijk ingesloten in iets wat wezenlijk 'zijnde' insluit. Want alle genera, soorten en individuen, alle wezenlijke delen van genera, en het Ongeschapen Zijnde sluiten wezenlijk 'zijnde' in. Alle onherleidbare verschillen zijn wezenlijk ingesloten in bepaalde van de genoemde zaken; en alle eigenschappen van 'zijnde' zijn virtueel ingesloten in 'zijnde' en in wat daaronder vervat is. Dus zijn die

DUNS SCOTUS *Ordinatio*

dingen, waarvan 'zijnde' niet univook en wezenlijk gepredikeerd wordt, ingesloten in die dingen waarin 'zijnde' wél op de genoemde wijze univook is.

Op deze wijze kan men begrijpen dat 'zijnde' eerstheid van gemeenschappelijkheid heeft met betrekking tot wat als eerste kenbaar is, dat wil zeggen: met betrekking tot de wezensconcepten van genera, soorten en individuen; en van alle wezenlijke delen daarvan, en van het Ongeschapen Zijnde. En het heeft eerstheid van virtualiteit met betrekking tot alle kenbare dingen die ingesloten zijn in wat als eerste kenbaar is, dat wil zeggen: met betrekking tot de kwalitatieve concepten van de onherleidbare verschillen en de eigen attributen [van 'zijnde'].

Mijn stelling was dus dat 'zijnde' gemeenschappelijk en wezenlijk gepredikeerd wordt van alle bovengenoemde wezensconcepten. Deze kan men bewijzen met de twee argumenten die ik in de eerste *quaestio* van deze *distinctio* heb gegeven. Deze argumenten dienen om te bewijzen dat 'zijnde' gemeenschappelijk is aan het geschapen en het Ongeschapen Zijnde. Om de stelling inzichtelijk te maken ga ik [hier] op deze argumenten enigermate nader in.

Het eerste argument: het verstand kan over elk van de bovengenoemde wezensconcepten er zeker van zijn dat het een 'zijnde' is. Toch kan het daarbij onzeker zijn over de verschillen die het 'zijnde' juist tot dit concept inperken — en om die reden verschilt het concept van 'zijnde', zoals het aan dit bedoelde [wezens]concept toekomt, van de eraan onder geordende concepten waarover het verstand onzeker is. En het verschilt in die zin dat het ingesloten is in elk van beide eraan onder geordende concepten. De verschillen immers die 'zijnde' inperken, vooronderstellen datzelfde gemeenschappelijke concept van 'zijnde' dat ze inperken.

Het tweede argument: er is ook uiteengezet dat God alleen voor ons op natuurlijke wijze kenbaar is, als 'zijnde' univook is voor het geschapen en het Ongeschapen Zijnde.

Dit geldt ook voor substantie en accident. Substantie namelijk beweegt ons verstand niet onmiddellijk tot een verstandsact, maar alleen het zintuiglijk waarneembare accident. Hieruit volgt dat wij alleen een wezensconcept van substantie kunnen hebben, als dat concept geabstraheerd kan worden uit het concept van een accident. Maar van alle wezensconcepten

DUNS SCOTUS *Ordinatio*

is alleen het concept van *zijnde* abstraheerbaar van het concept van een accident.

Mijn stelling was dat substantie niet onmiddellijk ons verstand beweegt tot een act. Het bewijs van deze stelling is: als iets het verstand beweegt als het aanwezig is, dan kan het verstand op natuurlijke wijze weten dat het niet aanwezig is, wanneer namelijk het verstand niet op die wijze bewogen wordt. Dit kan men opmaken uit het tweede boek van de *De anima*, waar staat dat het gezichtsvermogen de duisternis kan waarnemen (nl. wanneer het licht niet aanwezig is, en daarom het gezichtsvermogen niet beweegt). Dus: als ons verstand op natuurlijke wijze door een substantie onmiddellijk bewogen zou worden tot een act over die substantie, dan zou volgen dat het verstand bij afwezigheid van een substantie op natuurlijke wijze zou weten dat die substantie er niet is, — en op deze wijze zou het op natuurlijke wijze weten dat in de gewijde hostie van het altaar zich niet de substantie *brood* bevond. Het is evident dat dit onwaar is.

/*** Men zou kunnen tegenwerpen: het bovenstaande bewijs bewijst dat er geen intuïtieve kennis van een substantie mogelijk is. Want daar geldt het bewijs vooral voor. Maar het geldt niet voor abstractieve kennis. Deze vindt namelijk volledig plaats als het object in de werkelijkheid afwezig is. Dus neemt men afwezigheid niet waar.

Verder: er is een probleem ten aanzien van het zintuiglijk vermogen: hoe kan het zintuiglijk vermogen duisternis kennen, als het niet het kenbeeld van het object vasthoudt als het afwezig is, en ook niet een kenbeeld van duisternis opneemt?

Op het eerste [tegenargument] antwoord ik: abstractieve kennis vooronderstelt noodzakelijk dat [het verstand] ooit het ding heeft gekend, wanneer dat werkelijk aanwezig was. Dat ding heeft die kennis achtergelaten (of het kenbeeld, dat het principe van die [kenact] is). Wie alleen de hostie heeft gezien, heeft nooit het object aanwezig gezien dat die abstractieve kennis op niet-onmiddellijke wijze veroorzaakt. Maar een ander die een ander brood heeft gezien, heeft dat wel. Dus heeft eerstgenoemde geen abstractieve kennis van een brood, maar de tweede wel. Men kan onmiddellijk inzien dat dit tegen onze ervaring ingaat. Want beiden kunnen overeenkomstige kenacten van brood in zichzelf ervaren.

Als iemand dit heftig ontkent met de woorden: «Goed, die eerste heeft later een ander brood gezien; dus zal hij later die abstractieve kennis van brood hebben die hij eerder niet had», — hij ervaart het tegenovergestelde in zichzelf. Want hij is nu in dezelfde situatie als vroeger. Evenzo: wie een object in afwezigheid abstractief kan kennen, kan dat object ook intuïtief kennen als het aanwezig is. En als men de substantie kent van iets wat abstractief gekend is, kent men het [ook] intuïtief als het aanwezig is, — en in dat geval wordt afwezigheid enz.

Nu het tegenargument over het zintuiglijk vermogen. Men kent duisternis door middel van redenering; niet door gezichtsvermogen, maar door het vermogen dat als volgt redeneert: «Het oog richt de blik, en het is niet blind, en het ziet niets, — dus is er duisternis.» Dit kan men begrijpen. Als men een van de drie premissen weglaat, volgt de conclusie niet. — Het gezichtsvermogen kent als zodanig geen van die drie proposities (hetzij in bevestigende dan wel in ontkennende vorm), ook niet de derde, zoals ik hieronder uiteen zal zetten. Want het kent z'n act niet, als die act er is; dus kent het ook het ontbreken van die act niet, als deze er niet is.

Nu de uitleg van de woorden van *Aristoteles*: «Het gezichtsvermogen neemt de duisternis waar.» De duisternis is namelijk het ontbreken van het object van het gezichtsvermogen. Daarom is het de oorzaak dat het gezichtsvermogen niet bewogen wordt. Op deze wijze wordt de duisternis niet door het gezichtsvermogen waargenomen, maar door een ander vermogen. Dit neemt het ontbreken van een act in het gezichtsvermogen als de aanwezigheid [ervan]. ***/

Men kent dus op natuurlijke wijze niet een wezenlijk concept van substantie waarbij dit concept onmiddellijk door die substantie is veroorzaakt. Maar men kent slechts zo'n [wezenlijk] concept dat in eerste instantie veroorzaakt is door, of geabstraheerd is van het accident, — en dat kan alleen het concept van 'zijnde' zijn.

Op dezelfde grond trekt men ook een conclusie over ons probleem (over de wezenlijke delen van een substantie). Want als de stof het verstand niet beweegt tot een act erover, en ook de substantiële vorm niet, stel ik de vraag: Welk enkelvoudig concept van stof of vorm heeft men dan in het verstand? Als men antwoordt: een relationeel concept (bijv. van een deel), of een accidenteel concept (bijv. van een eigenschap van de materie of vorm), dan stel ik de volgende vraag: Wat is dan dat wezensconcept, waarvan dat accidentele of relationele concept geprediceerd wordt? Als er geen wezensconcept is, zal dat accidentele concept niet van iets geprediceerd worden. — Maar men kan een wezensconcept alleen maar bezitten, als dit een indruk is die veroorzaakt is door wat het verstand in beweging zet, of daarvan geabstraheerd is, namelijk van een accident, — en dat is het concept van 'zijnde'. Dus kent men alleen maar iets van de wezenlijke delen van substantie, als 'zijnde' gemeenschappelijk is aan en univook [geprediceerd wordt] van die genoemde delen en van de accidenten.

Deze redeneringen impliceren niet dat 'zijnde' univook en wezenlijk van onherleidbare verschillen en eigenschappen [van *zijnde*] wordt geprediceerd.

Ten aanzien van de eerste redenering toon ik dit als volgt aan: het verstand is er zeker van dat zoiets een 'zijnde' is, waarbij het er niet zeker van is of het dit of dat 'zijnde' is. Toch is het er daarbij zeker van dat zoiets niet op een wezenlijke wijze 'zijnde' is, maar dat het een 'zijnde' is volgens 'accidentele predicatie'.

Of men toont dit anders aan, en dan beter: elk concept van dit bovengenoemde soort is absoluut enkelvoudig. Daarvan is het niet mogelijk dat men het in het ene opzicht kent en in het andere opzicht niet, — dit kan men begrijpen op grond van een tekst van de *wijsgeer*, op het eind van boek IX van de *Metafysica*, waar hij het heeft over absoluut enkelvoudige concepten: men maakt daarover geen fouten, zoals dat wel gebeurt met de essentie van iets wat samengesteld is. — Dit moet men niet zo verstaan dat het enkelvoudig verstand formeel bedrogen wordt met betrekking tot de kennis van het wezen van iets. Want in het enkelvoudig verstand bevindt zich niet 'waar' of 'onwaar'. Maar over een samengestelde essentie kan het enkelvoudig verstand virtueel bedrogen worden. Want als dat voorgestelde wezen in zichzelf onwaar is, sluit het virtueel een onware propositie in. Iets wat absoluut enkelvoudig is, sluit echter niet virtueel, ten naaste of formeel een onware propositie in. Daarom wordt het verstand daarover niet bedrogen: men vat dat ding volledig, of niet. En in dat laatste geval kent men het volstrekt niet. Dus kan men niet over een absoluut enkelvoudig concept in het ene opzicht zekerheid bezitten, en in het andere opzicht niet.

Op grond hiervan kan men ook begrijpen hoe men moet antwoorden op het tweede hierboven gegeven argument: van zo'n absoluut enkelvoudig concept heeft men volstrekt geen kennis als men dit niet in z'n totaliteit kent.

Ook kan men op een derde manier antwoorden op het eerste argument: er is een verschil tussen een concept waarover men zeker is, en concepten waarover men dat niet is. En als dat concept waarover men zeker is, behouden blijft met een van die twee concepten waarover men onzeker is, dan is dat inderdaad een univook concept. Dit is ook zo als het met de ander van die twee wordt gebruikt. — Maar het is niet noodzakelijk dat het in elk van beide wezenlijk aanwezig is. Maar óf het is er op die wijze aanwezig, óf het is univook voor die andere concepten, zoals het bepaalbare univook is voor het bepalende, of het benoembare voor het benoemde.

Dus, kort en goed: 'zijnde' is univook in alles aanwezig: voor niet-absoluut enkelvoudige concepten is het univook en iets wat wezenlijk er aan geattribueerd wordt; maar voor absoluut enkelvoudige concepten is het univook als het bepaalbare of het benoembare, — maar niet als iets wat er wezenlijk van gepredikeerd wordt: want dat zou een contradictie inhouden.

Op grond van het bovenstaande is het duidelijk hoe 'zijnde' op dubbele wijze eerstheid heeft, namelijk van gemeenschappelijkheid met betrekking tot het wezen van alle concepten die niet-absoluut enkelvoudig zijn. En daarnaast heeft het eerstheid van virtualiteit (in zichzelf of in de zaken die er onder vervat zijn) ten aanzien van alle absoluut enkelvoudige concepten.

Duns Scotus, Ordinatio, *Opera Omnia*, studio et cura Commissionis Scotisticae. Ed. C. Balić. Vaticaan: Typis Polyglottis Institute, 1954, p. 86-93. Vertaald voor deze bundel door E. P. Bos.

Ockham

(ca. 1285 – 1349)

Zowel in zijn filosofische denken als in zijn politieke optreden viel Willem van Ockham op door een eigenzinnig optreden. Zijn kritiek op de klassieke *ordo*-gedachte luidde het einde van de grote scholastieke syntheses en het begin van het moderne denken in. De jonge franciscaan studeerde theologie in Oxford waar hij ook les zou geven. De kanselier van de universiteit diende evenwel bij het pauselijke hof in Avignon een klacht in tegen stellingen die hij gevaarlijk achtte. In afwachting van de uitspraak van het proces raakte Ockham bovendien betrokken in een groot conflict tussen de franciscanen en paus Johannes XXII over het recht van de kerk om belastingen te heffen en geld te vragen voor het toedienen van de sacramenten, de zogenaamde 'armoedestrijd'.

In het heetst van die strijd ontvluchtte Ockham Avignon en zocht een onderkomen in München, waar hij het ene pamflet na het andere tegen de paus schreef. Deze pamfletten hadden ook nog een filosofische strekking die in samenhang met het hele 'nominalistische' denkproject geïnterpreteerd moet worden. Ockham ging ervan uit dat abstracte essenties en logisch noodzakelijke relaties niet in de realiteit te vinden zijn. Hun oorsprong kan dus niet worden ontleend aan het goddelijke intellect. Van deze goddelijke oorsprong moet het filosofische denken afzien en het moet zich richten op woorden en tekens.

Het denken van Ockham is radicaal empirisch van aard: alle evidente kennis is gebaseerd op onmiddellijke ervaring van individuele en particuliere dingen. In dit licht moet ook zijn klassiek geworden 'scheermes' begrepen worden: «Zijnden mogen niet vermenigvuldigd worden, tenzij dit absoluut noodzakelijk is.» Weliswaar is deze formulering niet van Ockham, maar op verschillende plaatsen in zijn werk komen gelijkaardige uitspraken voor. We zouden bij Ockham van een taalfilosofische wending avant la lettre kunnen spreken. Want hoewel algemene begrippen geen algemene structuren in de werkelijkheid uitdrukken, toch functioneren ze op een bepaalde manier.

Zaak is dan om er zo economisch mogelijk mee om te gaan. Logica en taalfilosofie moeten aangeven *waarom* er algemene begrippen zijn, *hoe* ze zich verhouden zowel tot andere begrippen als tot de reële dingen, en op welke manier ze gebruikt worden.

In het hier vertaalde tekstfragment komt Ockhams mening met betrekking tot het eerste object van menselijk kennen naar voren. Het fragment moet gezien worden in samenhang met zijn kritiek op Thomas en Duns Scotus. Noch God (zoals bij Thomas), noch het meest algemene universale (zoals bij Duns Scotus) is volgens Ockham het eerste object van kennis.

Hij maakt duidelijk dat het singuliere het eerste gekende is. Het is zonder meer eerste in de orde van ontstaan, maar het *kan* tevens het eerste onderscheiden (*distincte*) en wezenlijk gekende zijn. Het is echter ook mogelijk dat het singuliere ding ongedifferentieerd gekend is. Wanneer bijvoorbeeld Socrates op een afstand nadert, vormt men zich op grond van dit singuliere ding eerst het concept 'levend wezen' en dan 'mens'.

Net zoals Ockham waren Thomas en Duns Scotus van menig dat de natuurlijke kenvermogens van de mens de concreet individuele dingen als objecten hebben. Ockham interpreteert deze relatie als *direct* en als *adequate* bron van kennis. Hij meent dat in Thomas' en Duns Scotus' theorie de mens de mogelijkheid van natuurlijke kennis uit handen geslagen wordt.

Ockham, *Commentaar op het eerste boek van de Sententiae* (fragment)

Boek I, Distinctio III, quaestio 5
Is het meest algemene universale het eerst door ons gekend?

Met als vooronderstelling dat God niet het eerste is dat door ons gekend is, stel ik de vraag of het meest algemene universale het eerst door ons gekend is.

(Nu volgen de opvattingen van Duns Scotus en Thomas van Aquino over deze vraag, elk gevolgd door een antwoord van Ockham.)

(Antwoord van de auteur.) Daarom geef ik een ander antwoord op de *quaestio*.

Als vooronderstelling heb ik het onderscheid met betrekking tot het eerste object van een vermogen. Ter inleiding geef ik twee andere onderscheidingen.

De eerste: aan de ene kant heeft men *ongedifferentieerde kennis* en aan de andere kant *onderscheiden kennis*. Onderscheiden kennis van een ding is die kennis waardoor ieder wezenlijk aspect ervan inzichtelijk is voor een vermogen, en wel zo dat geen enkel wezenlijk of innerlijk deel van het object verborgen is voor het vermogen. Dit bedoelt men met 'verdelen in afzonderlijke elementen', dat wil zeggen: in ieder wezenlijk element van het gevatte ding. Ongedifferentieerde kennis van een object is die kennis waardoor het ene aspect voor een vermogen inzichtelijk is, en een ander aspect van dat object niet. Op deze wijze wordt niet ieder aspect van dat object gevat. Dit gaat dan zo: gesteld dat bepaalde aspecten van dat object verschillen (of in hun wezen, of in hun gestalte, of volgens meerdere of mindere kwantiteit): ze kunnen dan toch niet onderscheiden worden.

De tweede onderscheiding: er is verschil tussen het kennen van iets ongedifferentieerds en het op ongedifferentieerde wijze kennen van iets. Men kent iets ongedifferentieerds, wanneer men een geheel met delen kent die in dat geheel verweven zijn, of wanneer men een universale kent dat gemeenschappelijk is aan vele individuele gevallen. Toch kan men elk van die beide op onderscheiden wijze kennen. 'Op ongedifferentieerde wijze kennen' kan men daartegenover *op twee manieren* verstaan. Ten eerste in de eigenlijke zin des woords: dan kent men iets, en toch is niet ieder aspect dat in dat ding verweven is, inzichtelijk voor het vermogen. Op deze wijze kent men op ongedifferentieerde wijze alleen een geheel dat onderscheiden delen insluit. Ten tweede in de oneigenlijke zin des woords: men zegt dan dat men iets kent, omdat men iets anders kent wat ermee gemeenschappelijk is, of wanneer men iets kent wat eigen is aan het ding, en dat eigene sluit dan een algemene eigenschap in, of connoteert iets wat niet datgene is waarvan men zegt dat men het op ongedifferentieerde wijze kent. Of wanneer men iets noch met een enkelvoudige kennis kent die eigen is aan het ding, noch met een gelijkwaardige kennis. Toch wil ik in deze *quaestio* de uitdrukking 'op ongedifferentieerde wijze kennen' opvatten zoals in de eerste hier gegeven onderscheiding. Want zo past het 't best bij ons onderwerp.

Ten derde: ik maak een onderscheid met betrekking tot *concept*. Aan de ene kant heeft men een enkelvoudig concept, dat niet verscheidene concepten in zich sluit. Aan de andere kant heeft men een samengesteld concept, dat niet enkelvoudig is, en dat op de hem eigen wijze verscheidene concepten in zich sluit. Bijvoorbeeld: een compositum sluit actueel en

OCKHAM *Commentaar op het eerste boek van de Sententiae*

werkelijk verscheidene werkelijke zaken in, namelijk stof en vorm. En nog meer dan een compositum sluit, op de hem eigen wijze, een niet absoluut enkelvoudig concept actueel stof en vorm in, naar de mate dat zij (op hun eigen wijze) minder een eenheid vormen wanneer zij een andere essentie hebben dan stof en vorm.

Na deze inleidende beschouwing geef ik een antwoord op de *quaestio*.

Ten eerste: het meest algemene is niet wat als eerste (in de zin van ontstaan) door ons gekend is. Ten aanzien hiervan zal ik *ten eerste* de volgende conclusie bewijzen: datgene wat door ons als eerste (in de zin van ontstaan) gekend is, is het singuliere.

Dit is mijn *bewijs* van deze conclusie: wat het eerst door een vermogen wordt gekend volgens een bepaald aspect, dat gaat volgens dat aspect vooraf aan de act van dat vermogen. Welnu, alleen het singuliere gaat als zodanig vooraf aan de act van het vermogen. Dus enz. De majorpremisse is evident: ze wordt bovendien aanvaard door de tegenstanders. En men kan haar bewijzen: want geen enkel vermogen veroorzaakt z'n eigen eerste object, en ook niet de objectsinhoud van z'n object. Dus vooronderstelt het z'n object en de objectsinhoud.

Verder: het singuliere wordt op een of andere wijze door het verstand gekend. Welnu, men kent het óf wezenlijk óf accidenteel. Men kent het niet accidenteel, want wanneer iets door een vermogen op accidentele wijze wordt gekend of gevat, wordt het niet gevat met een act die onderscheiden is van de act waarmee het object op wezenlijke wijze wordt gevat. In dat geval zou een singulier ding alleen gekend kunnen worden na het kennen van een universale. Als het op wezenlijke wijze gekend wordt, volgt de vraag: [die kennis] vooronderstelt kennis van een universale, of niet. Als het niet het geval is, heb ik wat ik bewijzen wil. Als het wel het geval is, en wel in die zin dat, wanneer men het algemene kent, men het singuliere kan kennen, is het antwoord: soms bezit het verstand bepaalde elementen die vereist zijn voor [het bezit van] een concept dat voor vele zaken staat. Als ieder van die elementen een gelijke relatie heeft tot al die vele zaken [waar die elementen voor staan], zal in dat geval het verstand (omdat het een natuurlijk vermogen is) steeds of ieder van die dingen kennen of geen ervan. En dienovereenkomstig, omdat alle dingen die voorafgaan aan de act over het universale, in een gelijke relatie staan tot alle singuliere dingen, is het ook evident

OCKHAM *Commentaar op het eerste boek van de Sententiae*

dat het universele concept in gelijke relatie staat tot alle singuliere dingen. Dus zal men in dat geval of ieder singulier ding kennen, of geen: er is immers evenveel reden dat het universele concept het ene ding als het andere ding doet kennen.

Verder: men kan het bovenstaande aannemelijk maken. Want waar een eerder vermogen z'n eindpunt vindt, daar begint een later vermogen. Welnu, het zintuiglijk vermogen vindt zijn eindpunt in de kennis van het singuliere. Dus begint daar het verstandsvermogen.

Verder: als men het geval heeft van onderling geordende vermogens, dan is het hoger vermogen in potentie tot hetzelfde object onder hetzelfde aspect als het lagere vermogen. Men kan dit inzien in het geval van het verstand, de wil en de zintuiglijke vermogens (zowel de interne als de externe). Dus is het verstand in potentie tot ieder object als het zintuig. Welnu, het zintuig is primair in potentie tot het singuliere. Dus het verstand ook.

De tweede conclusie: wat het eerste is dat op onderscheiden wijze gekend is, kan het singuliere zijn. Het bewijs: ieder ding dat op onderscheiden wijze door een zintuig gekend is, kan datgene zijn wat als eerste op onderscheiden wijze door het verstand gekend is. Welnu, het singuliere kan, voorafgaand aan enige kenact, datgene zijn wat op onderscheiden wijze door het zintuig gekend is. Dus enz. De minorpremisse is evident. Dit is het bewijs van de majorpremisse: wat als eerste gekend is door een zintuig, kan datgene zijn wat als eerste gekend wordt door het verstand. Precies zo kan, wat als eerste op onderscheiden wijze gekend is door een zintuig, datgene zijn wat als eerste op onderscheiden wijze gekend is door het verstand.

Verder (en dit is al hierboven als argument tegen de eerste theorie ingebracht): ieder ding kan op onderscheiden wijze door het verstand gekend worden zonder enige kennis van iets wat niet tot z'n wezen behoort. Welnu, het universale behoort niet tot het wezen van het singuliere (dit is hierboven al uiteengezet). Dus kan men dit laatste op onderscheiden wijze kennen zonder kennis van het universale.

De derde conclusie: iets anders dan het singuliere kan het eerste zijn dat op onderscheiden wijze gekend is. Dit is te begrijpen: als er een ongedifferentieerde kennis van iets zintuiglijks is, kan er een ongedifferentieerde verstandskennis van datzelfde zintuiglijke ding zijn. Welnu, als er een ongedifferentieerde verstandskennis is, kan het verstand een absoluut enkelvoudig concept abstraheren voorafgaand aan de kennis van enig singulier ding. Dus is datgene wat men na de ongedifferentieerde kennis van een singulier ding kent, het enkelvoudige concept. Maar een enkelvoudig concept kan men alleen maar kennen op onderscheiden wijze. Want het is onmogelijk dat er, juist omdat het concept enkelvoudig is, een bepaald aspect van dat concept niet inzichtelijk is [voor het verstand] en een ander aspect wel. Dus is in dat geval datgene wat als eerste op onderscheiden wijze gekend is, een algemeen begrip (en dat is niet singulier).

De vierde conclusie: alleen het singuliere kan men op ongedifferentieerde wijze kennen. Immers, men kan alleen een compositum waarvan een bepaald aspect niet inzichtelijk is [voor het verstand], op ongedifferentieerde wijze kennen. Welnu, een singulier ding dat vele delen in zich sluit, is juist van die aard. Dus enz. De majorpremisse kan men inzien op grond van bovengenoemde eerste distinctie. Want het is niet mogelijk dat een aspect van iets niet-inzichtelijk is voor het verstand, maar toch in z'n wezen gevat wordt, en niet alleen in een concept dat niet tot z'n wezen behoort. Dit zou wel kunnen als er een onderscheid in het ding is, dat (in dat geval) een samenstelling is, ofwel in de werkelijkheid ofwel rationeel. We spreken dan wel over alle dingen buiten God. De minorpremisse is te begrijpen: immers, als men iets kent wat niet een werkelijk bestaand en singulier ding is, kent men ofwel een enkelvoudig concept ofwel een samengesteld concept. Als het een enkelvoudig concept is, kent men het op onderscheiden wijze (want een enkelvoudig concept kan men niet op ongedifferentieerde wijze kennen). Maar als het een samengesteld concept is dat vele concepten in zich sluit, kent men elk van die concepten. Want 'concept zijn' is hetzelfde als: 'gekend te zijn', (of: het gaat altijd met een kenact gepaard). Dus ontgaat [het verstand] geen enkel aspect van het hele concept. Dus kent men heel dat concept op onderscheiden wijze.

De vijfde conclusie volgt uit het voorgaande: het is niet altijd zo dat de hele orde van kennen op ongedifferentieerde wijze voorafgaat aan heel de orde van kennen op onderscheiden wijze. Want soms is wat als eerste (in de zin van oorsprong) gekend is datgene wat op onderscheiden wijze gekend is. Dit is bijvoorbeeld het geval als iets op onderscheiden wijze zintuiglijk waargenomen is. Datzelfde kan dan datgene zijn wat als eerste op onderscheiden wijze door het verstand gekend is.

Guillelmi de Ockham Scriptum in librum primum Sententiarum. Ordinatio. Distinctio II-III. Ed. St. Brown et G. Gál. New York: The Franciscan Institute, St. Bonaventure, 1970, p. 442, 471-476. Vertaald voor deze bundel door E. P. Bos.

Eckhart

(ca. 1260 – 1327)

Eckhart wordt omstreeks 1260 in Thüringen geboren, in een oud adellijk geslacht. Hij treedt in bij de orde der dominicanen en bekleedt daar belangrijke ambten. Als hij nog maar halverwege de dertig is, wordt hij overste in Erfurt en uit die tijd stammen zijn *Reden der Unterweisung*, een groot aantal geestelijke instructies die hij voor de medebroeders van zijn convent hield. Zijn titel magister of meester stamt uit de tijd dat hij twee korte periodes hoogleraar was in Parijs. Na 1313 wordt Eckhart door de ordeleiding naar Straatsburg gezonden waar hem de geestelijke zorg van de Zuid-Duitse zusterconventen wordt toevertrouwd. Zijn meest invloedrijke werk ontstaat in deze periode. Vooral het *Liber Benedictus*, waarin het zeer speculatieve traktaat *Das Buch der göttlichen Tröstung* en de preek *Vom edlen Menschen* zijn opgenomen, en zijn vele preken hebben een bevrijdende werking bij zijn publiek. Hij weet religiositeit te onderscheiden van de verstarrende sfeer van voorhanden waarheid, maar ook van chaotiserend spiritualisme.

Eckhart brengt de vroomheid bij haar bron. Hier verbindt hij zijn wetenschappelijke vorming met de religieuze vitaliteit die hij bij de begijnen herkende. Wezenlijk voor deze laatsten is dat de mens ook los van zijn kerkelijke socialisatie voor God van oneindige waardigheid is. In zijn preken werkt Eckhart deze spiritualiteit verder uit en onderbouwt hij haar vanuit de traditie. Hij brengt de 'subtilia', die vanouds voorbehouden waren aan de katheder van de universiteit, op de preekstoel en waagt ze aan de levende volkstaal. En als daarvoor nog geen taal is, creëert hij deze zelf.

De laatste vijf jaar van zijn leven heeft hij de leiding van de theologische opleiding van zijn orde in Keulen. In die tijd wordt hij bij de plaatselijke bisschop aangeklaagd wegens ketterse uitspraken. Het slordig gevoerde proces wordt, overigens op zijn eigen verzoek, naar het pauselijk hof in Avignon verplaatst. Uiteindelijk worden slechts enkele losse zinsneden als niet-orthodox bestempeld. En voorzover Eckhart inderdaad met zijn weinig ontziende visies verwarring zaaide, heeft hij die zinsneden volgens de veroordelingsbul teruggetrokken. Het meest geloofwaardig klinkt in dit verband het oordeel van zijn leerling Tauler, die zijn leermeester als volgt verdedigt: «Hij sprak vanuit de eeuwigheid, maar jullie begrepen hem naar de tijd.» In 1327 sterft Eckhart, in Avignon of weer onderweg naar Keulen.

Eckhart heeft de traditie van de negatieve theologie — waarin God onttrokken wordt aan menselijke voorstellingen — opgenomen om ruimte te maken voor de verbeelding van de vruchtbaarheid van een gegeven eenheid met de Ene. Deze eenheid is van platoonse signatuur. De kracht van deze oorspronkelijke godsrelatie komt duidelijk aan de orde in de beroemde preek over de maagd die een vruchtbare vrouw wordt. Zoals niet ongebruikelijk is in de mysticke traditie zet Eckhart de schrifttekst sterk naar zijn hand. Het schriftvers wordt een behuizing van zijn eigenlijke spirituele boodschap. De preek bestaat uit twee delen. Het eerste deel gaat over de maagdelijke mens, die vruchtbaar moet worden. Het tweede deel handelt over de drie krachten van de ziel en over de wijze waarop de vruchtbaarheid concreet gestalte krijgt: in het eeuwig nu en de bestendigheid tegen het lijden.

In het eerste gedeelte transformeert Eckhart de thomistische kenleer tot een 'mystagogie'. Daarbij wordt de aristotelische signatuur van Thomas substantieel uitgebreid met platoonse elementen. Thomas onderscheidde twee momenten in het kenproces: een meer passief moment van ontvankelijkheid en een meer actief moment van begripsvorming. Dat ritme komt hier terug als maagdelijkheid en vruchtbaarheid. Om keninhouden te kunnen opnemen moet men in de eerste plaats open en ontvankelijk zijn. Wil het oog reëel kunnen zien,

dan moet het niet zelf door een gekleurde bril kijken. Het platoonse element ligt in de verwijzing naar de pre-existentie: maagdelijk zoals men was toen men er nog niet was. Kennen betekent vervolgens ook actief de vormen der dingen uit de materialiteit tot intelligibiliteit brengen. Dat gebeurt door een woord: 'de met de dingen verweven begrijpelijkheid' ervan wordt tot een begrip. Voor Thomas is dat het fantasma, dat de geest ontleent aan de dingen: de vorm die de dingen maakt tot wat ze zijn, wordt in de menselijke geest opgenomen. In tegenstelling tot bij God verloopt dit bij de mens altijd via de zintuigen. De mens moet het begrip losmaken uit de materialiteit, want het begrip is onvermengd met de materie. Zo 'produceert' de kennende mens de dingen, door hun begrijpelijkheid tot begrip te brengen. Hier komt in het kort de gedachtegang van Thomas op neer. Eckhart brengt daar een platoons element in en transponeert de gedachtegang naar de godsrelatie. De eigenlijke begrijpelijkheid der dingen is volgens hem niet zomaar een aan de dingen ontleend menselijk fantasma. Zij is het oerbeeld, dat in God één is met de Zoon, de *logos*, waarnaar de dingen geschapen zijn. Zo brengt de mens niet zomaar een woord voort, maar juist hét Woord, de *logos*.

Typisch voor Eckhart is deze creatieve transformatie van kentheoretische grondstof naar het spirituele vlak. Hij vermeldt zijn visie dan via de oude patristische beeldspraak over het geboren worden van het Woord in de harten van de gelovige als de vruchtbaarheid van de maagd-vrouw. Deze vruchtbaarheid wordt in het tweede gedeelte van de preek gesitueerd in de krachten van intellect en wil en toegespitst op de weerbaarheid tegen menselijk lijden. In de laatste kracht, het burchtje van het schriftvers, wordt de traditie van het *scintilla animae* aangesproken, de vonk van de ziel die de alleroorspronkelijkste aanraking door de Ene Levende uitdrukt. Daar is God in zijn absolute verborgenheid — als het ware voorafgaand aan alle scheppingsonderscheid — de mens nabij. Deze nabijheid is de uiteindelijke grond van de vruchtbaarheid.

Eckhart, *Preken* (fragmenten)

Ik heb, eerst in het Latijn, een woord gesproken, dat in het evangelie geschreven staat en in onze taal aldus luidt: «Onze Heer Jezus Christus ging op naar een stadje en werd ontvangen door een maagd die vrouw geworden was» (Lucas 10:38).

Welaan, luister nu goed naar dit woord: noodzakelijk moet het zo zijn dat ze een 'maagd' was, deze mens, door wie Jezus ontvangen werd. Maagd betekent zoveel als een mens die van alle vreemde beelden leeg is, even leeg als hij was toen hij er nog niet was. Zie, nu zou men kunnen vragen hoe een mens die geboren en tot de jaren van verstand gekomen is, leeg kan zijn van alle beelden, even leeg als toen hij er nog niet was. Hij weet toch immers veel en dat zijn allemaal beelden; hoe kan hij dan leeg zijn? Luister nu naar het onderricht dat ik u wil geven. Was mijn verstand zo alomvattend dat ik alle beelden welke de hele mensengemeenschap ooit in zich opgenomen heeft, in mijn verstand bewaarde en bovendien ook nog de beelden die in God zelf zijn, doch deed ik dit zo dat ik vrij bleef van ik-binding ten aanzien van dit alles, dan was ik maagd zonder enige hinder van deze beelden. Bewaarde ik al deze beelden zo in mijn verstand dat ik in doen en laten, zowel met betrekking tot het verleden als met betrekking tot de toekomst, geen enkele van deze beelden mij toegeëigend had, zodat ik in dit tegenwoordige nu vrij en leeg stond voor de liefste wil van God om die zonder ophouden te vervullen, dan was ik waarlijk maagd zonder enige hinder van al deze beelden, precies zoals ik het was toen ik er nog niet was.

Ik zeg verder: dat de mens maagd is, ontneemt hem niets van alle werken die hij ooit deed. Dat alles laat hem toch maagdelijk en vrij staan voor de hoogste waarheid, zonder enige hinder, zoals ook Jezus leeg en vrij is en maagdelijk in zichzelf. Zoals de meesters zeggen dat slechts 'gelijk en gelijk' grondslag voor de vereniging is, daarom moet de mens maagd zijn, jonkvrouw, om de maagdelijke Jezus te ontvangen.

Let nu op en luistert goed! Wanneer de mens altijd door maagd zou zijn, komt er geen vrucht van hem. Om vruchtbaar te worden is het nodig dat hij vrouw is. 'Vrouw' is de edelste naam die men de ziel kan toekennen, veel edeler nog dan 'maagd'. Dat de mens God in zich ontvangt, is goed en in deze ontvankelijkheid is hij maagd. Dat God echter vruchtbaar in hem wordt, is beter. Want het vruchtbaar worden van de gave, dat alleen is dankbaarheid voor de gave. En daar is de geest vrouw in de terugbarende dankbaarheid, waar hij Jezus terug baart in Gods vaderlijke hart.

Veel goede gaven worden ontvangen in de maagdelijkheid, maar worden niet in vrouwelijke vruchtbaarheid met dankbare lof weer terug geboren in God. Deze gaven bederven en gaan allemaal teniet, zodat de mens er nooit zaliger of beter van wordt. Zijn maagdelijkheid dient hem dan tot niets, want hij is boven zijn maagdelijkheid uit geen vrouw in volle vruchtbaarheid. Daarin ligt de schade. Daarom heb ik gezegd: «Jezus ging op naar een stadje en werd ontvangen door een maagd, die vrouw geworden was.» Dit moet noodzakelijk zo zijn, zoals ik u uitgelegd heb.

Echtparen brengen nauwelijks meer dan een vrucht per jaar voort. Maar nu heb ik een ander soort 'echtpaar' voor ogen: namelijk al degenen die eigenbatig gebonden zijn aan gebed, aan vasten, aan waken en aan allerhande uiterlijke oefeningen en kastijdingen. Elke ik-gebondenheid aan wat voor werk dan ook, dat je de vrijheid beneemt om in dit tegenwoordige nu God ter beschikking te staan en hem alleen te volgen in het licht waarmee hij je aanwijzingen geeft voor je doen en laten, vrij en nieuw in elk nu, alsof je niets anders had, wilde en kon; dat noem ik een jaar. Elke ik-gebondenheid, of elk voorgenomen werk dat je deze altijd nieuwe vrijheid beneemt, noem ik nu een jaar. Want je ziel brengt generlei vrucht voort, zonder dat zij het werk verricht heeft dat je eigenbatig aangepakt hebt. Daarbij heb je geen vertrouwen op God noch op jezelf; je hebt alleen je werk volbracht dat je met ik-binding op je genomen hebt, anders heb je geen vrede. Daarom breng je ook geen vrucht voort, je hebt immers je werk gedaan. Dit streep ik aan als een jaar, en de vrucht is toch nog klein, omdat zij uit het werk is voortgekomen in ik-gebondenheid en niet in vrijheid.

Zulke mensen noem ik 'echtpaar', omdat zij in ik-binding vastzitten. Zij brengen weinig vrucht voort en die is bovendien nog klein, zoals ik gezegd heb.

Een maagd die vrouw is, die vrij en ongebonden is, zonder ik-binding, die is voortdurend God en zichzelf even nabij. Zij brengt veel vruchten voort en die zijn niet gering: niet minder en niet meer dan God zelf. Deze vrucht en deze geboorte brengt de maagd-vrouw tot stand en zij doet dat alle dagen honderd of duizend maal, ja zelfs ontelbare keren, barend en vruchtbaar wordend uit de alleredelste grond. Nog beter gezegd: voorwaar, uit dezelfde grond waaruit de Vader zijn eeuwig woord baart, wordt ook zij vruchtbaar en mee barend. Want Jezus die het licht en de weerglans is van het vaderlijk hart — zoals sint Paulus zegt dat hij een eer is en een weerglans van het vaderlijk hart en dat hij met geweld het vaderlijk hart doorstraalt (vgl. Hebreeën 1:3) — deze Jezus is met haar vereend en zij met hem. En zij licht en straalt met hem als een enkelvoudig één en als een klaarhelder licht in het vaderlijk hart.

Ik heb al vaker gezegd dat er in de ziel een kracht is die tijd noch vlees beroert. Hij stroomt uit de geest en blijft in de geest en is geheel en al geestelijk. In deze kracht is God groeiend en bloeiend van totale vreugde en eer, evenzeer als in zichzelf. Daar is zo'n hartelijke vreugde en zo'n onbegrijpelijk grote vreugde dat niemand daarvan uitputtend kan gewagen. Want in deze kracht baart de eeuwige Vader zonder ophouden zijn eeuwige Zoon, en wel zo dat deze kracht de Zoon van de Vader, en zichzelf als dezelfde Zoon, mee baart in de unieke kracht van de Vader. Bezat een mens een heel koninkrijk of alle goederen der aarde, en gaf hij dat alles weg louter omwille van God, en werd hij zo een der armste mensen die ergens op aarde leeft, en gaf God hem dan zoveel te lijden als ooit een mens te lijden kreeg, en leed hij dit alles tot aan zijn dood en liet God hem dan slechts éénmaal met één blik zien hoe hij is in deze kracht: zijn vreugde zou zo groot zijn dat al dit lijden en heel deze armoede altijd nog te gering geweest zouden zijn. Ja, al schonk God hem naderhand nimmer het hemelrijk, dan nog had hij een al te groot loon ontvangen voor alles wat hij ooit leed. Want God is in deze kracht als in het eeuwige nu. Was de geest altijd met God in deze kracht vereend, dan kon die mens niet ouder worden. Want het nu waarin de laatste mens zal vergaan en het nu waarin ik spreek, die zijn gelijk in God en zijn niets anders dan één nu. Kijk, deze mens woont in één licht met God. Daarom is in hem lijden noch opeenvolging van tijd, maar een gelijkblijvende eeuwigheid. Elk verbazen is deze mens in waarheid afgenomen en alle dingen staan wezenlijk in hem. Daarom ontvangt hij niets nieuws van toekomende dingen noch van enig 'toeval', want hij woont in een nu, altijd nieuw, zonder ophouden. Zulke goddelijke hoogheid schuilt in deze kracht.

Er is nog een kracht en die is evenmin lichamelijk. Hij stroomt uit de geest en blijft in de geest en is geheel en al geestelijk. In deze kracht is God zonder ophouden gloeiend en brandend, met al zijn rijkdom, met al zijn bevalligheid en heel zijn welbehagen. Waarlijk, in deze kracht is zo'n grote vreugde en zo'n groot, onmetelijk welbehagen dat niemand het uitputtend uitzeggen of openbaren kan. Ik zeg nogmaals: zou enig mens met zijn verstand een ogenblik lang het welbehagen en de vreugde welke daarin schuilen, naar waarheid aanschouwen al wat hij lijden kon en wat God hem zou willen laten lijden, zou voor hem onbeduidend zijn, ja het zou niets zijn. Ik zeg nog meer: het zou voor hem zeker een vreugde zijn en een woonplaats.

Als je goed wilt weten of je lijden van je zelf of van God komt, kun je dat hieraan merken: als je lijdt omwille van je zelf, op welke wijze dan ook, doet dit leed je pijn en is het zwaar voor je te dragen. Lij je echter om God en omwille van God, dan doet dit leed je geen pijn en is het ook niet zwaar voor je, want God draagt de last. In volle waarheid: als er een mens om God en louter omwille van God wilde lijden en op zijn hoofd kwam alle lijden samen dat de gehele mensheid ooit geleden heeft en dat de hele wereld gezamenlijk draagt, dat alles zou hem geen pijn doen en het zou hem ook niet zwaar vallen, want God zou de last dragen. Wanneer iemand vijftig kilo op mijn nek legde en een ander hield die van mijn nek omhoog, dan laadde ik er even graag honderd maal zoveel op, want het zou niet zwaar voor me zijn en mij evenmin pijn doen. Kort gezegd: om het even wat de mens om God en omwille van God alleen lijdt, God maakt het voor hem licht en zoet.

Aldus heb ik in het begin gesproken en we zijn onze preek daarmee begonnen: «Jezus ging op naar een stadje en werd ontvangen door een maagd die vrouw geworden was.» Waarom? Het moest noodzakelijk zo zijn dat ze een maagd was en bovendien een vrouw. Nu heb ik u gesproken over dat Jezus ontvangen werd; ik heb u echter nog niet gezegd wat dat 'stadje' is, en daarover wil ik dan nu spreken. Ik heb wel eens gezegd dat er in de geest een kracht is en dat die alleen vrij is. Ik heb wel eens gezegd dat het een hoede van de geest is, ik heb wel eens gezegd dat het een licht van de geest is, ik heb wel eens gezegd dat het een vonkje is. Maar nu zeg ik: het is dit noch dat; niettemin is het een iets wat verhevener is boven dit en dat, dan de hemel boven de aarde. Daarom benoem ik het nu op een edeler wijze dan ik het ooit benoemde, en toch spot het zowel met 'edel' als met 'wijze' en het is daarboven verheven. Het is vrij van alle namen en naakt van alle vormen, helemaal leeg en vrij, zoals God leeg en vrij in zichzelf is. Het is zo volledig één en enkelvoudig als God één en enkelvoudig is, zodat men met geen enkele vergelijking of wijze naar binnen vermag te kijken. Die kracht namelijk, waarvan ik gesproken heb en waarin God bloeiend en groeiend met heel zijn godheid is en waar de geest in God is, in deze zelfde kracht baart de Vader zijn enig geboren Zoon zo waarlijk als in zichzelf, want hij leeft werkelijk in deze kracht; en de geest baart met de Vader dezelfde enig geboren Zoon en zichzelf als dezelfde Zoon, en hij is dezelfde Zoon in dit licht en hij is de waarheid. Als gij met mijn hart zoudt kunnen kennen, zoudt ge wel verstaan wat ik zeg. Want het is waar en de waarheid zegt het zelf.

Zie, let nu op! Zo een en enkelvoudig is dit 'burchtje' in de ziel, waarvan ik spreek en dat ik op het oog heb, zo boven alle wijzen verheven, dat die edele kracht waarvan ik gesproken heb, niet waardig is om ooit een enkele keer slechts een ogenblik in dit burchtje naar binnen te kijken. En evenmin die andere kracht, waarvan ik sprak en waarin God gloeit en brandt met al zijn rijkdom en met heel zijn welbehagen, ook die waagt het nimmer daar binnen te kijken. Zo totaal één en enkelvoudig is dit burchtje en zo verheven boven alle wijzen en alle krachten is dit unieke ene dat er nooit een kracht of een wijze naar binnen vermag te kijken en ook God zelf niet. In volle waarheid en zo waar God leeft: God zelf zal nooit maar een ogenblik daar naar binnen kijken en hij heeft ook nog nooit naar binnen gekeken in zoverre hij bestaat op de wijze en naar de 'eigenschap' van zijn personen. Dit is gemakkelijk in te zien, want dit enkelvoudig ene is zonder wijze en zonder eigenheid. En daarom: wil God ooit daarbinnen kijken, dan moet het hem zijn goddelijke namen kosten en zijn eigenheid der personen; dat moet hij allemaal buiten laten, wil hij daar ooit in kijken. Veeleer, zoals hij enkelvoudig een is, zonder enige wijze of eigenheid, in deze zin is hij Vader noch Zoon noch heilige Geest en is hij toch een iets wat dit is noch dat.

Kijk, zoals hij een en enkelvoudig is, zo komt hij in dit ene, dat ik een burchtje in de ziel noem. En anders komt hij er op geen enkele wijze binnen. Maar alleen zo komt hij er binnen en zo is hij daarbinnen. Met dit deel is de ziel aan God gelijk en verder niet. Wat ik u gezegd heb, is waar. Daarvoor neem ik de waarheid tot getuige en mijn ziel tot onderpand.

Mogen wij zo'n 'burchtje' zijn waarnaar Jezus opgaat, en moge hij ontvangen worden en eeuwig in ons blijven op de wijze als ik gezegd heb, daartoe helpe ons God. Amen.

Meester Eckhart, *Van God houden als van niemand. Preken van Eckhart*, vertaling Frans Maas. Baarn: Ten Have/Gent: Carmelitana, 2001, p. 51-58.

RENAISSANCE

Diagram uit De Sapiente *van Bovillus; van de weergegeven vier bestaansniveaus is alleen dat van de mens te vervolmaken.*

Inleiding

Tot diep in de Middeleeuwen bezaten klassieke en christelijke teksten een enorm gezag. Teksten werden als verzamelingen feitelijke beweringen over specifieke voorwerpen of onderwerpen beschouwd. Ieder oordeel van een auteur stond los van de ander en kon afzonderlijk besproken worden. Deze afzonderlijke oordelen stonden in het Latijn bekend als *sententiae* (oordelen). Vaak werden deze *sententiae* verzameld in bundels, die studenten tijdens hun studie moesten doornemen. Deze bundels werden op hun beurt weer gerangschikt al naar gelang de 'kwesties' (*questiones*) die op dat moment aan de orde waren. Een werk dat verschillende kwesties tegelijk behandelde heette een *summa*, zoals de *Summa theologiae* van Thomas van Aquino. Over de waarheid of onwaarheid van de *sententiae* werd aan de universiteit voortdurend geredetwist. De kracht van deze benaderingswijze was tegelijk ook de zwakte ervan. Elke opinie afzonderlijk werd op een ordelijke en rationele wijze besproken, maar het gevolg was dat de oordelen van de klassieke auteurs soms enorm uit hun verband werden gerukt. De scholastici besteedden bij het analyseren van klassieke teksten vrijwel geen aandacht aan de context, de historische omstandigheden of de bedoelingen van de schrijver in kwestie.

Tijdens de Renaissance, de overgangsperiode tussen de Middeleeuwen en de moderne tijd, die grofweg het tijdvak van 1350 tot 1600 beslaat, rees langzaam verzet tegen de scholastische denkwijze. Het kwam met name van christelijke leken die zich niet zozeer tegen het christendom als wel tegen de clerus verzetten. Dat leken zich intensiever met het geloof gingen bemoeien wil dus niet zeggen dat het geloof in deze periode in betekenis afnam; de Reformatie is daar het bewijs van. Men verzette zich tegen het middelaarschap van de Kerk, niet tegen het geloof zelf. Aan hoven en steden ontstonden culturele centra, waar stromingen en studies opkwamen die beter aansloten bij de noden en behoeften van de stedelijke elites. «De beste filosofie woont in de steden en schuwt de stilte en de eenzaamheid», aldus de humanist Vergerio (1370–1444). Verschillende geleerden zetten zich af tegen het universitaire onderwijs, dat ze te academisch achtten, en ontwikkelden vormen van filosofie die meer in het verlengde lagen van het stedelijke culturele klimaat. Deze urbane beweging is later de beweging van het 'humanisme' genoemd. Ze was het sterkst in de stadstaten van Italië en in de Hollandse provinciën, waar de steden zich vrijgevochten hadden van het monarchale en kerkelijk gezag.

Typerend is de manier waarop sommige humanistische geleerden een argumentatieleer ontwikkelden die zich sterker op het alledaagse leven richtte. Humanisten als Lorenzo Valla (1407–1457) of Rudolf Agricola (1444–1485) onderzochten hoe mensen geloofwaardig konden redeneren op gebieden waar objectieve bewijsvoering geen haalbaar ideaal was. «In de meeste gevallen staan de dingen niet vast en zijn ze overgeleverd aan de onderlinge strijd van mensen», aldus Agricola. Geloofwaardig redeneren hield volgens Valla en Agricola in dat men onderwerpen van verschillende zijden belichtte en de plausibiliteit van de eigen zienswijze door vergelijking met die van anderen wist te verdedigen. Deze benaderingswijze achtten ze geschikter dan de 'dogmatische' en 'academische' wijze van redeneren van de scholastici, die argumenten uitsluitend op hun formele, logische geldigheid, maar niet op hun aannemelijkheid onderzochten. De interesse voor de overredingskunst van politici en juristen, en de belangstelling voor niet-formele manieren van argumenteren waren symptomatisch voor de groeiende waardering voor het actieve leven. Overigens werd ook het contemplatieve leven door humanisten gewaardeerd, maar hun aandacht ging daarbij meer uit naar het beschouwelijke leven van leken dan dat van priesters of monniken. Humanisten stelden het belang van praktische wijsheid boven dat van theoretische kennis. Hierdoor stond niet zozeer de filosoof als wel de redenaar, niet de formele bewijsvoering maar de overreding, niet de monoloog maar de dialoog (en later het essay) in het centrum van de intellectuele belangstelling.

De herontdekking van Plato § Om die reden bezat Plato voor tal van humanisten een grote aantrekkingskracht. «Velen prijzen Aristoteles, de groteren prijzen Plato», schreef Francesco Petrarca (1304–1374). De humanisten be-

RENAISSANCE *Inleiding*

treurden de invloed van Aristoteles op het universitaire curriculum en prezen daartegenover de literaire kwaliteit van de dialogen van Plato. Ofschoon Plato in de Middeleeuwen geen onbekende was, viel zijn betekenis in het niet vergeleken met de invloed van Aristoteles. In de Renaissance was dit bijna andersom. Aristoteles werd ouderwets gevonden, terwijl de filosofie van Plato een nieuwe tijd leek aan te kondigen.

De betekenis die aan het werk van Plato werd gehecht was echter sterk afhankelijk van de kringen waarin Plato ontvangen werd. Sommige humanisten prezen vooral zijn stijl en de literaire kwaliteit van zijn teksten. Ze pleitten voor vormen van filosofiebeoefening die deze aspecten van zijn werk serieus namen en trachtten daar passende vormen van onderwijs voor te bedenken: wie teksten tot *sententiae* reduceert is volkomen blind voor de literaire kwaliteit ervan. Anderen prezen de metafysische kwaliteiten van zijn werk. Geïnspireerd door Plato keerde een aantal filosofen in de Renaissance zich zowel tegen de zijnsleer van Aristoteles als tegen de middeleeuwse receptie daarvan. Er was volgens hen een nieuwe filosofie nodig, die niet van zijnscategorieën maar van de mens uitging. Zo trachtte men een filosofie te ontwikkelen die zowel literaire als religieuze kracht bezat. De mens, stelde Petrarca, moest niet dé natuur, maar zijn eigen natuur leren kennen. Niet de theologie maar de vrije kunsten bevatten de sleutel tot God. In plaats van de zondeval van de mens te benadrukken, prezen verschillende platonisten juist de menselijke zin voor het schone, de menselijke creativiteit en het vermogen van mensen moreel te handelen; dáár en niet in de zondeval moest de band tussen mens en God worden gezocht.

Door Plato geïnspireerde denkers als Cusanus (1401–1464), Marsilio Ficino (1433–1499) en Giovanni Pico della Mirandola (1463–1494) trachtten aannemelijk te maken dat de mens God het meest nabij komt als hij actief is, zichzelf vervolmaakt en daarbij van zijn scheppende vermogens en zijn liefde voor het schone gebruikmaakt. Niet in zijn vermogen waar te nemen en te kennen wie hij is, maar in zijn vermogen te kiezen wie hij is, vormt de mens het evenbeeld van God. Evenals de mens is ook de schepping niet af. Mens en wereld maken een oneindige ontwikkeling door en precies daarin zijn zij analoog aan de oneindige volmaaktheid Gods. In plaats van uit te gaan van een statisch wereldbeeld, waarin alles een vaste essentie en onveranderlijke attributen bezit, kwam geleidelijk het beeld op van een wereld die

RENAISSANCE *Inleiding*

oneindig in wording is, een wereld die geen vaste natuur bezit. De wereld zou bezield zijn met goddelijke kracht, met een eindeloze drang tot worden. De middeleeuwers hadden altijd moeite gehad te verklaren hoe de ene substantiële vorm, de onveranderlijke essentie van een zaak, in een andere kon veranderen. Het principe van beweging, de verklaring van verandering, werd een van de centrale thema's van de Renaissance.

Er was tot slot een derde manier waarop Plato voor de Renaissance belangrijk was. Veel geleerden prezen Plato, of liever, Socrates om de wijze waarop hij steeds op zoek was. In de dialogen kwam het beeld naar voren van Socrates als een geleerde onwetende — iemand die geen doctrine van zichzelf bezit, die nieuwsgierig naar de wereld is en op speelse en ironische wijze met de opinies van anderen omgaat. Plato was niet zozeer een (religieuze) metafysicus als wel een (wereldlijke) scepticus geweest, iemand die mensen een model voorhield voor hoe ze hier en nu moesten leven. Sporen van Plato als scepticus zijn terug te vinden in het werk van Petrarca, Pico della Mirandola en Rabelais (1533–1592). Zeker na de Reformatie en het hernieuwde verzet van protestantse hervormers tegen rationalistische theologieën leefde dit beeld van Plato.

Opkomst van de 'studia humanitatis' ❧ Oorspronkelijk werden de kinderen van de stedelijke elites door zogenaamde *dictatores* onderwezen, onderwijzers die hun leerlingen de *ars dictaminis* bijbrachten: de kunst van het dicteren, die leerlingen opleidde in grammatica en welsprekendheid, in het schrijven van brieven, het houden van gelegenheidstoespraken en politieke redevoeringen, en die hen voorbereidde op politieke functies. Later, toen de humanisten ook posten aan de universiteit wisten te bezetten, kwamen de *studia humanitatis* aan de universiteit daarvoor in de plaats. De studie bestond uit een opleiding in de vrije kunsten. Het is kenmerkend voor het humanisme dat de literaire vorming een doel in zichzelf werd en niet, zoals in de Middeleeuwen, de voorbereiding op hogere studies als rechten of theologie.

Humanisten waren ervan overtuigd dat alleen een langdurige opvoeding in de klassieken mensen op een publieke functie kon voorbereiden. Een literaire training verschafte de beste basis voor een actief leven in dienst van de gemeenschap. Het contact met de wereld van de Grieken en Romeinen, het

RENAISSANCE *Inleiding*

vermogen deze in al haar vitaliteit te kunnen begrijpen en laten herleven, moest leerlingen inspireren tot goed burgerschap. De *studia humanitatis* waren in de ogen van veel humanisten geen neutrale opleiding, maar een levensleer, een smidse waar karakters werden gesmeed die voorbereid waren op het openbare leven.

Het hoofdvak van elke humanist was de retorica, de leer van het overreden, van het zo overtuigend mogelijk presenteren van je argumenten, de kunst van het spreken in het openbaar. Retorica vervulde in de Renaissance ongeveer dezelfde functie die de 'politicologie' nu vervult, met dit verschil dat de retorica meer dan de politicologie mensen daadwerkelijk op een politieke loopbaan voorbereidde, en meer aandacht aan de vaardigheid van spreken in het openbaar besteedde.

De belangstelling voor de leer van de welsprekendheid wijst erop dat humanisten sterk in taal waren geïnteresseerd. In de humanistische visie vormde de stand van de taal of beter van het gesproken woord, een graadmeter voor de toestand van de mensheid als geheel. «De tong», legde de humanist Juan Louis Vives (1492–1540) uit, «is bij uitstek het instrument dat de natuur ons gaf om goed te doen.» In de taal weerspiegelt zich volgens de humanisten onze menselijkheid en menselijke verbondenheid, in het waardig spreken de waardigheid van de mens. Men wordt volgens de humanisten pas werkelijk mens door de klassieken te bestuderen. Het is de kritische omgang met klassieke teksten die ons 'civiel' (beschaafd) maakt.

Welsprekendheid was voor de humanisten meer dan een kwestie van sierlijk leren spreken. Wie de kunst der welsprekendheid beheerste, kon als geen ander passies opwekken en bedwingen, sprak zowel de wil van mensen als hun intellect aan. Van alle wetenschappen werd de welsprekendheid het nuttigst geacht. Niet de filosofie, zoals bedreven door de scholastici, maar 'de letteren' bezaten de kracht om mensen sociaal en moreel te verbeteren. Veel humanisten waren van mening dat het bij uitstek de dichters en tragedieschrijvers waren die het verleden present maken en actualiseren konden. In plaats van dichters en tragedieschrijvers uit de ideale staat te verbannen, zoals de filosofen bij monde van Plato hadden geëist, vervulden ze volgens humanisten een onmisbare rol in de scholing van iedere politicus. Poëzie en toneel vormden als het ware politieke ambachten.

RENAISSANCE *Inleiding*

Scepsis ❧ Juist door de immense belangstelling voor de Oudheid was deze gedoemd op den duur haar inspirerende kracht te verliezen. De hoorn des overvloeds veranderde geleidelijk in een onstuitbare vloed teksten die zo uiteenlopend van aard en strekking waren dat het steeds moeilijker werd zich een sluitend beeld van de Oudheid te vormen. Het ideaalbeeld verloor zijn glans. Men ontdekte dat de filosofische debatten tussen de verschillende scholen ten tijde van de Oudheid in scholastisch gehalte niet onderdeden voor die tussen de scholastici gedurende de Middeleeuwen. De ervaring dat veel discussies oeverloos waren werd nog eens versterkt door de uitvinding van de boekdrukkunst, die tal van intellectuelen met zorg vervulde. Waar hield de proliferatie van teksten op? Velen hadden het gevoel dat ze slechts met de interpretatie van interpretaties van interpretaties bezig waren. In het kielzog van de geloofsoorlogen nam de scepsis over de kracht en betekenis van het woord toe. In de tweede helft van de zestiende eeuw ontstond daardoor een nieuw soort humanisme, dat in tal van opzichten een hardere, meer sceptische en cynische houding tegenover de buitenwereld aannam. Waar Vives aan het begin van die eeuw gemeend had dat de tong bij uitstek het instrument is om goed te doen, meende Hobbes aan het begin van de moderne tijd dat de tong een 'instrument of war and sedition' is.

Tal van humanisten haatte het intellectuele klimaat dat tijdens de geloofsoorlogen was ontstaan. Ze hadden een hekel aan wreedheid en bedrog in de politiek, maar wilden het politieke leven ook niet mooier voorstellen dan het werkelijk was. Het werk van Niccolò Machiavelli (1469–1527) vormt in dat opzicht een schoolvoorbeeld van het humanisme nieuwe stijl. Geweld (*vis*) en deugdzaamheid (*virtus*), twee grootheden die door de vroege humanisten onverenigbaar werden geacht, blijken volgens Machiavelli heel goed samen te gaan. Hiermee keerde Machiavelli zich expliciet tegen het humanistische modelvoorbeeld uit de Oudheid, Cicero, die beweerd had dat de list van de vos en het geweld van de leeuw de mens volstrekt onwaardig waren. Wie goed om zich heen kijkt, beseft volgens Machiavelli dat «een goed mens noodzakelijk te gronde (gaat) te midden van zovelen die niet goed zijn. Daarom moet een heerser (…) leren om niet goed te zijn. En dit vermogen dient hij wél of niét in praktijk te brengen, al naar gelang de omstandigheden hem daartoe dwingen (…) Degene die geweld hanteert om te vernietigen is verwerpelijk, maar niet degene die het gebruikt om de maatschappelijke orde te herstellen.» Goede heersers waren volgens Machiavelli altijd al sluw als vossen en gewelddadig als leeuwen geweest. Wie politiek bedrijft moet bereid zijn vuile handen te maken en zich desnoods 'beestachtig' te gedragen.

Politiek werd nu niet langer als de hoogste vorm van leven beschouwd, maar was vuil werk geworden. Gedurende de zestiende eeuw wordt steeds vaker een gedistantieerde houding tegenover de politiek bepleit. In het werk van de Hollandse wijsgeer Lipsius (1547–1606), een van de belangrijkste politieke denkers in deze tijd, draait alles om de deugd der 'standvastigheid', een deugd die in Cicero's deugdencatalogus helemaal niet voorkomt. Wat telt is niet zozeer de politieke vrijheid en de wijze waarop die in de constitutie van de samenleving moet worden vastgelegd, als wel de individuele gewetensvrijheid en de vrijheid van ieder individu te leven in de stilte der wet. In de Oudheid was er wel eens aan 'gewetensvrijheid' geappelleerd, maar nooit zo systematisch en met zoveel nadruk als aan het eind van de zestiende eeuw. Die nadruk gaf de discussie over vrijheid een ander karakter. Voor de nieuwe humanisten was het duidelijk dat gewetensvrijheid het beste beschermd kan worden in een regime met een sterke staat. Vrijheid verloor daardoor zijn connotatie van burgerschap en werd in een meer juridisch vocabulaire gegoten. Vrijheid werd 'verinnerlijkt', werd het product van persoonlijke discipline en verwees naar stoïcijnse standvastigheid tegenover de slagen van het (politieke) lot. Machiavelli was een van de eerste filosofen van de 'staatsraison'.

Al met al bestond er in de periode van het late humanisme een veel grotere scepsis ten aanzien van de rede dan bij de vroege humanisten het geval was geweest. De *Essays* van Michel de Montaigne (1533–1592) zijn hier het meest sprekende voorbeeld van. Ze geven een goede indruk van de *crise pyrrhonienne*, de sceptische crisis, die zich in de zestiende eeuw in met name Noordwest-Europa voordeed. Kenmerkend voor deze crisis was een steeds grotere twijfel aan de vermogens van de rede. Wie zich uitsluitend op de rede verlaat, raakt volgens Montaigne «verward en verstrikt, drijft zonder leiding en doel rond en zwalkt rond op de golven van de wijde en woelige zee van menselijke meningen (...) [De rede] is een toetssteen vol valsheid, dwalingen, zwakten en gebreken.» Tijdens het schrijven van zijn *Essays* ontdekt Montaigne hoe afschuwelijk onwerkelijk de werkelijkheid is. Zelfs van

RENAISSANCE *Inleiding*

zijn eigen ik is hij niet zeker meer. Hij merkt dat zijn rede, zijn gevoelens en zijn smaak onophoudelijk veranderen. Zijn innerlijk blijkt te vloeibaar om enig houvast te bieden. Hij heeft het gevoel dat de wereld in rook, dromen en illusies opgaat. Het heeft geen zin de rede te hulp te roepen. Wie zich op de rede beroept, schept geen licht, maar vergroot de verwarring. De rede is slechts een woord «voor de schijn van rationaliteit die ieder voor zichzelf creëert». Montaigne en andere sceptici, zoals Pierre Charron (1541–1603), wiens werken talloze malen zijn herdrukt, werden niet moe te betogen dat alle kennis slechts illusie is. De wetenschap acht Montaigne «een nuttige verworvenheid (…), maar ik vind niet dat ze de buitengewoon hoge waarde heeft die sommigen haar toekennen».

De natuurfilosofie ✤ Onder de nieuwe humanisten bevond zich echter ook een stroming denkers die van oordeel waren dat wetenschap zich wel degelijk boven de zee van menselijke meningen en plotseling opkomende stormen van polemiek kon verheffen. Zij meenden dat wetenschap een platform voor zekere kennis kon bieden. Daarvoor moest ze echter op een geheel andere grondslag worden geplaatst dan voorheen. Er was, blijkens de titels van boeken die aan het begin van de zeventiende eeuw verschenen, een *nieuwe* wetenschap nodig. In 1609 publiceerde de astronoom Johannes Kepler (1571–1630) zijn *Nieuwe Astronomie*, in 1620 verscheen *Novum Organon* van Francis Bacon (1561–1626), en in 1638 werd *Gesprekken over twee nieuwe wetenschappen* van Galileo Galilei (1564–1642) gepubliceerd. Al deze wetenschappers waren van mening dat ze een nieuw systeem van kennis hadden ontworpen.

Bacon heeft in de ontwikkeling van deze nieuwe wetenschap een belangrijke rol gespeeld. Hij was zich zeer sterk van de argumenten van de sceptici in zijn tijd bewust. Hij was echter van mening dat zijn methode voor het verwerven van zekere kennis tegen de argumenten van de sceptici bestand is: «Het lijkt alsof er bijna geen verschil van mening tussen ons bestaat (…), maar toch eindigen we met deze enorme kloof tussen ons: omdat zij [de sceptici] geen oplossing vinden voor het probleem [hoe kennis mogelijk is] en zich daarom uit het publieke leven neigen terug te trekken (…) tracht ik juist nieuwe wegen te volgen en poog ik de verwarring van de zintuigen en de vergissingen van de geest te corrigeren.»

RENAISSANCE *Inleiding*

Waarin bestaat de 'nieuwe weg' die Bacon en andere natuurfilosofen na hem trachtten te volgen? Zij keerden de verhouding tussen theorie en praktijk radicaal om. Geïnspireerd door de humanistische kritiek op de scholastici kwam in de zeventiende eeuw een wetenschap tot stand waarin *de praktijk* het primaat kreeg boven de theorie. Bacon en zijn volgelingen vatten theorievorming niet langer op als een beschouwelijke bezigheid; de praktijk van wetenschappelijke productie en het domein van het maakbare vormden de spil van de nieuwe wetenschap. De centrale ontologische categorie van Bacons wetenschap is niet het zijn of de essentie, maar het maakbare. De niet-menselijke natuur dient te worden bestudeerd alsof het om een door mensen zelf gemaakt voorwerp gaat. Wetenschap dient er toe om achter het constructieprincipe van voorwerpen te komen. Taak is uit te vinden hoe de dingen *werken*, niet hoe ze *zijn*. Sinds deze omslag wordt 'fysica' geassocieerd met 'hoe de dingen werken' en metafysica met de (volgens humanisten vaak zinloze) vraag 'hoe de dingen zijn'.

De sceptische kritiek ging in de ogen van de nieuwe natuurfilosofen alleen op voor degenen die wetenschap als een essentialistische bezigheid opvatten, waarin 'zijnsvragen' in plaats van 'werkingsvragen' worden gesteld. Door kennis niet vanuit de beschouwer, maar vanuit de maker op te vatten, omzeilde men de claim dat kennis over het wezen van de dingen handelt. Zo ontweek men het spervuur van sceptische argumenten die in de loop van de tijd tegen deze claim waren ingebracht.

De mens is bij Bacon niet langer de hoeder van kennis, maar de schepper ervan: de mens weet pas iets als hij het kan (na)maken. Kennis wordt niet zozeer 'ontleend aan' objecten, ze is er 'bepalend' voor. Wetenschap komt in Bacons visie geleidelijk door de gezamenlijke arbeid van mensen tot stand. Moderne natuurfilosofen moeten de natuur actief dwingen op de aan haar gestelde vragen te antwoorden. Wil men de natuur haar geheimen ontfutselen, dan zal men haar volgens Bacon als een rechter moeten verhoren en folteren. Vanaf Bacon is wetenschappelijke waarheid dus geen kwestie meer van wezensschouw, maar moet ze met veel inspanning door middel van kunstmatig opgezette experimenten uit haar schuilplaatsen in de natuur worden verdreven.

Bacon ontwikkelde niet alleen een actieve natuurfilosofie, hij verbond die filosofie ook nadrukkelijk met een actieve conceptie van politiek. Zijn werk ademt in dat opzicht een republikeinse geest. Ook in dat opzicht onderscheidde hij zich van sceptici als Montaigne of Charron, die juist een afstandelijke houding tegenover de politiek bepleitten. De meeste sceptici stelden het privé-leven namelijk boven het publieke leven, en waren voorstanders van een monarchaal in plaats van republikeins bewind. Ze zagen weinig in verhalen over burgerdeugden en gaven aan veiligheid de voorkeur boven vrijheid. In de woorden van Vergilio Malvezzi «is veiligheid zo zoet dat het volk liever een veilige vorm van slavernij dan een gevaarlijke vorm van vrijheid verkiest».

Door zich niet met controversiële zaken te bemoeien en zich uitsluitend op natuuronderzoek en de bevordering van 'useful arts' te richten, hoopten de natuurfilosofen dat hun wetenschap tot de ontwikkeling van technieken zou leiden, die het welzijn van het gemenebest als geheel bevorderden. De moderne natuurfilosofen hoopten een wetenschap te hebben gevonden die mensen in een nieuw soort politiek project zou verenigen en hen ondanks de geloofsstrijd met elkaar zou verzoenen. Bacon was er daarbij van overtuigd dat zijn wetenschap in principe voor iedereen navolgbaar was. Hij wees er bovendien op dat de doelen van de nieuwe wetenschap politiek neutraal waren en welvaart voor iedereen brachten, ongeacht de religie die mensen aanhingen. Bovendien bracht de wetenschap niet alleen de natuur onder controle. Ze zorgde er bovendien voor dat mensen zichzelf beter onder controle brachten. Natuurbeheersing en zelfbeheersing vielen samen. De nieuwe wetenschap temde niet alleen de natuur, maar ook de geest. Ze zorgde ervoor dat 'het oog', het speculatieve, beschouwelijke aspect van kennis, via het experiment met het 'handwerk' verbonden bleef, zodat er geen 'wilde' speculaties konden ontstaan. Wetenschap leverde voortaan werk in plaats van woorden.

Al met al was de Renaissance een periode waarin leken zich in toenemende mate in theologische discussies mengden. Het effect was dat de mens zich sterker dan voorheen verantwoordelijk maakte voor zijn eigen lot. De wereld verloor haar starheid en bevatte tal van mogelijkheden en kansen voor mensen om zich individueel en collectief te vervolmaken. Aan het eind van de Renaissance staan twee modellen van filosofiebeoefening tegenover elkaar: dat van de erudiete, welbespraakte humanist, vorsend naar het goede leven, en dat van de natuurfilosoof, die poogt de krachten van de natuur

RENAISSANCE *Inleiding*

door natuuronderzoek te beteugelen. Beide modellen kwamen voort uit kritiek op de scholastiek, beide hielden ze de belofte in het lot van de mensheid te verbeteren. De ene tak ontwikkelde zich in de richting van wat wij nu de 'alfawetenschappen', de andere in de richting van wat wij nu de 'bètawetenschappen' noemen.

Cusanus

(1401–1464)

Een groot denker heeft slechts één gedachte, die steeds opnieuw en steeds nieuw ontvouwd wordt, en die het gezichtspunt is dat in heel zijn denken doorwerkt.

Het centrale idee dat het wijsgerige werk van Nicolaas van Cusa (Cusanus) beheerst, is die van de wetende onwetendheid (*docta ignorantia*). In een reeks van geschriften, ontworpen in de vrije tijd, die zijn drukke werkzaamheden als kerkelijk leider — hij was kardinaal van de Roomse Kerk en als zodanig met tal van opdrachten belast — hem toestonden, heeft hij uiteengezet dat het denken tot taak heeft zich bewust te worden van de onwetendheid, waarin het verkeert ten aanzien van het Absolute. De erkenning van het eigen niet-weten staat voor Cusanus gelijk met de erkenning van de oneindigheid van het niet-getwetene; ze is daarom in tegenstelling tot het vermeende weten, dat zijn mogelijkheden overschat, de meest adequate wijze om het oneindige, voorzover het mogelijk is, te benaderen.

Deze grondgedachte vormt ook de inhoud van de kleine *Dialoog over de verborgen God*, geschreven in 1444, na voltooiing van de meer uitvoerige en systematische werken *De docta ignorantia* (1440) en *De coniecturis* (tussen 1440 en 1444). In de aanhef wordt meteen het thema gesteld en wel in de verrassende en onthutsende uitspraak: «Omdat ik niet weet, aanbid ik.» De onwetendheid blijkt voorwaarde en bestanddeel te zijn van de religieuze overgave.

Cusanus licht vervolgens dit inzicht toe met een algemene kentheoretische beschouwing, volgens welke «niets geweten kan worden». De heiden speelt in de dialoog de rol van degene die zich plaatst op het standpunt van het gezonde verstand en die meent dat betrouwbare en zekere kennis mogelijk is. De christen daarentegen wil aantonen dat de mens niet tot echte kennis in staat is, omdat de mogelijkheidsvoorwaarde van kennen überhaupt, namelijk inzicht in de waarheid, hier opgevat op de wijze van de platoonse Idee, niet vervuld is. Zonder kennis van de waarheid is geen ware kennis mogelijk. Dit weet hebben van de eigen onwetendheid is een vooruitgang in weten. Als we niet meer menen de waarheid te kennen, kunnen we hopen in de waarheid te zijn.

Dan keert de dialoog terug tot het thema van de mogelijkheid van de kennis van God. Dit was overigens in het voorafgaande niet afwezig, want de waarheid blijkt een attribuut van God, zelfs het wezen van God te zijn. In de flitsende gedachtewisseling die dan volgt tracht de heiden de christen vast te leggen op bepaalde uitspraken, die deze over God doet. De christen weigert dit echter en laat elke door hem zelf gedane uitspraak, zodra de heiden zich eraan vastklampt, weer onmiddellijk als volstrekt tekortschietend vallen. De heiden ziet daarin een mogelijkheid de christen tot tegenspraak met zichzelf te brengen en hem aldus zichzelf te laten weerleggen. Maar de christen, die deze tegenspraken volmondig toegeeft, acht ze noodzakelijk op de weg naar het wetende niet-weten van God. Cusanus verdedigt hier het voor hem fundamentele idee in van het samenvallen van de tegenstelden (*coincidentia oppositorum*). Maar ook dit samenvallen is slechts een denkmethode, die wel beoefend, maar ook weer opgeheven moet worden, want God overstijgt ook het samenvallen van de tegenstelden. Elk houvast moet de zoekende mens ontvallen en juist dan kan het oneindige zich aan hem voordoen, zoals het is.

Het laatste woord is aan de heiden. Na alle raadselachtige en tegensprakige uitspraken van de christen, waardoor de heiden in verwarring is geraakt en waartegen hij zich heeft verzet, komt het gesprek tot rust. Ook de heiden ziet in dat het opgeven van de aanspraken van de kennis noodzakelijk is vanwege het ontologische onderscheid tussen de eindige kennis en de onuitsprekelijke waarheid, tussen het geschapene en het niet-geschapene. De onwetendheid van de mens is gegrond in de oneindigheid van God.

De *Dialoog over de verborgen God* is door zijn beperkte omvang, zijn kernachtige gedachtegang en zijn directe stijl zeer geschikt om toegang te geven tot het denken van Cusanus, waarvoor in de laatste tientallen jaren een groeiende belangstelling bestaat. Tegelijk is het een goed voorbeeld van een ook voor onze tijd belangrijk type van denken, dat tracht door zijn eigen grenzen te verkennen zich te openen voor wat de onbereikbare horizon en tegelijk de dragende grond van het denken is.

Cusanus, *Dialoog over de verborgen God, tussen twee mensen, van wie de één een heiden, de ander een christen is*

h   Ik zie je eerbiedig ter aarde neerliggen en tranen van liefde storten, niet geveinsd, maar van harte gemeend. Ik wil je vragen, wie ben je?
c   Ik ben een christen.
h   Wat aanbid je?

CUSANUS *Dialoog over de verborgen God*

C God.
H Wie is de God, die je aanbidt?
C Ik weet het niet.
H Hoe kun je met zo'n grote ernst aanbidden wat je niet kent?
C Omdat ik niet weet, aanbid ik.
H Wonderlijk, ik zie een mens aangetrokken worden tot iets wat hij niet kent.
C Nog wonderlijker is het dat een mens aangetrokken wordt tot iets wat hij meent te kennen.
H Waarom?
C Omdat hij dat wat hij meent te weten, minder goed weet dan dat waarvan hij weet dat hij het niet weet.
H Leg dat uit, alsjeblieft.
C Al wie meent iets te weten, terwijl toch niets geweten kan worden, is niet bij zinnen, dunkt me.
H Mij dunkt dat jij volledig je verstand verloren hebt, als je beweert dat niets geweten kan worden.
C Onder weten versta ik het vatten van waarheid. Wie zegt dat hij weet, zegt dat hij waarheid heeft gevat.
H Dat meen ik ook.
C Hoe kan de waarheid anders gevat worden dan door zichzelf? Niet dán wordt de waarheid gevat, als er eerst iemand zou zijn die begrijpt, en daarna iets wat begrepen wordt.
H Ik zie niet in dat, zoals jij zegt, de waarheid slechts door zichzelf gevat kan worden.
C Meen je dat ze anders gevat kan worden en in iets anders?
H Dat meen ik.
C Dan is het duidelijk dat je dwaalt. Want buiten de waarheid is er geen waarheid, buiten het cirkel-zijn geen cirkel, buiten het mens-zijn geen mens. Er is dus geen waarheid te vinden buiten de waarheid, noch op andere wijze, noch in iets anders.
H Hoe is het me dan bekend wat een mens is, wat een steen en zo ook elk ander ding dat ik ken?
C Niets daarvan ken je; je meent alleen het te kennen. Als ik je immers vragen stel over het wezen van datgene wat je meent te kennen, zul je toe-

geven dat je de waarheid zelf van de mens of van de steen niet kunt uitdrukken. Dat je weet dat de mens geen steen is, komt niet voort uit een weten, waardoor je de mens en de steen en hun onderscheid kent, maar komt voort uit iets bijkomstigs, uit de verscheidenheid van werkingen en gestalten. Als je die onderscheidt, geef je verschillende namen. Het is immers een activiteit van het onderscheidende verstand, die de namen geeft.

H Is er maar één of zijn er meer waarheden?

C Er is er maar één. Want er is maar één eenheid; en de waarheid valt met de eenheid samen, omdat het waar is dat er maar één eenheid is. Zoals dus in het getal maar één eenheid te vinden is, zo in vele dingen maar één waarheid. En vandaar zal wie de eenheid niet bereikt, het getal nooit kennen; en wie de waarheid in haar eenheid niet bereikt, kan niets naar waarheid weten. En ook al meent hij dat hij naar waarheid weet, toch kan hij gemakkelijk ervaren dat wat hij meent te weten, meer in overeenstemming met de waarheid geweten kan worden. Het zichtbare kan immers meer in overeenstemming met de waarheid gezien worden dan het door jou gezien wordt. Het zou door scherpere ogen meer in overeenstemming met de waarheid gezien worden. Het wordt dus door jou niet gezien, zoals het in waarheid zichtbaar is. Dit geldt ook voor het gehoor en de overige zintuigen. Maar omdat al wat wel geweten wordt, maar niet met dat weten, waarmee het geweten kan worden, niet in waarheid geweten wordt, maar anders en op andere wijze — anders echter en op andere wijze dan die, welke de waarheid zelf is, wordt de waarheid niet geweten —, daarom is degene niet bij zinnen, die meent iets naar waarheid te kennen en de waarheid niet kent. Zou een blinde niet voor krankzinnig gehouden worden, als hij zou menen het onderscheid tussen de kleuren te kennen, terwijl hij niet zou weten wat kleur is?

H Welke mens is dan wetend, als niets geweten kan worden?

C Diegene moet voor wetend gehouden worden, die weet dat hij niet weet. En diegene eert de waarheid, die weet dat hij zonder haar niets kan vatten: noch zijn, noch leven, noch begrijpen.

H Dat is het wellicht wat je tot aanbidding heeft bewogen, het verlangen namelijk in de waarheid te zijn.

C Ja, dat is het. Ik vereer God, niet die welke jij als heiden ten onrechte

CUSANUS *Dialoog over de verborgen God*

meent te kennen en met namen noemt, maar God zelf, die de onuitsprekelijke waarheid zelf is.

H Als jij de God vereert, die de waarheid is, en wij niet de bedoeling hebben een God te vereren, die niet in waarheid God is, dan vraag ik je, broeder: wat is het onderscheid tussen jullie en ons?

C Er zijn er veel. Maar het eigenlijke en grootste onderscheid bestaat hierin dat wij de absolute, onvermengde, eeuwige en onuitsprekelijke waarheid zelf vereren, jullie echter niet haar zelf, zoals zij absoluut in zichzelf is, maar, zoals zij in haar werken is, vereert, niet de absolute eenheid, maar de eenheid in getal en veelheid; daardoor dwalen jullie, want onmededeelbaar aan iets anders is de waarheid, die God is.

H Ik vraag je, broeder, mij ertoe te brengen dat ik kan begrijpen hoe jij jouw God opvat. Zeg mij: wat weet jij van de God, die jij aanbidt?

C Ik weet dat alles wat ik weet, God niet is en dat alles wat ik begrijp, niet op hem gelijkt, maar dat hij alles te boven gaat.

H Niets is dus God.

C Niets is hij niet, want dit niets heeft de naam 'niets'.

H Als hij niet niets is, is hij dus iets.

C Hij is evenmin iets. Want iets is niet alles. God is echter niet eerder iets dan alles.

H Wonderlijke dingen beweer je: de God, die jij aanbidt, is niet niets en ook niet iets. Dat kan geen verstand vatten.

C God staat boven niets en iets, want het niets gehoorzaamt hem, zodat het iets wordt. En dit is zijn almacht, door welke macht hij alles wat is of niet is, overstijgt, dat wat niet is hem evenzeer gehoorzaamt als wat is. Hij doet namelijk niet-zijn overgaan in zijn en zijn overgaan in niet-zijn. Hij is dus niets van datgene wat onder hem is en waaraan hij door zijn almacht voorafgaat. En daarom kan hij niet eerder dit genoemd worden dan dat, want door hem is alles.

H Kan hij genoemd worden?

C Klein is wat genoemd wordt. Hij, wiens grootheid niet te begrijpen is, blijft onuitsprekelijk.

H Is hij dan onuitsprekelijk?

C Hij is niet onuitsprekelijk, maar boven alles uit uitsprekelijk, omdat

CUSANUS *Dialoog over de verborgen God*

    hij van alle dingen die namen hebben, de oorzaak is. Hoe zou hij, die aan al het andere een naam geeft, zelf zonder naam kunnen zijn?
H Dan is hij uitsprekelijk en onuitsprekelijk.
C Ook dat niet. Want God is niet de wortel van tegenspraak, maar de enkelvoudigheid zelf vóór elke wortel. Vandaar moet ook niet gezegd worden dat hij uitsprekelijk en onuitsprekelijk is.
H Wat kun je dan over hem zeggen?
C Dat hij noch genoemd wordt, noch niet genoemd wordt, noch zowel genoemd als niet genoemd wordt, maar dat alles wat afzonderlijk of gezamenlijk, zij het in overeenstemming of in tegenspraak, gezegd kan worden, op hem niet van toepassing is vanwege de transcendentie van zijn oneindigheid. Hij is dus de éne oorsprong vóór elk mogelijk denken over hem.
H Dan zou het zijn niet aan God toekomen.
C Dat is juist.
H Dus is hij niets.
C Hij is niet niets, noch is hij niet, noch is hij en is hij niet tegelijk, maar hij is de bron en oorsprong van alle beginselen van zijn en niet-zijn.
H Is God de bron van de beginselen van zijn en niet-zijn?
C Nee.
H Zojuist heb je dat gezegd.
C Ik heb iets waars gezegd, toen ik dat zei, en nu zeg ik iets waars, nu ik het ontken. Want welke beginselen van zijn en niet-zijn er ook mogen zijn, God gaat daaraan vooraf. Maar niet-zijn heeft niet een beginsel van niet-zijn, maar van zijn. Niet-zijn heeft immers een beginsel nodig om te zijn. Zo is er dus een beginsel van niet-zijn, omdat niet-zijn zonder dat beginsel niet is.
H Is God de waarheid?
C Nee, maar hij gaat aan alle waarheid vooraf.
H Is hij iets anders dan de waarheid?
C Nee. Want andersheid kan hem niet toekomen. Maar hij is boven alles, wat door ons als waarheid wordt begrepen en genoemd, oneindig verheven.
H Noemen jullie God niet 'God'?
C Zo noemen wij hem.

H Zeggen jullie daarmee iets waars of iets onwaars?
C Noch een van beide, noch beide. Wij zeggen niet iets waars met te zeggen dat dit zijn naam is, noch zeggen we iets onwaars, omdat het niet onwaar is dat dit zijn naam is. Noch zeggen we iets waars en onwaars tegelijk, omdat zijn enkelvoudigheid voorafgaat aan al het noembare zowel als aan al het niet-noembare.
H Waarom noemen jullie hem 'God', terwijl jullie zijn naam niet kennen?
C Vanwege de gelijkenis met zijn volmaaktheid.
H Leg dat uit, alsjeblieft.
C De naam 'deus' (God) komt van 'theoro', wat betekent 'Ik zie'. Want God is in onze wereld zoals het zien in de wereld van de kleur. De kleur kan slechts worden waargenomen door het zien; en om elke kleur ongehinderd te kunnen waarnemen, is het centrum van het zien vrij van kleur. In de wereld van de kleur is dus het zien niet te vinden, omdat het vrij is van kleur. Vandaar is vanuit de wereld van de kleur het zien eerder niets dan iets. Want de wereld van de kleur bereikt buiten haar eigen wereld geen zijn, maar ze beweert dat alles wat is, zich binnen haar wereld bevindt. Daar treft ze het zien niet aan. Het zien, dat zonder kleur bestaat, is onnoembaar voor de wereld van de kleur, omdat geen enkele kleurnaam er op van toepassing is. Het zien heeft aan elke kleur haar naam gegeven door te onderscheiden. Vandaar hangt van het zien elke naamgeving af in de wereld van de kleur, maar zijn eigen naam, waarvan iedere naam stamt, wordt eerder als niets dan als iets opgevat. God verhoudt zich dus zo tot alles als het zien tot het zichtbare.
H Ik ben het eens met wat je gezegd hebt; en ik zie duidelijk in dat in heel de wereld van de schepselen God noch zijn naam te vinden is en dat God zich eerder aan elk begrip onttrekt dan dat iets van hem gezegd zou kunnen worden, want in de wereld van de schepselen is dat wat niet de zijnswijze van een schepsel heeft, niet te vinden. En in de wereld van het samengestelde is het niet-samengestelde niet te vinden. En alle namen, die genoemd worden, hebben betrekking op het samengestelde. Het samengestelde bestaat echter niet uit zichzelf, maar door dat wat aan al het samengestelde voorafgaat. En ofschoon de wereld van het samengestelde en al het samengestelde daardoor zijn wat ze zijn, toch is het, omdat het niet samengesteld is, in de wereld van het samengestelde on-

bekend. God, die voor de ogen van alle wijzen van de wereld verborgen is, zij in eeuwigheid gezegend.

Nicolai de Cusa opera omnia iussu et auctoritate Academiae Litteratum Heidelbergensis ad codicum fidem edita. Leipzig/Hamburg: Meiner, 1932-1959, deel IV. Nederlandse vertaling: *Dialoog over de verborgen God*, vertaling Th. van Velthoven. Amsterdam: Richard Tummers, 1980.

Erasmus

(1469 – 1536)

Erasmus is een van de meest invloedrijke intellectuele gestalten van de vroeg-moderne cultuur. Zijn werk is moeilijk onder één noemer te brengen. Zelf karakteriseert hij het programma dat hij in zijn literaire en wijsgerig-theologische geschriften en brieven uitvoert, als een *philosophia Christi*. Als zodanig verdient zijn werk zonder meer een eigen plaats in de filosofiegeschiedenis. Zijn kritiek daarin op de scholastieke filosofie is fundamenteel. Deze was vastgelopen in droge onderscheidingen en had de grondproblemen van het filosoferen uit het oog verloren.

Desiderius Erasmus werd op 28 oktober 1469 in Rotterdam als zoon van een priester geboren. Na de dood van zijn moeder werd Erasmus opgenomen in het klooster van de Broeders van het Gemene Leven in Deventer. Daar kwam hij in aanraking met de in die tijd invloedrijke beweging van de moderne devotie, met haar aandacht voor innerlijkheid en individuele vroomheid. Tussen 1495 en 1499 verbleef hij in Parijs om theologie te studeren. Daarna volgde een leven van vele reizen waarop hij de belangrijkste humanisten van zijn tijd leerde kennen. Tijdens deze reizen schreef hij ook zijn brieven. De intellectuele kracht en innerlijke vrijheid van Erasmus waren zo groot dat hij het zich kon veroorloven in de religieuze conflicten van die dagen een eigen koers te varen. Hij voerde een heftige discussie met Martin Luther, maar bekritiseerde ook de klerikale uitwendigheid van de katholieken.

Filosofie is voor Erasmus een hulpmiddel om het woord van Christus te verinnerlijken en zich onafhankelijk te maken van uitwendige autoriteiten, ook wanneer deze zelf in de naam van Christus spreken. Hij is sceptisch ten aanzien van de vermogens van de menselijke rede om een maatstaf te vinden die het wezenlijke van het bijkomstige zou kunnen onderscheiden en daarmee tot een realisering van het geluk zou kunnen bijdragen. In zijn beroemd geworden *Querela pacis* ('Het weeklagen van de vrede') uit Erasmus zijn ontzetting over het onvermogen van de filosofie om overeenstemming te vinden in de verschillende opvattingen over de waarheid. Met de theologie is het niet anders gesteld en het is daarom nodig naar de tekst van het evangelie en de profeten terug te keren. Daarin worden de maatstaven van vrede, liefde en zachtmoedigheid op zo'n heldere en eenvoudige wijze uiteengezet dat ze voor iedereen toegankelijk zijn, ook voor heidenen. Het heeft, aldus Erasmus, geen enkele zin om oorlog te voeren tegen de Turken; dat brengt ze geen stap dichter bij het evangelie. Maar de *philosophia Christi* die de kracht van de evangelische maatstaf laat zien, zou hen wél moeten overtuigen. Waar het om gaat, is het besef dat iedere naaste die we tegenkomen *mens* is, en daarom een broeder, die we moeten liefhebben als onszelf.

Filosofie wordt voor Erasmus een soort hermeneutiek die in de teksten het wezenlijke van het onwezenlijke moet onderscheiden en waarvoor een oefening in de schone letteren (*bonae litterae*) onontbeerlijk is. Tegelijkertijd is ze een hermeneutiek van het eigen leven, waarin ieder individu, aan de hand van het woord van Christus, tot in het geestelijke doordringt. Deze gedachte is op platoonse leest geschoeid, voorzover in het zintuiglijke het geestelijke gezocht wordt. Dit geldt voor alle verschijnselen; zo moet bijvoorbeeld ook in de oorlog de vrede gezocht worden. We moeten niet bij de dode letter van een tekst blijven staan, wat Erasmus de theologen verwijt, maar op zoek gaan naar de geest ervan. Alleen zo kan de mens ook tot zijn eigen innerlijkheid komen, de *zelfkennis* die de hoogste wetenschap is. De *philosophia Christi* is een weg die iedereen zelf moet gaan, maar waarop hij tevens het gemeenschappelijke mens-zijn ontdekt.

Het geloof dat in het evangelie tot uitdrukking komt, staat voor Erasmus niet los van de redelijke argumentatie. Dit wordt duidelijk in het debat dat hij met Luther voerde over de verhouding van vrije wil en goddelijke genade, waarvan hier een fragment vertaald is. Volgens hem verabsoluteert Luther de goddelijke genade die zich aldus onttrekt aan de menselijke inspanningen om tot zelfkennis en het volle geluk te komen. Weliswaar erkent Erasmus de noodzaak van de genade om de inspanningen van de wil te voltooien. Maar de positie die Luther op dit punt inneemt, in de lijn van het laat-middeleeuwse voluntarisme, leidt tot een absoluut determinisme. In de ogen van Erasmus dreigt de menselijke vrijheid zo om te slaan in absolute gehoorzaamheid en een besef van onvermogen. Maar de menselijke wil en de goddelijke genade zijn in de werkelijkheid met elkaar verbonden. Genade is voor Erasmus een fenomeen dat overal in de verinnerlijking van de werkelijkheid, de weg naar zelfkennis, gevonden kan worden. En ook al is de menselijke rede er allerminst toe in staat de goddelijke besluiten te doorgronden, dit onvermogen is voor Erasmus juist een aansporing tot eigen creativiteit om de voltooiing van de menselijke werken na te streven.

Erasmus, *De vrije wil* (fragmenten)

IV, 1

Diegenen die bedachten hoe groot de zwakheid van geest is ten opzichte van de ijver op het vlak van de vroomheid en hoe groot het kwaad is dat samenhangt met de vertwijfeling aan het heil, zijn in hun poging dit kwaad te genezen, door hun onvoorzichtigheid vervallen in een ander kwaad: ze hebben de vrije wil van de mensen te veel gewicht gegeven. Anderen dan weer hebben de vrije wil ofwel gehalveerd zodat deze niets meer tot het goede werk kon bijdragen, ofwel hebben ze hem geheel vernietigd voorzover ze de absolute noodzaak van al het gebeuren ingevoerd hebben. Dit deden ze toen ze begrepen hadden hoe groot het onheil is voor de ware vroomheid wanneer de mens op zijn eigen kracht en verdienste vertrouwt en hoe onverdraaglijk de aanmatiging van sommigen is die hun goede werken volop tentoonstellen of ze zelfs aan anderen volgens maat en gewicht verkopen, zoals olie en zeep verkocht worden, en toen ze van hun kant dit onheil wilden herstellen.

IV, 2

Ongetwijfeld paste het volgens deze lieden [de volgelingen van Luther] heel goed bij de loutere gehoorzaamheid die met de christelijke geest gegeven is, dat de mens geheel en al afhangt van de wenken van God. Op diens beloften zetten ze hun hele hoop en vertrouwen vanuit het inzicht hoe armzalig ze vanuit zichzelf zijn. Eveneens vinden ze het gepast dat de mens Gods onmetelijke barmhartigheid bewondert en liefheeft die ons zoveel vergunt, dat hij zich geheel en al aan Gods wil onderwerpt of die nu redt of in het verderf stort, dat hij zich geen lof aanmatigt voor de goede werken, maar alle eer en glorie aan Gods genade toeschrijft, wanneer hij zich bedenkt dat de mens niets anders is dan een levend werktuig van de goddelijke geest. (...)

IV, 3

Wanneer ik namelijk hoor dat de verdienste van de mens zo nietig is dat zelfs alle werken van de vromen zonden zijn, wanneer ik hoor dat onze wil tot niets meer in staat is dan de klei in de handen van de pottenbakker, wanneer ik hoor dat alles wat wij doen en willen te herleiden is tot een absolute noodzakelijkheid, dan wordt mijn hart door vele twijfels bevangen. Allereerst: hoe komt het dan dat we zo vaak lezen dat de heiligen, rijk aan goede werken, de rechtvaardigheid beoefend hebben? Dat ze oprecht voor God gewandeld hebben, niet naar rechts of links afgeweken zijn? En wat dan wanneer hetgeen ook de allervroomsten doen zonde is en zelfs zo'n zonde dat God ook hen die voor Christus gestorven zijn in de hel zou storten, zonder dat zijn barmhartigheid te hulp zou komen? Hoe komt het dat men zo vaak over 'beloning' hoort spreken wanneer er helemaal geen verdienste zou zijn? In welke zin wordt de gehoorzaamheid geprezen van degenen die de geboden van God volgen en wordt de ongehoorzaamheid veroordeeld van hen die dit niet doen? Waarom wordt in de heilige schrift zo vaak over het 'oordeel' gesproken wanneer er helemaal geen vergelding voor het goede of het slechte zou zijn? Of nog: waarom worden wij gedwongen voor het tribunaal te verschijnen wanneer niets volgens onze beslissing gebeurt, maar alles uit pure noodzakelijkheid geschiedt? Ook de vraag is dan hinderlijk waarom zoveel vermaningen, geboden, dreigingen, aansporingen nodig zijn wanneer wij niets doen, maar God volgens zijn onveranderlijke wil alles in ons bewerkt, zowel het willen als het volbrengen van deze. (…)

IV, 8

De vrije wil had evenwel ook zo bepaald kunnen worden dat een overdreven vertrouwen op onze verdienste en de andere nadelen die Luther vermijdt, en tegelijk de andere nadelen waarover gesproken werd, vermeden worden, zonder dat de door Luther zo bewonderde voordelen verloren gaan. Dat lijkt mij degenen te lukken die de eerste aanzet waardoor het hart aangespoord wordt, geheel en al aan de genade toeschrijven en slechts in het verdere verloop ook het een en ander aan de wil van de mensen toedichten, die zich daarmee niet aan de genade onttrokken heeft. In iedere gebeurtenis zijn drie delen: begin, voortgang en voltooiing. Wie zo redeneert, kent aan de eerste en de derde de genade toe, alleen in de voortgang, aldus deze positie, richt de vrije wil iets uit. Dit gebeurt echter op zo'n manier dat in dezelfde ondeelbare actie twee oorzaken bij elkaar komen en wel zo dat de genade de eerste oorzaak is, de wil de tweede die zonder de eerste niets vermag, terwijl de eerste oorzaak zichzelf genoeg is, zoals de natuurlijke kracht van het vuur brandt, en toch God die tegelijk door het vuur handelt, de eer-

ERASMUS *De vrije wil*

ste oorzaak is, die ook op zich alleen al toereikend zou zijn. Door dit samengaan van oorzaken komt het dat de mens zijn heil geheel en al aan God toeschrijven moet, omdat het toch eerder gering is wat de vrije wil doet en juist dat wat hij kan doen een geschenk van de genade van God is die juist de vrije wil geschapen heeft, deze dan ook bevrijd en geheeld heeft. Aldus worden ook zij tevredengesteld — wanneer ze al verzoend kunnen worden — die niet toelaten dat de mens iets goeds zou hebben dat niet aan God te danken is. In die opvatting [van het samengaan van oorzaken] heeft de mens ook heel wat te danken, maar anders en om een andere reden, namelijk zoals bij een erfenis die gelijkmatig aan de kinderen toekomt, niet van goedheid sprake kan zijn, omdat deze allen toekomt volgens een algemene wet. (Wanneer aan de een of de ander boven de gemeenschappelijke wet uit toch iets gegeven wordt, heet dat vrijgevigheid.) Toch zijn de kinderen hun ouders dank verschuldigd in naam van deze erfenis.

IV, 9

We zullen ook nog met enkele gelijkenissen proberen uit te drukken wat we bedoelen. Het oog van de mens ziet in het donker niets, ook wanneer het gezond is, en wanneer het blind is, ziet het helemaal niets. Zo ook kan de wil, hoewel hij vrij is, helemaal niets wanneer de genade zich terugtrekt. Wie gezonde ogen heeft, kan deze toch sluiten, ook wanneer het licht binnenvalt, zodat hij niet ziet, hij kan ook de ogen afwenden, zodat hij ophoudt te zien wat hij had kunnen zien. (…) Maar luister ook naar een tweede gelijkenis: een vader helpt het kind, dat gevallen is, recht, omdat het nog niet kan gaan, en omdat het zich inspant dit toch te doen en naar een appel wijst die voor hem ligt. Het kind wil naar de appel lopen, maar door de zwakte van zijn ledematen zou het snel opnieuw vallen wanneer de vader zijn hand niet zou uitstrekken, het ondersteunde en het op zijn gang begeleidde. (…) Waarop kan het kind hier aanspraak maken? Toch heeft het iets gedaan, al heeft heeft het niets waardoor het zich op zijn eigen krachten zou kunnen beroemen, omdat het zichzelf geheel en al aan zijn vader te danken heeft. (…)

IV, 11

Hoewel we hier zien dat aan de vrije wil niet al te veel toegeschreven kan

ERASMUS *De vrije wil*

worden, is zelfs dit voor sommigen nog meer dan nodig. Deze mensen beweren namelijk dat alleen de genade in ons werkt en onze geest alles uitsluitend ondergaat als een werktuig van de heilige geest, zodat het goede geenszins als onze prestatie beschouwd kan worden, behalve voorzover de goddelijke goedheid het ons zou aanrekenen als pure gunst. Zij zijn van mening dat de genade in ons werkt niet *door* de vrije wil, maar *met* de vrije wil, zoals de pottenbakker met de klei werkt, niet door de klei.

Maar waarom vermelden deze mensen dan de 'bekroning' en het 'loon'? God, zo beweren ze, bekroont zijn werken in ons en laat zijn goede werken onze beloning zijn en verwaardigt zich om datgene wat hij in ons bewerkt heeft, ons aan te rekenen, zodat we kunnen deelhebben aan het hemelse rijk. Maar hier zie ik echt niet in hoe men nog van een vrije wil kan spreken, wanneer die niets doet. Want wanneer men zegt dat hij op zo'n manier door de genade aangespoord wordt dat hij — hoewel aangespoord — toch zelf aanspoort, zou de verklaring eenvoudiger zijn. (...) Wanneer God zo met ons werkt, zoals de pottenbakker met leem, wat kan ons dan aangerekend worden aan goede of slechte dingen? Het is namelijk onjuist om bij deze vraag ook de ziel van Jezus Christus te betrekken, die ongetwijfeld zelf wel een werktuig van de Heilige Geest was. Wanneer de zwakheid van het vlees verhindert dat de mens verdienste verwerft, schrok ook hij [Jezus] voor de dood terug en wilde toch niet dat zijn eigen wil geschiedde, maar wel die van de vader. Toch bekennen zij die aan alle heiligen iedere verdienste van de goede werken ontzeggen, zich tot het geloof dat deze wil van Christus de bron van verdienste is!?

IV, 12

Degenen die beweren dat er helemaal geen vrije wil is en beweren dat alles vanuit een absolute noodzaak gebeurt, geloven eigenlijk dat God bij allen niet alleen de goede werken veroorzaakt, maar ook de slechte. Daaruit lijkt te volgen dat, zoals de mens in geen enkel opzicht auteur van de goede werken genoemd kan worden, hij ook op geen enkele manier auteur van de slechte kan zijn. Hoewel deze mening heel duidelijk aan God gruwelijkheden en onrechtvaardigheid toe te schrijven lijkt — een uitspraak die in vrome oren heftig afgrijzen opwekt (Hij zou immers niet God zijn, wanneer aan hem een tekort of een onvolkomenheid zou toekomen.) —, weten deze mensen toch weer wat ze moeten antwoorden in zo'n onheldere aangelegenheid: «God is, en wat hij doet kan alleen maar het beste en het mooiste zijn; wanneer men de schoonheid van het universum beschouwt, dan is ook dat wat op zichzelf slecht is, goed en toont de heerlijkheid Gods. Het is niet aan een of ander schepsel het raadsbesluit van de schepper te beoordelen, maar hij moet zich daaraan geheel en in alle dingen onderwerpen (…).»

> Erasmus, *Gesammelte Schriften*, Band 4. Darmstadt: Winfried Lesowky (Wissenschafteliche Buchgesellschaft), 1995. Vertaald voor deze bundel door Inigo Bocken.

Machiavelli

(1469-1527)

Wat is een filosoof? Meer in het bijzonder: wat was in de Renaissance een filosoof? In die tijd kwam buiten de kaders van de universitaire scholastiek een intellectuele traditie tot ontwikkeling die gedragen werd door mannen die wel soms opmerkelijke filosofische inzichten naar voren brachten, maar niet de habitus, de levenswijze, de manier van schrijven van een traditionele filosoof hadden. Vaak moet men zoveel van de historische achtergrond weten van waaruit ze schreven dat de vraag ook nu nog rijst of dat ogenschijnlijk zo tijdgebonden gedachtegoed wel filosofie mag heten.

Dergelijke vragen zijn onvermijdelijk als men zich gaat verdiepen in de geschriften van de Florentijnse denker Niccolò Machiavelli. Was hij een politicus, een politiek denker of een politiek filosoof? Heeft hij zijn bijna spreekwoordelijke faam te danken aan de ideeën die hij gelanceerd heeft of 'alleen maar' aan de literaire vorm van zijn betogen? Is zijn denken tijdgebonden en slechts te begrijpen in de context van de politieke strijd in het laat-renaissancistische Italië, of heeft het een kern die de beperkingen van tijd en plaats te boven gaat?

Men doet er goed aan de historische context waartegen Machiavelli's ideeën afgezet moeten worden slechts te beschouwen als de aanleiding of de voorwaarde voor het ontstaan van zijn werken. Hij schreef zijn bekendste boek, *Il Principe*, in een tijd dat Italië het toneel was geworden van een internationale machtsstrijd. In 1494 was de Franse koning Karel VIII Italië binnengetrokken en vanaf dat moment was het gedaan met het subtiele machtsevenwicht tussen de grotere Italiaanse staten (Milaan, Venetië, Florence, de pauselijke Staat en het koninkrijk Napels). In Florence kwam na de verdrijving van het vorstenhuis van de Medici's tijdelijk de monnik Savonarola aan het bewind en toen deze in 1498 weer het veld moest ruimen, werd Florence een republiek. Machiavelli was onder de republiek hoofd van de tweede kanselarij en in deze hoge ambtelijke functie vervulde hij verschillende diplomatieke missies. In die hoedanigheid leerde hij de politieke situatie in Italië en daarbuiten bijzonder goed kennen.

Toen in 1512 het bewind van de Medici's hersteld werd, verloor Machiavelli zijn hoge positie. Als ambteloos burger trok hij zich terug op het platteland en daar zette hij zich aan het schrijven van de werken die hem beroemd zouden maken en waarin hij de kennis die hij in de voorgaande periode had opgedaan ten algemenen nutte kon maken. In 1513 schreef hij *Il Principe* en daarna begon hij aan een commentaar op de Romeinse schrijver Livius, *Discorsi sopra la prima deca di Tito Livio*. Het manuscript van *Il Principe* circuleerde in handschrift onder vrienden en bekenden, voordat het in 1532 voor het eerst gedrukt werd. Machiavelli was ondertussen, arm en berooid, al in 1527 overleden.

In een beroemde brief uit 1513 schetst Machiavelli kort de inhoud van zijn boek. Het gaat over «wat de machtspositie van een heerser inhoudt, welke soorten ervan bestaan, hoe men ze verwerft, hoe men ze behoudt en waarom men ze verliest». Zo op het eerste gezicht lijkt het boek dus een van de vele vorstenspiegels te zijn die humanisten in die tijd voor hun landsheren schreven en waarin zij goede raad gaven voor een vredevol en welvarend bewind. In werkelijkheid wijkt Machiavelli radicaal van dit genre af. Zijn geschrift gaat heel nadrukkelijk niet uit van een ideale vorst of een ideale staatsvorm. Ook laat hij zich niets gelegen liggen aan de morele en religieuze regels die zijn collega-schrijvers als uitgangspunt voor een goed vorstelijk beleid formuleerden. Machiavelli gaat uit van de feitelijk aanwezige situatie en hij maakt de morele waarde van de gedragingen van de vorst ondergeschikt aan het politieke nut dat zijn handelingen kunnen hebben.

Het realistische, amorele standpunt dat Machiavelli inneemt vormt het belangrijkste nieuwe element in de politieke filosofie van zijn tijd. Vooral zijn overtuiging dat de zedelijke waarde van het politieke gedrag van een vorst in het politieke vlak niet van belang is, heeft veel weerstand opgeroepen en hem een slechte pers bezorgd. Toch zijn het realisme en het amoralisme 'slechts' consequenties van een meer fundamentele ontdekking van Machiavelli. In tegenstelling tot anderen die voor hem over de ordening van het politieke leven schreven, beschouwde Machiavelli de staat als een opzichzelfstaand organisme en de politiek als een opzichzelfstaande wetenschap. Het domein van de politiek stond zijns inziens los van de domeinen van moraal en religie. De politiek was niet langer ingebed in een kosmische ordening en ontleende niet meer haar regels aan een boven haar uitgaande levensbeschouwing. Machiavelli is daarmee een van de eerste ideologen van de *raison d'état*, de 'staatsraison'.

Hierin manifesteert zich het renaissancistische van Machiavelli's denken. De cultuurhistoricus Jacob Burckhardt wijdde het eerste hoofdstuk van zijn bekende *Die Kultur der Renaissance in Italien* aan wat hij noemde 'de staat als kunstwerk', waarmee hij bedoelde dat het inzicht, dat de staat werd gezien als een berekende, bewuste schepping van de mens, voor het eerst naar voren kwam in de tijd van de Italiaanse Renaissance. Machiavelli heeft dat inzicht, ook volgens Burckhardt, het scherpst geformuleerd. Wat Machiavelli inspireerde was de overtuiging dat de mens in staat is, gedeeltelijk althans, het lot in eigen hand te nemen. De mens was niet meer geheel afhankelijk van machten die zelfs zijn begrip te boven gingen, maar als hij blijk gaf van voldoende *virtu* (daadkracht), kon hij het lot (*fortuna*) naar zijn hand zetten. Ook het terrein van de politiek is in zijn ogen zo'n terrein waarop de mens actief handelend kan en moet optreden. Machiavelli is in dit opzicht dan ook tevens een filosoof van de menselijke vrijheid.

Machiavelli, *De heerser* (fragmenten)

XV *Over de dingen waardoor de mensen, en met name zij die aan de macht zijn, geprezen of bekritiseerd worden*

1. Ons rest nu nog na te gaan welke gedragslijn iemand die macht uitoefent moet volgen ten opzichte van zijn onderdanen of vrienden. En omdat ik weet dat velen hierover geschreven hebben, vrees ik dat men mij verwaand zal vinden wanneer ik er ook nog wat over zeg. Te meer omdat ik bij de behandeling van deze materie sterk afwijk van de normen die door mijn voorgangers gesteld zijn. Maar aangezien het mijn bedoeling is iets te schrijven wat nuttig is voor wie het begrijpt, vind ik het beter om me te houden aan de feitelijke werkelijkheid van de dingen dan aan de gefingeerde voorstelling ervan. Velen hebben zich namelijk staten en machtsposities voorgesteld die men in werkelijkheid nooit gezien of gekend heeft. Want er is zo'n groot verschil tussen hoe men leeft en hoe men zou moeten leven dat iemand, die wat men doet verwaarloost voor wat men zou moeten doen, eerder zijn ondergang dan zijn redding tegemoet gaat. Want een man die zich altijd en overal goed betoont, gaat noodzakelijk te gronde te midden van zovelen die niet goed zijn. Daarom moet een heerser, wanneer hij zich wil handhaven, leren om niet goed te zijn. En dit vermogen dient hij wél of niét in praktijk te brengen al naar gelang de omstandigheden hem daartoe dwingen.

2. Ik laat dus alles wat over machthebbers gefantaseerd is buiten beschouwing om me uitsluitend tot de realiteit te bepalen. En dan stel ik vast dat alle mensen (en vooral de heersers, omdat zij een hogere positie innemen), wanneer er over hen gesproken wordt, gekarakteriseerd worden

met enkele van de volgende eigenschappen, waardoor ze of bekritiseerd of geprezen worden. Want het is zó dat men de een vrijgevig vindt, de ander gierig (ik bezig hier het Toscaanse woord 'misero', omdat 'avaro' in onze taal ook slaat op iemand die door roof zijn bezit wil vermeerderen, terwijl wij het woord 'misero' alleen gebruiken voor iemand die te veel vasthoudt aan wat hij heeft); men vindt de een goedgeefs, de ander inhalig; de een wreed, de ander barmhartig; de een onbetrouwbaar, de ander betrouwbaar; de een verwijfd en lafhartig, de ander fanatiek en onverschrokken; de een beminnelijk, de ander hoogmoedig; de een zedeloos, de ander kuis; de een rechtschapen, de ander geslepen; de een koppig, de ander soepel; de een serieus, de ander oppervlakkig; de een godsdienstig, de ander ongelovig, en ga zo maar door.

3. En ik ben ervan overtuigd dat iedereen zal erkennen dat het zeer prijzenswaardig zou zijn, als een heerser van alle bovengenoemde eigenschappen alleen diegene zou bezitten die als goed beschouwd worden. Maar omdat men ze niet allemaal kan bezitten, noch er in alle opzichten naar kan leven, aangezien de menselijke natuur dat nu eenmaal niet toestaat, moet een machthebber zo verstandig zijn dat hij van de ene kant in staat is de schande te vermijden van de slechte eigenschappen die hem van zijn macht zouden kunnen beroven, en dat hij zich van de andere kant tegen de ondeugden die dat niet ten gevolge hebben, weet te wapenen in zoverre als dat mogelijk is. Maar als dat voor hem niet mogelijk is, kan hij er zich zonder al te veel scrupules aan overgeven. En hij moet er zich ook niets van aantrekken dat hij eventueel een slechte naam krijgt door dié ondeugden zonder welke hij zijn macht nu eenmaal moeilijk kan handhaven. Want als je alles goed overweegt, zul je bemerken dat er bepaalde dingen bestaan die op deugden lijken, maar die je, wanneer je je ernaar richt, de ondergang brengen, terwijl er andere dingen bestaan die op ondeugden lijken, maar die je, wanneer je je ernaar richt, veiligheid en welzijn blijken te verschaffen.

XVIII *In hoeverre personen die macht uitoefenen woord moeten houden*

1. Hoe prijzenswaardig het is als een machtig man zijn woord houdt en rechtschapen en eerlijk leeft, begrijpt iedereen. Toch leert de ervaring dat in onze dagen juist die machthebbers die zich aan hun woord weinig gelegen

MACHIAVELLI *De heerser*

lieten liggen, grote dingen tot stand hebben gebracht en op sluwe wijze de geest van de mensen hebben weten te bespelen. En tenslotte zijn ze zelfs hen die zich op eerlijkheid baseerden, de baas geworden.

2. In dit verband dient men in de gaten te houden dat er twee manieren van strijden bestaan: de ene door middel van wetten, de andere door middel van geweld. De eerste manier is eigen aan de mens, de tweede aan het dier. Maar omdat de eerste vaak niet toereikend is, moet men soms tot de tweede zijn toevlucht nemen. Een heerser moet dan ook de kunst verstaan om zowel in de huid van het dier als in die van de mens te kruipen. Dit hebben de schrijvers uit de Oudheid in allegorische vorm onder de aandacht gebracht van hen die macht uitoefenen. Ze beschrijven namelijk hoe de opvoeding van Achilles en vele andere machtige personen uit die oude tijden werd toevertrouwd aan de centaur Chiron, die hen onder zijn hoede moest nemen. Dit feit, dat men iemand als opvoeder had die half dier en half mens was, betekent niets anders dan dat een heerser in staat moet zijn van beide naturen gebruik te maken. Want de ene natuur zonder de andere is geen garantie voor de duurzaamheid van zijn machtspositie.

3. Gezien het feit dat een heerser dus per se de kunst moet verstaan om van de natuur van het dier gebruik te maken, moet hij er twee als voorbeeld nemen: de vos en de leeuw. De leeuw kan zich namelijk niet verdedigen tegen valstrikken, en de vos niet tegen wolven. Hij moet dan ook een vos zijn om de valstrikken in de gaten te hebben, en een leeuw om de wolven schrik aan te jagen. Zij die zich louter en alleen als leeuw gedragen, doorzien de zaken niet. Een verstandig heerser kan noch mag dus zijn woord houden wanneer dit hem schade berokkent en wanneer de redenen, die hem tot zijn belofte gebracht hebben, zijn weggevallen. Als de mensen allemaal goed waren, zou dit advies niet juist zijn. Maar omdat ze slecht zijn en ze ook ten opzichte van jou hun woord niet zullen houden, hoef jij dit evenmin tegenover hén te doen. En nooit heeft het een heerser ontbroken aan geldige motieven om zijn woordbreuk te bemantelen. Hiervan zou men tal van voorbeelden uit onze tijd kunnen geven, en men zou kunnen aantonen hoeveel vredesverdragen en beloften waardeloos en ijdel gemaakt zijn door de trouweloosheid van de machthebber. En zij die het best de vos hebben weten te spelen, hebben het meest bereikt. Maar men moet de kunst verstaan om de natuur van de vos goed te bemantelen en men dient flink

MACHIAVELLI *De heerser*

te kunnen veinzen en ontveinzen. Want de mensen zijn zó onnozel en ze richten zich zó op hun directe behoeften dat iemand die bedriegt, altijd wel iemand vindt die zich wil laten bedriegen.

4. (...) Voor een heerser nu is het niet noodzakelijk dat hij alle bovengenoemde eigenschappen bezit, maar wel moet hij de indruk wekken dat hij ze bezit. Ik durf zelfs te beweren dat deze eigenschappen, wanneer je ze bezit en altijd in praktijk brengt, schadelijk zijn, terwijl ze, wanneer je ze schijnt te bezitten, nuttig zijn. Dit geldt bijvoorbeeld voor barmhartig, betrouwbaar, menselijk, oprecht en godsdienstig schijnen, en het in werkelijkheid ook zijn. Maar je dient wat instelling betreft in staat te zijn om zo nodig op de tegenoverliggende eigenschap over te schakelen. En men moet goed voor ogen houden dat een heerser, vooral als hij pas aan de macht is, niet alle dingen in acht kan nemen op grond waarvan de mensen als goed beschouwd worden. Want om zijn machtspositie te handhaven, is hij dikwijls genoodzaakt te handelen in strijd met de betrouwbaarheid, de barmhartigheid, de menselijkheid en de godsdienstigheid. En daarom is het nodig dat hij mentaal bereid is een andere koers te gaan varen, als de grillen van het lot en de veranderende situaties hem dat voorschrijven. En hij moet, zoals ik al zei, het goede niet achterwege laten wanneer dat mogelijk is, maar van de andere kant moet hij in staat zijn over te stappen op het kwade wanneer de noodzaak hem daartoe dwingt.

5. Een heerser moet er dus ten zeerste op bedacht zijn dat hij zich nooit iets laat ontvallen wat niet van de vijf bovengenoemde eigenschappen vervuld is. Wanneer men hem ziet en hoort, moet hij een en al barmhartigheid, betrouwbaarheid, oprechtheid en godsdienstigheid schijnen. En niets is méér noodzakelijk dan de schijn te wekken dat men beschikt over laatstgenoemde eigenschap. De mensen oordelen gewoonlijk meer naar wat ze met de ogen zien dan naar wat ze met de handen voelen. Want zien kan iedereen, voelen lukt maar weinigen. Iedereen ziet wat je schijnt, weinigen voelen wat je bent. En die weinigen durven zich niet te verzetten tegen de opvatting van de meerderheid, die zich door het hoogste gezag beschermd weet. Bij de daden van alle mensen, maar vooral bij die van hen die de hoogste macht uitoefenen — in welk geval er geen rechtbank is waarbij men kan protesteren — kijkt men altijd naar het uiteindelijke resultaat. Een machthebber moet dus zorgen dat hij de overhand krijgt en zijn heerschappij handhaaft.

MACHIAVELLI *De heerser*

De middelen daartoe zullen altijd als eervol beschouwd worden en door iedereen geprezen worden. Want de massa laat zich meesleuren door de schijn en door het resultaat van iets. En de wereld is nu eenmaal één grote massa. En voor de minderheid is er pas plaats wanneer de meerderheid geen houvast meer heeft. Een vorst uit onze eigen tijd, die ik beter niet kan noemen, predikt nooit iets anders dan vrede en trouw, maar van beide zaken is hij zeer afkerig. En stel dat hij ze beide in praktijk zou hebben gebracht, dan zouden ze meer dan eens aan zijn prestige en macht afbreuk gedaan hebben.
(...)

XXV *Hoe groot de macht van het lot in het menselijk bestaan is en op welke wijze men er zich tegen te weer moet stellen*

1. Het is mij niet onbekend dat er veel mensen geweest zijn en nog zijn, die menen dat alles hier op aarde in die mate door het lot en door God wordt bestuurd dat men er met al zijn intelligentie niets aan kan veranderen en er zelfs niets tegen kan doen. En op grond hiervan zou men van mening kunnen zijn dat het zinloos is zich ergens voor in het zweet te werken en dat men zich beter door de grillen van het toeval kan laten leiden. Deze opvatting heeft juist in onze dagen meer aanhang gevonden door de geweldige veranderingen die men dag in dag uit om zich heen ziet plaatsvinden: veranderingen waarvan men tevoren niet het flauwste vermoeden had. En telkens als ik hieraan dacht, heb ik wel eens een lichte neiging gevoeld om me bij de opvattingen van bovengenoemde personen aan te sluiten.

2. Maar om de vrije wil van de mens niet te ontkennen, wil ik hier toch als mijn mening naar voren brengen dat het waarschijnlijk zó is dat het lot de helft van onze zaken in handen heeft, maar dat het de andere helft of praktisch de andere helft aan ons zelf overlaat. En ik vergelijk het lot met een van die woeste rivieren die in hun gramschap hele vlakten onder water zetten, bomen ontwortelen en gebouwen omverwerpen, en op één punt een stuk grond meesleuren om het ergens anders weer achter te laten: iedereen gaat voor hen op de vlucht en wijkt voor hun geweld zonder er ook maar iets tegen te kunnen doen. Maar het feit dat die rivieren zo zijn, betekent niet dat men in perioden van rust geen voorzorgsmaatregelen kan nemen door het aanleggen van beveiligde plaatsen en dijken, zodat het water, als

MACHIAVELLI *De heerser*

het weer gaat wassen, ofwel door een kanaal kan afvloeien ofwel minder tomeloos en schadelijk zal zijn.

3. Net zo gaat het met het lot, dat immers juist daar blijk geeft van zijn kracht waar elke georganiseerde tegenstand ontbreekt, en dat zijn aanvallen juist richt op die punten waarvan het weet dat er geen veiligheidsmaatregelen en dijken zijn waardoor het in toom gehouden kan worden. En als men de blik richt op Italië, dat de zetel van deze veranderingen is en het gebied dat ze op gang heeft gebracht, ziet men dat dit een open land is zonder dijken en zonder enige beveiliging. Want als het over een doeltreffende weermacht had beschikt, zoals Duitsland, Spanje en Frankrijk, had deze vloedgolf ofwel niet de grote veranderingen teweeggebracht die zij heeft teweeggebracht, ofwel zij was helemaal niet gekomen. En hiermee wil ik mijn betoog over het weerstand bieden aan het lot, zoals ik dat in algemene termen heb gegeven, besluiten.

4. En wanneer ik me nu meer met de details van de kwestie ga bezighouden, begin ik met te zeggen dat men bepaalde heersers de ene dag voorspoedig ziet regeren en de dag daarop ten val ziet komen, zonder dat hun karaktereigenschappen of hoedanigheden ook maar enigszins veranderd blijken te zijn. Ik geloof dat dit allereerst het gevolg is van dat wat ik al uitvoerig beargumenteerd heb, namelijk dat die heerser die in alle opzichten op het lot vertrouwt, ten val komt zodra er een lotswisseling optreedt. Ik geloof ook dat hij die zijn handelwijze weet aan te passen aan de tijdsomstandigheden, voorspoedig regeert, en dat omgekeerd degene die zijn optreden niet met de tijd in overeenstemming weet te brengen, niet voorspoedig regeert.

5. Want men ziet dat de mensen in hun pogingen om de dingen te bereiken die ze zich allemaal als doel voor ogen stellen, namelijk roem en rijkdom, op uiteenlopende wijze te werk gaan. De een handelt omzichtig, de ander doortastend; de een maakt gebruik van geweld, de ander van list; de een is een toonbeeld van geduld, de ander het tegenovergestelde daarvan. En op deze uiteenlopende manieren kan iedereen het doel dat hij zich stelt bereiken. Men ziet soms hoe van twee mensen die omzichtig te werk gaan, de een zijn doel bereikt en de ander niet, en omgekeerd hoe twee personen even succesrijk zijn, ofschoon ze op twee verschillende manieren te werk gaan, de een bijvoorbeeld voorzichtig en de ander doortastend. Dit komt nergens anders uit voort dan uit de tijdsomstandigheden, die wel of niet

MACHIAVELLI *De heerser*

met hun manier van optreden overeenstemmen. Hierdoor komt het, zoals ik reeds gezegd heb, dat twee personen verschillend te werk kunnen gaan en toch tot hetzelfde resultaat kunnen komen, terwijl van twee anderen, die op dezelfde manier te werk gaan, de een zijn doel bereikt en de ander niet.

6. Het gevolg hiervan is ook dat het goede niet altijd en overal hetzelfde is. Want als iemand voorzichtig en geduldig te werk gaat en de tijdsomstandigheden zich daarbij zo ontwikkelen dat zijn handelwijze goed is, gaat het hem voor de wind. Als de omstandigheden echter veranderen, komt hij ten val, omdat hij geen verandering aanbrengt in zijn wijze van optreden. Maar niemand is zó wijs en zó verstandig dat hij zijn gedrag altijd aan de situatie weet aan te passen. Enerzijds komt dit omdat men niet zomaar kan afwijken van datgene waartoe men van nature geneigd is, en anderzijds ligt de reden ervan ook in het feit dat men, omdat men altijd succesvol is geweest door een bepaalde gedragslijn te volgen, er niet toe kan komen die nu ineens op te geven. Daarom is een voorzichtig man, wanneer het tijd is om tot de aanval over te gaan, niet in staat dat te doen. En daardoor komt hij ten val. Want als hij van karakter zou veranderen in overeenstemming met de tijdsomstandigheden, dan zou vrouwe Fortuna zich niet van hem afwenden.

(...)

9. Mijn conclusie luidt dus dat de mensen, gezien het feit dat de fortuin veranderlijk is en zijzelf halsstarrig aan hun eigen gedragslijn vasthouden, succesvol zijn wanneer deze twee punten met elkaar overeenstemmen, en niet succesvol wanneer ze niet met elkaar overeenstemmen. Wel ben ik van mening dat men, omdat de fortuin een vrouw is, beter doortastend dan voorzichtig kan zijn. En wanneer men haar eronder wil houden, is het noodzakelijk haar te lijf te gaan en af te ranselen. Het blijkt namelijk dat zij zich eerder laat bedwingen door iemand die hardhandig optreedt dan door iemand die met zachtheid te werk gaat. En omdat ze een vrouw is, staat ze vooral op goede voet met mannen die nog jong zijn, aangezien die minder voorzichtig en meer agressief zijn, en haar met meer brutaliteit naar hun hand durven zetten.

G. Lisio, *Il Principe*. Florence, 1900. Nederlandse vertaling: *De heerser*, vertaling F. van Doorn. Amsterdam: Athenaeum — Polak & Van Gennep, 1982, p. 127-128, 136-138, 169-170.

Montaigne

(1533 – 1592)

Zo'n zestig kilometer ten westen van Bordeaux ligt tussen wijngaarden en bossen het kasteel van Montaigne. Hier werd in 1533 Michel de Montaigne geboren; zijn moeder was van Spaanse, vermoedelijk joodse afkomst en zijn vader was rijk geworden in de handel en kon het zich veroorloven Michel een 'adellijke' opvoeding te geven. Als Michel later het kasteel erft, noemt hij zich 'de Montaigne'. Een brand in de negentiende eeuw heeft het kasteel grotendeels verwoest, maar het belangrijkste is overeind gebleven: de toren waar Montaigne zijn verblijven had, met bovenin de bibliotheek. Daar schreef Montaigne zijn *Essays*.

Er zijn maar weinig filosofen bij wie voor een juist begrip van hun werk biografische gegevens relevant zijn. Montaigne schrijft echter op een persoonlijke wijze over persoonlijke kwesties. Hij is geen filosoof die een systeem of wereldbeeld ontwikkelt, hij is in de eerste plaats schrijver. Voor de geschiedenis van de filosofie is belangrijk dat hij het scepticisme weer in het centrum van de belangstelling brengt. Montaigne schreef onder het motto «Que sais-je?» («Wat weet ik?») en zijn antwoord luidde: weinig tot niets.

Montaigne is ook van belang vanwege het feit dat hij het essay heeft 'uitgevonden'. Dit gaf filosofen nieuwe mogelijkheden om zich op literaire, of althans niet-academische wijze, met filosofie bezig te houden. Het biedt ruimte voor persoonlijke opmerkingen, voor 'subjectivisme'. Montaignes werk wordt dan ook gekenmerkt door een grote openhartigheid. Zo schrijft hij: «Had ik in een van die landen geleefd waar, zoals dat heet, de zoete vrijheid van de oorspronkelijke natuurwetten nog heerst, dan had ik mij heel graag (...) van top tot teen en volkomen naakt afgebeeld.»

In het voorwoord van zijn *Essays* schrijft Montaigne: «Dit, lezer, is een eerlijk boek. (...) Ik heb het in het bijzonder ten gerieve van mijn verwanten en vrienden geschreven: opdat ze er enkele trekken van mijn karakter en opvattingen in kunnen terugvinden en door middel daarvan op een vollediger en sprekender manier de herinnering die ze aan me hebben, levend kunnen houden.» Montaigne schrijft de *Essays* voor zijn 'nabestaanden'. De dood is dan ook een steeds terugkerend onderwerp in Montaignes werk. De laatste ogenblikken van zijn boezemvriend Étienne de La Boétie had hij aan diens sterfbed meegemaakt. Hij was ontroostbaar en leed onder depressies en angst voor de dood. In 1571 trekt hij zich terug uit het openbare leven van Bordeaux, waar hij magistraat was, en verschanst hij zich in zijn toren. Bij gebrek aan een goede gesprekspartner begint hij te schrijven. Uit die eerste probeersels ontstond een soort gigantisch logboek. In 1580 publiceert hij het in twee delen en in 1588 verschijnt een uitgebreide driedelige versie. In zijn eigen exemplaar van die druk bleef hij tot zijn dood talloze aantekeningen maken, die in 1595 in een nieuwe uitgave verwerkt werden.

In zijn essay 'Over het oefenen' beschrijft Montaigne een bijnadoodervaring. Tijdens een ritje te paard werd hij door een andere ruiter in volle galop aangereden; omstanders waanden hem al dood, maar Montaigne overleefde het ongeval. Je zou kunnen stellen dat dit essay, en de daarin beschreven gebeurtenis, een centrale plek inneemt in het leven en het oeuvre van Montaigne. Het hielp hem niet alleen van zijn angst voor de dood af, maar het plaatste ook zijn filosofische held Socrates in een ander daglicht. Socrates zag filosoferen als een oefening in sterven: door te theoretiseren klimt de ziel van de aardse werkelijkheid op naar het rijk van de Ideeën. Bij de dood maakt de ziel zich helemaal los van het lichaam en gaat op in de Ideeënwereld. Van dit platoonse gedachtegoed lijkt Montaigne zich af te keren. Hij ondervindt dat theoretiseren onvoldoende is; theorie en praktijk zijn net zo min te scheiden als lichaam en ziel. Als Montaigne zijn oefeningen, zijn leven eigenlijk, probeert te beschrijven, blijkt bovendien keer op keer dat die ongrijpbaar zijn. Hij probeert oprecht weer te geven wat er in zijn ziel omgaat, maar het «is een hachelijke onderneming (...) om een zo grillige gang te volgen als die van onze geest, om door te willen dringen in zijn duistere diepten en inwendige krochten, om zijn bewegingen tot in de geringste nuances na te gaan en vast te leggen». Als voor Socrates filosoferen een oefening in sterven is, is het voor Montaigne het tegenovergestelde: filosoferen is leren te leven, met vallen en opstaan.

Montaigne, *Essays* (fragmenten)

'Over het oefenen'

Redelijk denken en onderricht, hoe graag wij ook ons vertrouwen daarin stellen, kunnen moeilijk genoeg kracht hebben om ons tot daden te brengen, als we daarbij niet met praktijkervaring onze geest oefenen en vormen voor de weg die wij hem willen laten gaan: want anders zal hij ongetwijfeld vastlopen, wanneer de tijd van handelen is aangebroken. Daarom vonden degenen onder de filosofen die een of andere hogere superioriteit wilden bereiken, het niet genoeg rustig onder hun veilige dak de slagen van het lot af te wachten, omdat ze bang waren er dan als onervarenen, die niet gewend zijn om te strijden, door verrast te worden. Liever zijn ze deze tegemoet gegaan en hebben ze zich bij wijze van beproeving willens en wetens in de problemen gestort. Sommigen hebben om die reden afstand gedaan van hun rijkdommen om zich in vrijwillige armoede te oefenen; anderen hebben voor een zwaar, werkzaam en sober leven gekozen om zich tegen pijn en ongemak te harden; weer anderen beroofden zich van hun dierbaarste lichaamsdelen, zoals hun ogen en voortplantingsorganen, omdat ze bang waren dat hun vastberaden geest door het te aangename en wellustige gebruik daarvan slap en week zou worden. Maar als het op sterven aankomt, de grootste taak die wij te vervullen hebben, kan oefening ons niet helpen. Tegen pijn, schande, armoede en soortgelijke ongelukkige omstandigheden kan men zich door gewenning en ervaring wapenen. Maar de dood kunnen we maar eenmaal beproeven. Als we daaraan toekomen, is ieder van ons een beginneling.

Tijdens onze derde of tweede woelingen (ik herinner me dat niet zo goed) was ik op een dag uit rijden gegaan, ongeveer een mijl van mijn huis, dat gelegen is in het centrum van alle onrust van de Franse burgeroorlogen. Omdat ik mij volkomen veilig waande en zo dicht bij mijn huis was dat ik niet beter toegerust hoefde te zijn, had ik een gemakkelijk maar niet erg sterk paard genomen. Op de terugweg deed zich plotseling een gelegenheid voor om dat paard te gebruiken voor een taak waaraan het niet bepaald gewend was: een van mijn mensen, een grote, krachtige kerel, gezeten op een geweldig werkpaard, dat hopeloos slecht naar het bit luisterde en ook nog fris en sterk was, wilde om te laten zien wat hij durfde voor zijn makkers uit rennen, maar joeg het dier toevallig in volle vaart recht op mij af en kwam als een kolos op de kleine ruiter met zijn kleine paard terecht; door zijn kracht en gewicht trof hij ons als een bliksemschicht en we werden beiden, de benen in de lucht, weggeslingerd; en daar lag mijn paard geveld en geheel verdoofd terneer, en ik tien of twaalf passen verderop, op mijn rug uitgestrekt, als dood, mijn gezicht helemaal beurs en ontveld; mijn zwaard, dat ik in de hand had gehad lag meer dan tien passen daarvandaan; mijn gordel was in stukken gescheurd en zelf was ik zo bewegingsloos en gevoelloos als een stuk hout. Dat was tot op deze dag de enige keer dat ik bewusteloos ben geweest. Toen mijn metgezellen alles wat ze konden geprobeerd hadden om me weer bij te brengen, namen ze me, in de mening dat ik dood was, in hun armen en droegen me met veel moeite naar mijn huis, dat ongeveer een halve Franse mijl daarvandaan lag. Onderweg, en nadat ze me meer dan twee volle uren voor dood hadden gehouden, begon ik me weer te bewegen en adem te halen; want er was zo'n grote hoeveelheid bloed in mijn maag terechtgekomen dat de natuur, om die daarvan te bevrijden, gedwongen was haar krachten weer op te wekken. Men zette mij op mijn voeten, waarna ik een volle emmer puur, klonterig bloed overgaf, en onderweg moest ik dat nog verscheidene keren herhalen. Daardoor kwam ik weer enigszins tot leven, maar dat ging bij stukjes en beetjes en over zo'n lange tijdsspanne dat mijn eerste gewaarwordingen meer doods- dan levenservaringen waren. (...)

Deze zo diep in mijn ziel geprente herinnering, die mij het beeld en aangezicht van de dood in een zo bijna natuurlijke vorm voor ogen stelt, verzoent me enigszins met hem. Toen ik iets begon te zien, was dat met zo'n zwakke, levenloze blik dat ik niets anders dan licht waarnam. (...) Het was alsof mijn levensgeesten nog maar aan het randje van mijn lippen hingen: ik sloot mijn ogen om, zo leek het me, te helpen ze naar buiten te drijven en ik vond het prettig om mij zwak te voelen en me te laten gaan. Het was een gedachte die slechts aan de oppervlakte van mijn geest dreef, even teer en even zwak als al het overige, maar die in feite niet alleen vrij was van smart, maar vermengd met de zoete behaaglijkheid die je voelt als je je zachtjes in een slaap laat wegglijden.

Ik geloof dat het dezelfde toestand is waarin degenen zich bevinden die men in hun doodsstrijd van zwakte ziet bezwijmen; en ik ben ervan overtuigd dat wij geen reden hebben hen te beklagen en te denken dat ze door hevige pijnen door elkaar geschud worden of dat hun ziel door kwellende gedachten wordt belaagd. In tegenstelling tot de opvatting van vele anderen, en zelfs die van Étienne de La Boétie, ben ik altijd van mening geweest dat degenen die wij bij het naderen van hun einde zo geveld en versuft zien liggen (...) welke lichamelijke bewegingen we en ook zien maken, zowel geestelijk als lichamelijk in een diepe slaap verzonken zijn. (...)

Toen ik mijn huis naderde, waar het nieuws over mijn val zich al verspreid had, en mijn familieleden mij met het bij zulke gelegenheden gebruikelijke gejammer tegemoet waren gekomen, gaf ik niet alleen met een enkel woord antwoord op wat men mij vroeg, maar men zegt dat ik er zelfs aan dacht opdracht te geven mijn vrouw, die ik op de steile en moeilijk begaanbare weg zag zwoegen en voorstrompelen, een paard te brengen. Het lijkt alsof deze gedachten moeten zijn voortgekomen uit een geest die klaar wakker was. Maar in werkelijkheid was ik helemaal niet aanwezig. Het waren lege, in de lucht hangende gedachten, die door sensaties van het oog en het oor veroorzaakt werden; ze kwamen niet uit mijzelf. Ik wist ook niet vanwaar ik kwam, of waar ik heen ging; ik was niet in staat de vragen die mij gesteld werden te overdenken en te beoordelen. Het zijn oppervlakkige reacties, die de zintuigen zelf als uit gewoonte voortbrengen. Wat de geest eraan bijdroeg, deed hij dromend, zeer licht aangeroerd, als het ware met de tong, en bedauwd door de zwakke indrukken van de zintuigen.

Intussen was mijn toestand waarlijk zeer behaaglijk en vredig. Ik had geen verdriet, noch om anderen, noch om mijzelf. Het was een matheid, extreme krachteloosheid zonder enige pijn. Ik zag mijn huis zonder het te herkennen. Toen men mij in bed had gelegd, gaf deze rust me een oneindig gevoel van welbehagen, want er was lelijk aan me gesjord door die arme mensen, die zich de moeite hadden getroost mij in hun armen over een lange, zeer slechte weg te dragen en zich daarbij om beurten tot twee-, driemaal toe hadden uitgeput. Ik kreeg een massa geneesmiddelen aangeboden, waarvan ik er niet één heb genomen, omdat ik ervan overtuigd was dat ik dodelijk gewond was aan mijn hoofd. Het zou, ongelogen, een heel gelukkige dood zijn geweest; want de verzwakking van mijn denken behoedde me er voor om over ook maar iets ervan een oordeel te hebben, terwijl mijn lichamelijke zwakte me ervoor behoedde iets te voelen. Ik liet me zacht wegglijden, op zo'n aangename en gemakkelijke manier dat ik vrijwel geen andere handeling weet die mij minder zwaar was gevallen dan deze. Toen ik twee of drie uur later weer wat tot leven en op krachten begon te komen, voelde ik me plotseling weer aan de pijnen overgeleverd, want al mijn ledematen waren door mijn val gekneusd en geradbraakt; en ik was

MONTAIGNE *Essays*

er twee of drie nachten later zo slecht aan toe dat ik opnieuw het idee had dood te gaan, maar nu een pijnlijker dood. De schok die ik van de botsing heb gehad voel ik nog steeds. (…)

Dit verslag van zo'n onbelangrijke gebeurtenis zou weinig te betekenen hebben, als het niet was om de lering die ik er voor mijzelf uit heb getrokken. Want inderdaad concludeer ik dat men om met de dood vertrouwd te raken er alleen maar dicht bij hoeft te komen. Welnu, zoals Plinius zegt is iedere mens voor zichzelf een goede leerschool, als hij maar het vermogen heeft zich nauwlettend gade te slaan. Dit is geen theorie maar een oefening voor me. Het is geen les voor anderen maar voor mijzelf.

Intussen moet men me het maar niet kwalijk nemen wanneer ik haar doorgeef. Wat mij tot nut is, kan bij geval ook anderen helpen. Bovendien bederf ik er niets mee: ik gebruik slechts wat van mij is. En als ik voor gek sta, is dat op eigen kosten en zonder een ander te benadelen. Want het is een dwaasheid die met mij sterft en geen gevolgen heeft. Van slechts twee of drie Ouden wordt ons bericht dat ze deze weg gegaan zijn. En we kunnen niet eens zeggen of de manier waarop ze het deden ook maar enige gelijkenis vertoont met de mijne, want we kennen alleen hun namen. Niemand heeft sindsdien de sprong gewaagd hun spoor te volgen. Het is een netelige onderneming, meer nog dan het lijkt, om een zo dolende gang als die van onze geest te volgen; om in zijn diepste, meest duistere schuilhoeken door te dringen; de vele kleine nuances en innerlijke roerselen uit te zoeken en vast te leggen. Het is een nieuw tijdverdrijf, buiten de normale orde; het houdt ons af van onze gewone wereldse bezigheden, ja zelfs die welke het hoogst gewaardeerd worden. Al vele jaren ben ik het enige object van mijn overdenkingen en onderzoek en bestudeer ik niets anders dan mijzelf; en als ik iets anders bestudeer, is het om het dadelijk op mijzelf toe te passen, of, beter gezegd, in mijzelf. En ik geloof niet dat ik er verkeerd aan doe als ik anderen deelgenoot maak van wat ik in deze wetenschap aan inzicht gewonnen heb, evenals dat gebeurt in andere, onvergelijkelijk veel minder nuttige wetenschappen, hoewel de vorderingen die ik geboekt heb nauwelijks bevredigen. (…)

Leven is mijn handwerk en mijn kunst. Wie mij verbiedt daarover te spreken zoals ik het voel, ervaar en gewend ben, die kan evengoed tegen een bouwmeester zeggen dat hij niet op zijn manier over bouwkunst moet spreken, maar op die van zijn buurman, op basis van andermans kennis en niet vanuit de zijne. Als het verwaandheid is je eigen verdiensten wereldkundig te maken, waarom prijst Cicero Hortensius' welsprekendheid dan niet aan, en Hortensius die van Cicero? Misschien bedoelen ze dat ik met werken en daden en niet louter met woorden over mijzelf zou moeten getuigen. Ik beschrijf vooral mijn denken, een object zonder vorm, dat zich niet in daden kan manifesteren. Met de grootste moeite lukt het me het in dat ijle medium van het woord neer te leggen. Onder de meest wijze en vrome mensen zijn er geweest die hun leven lang iedere zichtbare daad vermeden hebben. Mijn daden zouden meer over het lot zeggen dan over mij. Zij leggen getuigenis af van hun eigen rol, niet van de mijne, tenzij als een onzekere hypothese: het zijn proeven die alleen details demonstreren. Ik laat mijzelf helemaal zien: het is een *skeletos* waarvan in één oogopslag alle onderdelen te zien zijn, de aderen, de spieren en de pezen, ieder onderdeel op zijn plaats. Eén deel van mij openbaart zich in mijn hoesten, een ander deel in mijn verbleken en mijn hartkloppingen, en alles dubbelzinnig. Ik beschrijf niet wat ik doe, maar mijzelf, mijn wezen.

Michel de Montaigne, *Essais*. Nederlandse vertaling: *Essays*, boek II, 6, vertaling Frank De Graaff. Amsterdam: Boom, 1993.

ZEVENTIENDE & ACHTTIENDE EEUW

*Johannes Vermeer, De geograaf (1669), Städelsches Kunstinstitut, Frankfurt.
In de zeventiende eeuw namen de natuurwetenschappen een hoge vlucht.*

Inleiding

De *nova philosophia* of 'nieuwe filosofie' van de zeventiende eeuw brak met zowel het scholastieke als het humanistische verleden. Nieuwe wetenschappelijke methodieken en technieken lieten de beperkingen zien van de oude vormen van geleerdheid, en stelden andere eisen aan natuurfilosofie en metafysica. Vandaar dat de 'wetenschappelijke revolutie' ook een nieuw zelfbewustzijn met zich meebracht: de overtuiging dat het eigentijdse denken een meerwaarde had ten opzichte van het denken uit de Oudheid en niet louter kon bestaan in een herontdekking van verloren gegane kennis. «De grote wending van 's mensen geest in de zeventiende eeuw», schreef Johan Huizinga, «was die van het omzien naar het vooruit zien. De taak van het denkend verstand werd, in plaats van het bewijzen van bekende waarheid, het zoeken naar nieuwe waarheden.»

Toch bleven gedurende de gehele periode 1600–1800 humanistische idealen de opleiding van iedere scholier en student in Europa typeren. De belangrijkste onderwijskundige opdracht bleef het zich meester maken van het Latijn en het zich eigen maken van de klassieken. Bij voorkeur werden nog altijd auteurs uit de Oudheid geciteerd; mythologische figuren en verhalen behielden hun spreekwoordelijke betekenis; en in geschiedwetenschap en politieke theorie bleven de klassieke voorbeelden maatgevend. De breuk met het verleden gold dan ook niet voor alle takken van wetenschap, maar in het bijzonder voor natuurfilosofie en metafysica. Algauw begon zich de scheiding af te tekenen die we vandaag nog kennen tussen natuur- en geesteswetenschappen.

De ironie wil dat het humanisme zelf had bijgedragen aan deze ontwikkeling. Door de enorm toegenomen beschikbaarheid van klassieke teksten was in eerste instantie de indruk ontstaan dat 'vooruitgang' bestond in een herontdekking van verloren bronnen. Zelfs de nieuwe astronomie van Nicolaus Copernicus (1473–1543), die beweerde dat de zon niet om de aar-

ZEVENTIENDE & ACHTTIENDE EEUW *Inleiding*

de draait, maar de aarde om de zon, werd tot ver in de zeventiende eeuw gelezen als een herontdekking van een oude Egyptisch-Griekse wijsheid. Nieuwe natuurwetenschappelijke inzichten en ontdekkingen maakten dus niet direct een einde aan de humanistische interesse in antieke ideeën. Maar wel tastten ze het vertrouwen aan in één filosofisch systeem dat iedere hoger opgeleide van buiten kende: het aristotelische.

De centrale plaats van Aristoteles in het universitaire onderwijs ging terug op het bondgenootschap dat het christendom in de dertiende eeuw met Aristoteles had gesloten. Maar de denkbeelden van de oude Griek leenden zich niet alleen voor theologische kwesties. Aristoteles liet ons cruciale wetenschappelijke begrippen na, zoals 'materie', 'vorm', 'substantie', 'essentie', 'potentialiteit', 'kwaliteit', 'kwantiteit', 'oorzaak' en 'energie'. Zijn boeken gaven een concrete vorm aan vakgebieden en een afgerond onderwijsprogramma.

Maar juist Aristoteles' positie kwam rond 1600 onder grote druk te staan. Waar Aristoteles zelf nog een bekwaam bioloog en creatief denker was geweest, boden zijn aanhangers aan de universiteit een systeem dat voornamelijk met zichzelf in gesprek was en geheel was gebaseerd op boekenwijsheid in plaats van eigen onderzoek. Niemand kon vooralsnog de waarheid van Copernicus' veronderstelling bewijzen dat de aarde om de zon draait, maar de metingen van Tycho Brahe (1546–1601), die berekende dat kometen zich voortbewegen op een hoogte waarop volgens Aristoteles 'onveranderlijkheid' moest heersen, waren wel definitief. Ze brachten wetenschappers aan het twijfelen over de waarheid van Aristoteles' natuurfilosofie. Alternatieven waren er inmiddels voldoende. De kennis daarvan droeg bij aan de doorbraak van nieuwe ideeën, maar anderzijds leidden zoveel elkaar tegensprekende natuurfilosofische systemen ook tot een groeiend scepticisme. Een uitweg uit deze intellectuele verwarring moest komen van auteurs als Bacon, Galilei en Descartes, die niet alleen naar alternatieve antwoorden zochten, maar nieuwe methoden ontwierpen voor theorievorming en onderzoek.

Descartes fundeert de nieuwe inzichten § René Descartes (1596–1650) woonde lange tijd in Nederland en schreef daar zijn werken. Hij droeg bij aan de wetenschappelijke revolutie door de basis te leggen voor de analytische meetkunde en door een nieuw model voor de natuurkunde te ontwerpen. Maar hij legde bovendien een filosofisch fundament voor het wetenschappelijke denken. Zijn belangrijkste motivatie daarvoor was de veroordeling van Galilei door de Kerk in 1633. Plotseling was duidelijk geworden dat de nieuwe natuurwetenschap niet zonder slag of stoot zou worden geaccepteerd, en dat er een fundamentele botsing dreigde te ontstaan tussen deze wetenschap en de gevestigde religie. Galilei was Copernicus blijven verdedigen, ondanks zijn eerdere toezegging dat hij voorzichtig zou omgaan met het idee van de aarde als een bewegende planeet — een gewaagde stelling die niet leek overeen te komen met de tekst van de bijbel. Gewaarschuwd door het voorbeeld van Galilei staakte Descartes voor het moment zijn wetenschappelijke bezigheden en richtte al zijn aandacht op de uitwerking van een 'nieuwe filosofie' die alle onzekerheid over de jongste wetenschappelijke inzichten zou wegnemen, en die zou kunnen verklaren waarom de dingen in werkelijkheid soms anders zijn dan ze voor onze zintuigen lijken.

Het resultaat was een geheel nieuwe, 'cartesiaanse' metafysica, waarin de natuur wordt voorgesteld als een mechanisch systeem van minieme materiedeeltjes die door God in een strikt wetmatige beweging zijn gebracht. Tegenover die natuur bevindt zich de menselijke geest of ziel als toeschouwer van het materiële universum. Ons dagelijks wereldbeeld is het gevolg van de interactie tussen ziel en buitenwereld. De natuur werkt in op onze waarnemingsorganen, die net als onze hersenen onderdeel vormen van de lichamelijke natuur. Maar omdat God ervoor gezorgd heeft dat elke hersenindruk aan een bepaalde gedachte, bepaald gevoel of andere mentale gewaarwording is gekoppeld, ervaren wij de druk- en stootprocessen van de materiële buitenwereld in de vorm van kleuren, klanken en gevoelens. Zo ontstaat het beeld van de wereld dat wij kennen uit de dagelijkse ervaring.

De wereld *an sich* ziet er volgens de natuurwetenschap heel anders uit. Het is dan ook niet verwonderlijk dat Descartes van mening was dat hij een extra inspanning zou moeten doen om zijn tijdgenoten van de waarheid van de nieuwe natuurfilosofie te overtuigen. Op zoek naar ultieme zekerheid zette Descartes een ongebruikelijke stap en stortte hij zich welbewust in de *onzekerheid* door radicaal te twijfelen aan alles wat hij ooit voor waar gehouden had. Het resultaat hiervan was zijn eerste zekerheid, *Cogito ergo sum*: «Ik denk, dus ik ben.» Het 'ik', of de menselijke geest, gaat vervolgens op zoek naar andere zekerheden en vindt daarbij naast zichzelf ook God, de bestaansgrond van het ik. Via God komt uiteindelijk ook de rest van de wereld terug in de vorm van een lichamelijke natuur. Het ik begrijpt dat zijn aanvankelijke twijfels en onzekerheden alleen maar het gevolg waren van een onjuist begrip van de mens als samenstelling van lichaam en ziel.

Descartes dacht met zijn bewijs van het bestaan van God en met zijn radicale scheiding van lichaam en ziel een filosofie te hebben ontworpen die beter dan de filosofie van Aristoteles aansloot bij de christelijke traditie. Maar daar was lang niet iedereen het mee eens. Zijn landgenoot Blaise Pascal (1623–1662) was van oordeel dat Descartes het in zijn hele filosofie het liefst zonder God had willen stellen. Descartes «had het enkel niet kunnen verhinderen», zei Pascal, om God «een duwtje te moeten toedelen om de wereld in beweging te zetten. Daarna heeft hij God niet meer nodig.» En in Nederland overkwam Descartes bijna wat Galilei in Italië was overkomen. De Utrechtse theoloog Gisbertus Voetius (1589–1676) was net als Pascal van mening dat God kennelijk ontbrak in de cartesiaanse natuur en hij zorgde ervoor dat de nieuwe filosofie tenminste in Utrecht verboden werd. Voetius kende Descartes' filosofie nog nauwelijks, maar als scholastiek theoloog had hij een haarfijn gevoel voor het belang van Aristoteles. Het religieuze wereldbeeld, waarin de doelmatigheid van de schepping en het ingrijpen van God vanzelfsprekend waren, had altijd een welkome wetenschappelijke bondgenoot gezien in Aristoteles' idee van doeloorzaken en in zijn visie dat de wereld uit losse, individuele substanties bestaat. Natuurkunde en ethiek, fysieke en mentale gebeurtenissen, menselijk en goddelijk handelen; alles vormde in de scholastiek nog één alomvattend wetenschappelijk geheel en God bestuurde de mens zoals de wind de wolken. Met Descartes dreigde de natuur een opzichzelfstaand systeem te worden. Wat was de plaats van God daarin en wat die van de mens? Dat wil niet zeggen dat de scheiding van natuur- en geesteswetenschappen door Descartes zelf werd nagestreefd. Integendeel, Descartes zag de moraal juist als een tak aan de boom van de fysica. In deze zin is ook bij hem de invloed van het humanistische ideaal nog duidelijk aanwezig.

Andere filosofische antwoorden ❧ De Engelse filosoof Thomas Hobbes (1588–1679) bracht de nieuwe natuurfilosofie op een nog directere manier in verband met menselijk gedrag. Bij hem botsen mensen net als kleine materiedeeltjes botsen in een drukvat. Zo wordt verandering in de sociaal-politieke sfeer bij Hobbes niet verklaard uit een weloverwogen keuze voor een hoger doel, maar uit de druk der omstandigheden. Hij ontwikkelde een pessimistische kijk op de mens, die samenhangt met zijn persoonlijke ervaringen tijdens de burgeroorlog in Frankrijk en in Engeland. Volgens hem botsen mensen van nature met elkaar uit wedijver, wederzijds wantrouwen en de continue pogingen om hun eigen reputatie hoog te houden. Het geweld dat daarvan het gevolg is, wordt alleen een halt toegeroepen wanneer mensen uit lijfsbehoud afstand doen van hun vrijheid en zich onderwerpen aan het gezag van een absoluut vorst.

In tegenstelling tot Hobbes sprak Benedictus de Spinoza (1632–1677) net als Descartes over gelukzaligheid en vrijheid in termen van een overwinning van de rede op de hartstochten. Maar, hierin staat hij weer dichter bij Hobbes, dit is geen kwestie meer van morele keuzes, maar van natuurlijke oorzaken. Mensen kunnen wel veranderen op basis van levenservaring en inzicht, maar hun geestelijk handelen is net zo wetmatig bepaald als het gedrag van een lichaam bepaald is door bewegingswetten. Spinoza radicaliseerde met zijn *Ethica* ook op zuiver metafysisch gebied de positie van Descartes. De nieuwe, wetenschappelijk georiënteerde filosofie, die bij Descartes de gehele natuur omsloot, wordt door Spinoza verder uitgebreid om nu ook de menselijke ziel te omvatten. De mens is niet minder dan elk ander schepsel onderdeel van de natuur en niet minder gebonden aan de wetmatigheden die daar gelden. Descartes ontkende dat stoffelijke dingen bestaan uit individuele substanties — of, in zeventiende-eeuws Nederlands, 'selfstandigheden'. Alle materiële dingen behoren namelijk tot één en dezelfde materie. Maar menselijke zielen beschouwde Descartes nog steeds als substantiële individuen. Spinoza ontkende dit. Er is slechts één substantie, één opzichzelfstaand iets. Spinoza noemt dit 'God' of 'natuur' — in modern Nederlands zouden we zeggen: de 'werkelijkheid'. 'Geest' en 'lichaam' zijn slechts de twee algemene aspecten ('attributen') die wij van die werkelijkheid kennen — in feite zijn er volgens Spinoza oneindig veel meer.

Voetius kreeg dus in zekere zin gelijk. Onder invloed van Descartes ontwikkelde de filosofie zich in rap tempo in een richting die totaal geen rekening hield met de standpunten van de christelijke religie. Toch waren er ook filosofen die trachtten filosofie en religie weer op één lijn te krijgen. Een van de meest fundamentele herstelwerkzaamheden kwam van de hand van Gottfried Wilhelm Leibniz (1646–1716). Waar Descartes de materiële natuur en Spinoza de gehele werkelijkheid van individuele substanties ontdeed, voerde Leibniz in overeenstemming met Aristoteles opnieuw een idee van individuele zelfstandigheid in: aan alle verschijnselen in de fysieke natuur liggen 'monaden' of metafysische eenheden ten grondslag, alle met een eigen kracht. Niet alleen iedere menselijke ziel is door een unieke scheppingsdaad van God individueel totstandgekomen, maar elke 'monade', elke eenheid in de natuur heeft zo'n unieke identiteit. In elke monade ligt haar geschiedenis al besloten en wordt de geschiedenis van de rest van het universum weerspiegeld. Leibniz trachtte hiermee God terug te brengen op het wereldtoneel en opnieuw een theologisch-filosofische kijk op vrijheid en voorbeschikking mogelijk te maken. Maar in zijn visie dat de individuele dingen op hun beperkte wijze de uitdrukking zijn van alles wat er in het geheel gebeurt, bleef hij toch dicht aanleunen tegen de ideeën van Spinoza, die hij nog vlak voor diens dood had opgezocht in Den Haag. En hoewel Leibniz God verexcuseert door te stellen dat God de beste van alle mogelijke werelden heeft geschapen, is het argument zelf kenmerkend voor zijn door en door rationalistische kijk op een inmiddels door en door gedetermineerde wereld.

Descartes, Hobbes, Spinoza en Leibniz vonden nieuwe manieren om politiek, moraal en religie te koppelen aan het nieuwe natuurbeeld. De scherpe scheiding die zich zou aftekenen tussen natuur- en geesteswetenschappen moet dan ook niet zozeer op hun conto worden geschreven als wel op dat van hun tegenstanders. Vooral gematigde achttiende-eeuwse denkers droegen aan die scheiding bij. Ook droeg de natuurkunde van Isaac Newton (1642–1727) daartoe bij. Hier had men een wiskundige fysica die het systeem van Descartes overbodig maakte en door haar puur mathematische weergave van hemelse en aardse bewegingen veel minder levensbeschouwelijke complicaties met zich meebracht dan de totaalfilosofie van Descartes.

De nieuwe filosofie in Engeland ❧ In de achttiende eeuw werd Newton vaak in één adem genoemd met zijn zeventiende-eeuwse landgenoot John Locke (1632–1704). Hoewel Locke enorm veel aan Descartes te danken had, liet ook zijn filosofie zich lezen als een kritiek op Descartes. Newton had name-

ZEVENTIENDE & ACHTTIENDE EEUW *Inleiding*

lijk geweigerd om, zoals Descartes, hypothesen op te stellen over het gedrag van de materie op 'atomair' niveau. Hij beperkte zich tot het vastleggen van waarneembare regelmatigheden in de natuur. Locke had iets vergelijkbaars gedaan in de filosofie door te beweren dat het verstand niet, zoals Descartes veronderstelde, eigen, aangeboren ideeën met zich meebrengt, maar dat al onze ideeën afkomstig zijn uit de ervaring alleen. Sterker nog: alle kennis bouwt voort op de associatie, combinatie en vergelijking van denkbeelden (*ideas*) die wij aan de zintuiglijke ervaring ontlenen. Zo eenvoudig en onpretentieus als de stijl was waarin Locke zijn ideeën opschreef, zo eenvoudig en onpretentieus waren ook die ideeën zelf en de filosofische moraal die hij eruit afleidde. Op grond van onze typisch menselijke manier om via indrukken tot kennis te komen, was het zaak een voorzichtige balans te houden tussen wat wij wel en wat wij niet kunnen weten. Locke wilde de weg vrijmaken voor een gezonde filosofische scepsis en een eenvoudig christelijk geloof. Talloze achttiende-eeuwers zouden hem en Newton dankbaar zijn voor deze terugkeer naar de *common sense*.

In een laatste poging de eer van de christelijke religie te redden door middel van een aanval op de natuurwetenschappen, werkte de Engelse bisschop Berkeley (1685–1753) Lockes ideeën uit op een wijze die echter verre van *common sensical* was. Zich bewust van het feit dat onze alledaagse *ideas*, zoals Descartes het had voorgesteld, het gevolg zijn van het contact tussen de ziel en de buitenwereld, had Locke het toch niet kunnen laten om zich af te vragen wat voor mysterieuze substantie er nu eigenlijk schuilging achter de mentale indrukken die wij uit de buitenwereld ontvangen. De materie zelf moest 'iets' zijn dat onze ideeën teweegbrengt, maar omdat wij niets kennen dan de ideeën zelf, zou dat 'iets' ons altijd verborgen moeten blijven. Berkeley concludeerde dat dit 'iets' er helemaal niet is. Het is ook geen 'niets', maar slechts een wanbegrip, ontstaan uit onze behoefte om de ideeën die wij van minuut tot minuut in onze ervaring waarnemen niet geheel serieus te nemen. We willen constant abstraheren, maar dat lukt in feite nooit, want iedereen die zich een abstract paard probeert voor te stellen, haalt zich uiteindelijk toch een concrete Miranda of Polly voor de geest. Ook een abstracte driehoek bestaat niet, want die is, zodra je je hem verbeeldt, altijd of recht- of scherp- of stomphoekig. Het idee van een onafhankelijke buitenwereld is volgens Berkeley een abstract idee bij uitstek.

Dit was voor Berkeley aanleiding het bestaan van een afzonderlijke, lichamelijke substantie te ontkennen en alles wat wij meemaken direct te relateren aan de Geest Gods die, zonder de materie van de filosofen nodig te hebben, ons het wereldgebeuren in de vorm van concrete ideeën voor de geest brengt. Dit metafysisch 'idealisme' leverde Berkeley de spot op van zijn tijdgenoten. De Engelse humanist Samuel Johnson (1709-1784) zei: «Ik weerleg het *zo*», en trapte tegen een steen om het bewijs voor het bestaan van een onafhankelijke buitenwereld te leveren. De geestelijke en dichter Jonathan Swift (1667-1745), schrijver van *Gulliver's Travels*, verbood zijn dienstbode voor Berkeley open te doen als hij zou aankloppen, «want hij gelooft toch niet dat er een deur is.» Collega-filosofen moesten Berkeleys argumenten echter wel serieus nemen, hoewel zijn eigenlijke motivatie al-gauw vergeten werd. Berkeley had in zijn bestrijding van het om zich heen grijpende ongeloof niet alleen de cartesiaanse filosofie willen treffen, maar ook de newtoniaanse. Wat immers heeft passen en meten van empirische ervaringen voor zin, als de wetenschap ons doet vergeten wat Gods bedoelingen zijn met de ideeën die hij ons aanreikt?

Een wetenschap van de menselijke natuur ❧ Berkeley stond in zijn kritiek op de natuurwetenschappen alleen. De ontwikkeling van deze wetenschappen had in korte tijd zo'n hoge vlucht genomen dat meer en meer mensen zich afvroegen of eenzelfde ontwikkeling ook op andere gebieden mogelijk was. In plaats van op een klassieke of zeventiende-eeuwse manier concrete morele en politieke conclusies te trekken uit de natuurkunde zelf, probeerde men de sociale wetenschappen nu met eigen middelen tot bloei te laten komen.

Charles-Louis de Secondat, beter bekend als Montesquieu (1689-1755), deed baanbrekend werk op het gebied van de aardrijkskundige en de politieke wetenschappen, de Schot Adam Smith (1723-1790) zocht naar de 'natuurlijke orde' in economische verschijnselen, en zijn vriend David Hume (1711-1776) nam zich letterlijk voor om door een 'nauwgezette observatie' van menselijk gedrag het gebrek aan experimenten in de menswetenschappen te compenseren en tegenover Newtons *natural philosophy* een *moral philosophy* te plaatsen, 'a science of human nature'.

Vanzelfsprekend kwam daarbij telkens de vraag aan de orde in hoeverre de mens zich volgens vaste wetmatigheden gedraagt. Niet voor niets kreeg in de achttiende eeuw het probleem van de vrije wil meer en meer zijn moderne, niet-morele invulling. De vrije wil stond steeds minder tegenover goddelijke genade en steeds meer tegenover het idee van een natuurlijk 'determinisme'. François-Marie Arouet, bijgenaamd Voltaire (1694–1778), schreef over het lot en de vrijheid even schertsend en luchtig als hij gewoonlijk deed, maar zijn conclusie is er niet minder duidelijk om: de leer die het noodlot ontkent is 'absurd', de wil is bepaald door voorafgaande oorzaken en vrijheid bestaat alleen uit het niet gehinderd worden om uitvoering te geven aan de wil. Ook voor Denis Diderot (1713–1783) is de wil «de meest recente drijfveer van het verlangen en de weerzin; het uiteindelijk resultaat van alles wat men van de geboorte af is geweest tot aan het moment waarin men leeft».

Karakteristiek voor de meest radicale vertegenwoordigers van de Franse Verlichting zijn de verwante thema's van de gelijkschakeling van de mens aan het dier en de reductie van het mentale tot het fysiologische. Geïnspireerd door het medisch onderwijs van Herman Boerhaave (1668–1738) in Leiden, voerde Julien Offray de Lamettrie (1709–1750) een bij Descartes ingezette gedachtelijn door tot haar onvermijdelijke eindconclusie: niet alleen het dier is een ingewikkelde automaat, maar ook de mens zelf is uiteindelijk niets meer dan een machine. De hersenen van alle zoogdieren zijn vrijwel gelijk aan die van ons, schreef hij, en ook bij ons geldt dat je bij de kleinste ingreep van een Erasmus een idioot kunt maken. Paul-Henri Dietrich, baron van Holbach (1723–1789), hamerde in zijn *Système de la nature* (1770) op het feit dat de menselijke wil samenvalt met een bepaalde modificatie van de hersenen en uitsluitend bepaald wordt door voorafgaande oorzaken. Als iemand uitgedroogd aankomt bij een bron, is het hem onmogelijk om niet te willen drinken, maar het zien van een bordje 'Pas op, verontreinigd water!' geeft de oorzakelijke keten onmiddellijk een nieuwe wending. Het lijkt alsof we moeten kiezen, maar of de dorstige nu uiteindelijk wel of niet drinkt is volgens Holbach enkel de resultante van alle factoren tezamen.

In tegenstelling tot materialistische tijdgenoten als Lamettrie en Holbach, was Hume niet van mening dat de menswetenschappen het idee van een noodzakelijke wetmatigheid moesten overnemen uit de natuurwetenschappen. Hij ging veel voorzichtiger te werk. Zonder vooropgezette mening inventariseerde hij onze houding ten opzichte van zowel fysieke als morele oorzaken, om vervolgens te concluderen dat onze verwachtingen in beide gevallen niet zo sterk verschillen als we op het eerste gezicht zouden denken. Wie overdag zijn portemonnee laat liggen op de Dam, twijfelt niet of die binnen een uur is verdwenen. Deze vaste overtuiging hebben we op basis van eerdere ervaring. We denken daarentegen dat er in de natuur vaste en noodzakelijke wetten gelden van oorzaak en gevolg. Maar Hume wijst erop dat we in het geval van natuurprocessen evenmin noodzakelijk verbanden kunnen aanwijzen. Er bestaat in laatste instantie geen logische reden voor zo'n verband. Hoe nauwgezetter onze beschrijving van de natuur, des te kleiner wordt de sprong die we maken van het ene fenomeen naar het volgende. Maar ook een kleine sprong is nog een sprong. Uiteindelijk is ons idee van oorzakelijkheid ook gebaseerd op het verwachtingspatroon dat we ontwikkelen, waarvan de overtuigingskracht recht evenredig is met onze eerdere ervaring. Ook bij Hume komt de mens daarmee dichter bij het dier te staan. Niet in de platte, medische zin omdat de mens net als het dier een machine zou zijn, maar omdat Hume de menselijke redelijkheid zelfs in zijn meest verheven wetenschappelijke vorm terugbrengt tot een typisch menselijke manier van omgaan met de wereld — een inzicht dat ons volgens Hume in de filosofie tot bescheidenheid zou moeten manen.

Die bescheidenheid geldt met name metafysische uitspraken over zaken die de menselijke natuur te boven gaan. Door de lijn van Locke en Berkeley door te zetten en alle kennis terug te voeren op zintuiglijke indrukken, heeft Hume weliswaar geen antwoord op Berkeleys probleem van het bestaan van een onafhankelijke buitenwereld, maar hij zit daar ook niet mee. Hij gaat bewust nog een stap verder: evenmin als onze indrukken ons in contact brengen met een metafysische materie, brengen ze ons in contact met een metafysisch ik, een ziel, want onze ziel ervaren we niet.

Kant ❧ Het werk van David Hume had grote invloed op Immanuel Kant (1724–1804). In Oost-Pruisen opgevoed in de door Leibniz en Christian Wolff (1679–1754) gemoderniseerde schoolfilosofie, werd Kant naar eigen zeggen door Hume uit zijn 'dogmatische sluimer' gewekt. In navolging van Hume plaatste Kant de menselijke ziel buiten het domein van het kenbare, net als de buitenwereld, voorzover die achter onze ervaring schuilgaat, en tenslotte ook God. Kant noemde zijn aanpak de 'kritische' en zijn filosofie het 'kriticisme', wat inhield dat hij een poging wilde doen om de voorwaarden voor kennis aan te geven en van daaruit net als Locke en Hume te bepalen wat binnen en wat buiten onze mogelijkheden valt. Tegelijkertijd probeerde Kant het scepticisme van Hume te overwinnen: er moest een objectieve reden zijn om noodzakelijke verbanden in de natuur te onderkennen, anders was er geen solide basis voor de newtoniaanse natuurwetenschap die Kant zo na aan het hart lag.

Kants kritische wending hield onder andere in dat niet alleen de zintuigen, maar ook ons verstand een bron van kennis is. Volgens Kant levert het verstand weliswaar geen nieuwe ideeën, maar wel het 'begrip' van wat er in de *Anschauung* of 'onmiddellijke voorstelling' op ons afkomt. Die *Anschauung* is zelf overigens al bepaald door 'tijd' en 'ruimte', de noodzakelijke 'vormen' van alle aanschouwelijkheid. Maar om van voorstellingen begrippen te maken moet er ook nog een begripsstructuur van 'categorieën' aan het beschikbare ervaringsmateriaal worden opgelegd. Zo komt Kant tot zijn 'transcendentale wending': het idee dat de objecten zoals wij ze kennen als het ware al bewerkt zijn door ons verstand, dat categorieën oplegt aan wat zintuiglijk wordt aangeboden. De wet van oorzaak en gevolg, die Hume niet in de ervaring kon terugvinden, moet volgens Kant ook niet in de ervaring worden gezocht. Ze is een van de categorieën waarmee ons verstand onze indrukken ordent.

Kant wist zo een middenpositie te bewerkstelligen tussen wat hij zag als 'rationalistische' en 'empiristische' manieren van denken in de filosofie: verstand en zintuigen kunnen niet zonder elkaar, want gedachten zonder inhoud zijn 'leeg' en voorstellingen zonder begrippen zijn 'blind'. Kant bekroonde in zekere zin de geleidelijke afbraak van de metafysica, omdat hij niet alleen aangaf welke vragen eeuwig onbeantwoord moeten blijven, maar ook omdat hij een nieuw antwoord formuleerde op de vraag waarom dat zo is. Het besef dat kennis iets is wat zich afspeelt tussen de grenzen van een 'onzichtbare' wereld die ons het materiaal voor de ervaring levert en een even 'onzichtbaar' ik dat die ervaring ordent, zou ons natuurlijke verlangen moeten stillen om over de grenzen van het kenbare heen te willen kijken. Kant zelf besprak enkele voorbeelden van begrijpelijke, maar op voorhand onbeantwoordbare filosofische vragen: of de wereld een begin had of niet, of ze al dan niet uit substantiële eenheden bestaat, en of er vrijheid kan bestaan naast 'natuurnoodwendigheid'. Bij de beantwoording van deze vragen proberen we steeds de ervaring te overstijgen, of de wereld los te zien van categorieën. En hetzelfde geldt voor de kennis van het ik, waarbij we de kijker zelf op het filmdoek willen plaatsen, of de kennis van God, waarbij we naar iets absoluuts willen kijken, iets wat per definitie buiten de ervaring staat. Metafysische oordelen zoals «Er bestaat een God», «De mens is vrij», «De ziel is onsterfelijk» zijn volgens Kant op theoretisch niveau niet te rechtvaardigen. Maar daarmee was het laatste woord over deze uitspraken nog niet gezegd.

De invloed van Rousseau ❧ Behalve voor Hume koesterde Kant ook een mateloze bewondering voor de excentrieke schrijver en politiek filosoof Jean-Jacques Rousseau (1712–1778), een kennis van Hume die met zijn roman *Julie, ou la Nouvelle Héloïse* (1761) heel Europa aan het huilen had gebracht. Hij zou een jaar later met *Emile, ou de l'éducation* een blijvende invloed uitoefenen op de moderne kijk op de opvoeding en met *Du contrat social* (1762) de Franse Revolutie naderbij brengen. Bij Rousseau zien we duidelijk hoe de humanistische erfenis ondanks alle vernieuwingen in natuurwetenschap en metafysica niet verloren was gegaan. Zoals de politieke instituties van de Amerikaanse en de Franse Revolutie gestoeld waren op Romeinse voorbeelden, zo was ook zijn politieke denken doorspekt met verwijzingen naar de klassieke cultuur. Maar dat wil niet zeggen dat Rousseau niet in discussie ging met moderne denkers. Vooral Hobbes en Hugo de Groot (1583–1645) moesten het ontgelden. Net als Hobbes was hij van mening dat daar waar geen wet is, mensen ook niet aan afspraken zijn gebonden. Maar voor Rousseau betekende de afwezigheid van afspraken nog geen oorlog van allen tegen allen. Integendeel: hij maakte aannemelijk dat sociaal negatieve verschijnselen als jaloezie en wraakzucht geen natuurlijke neigingen zijn, maar eigenschappen van een sociale gemeenschap die al in zekere mate ontwikkeld is. God had alles goed geschapen, maar de mens had met zijn instituties en zijn beschaving alles verpest. Natuurlijk is er geen weg terug meer mogelijk: de natuurstaat hebben we definitief achter ons gelaten. Maar volgens Rousseau mogen we nooit vergeten dat rechtvaardigheid en wettelijkheid een verborgen afspraak impliceren, waarbij mensen vrijwillig afstand hebben genomen van de natuurstaat en een contract zijn aangegaan dat hen niet onmondig maakt, maar collectief verantwoordelijk. De revolutionaire kracht van het werk van Rousseau is gelegen in zijn filosofische onderbouwing van het idee dat politiek eigenbelang per definitie onmaatschappelijk is.

Rousseau is de filosoof van het 'hart'. Zijn optimistische interpretatie van de natuurstaat weerspiegelt de algemene lijn van zijn pedagogische en politieke werk. In de natuurstaat kende de mens slechts zorg voor zichzelf en compassie met zijn medemens. Het is het hogere doel van de pedagogie en de staatkunde om de natuurstaat zoveel mogelijk te herstellen, dat wil zeggen om mensen terug te brengen tot de situatie waarin zij hun oprechte overtuiging laten spreken. Dat kan alleen wanneer het menselijk hart zoveel mogelijk wordt ontdaan van slechte opvoeding, slechte beschaving en slechte scholing. In het bijzonder geldt dit voor de religie. Net als Montesquieu beseft Rousseau dat godsdienst in de praktijk een kwestie is van aardrijkskunde. Maar het gaat hem niet om de verschillen: «Ik acht alle bijzondere religies goed als men er God op de juiste manier dient. *Le culte essentiel est celui du coeur*.» God dient men niet met dogma's of metafysica, maar alleen door de oorspronkelijke natuur van de mens te herwinnen — door het hart te laten spreken.

In navolging van Rousseau zou ook Kant in zijn *Kritik der praktischen Vernunft* de begrippen 'God', 'onsterfelijkheid' en 'ziel' terugplaatsen waar ze eigenlijk thuishoorden: in het morele domein. Onze wilsbeslissing heeft volgens Kant een andere kwaliteit wanneer we ons handelen niet richten op materieel gewin of verklaren vanuit empirische omstandigheden, maar alleen vanuit de 'categorische imperatief', die vereist dat we anderen benaderen en behandelen met de waardigheid die hen toekomt, dat wil zeggen: zoals we innerlijk weten dat we onszelf behandeld willen zien. We handelen pas moreel als we anderen beschouwen als bezielde medemensen die we niet tegemoet treden met motieven van persoonlijk gewin, maar met tijdloze motieven die we zelfs voor het aangezicht van de Schepper zouden kunnen verdedigen. Met Rousseau, de enige van wie hij een portretje aan de muur had hangen, was Kant van mening dat we het transcendente nooit met de rede zullen kennen, maar dat alleen een onmens zou kunnen beweren het niet te voelen: «Ik heb het weten moeten opheffen, om plaats te maken voor het geloof.» De scheiding van natuur en geest had een nieuwe, vaste vorm gekregen.

Descartes
(1596 – 1650)

Met René Descartes, de eerste grote denker van de nieuwe tijd, breekt een nieuwe periode in de filosofie aan. Het wijsgerig denken komt in het teken te staan van de vraag hoe kennis gefundeerd is; daarmee sluit het aan bij de belangrijke ontwikkelingen binnen de natuurwetenschap. Op het gebied van wetenschap en wijsbegeerte erkent men thans de autonomie van de rede en beschouwt men zich in zijn kennis niet langer aangewezen op het gezag van Kerk en openbaring. Een nieuw element dat zijn intrede in de filosofie doet, is het besef van individualiteit. Nadenkend over zichzelf wordt de mens zich als denkend ik bewust. Dit ik ofwel subject vormt de grondslag van de kennis van de objecten. Bij Descartes is er voor het eerst sprake van dit centraal stellen van het denkende subject; daarbij vindt het wijsgerig denken zijn uitgangspunt in het bewustzijn.

Het leidende motief in Descartes' filosofie is het zoeken naar een methode om tot zekere kennis te komen. Het voorbeeld dat hem daarbij voor ogen staat is de wiskunde, meer in het bijzonder de meetkunde die, uitgaande van enkele onmiddellijk evidente axioma's en definities, haar stellingen langs strikt deductieve weg afleidt. Dezelfde methode tracht Descartes in de filosofie te realiseren. Ook hier moet volgens hem worden uitgegaan van zekere beginselen, op grond waarvan door logische deductie andere kennis wordt afgeleid. Hoe komen we nu aan dergelijke beginselen? Wel, meent Descartes, door radicaal te twijfelen aan alles wat we niet helemaal zeker weten. De zintuigen kunnen ons bedriegen, terwijl de gedachten die we in wakende toestand hebben droombeelden kunnen zijn, evenals we fouten kunnen maken in onze redeneringen. Wat echter boven alle twijfel verheven is, is het feit van het denken. Daarom heeft volgens Descartes de uitspraak «Ik denk, dus ik ben» de zekerheid die hij zoekt en vormt deze het beginsel waaruit andere kennis af te leiden is. Deze gedachte wordt ontwikkeld in het hier afgedrukte deel uit *Discours de la méthode*.

De evidentie van een uitspraak is voor deze

filosoof het criterium van de waarheid van die uitspraak. Uitspraken die als volkomen zeker worden ingezien — die 'helder en welonderscheiden' gedacht worden — zijn waar. Welnu, de uitspraak «Ik denk, dus ik ben» is in Descartes' ogen zo'n waarheid. Alle andere kennis van de werkelijkheid zal van dit eerste inzicht afhangen. Descartes' methodische twijfel leidt zodoende tot een vast uitgangspunt. Daarmee is echter niet alleen een inzicht geformuleerd dat zodanig evident is dat er andere uitspraken uit afgeleid kunnen worden. Inhoudelijk komt erin tot uitdrukking dat volgens Descartes het bewustzijn als zetel van het denken volmaakter is dan de door het denken gekende objecten, waaronder het lichaam. Aan het bestaan van het laatste kan immers getwijfeld worden; het denken kent zichzelf echter onmiddellijk. De mens is dus in de allereerste plaats een denkend ding. Zowel methodisch als ontologisch heeft het denken een voorrangspositie bij Descartes. Daarmee legt hij de grondslag voor het latere idealisme, de leer volgens welke de gekende objecten afhankelijk zijn van het kennende bewustzijn. Descartes zelf is echter realist; hij gaat uit van het onafhankelijke bestaan van de wereld buiten ons. De waarheid van die stelling leidt hij af uit het bestaan van God, die ons in onze waarnemingen niet bedriegt. Gods bestaan meent Descartes te kunnen bewijzen; het inzicht daarin is volgens hem evident. Het is de volmaaktheid van God die waarborgt dat de dingen die we als zeker inzien, ook inderdaad waar zijn. De zogenaamde aangeboren ideeën, die onafhankelijk van de waarneming gelden en door zuiver denken worden ingezien, zijn afkomstig van God.

Alleen het verstandelijk denken — en niet de zintuiglijke waarneming — kan ons dus volgens Descartes zeker inzicht in de werkelijkheid geven; in die zin is hij rationalist. Dit vertrouwen in de rede gaat gepaard met de overtuiging dat het natuurgebeuren streng gedetermineerd is.

Descartes, *Over de methode*, vierde deel

Ik weet niet of ik u moet bezighouden met de eerste meditaties die ik er hield; want deze zijn zó abstract en zó ongewoon dat ze wellicht niet naar ieders smaak zullen zijn. Als men evenwel wil kunnen oordelen of mijn fundamenten voldoende stevig zijn, dan ben ik eigenlijk wel gedwongen er iets over te zeggen. Ik had allang opgemerkt dat men, als het om het handelen gaat, zich vaak moet houden aan meningen waarvan men weet dat ze onzeker zijn, hoewel men moet doen alsof ze ontwijfelbaar zijn, zoals hierboven gezegd is; maar omdat ik mij uitsluitend wilde wijden aan het onderzoek van de waarheid, meende ik nu dat ik het tegenovergestelde moest doen en al datgene waarvan ik mij kon voorstellen dat ik er aan zou

DESCARTES *Over de methode*

twijfelen, als absoluut onwaar moest verwerpen, teneinde na te gaan of er daarna nog iets zou overblijven waarvan ik mocht geloven dat het volledig onbetwijfelbaar is. Zo besloot ik dat, gegeven het feit dat onze zintuigen ons soms bedriegen, ik moest veronderstellen dat niets is zoals het ons door de zintuigen wordt voorgespiegeld. En aangezien er mensen zijn die zich vergissen bij het redeneren, zelfs als het gaat om de eenvoudigste problemen van de meetkunde, en onlogisch te werk gaan, verwierp ik als onwaar alle redeneringen die ik daarvoor als geldige bewijzen had beschouwd — ook ik zou me immers kunnen vergissen. En ten slotte, overwegend dat we alle gedachten, die we hebben als we wakker zijn, ook kunnen hebben wanneer we slapen (terwijl er dan in werkelijkheid geen een bij is die waar kan zijn), nam ik het besluit om te doen alsof alles wat mij ooit voor de geest was gekomen, niet meer waarheid bevat dan een bedrieglijke droom. Maar onmiddellijk daarop besefte ik dat, terwijl ik aldus wilde menen dat alles onwaar is, het noodzakelijk was dat *ik*, die dat dacht, iets ben. En beseffend dat deze waarheid: *Ik denk, dus ik ben*, zo sterk en zo zeker was dat zelfs de meest buitensporige veronderstellingen van de sceptici niet bij machte zijn haar aan te tasten, meende ik dat ik haar zonder enig bezwaar kon beschouwen als het eerste uitgangspunt van mijn filosofie.

    Toen ik mij vervolgens boog over de vraag wát ik ben, en besefte dat ik kon doen alsof ik geen lichaam had, en alsof de wereld niet bestond, en alsof ik nergens was, maar dat ik daarom nog niet kon doen alsof ik zelf niet bestond; maar integendeel dat uit het feit dat ik aan al het andere kon twijfelen op zeer evidente en zekere wijze volgde dat ik besta (terwijl ik slechts door op te houden met denken geen enkele reden zou hebben om aan te nemen dat ik bestaan had, zelfs als alles wat ik ooit gedacht had waar geweest zou zijn), concludeerde ik daaruit dat ik een substantie was waarvan heel het wezen, of de natuur, slechts is dat ze denkt en die om te bestaan geen plaats nodig heeft, noch afhankelijk is van enig stoffelijk ding. Zodat dit ik, dat wil zeggen, de ziel waardoor ik ben wat ik ben, volledig van het lichaam onderscheiden is en zelfs gemakkelijker te kennen is dan het lichaam; en dat zelfs als het lichaam niet zou bestaan, de ziel alles zou zijn wat ze is.

    Daarna stelde ik mezelf in het algemeen de vraag wat er nodig is voor een uitspraak om waar en zeker te zijn; immers, sinds ik er zo juist één gevonden had waarvan ik zeker wist dat ze dat is, meende ik dat ik ook moest weten wat dat voor zekerheid is. En mij realiserend dat het enige aan de uitspraak *Ik denk, dus ik ben* dat mij de zekerheid geeft dat ik de waarheid spreek, is dat ik duidelijk inzie dat men om te denken, moet bestaan, concludeerde ik dat ik als algemene regel kon stellen dat wat wij helder en welonderscheiden kunnen denken, waar is en dat de enige moeilijkheid daarin bestaat dat we niet goed weten welke dingen wij welonderscheiden kunnen denken.

Toen ik dan ook vervolgens weer nadacht over het feit dat ik twijfelde en daaruit afleidde dat mijn wezen niet volledig volmaakt kon zijn — immers, ik zag duidelijk in dat kennis een grotere volmaaktheid is dan twijfel — vroeg ik me af hoe het kwam dat ik kon denken aan iets wat volmaakter is dan ikzelf, en kwam tot de vanzelfsprekende conclusie dat dit een wezen moest zijn dat ook werkelijk volmaakter is dan ikzelf. Wat de voorstellingen betreft van allerlei andere dingen buiten mijzelf, zoals hemel, aarde, licht, warmte en duizend andere dingen meer, behoefde ik me niet af te vragen vanwaar ze kwamen — aangezien ik daarin niets opmerkte waardoor ze mij superieur leken ten opzichte van mijzelf, kon ik menen dat ze, als ze waar zijn, van mijn eigen wezen afhangen, voorzover dat iets volmaakts heeft; en als ze niet waar zijn, dat ik ze aan het niets ontleend had, dat wil zeggen, dat ze in mij zijn voorzover ik niet volmaakt ben. Maar dezelfde redenering ging niet op met betrekking tot het idee van een wezen dat volmaakter was dan ikzelf. Want het was volkomen onmogelijk om een dergelijk idee aan het niets te ontlenen. En aangezien het niet minder ongerijmd is om te veronderstellen dat het meer volmaakte een gevolg is, of afhankelijk is, van het minder volmaakte, dan dat iets uit niets kan voortkomen, kon ik dit idee evenmin van mijzelf hebben. Er bleef dus slechts één mogelijkheid over, namelijk, dat dit idee in mij is gelegd door een wezen dat ook werkelijk volmaakter is dan ikzelf, ja door één dat in zichzelf alle volmaaktheden bezit waarvan ik een voorstelling heb, dat wil zeggen, om het in één woord duidelijk te maken, door God. Waaraan ik toevoegde dat ik, nu ik immers weet heb van volmaaktheden die ik niet bezit, niet het enige wezen kan zijn dat existeert (ik gebruik hier als men het goed vindt, met enige vrijheid de terminologie van de schoolfilosofie), maar dat er noodzakelijk een ander wezen bestaat dat volmaakter is dan ik, waarvan ik ook afhankelijk ben en waarvan alles afkomstig is dat ik heb — immers, als ik alleen was, en onafhankelijk van al het andere, en het weinige waarin ik volmaakt ben van mezelf gehad zou kunnen hebben, dan had ik, op grond van hetzelfde argument, al het overige waarvan ik weet dat ik het niet bezit, ook aan mijzelf kunnen geven, en zo zelf oneindig, eeuwig, onveranderlijk, alwetend en almachtig zijn, kortom alle volmaaktheden bezitten die ik aan God toeschrijf. Want als men de redenering van zo-even doorvoert, behoef ik, om God te kennen (althans voorzover mij dat is toegestaan), van alles waarvan ik in mij een voorstelling aantref, slechts na te gaan of het een volmaaktheid is of niet, en ik zou er zeker van zijn dat niets wat in enig opzicht onvolmaakt is, in hem is, maar al het andere wel. Zo begreep ik bijvoorbeeld dat twijfel, onstandvastigheid, droefheid en dergelijke niet aan God kunnen worden toegeschreven, aangezien ik zelf maar al te graag daarvan bevrijd ben. Verder had ik ideeën van zintuiglijk waarneembare en lichamelijke dingen — want hoewel ik aannam dat ik droomde en dat alles wat ik zag of mij verbeeldde onwaar is, kon ik niet ontkennen dat de voorstellingen van die dingen wel degelijk in mijn gedachte zijn. Omdat ik echter reeds duidelijk had ingezien dat het denkend wezen onderscheiden is van het lichamelijke wezen, daarbij tevens overwegend dat elk samengesteld zijn duidt op afhankelijkheid en dat afhankelijkheid een tekort is, redeneerde ik dat het voor God geen volmaaktheid kon zijn om uit twee verschillende naturen te zijn samengesteld en dus dat hij dat dan ook niet is; maar anderzijds dat, als er lichamen of denkende wezens of andere niet geheel volmaakte wezens bestaan, deze voor hun bestaan afhankelijk moeten zijn van zijn macht, en wel zo dat ze zonder hem geen moment zouden kunnen bestaan.

Vervolgens wilde ik nog andere waarheden vinden en mijn aandacht richtend op het object van de meetkunde, dat ik begreep als een continu lichaam of een onbepaalde ruimte die uitgestrekt is in lengte, breedte en hoogte (of diepte), die men in allerlei delen kan verdelen die verschillend van grootte en vorm zijn en op allerlei manieren bewogen en verplaatst kunnen worden (want dat alles veronderstellen meetkundigen ten aanzien van hun object), nam ik enkele van hun eenvoudigste bewijzen door. En hoewel ik besefte dat de grote zekerheid die iedereen eraan toekent slechts gebaseerd is op het feit dat ze helder en duidelijk gedacht worden volgens de regel die ik zo-even genoemd heb, merkte ik tevens op dat niets mij de zekerheid gaf van het bestaan van hun object. Zo begreep ik bijvoorbeeld zeer wel dat, als men een driehoek veronderstelt, de som van zijn hoeken altijd gelijk is aan die van twee rechte hoeken; maar dat garandeert mij niet dat er ook werkelijk een driehoek bestaat. Onderzocht ik daarentegen andermaal mijn idee van een volmaakt wezen, dan vond ik dat diens bestaan daarin op dezelfde wijze ligt opgesloten als in de voorstelling van een driehoek dat zijn drie hoeken gelijk zijn aan twee rechte hoeken, of in die van een bol dat al zijn delen even ver verwijderd zijn van het middelpunt — ja, ik begreep dat zelfs veel duidelijker. Kortom, de zekerheid dat God, die immers dat volmaakte wezen is, is of existeert, is dus even groot als die van een wiskundig bewijs ooit kan zijn.

Wat maakt dat velen geloven dat het moeilijk is om God te kennen en zelfs om de aard van hun eigen ziel te kennen, is dat hun gedachten nooit verdergaan dan het zintuiglijk waarneembare, en dat ze zozeer de gewoonte hebben aangenomen om zich alles wat zij denken voor te stellen (terwijl dat alleen maar geschikt is voor het denken van stoffelijke dingen) dat alles waarbij dat niet mogelijk is hun onbegrijpelijk voorkomt. Dit blijkt alleen al uit het feit dat zelfs filosofen als stelregel hanteren dat er niets in het verstand is wat niet eerst in de zintuigen was, terwijl het zeker is dat de ideeën van God en van de ziel daar nooit zijn geweest. Het komt mij dan ook voor dat degenen die om deze te begrijpen gebruikmaken van hun verbeelding, doen als iemand die zijn ogen gebruikt om geluiden te horen of geuren te ruiken, met dat verschil dat als het om de waarheid omtrent zijn object gaat, het oog niet de mindere is van de neus of van het oor, terwijl noch de verbeelding noch de zintuigen ons ooit iets met zekerheid kunnen leren zonder de tussenkomst van het verstand.

Ten slotte: als er nog mensen zijn die niet door mijn argumenten overtuigd raken van het bestaan van God en van hun ziel, dan geef ik ze in overweging dat al het andere waarvan zij wellicht veel zekerder denken te zijn (zoals dat ze een lichaam hebben, dat er sterren en een aarde bestaan en dergelijke) minder zeker is. Want hoewel er met betrekking tot zulke dingen een morele zekerheid is, die zodanig is dat men er in ernst niet aan lijkt te kunnen twijfelen, kan men, als het om metafysische zekerheid gaat, niet zonder in dwaasheid te vervallen, evenmin ontkennen dat men slechts hoeft op te merken dat men zich in de slaap kan verbeelden dat men een ander lichaam heeft, en dat men andere sterren of een andere aarde waarneemt, zonder dat er in werkelijkheid iets van waar is, om te beseffen dat er voldoende reden is om er niet volledig zeker van te zijn. Want hoe weet men dat de voorstellingen van de droom minder waar zijn dan andere, ondanks het feit dat ze niet minder levendig en duidelijk zijn? Anderen, die knapper zijn dan ik, mogen er wat mij betreft hun hoofd over breken, maar ik geloof niet dat ze die twijfel kunnen wegnemen zonder het bestaan van God te veronderstellen. Want ten eerste is wat ik zo-even als regel nam, namelijk dat wat wij zeer helder en zeer welonderscheiden kunnen denken waar is, slechts zeker omdat God bestaat, en omdat hij een volmaakt wezen is, en omdat alles wat in ons is van hem komt. En daaruit volgt dat onze ideeën of begrippen, die reëel zijn en die van God komen, in al datgene waarin zij helder en welonderscheiden zijn niet anders dan waar kunnen zijn. Als we er derhalve heel wat hebben die onwaarheid bevatten, dan kan het slechts gaan om die welke verward en duister zijn, aangezien, voorzover ze dat zijn, deel hebben aan het niets, dat wil zeggen dat ze, enkel omdat wij niet volmaakt zijn, zo verward zijn. En vanzelfsprekend is het niet minder ongerijmd om te veronderstellen dat het onware en onvolmaakte als zodanig voortkomen uit God dan dat het ware en volmaakte voortkomen uit het niets. Maar als we niet wisten dat alles wat er in ons aan waars en werkelijks is komt van een volmaakt en oneindig wezen, dan zouden wij, hoe helder en welonderscheiden onze voorstellingen ook zijn, geen enkele reden hebben er zeker van te zijn dat zij de volmaaktheid hadden van waar te zijn.

Als daarentegen de kennis van God en van onze ziel ons deze regel gewaarborgd heeft, is het gemakkelijk om in te zien dat de droombeelden die wij ons verbeelden in onze slaap ons niet moeten doen twijfelen aan de waarheid van onze gedachten als we wakker zijn. Want ook al zouden wij in onze slaap een zeer welonderscheiden idee hebben (een wiskundige bijvoorbeeld die in zijn droom een nieuw bewijs vindt), dan nog doet het feit dat hij slaapt niets af aan de waarheid ervan. En wat de belangrijkste dwaling van onze droom betreft, die is dat ons de dingen op dezelfde wijze worden voorgesteld als door onze zintuigen wanneer wij waken, zodat dat voor ons een reden is om aan de waarheid van deze voorstellingen te twijfelen; dan nog is dat van geen belang, gegeven het feit dat ook de zintuigen ons maar al te vaak bedriegen, ook zonder dat wij slapen: zoals iemand die geelzucht heeft alles geel ziet of zoals de sterren of andere ver verwijderde lichamen veel kleiner lijken dan ze zijn. Want uiteindelijk, of we nu waken of slapen, moeten we ons nooit door iets anders laten overtuigen dan door de evidentie van de rede. Men merke op dat ik zeg 'rede', en niet 'verbeelding' of 'zintuigen'. Immers, zelfs als wij de zon zeer helder waarnemen, dan is dat nog altijd geen reden om aan te nemen dat ze even groot is als we haar zien; en zelfs als wij een zeer duidelijke voorstelling hebben van een leeuwenkop op een geitenlichaam, dan is dat geen reden om te concluderen dat er chimaeren bestaan. Immers, de rede zegt niet dat wat wij zien of verbeelden ook werkelijkheid is, wel dat al onze voorstellingen of begrippen enige grond van waarheid bezitten. Anders zou het immers onmogelijk zijn dat God, die geheel volmaakt en waarachtig is, ze in ons gelegd zou hebben. En aangezien onze redeneringen tijdens de slaap nooit zo evident en volledig zijn als wanneer we wakker zijn, hoewel omgekeerd in die toestand beelden vaak veel levendiger en scherper zijn, leert de rede ons ook dat, aangezien niet al onze gedachten waar kunnen zijn (we zijn immers niet geheel volmaakt), datgene wat ze aan waarheid bevatten, noodzakelijkerwijs eerder gevonden zal worden in die welke we hebben wanneer we wakker zijn dan wanneer we dromen.

R. Descartes, *Discours de la méthode*; C. Adam en P. Tannéry, *Oeuvres de Descartes*. Parijs, 1897-1913. Nederlandse vertaling: *Over de methode — Inleiding over de methode: hoe zijn verstand goed te gebruiken en de waarheid achterhalen in de wetenschappen*, vertaling Th. Verbeek. Meppel/Amsterdam: Boom, zesde herziene druk, 2002, p. 60-66.

Hobbes
(1588 – 1679)

Thomas Hobbes werd te vroeg geboren, bij Malmesbury, in het graafschap Wiltshire in Engeland, nadat zijn moeder het bericht van de nadering van de Spaanse armada had vernomen. Hij achtte dit voorval later tekenend voor zijn bange inborst. Behoefte aan veiligheid werd in zijn ogen een van de grondslagen van de beschaving.

Denken over de inrichting van de samenleving en de staat behoeft een bezinning op de aard en het gedrag van de mensen die daarin leven. Thomas Hobbes hield zich met dit onderwerp bezig. Volgens Hobbes zijn de mensen van nature elkaars vijand en verkeren zij in een permanente staat van 'oorlog van allen tegen allen'. Het is voor elk individu zeer moeilijk om in die situatie in leven te blijven. Ieder wordt beheerst door angst en is eenzaam omdat niemand te vertrouwen is. Daarnaast kunnen onmogelijk kunst en cultuur ontstaan. Van een samenleving kan in deze situatie geen sprake zijn. Angst voor de dood en het streven naar een comfortabel leven doen de mensen evenwel naar vrede verlangen. Het is slechts uit eigenbelang en zelfbehoud, gefundeerd op rationele overwegingen, dat mensen met elkaar een verdrag sluiten om een samenleving op te bouwen en een staatkundige eenheid te gaan vormen. Handhaver van dit verdrag kan alleen een absolute machthebber zijn, door Hobbes Leviathan genoemd. Deze naam ontleent hij aan de bijbel, waarin hiermee de anti-goddelijke, wereldlijke machthebber wordt aangeduid. Voor Hobbes is hij de vertegenwoordiger van alle mensen, door wiens macht vrede en veiligheid gegarandeerd worden. Het boek waarin hij zijn politieke theorie uiteenzet, heeft hij dan ook *Leviathan* genoemd.

Hobbes was leergierig en vlug van begrip. Op vierjarige leeftijd kon hij lezen en schrijven. Op zijn zesde leerde hij Grieks en Latijn en toen hij veertien was vertaalde hij *Medea* van Euripides. Een jaar later werd hij toegelaten tot de universiteit van Oxford, waar hij aan Magdalen College studeerde. Daarna werd hij huisleraar van de zoon van William Cavendish, de tweede graaf van Devonshire, waardoor hij in contact kwam met invloedrijke personen en kon reizen naar het vasteland. Reizen naar Frankrijk en Italië deden Hobbes Galilei ontmoeten en leerden hem dat de scholastieke filosofie had afgedaan. Hij kwam onder de indruk van de geometrische methode en de corpusculaire visie op het wereldbeeld.

Van 1640 tot 1651 verbleef Hobbes in Parijs, waar hij onder andere *De cive* schreef. *Leviathan* verscheen in 1651. Na zijn terugkeer in Engeland voerde Hobbes heftige polemieken over het probleem van vrijheid en determinisme. In 1655 werd zijn *De corpore* gepubliceerd, het eerste deel van een trilogie over de materiële natuur, de mens en de staat. Het tweede deel, *De homine*, verscheen in 1657. Op grond van deze werken kan Hobbes, met Descartes, worden beschouwd als grondlegger van het moderne mechanistische wereldbeeld. Tot op hoge leeftijd behield Hobbes zijn vitaliteit. Hij tenniste tot zijn vijfenzeventigste en vertaalde op vierentachtigjarige leeftijd de *Ilias* en de *Odyssee* van Homerus.

In de volgende passage uit *Leviathan* beschrijft Hobbes de natuurlijke toestand waarin mensen leven, voordat zij een samenleving gevormd en een soeverein gekozen hebben.

Hobbes, *Leviathan* (fragment)

Hoofdstuk 13 *Over de natuurlijke toestand van de mens, wat zijn geluk en ongeluk betreft*

De natuur heeft alle mensen in gelijke mate met lichamelijke en geestelijke vermogens bedeeld; soms komt het weliswaar voor dat iemand duidelijk sterker van lichaam of sneller van geest is dan anderen, maar alles bij elkaar genomen is het verschil tussen mensen onderling toch niet zo aanzienlijk dat iemand op grond daarvan enig voorrecht kan opeisen waarop een ander niet even goed aanspraak kan maken. Want als het om lichaamskracht gaat, is de zwakste altijd nog sterk genoeg om de sterkste te doden, hetzij door heimelijke listen en lagen, hetzij door samen te spannen met anderen die in hetzelfde gevaar verkeren als hij.

En in geestelijke vermogens zijn mensen mijns inziens nog meer aan elkaar gelijk dan in kracht (als we de kundigheden die op woorden berusten buiten beschouwing laten, en in het bijzonder de vaardigheid om op algemene en onfeilbare regels af te gaan, die we de wetenschap noemen; hierover beschikken maar weinig mensen, en dan nog maar op een beperkt terrein; het is immers een vermogen dat ons niet bij de geboorte wordt meegegeven, en dat we ons evenmin eigen maken, terwijl we op zoek zijn naar iets anders, zoals de voorzichtigheid). Want voorzichtigheid is niets anders dan ervaring; en de hoeveelheid ervaring die iemand op een bepaald gebied verwerft, is bij gelijke aandacht en gelijke tijd voor iedereen even groot. Dat deze gelijkheid misschien niet algemeen aanvaard wordt, komt omdat bijna iedereen een ijdele voorstelling heeft van zijn eigen wijsheid. Bijna iedereen denkt dat hij hiermee veel rijker is begiftigd dan de grote massa, dat wil zeggen, dan ieder ander behalve hij zelf en enkele anderen, met wie hij instemt omdat zij beroemd zijn of omdat zij dezelfde mening hebben als hij. Want zo is de menselijke natuur: ook al erkent iemand dat anderen geestiger, welbespraakter of geleerder zijn, dan nog zal hij nauwelijks geloven dat velen net zo wijs zijn als hij. Iedereen ziet nu eenmaal zijn eigen verstand van dichtbij, en dat van anderen op een afstand. Dit bewijst echter eerder dat mensen in dit opzicht gelijk aan elkaar zijn dan ongelijk. Doorgaans bestaat er immers geen duidelijker teken dat iets gelijkmatig is verdeeld dan dat iedereen met zijn deel tevreden is.

Uit het feit dat wij gelijke mogelijkheden hebben volgt dat wij een gelijke hoop kunnen koesteren om onze doeleinden te verwezenlijken. Daarom worden twee mensen elkaars vijanden, als zij dezelfde zaak begeren waarvan zij niet beiden tegelijk kunnen genieten; en om hun doel te bereiken (in de eerste plaats hun lijfsbehoud, maar soms ook alleen hun genoegen) trachten zij elkaar te vernietigen of te onderwerpen. En zo lang een agressor niet meer te vrezen heeft dan de macht van één enkel ander mens, kan iemand dan ook verwachten, zodra hij plant, zaait, bouwt of een gunstig gelegen plek in bezit neemt, dat er anderen zullen komen die zich hebben opgemaakt om hem met vereende krachten te verdrijven, en hem niet alleen te beroven van de vruchten van zijn arbeid, maar ook van zijn leven of zijn vrijheid. En voor de agressor dreigt hetzelfde gevaar van nog weer anderen.

Het gevolg van dit wederzijds wantrouwen is dat er geen redelijker manier bestaat waarop iemand zich in veiligheid kan brengen dan door de ander een slag vóór te zijn; dat wil zeggen, door zich met geweld of list meester te maken van de persoon van zoveel mogelijk mensen, net zo lang tot hij geen andere macht meer ziet die groot genoeg is om hem in gevaar te brengen. Dit is niet meer dan zijn eigen lijfsbehoud vereist, en wordt algemeen toelaatbaar geacht. En omdat er mensen zijn die behagen scheppen in de aanblik van hun eigen macht als veroveraar, zodat zij daarmee verdergaan dan voor hun veiligheid nodig is, moeten anderen, die anders binnen bescheiden grenzen tevreden waren geweest, hun macht eveneens door agressie vergroten; als zij zich alleen bleven verdedigen, zouden zij niet lang kunnen overleven. Daarom moet deze uitbreiding van iemands macht over anderen, als onmisbaar voor zijn lijfsbehoud, worden toegelaten.

Bovendien beleven mensen geen genoegen (maar integendeel nogal wat verdriet) aan elkaars gezelschap als er geen macht is die allen ontzag inboezemt. Want iedereen verwacht dat zijn medemensen hem even hoog achten als hij zichzelf waardeert, en bij elk teken van minachting of geringschatting probeert hij natuurlijk, zo ver als hij durft te gaan (en bij mensen die niet door een gemeenschappelijke macht rustig worden gehouden, is dit ver genoeg om elkaar te gronde te richten), aan de personen die hem geringschatten meer achting te ontlokken door hun schade te doen, en aan de overigen door het stellen van dit voorbeeld.

In de menselijke natuur vinden we dus drie hoofdoorzaken van onenigheid. Ten eerste de wedijver, ten tweede het wantrouwen, en ten derde de trots.

De eerste van deze drie maakt dat mensen elkaar aanvallen om winst te behalen, de tweede om veilig te kunnen leven, de derde om hun reputatie hoog te houden. In het eerste geval gebruikt iemand geweld om zich meester te maken van andermans persoon, vrouw, kinderen en vee; in het tweede om deze zaken te verdedigen; en in het derde naar aanleiding van kleinigheden, zoals een woord, een glimlach, een verschil van mening, en alle andere tekenen van geringschatting, hetzij direct gericht tegen zijn persoon, hetzij indirect tegen zijn verwanten, zijn vrienden, zijn land, zijn beroep of zijn naam.

Uit het voorgaande blijkt duidelijk dat mensen, gedurende de tijd dat zij niet onder een gemeenschappelijke macht leven die allen ontzag afdwingt, in een toestand verkeren die we oorlog noemen, en wel een oorlog van allen tegen allen. Want de *oorlog* bestaat niet alleen uit veldslagen en daadwerkelijke gevechten, maar uit een verloop van tijd waarin de bereidheid om tot wapengeweld over te gaan genoegzaam bekend is. Het begrip *tijd* moet men met betrekking tot de oorlog dan ook net zo opvatten als met betrekking tot het weer. We spreken immers niet van slecht weer als er één of twee buien vallen, maar als dit vele dagen achtereen dreigt te gebeuren; en zo is het voor een oorlog niet nodig dat er werkelijk gevochten wordt, maar dat de wil daartoe algemeen bekend is, zo lang als er geen zekerheid bestaat van het tegendeel. Alle overige tijd noemen we *vrede*.

Alle dingen die het gevolg zijn van een tijd van oorlog waarin iedereen ieders vijand is, doen zich daarom ook voor in een tijd waarin mensen zonder enige andere zekerheid leven dan die hun eigen kracht en vindingrijkheid kan verschaffen. In deze toestand is er geen plaats voor doelgerichte arbeid, want het is niet zeker of deze resultaat zal hebben; er is dan ook geen landbouw; geen scheepvaart, en geen verbruik van goederen die over zee kunnen worden aangevoerd; geen architectuur; geen werktuigbouw, om dingen te verplaatsen en te verwijderen die veel kracht vergen; geen kennis van het aardoppervlak; geen tijdrekening; geen beeldende kunst; geen letterkunde; geen maatschappelijk leven; en, wat het ergste is, een voortdurende angst, en dreiging van een gewelddadige dood; het menselijk leven is er eenzaam, armoedig, akelig, beestachtig en kort.

Iemand die dit niet goed overwogen heeft zal zich erover verbazen dat de natuur de mensen zo van elkaar vervreemdt, en ze bereid maakt om elkaar aan te vallen en te vernietigen; en omdat hij deze gevolgtrekking uit de hartstochten niet vertrouwt, zal hij misschien willen dat zij door ondervinding bevestigd wordt. Laat hij dan bedenken dat hij zich bewapent als hij op reis gaat, en een betrouwbaar gezelschap uitzoekt; dat hij zijn deuren vergrendelt als hij gaat slapen, en zelfs als hij thuis is zijn kasten op slot doet; en dit terwijl hij weet dat er wetten zijn en gewapende gerechtsdienaren, om alle kwaad dat hem wordt aangedaan te wreken. Wat voor mening heeft hij dan over zijn landgenoten, als hij bewapend uitrijdt; over zijn medeburgers, als hij zijn deuren vergrendelt; en over zijn kinderen en bedienden, als hij zijn kasten afsluit? Beschuldigt hij met deze daden de menselijke soort niet evenzeer als ik met mijn woorden? Toch beschuldigen wij hiermee geen van beiden de menselijke natuur. De begeerten en andere menselijke hartstochten zijn op zichzelf niet zondig. En de handelingen die uit deze hartstochten voortkomen zijn dat evenmin, tot de daders een wet kennen die ze verbiedt. Zolang er geen wetten zijn gemaakt, is dit echter niet mogelijk; en er kunnen pas wetten worden gemaakt als men het eens is over de persoon die ze moet maken.

Men zal misschien denken dat een tijd als deze en een dergelijke oorlogstoestand nooit bestaan hebben. Ik geloof dat het nooit overal, op de hele wereld, zo geweest is; maar er zijn ook tegenwoordig heel wat plaatsen waar men zo leeft. Want de wilden in allerlei streken van *Amerika* kennen geen enkele vorm van maatschappelijke ordening, behalve in kleine gezinnen die door hun natuurlijke lusten tot saamhorigheid worden gebracht; en zij leven ook vandaag nog op de beestachtige manier die ik beschreef. Hoe het leven zou zijn als er geen gemeenschappelijke macht te vrezen was, kan men bovendien opmaken uit het soort van bestaan waartoe mensen die vroeger onder een vreedzaam bestel hebben geleefd, vervallen in een burgeroorlog.

Maar zelfs al zou er nooit een tijd zijn geweest waarin particuliere personen op voet van oorlog met elkaar stonden, dan nog bevinden koningen en personen bekleed met soeverein gezag zich door hun onafhankelijkheid in een voortdurende toestand van wantrouwen, en staan zij toegerust en strijdvaardig tegenover elkaar als gladiatoren, met hun wapens in de aanslag en hun ogen strak op elkaar gericht; ik bedoel, met vestingwerken, garnizoenen en kanonnen op de grenzen van hun rijken, en een onophoudelijk verkeer van spionnen bij hun buren. Dit is een houding van oorlog; maar omdat zij daarmee de werkzaamheid van hun onderdanen bevorderen, volgt er niet de ellende uit waarmee de vrijheid van particuliere personen gepaard gaat.

Uit deze oorlog van allen tegen allen volgt ook dat niets onrechtvaardig kan zijn. De begrippen goed en kwaad, recht en onrecht, zijn hier niet op hun plaats. Waar geen gemeenschappelijke macht is, bestaat geen wet; en waar geen wet is, bestaat geen onrecht. In oorlogstijd zijn kracht en list de twee kardinale deugden. Recht en onrecht zijn geen eigenschappen van lichaam of geest. Als dat zo was, zouden we ze ook moeten aantreffen bij iemand die alleen op de wereld is, net als zintuigen en hartstochten. Het zijn eigenschappen die betrekking hebben op mensen in de samenleving, en niet in afzondering. Uit deze toestand volgt verder dat er geen bezit of eigendom bestaat, geen duidelijk onderscheiden *mijn en dijn*; maar dat alles wat iemand krijgen kan van hem is, zo lang als hij het weet te behouden. Tot

HOBBES *Leviathan*

zover de ellendige toestand waar de mens zuiver door de natuur in verkeert; ook al heeft hij de mogelijkheid om eruit te komen, deels door de hartstochten en deels door de rede.

De hartstochten die de mensen aanzetten tot vrede, zijn de angst voor de dood, het verlangen naar dingen die het leven veraangenamen, en de hoop deze door arbeid en ijver te verwerven. En de rede wijst passende vredesbepalingen aan, op grond waarvan de mensen tot elkaar gebracht kunnen worden. Deze bepalingen noemt men ook wel de natuurwetten; ik zal daar in de volgende twee hoofdstukken uitvoeriger op ingaan.

Th. Hobbes, The English Works; now first coll. and ed. by W. Molesworth. Aalen: Scientia, 1962. Nederlandse vertaling: *Leviathan — of de samenstelling, vorm en macht van een kerkelijke en wereldlijke staat*, vertaling W. E. Krul. Meppel/Amsterdam: Boom, 2002, vijfde druk, p. 162-167.

Spinoza

(1632 – 1677)

Een tweede belangrijke vertegenwoordiger van het rationalisme is Benedictus de Spinoza, Nederlands beroemdste filosoof. Hij is geboren in 1632 uit Portugees-joodse familie te Amsterdam en gestorven in 1677 te Den Haag. Zijn wijsbegeerte kan niet los gezien worden van het cartesiaanse denken, waarmee hij goed bekend is geweest; Spinoza's eerste publicatie is een boek over de *Principia* van Descartes. Invloed van de filosofie van Descartes is aan te wijzen in Spinoza's terminologie en benadering van de filosofie. Op essentiële punten wijkt Spinoza echter van Descartes af en bekritiseert hij hem fel.

Descartes gebruikt het begrip 'substantie' om aan te duiden wat zodanig bestaat dat het geen enkele andere zaak voor zijn bestaan nodig heeft. Hoewel deze definitie in strikte zin alleen opgaat voor God, onderscheidt Descartes nog twee 'oneigenlijke' substanties, namelijk materie en geest. De voornaamste eigenschap (attribuut) van de materie is de uitgebreidheid of ruimtelijkheid, terwijl de geest daarvan streng onderscheiden dient te worden en door het denken gekenmerkt wordt. Beide zijn niet tot elkaar te herleiden; Descartes is een dualist. Spinoza corrigeert Descartes' inconsequentie door van één substantie uit te gaan, die hij God of Natuur noemt.

Hoewel het feit, dat Spinoza de hoogste realiteit met de naam God aanduidt, te verklaren is uit zijn Hebreeuwse achtergrond, is dit godsbegrip zelf puur filosofisch. God is niet het bijbels, persoonlijk en liefdevol wezen dat uit vrije wil de wereld geschapen heeft, maar een oneindig wezen dat zichzelf noodzakelijk in de wereld uitdrukt en dat deze in zichzelf bevat. Noodzakelijkheid en vrijheid zijn overigens voor Spinoza niet elkaars tegengestelden, zoals men licht zou kunnen denken, maar liggen in elkaars verlengde. Dit geldt niet alleen voor God, maar voor alles in de werkelijkheid, ook voor de mens. «Vrij handelt hij», zegt Spinoza, «die overeenkomstig de noodzakelijkheid van zijn eigen natuur handelt, niet gedwongen door enige oorzaak van buiten.» Een duidelijk verschil van mening met Descartes op dit punt blijkt uit het slot van de onderstaande tekst.

Aan God kent Spinoza oneindig veel goddelijke eigenschappen ofwel attributen toe, die elk op hun eigen wijze het wezen van de oneindige substantie uitdrukken. Wij mensen kennen van al deze attributen er slechts twee, te weten denken en uitgebreidheid. De attributen drukken zich in oneindige bestaanswijzen ofwel *modi* uit. De concrete dingen, die eindig zijn, hebben deel aan deze oneindige modi. Zo heeft het menselijk denken bijvoorbeeld deel aan de oneindige modus waarin het attribuut denken zich uitdrukt, en bestaat het lichaam als modus van het attribuut uitgebreidheid. De gehele werkelijkheid maakt op deze wijze deel uit van één goddelijk principe, reden waarom Spinoza's filosofie pantheïstisch wordt genoemd. Dat Spinoza ook op dit punt een ander inzicht heeft dan Descartes, blijkt uit de opmerking dat deze, evenals Francis Bacon (voorloper van het Engelse empirisme), ver is afgedwaald van de eerste oorzaken en de oorsprong van alles.

Bovengenoemde centrale begrippen uit Spinoza's filosofie worden uiteengezet in de *Ethica*, zijn hoofdwerk, dat als ondertitel heeft *Op geometrische wijze uiteengezet*. Daaruit blijkt zijn rationalistische aanpak. Vanuit deze opvatting bekritiseert hij in de onderstaande tekst Bacon, omdat deze veronderstelt dat «het menselijk verstand, behalve door de bedrieglijkheid van de zintuigen, alleen al door zijn natuur bedrogen wordt».

De wiskundige vorm waarin de *Ethica* gegoten is, is wel de precisie van denken, maar niet de leesbaarheid ten goede gekomen. Over zijn wijsgerige inzichten heeft Spinoza echter ook veel met vrienden gesproken en gecorrespondeerd. Een van deze vrienden is Henry Oldenburg, een Duits theoloog die lange tijd in Engeland woonde. Onderstaande tekst is een briefwisseling tussen beide vrienden, waarin voor Spinoza's filosofie centrale kwesties naar voren komen.

Spinoza, *Briefwisseling* (fragment)

Henry Oldenburg aan de hooggeachte heer B. d. S.

Hooggeachte heer, waarde vriend,
Toen ik u onlangs in uw afzondering te Rijnsburg bezocht, viel het mij zo moeilijk me van uw zijde los te rukken dat ik nu, dadelijk na mijn terugkeer in Engeland, mij ertoe zet het contact met u zoveel als mogelijk is weer op te nemen, al is het dan maar per brief. De kennis van fundamentele zaken, verbonden met innerlijke beschaving en verfijnde wellevendheid (eigenschappen die de natuur en uw eigen werkzaamheid u zo rijkelijk heb-

ben geschonken), heeft in zichzelf zulk een aantrekkingskracht dat zij in ieder mens van edele geboorte en goede opvoeding onweerstaanbaar liefde voor zich opwekt. Laten we dus, voortreffelijke heer, elkaar de hand reiken in oprechte vriendschap en laten we die ijverig onderhouden door elkaar gunsten en diensten van iedere aard te bewijzen. Wat mijn armoede u kan bieden, beschouw dat als het uwe. Sta mij toe op mijn beurt aanspraak te maken op een deel van uw rijke geestesgaven, zo dikwijls dit naar uw oordeel kan geschieden zonder u last te veroorzaken.

Wij hadden in Rijnsburg een gesprek over God, over de oneindige uitgebreidheid en het oneindige denken, over het verschil en de overeenkomst van deze attributen, over de wijze waarop ziel en lichaam van de mens verenigd zijn; voorts over de beginselen van de filosofie van Descartes en Bacon. Maar aangezien wij toen slechts in het vage en terloops over zo gewichtige onderwerpen spraken en sindsdien al die problemen mij kwellen, wil ik nu, krachtens de tussen ons gesloten vriendschap, ertoe overgaan met u daarover van gedachten te wisselen. Ik vraag u dan zeer vriendelijk, wees zo goed mij ten aanzien van bovengenoemde onderwerpen uw opvattingen iets uitvoeriger uiteen te zetten, vooral echter op deze twee punten mij te onderrichten, namelijk ten eerste, waarin volgens u het eigenlijke onderscheid ligt tussen uitgebreidheid en denken, ten tweede, welke tekortkomingen gij in de filosofie van Descartes en Bacon opmerkt, en hoe die volgens uw oordeel weggenomen kunnen worden en door beter gefundeerde zienswijzen vervangen. Hoe genereuzer gij over deze en dergelijke dingen aan mij zult schrijven, des te nauwer zult gij mij aan u binden en te meer mij tot overeenkomstige wederdiensten verplichten, voorzover ik daartoe in staat ben. Juist nu zijn hier ter perse 'Enige natuurkundige opstellen', geschreven door een Engels edelman van uitnemende geleerdheid. Zij handelen over de aard van de lucht en haar veerkrachtige eigenschap, die met drieënveertig proeven wordt gestaafd; voorts over vloeibaarheid en vastheid en dergelijke. Zodra ze gedrukt zijn, zal ik zorgen dat ze u door bemiddeling van een vriend, die dan mogelijk de zee oversteekt, ter hand worden gesteld.

Intussen moge het u steeds goed gaan en moge gij uw vriend blijven gedenken, die is met alle genegenheid en sympathie uw Henry Oldenburg.

Londen, 16/26 augustus 1661

B. d. S. aan de weledele en zeer geleerde heer H. Oldenburg

Hooggeachte heer,
Hoe welkom mij uw vriendschap is, zult gij zelf wel kunnen beoordelen, zodra ge het slechts met uw bescheidenheid in overeenstemming kunt brengen te denken aan uw talrijke kwaliteiten; wanneer ik die overweeg, komt het mij als een blijk van niet geringe aanmatiging voor dat ik zulk een vriendschap met u zou durven aangaan, vooral wanneer ik bedenk dat vrienden alles, in het bijzonder hun geestelijk bezit, moeten delen. Niettemin zal men dit eerder aan uw minzaamheid en welwillendheid moeten toeschrijven dan aan mij; immers door een overmaat van het een hebt ge u tot mij willen nederbuigen en het ander hebt ge mij zo overvloedig willen schenken dat ik niet schroom de innige vriendschap, die ge mij bij voortduring belooft en van mij op mijn beurt hebt willen verlangen, aan te gaan, en ik zal dan ook met al mijn krachten bevorderen dat zij zorgvuldig wordt onderhouden. Wat mijn geestesgaven betreft, zo ik die mocht bezitten, zou ik u zeer gaarne toestaan daarover te beschikken, ook al wist ik dat dit niet zonder groot nadeel voor mij zou geschieden. Maar om niet de indruk te wekken dat ik op deze wijze u wil onthouden wat ge krachtens onze vriendschap van mij verlangt, zal ik trachten u mijn mening over datgene waarvan wij spraken uiteen te zetten, hoewel ik niet geloof dat zonder uw welwillendheid dit ertoe zal leiden dat gij nauwer aan mij verbonden wordt.

Allereerst dan in het kort over God. Ik definieer hem als een zijnde dat bestaat uit een oneindig aantal attributen, waarvan elk afzonderlijk oneindig is, of anders gezegd in de hoogste mate volmaakt in zijn soort. Hierbij dient opgemerkt dat ik onder attribuut versta al datgene wat door zichzelf en in zichzelf begrepen wordt, zodat het begrip ervan niet het begrip van iets anders insluit. Zo wordt bijvoorbeeld uitgebreidheid door en in zichzelf begrepen, maar beweging niet, want die wordt begrepen in iets anders: het begrip ervan sluit uitgebreidheid in. Dat nu dit een ware definitie van God is, blijkt hieruit dat wij onder God verstaan een in de hoogste mate volmaakt en absoluut oneindig zijnde. Dat voorts een dergelijk zijnde bestaat, valt gemakkelijk uit deze definitie te bewijzen, maar omdat het hier niet de juiste plaats daarvoor is, zie ik van het bewijs af.

Wat ik hier wel moet bewijzen, om uw eerste vraag bevredigend te beantwoorden, is het volgende. Ten eerste dat er in de werkelijkheid niet twee substanties kunnen bestaan zonder geheel en al in hun essentie te verschillen. Ten tweede dat een substantie niet kan worden voortgebracht, maar dat het tot haar essentie behoort te bestaan. Ten derde dat iedere substantie oneindig moet zijn, anders gezegd in de hoogste mate volmaakt in haar soort. Als dit alles eenmaal bewezen is, zult ge, mits ge tegelijkertijd let op de definitie van God, gemakkelijk kunnen begrijpen waar ik heen wil, zodat het niet nodig is daarover duidelijker te spreken. Om nu de juistheid van deze stellingen helder en kort aan te tonen, heb ik niets beters weten te bedenken dan ze, op meetkundige wijze bewezen, aan uw kritisch onderzoek te onderwerpen. Ik zend ze u dus bij dezen afzonderlijk en wacht uw oordeel erover af.

In de tweede plaats vraagt ge mij welke fouten ik opmerk in de filosofie van Descartes en Bacon. Ofschoon het mijn gewoonte niet is fouten van anderen bloot te leggen, zal ik u ook hierin ter wille zijn. De eerste dan en de voornaamste is dat zij zo vér zijn afgedwaald van het juiste inzicht in de eerste oorzaak en de oorsprong van alle dingen. De tweede dat ze niet hebben begrepen wat de ware natuur van de menselijke geest is. De derde dat ze de ware oorzaak van het menselijk dwalen nooit hebben achterhaald. Hoe hoogstnoodzakelijk een juist inzicht in deze drie problemen is, wordt slechts miskend door hen die totaal verstoken zijn van iedere scholing en zin voor wetenschap. Dat ze zijn afgedwaald van een juist begrip betreffende de eerste oorzaak en de menselijke geest, valt gemakkelijk op te maken uit de waarheid van de drie bovengenoemde stellingen; daarom ga ik ertoe over alleen hun derde fout te belichten.

Over Bacon wil ik niet veel zeggen, want hij spreekt hierover zeer verward en bewijst bijna niets; hij stelt alleen maar. Want in de eerste plaats veronderstelt hij dat het menselijk verstand, behalve door de bedrieglijkheid van de zintuigen, alleen al door zijn natuur bedrogen wordt en zich alles voorstelt naar analogie van zijn eigen natuur en niet naar analogie van het universum, zodat het voor de stralen der dingen als het ware een oneffen spiegel is, die zijn natuur vermengt met die der dingen enz. Ten tweede dat het menselijk verstand krachtens zijn eigen natuur geneigd is tot abstractie en zich datgene wat veranderlijk is, voorstelt als bestendig enz. Ten derde dat het menselijk verstand steeds verder wil en niet tot stilstand of rust kan komen. De oorzaken van het menselijk dwalen die hij verder nog aanwijst, kunnen gemakkelijk alle herleid worden tot deze ene van Descartes, namelijk dat de menselijke wil vrij is en verder reikt dan het verstand of, zoals de wijsgeer uit Verulam [Bacon] zelf minder helder zegt, dat het licht van het verstand niet droog is, maar met de olie van de wil wordt gevoed. Hier dient opgemerkt dat Bacon dikwijls 'verstand' neemt voor 'geest', waarin hij verschilt van Descartes. Zonder me dus veel te bekommeren om de andere oorzaken, zijnde van geen belang, zal ik van deze aantonen dat ze onjuist is, hetgeen zij ook zelf gemakkelijk hadden kunnen inzien, als ze slechts hierop hadden gelet dat de wil verschilt van deze of gene wilshandeling op dezelfde wijze als de witheid verschilt van dit of dat witte of ook de mensheid verschilt van deze of gene mens, en dat het dan ook even onmogelijk is in de wil de oorzaak van deze of gene wilshandeling te zien als in de mensheid de oorzaak van Jan of Piet. Welnu, aangezien de wil enkel als gedachteconstructie bestaat en geenszins de oorzaak genoemd kan worden van deze of gene wilshandeling, en de bijzondere wilshandelingen, daar ze voor hun bestaan een oorzaak nodig hebben, niet vrij genoemd kunnen worden, maar noodzakelijkerwijze strikt door hun oorzaken gedetermineerd zijn, en aangezien tenslotte volgens Descartes de dwalingen nu juist bijzondere wilshandelingen zijn, volgt daaruit noodzakelijkerwijs dat de dwalingen, dat wil dus zeggen bijzondere wilshandelingen, niet vrij zijn, maar gedetermineerd door uitwendige oorzaken en geenszins door de wil, hetgeen ik beloofd had te bewijzen. Enz.

Rijnsburg, september 1661

C. Gebhardt, *Spinoza Opera* IV. Heidelberg, 1925, 1972. Nederlandse vertaling: B. de Spinoza, *Briefwisseling*, vertaling F. Akkermans, H. G. Hubbeling, A. G. Westerbrink. Amsterdam: Wereldbibliotheek, 1977, p. 71-76.

Locke

(1632 – 1704)

De Engelse filosoof John Locke is de grondlegger van het moderne empirisme, de stroming die als uitgangspunt heeft dat al onze kennis gebaseerd is op de zintuiglijke waarneming.

Hij werd geboren te Somerset in een eenvoudig, protestants gezin. Zijn vader had tijdens zijn leven goede contacten opgebouwd in invloedrijke kringen. Dankzij die contacten werd Locke toegelaten tot Westminster School, de beste kostschool van zijn tijd. Hij won een beurs om op Christ Church College, een van de oudste en beroemdste colleges van Oxford, te gaan studeren. Zijn belangstelling was enorm breed; hij studeerde geneeskunde, maar ook natuurkunde en filosofie. Na zijn studie bleef Locke verbonden aan Christ Church, tot hij in 1667 gevraagd werd om adviseur te worden van Lord Ashley, de latere Earl of Shaftesbury. Hij bleef dit, al nam hij in 1675 de tijd om een lange reis door Frankrijk te maken. Toen hij daarvan in 1679 terugkeerde, bevond Engeland zich in een politieke crisis. Koning Karel II had geen kinderen en dreigde te worden opgevolgd door zijn broer Jacobus II (hetgeen in 1685 inderdaad gebeurde) die sympathiseerde met het rooms-katholicisme. Shaftesbury verzette zich tegen deze opvolging. In 1683 werd hij zelfs beschuldigd van het beramen van een coup. Shaftesbury vluchtte naar Nederland, gevolgd door Locke die zich in Engeland niet meer veilig waande.

Grote delen van *An Essay concerning Human Understanding* heeft Locke in Nederland geschreven. Na 'the glorious revolution' in 1688, die de Nederlandse protestant Willem III en zijn vrouw Mary op de troon bracht in Engeland, keerde Locke terug naar Engeland. Het *Essay* verschafte hem groot maatschappelijk aanzien. Hij werd voor verschillende belangrijke politieke adviseurschappen gevraagd. Hij stierf in 1704.

De invloed van Locke reikt verder dan de wijsbegeerte. Economen kennen hem als de man die ontdekte dat geld niet alleen een ruilmiddel is, maar ook een eigen intrinsieke waarde heeft als iets wat je wil vergaren enkel om het te hebben. Zijn *Two Treatises of Government* (1690) worden vaak in verband gebracht met de Amerikaanse revolutie en het gedachtegoed van 'the founding fathers'. Pedagogen verwijzen naar zijn boek *Some Thoughts concerning Education* (1693) als een van de eerste werken waarin kinderen niet als kleine volwassenen werden bekeken, maar als opgroeiende mensen met hun eigen leeftijdsgebonden problemen. Het liberalisme ziet in Locke een van haar grote wegbereiders. In zijn *Epistola de tolerantia* (1689) pleitte hij voor religieuze tolerantie, omdat het geloof primair een relatie is tussen ieder individueel mens en God.

Zijn belangrijkste filosofische werk is evenwel *An Essay concerning Human Understanding*, dat Locke publiceerde in 1689 na zijn terugkeer uit Nederland. Voor een goed begrip van dit boek is het belangrijk om te letten op de historische context waarin het geschreven is. Locke kende vanwege zijn brede wetenschappelijke belangstelling het werk van zijn tijdgenoten Boyle, Hooke en Newton. Deze natuurkundigen waren overtuigd van de juistheid van de corpusculaire fysica. Volgens deze theorie zijn objecten opgebouwd uit kleine deeltjes, atomen genaamd. Talloze verschijnselen kunnen door het bewegen en de interactie tussen deze deeltjes worden verklaard.

Voor de filosofie zijn de gevolgen van deze theorie enorm. Als de corpusculaire fysica klopt, bestaat de werkelijkheid niet zoals wij die waarnemen. De tulp die in de tuin in bloei staat is in werkelijkheid een verzameling deeltjes. De wetenschappelijke revolutie in de zeventiende eeuw brengt zodoende onvermijdelijk de ons zo bekende problemen met zich mee over wat schijn is en wat werkelijkheid.

Descartes loste dit probleem op door te stellen dat de waarneming een onbetrouwbare kennisbron vormt. Het criterium op grond waarvan je ware van onware kennis onderscheidt, kun je volgens hem in je zelf vinden. Descartes' filosofie houdt een breuk in met de scholastieke filosofie die, in navolging van Aristoteles, de waarneming juist wel als een betrouwbare kennisbron beschouwde. Locke zag zich door de wetenschappelijke ontwikkelingen in zijn tijd geplaatst voor een dilemma: aan de ene kant deelde hij Descartes' enthousiasme voor de corpusculaire natuurkunde. Aan de andere kant wilde hij, net als Aristoteles, blijven vertrouwen op de waarneming. Waarom zouden mensen als Boyle anders experimenten uitvoeren? Zijn *Essay* is een poging om aan dit dilemma te ontsnappen.

Het boek opent met een aanval op Descartes' stelling dat wij geboren worden met kennis, dat de ideeën in ons hoofd voor een groot deel aangeboren zijn. Nee, zegt Locke, geen aangeboren ideeën. Al onze ideeën zijn afkomstig uit de waarneming. Tegen de achtergrond van de corpusculaire fysica ontstaat nu onmiddellijk het probleem dat onze ideeën geen adequate representaties zijn van de werkelijkheid. Wij nemen een boom als boom waar en niet als een verzameling deeltjes.

Locke redt zich uit dit probleem door bescheidenheid. Hij verklaart onomwonden dat hij niets kan en mag zeggen over de uiteindelijke structuur van de werkelijkheid. Hij stelt zich ten aanzien van de natuurkunde op als een agnost. De waarneming onthult ons niets over de uiteindelijke structuur van de werkelijkheid, die wij slechts kennen door de ideeën die wij van haar ontvangen. Die ideeën zijn een soort sluier tussen ons en de werkelijkheid. Ze zijn het effect van onbekende fysische processen op onze zintuigen en daar moeten we het mee doen.

Locke maakt dus een knieval voor zijn natuurwetenschappelijke tijdgenoten. Hij stelt zelfs dat hij zichzelf ziet als een 'underlabourer' wiens taak het slechts is begripsmatige verwarring uit de weg te ruimen, zodat de groei der kennis niet geremd wordt. Die groei wordt geremd vanwege het feit dat mensen vaak niet weten waar ze over praten en waar ze over denken.

In boek II van zijn *Essay* analyseert Locke daarom de inhoud van ons denken; hij classificeert de ideeën die hij in zijn geest aantreft. Om te beginnen maakt hij een onderscheid tussen enkelvoudige en samengestelde ideeën. Bijvoorbeeld: wij hebben een idee van een ring. Dat idee is samengesteld uit andere ideeën, namelijk 'rond', 'geelkleurig', 'hard' en 'glimmend'. Deze laatste ideeën noemt Locke eenvoudig ('simple'). Deze enkelvoudige ideeën kunnen nu volgens Locke in twee groepen verdeeld worden: sommige ideeën representeren de structuur van de werkelijkheid correct. Dit zijn ideeën als 'grootte', 'vorm', 'getal' en 'gewicht'. Met deze ideeën corresponderen reële eigenschappen van objecten in de werkelijkheid, eigenschappen die bovendien gekwantificeerd kunnen worden en die essentieel zijn voor enig object. Als een materieel object bestaat, dan moet dat een bepaalde vorm en een bepaald gewicht hebben.

Heel anders is dat met ideeën als 'kleur' en 'smaak'. Daarmee hoeft niets overeen te komen in de werkelijkheid. Dergelijke ideeën zitten veel meer in 'the eye of the beholder'. Ze zijn net zoveel afhankelijk van het waargenomen object als de waarnemer. Als wij andere ogen zouden hebben, dan zouden objecten in de werkelijkheid andere kleuren hebben. Om die reden noemt Locke kleur en smaak secundaire eigenschappen van objecten.

Dit onderscheid tussen primaire en secundaire kwaliteiten is een belangrijk instrument voor Locke om na te gaan wat de beperkingen en het bereik van menselijke kennis zijn. Dit onderzoek beschrijft hij in het vierde deel van zijn *Essay*, dat hij vooraf laat gaan door een uitgebreide analyse van de betekenis van woorden. Uitgangspunt van zijn taalfilosofie is de stelling dat woorden in hun primaire en onmiddellijke betekenis staan voor ideeën in het hoofd van de spreker. Zorgvuldig taalgebruik vereist dus dat je goed nagaat welke ideeën je met je woorden verbindt.

In het nu volgende fragment worstelt Locke met het paradoxale karakter van zijn filosofie. Aan de ene kant is hij een realist, die meent dat de werkelijkheid een vaststaande structuur heeft die door wetenschappelijk onderzoek geopenbaard zal worden. Aan de andere kant dwingt zijn 'theory of ideas' hem om te stellen dat een object slechts kenbaar is voorzover wij daar een idee van hebben. In deze situatie wordt het voor hem een nijpende vraag wat nu eigenlijk een object tot een object met een bepaalde identiteit maakt: de werkelijkheid of de ideeën die wij associëren met een woord voor dat object?

Locke, *Essay over het menselijk inzicht* (fragment)

'Identiteit en verscheidenheid'

§1 Een andere aanleiding voor de geest om te gaan vergelijken is het feitelijk bestaan van dingen. Wanneer we een ding beschouwen als bestaande op een bepaalde tijd en plaats, dan vergelijken we het met zichzelf als bestaande op een ander tijdstip, en zo vormen wij de ideeën van identiteit en verscheidenheid. Wanneer we een ding zien op een plaats op enig tijdstip, zijn we er zeker van, wat het ook maar voor ding is, dat het dat ding zelf is en niet een ander, dat tegelijkertijd op een andere plaats bestaat, hoe groot de gelijkenis en ononderscheidbaarheid in alle andere opzichten ook maar is: identiteit bestaat nu hierin dat de ideeën waaraan die wordt toegeschreven helemaal niet anders zijn dan wat ze waren op het moment waarop we hun vorig bestaan beschouwen, en waarmee we de huidige vergelijken. Aangezien we nooit ontdekken, noch het voor mogelijk houden dat twee dingen van dezelfde soort zouden kunnen bestaan op dezelfde plaats op hetzelfde tijdstip, concluderen we terecht dat wat ook maar op enige plaats bestaat op enig tijdstip alle andere dingen van dezelfde soort buitensluit en daar alleen zichzelf is. Wanneer we daarom vragen of een ding hetzelfde is of niet, gaat het altijd om iets wat bestond op een zeker tijdstip op die en die plaats, waarvan het zeker was, op dat moment, dat het identiek was aan zichzelf en niet aan iets anders. Hieruit volgt dat één ding niet twee keer kan beginnen te bestaan, noch dat twee dingen samen één begin hebben, aangezien het onmogelijk is voor twee dingen van dezelfde soort, te zijn of te bestaan op hetzelfde ogenblik, in precies dezelfde plaats; of een en hetzelfde ding op verschillende plaatsen. Daarom is dat wat één begin heeft hetzelfde ding, en dat wat een ander begin had in tijd en ruimte niet dezelfde maar verschillend. De moeilijkheden over deze relatie zijn ontstaan, omdat er met weinig zorg en aandacht gekeken is naar de exacte begrippen van de dingen waaraan zij wordt toegeschreven.

§3 Uit wat tot dusverre gezegd is, valt gemakkelijk af te leiden wat het zo vaak gezochte *principium individuationis* is; het is duidelijk dat dat het bestaan zelf is, dat bepaalt of een ding van enige soort een bepaalde tijd en plaats inneemt die niet ingenomen kunnen worden door twee dingen van dezelfde soort. Deze gedachte is gemakkelijker te bevatten in het geval van enkelvoudige objecten of wijzen van bestaan; toch, wanneer erover nagedacht wordt, is het niet moeilijker in het geval van samengestelde, indien zorgvuldig gekeken wordt waarop het van toepassing is. Laten we kijken naar een atoom, dat is een bestendig stuk materie met een onveranderlijk oppervlak, dat bestaat op een bepaalde tijd en plaats: het is duidelijk dat, wanneer we het bekijken op enig moment van zijn bestaan, het identiek is met zichzelf. Aangezien het, op dat moment, is wat het is, en niets anders, is het hetzelfde, en moet zo doorgaan, zolang als zijn bestaan voorgezet wordt: zolang zal het hetzelfde zijn en niet iets anders. Op dezelfde manier, indien twee of meer atomen samengevoegd worden in dezelfde massa, zal ieder van deze atomen dezelfde blijven, overeenkomstig de net genoemde regel. En zolang zij samen zo verenigd bestaan, moet de massa, bestaande uit dezelfde atomen, dezelfde massa zijn, of hetzelfde lichaam, hoe de atomen ook maar door elkaar gehaspeld zijn. Maar indien een van deze atomen weggenomen wordt, of een nieuwe wordt toegevoegd, dan is het niet langer dezelfde massa of hetzelfde lichaam. In het geval van levende wezens hangt hun identiteit niet af van een massa van dezelfde deeltjes, maar van iets anders. Want in hun geval verandert het variëren van grote delen materie niet de identiteit: een eik, die opgroeit van een plant tot een grote boom, en dan omgehakt wordt, is nog steeds dezelfde eik; en een veulen dat opgroeit tot een paard, soms dik, soms slank, is al die tijd hetzelfde paard, ofschoon er in beide gevallen een duidelijke verandering van deeltjes is. Zodat ze in werkelijkheid geen van beide dezelfde hoeveelheid materie zijn, maar wel een van hen dezelfde eik, en de ander hetzelfde paard. De reden hiervoor is dat in deze twee gevallen van een hoeveelheid materie en een levend organisme *identiteit* niet wordt toegepast op hetzelfde ding.

§ 4 We moeten daarom nagaan waarin een eik verschilt van een hoeveelheid materie, en dat lijkt mij dit te zijn: dat de ene enkel de bundeling is van deeltjes materie op wat voor manier dan ook verenigd; de ander een zodanige rangschikking van die deeltjes dat ze bouwstenen zijn van een eik; en een zodanige organisatie van die delen, die ze in staat stelt voeding te ontvangen en te verdelen, zodat ze kunnen voortleven en het hout, de bast en bladeren, etc. van een eik vormgeven, waarin het vegetatieve leven bestaat. Dit is dan één plant die een zodanige organisatie van delen heeft in één samenhangend lichaam, deelnemend aan één gemeenschappelijk leven, die voortbestaat als dezelfde plant, zolang als die deelneemt aan hetzelfde leven, ofschoon dat leven wordt doorgegeven aan nieuwe deeltjes materie die vitaal zijn verenigd met de levende plant, in een soortgelijke voortdurende organisatie, die hoort bij dat soort planten. Want deze organisatie die bestaat op enig moment in enige verzameling materie, is in dat concrete geval onderscheiden van alle andere, en is dat individuele leven, dat constant bestaat vanaf dat moment, zowel terug- als vooruitkijkend, in dezelfde stroom van elkaar niet waarneembaar opvolgende stroom van deeltjes die verenigd zijn aan het levende lichaam van de plant, en die heeft die identiteit die het tot dezelfde plant maakt, en alle delen daarvan, tot delen van dezelfde plant, gedurende al die tijd dat zijn verenigd bestaan in die voortdurende organisatie, die toegerust is om dat gemeenschappelijke leven over te dragen op alle delen die zo verenigd zijn.

§ 5 De zaak is niet zo verschillend bij wilde dieren, waar we moeten kijken wat een dier tot een dier maakt en wat tot hetzelfde dier. We hebben iets dergelijks in het geval van machines, hetgeen als illustratie kan dienen. Bijvoorbeeld, wat is een wijzerplaat? Het is duidelijk dat het niets anders is dan een organisatie, of constructie van delen die een bepaald doel dient, dat wanneer voldoende kracht wordt toegepast, het in staat is te verkrijgen. Indien we zouden veronderstellen dat deze machine een voortlevend lichaam zou zijn, waarvan de georganiseerde delen gerepareerd, vermeerderd of verminderd zouden worden door een voortdurende toevoeging of afscheiding van niet waarneembare delen, met een gemeenschappelijk leven, dan zouden we iets hebben wat erg lijkt op het lichaam van een dier, met dit verschil dat in een dier de levensvatbaarheid van de organisatie en de beweging waaruit het leven bestaat tegelijkertijd beginnen, waar de beweging van binnenuit komt; maar in machines is de kracht, die waarneembaar van buiten komt, vaak afwezig, wanneer het orgaan in orde is en toegerust om die te ontvangen.

§ 6 Dit laat ook zien waarin de identiteit van dezelfde mens bestaat, namelijk in niets anders dan het deelnemen aan hetzelfde voortdurende leven, door constant voortsnellende deeltjes materie, opeenvolgend vitaal verbonden aan hetzelfde georganiseerde lichaam. (…)

§ 7 Het is daarom niet eenheid van substantie die alle soorten identiteit omvat, of het in alle gevallen zal bepalen. Om het goed te begrijpen en te beoordelen, moeten we nagaan wat het idee inhoudt van het ding waarop het woord wordt toegepast. Het is één ding om dezelfde substantie te zijn, een ander dezelfde mens, en een derde dezelfde persoon, indien *persoon, mens* en *substantie* drie namen zijn voor drie verschillende ideeën; want zoals het idee is dat bij een naam hoort, zo de identiteit zijn. Hetgeen, indien er iets beter op gelet zou zijn, mogelijkerwijs een groot deel van de verwarring had kunnen voorkomen, die er over deze kwestie vaak ontstaat, met geen geringe problemen, speciaal waar het persoonlijke identiteit betreft, hetgeen we daarom in wat volgt even zullen overdenken.

§ 8 Een dier is een levend, georganiseerd lichaam; en derhalve, zoals we hebben vastgesteld, is hetzelfde dier hetzelfde voortdurende leven dat doorgegeven wordt aan verschillende deeltjes materie, zoals zij toevallig achtereenvolgens verenigd worden met dat georganiseerde levende lichaam. En wat er ook gezegd wordt in andere definities, nauwkeurige waarneming stelt zonder twijfel vast dat het idee in onze geesten, waarvan het geluid 'mens' in onze monden het teken is, van niets anders het idee is dan van een dier met een bepaalde vorm. Ik denk dat ik erop kan vertrouwen dat wie een schepsel zou zien van zijn eigen vorm en makelij, ofschoon het niet meer verstand had dan een kat of een papegaai, het nog steeds een mens zou noemen; of wie een kat of een papegaai zou horen praten, redeneren en filosoferen, zou die niets anders dan een kat of een papegaai noemen en daar zo over denken; laten we zeggen dat de ene een suf, irrationeel mens was, en de andere een erg intelligente, rationele papegaai. (…)

§ 9 Aangezien het voorafgaande diende om uit te vinden waarin persoonlijke identiteit bestaat, moeten we nu nagaan waar *persoon* voor staat; hetgeen, denk ik, een denkend, intelligent wezen is, dat kan redeneren en nadenken, en zichzelf kan beschouwen als zichzelf, hetzelfde denkende ding op verschillende tijdstippen en op verschillende plaatsen; hetgeen het doet door middel van het bewustzijn dat onafscheidelijk is van het denken, waarvoor het naar mij toeschijnt essentieel is. Het is onmogelijk voor iemand om waar te nemen, zonder waar te nemen dat hij waarneemt. Wanneer we zien, horen, tasten, voelen, overdenken, of iets willen, weten we dat we dat doen. Zo gaat het altijd met onze huidige zintuiglijke ervaringen en waarnemingen. En hierdoor is iedereen voor zichzelf, dat wat hij *zelf* noemt. In dit geval wordt buiten beschouwing gelaten of hetzelfde zelf voort kan bestaan in dezelfde of in verschillende substanties. Aangezien bewustzijn altijd het denken begeleidt, en het dat is wat iedereen maakt tot wat hij *zelf* noemt, en zichzelf daardoor onderscheidt van alle andere denkende dingen, bestaat persoonlijke identiteit, dat is de identiteit van een redelijk wezen, enkel hierin. En hoever dit bewustzijn uitgestrekt kan worden terug naar een handeling of een gedachte in het verleden, zo ver reikt de identiteit van die persoon; het is nu dezelfde zelf die het toen was, en het is door diezelfde zelf die nu daarover nadenkt, dat die handeling werd verricht.

§ 10 Er kan echter nader gevraagd worden of het dezelfde identieke substantie is. Weinigen zullen denken dat ze enige reden hebben hieraan te twijfelen, indien deze waarnemingen, met het bewustzijn daarvan, altijd aanwezig zouden zijn in de geest, zodat hetzelfde denkende ding, altijd bewust aanwezig zou zijn, en, zoals gedacht zou kunnen worden, duidelijk hetzelfde voor zichzelf. Maar de moeilijkheid schijnt hierin te bestaan dat dit bewustzijn altijd onderbroken wordt door vergeetachtigheid, en er is geen ogenblik in ons leven waarin we de hele reeks van onze voormalige handelingen in een oogopslag kunnen overzien. Zelfs de beste geheugens verliezen het zicht op een gedeelte, wanneer ze een ander bekijken; het grootste gedeelte van ons leven denken we niet na over ons voormalige zelf, en zijn we gericht op onze huidige gedachten, en als we in diepe slaap verkeren, hebben we geen enkele gedachte, of tenminste geen één met dat bewustzijn dat onze wakkere gedachten kenmerkt. In al deze gevallen, waarin ons bewustzijn onderbroken wordt, en wij het zicht verliezen op onze voormalige zelven, wordt twijfel gezaaid of wij hetzelfde denkende ding zijn, dat is dezelfde substantie of niet. Hoe redelijk of onredelijk dit mag zijn, het betreft toch niet de *persoonlijke identiteit*. De vraag is wat dezelfde persoon tot dezelfde persoon maakt, en niet of het dezelfde identieke substantie is die altijd denkt in dezelfde persoon, hetgeen in dit geval er helemaal niet toe doet. Verschillende substanties worden door hetzelfde bewustzijn (waaraan zij deelnemen) verenigd tot een persoon; net zo worden verschillende lichamen door hetzelfde leven verenigd tot een dier, wiens identiteit gewaarborgd wordt, in die verandering van substanties, door de eenheid van een voortgezet leven. Aangezien het hetzelfde bewustzijn is dat uitmaakt of een mens zichzelf is voor zichzelf, hangt persoonlijke identiteit alleen daar van af, of het nu verbonden is aan enkel één substantie of kan worden voortgezet in een opeenvolging van verscheidene substanties. (…)

John Locke, *Essay concerning Human Understanding*, Book II, Chapter 27,
edited with an introduction by Peter H. Nidditch. Oxford: Clarendon Press, 1975.
Vertaald voor deze bundel door M. Lievers.

Leibniz

(1646 – 1716)

Van de rationalistische filosofen is Gottfried Wilhelm Leibniz de minst bekende. Zijn filosofie wordt dikwijls als ondoorgrondelijk of vreemd ervaren. Dat komt omdat hij geen systematische filosofie heeft nagelaten, maar alleen een massa aantekeningen, schetsen, brieven en reacties. De filosofie van Leibniz is een constructie die pas na zijn dood gemaakt is en regelmatig herzien wordt, afhankelijk van de belangstelling van de tijd. Toch komt Leibniz over als een heel systematisch filosoof, omdat het idee van een systeem en het belang van het systematische denken centrale onderwerpen van zijn filosoferen zijn.

Zijn meest bekende werk, *Monadologie* (1714), een klein filosofisch systeem, lijkt op een gesloten, wereldvreemde wijze alles te willen verklaren; het was echter slechts bedoeld als samenvatting van zijn filosofische opvattingen voor een correspondent, die al bekend was met zijn ideeën. Feitelijk schreef Leibniz altijd naar aanleiding van vragen of problemen die op zijn weg kwamen. Het ging daarbij om politieke, economische, religieuze, natuurwetenschappelijke, historische, wiskundige en filosofische onderwerpen, waarmee hij als hoveling in dienst van de keurvorsten van Hannover en als universeel geleerde te maken kreeg. Reagerend op opvattingen van anderen probeerde hij meestal standpunten bij elkaar te brengen.

Leibniz tracht de nieuwe filosofie van zijn tijd, die van Descartes, Spinoza en Hobbes, te verzoenen met de oude scholastieke opvattingen en het geloof. Hij verwijt de nieuwe filosofie, waartoe ook de natuurwetenschappelijke theorieën van Galilei gerekend werden, een te extreem standpunt, bijvoorbeeld in het verwerpen van elke doeloorzakelijkheid of in het volkomen materialistisch en mechanistisch verklaren van de natuurverschijnselen. In de natuurwetenschappelijke verklaring, meent hij, geeft men zich geen rekenschap van de basiseenheden waaruit de verschijnselen bestaan, omdat de materie daarin tot in het oneindige deelbaar blijft. Evenmin kan men zo de feitelijke werking van de dingen verklaren, omdat de natuurwetenschap alleen maar, gegeven een beweging, de gevolgen van een botsing kan beschrijven. In het begrijpen van individuele dingen is volgens Leibniz een begrip van een fundamentele eenheid al voorondersteld; deze fundamentele eenheid noemt hij 'individuele substantie' of 'monade'. Daarmee bekritiseert hij Spinoza's schijnbare reductie van de individuele dingen tot modi van een substantie. Elke individuele eenheid moet volgens hem een eigen werkingspotentieel hebben; Leibniz noemt dit 'kracht'. Dit is voor hem een soort levensbeginsel dat in het denken als zelfstandige activiteit is gefundeerd, maar dat ook in de beweging tot uitdrukking komt.

Met Descartes en Spinoza is Leibniz overtuigd van de superioriteit van de nieuw ontwikkelde methode van rationeel denken volgens het model van de wiskunde. Maar meer dan hen ziet hij dat dit een veelheid van benaderingen niet uitsluit. Leibniz is de ontwerper van verschillende algebra's, die elk op eigen wijze de idee van een rationele ordening ontwikkelen. En zo is ook zijn filosoferen te beschouwen als het ontwerpen van ordeningssystemen. Centraal staat daarbij de overtuiging dat alles te ordenen en dus ook rationeel is. Dit is een stelling met zowel metafysische consequenties (in de grond is alles rationeel, dus staat het geestelijke, opgevat als een geordend begrip, centraal) als kentheoretische consequenties (alles is kenbaar, de waarheid van alles moet volgens rationele methodes vastgesteld kunnen worden). Denken en zijn vallen samen in een grote samenhang waarin alles zijn juiste plaats heeft. Vooral in zijn *Essai de théodicée* (1710) verdedigt Leibniz de stelling dat dit voor de mensen een vrije wil toch niet uitsluit, zoals Spinoza stelde. Want elk individueel ding berust op een eigen, zelfstandig eenheidsbeginsel (de genoemde individuele substantie of monade). Bovendien moet er een onderscheid gemaakt worden tussen de noodzakelijke, overal en altijd geldige ordeningen van logica en wiskunde (noodzakelijke of 'verstandwaarheden') en de feitelijk bestaande ordening van de gegeven werkelijkheid (toevallige of 'feitwaarheden'). De werkelijkheid is geschapen op grond van het inzicht dat dit de best mogelijke ordening is en is daarom niet logisch noodzakelijk.

Leibniz gebruikt het rationalistische godsbegrip om zijn idee van samenhang en totale kenbaarheid van alles aan te geven. Maar hij verzoent dit met het christelijke begrip van God als schepper, door vast te houden aan het idee van een keuze op grond van het inzicht in wat de best mogelijke wereld moet zijn.

In de volgende tekst wordt besproken hoe, uitgaande van zo'n idee van God, de zelfstandigheid en vrijheid van de individuele dingen begrepen moeten worden. De rationalistische visie op de samenhang van zijn en denken wordt hier goed duidelijk, omdat Leibniz laat zien dat zelfstandigheid afgeleid moet worden van het idee van een volledig begrip, waar alle eigenschappen analytisch uit af te leiden zijn. Leibniz formuleert hier voor het eerst (in 1686) de grondslag van de filosofische theorie, die later als monadologie bekend is geworden. De tekst komt uit een pas in de negentiende eeuw ontdekt geschrift, waarin hij een samenvatting geeft van zijn filosofische standpunten met betrekking tot de verschillende vraagstukken die op dat moment de filosofische discussie beheersten.

Leibniz, *Metafysische verhandeling* (fragmenten)

§ 8 *Om de handelingen van God en van de schepselen te onderscheiden wordt uitgelegd waaruit het begrip van een individuele substantie bestaat.*

Het is nogal moeilijk een onderscheid te maken tussen de handelingen van God en die van de schepselen, want sommigen geloven dat God alles doet, anderen stellen zich voor dat hij slechts de kracht die hij aan de schepselen gegeven heeft instandhoudt; het hier volgende zal laten zien in hoeverre we het ene of het andere kunnen beweren. Welnu, omdat handelingen en passies eigenlijk aan individuele substanties toebehoren (*actiones sunt suppositorum*) is het noodzakelijk om duidelijk te maken wat zo'n substantie is.

Als verschillende predikaten aan eenzelfde subject worden toegekend en dit subject niet als predikaat aan een ander subject kan worden toegekend, noemt men dit een individuele substantie, maar dat is niet genoeg, dit is alleen maar een woordverklaring. We moeten dus bekijken wat het betekent wanneer iets werkelijk toegekend wordt aan een bepaald subject. Welnu, het staat vast dat elk waar predikaat een of ander fundament heeft in de natuur van de dingen en als een propositie niet identiek is, dat wil zeggen als het predikaat niet uitdrukkelijk in het subject ligt opgesloten, dan moet het er virtueel in begrepen zijn, dat is wat de filosofen *in esse* noemen, waarmee ze willen zeggen dat het predikaat in het subject is. Zo moet de subject-term altijd de predikaat-term in zich sluiten, zodat iemand die volledig het begrip van het subject begrijpt, ook kan vaststellen dat deze bepaling erbij hoort.

Als dit zo is, dan kunnen we zeggen dat het de natuur van een individuele substantie of van een volledig zijnde is dat het een zo volkomen begrip heeft dat dit begrip voldoende is om alle predikaten van het subject, waaraan dit begrip wordt toegekend, te begrijpen en om ze hieruit af te leiden. Daartegenover is een accident een zijnde, waarvan het begrip helemaal niet alles insluit dat men kan toekennen aan het subject, waaraan men dit begrip toekent. Zo is de eigenschap 'koning' die aan Alexander de Grote toekomt, als we afzien van het subject, niet voldoende om er een individu mee aan te geven en sluit deze eigenschap helemaal niet de andere kwaliteiten van hetzelfde subject in zich, laat staan alles wat het begrip van deze vorst omvat. Maar omdat God het individuele begrip van Alexander of zijn dit-heid kent, ziet hij hierin tegelijk de grond en de reden van alle predikaten die naar waarheid aan hem toegekend kunnen worden, bijvoorbeeld dat hij Darius Porus zou overwinnen; hij weet zelfs op voorhand (en niet uit ervaring) dat hij een natuurlijke dood of aan vergiftiging gestorven is, iets wat wij slechts uit de geschiedenis kunnen weten. Zo kan men, als men de samenhang van de dingen goed overweegt, zeggen dat er te allen tijde in de ziel van Alexander sporen zijn van alles wat hem is overkomen en tekens van wat hem nog zal overkomen, en zelfs dat er sporen zijn van alles wat zich in het universum afspeelt, hoewel alleen God dit alles kan herkennen.

§ 9 *Dat iedere afzonderlijke substantie heel het universum op haar wijze tot uitdrukking brengt en dat in haar begrip alles wat haar overkomt is begrepen met alle omstandigheden en heel de samenhang van alle uitwendige zaken.*

Hieruit volgen verscheidene belangrijke conclusies. Zoals onder andere dat het niet waar is dat twee substanties volkomen op elkaar kunnen lijken en alleen numeriek verschillend zouden zijn. Verder dat wat de heilige Thomas [van Aquino] op dit punt van de engelen of geesten beweert (dat hier elk individu een onderste soort [op zich] is), voor alle substanties opgaat, gesteld dat men het soortelijke onderscheid zo opvat als de meetkundigen doen met hun figuren. Hieruit volgt ook dat een substantie slechts door een scheppingsdaad kan ontstaan en slechts door een daad van vernietiging te gronde kan gaan, dat men een substantie niet in tweeën kan delen of van twee substanties er één kan maken en dat dus het aantal substanties natuurlijkerwijze niet toe- of afneemt, hoewel zij vaak omgevormd worden.

Verder lijkt elke substantie op een volledige wereld en op een spiegel van God, of beter, van heel het universum, dat iedere substantie op eigen wijze tot uitdrukking brengt. Zo ongeveer als eenzelfde stad verschillend wordt voorgesteld naar gelang de verschillende plaatsen van waaruit iemand haar ziet. Zo wordt het universum in zekere zin zoveel maal vermenigvuldigd als er substanties zijn en de glorie van God wordt net zo door evenveel verschillende voorstellingen van zijn werk verdubbeld. Men kan zelfs zeggen dat iedere substantie op een of andere wijze trekken vertoont van de oneindige wijsheid en de almacht van God en hem, voorzover zij er ontvankelijk voor is, nabootst. Want zij [de substantie] drukt, zij het op verwarde wijze, alles uit wat in het universum gebeurde, gebeurt of zal gebeuren, en dat lijkt wel wat op oneindige waarneming of oneindige kennis. En omdat alle andere substanties haar op hun beurt uitdrukken en zich aan haar aanpassen, kan men zeggen dat een substantie haar macht uitoefent over alle andere in navolging van de almacht van de Schepper.

§ 13 Hoe het individuele begrip van iedere persoon in één keer alles wat hem ooit zal overkomen, insluit; men vindt daarin de a priori bewijzen van de waarheid van elke gebeurtenis of waarom het ene hem is overkomen en niet iets anders. Deze waarheden zijn wel zeker, maar blijven toch toevallig, omdat ze gefundeerd zijn in de vrije wil van God of van de schepselen; deze maken wel steeds een keuze op grond van argumenten, maar die neigen de wil zonder hem te noodzaken.

Voor we verdergaan, moeten we een grote moeilijkheid die kan ontstaan naar aanleiding van de hierboven aangegeven grondslagen proberen op te lossen. We hebben gezegd dat het begrip van een individuele substantie eens en voor altijd alles wat haar ooit kan overkomen in zich sluit en dat men bij een nadere beschouwing uit dit begrip alles kan opmaken wat er naar waarheid over gezegd kan worden, zoals wij uit de natuur van de cirkel alle eigenschappen kunnen opmaken die men eruit kan afleiden. Maar daarmee lijkt het onderscheid tussen toevallige waarheden en noodzakelijke waarheden tenietgedaan, lijkt er geen ruimte meer voor de menselijke vrijheid te zijn en lijkt een absolute fataliteit al onze handelingen en ook alle andere gebeurtenissen in de wereld te regeren. Ik antwoord hierop dat men een onderscheid moet maken tussen wat zeker en wat noodzakelijk is. Iedereen is het erover eens dat de nog komende toevallige gebeurtenissen zeker zijn, omdat God ze voorziet, maar daarmee geeft men nog niet toe dat ze noodzakelijk zouden zijn. Maar, zo kan men tegenwerpen, als een bepaalde conclusie onfeilbaar uit een definitie of begrip kan worden afgeleid, is zij noodzakelijk. Welnu, onze stelling is precies dat alles wat iemand moet overkomen reeds virtueel in zijn natuur of begrip begrepen

LEIBNIZ *Metafysische verhandeling*

is, zoals de eigenschappen van de cirkel gegeven zijn met zijn definitie, dus blijft de moeilijkheid nog bestaan. Om hier een grondig antwoord op te geven stel ik dat er twee soorten verbinding of opeenvolging zijn: de ene is absoluut noodzakelijk, het tegendeel ervan bevat een tegenspraak; zo'n afleiding vindt plaats bij de eeuwige waarheden, zoals die van de wiskunde. De andere verbinding is slechts noodzakelijk op grond van een veronderstelling (*ex hypothese*) of bij wijze van spreken *per accidens*; maar op zich is ze toevallig, omdat het tegendeel ervan niets impliceert. Deze verbinding is niet alleen gebaseerd op de totaal zuivere ideeën en op het pure verstand van God, maar ook op zijn vrije raadsbesluiten en op de samenhang van het universum.

Laten we een voorbeeld geven. Omdat Julius Caesar blijvend dictator en meester van de republiek zal worden en de vrijheid van de Romeinen omver zal werpen, is dit handelen begrepen in zijn begrip. Want we gaan ervan uit dat het in de aard van zo'n volmaakt begrip van een subject ligt om alles te bevatten, wil het predikaat erin opgesloten liggen (*ut possit in esse in subjecto*). Men zou kunnen zeggen dat het niet krachtens dit begrip of idee is dat hij (Caesar) dit moet doen, omdat dit begrip alleen maar op hem van toepassing is omdat God alwetend is. Maar men zou erop kunnen wijzen dat zijn natuur of vorm aan dit begrip beantwoordt en dat het, omdat God hem deze persoonlijkheid heeft opgelegd, voor hem voortaan noodzakelijk is om eraan te voldoen. Ik zou daarop kunnen wijzen op het geval van de nog komende toevallige gebeurtenissen, want die hebben buiten het verstand en de wil van God nog geen realiteit, maar omdat God hun bij voorbaat deze vorm gegeven heeft, moeten zij er toch aan beantwoorden.

Maar ik wil liever moeilijkheden oplossen dan ze verdoezelen door te wijzen op andere gelijkwaardige moeilijkheden. Wat ik ga zeggen, zal zowel het een als het ander kunnen verhelderen. We moeten nu namelijk het onderscheid tussen de twee soorten verbindingen invoeren. Ik stel dat wat in overeenstemming met deze van tevoren gegeven zaken gebeurt wel zeker, maar niet noodzakelijk is; als iemand het tegendeel zou doen, zou hij niets in zich onmogelijks doen, hoewel het (op grond van de vooronderstelling) onmogelijk is dat dit gebeurt. Want als iemand in staat was om heel de bewijsvoering te leveren op grond waarvan hij deze verbinding van het subject, hier Caesar, met het predikaat, hier zijn geslaagde actie, zou kunnen bewijzen, dan zou hij inderdaad laten zien dat de toekomstige dictatuur van Caesar gefundeerd is in zijn begrip of natuur. Zo zou hij ook laten zien dat daarin een reden gegeven is waarom hij juist besloot de Rubicon over te steken in plaats van er halt te houden en waarom hij de slag bij Pharsalus juist gewonnen en niet verloren heeft en dat het redelijk en dus zeker was dat dit zou gebeuren. Maar hij zou niet kunnen aantonen dat dit in zich noodzakelijk was, noch dat het tegendeel een tegenspraak zou bevatten. Ongeveer net zoals het redelijk en zeker is dat God altijd het beste zal doen, hoewel het minder volmaakte in zich geen tegenspraak oplevert.

Want men zou ontdekken dat dit bewijs van deze bepaling van Caesar niet zo absoluut is als de bewijzen in de algebra of meetkunde, maar dat het de samenhang van de dingen veronderstelt. Deze samenhang heeft God vrijwillig gekozen en zij is gebaseerd op het eerste vrije besluit van God, dat bestaat uit: altijd het meest volmaakt te handelen, en op het hiernavolgende besluit dat God met het oog op de menselijke natuur heeft genomen, namelijk dat de mens altijd (hoewel vrijwillig) zal doen wat hem het beste toeschijnt. Welnu, iedere waarheid die op dit soort besluiten is gebaseerd, is toevallig, ook al is het een zekere waarheid.

Want deze besluiten veranderen niets aan de mogelijkheid van de dingen en, zoals gezegd, ofschoon God altijd zeer zeker het beste kiest, verhindert dit niet dat het minder volmaakte niet in zich mogelijk is en blijft, ook al zal het nooit werkelijk worden, want niet omdat het onmogelijk is, maar omdat het onvolmaakt is, wordt het verworpen. Welnu, niets is noodzakelijk waarvan het tegendeel mogelijk is.

We zijn dus in staat om dit soort moeilijkheden op te lossen, hoe groot ze ook lijken (en ze zijn inderdaad niet minder groot voor iedereen die ooit met deze zaken is bezig geweest), op voorwaarde dat men goed in de gaten houdt dat alle oordelen over toevallige zaken redenen hebben om eerder zo dan anders te zijn. Of liever (wat hetzelfde is) dat zij a priori bewijzen van hun waarheid bevatten, die hen zeker maken en die laten zien dat de verbinding van het subject met het predikaat in dit oordeel zijn fundament heeft in hun beider natuur. Maar we moeten wel zien dat zij geen noodzakelijke bewijzen bevatten, want de genoemde redenen zijn slechts gefundeerd in het principe van toevalligheid of van het bestaan van de dingen, dat wil zeggen op wat uit vele evenzeer mogelijke dingen het beste is of lijkt. Daartegenover zijn de noodzakelijke waarheden gefundeerd op het principe van tegenspraak en op de mogelijkheid of onmogelijkheid in het wezen van de zaken zelf, zonder daarbij te letten op de vrije wil van God of van de schepselen.

C. I. Gerhardt, *Die philosophischen Schriften von G. W. Leibniz*. Berlijn: Weidmann, 1875-1890 (herdr.: Hildesheim: Olms, 1960-61). Band IV. Nederlandse vertaling: *Metafysische verhandeling*, vertaling M. Karskens. Bussum: Dixit, 1981, p. 79-87; 95-101 (de vertaling is licht gewijzigd).

Berkeley

(1685 – 1753)

In tegenstelling tot de rationalisten is volgens de filosofen van het empirisme — de tweede wijsgerige stroming die het beeld van de nieuwe tijd bepaalt — de bron van kennis gelegen in de ervaring. Laten we de geest als een onbeschreven blad voorstellen, zegt John Locke (1632–1704), de vader van deze stroming, in zijn *Essay concerning Human Understanding*. «Waar haalt deze al de bouwstoffen voor de rede en de kennis vandaan? Hier antwoord ik in één woord op: uit de ervaring; daar is onze kennis in gegrondvest en daar wordt ze aan ontleend.»

Locke is het in de eerste plaats te doen om een onderzoek naar de oorsprong en omvang van de menselijke kennis. Van daaruit bekritiseert hij de rationalistische gedachte dat er aangeboren ideeën bestaan, welke door zuiver denken gekend zouden worden. «No innate principles», stelt hij kort en bondig. Al onze kennis betreffende de werkelijkheid is gefundeerd in *ideas* (voorstellingen, denkbeelden), die aan uiterlijke of innerlijke ervaring ontleend worden. Dit uitgangspunt laat geen ruimte voor metafysische bespiegelingen, aangezien het denken het vermogen wordt ontzegd op eigen kracht, los van de ervaring, tot kennis te komen. Daarmee hangt het volgende probleem samen. Het denken heeft volgens Locke geen ander onmiddellijk object dan de voorstellingen die aan de ervaring ontspringen. Hoe komen we echter boven deze subjectieve voorstellingen uit tot kennis van de buitenwereld? Om dit probleem op te lossen meent Locke uit te moeten gaan van het bestaan van materiële substanties. Al zijn deze voor de zintuigen niet waarneembaar, ze veroorzaken de indrukken die we gewaarworden.

George Berkeley bestrijdt zijn voorganger op dit punt. Ook hij gaat er in zijn hoofdwerk *The Principles of Human Knowledge* van uit dat kennis ontleend wordt aan de waargenomen *ideas*. Aangezien deze echter slechts bestaan in relatie tot 'a mind perceiving them', is het uitgaan van een niet-waarneembare, materiële substantie volgens hem ongefundeerd en in tegenspraak met het gekozen uitgangspunt. Dit vat Berkeley samen in zijn uitspraak «Esse est percipi»: zijn is waargenomen worden. Iets bestaat dus in zoverre het waargenomen wordt. De objecten van de zintuiglijke waarneming zijn niet meer dan verzamelingen van waargenomen *ideas*.

Berkeley gaat echter wel uit van het reële bestaan van een geestelijke substantie, welke in zijn ogen zelfs de grondslag van de werkelijkheid vormt. De *ideas*, zo redeneert hij, worden immers waargenomen; hun bestaan veronderstelt een waarnemende geest. Daarin, ofwel in relatie daartoe, hebben deze voorstellingen slechts realiteit. Berkeley wordt daarom een idealist genoemd. Deze visie wordt uiteengezet in het hier gekozen tekstfragment.

Berkeley, *Over de beginselen van de menselijke kennis* (fragment)

1. Voor iedereen die de objecten van de menselijke kennis onderzoekt is het duidelijk dat deze óf denkbeelden zijn die feitelijk op de zintuigen worden ingeprent, óf anders van dien aard zijn dat ze worden waargenomen door aandacht te schenken aan de passies en de operaties van de geest, óf ten slotte denkbeelden zijn, gevormd met behulp van het geheugen en de verbeelding door de oorspronkelijk op bovengenoemde wijze waargenomen denkbeelden samen te stellen, te scheiden of alleen maar weer te geven. Door het gezichtsvermogen krijg ik de denkbeelden omtrent licht en kleuren met hun diverse sterktegraden en variaties. Door de tastzin neem ik bijvoorbeeld hard en zacht, warm en koud, beweging en weerstand waar en van al deze zaken meer of minder, zowel wat betreft hoeveelheid als sterktegraad. De reukzin verschaft me geuren, de smaakzin smaken en het gehoor brengt geluiden over aan de geest in al hun verscheidenheid van toon en samenstelling. En omdat we waarnemen dat verschillende van deze denkbeelden elkaar vergezellen, worden ze gekenmerkt door één naam en gaan ze derhalve door voor één ding. Wanneer bijvoorbeeld is waargenomen dat een bepaalde kleur, smaak, geur, vorm en consistentie samengaan, dan worden die derhalve beschouwd als één bepaald ding, aangeduid met de naam appel. Andere verzamelingen denkbeelden vormen een steen, een boom, een boek en soortgelijke waarneembare dingen, die, al naar gelang ze prettig of onaangenaam zijn, de passies liefde, haat, vreugde, verdriet, enzovoort oproepen.

2. Maar behalve deze totale eindeloze verscheidenheid aan denkbeelden of objecten van kennis, bestaat er eveneens iets wat ze kent of waarneemt en dat er verschillende operaties, zoals willen, verbeelden en herinneren, mee uitvoert. Dit waarnemende, actieve wezen noem ik *geest, geestelijk wezen, ziel* of *mijzelf*. Met deze woorden geef ik niet een van mijn denkbeelden aan, maar iets wat daar volkomen los van staat en waarin ze bestaan, of, wat hetzelfde is, waardoor ze worden waargenomen; want het bestaan van een denkbeeld is gelegen in het waargenomen worden.

3. Iedereen zal wel willen toegeven dat noch onze gedachten en passies, noch onze denkbeelden die door de verbeelding worden gevormd, buiten de geest bestaan. En het lijkt niet minder duidelijk dat de verschillende gewaarwordingen of denkbeelden die op de zintuigen worden ingeprent, hoe vermengd of samengesteld ze ook zijn (dat wil zeggen, welke voorwerpen ze samen ook vormen), niet anders kunnen bestaan dan in een geest die ze waarneemt. Ik denk dat eenieder die aandacht schenkt aan de betekenis van de term *bestaan*, wanneer die wordt toegepast op waarneembare dingen, intuïtieve kennis hiervan kan verkrijgen. Ik beweer dat de tafel waarop ik schrijf bestaat, dat wil zeggen dat ik hem zie en voel; en wanneer ik buiten mijn studeerkamer zou zijn, zou ik zeggen dat hij bestond, daarmee bedoelend dat ik hem zou kunnen waarnemen als ik in mijn studeerkamer was, of dat een ander geestelijk wezen hem feitelijk waarneemt. Er was een geur, dat wil zeggen: deze werd geroken; er was een geluid, dat wil zeggen: het werd gehoord; een kleur of vorm, en die werd waargenomen door het gezichtsvermogen of de tastzin. Dit is alles wat ik kan verstaan onder deze en soortgelijke uitdrukkingen. Want wat er beweerd wordt over het absolute bestaan van niet-denkende dingen zonder enige relatie tot het waargenomen worden ervan, dat lijkt volkomen onbegrijpelijk. Hun *esse* is *percipi*, en het is ook niet mogelijk dat ze zouden bestaan buiten de geesten of denkende dingen die ze waarnemen.

4. De meeste mensen zijn inderdaad vreemd genoeg van mening dat huizen, bergen, rivieren, kortom alle waarneembare voorwerpen van nature of werkelijk bestaan, onafhankelijk van het door het verstand waargenomen worden ervan. Maar met hoeveel overtuiging en instemming dit principe in de wereld ook moge worden gekoesterd, toch zal, wanneer ik me niet vergis, eenieder die zichzelf ertoe zal brengen het in twijfel te trekken, ontdekken

dat het een duidelijke tegenstrijdigheid inhoudt. Want wat zijn de eerdergenoemde voorwerpen anders dan de dingen die we met de zintuigen waarnemen, en wat nemen we nog meer waar behalve onze eigen denkbeelden of gewaarwordingen; en is het niet volslagen tegenstrijdig dat één daarvan of welke combinatie ervan ook onwaargenomen zou bestaan?

5. Wanneer we deze stelling grondig onderzoeken, zal misschien blijken dat zij uiteindelijk afhangt van de doctrine over *abstracte ideeën*. Want kan er een mooiere vorm van abstractie bestaan dan het onderscheiden tussen het bestaan van waarneembare voorwerpen en het waargenomen worden ervan, zodat ze worden voorgesteld alsof ze onwaargenomen bestaan? Licht en kleuren, warmte en kou, uitgebreidheid en vormen, kortom de dingen die we zien en voelen, wat zijn het anders dan evenzovele gewaarwordingen, voorstellingen, denkbeelden of indrukken op de zintuigen; en is het mogelijk om één enkele daarvan, zelfs in gedachten, te scheiden van de waarneming? Wat mij betreft zou ik net zo goed een ding van zichzelf kunnen scheiden. Ik kan mogelijk inderdaad de dingen, die ik misschien nooit met de zintuigen op die manier gescheiden heb waargenomen, in mijn gedachten scheiden of ze los van elkaar voorstellen. Zo denk ik me de romp van een menselijk lichaam in zonder de ledematen, of stel ik me de geur van een roos voor zonder aan de roos zelf te denken. In zoverre zal ik niet ontkennen dat ik kan abstraheren, als dit tenminste nog *abstractie* mag worden genoemd, wat alleen inhoudt dat ik mij die voorwerpen afzonderlijk voorstel, die mogelijkerwijs echt kunnen bestaan of werkelijk gescheiden kunnen worden waargenomen. Maar mijn voorstellingsvermogen of verbeeldingskracht gaat niet verder dan het werkelijk mogelijke bestaan of de mogelijke waarneming. Vandaar: even onmogelijk als het voor mij is iets te zien of te voelen zonder een feitelijke gewaarwording van dat ding, zo onmogelijk is het voor mij welk waarneembaar ding of voorwerp ook los van de gewaarwording of waarneming ervan me in mijn gedachten voor te stellen.

6. Sommige waarheden zijn zo voor de hand liggend en vanzelfsprekend voor de geest dat men alleen zijn ogen hoeft te openen om ze te zien. De volgende belangrijke waarheid beschouw ik er als zo één: dat het hele hemelse koor en al wat op aarde is, kortom alle lichamen die het machtige geraamte van de wereld vormen, geen enkel bestaan hebben buiten een geest; dat

BERKELEY *Over de beginselen van de menselijke kennis*

hun zijn hetzelfde is als waargenomen of gekend worden; dat zij dientengevolge, zolang zij niet werkelijk door mij worden waargenomen, of niet in mijn geest bestaan of in die van enig ander geschapen geestelijk wezen, óf helemaal niet bestaan óf anders in de geest van een of ander eeuwig geestelijk wezen, daar het volkomen onbegrijpelijk is en alle onzinnigheid van de abstractie in zich heeft, wanneer we aan een enkel deel ervan een bestaan onafhankelijk van een geestelijk wezen toekennen. Om hiervan overtuigd te raken, hoeft de lezer alleen maar na te denken en te proberen in zijn eigen gedachten het zijn van een waarneembaar ding te scheiden van het waargenomen worden ervan.

7. Uit wat hierboven is beweerd, volgt dat er geen enkele andere substantie is dan een *geestelijk wezen*, of datgene wat waarneemt. Maar laten we, om dit vollediger te bewijzen, ervan uitgaan dat de waarneembare kwaliteiten kleur, vorm, beweging, geur, smaak en dergelijke zijn, dat wil zeggen, de denkbeelden die door de zintuigen worden waargenomen. Nu is het een duidelijke tegenspraak dat een denkbeeld in een niet-waarnemend ding zou bestaan, want een denkbeeld hebben is precies hetzelfde als het waarnemen ervan. Derhalve moet iets waarin kleur, vorm en dergelijke kwaliteiten bestaan, deze waarnemen. Dus is het duidelijk dat er geen niet-denkende substantie of *substraat* van dergelijke denkbeelden kan zijn.

G. Berkeley, *Philosophical Works, including the Works on Vision*, introduction and notes by M.R. Ayers. Londen: Dent, 1975, p. 77-79. Vertaald voor deze bundel door W. de Ruiter.

Hume

(1711 – 1776)

De derde en grootste vertegenwoordiger van het empirisme is David Hume, auteur van onder andere *A Treatise of Human Nature*. Ook hij meent dat kennis uit de ervaring stamt, al maakt hij daarbij een nader onderscheid tussen *impressions* en *ideas*. De laatste zijn afgeleid van de eerste, de gegeven indrukken. Humes empiristisch beginsel luidt: «No idea without an antecedent impression.»

Evenals Berkeley ontkent Hume het bestaan van een materiële substantie. Maar hij gaat nog een stap verder en levert ook kritiek op de gedachte dat er een geestelijke substantie zou zijn. Aan de voorstelling daarvan ligt immers geen *impression* ten grondslag. «Ik betrap *mezelf* geen enkel ogenblik zonder een waarneming en observeer nooit iets anders dan de waarneming», constateert hij. Wat we het 'zelf' noemen is volgens Hume niets anders dan 'een bundeling of verzameling van verschillende waarnemingen'.

Belangrijker nog dan deze conclusie is Humes kritiek op het causaliteitsbeginsel, waarbij het empiristisch denken tot in zijn uiterste consequenties wordt doorgevoerd. Hij stelt vast dat er slechts twee soorten oordelen zijn, te weten ervaringsoordelen en uitspraken waarvan de waarheid onafhankelijk van de ervaring, door logisch redeneren, wordt vastgesteld. In ervaringsoordelen worden verbanden tussen feiten vastgelegd. In zoverre deze meer zijn dan een rechtstreekse weergave van de ervaring, wordt er volgens Hume een relatie tussen oorzaak en gevolg in uitgesproken. Een gevolg kan echter niet uit een oorzaak worden afgeleid, zoals een conclusie volgt uit gegeven premissen. Het verband tussen een oorzaak en een gevolg wordt vastgesteld door de waarneming dat bepaalde verschijnselen steeds samen met elkaar voorkomen. Hume stelt nu de vraag op grond waarvan we besluiten tot uitspraken omtrent dergelijke causale verbanden. Waaraan ontlenen we de zekerheid dat een bepaald geconstateerd verband ook in de toekomst zal gelden?

In het hier afgedrukte deel van zijn *Enquiry*

concerning Human Understanding — een omwerking van de *Treatise* — lezen we dat causale uitspraken niet gefundeerd zijn in logische redenering, noch met een beroep op de ervaring gedaan worden. De vooronderstelling dat 'gelijke oorzaken gelijke effecten bewerkstelligen' kan niet op grond van ervaring bewezen worden en evenmin kan deze volgens Hume onafhankelijk van de ervaring, door een redenering a priori vastgesteld worden. Dat we er niettemin van uitgaan, berust op 'gewoonte'.

Hume, *Het menselijk inzicht* (fragment)

§ 11 *Sceptische twijfels over de werking van het verstand*

28. Maar wij hebben nog geen redelijk bevredigend antwoord gekregen op de eerste vraag die werd gesteld. Elke oplossing voert steeds weer tot een nieuw probleem, even moeilijk als het vorige, en noopt ons tot verder onderzoek. Wanneer men vraagt *Wat is de aard van al onze redeneringen betreffende feitelijke verbanden?*, schijnt het juiste antwoord te zijn dat zij gefundeerd zijn op de relatie van oorzaak en gevolg. Wanneer dan de vraag wordt gesteld *Wat is de grond van al onze redeneringen en conclusies betreffende die relatie?*, dan kan men met een enkel woord antwoorden: de ervaring. Maar wanneer wij dan nog volharden in onze kritische bevlieging en vragen *Wat is de grond van al onze conclusies uit de ervaring?*, dan brengt dit een nieuw probleem met zich mee dat wellicht nog moeilijker is op te lossen en uit te leggen. Wijsgeren die zich het air aanmeten van verheven wijsheid en alwetendheid, hebben het moeilijk te verduren wanneer zij mensen met een kritische instelling ontmoeten, die hen achtervolgen in elke stellingname waarop zij zich terugtrekken en die hen zo zeker als wat ten slotte voor een gevaarlijk dilemma stellen. De beste manier om deze verwarrende situatie te voorkomen is bescheidenheid in onze aanspraken en vooral zelf de moeilijkheid onder ogen zien voordat zij ons wordt voorgeworpen. Op deze wijze slaan wij juist munt uit onze onwetendheid.

Ik zal het mij in deze paragraaf gemakkelijk maken en stel mij voor alleen een negatief antwoord te geven op de vraag die hier is gesteld. Ik beweer dan dat, zelfs wanneer wij de werkingen van oorzaak en gevolg ervaren hebben, onze gevolgtrekkingen uit deze ervaring *niet* gefundeerd zijn op redenering of op een proces van inzichtelijkheid. Dit antwoord moeten wij nu uitleggen en verdedigen.

29. Het kan zeker niet ontkend worden dat de natuur ons op grote afstand houdt van al haar geheimen en ons slechts de kennis van een paar oppervlakkige eigenschappen der dingen gunt; maar tegelijk verbergt zij voor ons juist die krachten en beginselen die de invloed, die de dingen uitoefenen, geheel bepalen. Onze zintuigen verstrekken ons gegevens over kleur, gewicht en vastheid van brood, maar zintuig noch verstand kan ons ooit informatie geven over de eigenschappen die het geschikt maken voor de voeding en instandhouding van een menselijk lichaam. Gezicht of gevoel geeft een idee van de feitelijke beweging van lichamen; maar over die wonderbaarlijke kracht of energie, die een lichaam in beweging zonder ophouden voortdrijft en voortdurend van plaats doet veranderen en die lichamen alleen verliezen door haar aan andere mede te delen, daarover kunnen wij ons niet het flauwste begrip vormen. Maar ondanks deze onwetendheid aangaande de krachten en beginselen der natuur gaan wij altijd van de veronderstelling uit dat, wanneer wij dezelfde zinnelijke kwaliteiten zien, zij ook dezelfde geheime krachten zullen bezitten en verwachten wij dat dezelfde effecten, die wij eerder geconstateerd hebben, weer zullen volgen. Als men ons iets zou geven wat dezelfde kleur en vastheid zou bezitten als het brood, dat wij in het verleden gegeten hebben, aarzelen wij niet de ervaring te herhalen en verwachten wij met zekerheid eenzelfde voeding en versterking van krachten. Dit nu is een proces van de geest of het denken waarvan ik gaarne de fundering zou willen weten. Iedereen is het erover eens dat wij de samenhang tussen de zinnelijke eigenschappen en de geheime krachten niet kennen en dat de geest dientengevolge niet tot zulk een conclusie over hun constant en blijvend samengaan wordt genoopt op grond van inzicht in de aard ervan. Wat betreft de *ervaring* uit het verleden kan men toegeven dat zij alleen *onmiddellijke* en *nauwkeurige* informatie verschaft over precies die objecten en precies die tijdsperiode die binnen haar bereik vielen; maar waarom deze ervaring gelding zou kunnen hebben voor toekomstige tijden en voor andere objecten, die, voorzover onze kennis reikt, wellicht uiterlijk van gelijke aard zijn, dat is een vraag waarop ik vooral de aandacht zou willen vestigen. Het brood dat ik ooit gegeten heb, heeft mij gevoed; dat wil zeggen, een lichaam met die bepaalde zinnelijke eigenschappen bezat

op dat tijdstip dergelijke geheime krachten. Maar volgt hieruit dat ander brood mij ook moet voeden op een ander tijdstip en dat dezelfde zinnelijke eigenschappen altijd gepaard gaan met dezelfde geheime krachten? De gevolgtrekking lijkt in geen enkel opzicht noodzakelijk. In ieder geval moet men erkennen dat hier sprake is van een conclusie, die door de geest wordt getrokken, van een bepaalde sprong die wordt gemaakt, van een denkproces en een logische ingreep die om verklaring vragen. De volgende twee oordelen zijn allesbehalve gelijk: «Ik heb geconstateerd dat een bepaald object altijd gepaard gaat met dit bepaalde effect» en: «Ik voorzie dat andere objecten die naar uiterlijk van gelijke aard zijn, met dezelfde effecten gepaard zullen gaan.» Als men erop staat, ben ik bereid toe te geven dat van het ene oordeel met recht tot het tweede geconcludeerd mag worden; ik weet dat dit in feite ook altijd gedaan wordt. Maar als men beweert dat de gevolgtrekking wordt gemaakt door een keten van redeneringen, dan vraag ik u die redeneringen aan te wijzen. De samenhang tussen deze oordelen is niet onmiddellijk inzichtelijk. Er is een middenterm nodig die de geest in staat stelt zulk een gevolgtrekking te maken, als zij tenminste door redenering en bewijsvoering totstandkomt. Wat die middenterm is, ontgaat mij eerlijk gezegd ten enenmale; en degenen die beweren dat zij werkelijk bestaat en dat zij de oorsprong is van al onze conclusies aangaande feitelijke verbanden, hebben de plicht haar aan te wijzen.

30. Na verloop van tijd, wanneer vele scherpzinnige en kundige wijsgeren hun onderzoek hierop gericht zullen hebben en niemand ooit een bemiddelend oordeel of tussenliggende trap ontdekt zal hebben, zal dit negatieve bewijs zonder twijfel volstrekt gaan overtuigen. Maar omdat het hier over een nieuwe problematiek gaat, kan niet iedere lezer zozeer op eigen inzicht vertrouwen dat hij mag concluderen dat een bewijs niet bestaat, omdat hij er geen kan vinden. Om deze reden is het wellicht nodig zich aan een moeilijker taak te zetten en door een opsomming van alle soorten menselijke kennis aan te tonen dat geen ervan een dergelijk bewijs kan leveren.

Alle redeneringen kunnen in twee soorten worden verdeeld, namelijk inzichtelijke redeneringen, die ideële relaties betreffen, en waarschijnlijkheidsredeneringen, die feitelijke verbanden en feitelijk bestaan betreffen. Dat er in het onderhavige geval geen inzichtelijke bewijzen bestaan lijkt vanzelfsprekend, daar er geen sprake is van innerlijke tegenspraak wanneer de loop van de natuur zou veranderen en een object dat ogenschijnlijk gelijkt op andere waarvan we al ervaringen hadden, met andere of tegengestelde effecten gepaard zou gaan. Kan ik mij geen helder en duidelijk beeld vormen van een lichaam dat uit de lucht valt, in alle opzichten op sneeuw lijkt en toch een zoutsmaak bezit of als vuur aanvoelt? Is de bewering dat de bomen in december en januari zullen bloeien en in mei en juni hun bladeren zullen verliezen geen volmaakt begrijpelijke uitspraak? Welnu, wat begrijpelijk is en helder kan worden gedacht kan nooit door een inzichtelijk bewijs of een abstracte *a priori* redenering als onwaar worden gebrandmerkt.

Als wij ons dus bezighouden met bewijzen die zich baseren op ervaringen in het verleden, en die tot norm maken voor onze oordelen over de toekomst, kunnen die bewijzen alleen waarschijnlijkheid geven en tot het soort behoren dat over feitelijke verbanden en reëel bestaan gaat volgens de hierboven gegeven indeling. Het zal echter duidelijk worden dat een dergelijk bewijs niet bestaat, als tenminste onze beschrijving van dit soort redenering juist en bevredigend wordt bevonden. Wij hebben gezegd dat alle bewijzen betreffende de feitelijkheid gefundeerd zijn op de relatie van oorzaak en gevolg; dat onze kennis van die relatie geheel uit de ervaring is afgeleid; en dat al onze conclusies uit de ervaring op de veronderstelling berusten dat de toekomst met het verleden zal overeenkomen. Als men daarom deze laatste veronderstelling tracht te bewijzen met een beroep op waarschijnlijkheidsargumenten, oftewel argumenten betreffende de feitelijkheid, bewandelt men duidelijk een cirkelgang en gaat men uit van wat juist bewezen moet worden.

31. Feitelijk zijn alle bewijzen uit de ervaring gebaseerd op de gelijkenis die wij tussen voorwerpen in de natuur ontdekken en waardoor wij de neiging hebben effecten te verwachten die gelijken op die welke naar onze bevindingen steeds op die objecten zijn gevolgd. En hoewel alleen een dwaas of een gek het in zijn hoofd zal halen het gezag van de ervaring te betwijfelen of deze grote gids in het leven der mensen af te wijzen, toch moet men het een wijsgeer vergeven dat hij zo nieuwsgierig is om althans een onderzoek in te stellen naar dit beginsel van de menselijke natuur dat zulk een groot gezag toekent aan de ervaring en ons in staat stelt ons de gelijkenis die de natuur in veel verschillende zaken heeft gelegd, ten nutte te maken. Van

oorzaken die *gelijk* schijnen verwachten wij gelijke effecten. Daar komen al onze conclusies uit de ervaring op neer. Nu lijkt het vanzelfsprekend dat, als deze conclusie door het verstand zou worden getrokken, zij aanstonds en bij een eerste geval even onberispelijk zou zijn als na verloop van een hele reeks ervaringen. Maar dit is geenszins het geval. Eieren lijken zeer sterk op elkaar; toch verwacht niemand op grond van deze uiterlijke gelijkenis dat ze alle hetzelfde zullen smaken of even lekker zullen zijn. Alleen na een hele reeks van gelijksoortige experimenten bereiken wij een vast vertrouwen en volstrekte zekerheid aangaande een bepaald verschijnsel. Hoe moeten wij ons nu een verstandelijk proces indenken, dat uit één bepaald geval zo'n totaal andere conclusie trekt dan uit honderd gevallen die toch geenszins verschillen van het eerste? Met het stellen van deze vraag wil ik niet alleen op een moeilijkheid wijzen, maar ook een antwoord suggereren. Ik kan zo'n redenering niet ontdekken, niet eens bedenken. Maar ik blijf mij openstellen voor nieuwe informatie, als iemand zo goed wil zijn mij die te verschaffen.

32. Zou men zeggen dat wij uit een aantal gelijksoortige experimenten *op logische wijze concluderen* tot een innerlijke samenhang tussen de zinnelijke eigenschappen en de verborgen krachten, dan is dit volgens mij dezelfde moeilijkheid, in andere termen gesteld. De vraag keert immers terug op welk proces van bewijsvoering deze gevolgtrekking is gebaseerd. Waar is de middenterm, waar zijn de bemiddelende ideeën, die deze zo ver uit elkaar liggende oordelen verbinden? Men is het erover eens dat de kleur, de vastheid en andere zinnelijke eigenschappen van brood zelf geen enkele innerlijke samenhang schijnen te hebben met de verborgen krachten die voeden en instandhouden. Want anders zouden wij deze verborgen krachten onmiddellijk van deze zinnelijke eigenschappen kunnen afleiden, zonder de hulp van de ervaring; maar dit gaat in tegen het gevoelen van alle wijsgeren en tegen de alledaagse ervaring. Hier staan we dus oog in oog met onze natuurlijke toestand van onwetendheid wat betreft de krachten en invloed van alle dingen. Hoe kan de ervaring hier iets aan verhelpen? Zij toont ons slechts een aantal gelijkvormige effecten, die uit bepaalde objecten voortvloeien, en zij leert ons dat deze bepaalde objecten op een bepaald tijdstip zulke krachten en energieën hebben bezeten. Wanneer een nieuw object met gelijke zinnelijke eigenschappen zich voordoet, verwachten wij gelijke

krachten en energieën en zien wij uit naar eenzelfde effect. Van een lichaam dat dezelfde kleur en vastheid als brood bezit verwachten we gelijke voeding en instandhouding. Maar dit is toch zeker een sprong en een voortgang in de geest, die om uitleg vraagt. Wanneer iemand zegt: «Ik heb in alle gevallen uit het verleden deze bepaalde zinnelijke eigenschappen verbonden gezien met deze bepaalde verborgen krachten» en wanneer hij zegt «Soortgelijke eigenschappen zullen altijd met gelijke verborgen krachten samengaan», maakt hij zich niet schuldig aan een tautologie en ook zijn deze oordelen in geen enkel opzicht aan elkaar gelijk. Maar men moet ook toegeven dat de gevolgtrekking niet intuïtief verloopt; evenmin is zij van inzichtelijke aard; wat is zij dan wel? Zeggen dat zij op ervaring berust, is uitgaan van wat bewezen moet worden. Want alle gevolgtrekkingen die op ervaring berusten, veronderstellen als hun uitgangspunt dat de toekomst op het verleden zal lijken en dat gelijke krachten met gelijke zinnelijke eigenschappen gepaard zullen gaan. Zou er enig vermoeden bestaan dat de loop der natuur zou veranderen en dat het verleden geen norm voor de toekomst zou zijn, dan zou alle ervaring nutteloos worden en geen basis voor gevolgtrekking of conclusie bieden. Het is derhalve onmogelijk dat bewijzen uit de ervaring deze gelijkheid van toekomst en verleden bewijzen, daar al deze bewijzen gebaseerd zijn op de veronderstelling van die gelijkheid. Ook al erkent men dat de loop der dingen tot nu toe nog zo regelmatig is geweest, dat alleen bewijst nog niet dat dit in de toekomst ook het geval zal zijn; er moet een nieuw bewijs of redenering bij komen. Het is nutteloos te beweren dat men de eigen aard der dingen kent door ervaringen uit het verleden. Hun verborgen aard en dientengevolge al de effecten en invloeden ervan kunnen veranderen zonder enige verandering in hun zinnelijke eigenschappen. Dit gebeurt soms wat betreft sommige voorwerpen; waarom kan dit dan niet altijd en met alle voorwerpen het geval zijn? Welke logica, welke bewijsvoering kan iemand van deze veronderstelling vrijwaren? Mijn ervaring, zegt u, weerlegt mijn twijfels. Maar dan begrijpt u de bedoeling van mijn vraag niet. Als handelend wezen ben ik op dit punt geheel tevredengesteld; maar als wijsgeer, die enigszins nieuwsgierig, om niet te zeggen sceptisch is aangelegd, wil ik de grond van deze gevolgtrekking leren kennen. Noch lectuur noch onderzoek heeft tot nu toe mijn moeilijkheid uit de weg geruimd of mij in een zaak van zulk gewicht tevredengesteld. Kan ik meer doen dan deze moeilijkheid aan het publiek voorleggen, ook al heb ik weinig hoop een oplossing te krijgen? Op deze wijze zullen wij ons in ieder geval bewust worden van onze onwetendheid, ook al draagt dit niet bij tot vermeerdering van onze kennis.

33. Ik moet toegeven dat iemand zich aan onvergeeflijke overschatting schuldig maakt, wanneer hij meent dat een bewijs niet werkelijk bestaat, omdat hij het bij zijn onderzoek niet is tegengekomen. Ik moet ook bekennen dat het wellicht toch een overhaaste conclusie zou zijn, als men zou beweren dat een onderwerp alle menselijk begrip te boven gaat, alleen omdat alle geleerden gedurende enkele eeuwen zich zonder vrucht met dit onderwerp hebben beziggehouden. Ook al gaan we alle bronnen van onze kennis na en komen we tot de conclusie dat zij ongeschikt zijn voor zo'n onderwerp, dan blijft nog het vermoeden dat de opsomming niet volledig is of het onderzoek niet nauwkeurig genoeg. Maar in verband met het onderhavige onderwerp zijn enige beschouwingen voorhanden, die deze beschuldiging van aanmatiging of dit vermoeden van een vergissing totaal uitsluiten.

Het staat vast dat de meest onwetende en domme boeren — ja zelfs kinderen en stomme dieren — van ervaring leren en de eigenschappen van dingen in de natuur leren kennen uit de gevolgen die zij hebben. Wanneer een kind een pijnervaring heeft gehad bij het aanraken van een kaarsvlam, zal het ervoor zorgen zijn handje nooit meer dicht bij een kaars te houden; het verwacht dus een gelijk effect van een oorzaak, die in zinnelijke eigenschappen en uiterlijke verschijning gelijk is. Als men dan beweert dat het inzicht van het kind tot deze conclusie is gekomen door een proces van bewijsvoering of redenering, mag ik met recht en rede vragen met dit bewijs voor den dag te komen; er is geen enkel voorwendsel om niet aan zulk een billijke eis te voldoen. Men kan niet zeggen dat het bewijs ingewikkeld is en wellicht ons begrip te boven gaat; want men gaat ervan uit dat het doorzichtig is voor het bevattingsvermogen van een kind. Als men daarom een ogenblik zou aarzelen, of na diep nadenken met een ingewikkeld of diepzinnig bewijs voor den dag komt, geeft men het eigenlijk op en erkent men dat geen redenering ons ertoe brengt te veronderstellen dat het verleden op de toekomst lijkt en te verwachten dat op uiterlijk gelijke oorzaken gelijke effecten zullen volgen. Dat is de stelling die ik in dit hoofdstuk heb willen verdedigen. Als ik gelijk heb, betekent dit niet dat ik een grote ontdekking heb gedaan. En als ik ongelijk heb, moet ik erkennen wel een heel achterlijk geleerde te zijn; want ik kan nu geen bewijs vinden voor iets wat mij volmaakt bekend was, lang voor ik aan kinderschoenen ontgroeid was.

D. Hume, *An Enquiry concerning Human Understanding*. Londen: Cadell, 1777. Nederlandse vertaling: *Het menselijk inzicht. Een onderzoek naar het denken van de mens*, vertaling J. Kuin. Meppel/Amsterdam: Boom, 1978, tweede herziene druk 2002, p. 67-75.

Rousseau

(1712-1778)

Rousseau hield zich bezig met het menselijke gedrag, de inrichting van de samenleving en de staat. Rousseau bestrijdt de opvatting van Hobbes dat de mensen oorspronkelijk elkaars vijanden zijn; oorlog ontstaat volgens hem niet uit persoonlijke, maar uit zakelijke betrekkingen, zoals die tussen staten. Over de natuurlijke toestand der mensen verschilt hij dan ook fundamenteel van mening met Hobbes. Volgens Rousseau is de mens van nature vrij en was diens oorspronkelijke staat goed en onbedorven. Oorzaak van daarna ontstaan kwaad is het privé-eigendom geweest, waaruit ongelijkheid, slavernij en oorlog voortvloeiden.

Daarmee heeft Rousseau een pessimistische kijk op de beschaving en is hij fel criticus van het achttiende-eeuwse geloof in de rede. Onvrijheid en ongelijkheid zijn het product van conventies, afspraken die door de rijken zijn opgedrongen aan de armen. Aangezien hij een terugkeer naar de oorspronkelijke toestand onmogelijk acht, is het de vraag hoe mensen in een maatschappelijk verband kunnen leven zonder hun vrijheid op te geven. De oplossing is volgens Rousseau het *contrat social*. Evenals Hobbes is Rousseau namelijk van mening dat de mens uit zelfbehoud een maatschappelijk verdrag sluit, zodat hij beter in staat is in leven te blijven. Maar in tegenstelling tot Hobbes, die de soeverein juist boven en los van de onderdanen plaatst, stelt hij dat alle vrije burgers tezamen de soeverein of het staatslichaam vormen. Dit collectief lichaam incorporeert de wil van allen, bezit alle macht en dient door allen gehoorzaamd te worden. In de plaats van zijn natuurlijke vrijheid, die opgegeven wordt in het maatschappelijk contract, verwerft de mens hierdoor de burgerlijke vrijheid. Deze bestaat hierin dat men de wetten gehoorzaamt die men zichzelf heeft opgelegd.

In de uit *Du contrat social* gekozen tekst zet Rousseau uiteen dat alleen een dergelijk verdrag recht doet aan de wezenlijke vrijheid van de mens. Vermeld kan nog worden dat de naam Grotius, die in deze passage herhaaldelijk wordt genoemd, de Nederlandse rechtsgeleerde Hugo de Groot (1583-1645) is, een tijdgenoot van Hobbes en grondlegger van onder andere het volkenrecht.

Rousseau, *Het maatschappelijk verdrag* (fragmenten)

HOOFDSTUK 4 *De slavernij*

Aangezien geen enkel mens een natuurlijk gezag heeft over zijn gelijke en aangezien macht geen enkel recht voortbrengt, blijft dus de wederzijdse toestemming over als grondslag van ieder rechtmatig gezag onder de mensen.

Als een afzonderlijk persoon, zegt Grotius, zijn vrijheid kan vervreemden en zich tot slaaf van een meester kan maken, waarom zou een heel volk dan niet zijn vrijheid kunnen vervreemden en zich tot onderdaan van een koning maken? Dat zijn heel wat dubbelzinnige woorden die een verklaring zouden behoeven, maar laten we ons houden bij dat woord *vervreemden*. Vervreemden is schenken of verkopen. Welnu, een mens die zich tot slaaf maakt van een ander, schenkt zich niet weg, hij verkoopt zich, om op zijn minst middelen van bestaan te hebben. Maar waarom verkoopt een volk zich? Wel verre van zijn onderdanen hun middelen van bestaan te verschaffen, betrekt een koning de zijne alleen maar van hen: en volgens Rabelais is een koning een dure kostganger. Schenken de onderdanen hun persoon dus weg op voorwaarde dat ook hun bezit hun ontnomen zal worden? Ik zie niet in wat hun dan overblijft om te behouden.

Het heet dat de despoot zijn onderdanen de burgervrede verzekert. Best; maar wat winnen zij erbij als de oorlogen die zijn eerzucht hen berokkent, als zijn onverzadigbare hebzucht, als de kwellingen van zijn regeringskliek hen meer teisteren dan hun onenigheden zouden doen? Wat winnen zij erbij als deze vrede zelf een der vormen van hun ellende is? Ook in kerkers is het vredig leven; is dat voldoende om zich er wel te bevinden? De Grieken die opgesloten zaten in het hol van de cycloop, leidden er een vredig leven, in afwachting van hun beurt om verslonden te worden.

Verkondigen dat een mens zich om niet weggeeft, is de dwaasheid en ongerijmdheid ten top; zo'n handeling is zonder rechtsgrond en nietig, alleen al omdat degene die hem verricht niet goed bij zijn verstand is. Hetzelfde verkondigen van een heel volk staat gelijk met de veronderstelling dat zo'n volk bestaat uit dwazen. Welnu, dwaasheid brengt geen recht tot stand.

Zelfs al zou eenieder zichzelf kunnen vervreemden, zijn kinderen kan hij niet vervreemden. Zij worden als mensen en als vrijen geboren; hun vrijheid behoort hun toe, niemand dan zij heeft het recht erover te beslissen. Voor zij tot de jaren des onderscheids gekomen zijn, kan de vader in hun naam voorwaarden bedingen voor hun levensonderhoud, voor hun welzijn; maar hij kan hen niet onherroepelijk en zonder voorbehoud wegschenken. Want een dergelijke schenking is strijdig met de doeleinden van de natuur en overschrijdt de rechten van het vaderschap. Wil een willekeurige regering een rechtsgrond hebben, dan zou dus bij iedere generatie het volk de vrijheid moeten hebben haar te erkennen of te verwerpen; maar dan zou die regering ook niet meer willekeurig zijn.

Wie afstand doet van zijn vrijheid, doet afstand van zijn hoedanigheid als mens, van de rechten, ja zelfs van de plichten van het mens-zijn. Niets kan hem die van alles afstand doet, schadeloos stellen. Een dergelijk afstand doen is onverenigbaar met de natuur van de mens; en als men zijn wil elke vrijheid ontneemt, ontneemt men zijn handelingen elke zedelijkheid. Het is per slot een inhoudsloze en tegenstrijdige overeenkomst om aan de ene kant een absoluut gezag te bedingen, en aan de andere kant een gehoorzaamheid zonder grenzen. Het is toch duidelijk dat men tot niets verplicht is tegenover degene van wie men rechtens alles kan eisen; en brengt alleen al deze voorwaarde, zonder tegenprestatie, zonder ruil, de nietigheid van de daad met zich mee? Want welk recht zou mijn slaaf hebben tegenover mij, aangezien alles wat hij heeft mij toebehoort en dit recht van mij tegenover mijzelf (zijn recht is immers het mijne) een volstrekt zinledig woord is?

Grotius en de anderen leiden uit de oorlog een andere oorsprong af van het zogenaamde recht van slavernij. Omdat de overwinnaar, volgens hen, het recht heeft de overwonnene te doden, kan deze laatste zijn leven terugkopen ten koste van zijn vrijheid: een overeenkomst die te meer rechtmatig is, omdat beide partijen er mee gebaat zijn.

Maar het is duidelijk dat dit zogenaamde recht om de overwonnenen te doden op geen enkele wijze voortkomt uit de staat van oorlog. De mensen zijn niet van nature elkaars vijanden, alleen al niet omdat ze in hun oorspronkelijke leven van onafhankelijkheid geen onderlinge betrekkingen hebben die duurzaam genoeg zijn om hetzij de staat van vrede, hetzij de staat van oorlog tot stand te brengen. De betrekkingen tussen zaken, niet die tussen mensen, leiden tot oorlog; en omdat de staat van oorlog niet voort kan komen uit louter persoonlijke betrekkingen, maar alleen uit zakelijke betrekkingen, kan er geen privé-oorlog of een oorlog van mens tegen mens bestaan, noch in de natuurtoestand waar geen duurzame eigendom is, noch in de maatschappelijke, waar alles onder het gezag van de wetten staat.

Onderlinge vechtpartijen, duels, conflicten, zijn handelwijzen die geen blijvende toestand scheppen; en wat betreft de privé-oorlogen, toegestaan krachtens de verordeningen van Lodewijk IX, koning van Frankrijk, en tijdelijk gestaakt door de godsvrede: dat zijn misbruiken van het feodale regeringsstelsel, een systeem zo absurd als er nooit een is geweest, strijdig met de beginselen van het natuurrecht en met elk goed staatsbestel.

Oorlog is dus geen relatie van mens tot mens, maar een relatie van staat tot staat, waarin de afzonderlijke personen slechts bij toeval vijanden zijn: niet als mensen, zelfs niet als burgers, maar als soldaten; niet in zover zij tot het vaderland behoren, maar in zover zij het verdedigen. Per slot kan elke staat slechts andere staten en geen mensen tot vijanden hebben, gezien het feit dat men tussen ongelijksoortige zaken geen werkelijk verband kan leggen.

Dit beginsel is zelfs in overeenstemming met de van oudsher steeds vastgelegde grondregels en met de bestendige praktijk van alle beschaafde volken. Oorlogsverklaringen zijn niet zozeer kennisgevingen aan mogendheden, als wel aan hun onderdanen. De vreemdeling (of hij nu koning, particulier persoon of volk is) die steelt, doodt of de onderdanen gevangen houdt zonder de vorst de oorlog te verklaren, is geen vijand, maar een rover. Zelfs in het heetst van een oorlog maakt een rechtvaardige vorst zich in vijandig gebied wel meester van alle publieke eigendom, maar hij eerbiedigt de persoon en de goederen van de particuliere personen; hij eerbiedigt rechten waarop de zijne zijn gegrond. Daar het doel van de oorlog de vernietiging is van de vijandelijke staat, heeft men het recht de verdedigers te doden zolang zij de wapens in de hand hebben; maar zodra zij ze neerleggen en zich overgeven, en daarmee ophouden vijanden of werktuigen van de vijand te zijn, worden zij gewoon weer mensen en heeft men geen recht meer op hun leven. Soms kan men de staat vernietigen zonder ook maar een van zijn leden te doden; welnu, de oorlog verschaft geen enkel recht dat niet noodzakelijk is voor zijn doel. Deze beginselen zijn niet die van Grotius: zij zijn niet gefundeerd op het gezag van dichters, maar zij komen voort uit de natuur der dingen en zijn gefundeerd op de rede.

Wat betreft het recht van verovering, dat berust op geen andere grond dan de wet van de sterkste. Als de oorlog de overwinnaar niet het recht geeft de overwonnen volkeren af te slachten, kan dit recht dat hij niet bezit, niet de grondslag zijn van het recht om hen tot slaaf te maken. Men heeft slechts het recht de vijand te doden wanneer men hem niet tot slaaf kan maken; het recht hem tot slaaf te maken komt dus niet voort uit het recht hem te doden. Het is dus een onbillijke ruil hem voor de prijs van zijn vrijheid zijn leven te laten kopen, waarop men geen enkel recht heeft. Het is toch duidelijk dat men in een vicieuze cirkel terechtkomt wanneer men het recht over leven en dood grondt op het recht van slavernij, en het recht van slavernij op het recht over leven en dood?

En zelfs als we het bestaan veronderstellen van dit verschrikkelijke recht om alles te doden, dan nog beweer ik dat een krijgsslaaf of een veroverd volk tegenover hun heer en meester tot niets anders verplicht zijn dan hem te gehoorzamen voorzover ze daartoe gedwongen worden. Door in ruil voor hun leven een tegenprestatie af te dwingen heeft de overwinnaar hun leven niet gespaard: in plaats van hen zonder voordeel te doden heeft hij hen profijtelijk gedood. Hij heeft dus over hen allesbehalve een geweldloos gezag verworven; integendeel, de staat van oorlog blijft tussen hen bestaan zoals tevoren, hun relatie is er juist het gevolg van; en de toepassing van het oorlogsrecht veronderstelt dat er geen vredesverdrag van kracht is. Zij hebben een overeenkomst gesloten, inderdaad, maar die overeenkomst veronderstelt het voortduren van de staat van oorlog en juist niet het beëindigen ervan.

Dus van welke kant men de zaken ook bekijkt, het recht van slavernij is nietig, niet alleen omdat het onrechtmatig is, maar omdat het absurd is en niets betekent. Deze woorden *slavernij* en *recht* zijn tegenstrijdig, zij sluiten elkaar wederkerig uit. Of het nu gaat om een mens tegenover een mens of om een mens tegenover een volk, in beide gevallen is het even waanzinnig om te zeggen: ik sluit met u een overeenkomst, geheel te uwen laste en geheel tot mijn voordeel, die ik zal nakomen voorzover het mij goed uitkomt en die gij zult nakomen voorzover het mij goed uitkomt.

HOOFDSTUK 5 *Men moet altijd teruggaan tot een eerste overeenkomst*

Wanneer ik alles zou toegeven wat ik tot hiertoe heb afgewezen, dan zouden de aanhangers van het despotisme er toch niet veel mee opgeschoten zijn. Er zal altijd een groot verschil blijven tussen het onderwerpen van een massa en het regeren van een samenleving. Als mensen, her en der verspreid, hoeveel het er ook mogen zijn, de een na de ander onder de heerschappij van een enkeling worden gebracht, dan zie ik daarin slechts een heer en zijn slaven. Ik zie er geen volk en zijn leider in. Het is, zo men wil, een kuddevorming maar geen gemeenschapsvorming; er is daar geen sprake van algemeen welzijn of een staatslichaam. Ook al had deze man de helft van de wereld onderworpen, dan nog blijft hij slechts een particulier persoon; zijn belang, gescheiden van dat van de anderen, is nog steeds een privé-belang. Als deze zelfde man ten val komt, blijft zijn rijk na hem verstrooid en zonder innerlijke binding achter, zoals een eik uiteenvalt en tot een ashoop in elkaar zakt, nadat het vuur hem heeft verteerd.

    Een volk, zegt Grotius, kan zich aan een koning schenken. Volgens Grotius is een volk dus een volk vóór het zich aan een koning schenkt. Dit schenken is op zich een handeling die men verricht als burger; zij veronderstelt een openbaar beraad. Alvorens dus de daad te onderzoeken waardoor een volk een koning kiest, zou het goed zijn de daad te onderzoeken die een volk tot volk maakt. Want deze laatste daad is de ware grondslag van de samenleving, aangezien zij noodzakelijkerwijze aan de andere voorafgaat.

    Immers, als er geen voorafgaande overeenkomst was, waarom zou dan — tenzij bij een eenstemmige keuze — de minderheid verplicht zijn zich te onderwerpen aan de keuze van de meerderheid en waar zouden honderd die een heer willen, het recht vandaan halen om te stemmen voor tien die er geen willen? De wet van de meerderheid van stemmen is zelf een instelling die op overeenkomst berust en ten minste één keer eenstemmigheid veronderstelt.

HOOFDSTUK 6 *Het maatschappelijk verdrag*

Ik onderstel dat de mensen op een punt gekomen zijn waarop de weerstand van de hindernissen die het voortbestaan in de natuurtoestand belemmeren, niet overwonnen kan worden door de krachten die ieder individu kan aanwenden om zich in die toestand te handhaven. Dan kan deze oorspronkelijke toestand niet langer blijven bestaan, en het menselijk geslacht zou ten onder gaan als het zijn bestaanswijze niet zou veranderen.

Daar nu de mensen geen nieuwe krachten in het leven kunnen roepen, doch enkel de bestaande kunnen verenigen en sturen, hebben zij geen ander middel tot zelfbehoud meer dan hun krachten te bundelen tot een geheel dat de weerstand zou kunnen overwinnen, die krachten in te zetten vanuit één enkele drijfveer en ze afgestemd op elkaar te laten werken.

Deze som van krachten kan slechts voortkomen uit de samenwerking van velen; maar hoe zal ieder mens zijn kracht en zijn vrijheid, de eerste instrumenten voor zijn zelfbehoud, inzetten zonder zichzelf schade toe te brengen en zonder de zorgen te verwaarlozen die hij zichzelf verschuldigd is? In het kader van mijn onderwerp kan deze moeilijkheid in de volgende bewoordingen worden geformuleerd: «Het gaat erom een vorm van samenleven te vinden die met alle gemeenschappelijke kracht de persoon en de goederen van iedere deelgenoot verdedigt en beschermt, en waardoor ieder, in de vereniging met allen, toch slechts aan zichzelf gehoorzaamt en even vrij blijft als tevoren.» Ziehier het grondprobleem, waarvoor het maatschappelijk verdrag de oplossing biedt.

De bepalingen van dit verdrag liggen door de aard van de handeling zozeer vast dat de geringste wijziging ze nietig en zonder gevolg zou maken. Ofschoon zij misschien nooit formeel zijn verwoord, zijn zij dan ook overal dezelfde, overal stilzwijgend aanvaard en erkend. En wel zó strikt dat bij schending van het maatschappelijk verdrag ieder weer in zijn eerste rechten treedt en zijn natuurlijke vrijheid herneemt met verlies van de vrijheid uit overeenkomst, ten behoeve waarvan hij er afstand van deed.

Welbeschouwd zijn deze bepalingen samen te brengen onder één enkele noemer, namelijk de volledige vervreemding aan heel de gemeenschap van iedere deelgenoot met al zijn rechten. Want, ten eerste, daar ieder zich geheel en al schenkt, is de last voor allen gelijk, en daar deze voor allen gelijk is, heeft niemand er belang bij hem voor anderen zwaarder te maken.

Omdat de vervreemding zonder voorbehoud geschiedt, is de vereniging bovendien zo volmaakt als maar mogelijk is en heeft geen enkele deelgenoot nog iets te eisen. Want als de afzonderlijke personen bepaalde rechten behielden, zou de natuurtoestand blijven voortbestaan en de aaneensluiting noodzakelijk tiranniek of inhoudsloos worden; er zou immers geen gemeenschappelijke hogere macht zijn, die tussen de afzonderlijke personen en de collectiviteit uitspraak zou kunnen doen, en weldra zou eenieder, wanneer hij op een bepaald punt zijn eigen rechter was, er aanspraak op maken het op alle punten te zijn.

Ten slotte, omdat ieder zich geeft aan allen, geeft hij zich aan niemand, en aangezien er geen deelgenoot is ten aanzien van wie men niet hetzelfde recht verwerft als men hem jegens zichzelf gunt, wint men evenveel als men verliest en wint men aan kracht om te behouden wat men heeft.

Als men dus terzijde laat wat niet tot de essentie van het maatschappelijk verdrag behoort, zal men ontdekken dat het neerkomt op de volgende bewoordingen. *Ieder van ons brengt zijn persoon en heel zijn kunnen in onder de hoogste leiding van de algemene wil; en gezamenlijk nemen wij ieder lid op als onscheidbaar deel van het geheel.*

Op hetzelfde ogenblik brengt deze daad van aaneensluiting een zedelijk en collectief lichaam voort, dat in de plaats treedt van de afzonderlijke persoon van iedere contractant en dat bestaat uit evenveel leden als de vergadering stemmen heeft. Dit lichaam ontvangt vanuit deze zelfde daad zijn eenheid, zijn gemeenschappelijk *ik*, zijn leven en zijn wil. Deze publieke persoon, die aldus door de vereniging van alle anderen wordt gevormd, droeg vroeger de naam van *stadstaat*, en tegenwoordig die van *republiek* of *staatslichaam*; het wordt door zijn leden *staat* genoemd in zoverre het passief is, *soeverein* wanneer het actief is, *mogendheid* als het met zijn gelijken wordt vergeleken. Wat de deelgenoten betreft, zij dragen gezamenlijk de naam van *volk*; ieder op zichzelf beschouwd heten zij *burgers* in zoverre zij deelhebben aan het soeverein gezag, en *onderdanen* in zoverre zij zijn onderworpen aan de wetten van de staat. Dikwijls echter schuiven deze termen in elkaar en worden ze door elkaar gebruikt; het is voldoende ze te kunnen onderscheiden wanneer zij in hun meest strikte zin worden gebezigd.

J.-J. Rousseau, *Du contrat social*. V. D. Musset-Pathay, *Oeuvres complètes de Jean-Jacques Rousseau*. Parijs: Dupont, 1823-1826. Nederlandse vertaling: *Het maatschappelijk verdrag of beginselen der staatsinrichting*, vertaling S. van den Braak en G. van Roermund. Amsterdam/Meppel: Boom, 2002, derde druk, p. 50-58.

Kant

(1724 – 1804)

Het werk van Immanuel Kant wordt nog steeds als een hoogtepunt van de westerse filosofie beschouwd. In zijn hoofdwerk, de lijvige *Kritik der reinen Vernunft* (1781), onderzoekt hij de voorwaarden en grenzen van het menselijke kennen en neemt hij een middenpositie tussen rationalisme en empirisme in.

Het verschil ten opzichte van zijn empiristische voorgangers wordt al meteen aan het begin van dit boek duidelijk. «Dat al onze kennis met de ervaring begint, daaraan bestaat in het geheel geen twijfel», luidt de eerste zin van de inleiding (tweede druk). Daaruit volgt echter niet, haast Kant zich eraan toe te voegen, dat alle kennis uit de ervaring voortkomt. De vraag is of en in hoeverre er van ervaring onafhankelijke kennis gegeven is.

Een van de problemen waarvoor Kant zich namelijk gesteld weet, is de door Hume opgeworpen vraag: op grond waarvan hebben we weet van causale verbanden tussen gegeven verschijnselen? Als consequent empirist antwoordde Hume daarop dat er van een noodzakelijk verband tussen een oorzaak en een gevolg geen sprake is. Een dergelijk verband wordt niet door logische redenering vastgesteld, noch op grond van de ervaring bewezen. Volgens Hume laten we ons in het doen van causale uitspraken door de gewoonte leiden.

Kant acht Humes radicale afwijzing van noodzakelijke verbanden onverenigbaar met de principes van de theoretische natuurkunde en bewandelt een andere weg. Hij stelt dat onze kennis niet uitsluitend uit de ervaring stamt. Onze kennis richt zich niet passief naar de voorwerpen, zoals deze in de waarneming gegeven zijn. Er wordt iets aan de ervaring toegevoegd; onafhankelijk legt het denken bepaalde verbanden tussen de dingen. Zo wordt het beginsel van causaliteit volgens Kant door het intellect aan de ervaring opgelegd en is daardoor eerst kennis van oorzakelijke verbanden mogelijk.

Daarmee draait Kant de verhouding tussen menselijke kennis en de gekende dingen, zoals die gewoonlijk wordt opgevat, om. Onze kennis richt zich niet naar de objecten, is daar geen getrouwe weergave van. Nee, zegt Kant, de objecten moeten zich naar onze kennis richten die hen vormt. In die zin schept het intellect onafhankelijk van de waarneming orde in de natuur. Kant vergelijkt zijn ontdekking in de filosofie met de omwenteling die Copernicus in het natuurwetenschappelijke denken heeft teweeggebracht.

Onze kennis van de natuur is dus gebonden aan bepaalde voorwaarden, die niet uit de ervaring worden afgeleid, maar inherent aan het kennen zijn. Deze voorwaarden worden door Kant 'vormen' genoemd (waarnemings- en denkvormen) en ze zijn wel eens vergeleken met de kuiltjes in een poffertjespan. Onze zintuiglijke indrukken zijn dan het poffertjesbeslag, terwijl kennis (de poffertjes) het in de kuiltjes gebakken beslag is. Zo liggen de voorstellingen van ruimte en tijd aan de waarneming ten grondslag. Zij zijn niet aan de waarneming ontleend, maar maken deze als 'waarnemingsvormen' eerst mogelijk. Daarnaast onderscheidt Kant twaalf 'denkvormen' ofwel 'categorieën', volgens welke de gegevens van de waarneming verwerkt en geordend worden. Causaliteit en substantie zijn er de belangrijkste van.

Voor het gebruik van deze vormen zijn er regels of principes, die het waarnemings- en denkgedrag leiden. Kant noemt de kennis ervan *a priori*, dat wil zeggen: ze worden onafhankelijk van de ervaring, door zuiver denken, ingezien. Dit in onderscheid tot kennis die *a posteriori*, aan de ervaring ontleend is. Als voorwaarden tot ervaringskennis gelden deze principes noodzakelijk en algemeen, dus met betrekking tot alle mogelijke ervaring.

Daarom zegt Kant: «Het verstand put zijn wetten (*a priori*) niet uit de natuur, maar schrijft deze aan haar voor.»

Doordat Kant het zuivere denken als een bron van kennis beschouwt, behoudt hij een typisch element van het rationalisme. Wat hij kennis *a priori* noemt, is te vergelijken met de 'aangeboren ideeën' van de rationalisten. Kant waarschuwt ons echter dat deze kennis *a priori* «zich slechts uitstrekt tot de verschijnselen, maar de zaak op zichzelf laat voor wat ze is». De categorieën hebben slechts zin met betrekking tot de waarneembare objecten. De *Dinge an sich*, zoals die zijn, afgezien van hun betrekking tot ons, zijn volgens hem niet te kennen. De argumenten daarvoor worden in het tweede deel van het boek ontwikkeld. Kant toont erin aan dat een denken «over de grenzen van de mogelijke ervaring heen» tot tegenstrijdigheden leidt. Op dit punt neemt hij afstand van het rationalisme.

Metafysica, als kennis van het 'bovenzintuiglijke', wordt daarmee door Kant als mogelijkheid verworpen. Dat betekent echter geen ontkenning van dit bovenzintuiglijke. De grenzen van het denken moeten ingezien en het schijnweten van de traditionele metafysica ontmaskerd worden, om plaats te maken voor het geloof. Dat heeft volgens Kant zijn grondslag in het zedelijk handelen en oordelen, zoals wordt uiteengezet in het latere werk.

Van Kants *Prolegomena*, een inleiding tot de moeilijk leesbare *Kritik*, worden hier de eerste twee paragrafen weergegeven. Daarin wordt een onderscheid tussen synthetische en analytische oordelen gemaakt, een onderscheid dat centraal staat in het kantiaanse denken. Uit paragraaf 2c is een deel weggelaten.

Kant, *Prolegomena* (fragmenten)

INLEIDENDE OPMERKING OVER HET KENMERKENDE VAN
ALLE METAFYSISCHE KENNIS

§1 Over de bronnen van de metafysica

Als men kennis als *wetenschap* wil presenteren, moet men eerst nauwkeurig kunnen bepalen wat haar onderscheidt, wat ze met geen enkele andere kennis gemeen heeft en wat dus *kenmerkend* voor haar is. In het andere geval lopen de grenzen van alle wetenschappen in elkaar over en kan er geen enkele wetenschap grondig volgens de eigen aard worden behandeld.

Dit kenmerkende kan nu bestaan in het onderscheid in *object* of in *kennisbronnen* of ook in de *wijze van kennen* of in enkele van deze zaken, of zelfs in al deze zaken samen, maar het idee van een mogelijke wetenschap en haar territorium berust allereerst op dit onderscheid.

Wat om te beginnen de *bronnen* van metafysische kennis aangaat: het ligt al in het begrip ervan dat ze niet empirisch kunnen zijn. De principes ervan (waartoe niet alleen haar grondbeginselen, maar ook haar grondbegrippen behoren) mogen dus nooit aan de ervaring zijn ontleend: want ze mag geen fysische, maar moet metafysische kennis zijn, kennis dus die aan gene zijde van de ervaring ligt. Aan metafysische kennis kan dus noch uiterlijke ervaring, die de bron van de eigenlijke natuurkunde is, noch innerlijke ervaring, die de basis van de empirische psychologie vormt, ten grondslag liggen. Ze is dus kennis *a priori*, oftewel kennis uit zuiver verstand en zuivere rede.

Hierin zou ze echter niet van de zuivere wiskunde te onderscheiden zijn en daarom zal ze dus *zuivere filosofische kennis* moeten worden genoemd. Voor de betekenis van deze uitdrukking verwijs ik naar de *Kritiek van de zuivere rede*, bladzijde 712 e.v., waar het onderscheid tussen deze twee gebruikswijzen van de rede helder en naar behoren is uiteengezet. Tot zover over de bronnen van de metafysische kennis.

KANT *Prolegomena*

§ 2 Over de wijze van kennen die als enige metafysisch genoemd kan worden

   a. *Over het verschil tussen synthetische en analytische oordelen in het algemeen*

Het kenmerkende van de bronnen van de metafysische kennis vereist dat ze uitsluitend *a priori*-oordelen bevat. Maar welke oorsprong of welke logische vorm oordelen ook hebben, er is altijd een verschil in inhoud, op grond waarvan ze ofwel alleen maar *verklarend zijn* en niets toevoegen aan de inhoud van de kennis, ofwel *uitbreidend* en de gegeven kennis vergroten. De eerste kunnen *analytische*, de tweede *synthetische* oordelen worden genoemd.

Het predikaat van een analytisch oordeel zegt alleen maar wat in het begrip van het subject al werkelijk, maar niet zo duidelijk en niet net zo bewust was gedacht. Als ik zeg: «Alle lichamen zijn uitgebreid» heb ik aan mijn begrip lichaam helemaal niets toegevoegd, maar het alleen ontleed, omdat uitgebreidheid in dat begrip al vóór het oordeel weliswaar niet uitdrukkelijk was uitgesproken, maar er toch werkelijk in gedacht werd; daarom is dat oordeel analytisch. De uitspraak: «Sommige lichamen zijn zwaar» bevat daarentegen in het predikaat iets dat in het algemene begrip lichaam niet werkelijk wordt gedacht. Die uitspraak vergroot dus mijn kennis, omdat hij iets aan mijn begrip toevoegt, en moet daarom een synthetisch oordeel genoemd worden.

   b. *Het gemeenschappelijk principe van alle analytische oordelen is de wet van de tegenspraak*

Alle analytische oordelen berusten geheel op de wet van de tegenspraak en vormen op grond van hun aard *a priori*-kennis, of de begrippen die hun materie uitmaken nu empirisch zijn of niet. Want omdat het predikaat van een bevestigend analytisch oordeel al vooraf in het begrip van het subject gedacht wordt, kan dit predikaat niet zonder tegenspraak van dat subject ontkend worden. Precies zo wordt het tegendeel van dat predikaat in een analytisch, maar ontkennend oordeel noodzakelijk van het subject ontkend en wel wederom op grond van de wet van de tegenspraak. Dit is het geval met de uitspraken: «Ieder lichaam is uitgebreid» en «Geen lichaam is onuitgebreid (enkelvoudig)».

Om dezelfde reden zijn alle analytische uitspraken *a priori*-oordelen, ook wanneer hun begrippen empirisch zijn, bijvoorbeeld «Goud is een geel metaal». Want om dit te weten heb ik verder geen ervaring nodig, afgezien van mijn begrip van goud, dat al inhield dat dit lichaam geel en van metaal is; dat was nu juist de inhoud van mijn begrip en ik hoefde het alleen maar te ontleden zonder buiten dit begrip naar iets anders om te zien.

    c. *Synthetische oordelen behoeven een ander principe dan de wet van de tegenspraak*

Er zijn synthetische oordelen *a posteriori* waarvan de oorsprong empirisch is; maar er zijn ook synthetische oordelen die *a priori* zeker zijn en hun oorsprong hebben in zuiver verstand en zuivere rede. Beide soorten oordelen hebben echter gemeen dat zij nooit alleen kunnen ontstaan volgens het grondbeginsel van de analyse, namelijk de wet van de tegenspraak. Ze vereisen nog een geheel ander principe, hoewel ze uit ieder willekeurig grondbeginsel altijd *overeenkomstig de wet van de tegenspraak* moeten worden afgeleid, want niets mag met deze wet in strijd zijn, ook al kan niet alles eruit worden afgeleid. Ik zal de synthetische oordelen eerst in klassen indelen.

    1. *Ervaringsoordelen* zijn altijd synthetisch. Het zou immers absurd zijn een analytisch oordeel te baseren op ervaring, omdat ik me tot [de inhoud van] mijn begrip kan beperken om het oordeel te vormen en daarvoor dus geen getuigenis van de ervaring nodig heb. Dat een lichaam uitgebreid is, is een uitspraak die *a priori* vaststaat en geen ervaringsoordeel. Want voordat ik me tot de ervaring wend, beschik ik al over alle voorwaarden voor mijn oordeel in het begrip, waaruit ik het predikaat volgens de wet van de tegenspraak gewoon kan afleiden, waardoor ik me tegelijk bewust kan worden van de *noodzakelijkheid* van het oordeel, die ervaring me nooit zou leren.

    2. *Alle wiskundige oordelen* zijn synthetisch. Deze uitspraak lijkt tot dusverre geheel aan de aandacht van de analytici van de menselijke rede te zijn ontsnapt, ja lijkt zelfs geheel in tegenspraak met al hun vermoedens, hoewel hij onbetwistbaar is en de gevolgen ervan zeer belangrijk zijn. Want omdat

KANT *Prolegomena*

men van mening was dat alle gevolgtrekkingen van de wiskundigen volgens de wet van de tegenspraak verlopen (dat vereist de aard van elke apodictische zekerheid), kwam men tot de overtuiging dat ook de axioma's volgens de wet van de tegenspraak worden gekend. Maar dat was een ernstige vergissing, want een synthetische uitspraak kan natuurlijk wel volgens de wet van de tegenspraak worden gevonden, maar alleen zo, dat er een andere synthetische uitspraak wordt verondersteld waaruit hij wordt afgeleid, en dus nooit op zichzelf.

Allereerst moet worden opgemerkt dat wiskundige uitspraken in strikte zin altijd *a priori*-oordelen en niet empirisch zijn, omdat ze een noodzakelijkheid hebben die niet aan de ervaring kan worden ontleend. Mocht men dit niet met me eens zijn, dan beperk ik mijn stelling wel tot de *zuivere wiskunde*, waarvan het begrip al inhoudt dat ze geen empirische, maar uitsluitend zuivere *a priori*-kennis bevat.

Men zou aanvankelijk denken dat de uitspraak $7+5=12$ een zuiver analytische uitspraak is, die aan de hand van de wet van de tegenspraak volgt uit het begrip van de som van zeven en vijf. Maar bij nader inzien blijkt dat het begrip van de som van 7 en 5 alleen maar de vereniging van beide getallen in één enkel getal inhoudt, waardoor dat ene getal, dat beide omvat, niet in het minst gedacht wordt. Als ik alleen de vereniging van zeven en vijf denk, denk ik daardoor nog helemaal het begrip twaalf niet, en hoe lang ik het begrip van zo'n mogelijke som ook analyseer, toch zal ik daarin de twaalf niet aantreffen. Men moet boven deze begrippen uitstijgen door de hulp in te roepen van de aanschouwing die met een van beide correspondeert, bijvoorbeeld zijn vijf vingers of (zoals *Segner* in zijn *Aritmetica*) vijf punten, en zo stuk voor stuk de eenheden van de in de aanschouwing gegeven vijf toevoegen aan het begrip van de zeven. Men breidt zijn begrip door de uitspraak $7+5=12$ dus werkelijk uit en voegt aan het eerste begrip een nieuw toe dat er nog helemaal niet in gedacht was*. De rekenkundige uitspraak is dus altijd synthetisch en dat wordt nog duidelijker als men iets grotere getallen neemt; want dan ziet men helder in, dat hoe we ons begrip ook wenden of keren, we de som alleen door analyse van onze begrippen, zonder de hulp van de aanschouwing, nooit zouden kunnen vinden.

* Het eerste begrip: $7+5$. Het nieuwe begrip dat wordt toegevoegd: 12 [*vert.*].

De zuivere meetkunde heeft evenmin analytische axioma's. Dat de rechte lijn tussen twee punten de kortste is, is een synthetische uitspraak. Want mijn begrip van een rechte houdt geen grootte in, maar alleen een kwaliteit. Het begrip van het kortste ligt er dus volstrekt niet in besloten en kan door geen enkele analyse uit het begrip van een rechte lijn worden afgeleid. Hier moeten we de hulp inroepen van de aanschouwing, want alleen door aanschouwing is synthese mogelijk.

(...)

3. *Metafysische oordelen in strikte zin* zijn allemaal synthetisch. Men moet oordelen *die tot de metafysica behoren* onderscheiden van *metafysische* oordelen in strikte zin. Van de eerstgenoemde zijn er zeer veel analytisch, maar die vormen alleen middelen om te komen tot metafysische oordelen, waarop het doel van de wetenschap geheel gericht is, en die allemaal synthetisch zijn. Want als begrippen tot de metafysica behoren, bijv. het begrip substantie, dan behoren de oordelen die louter uit de analyse ervan ontstaan, noodzakelijk ook tot de metafysica, bijv. «substantie is wat alleen als subject bestaat» enz., en door middel van meer van dergelijke analytische oordelen proberen we de definitie van die begrippen te benaderen. Omdat echter de analyse van een zuiver verstandsbegrip (zoals de metafysica die bevat) op precies dezelfde manier plaatsvindt als die van elk ander — ook empirisch — begrip dat niet tot de metafysica behoort (bijv. «lucht is een elastische vloeistof waarvan de elasticiteit door geen enkele bekende koudegraad wordt tenietgedaan»), is dat begrip weliswaar metafysisch in strikte zin, maar niet het [ervan afgeleide] analytische oordeel. Want het bijzondere en kenmerkende van deze wetenschap bestaat in het voortbrengen van *a priori*-kennis, en dat moet onderscheiden worden van wat ze met alle andere verstandskennis gemeen heeft; zo is bijvoorbeeld de uitspraak «Alles wat in de dingen substantie is, is bestendig», een synthetische en typisch metafysische uitspraak.

Als men de *a priori*-begrippen die de materie en de bouwstenen van de metafysica vormen, eerst volgens bepaalde principes heeft verzameld, is de analyse van die begrippen van grote waarde. Die analyse kan worden behandeld als een bijzonder onderdeel (zoiets als een *philosophia definitiva*), dat slechts tot de metafysica behorende analytische uitspraken bevat, los dus van alle synthetische uitspraken die de eigenlijke metafysica vormen.

KANT *Prolegomena*

Want die analyses hebben inderdaad uitsluitend hun belangrijk nut voor de metafysica, d.w.z. met betrekking tot de synthetische zinnen die uit die eerder geanalyseerde begrippen moeten worden ontwikkeld.

De conclusie van deze paragraaf is dus dat metafysica in wezen te maken heeft met synthetische *a priori*-uitspraken en dat alleen die haar doel vormen en dat ze daarvoor weliswaar veel analyses van haar begrippen, dus analytische oordelen, nodig heeft, maar dat daarbij haar werkwijze niet verschilt van elke andere vorm van kennis waarbij men zijn begrippen alleen maar door analyse duidelijk probeert te maken. De wezenlijke inhoud van de metafysica wordt echter gevormd door het *voortbrengen* van *a priori*-kennis, zowel aan de hand van aanschouwing als aan de hand van begrippen, en tenslotte ook van synthetische *a priori*-uitspraken binnen de filosofische kennis.

> I. Kant, *Prolegomena zu einer jeden künftigen Metaphysik die als Wissenschaft wird auftreten können*. Riga: J. F. Hartknoch, 1783. Nederlandse vertaling: *Prolegomena*, vertaling J. Veenbaas en W. Visser. Meppel/Amsterdam: Boom, 1999, p. 45-52.

NEGENTIENDE EEUW

Caspar David Friedrich, Twee mannen bij opkomende maan aan zee *(1835-1837). Hermitage, Sint Petersburg.*
De Romantiek maakt de tijd (vergankelijkheid) en de bezieldheid van de natuur tot thema.

Inleiding

Door de diversiteit van stromingen en denkers lijkt het onmogelijk een eenduidig beeld te schetsen van de filosofie in de negentiende eeuw. In deze periode hebben zich voor het eerst afzonderlijke nationale tradities uitgekristalliseerd, die niet of soms met grote vertraging op elkaar hebben gereageerd. Zo spreekt men niet voor niets van 'Duits idealisme'. Deze filosofische beweging, die zich via Johann Gottlieb Fichte (1762–1814), Friedrich Wilhelm Joseph Schelling (1775–1854) en Georg Wilhelm Friedrich Hegel (1770–1831) stormachtig ontwikkelde en op het intellectuele leven in Noord-, Oost- en Midden-Europa diepe sporen heeft nagelaten, heeft in West-Europa niet meer dan een kleine rimpeling veroorzaakt. Daar domineerde in de eerste helft van de eeuw, bijvoorbeeld in Nederland, een neohumanistisch platonisme het wijsgerig denken, terwijl in Groot-Brittannië het filosofisch radicalisme van Jeremy Bentham (1748–1832) en John Stuart Mill (1806–1873) concurreerde met de uitlopers van de Schotse filosofie van de common sense.

Het is een van de spelingen van de geschiedenis dat aan het einde van de negentiende eeuw de situatie precies omgekeerd is. Dan bloeit in Engeland en Italië het idealisme van onder anderen Francis Herbert Bradley (1846–1924) en Benedetto Croce (1866–1952), terwijl in Duitsland voor Hegel onder vakfilosofen nauwelijks belangstelling bestaat. Daar zijn Wilhelm Dilthey (1833–1911), Heinrich Rickert (1863–1936) en anderen gebiologeerd door Kant en zijn betekenis voor de geesteswetenschappen. Volstrekt onafhankelijk van deze ontwikkelingen kent Frankrijk een eigen traditie van een historiserend positivisme, dat zich vooral voor de sociale wetenschappen interesseert. Deze stroming ontstaat in de achttiende eeuw bij de markies van Condorcet (1743–1794) om via onder anderen Auguste Comte (1798–1857) de twintigste eeuw te bereiken. De grondgedachte bij al deze denkers is de overtuiging dat wetenschap en maatschappij van elkaar afhankelijk zijn. De 'positieve wetenschap' heeft zich aan het eind van de achttiende eeuw losgemaakt van de metafysica. Deze ontwikkeling werd eerst mogelijk, doordat de statische, 'metafysische' samenleving van het ancien régime plaatsmaakte voor de burgerlijke samenleving. Omgekeerd is de moderne wetenschap een voorwaarde voor de industriële maatschappij, waarin de mens steeds meer op zichzelf wordt teruggeworpen, doordat de traditionele sociale en morele verbanden van familie, gilde en dorp verdwijnen of aan belang inboeten. De binding van het individu aan de samenleving was van oudsher de voornaamste maatschappelijke functie van de religie. Nu zocht Comte naar een nieuwe 'positieve religie', die deze intergrerende functie van het christendom kon overnemen.

Een andere reden voor de veelvormigheid van de negentiende-eeuwse wijsbegeerte is het ontstaan van nieuwe wetenschappen. In de zeventiende en achttiende eeuw oriënteerde de wijsbegeerte zich in sterke mate op de wis- en natuurkunde. Zo is het ontstaan van Descartes' leer van de twee substanties, namelijk een uitgebreide en een denkende, nauwelijks voorstelbaar zonder de ontwikkeling van de mechanica en de ontdekkingen van Galilei en Torricelli, waaruit bleek dat de natuur in louter kwantitatieve termen te kennen is. Het proces van de mechanisering van het wereldbeeld culmineerde in de *Philosophiae naturalis principia mathematica* (1687) van Isaac Newton, waarin werd getoond dat het universum, gedacht als uitgestrekt in een oneindige ruimte en tijd met zuiver uitgebreide materie, een systeem vormt van bewegingen die beschreven kunnen worden met behulp van een klein aantal in wiskundige termen geformuleerde wetten.

Aan het einde van de achttiende eeuw wordt de dominantie van de natuurkunde echter aangevochten door andere natuurwetenschappen, zoals de scheikunde, de biologie en de geologie. Deze wetenschappen worden geconfronteerd met ontwikkeling en complexe structuren, zoals het atoom of de molecule. Zo kent de aarde een geologische geschiedenis. De veranderingen binnen de biologische soorten en de samenhang tussen hen ontdekte men door de vondst van fossielen en de vergelijkbare anatomische bouw van de mens en de apen. Het leek alsof de natuur door een inwendige kracht tot steeds hogere en complexere vormen werd voortgedreven, zodat de evolutie van de menselijke soort als het sluitstuk gedacht zou moeten worden van de geschiedenis van het universum. De natuur zelf zou de mens vanaf

NEGENTIENDE EEUW *Inleiding*

het eerste begin van de wereld ertoe hebben voorbestemd om tot het opperste geluk te worden gevoerd, zoals Johann Gottfried Herder (1744-1803) betoogde.

Verder treedt in de negentiende eeuw een proces van fragmentatie van de filosofie zelf op. Aan het eind van de achttiende eeuw zien we de opkomst van nieuwe wijsgerige disciplines, zoals esthetica, wijsgerige antropologie en godsdienstfilosofie. Deze ontwikkelden in rivaliteit met de bestaande wijsgerige vakken hun eigen geschiedenis, handboeken en een canon van standaardauteurs, die de omvang en de centrale vragen van het vakgebied vormden.

Kinderen van Kant ♪ Toch gaat achter deze ogenschijnlijke diversiteit van de negentiende-eeuwse wijsbegeerte een eenheid schuil. Deze overeenstemming is vooral het gevolg van het feit dat de denkers uit de negentiende eeuw in grote mate als kinderen van Kant zijn te beschouwen. Zij aanvaardden bijna zonder uitzondering diens veroordeling van de dogmatische metafysica. Pas aan het eind van de eeuw herwint de metafysica in confessionele vormen van wijsbegeerte, zoals het neothomisme, of in Nederland de wijsbegeerte van de wetsidee, een zekere mate van respectabiliteit. Men accepteerde dus Kants veronderstelling dat al onze kennis uitgaat van de ervaring en dat wij op grond daarvan niet kunnen doorstoten naar een metafysische wereld. Zo deze bestaat, geldt *Ignoramus et ignorabimus* («Wij weten niet en wij zullen niet weten»), zoals de Zwitserse filosoof en wetenschapper Emil du Bois-Reymond (1818-1896) deze basisveronderstelling van het negentiende-eeuwse denken kernachtig formuleerde.

Ook is Kant door zijn conceptie van wijsbegeerte als een transcendentaalfilosofie normgevend geweest voor de negentiende eeuw. Tot hem hebben filosofen steeds weer geprobeerd de wetenschappen op te bouwen vanuit de metafysica. Zo vergeleek Descartes de wijsbegeerte met een boom, waarvan de wortels gevormd worden door de metafysica, de stam door de fysica en de takken door de bijzondere wetenschappen als geneeskunde, mechanica en ethiek. En zoals de boom niet kan bestaan zonder zijn wortels, zo zou de natuurwetenschap niet kunnen bestaan zonder metafysica. In de transcendentaal-filosofie van Kant wordt deze eeuwenoude band tussen de 'eerste filosofie' en de natuurwetenschappen doorgesneden, omdat hij stelde dat al onze kennis van de werkelijkheid steunt op de ervaring. Dit is de kenwijze van de wetenschappen, waar de filosofie niets aan heeft toe te voegen. De wijsbegeerte houdt zich daarom niet langer bezig met de werkelijkheid buiten ons, maar beperkt zich tot een onderzoek van de mogelijkheden en de voorwaarden waarop wij tot geldige kennis kunnen komen. In de drie grote kritieken van Kant begrenst de filosofie zich tot een onderzoek van ons kenvermogen en blijft haar uit de failliete boedel van de metafysica de kentheorie over. De negentiende-eeuwse denkers zijn Kant in deze gedachte gevolgd; met name binnen het positivisme is de wijsbegeerte vooral tot kentheorie en wetenschapsfilosofie geworden, die zich onafhankelijk van de natuurwetenschappen heeft ontwikkeld.

Kant heeft met zijn 'copernicaanse wending' het zwaartepunt in de filosofie van de wereld buiten ons naar de mens verschoven. Deze wending vloeide voort uit zijn gedachte dat men zich in de kentheorie niet moet richten op een onderzoek van de objecten, maar op het kennend subject. Daarmee heeft hij de vraag naar wie (of wat) de mens is als hoofdpunt op de filosofische agenda van de negentiende eeuw gezet. Met deze ontwikkeling houdt de opkomst van de menswetenschappen in de negentiende eeuw verband: de vaderlandse geschiedenis, de politieke economie, sociologie en psychologie. Wel is men Kant over het algemeen niet gevolgd in zijn gedachte van een transcendentaal subject, dat de grondslag van al het denken vormt en als zodanig tijdloos is. Dit heeft niets met een mens van vlees en bloed van doen, een door de cultuur of geschiedenis getekend individu.

Historicisme ✦ Reeds Hegel, direct na Kant, beschouwde het transcendentale subject als een overbodige en zelfs schadelijke abstractie; want volgens hem moest elk filosofisch denken 'concreet' zijn, dat wil zeggen gerelateerd aan een bepaalde tijd. De overtuiging dat elk werkelijk filosoferen niet tijdloos kan zijn, bracht hij tot uitdrukking met zijn bekende en veel geciteerde uitspraak: «Die Philosophie ist ihre Zeit in Gedanken erfasst.» In de plaats van Kants abstracte concept stelt Hegel het individu, dat zich als burger tot vrij en rationeel handelend lid van een staatsgemeenschap ontwikkelt; en stelt Karl Marx (1818–1883) de arbeidende mens, Søren Kierkegaard (1813–1855) de gelovende mens en Friedrich Nietzsche (1844–1900) de naar macht strevende mens. Al deze denkers concretiseren daarmee Kants tijdloze en abstracte idee van de mens; ze plaatsen hem in een historisch verband. Niet langer kent men de mens dus een natuur toe die alle mensen ondanks hun verschillende cultuur, tijd, sekse en levensovertuiging gemeen zouden hebben. Bovendien is de negentiende-eeuwer er zeker van dat de mens 'maakbaar' is. Optimisten als Bentham, Mill en Comte menen dat de mens zijn lot in eigen hand kan nemen en koesteren in hun filosofie een bijna onbeperkt geloof in opvoeding en onderwijs. Pessimisten daarentegen veronderstellen dat de mens wordt voortgedreven door onpersoonlijke en onbeheersbare krachten, zoals de strijd om het bestaan in het sociaal darwinisme, of in Freuds psychoanalyse de driften die uit het onbewuste voortkomen.

Tenslotte, en dat ligt in het verlengde hiervan, gaat het negentiende-eeuwse denken uit van het 'historicisme'. Dit is de overtuiging dat men een bepaald verschijnsel alleen adequaat kan begrijpen, wanneer het als onderdeel van een wetmatig proces van ontwikkeling wordt opgevat. Men was geneigd dit proces te interpreteren met behulp van biologische metaforen. De verschijnselen zouden een autonome organische ontwikkeling van groei en bloei, gevolgd door neergang en ondergang kennen en gehoorzamen aan hun eigen specifieke wetten, waarbij de mogelijkheden gerealiseerd worden die met de aard van een bepaald verschijnsel gegeven zijn. Dit 'organische denken' kwam tot bloei in het Duitse idealisme en ontving een sterke impuls door Darwins evolutieleer. *Der Untergang des Abendlandes* van Oswald Spengler (1880–1936) vormde er de late bekroning van; de ondertitel *Umrisse einer Morphologie der Weltgeschichte* verwijst naar de biologie. Volgens Spengler zou de westerse beschaving aan het begin van de twintigste eeuw over haar hoogtepunt heen zijn en aan een onontkoombaar proces van verstarring en neergang zijn begonnen. Met dit ondergangsgeloof is de negentiende eeuw echter verlaten. Deze periode wordt namelijk gekenmerkt door een algemeen vooruitgangsgeloof — Arthur Schopenhauer (1788–1860) en Nietzsche vormden de spreekwoordelijke uitzondering op de regel — dat echter nooit blind optimistisch was. Want de negentiende eeuw had over het algemeen een scherp oog voor de culturele prijs die men betaalde voor de technische vooruitgang. Het idee van een crisis van de cultuur is met name in het Franse positivisme wijdverbreid.

NEGENTIENDE EEUW *Inleiding*

Drie stromingen ᛏ Beschouwt men het denken in de negentiende eeuw vanuit een vogelperspectief, dan zijn er drie stromingen te onderscheiden. Ten eerste een filosofisch idealisme, dat meent in de menselijke ervaring de sleutel te kunnen vinden om toegang te verkrijgen tot de ware of laatste werkelijkheid. De wijsbegeerte zou in staat zijn de grenzen van de fenomenale wereld, die de wetenschappen noodgedwongen dienen te respecteren, te overschrijden. Tot deze stroming, die altijd een kritische afstand in acht neemt tot de wetenschappen en de daarop gebaseerde cultuur en maatschappij, behoren het Duits idealisme, Schopenhauer en het Britse idealisme van het einde van de eeuw, en misschien ook Bergson.

Ten tweede het positivisme, dat ten aanzien van de laatste werkelijkheid een agnosticisme bewaart. Hiertoe behoren Comte en veel kantiaans gezinde Duitse geleerden. Het verschilt van het klassieke empirisme — dat John Stuart Mills filosofie nog het meest benadert — daarin dat het als bron van onze kennis niet op de ervaring, maar op de 'hoogst ontwikkelde' wetenschap wijst, dat wil zeggen de natuurwetenschap, die men ten voorbeeld houdt aan de geesteswetenschappen en die de hypothetisch-deductieve methode in acht neemt. Het verstand is niet, zoals Locke en Hume veronderstelden, een tabula rasa, maar een actief en creatief vermogen in de mens, dat met stoutmoedige gissingen hypothesen bedenkt en zo de wetenschappelijke vooruitgang mogelijk maakt, die via de geesteswetenschappen, waartoe men ook de sociologie rekende, de grondslag vormt voor maatschappelijke verbeteringen. In dit opzicht is het negentiende-eeuwse positivisme eerder als een voorloper van Popper dan van het neopositivisme van de Wiener Kreis te beschouwen.

De laatste stroming is het materialisme, dat in zijn filosofische vorm in de negentiende eeuw, ondanks de vele klachten van vroeg-twintigste-eeuwse denkers als ten onzent Gerardus Bolland en Johannes Didderik Bierens de Haan, relatief weinig aanhang vond. Weliswaar werd door velen van links en rechts het theïsme van het orthodoxe christendom verlaten, maar zelden trok men de conclusie dat er in de werkelijkheid slechts stof zou zijn en het bewustzijn niet meer is dan een bijproduct van onze lichamelijke functies. Het materialisme kende een geringe aanhang, omdat het een terugkeer tot een dogmatische metafysica inhield en dus getroffen werd door Kants banvloek. Verder was het materialisme in de negentiende eeuw specifiek Duits.

NEGENTIENDE EEUW *Inleiding*

Na 1848 vond het zijn aanhang onder biologen, fysiologen en medici, zoals de Nederlandse geneesheer Jacobus Moleschott («Ohne Phosphor keine Gedanken», zoals zijn gevleugelde uitspraak luidt) en Friedrich Büchler. Eerder is er al sprake van een vorm van materialisme onder links-hegelianen als Ludwig Feuerbach (1804–1872) en later bij de vroege Marx. Zij keerden zich tegen Hegels verheerlijking van de Idee en de Geest, en poogden zijn denken om te keren door de nadruk te leggen op de zintuiglijke existentie van de voelende, begerende en arbeidende mens. Beide vormen van materialisme vloeiden samen bij Freidrich Engels (1820–1895) en zullen nadien tot kerndogma van het orthodoxe marxisme worden.

De Duitse geest ❧ Vanuit het huidige perspectief gezien is de filosofie van de negentiende eeuw vooral Duits. Zo behoren in dit boek vijf van de zes geportretteerde filosofen tot het Duitse denken. Hegel vormt er het beginpunt van. Volgens hem was de Verlichting noodzakelijk uitgemond in de Franse Revolutie, en was deze een periode van breuk geweest, die de mens van zichzelf en de maatschappij vervreemd had. De kritiek op de godsdienst had weliswaar de grondslagen van het toenmalige christendom, namelijk de traditie en de bijbel, ondermijnd en de ongefundeerdheid van de overgeleverde geloofsvoorstellingen aan het licht gebracht, maar het gevolg hiervan was wel dat de mens zijn authentieke religieuze verlangens naar de oneindigheid niet langer kon bevredigen. In de achttiende eeuw was bovendien het sociale leven uiteengevallen in een burgerlijke maatschappij, waarin de burgers slechts marionetten waren in het spel van de wetten van de markt — denk aan Adam Smiths 'invisible hand' —, en in een staat, die zijn gezag alleen nog maar met brute macht kon handhaven.

Na de Franse Revolutie was volgens Hegel de filosofie wel in staat de positieve wijsgerige betekenis van het christendom te onderkennen, namelijk dat in de god-mens Christus de verzoening is gegeven tussen God en mens, dat wil zeggen tussen het oneindige en het eindige. Verder had het christendom de mens vrijgemaakt, doordat het hem als een individu met een oneindige waarde toonde. Want wat betekent de nieuwtestamentische gelijkenis van de goede herder, die niet rust tot ook het laatste schaapje in de kooi is, filosofisch anders dan dat God aan de mens een absolute waarde toekent? Deze vrijheid, die de onderdanen van het Romeinse Rijk alleen in een religieuze voorstelling gegeven was, zou zich in de kerkelijke en politieke geschiedenis van het christendom hebben verwerkelijkt. Bijvoorbeeld in de protestantse kerken, waar alle gelovigen gelijk zijn en deel hebben aan het bestuur van de kerkelijke organisatie; of in de postrevolutionaire Europese staten, die alle de leer van de volkssoevereiniteit aanvaard hebben. De negentiende-eeuwse staatsburgers zijn volgens Hegel dus vrij, omdat de wetten de weerspiegeling zijn van hun wil. Hiermee is de christelijke voorstelling van het koninkrijk Gods op aarde gerealiseerd. Het lezen van de ochtendkrant is tegenwoordig een aards morgengebed, zo schrijft hij. Het politieke, religieuze en sociale wezen van de mens liggen daarmee door het proces van de geschiedenis in elkaars verlengde en de ambitie van zijn filosofische arbeid was dit aan te tonen: de uil van Minerva vliegt eerst uit met de aanbrekende schemering.

Wat de geschiedenis gegeven heeft, heeft de geschiedenis ook genomen. Na de hardhandig onderdrukte revoluties van 1830 en 1848 merkte de dichter Heinrich Heine schamper op dat de Duitsers alleen revolutie in de geest wisten te maken. Volkssoevereiniteit en vrijheid zijn daar alleen maar woorden en geen werkelijkheid. Marx betoogde in zijn kritiek op Hegels rechtsfilosofie dat de negentiende-eeuwse staat geenszins de conflicterende verlangens van de burgers met elkaar in overeenstemming had gebracht, maar in feite de zaakwaarnemer was van de belangen van één specifieke maatschappelijke groep: de bourgeoisie. De geschiedenis was met de revolutie van 1789 nog niet af en volgens Marx zou er dus nog een revolutie moeten komen, waarin het proletariaat de macht zou grijpen en met de klassenloze samenleving het 'koninkrijk Gods' op aarde zou brengen. Daarbij ontkende Marx de transcendente dimensie van Hegels denken, zodat diens godsdienstfilosofie bij hem tot godsdienstkritiek werd. 'God' en de 'oneindigheid' zijn in zijn ogen slechts menselijke constructies, waaraan deze zich vastklampt. De mens moet er echter niet langer naar streven in navolging van Christus een god-mens te worden, maar een werkelijk mens.

Kierkegaard verwerpt eveneens Hegels godsdienstfilosofie, waarin de verzoening van het aardse en het hemelse centraal staat. Teleurgesteld constateerde hij dat de christelijke liefde tot louter armenzorg en sociaal werk verworden was en het deelnemen aan een kerkdienst in Hegels visie in feite gelijk staat aan het bezoeken van een concert, of een filosofiecollege voor eerstejaarsstudenten. Het is een principiële fout van Hegel te veronderstellen dat het koninkrijk Gods zich op aarde laat verwerkelijken: het is niet God én mens, maar altijd óf God óf mens.

Zo verwerpen Marx en Kierkegaard Hegels systeem op belangrijke onderdelen, maar accepteren zij op zijn minst een fundamentele vooronderstelling: de filosofische waarde van het christendom. Ook de atheïst Marx—vergelijk zijn bekende uitspraak dat godsdienst opium is van het volk—erkende dit door aan de godsdienstkritiek een fundamenteel belang toe te kennen. Nietzsche daarentegen verwerpt radicaal de christelijke moraal van gelijkheid en naastenliefde. Volgens hem zijn «de Duitsers hegelianen, ook al zou er nooit een Hegel geleefd hebben, in zover zij in tegenstelling tot alle Romaanse volken het worden en de ontwikkeling instinctief een diepere betekenis toekennen dan dat wat is». In de leer van de 'eeuwige wederkeer' keert hij zich tegen het historisch denken dat als erfenis van Hegel de negentiende eeuw beheerst had. Daarmee staat Nietzsche aan het einde van de negentiende-eeuwse Duitse geest.

Hegel
(1770 – 1831)

Georg Wilhelm Friedrich Hegel staat als de voornaamste filosoof van het Duitse idealisme te boek. Vooral door het dynamisch karakter van zijn filosofie neemt hij hierin een zeer aparte plaats in. Het vaste patroon in Hegels ontwikkeling is het streven naar opheffing van de aangetroffen tegenstellingen in de menselijke leefwereld. Allereerst onderzoekt hij of het christendom deze eenheid biedt. Hij komt tot een negatieve conclusie. Het christendom, dat in zijn vroege fase als volksreligie de verwerkelijking van de rede leek te zijn, dat tot een harmonieus leven in de gemeenschap leek te leiden, is echter door het ontstaan van een Kerk met het karakter van een staat, een levenloos gegeven geworden, een reeks leerstellingen in naam waarvan onderdrukking plaatsvindt.

Hegel kijkt, net als vele anderen in deze periode van de Romantiek, terug naar de oude Griekse *polis*, de stadstaat, als de belichaming van het ideale gemeenschapsleven. Maar Hegel ziet in dat een politiek leven als in de *polis* niet meer haalbaar is in de moderne tijd. Bovendien was er in het oude Griekenland onvoldoende ruimte voor de ontplooiing van individualiteit.

Zijn filosofie heeft Hegel vooral ontwikkeld aan de hand van een steeds verder uitgewerkte kritiek op zijn directe voorgangers. Allereerst maakt hij zich los van de filosofie van Kant, de zogenaamde 'kritische filosofie', zoals het in de hier afgedrukte redevoering heet. Een terrein waarop Hegel geen genoegen neemt met Kants theorie is de kenleer. Het gaat hier vooral om Kants stelling dat ons kenvermogen zich alleen betrekt op de manier waarop het kenobject zich aan ons voordoet, maar dat we niet mogen verwachten dat we daarmee ook het *Ding an sich* kennen. Hegel antwoordt hierop dat Kant zo de deur openzet naar het agnosticisme: de rede zou haar onvermogen moeten toegeven en men zou moeten blijven steken in vage voorstellingen en geloof, in plaats van de waarheid te kennen. Hegel stelt dat de scheiding tussen het kensubject en het *Ding an sich* overwonnen kan worden: «Het verborgen wezen van het universum heeft geen kracht in zich, die aan de moed van het kennen weerstand zou kunnen bieden», zegt Hegel aan het eind van het hier opgenomen betoog.

Hegel doorbreekt de grenzen van de klassieke kenleer, doordat hij de subject-objectverhouding van de kenactiviteit doortrekt naar de tegenstelling van subjectiviteit en objectiviteit, waarin de mensheid in het algemeen verkeert. Subjectiviteit staat dan voor het zelf vormgeven aan de wereld, objectiviteit voor het autonome proces in de dingen. Hegel meent dat deze tegenstelling niet opgelost kan worden, zoals zijn voorganger Johann Gottlieb Fichte doet, door te stellen dat een van beide polen, namelijk de subjectiviteit, het leidende beginsel is. Het samenvallen van de twee tegenover elkaar staande gegevenheden, de identiteit ervan, wordt alleen bereikt door beide aspecten tot hun recht te laten komen. Filosofie moet dan ook als eenheid van natuurfilosofie en geestesfilosofie opgezet worden. Op dit moment staat hij nog aan de zijde van zijn tweede belangrijke voorganger, Friedrich Wilhelm Joseph Schelling. Ook diens filosofie wordt echter bekritiseerd, en wel in Hegels eerste grote werk, de *Phänomenologie des Geistes*, waarbij hij zijn standpunt verduidelijkt. Hegel ziet nu dat het te direct aannemen van de identiteit van het subjectieve en het objectieve ons kan belemmeren om de zaken precies te onderzoeken en de verschillen en de problemen goed te laten uitkomen. Inderdaad kan het subject zich meester maken van de wereld, maar dit kost een langdurige en moeizame arbeid. Het is in feite het proces dat de mensheid in haar ontwikkeling door de geschiedenis heen meegemaakt heeft. De *Phänomenologie* is bij uitstek het boek van de 'dialectiek', dat wil zeggen: van het proces waarin de aanvankelijk vage bewustzijnsvormen en de ertegenover staande nog ongestructureerde substantie van de wereld zich door activiteit, ervaring en wisselwerking ontwikkelen. Deze ontwikkelingen op de deelgebieden van individueel bewustzijn, wetenschap, maatschappij en religie, grijpen op elkaar in, waarin de nagestreefde identiteit als eindresultaat in het 'absolute weten' totstandkomt. Dit is het inzicht dat de voorgaande wisselwerking ertoe geleid heeft dat de totaliteit van de wereld bestaat op een wijze die bepaald wordt door het begrijpen ervan, door de rede, het ideële.

Dit eindpunt van de *Phänomenologie* is tegelijk de vooronderstelling voor Hegels verdere filosofie, met name voor de *Wissenschaft der Logik*, zijn tweede grote werk. Nu afgezien kan worden van de activiteit waarin de identiteit van subject en substantie bereikt wordt, kan de blik gericht worden op de structuur van het ideële zelf, op het verband tussen de begrippen. Vanuit het algemene begrip van *het zijn*, dat volgens Hegel *niets*-zeggend is, komt men noodzakelijkerwijs tot het begrip *worden*, enzovoorts. Zo voert deze dialectische logica ons tot het inzicht dat de idee de 'drager', het wezen van zowel natuur als geest is. (Het gaat hier natuurlijk niet om de directe ideeën die men in het hoofd heeft.) Een dergelijke logica is tegelijk ontologie en misschien ook theologie, want wat weergegeven wordt, is God. Sommigen hebben hierin een poging van Hegel gezien om de theologie en het christendom overeind te houden, anderen daarentegen beschuldigen hem van pantheïsme en atheïsme.

Hegel heeft zich intensief met de tumultueuze politieke gebeurtenissen van zijn tijd (Franse Revolutie, het optreden van Napoleon) beziggehouden. De vanuit Frankrijk afgedwongen vernieuwing van het vermolmde Duitsland juichte hij toe. Hoe een stabiel bestel er volgens Hegel uitziet, heeft hij beschreven in de *Grundlinien der Philosophie des Rechts*. Als staatsvorm verdedigt hij de constitutionele monarchie, weliswaar met geringe macht voor het parlement, dus niet wat men tegenwoordig democratie noemt, maar met meer waarborgen voor de burgers dan in het toenmalige Pruisen het geval was. Zijn moeizame constructie zal echter veel kritiek oproepen, met name van Karl Marx.

Hegels rechtsfilosofie past in zijn filosofie van de geschiedenis. In de onderstaande tekst lijkt het er even op dat Hegel er tegen is om de zaken in historisch perspectief te zien, maar het tegendeel is waar. Hij verzet zich hier alleen tegen een historisch relativisme, dat inhoudt dat alles tot zijn historische achtergrond gereduceerd kan worden, terwijl er geen waardeoordeel over uit te spreken valt. Hegel wil juist de grote lijn in de geschiedenis laten zien, een lijn die de realisering van de rede betekent en dus positief gewaardeerd moet worden. In de ontwikkelingsgang van de mensheid staat het ideële aspect centraal, het is de ontwikkeling van de *wereldgeest*. In dit proces worden zelfs de grote personen in de geschiedenis, zoals Napoleon, welke motieven zij zelf voor hun daden ook hebben, door de wereldgeest gebruikt om het redelijke te verwerkelijken: de 'list der rede'. Hegel meende overigens dat zich in de geschiedenis geen wezenlijk nieuwe ontwikkeling meer zou voordoen.

Hegels filosofie is via het Franse existentialisme (o.a. Sartre), de Frankfurter Schule (o.a. Adorno en Marcuse) en het marxisme weer sterk in de belangstelling gekomen en werkt aldus vruchtbaar in op de discussies in de filosofie en de maatschappijwetenschappen.

Hegel, *Encyclopedie,* Toespraak bij de aanvang van zijn colleges in Berlijn op 22 oktober 1818

Mijne heren,

Nu ik vandaag voor de eerste keer aan de hier gevestigde universiteit in het ambt van hoogleraar in de filosofie optreed, waartoe de genade van Zijne Majesteit de Koning mij geroepen heeft, staat u mij dan toe als woord vooraf allereerst uit te spreken dat ik het voor mij bijzonder wenselijk en verheugend achtte, zowel om juist op dit tijdstip alsook om op deze plaats in een meer uitgebreide academische werkzaamheid te treden. Wat het tijdstip betreft, schijnen de omstandigheden ingetreden te zijn, waaronder de filosofie weer op aandacht en liefde mag rekenen, waarbij deze bijna

HEGEL Toespraak 22 oktober 1818

verstomde wetenschap haar stem weer kan verheffen. Want kortgeleden was het enerzijds de nood van de tijd, die aan de kleine belangen van het dagelijkse leven zoveel gewicht gaf, anderzijds waren het de hoge belangen van de werkelijkheid, het belang en de gevechten om tenminste eerst het politieke geheel van het volksleven en van de staat te herstellen en te redden, die alle geestelijke vermogens, de krachten van alle standen, evenals de uiterlijke middelen zozeer opeisten dat het innerlijke geestesleven geen rust kon vinden. De wereldgeest, zozeer in de werkelijkheid bezig en naar buiten gerukt, werd verhinderd om zich naar binnen en tot zichzelf te keren en om in zijn specifieke thuishaven zichzelf te genieten.

Nu deze werkelijkheidsstroom gebroken is en de Duitse natie in het algemeen haar nationaliteit, de grondslag van al het bloeiende leven, gered heeft, is dan de tijd ingetreden dat in de staat, naast het bewind van de werkelijke wereld, ook het vrije rijk van de gedachte zelfstandig kan opbloeien. En in het algemeen heeft de macht van de geest zich zo ver doen gelden dat wat nu stand kan houden slechts de ideeën zijn en wat met ideeën overeenkomstig is, en dat wat geldigheid wil verkrijgen zich voor het inzicht en de gedachte moet rechtvaardigen. En het is in het bijzonder deze staat, die mij nu in zich opgenomen heeft, welke zich door zijn geestelijk overwicht verheven heeft tot zijn gewicht in de werkelijkheid en de politiek, en zich in macht en zelfstandigheid op gelijke hoogte heeft gesteld met staten, die aan uiterlijke middelen superieur geweest waren. Hier is de cultuur en de bloei van de wetenschappen een van de wezenlijke momenten in het staatsleven zelf. Op de hier gevestigde universiteit, de universiteit van het middelpunt, moet ook het middelpunt van alle geestelijke vorming en van alle wetenschap en waarheid, de filosofie, zijn plaats en uitmuntende beoefening vinden.

Het is echter niet alleen het geestelijke leven zonder meer, dat een fundamenteel element in het bestaan van deze staat uitmaakt, maar meer in het bijzonder heeft de al genoemde strijd van het volk in vereniging met zijn vorst, om zelfstandigheid, om de vernietiging van vreemde, harteloze tirannie en om innerlijke vrijheid, het hogere stadium ingeluid. Het is de zedelijke macht van de geest, die zich in daadkrachtige vorm gevoeld heeft, zijn banier omhooggestoken heeft en dit gevoel als geweld en macht van de werkelijkheid heeft laten gelden. We moeten het onschatbaar achten dat onze generatie in dit gevoel geleefd, gehandeld en gewerkt heeft, een gevoel waarin al het rechtvaardige, morele en religieuze, zich concentreerde. In zulk diep en alomvattend werkzaam zijn verheft de geest zich in zichzelf tot zijn waardigheid, de vlakheid van het leven en de onnozelheid van de belangen gaan te gronde en de oppervlakkigheid van inzicht en meningen staat er in al haar naaktheid bij en vervliegt.

Deze diepere ernst die in het gemoed in het algemeen gekomen is, is dan ook de ware voedingsbodem voor de filosofie. Wat een obstakel is voor de filosofie, is enerzijds het verzonken zijn in de belangen van de nood en van de dag, anderzijds de ijdelheid der meningen. Wanneer het gemoed hierdoor in beslag genomen is, laat het aan de rede, als datgene wat niet het eigene zoekt, geen ruimte in zich over. Deze ijdelheid moet zich wel in haar nietigheid vervluchtigen, wanneer het voor de mens tot noodzaak geworden is om naar substantiële inhoud te streven, en wanneer de zaken zo ver gevorderd zijn dat alleen zo'n inhoud zich kan doen gelden. In zo'n substantiële inhoud echter hebben we de tijd gezien, en hebben we gezien hoe de kern zich vormde, waarvan de verdere ontwikkeling naar alle kanten, dus naar de politieke, zedelijke, religieuze en wetenschappelijke kant, aan onze tijd toevertrouwd is.

Ons beroep en werk vormen de uitoefening van de filosofische ontwikkeling van de substantiële basis, die zich opnieuw verjongd en versterkt heeft. Deze verjonging, die haar eerste invloed en uiting in de politieke werkelijkheid liet zien, heeft haar verdere verschijning in de grotere zedelijke en religieuze ernst, in de eis van grondigheid en volwassenheid in het algemeen, die naar alle levensomstandigheden uitgegaan is. De meest volwassen ernst is op en voor zichzelf de ernst om de waarheid te leren kennen. Deze behoefte, waardoor de geestelijke natuur zich van de louter gevoelende en genietende natuur onderscheidt, is juist daarom het diepste van de geest, het is op zichzelf een algemene behoefte. Deels is deze behoefte door de ernst der tijden opgewekt, deels is die ernst al meer eigen aan de Duitse geest. Wat het uitmunten van de Duitsers in de cultuur van de filosofie betreft, laten namelijk de toestand van deze studie en de betekenis van deze naam bij de andere naties zien dat de naam zich bij hen nog instandgehouden heeft, maar dat de betekenis ervan veranderd is, en dat de zaak in verval geraakt en verdwenen is, en wel zo dat nauwelijks nog

HEGEL Toespraak 22 oktober 1818

een herinnering of benul ervan overgebleven is. Deze wetenschap heeft haar toevlucht bij de Duitsers gezocht en leeft alleen nog bij hen voort. Aan ons is het bewaren van dit heilige licht toevertrouwd en het is onze roeping het goed te onderhouden en te voeden en ervoor te zorgen dat het hoogste dat de mens bezitten kan, het zelfbewustzijn van zijn wezen, niet uitdooft en ondergaat.

Maar zelfs in Duitsland is de vlakheid van de vroegere tijd vóór de wedergeboorte van dat zelfbewustzijn zo ver gekomen dat men gevonden en bewezen meende te hebben en verzekerde dat er geen kennis van de waarheid bestaat; God, het wezen van de wereld en van de geest, zou niet te begrijpen, niet te vatten zijn; de geest zou moeten blijven staan bij de religie, en de religie bij het geloof, het gevoel en de intuïtie, zonder redelijk weten. Het kennen zou niet de aard betreffen van het absolute, van God en van datgene wat in natuur en geest waar en absoluut is, maar zou veeleer alleen betreffen: deels slechts het negatieve, dat niets waars gekend kan worden, maar dat alleen iets onwaars, tijdelijks en vergankelijks om zo te zeggen het voordeel geniet gekend te worden, — deels wat eigenlijk daaronder valt, het uiterlijke, namelijk het historische, de toevallige omstandigheden, waaronder het zogenaamde kennen verschenen is en zelfs zulke kennis zou slechts als iets historisch opgevat moeten worden en volgens die uiterlijke aspecten op kritische en geleerde wijze ondernomen moeten worden, en van zijn inhoud zou niets ernstigs gemaakt kunnen worden. Ze zijn zo ver gekomen als Pilatus, de Romeinse proconsul; toen hij Christus het woord *waarheid* hoorde noemen, beantwoordde hij dit met de vraag: wat is waarheid? In de zin zoals iemand dit zegt, die met zo'n woord klaar zou zijn en zou weten dat er geen kennis van de waarheid bestaat. Zo is dat wat van oudsher als het smadelijkste en het onwaardigste gegolden heeft, namelijk afstand doen van de kennis van de waarheid, door onze tijden tot de hoogste triomf van de geest verheven.

De vertwijfeling aan de rede was toen het hiertoe gekomen was, nog met smart en weemoed verbonden, maar weldra hebben de religieuze en zedelijke lichtzinnigheid en vervolgens de platheid en oppervlakkigheid van het weten, dat zich Verlichting noemde, frank en vrij hun machteloosheid bekend en hun hoogmoed in het grondige vergeten van hogere belangen gelegd; en tenslotte heeft de zogenaamde kritische filosofie aan dit niet-weten van het eeuwige en goddelijke een goed geweten verschaft, door te verzekeren, *bewezen* te hebben dat van het eeuwige en goddelijke niets geweten kan worden. Dit vermeende inzicht heeft zich zelfs de naam filosofie aangematigd en niets is voor de oppervlakkigheid van zowel het weten als van het karakter méér welkom geweest, niets is zo bereidwillig erdoor opgenomen als deze leer van de onwetendheid, waardoor juist deze oppervlakkigheid en onnozelheid uitgegeven is voor het voortreffelijke, voor het doel en resultaat van al het intellectuele streven.

Het niet-weten van het ware en slechts het verschijnen van het tijdelijke en toevallige — slechts het *ijdele* te kennen, deze *ijdelheid* is het die een belangrijke plaats in de filosofie is gaan innemen en in onze tijden nog inneemt en het hoogste woord voert. Men kan wel zeggen dat, sinds de filosofie in Duitsland op de voorgrond begon te treden, het er nooit zo slecht voor deze wetenschap uitgezien heeft dat zo'n visie, zulk afstand doen van redelijk kennen, tot zo'n aanmatiging en zo'n verbreiding gekomen is, — een visie, die zich nog vanuit de voorgaande periode tot in onze tijden voortgesleept heeft, en die met het meer volwassen gevoel, de nieuwe substantiële geest, zozeer in tegenspraak verkeert. Dit morgenrood van een meer volgroeide geest begroet ik en roep ik aan, slechts met hem heb ik te maken, doordat ik stel dat de filosofie inhoud moet hebben en doordat ik deze inhoud in uw tegenwoordigheid zal ontwikkelen.

Hoe dan ook echter roep ik de geest van de jeugd daarbij aan; want de jeugd is de mooie tijd van het leven, dat nog niet in het systeem van de beperkte doeleinden van de nood bevangen is en voor zichzelf capabel is tot de vrijheid van een belangeloze wetenschappelijke bezigheid; eveneens is de jeugd nog niet bevangen door de negatieve geest van de ijdelheid, door het inhoudsloze van een louter kritische inspanning. Een nog gezond hart heeft nog de moed om waarheid te verlangen, en het rijk van de waarheid is het waarin de filosofie thuis is, dat door de filosofie opgebouwd is en waaraan we door de studie van de filosofie deel zullen hebben. Wat in het leven waar, groot en goddelijk is, is het door de *idee*; het doel van de filosofie is om de idee in haar ware gestalte en algemeenheid te vatten. De natuur is ertoe gehouden om de rede slechts met noodzakelijkheid te volbrengen; maar het rijk van de geest is het rijk van de vrijheid. Alles wat het menselijke leven bijeenhoudt, wat waarde en gelding heeft, is van geestelijke aard en dit rijk

HEGEL Toespraak 22 oktober 1818

van de geest bestaat alleen door het besef van waarheid en recht, door het begrijpen van de ideeën.

Ik mag wensen en hopen dat ik erin zal slagen om op de weg die we betreden uw vertrouwen te winnen en te verdienen. Aanvankelijk echter mag ik niets eisen dan dat u vertrouwen in de wetenschap, geloof in de rede, en vertrouwen en geloof in uzelf meebrengt. De moed van de waarheid, geloof in de macht van de geest, is de eerste voorwaarde voor de filosofiestudie; de mens moet zichzelf eren en zich het hoogste waardig achten. De grootheid en macht van de geest kan hij niet hoog genoeg waarderen. Het verborgen wezen van het universum heeft geen kracht in zich, die aan de moed van het kennen weerstand zou kunnen bieden, het moet hiervoor wel opengaan en zijn rijkdom en zijn diepten voor ogen voeren en laten genieten.

G.W.F. Hegel, *Encyklopädie der philosophischen Wissenschaften im Grundrisse*, Werke, Vollständige Ausgabe durch einen Verein von Freunden des Verewigten, sechster Band. Berlijn: Verlag von Duncker und Humblot, 1843, p. xxxv-xl. Vertaald voor deze bundel door F. van Peperstraten.

Schopenhauer
(1788 – 1860)

Arthur Schopenhauer werd in 1788 in Danzig geboren, in een rijk handelsmilieu. Zijn vader, die een groot bewonderaar was van de Engelse en Franse denkers van de Verlichting van zijn tijd, voedde hem op in de geest van het familiemotto: «Point de bonheur sans liberté» («Geen geluk zonder vrijheid»). De jonge Arthur bleek al vroeg een scherp ontwikkeld zintuig te hebben voor de onaangename kanten van het leven. Met zijn ouders op een grand tour door Europa maakte de armoede langs de weg en vooral het lot van de duizenden galeislaven in het bagno van Toulon een onuitwisbare indruk op hem. «Op mijn zeventiende», schreef hij later, «werd ik door de ellende van het bestaan even diep getroffen als de jonge Boeddha, toen hij ziekte, ouderdom, pijn en dood zag. Ik kwam tot de conclusie dat deze wereld, in weerwil van alle joods-christelijke dogmatiek, niet het werk van een goede en weldadige God geweest kan zijn, maar dat van een duivel, die schepselen tot leven wekt om zich te kunnen verlustigen in de aanblik van hun kwellingen.»

Zijn puberteitsimpressies zouden hem niet meer loslaten en hem tien jaar later inspireren tot het schrijven van zijn hoofdwerk, *Die Welt als Wille und Vorstellung* (1819). Het filosofisch systeem dat hij daarin presenteert laat zich nog het best begrijpen als een inhoudelijke omkering van het *Vernunft*-systeem van zijn tijdgenoten, de Duitse idealisten, speciaal dat van Hegel. Net als zij borduurt hij voort op Kants onderscheid tussen de wereld van de verschijning en het *Ding an sich*; net als zij verzet hij zich tegen de gedachte dat dit 'ding', het wezen van de werkelijkheid, zich aan onze kennis zou onttrekken. Maar waar Hegel vervolgens *Vernunft*, redelijkheid, aanwijst als principe van de werkelijkheid, het wereldproces opvat als zelfontplooiing van de Rede en die Rede een triomfmars door de geschiedenis laat maken, daar ziet Schopenhauer iets heel anders: een blinde, redeloze Wil, een doffe drang om te bestaan, een nimmer wijkende levensdrift, die er debet aan is dat de geschiedenis ons een eindeloze, doelloze herhaling toont van steeds weer hetzelfde.

Daarmee is meteen de eerste pijler van Schopenhauers pessimisme genoemd. Want een wereld die geregeerd wordt door een redeloze Wil kan niet anders dan ellendig zijn, een strijdtoneel waar alles duwt, dringt en botst om te bestaan, waar ieder de ander naar het leven staat. Geluk en vrede zijn hier toeval, vooruitgang een illusie; wreedheid en stompzinnigheid weerspiegelen het ware gezicht van de wereld. De tweede pijler van zijn pessimisme is een radicalisering van Kants kenkritiek in de richting van Plato en de (zojuist in vertaling tot Europa's intellectuele salons doorgedrongen) *Upanishaden*, met hun wantrouwen jegens de zintuiglijke werkelijkheid. Onze zichtbare wereld is 'verschijning', zegt hij Kant na, voorstelling-van-een-subject en bepaald door de structuur van diens kenapparaat. Maar wat betekent dat anders dan dat die wereld van de voorstelling eigenlijk schijn is, optisch bedrog, een hersenfenomeen, *maya*? Zodat zowel de metafysische wereld-als-wil als de empirische wereld-als-voorstelling tot deprimerende conclusies aanleiding geeft. Schopenhauers latere werk is een herhaalde poging dit sombere wereldbeeld met zoveel mogelijk concrete voorbeelden, vooral ontleend aan de materialistische natuurwetenschappen van zijn tijd, te bevestigen.

Het is typerend voor Schopenhauers filosofie dat deze pas in de jaren vijftig van de negentiende eeuw ontdekt werd, toen de revolutie van 1848 was neergeslagen, het vooruitgangsoptimisme van de idealisten aan kracht verloor en de restauratie inzette. Echt beroemd werd Schopenhauer met zijn *Parerga und Paralipomena* (1851), een compilatie van levenswijsheid en borreltafelfilosofie die vooral in artistiek-literaire kringen insloeg als een bom. Er is bijna geen toonaangevend schrijver, dichter of componist uit het fin de siècle (en lang daarna) te noemen, die niet de invloed van zijn pessimisme heeft ondergaan. Thomas Mann en Rilke, Wagner en Mahler, Strindberg en Proust, in ons land Van Oudshoorn en Emants lazen hem en bewonderden hem. Een *philosopher's philosopher* is hij echter nooit geworden: in academisch-filosofische kring is hij nog altijd verdacht vanwege het grote aantal inconsistenties dat zijn systeem bevat. Friedrich Nietzsche en Max Horkheimer zijn de enige filosofen van kaliber die zich nadrukkelijk op hem beroepen als inspiratiebron.

Dat het echter niet zozeer de letter als wel de geest van zijn denken is, die hem tot een uniek en vooral actueel filosoof maakt, bewijst de Schopenhauer-revival aan het eind van de twintigste eeuw. De aandacht gaat sindsdien vooral uit naar zijn antropologie, naar de revolutionaire breuk die Schopenhauer forceerde met het westerse denken over de mens. Nog voor Darwin en ver voor Freud, in een tijd dat theïsme en spiritualisme op de filosofie hun stempel drukten, brak hij radicaal met het zoeken naar een goddelijk-rationele zin van mens en wereld. Zijn diagnose is meedogenloos: wij bevinden ons niet in het centrum van een speciaal voor ons geschapen kosmos, maar op een miezerige planeet in een uithoek van het heelal, waar uit een schimmelproces het leven moet zijn ontstaan, dat tenslotte puur bij toeval de mens voortbracht. Ons rationele bewustzijn is geen goddelijke vonk, geen autonome macht, maar krachteloos en secundair, een lamme ziende man op de schouders van een sterke blinde: de onbewuste levenswil. En al is het tenslotte toch dit machteloze intellect dat volgens Schopenhauer de Wil kan *verneinen* en daarmee de natuur verlossen, dat neemt niet weg dat de overeenkomsten tussen mens en dier volgens hem over het geheel genomen aanzienlijk groter zijn dan de wijsgerige traditie steeds heeft willen aannemen.

Via Nietzsche zouden de implicaties van dit atheïstisch-naturalistische mensbeeld langzamerhand doordringen tot de filosofische antropologie, waar ze tegenwoordig niet meer zijn weg te denken. Maar het was Schopenhauer die deze inzichten voor het eerst, en op nimmer geëvenaarde wijze, onder woorden bracht: in een merkwaardige mengeling van empirisme en metafysisch pathos; indringend, maar ook steeds lucide, geestig en elegant, en met een strijdbare melancholie.

Schopenhauer, *De wereld een hel* (fragmenten)

Ding op zichzelf = wil

Kern en hoofdthema van mijn leer, de eigenlijke metafysica ervan, is de volgende paradoxale basiswaarheid: dat datgene wat Kant als het *ding op zichzelf tegenover de loutere verschijning*, door mij pregnanter *voorstelling* genoemd, stelde en voor zonder meer onkenbaar hield, dat, nogmaals, dit *ding op zichzelf*, dit substraat van alle verschijnselen en bijgevolg van heel de natuur, niets anders is dan de ons onmiddellijk bekende en innig vertrouwde gegevenheid die wij binnen in ons eigen zelf als wil aantreffen. Anders gezegd: dat deze wil, verre van onlosmakelijk met het *kennen* verbonden of er zelfs niet anders dan een resultaat van te zijn — zoals tot nog toe door alle filosofen werd verondersteld — dat deze wil nu juist van het kennen, dat volstrekt secundair is en van latere oorsprong, fundamenteel verschilt en er volledig onafhankelijk van is. Dat dientengevolge de wil ook zonder dat kennen bestaan kan en tot uitdrukking kan komen, iets wat in heel de natuur, in de animale sfeer en lager, ook werkelijk het geval is. Ja, dat deze wil, als het enige 'ding op zichzelf', het enige dat werkelijk reëel is, het enige oorspronkelijke en metafysische in een wereld waarin al het overige slechts verschijning, dat wil zeggen louter voorstelling is, aan elk ding, wat dat ook zijn moge, de kracht verleent waardoor het kan bestaan en werkzaam kan zijn. Dat daarom niet alleen de direct van hun wil afhankelijke acties van dierlijke wezens, maar ook het organisch functioneren van hun levend lichaam, zelfs de uiterlijke vorm en gesteldheid daarvan, voorts ook het vegeteren van planten, tenslotte zelfs, in het rijk van het anorganische, het kristallisatieproces, en in het algemeen elke oorspronkelijke kracht die zich in fysische en chemische verschijnselen manifesteert, tot zelfs de zwaartekracht toe, dat die allemaal, op zichzelf beschouwd en afgezien van de verschijning, dat wil enkel zeggen: afgezien van ons verstand met zijn voorstellingen, volkomen identiek zijn met datgene wat wij in onszelf als *wil* aantreffen, een *wil* waarvan wij de onmiddellijkste, intiemste kennis bezitten die maar mogelijk is. Dat voorts de individuele uitingen van deze wil bij kennende, dat wil zeggen dierlijke, wezens in beweging worden gezet door motieven, maar dat zulke uitingen in het organisch leven van dier en plant evenzeer worden teweeggebracht en wel door prikkels, bij anorganische zaken tenslotte door pure oorzaken in de beperktste zin van het woord, welke verscheidenheid enkel en alleen de verschijning betreft. Dat daarentegen het kennen, met zijn substraat: het intellect, een fenomeen is dat volstrekt van de wil verschilt, louter secundair is, slechts de hogere trappen van objectivatie van de wil begeleidt en voor die wil zelf niet wezenlijk is, maar afhankelijk van diens verschijning in het dierlijk organisme, zodat het kennen fysisch is, en niet metafysisch zoals de wil. Dat daarom uit de afwezigheid van kennende activiteit nooit tot de afwezigheid van wil kan worden geconcludeerd, maar dat de wil zich veeleer ook in alle verschijnselen die behoren tot de niet-kennende natuur, zowel de plantaardige als de anorganische, laat aantonen; en dat dus niet, zoals men tot nu toe zonder uitzondering veronderstelde, wil door kennis bepaald is, maar juist kennis door wil.

De wil om te leven

Elke blik op de wereld — en die wereld toch heeft de filosoof tot taak te verklaren — bevestigt en bewijst ons dat *de wil om te leven*, verre van een willekeurige hypothese of zelfs een holle frase te zijn, juist de enige ware formulering van haar diepste wezen is. Alles duwt en dringt om te *bestaan*, waar mogelijk *organisch te bestaan, dat wil zeggen te leven*, en daar vervolgens weer de hoogst mogelijke vorm van te bereiken. In de bestaanswijze van de dieren wordt pas echt manifest dat de wil om te leven de grondtoon van hun wezen is: de enige onveranderlijke en onvoorwaardelijke eigenschap die eraan toekomt. Neem die universele levensdrang eens in ogenschouw, zie hoe grenzeloos de bereidwilligheid, het gemak en de overdaad zijn waarmee de wil om te leven in miljoenen vormen, overal en op elk moment, door middel van bevruchting en ontkieming, ja zelfs, waar die ontbreken, door middel van *generatio aequivoca*, onstuimig het bestaan binnendringt. Zie hoe die wil elke gelegenheid dadelijk aangrijpt en zich van alle levensvatbare materie gretig meester maakt. En werp dan ook eens een blik op de geweldige paniek en de wilde opstandigheid waaraan hij ten prooi is, als hij in een van zijn talloze specifieke verschijningsvormen uit het bestaan moet verdwijnen, vooral waar dit bij helder bewustzijn plaatsvindt. Dan lijkt het wel alsof in dit ene verschijnsel de hele wereld voor altijd zou worden vernietigd, en heel zo'n bedreigd stukje leven verandert dan onmiddellijk in een en al wanhopig tegenspartelen in verweer tegen de dood. Zie bijvoorbeeld de ongelofelijke angst van een mens in levensgevaar, het snelle en oprechte medeleven van wie daar getuige van is, de grenzeloze vreugde als hij wordt gered. Zie de starre ontzetting waarmee men een doodvonnis hoort uitspreken, het diepe afgrijzen waarmee we de toebereidselen voor de voltrekking ervan gadeslaan en het hartverscheurend medelijden dat ons bij die voltrekking zelf aangrijpt. Dan moet je toch wel geloven dat het om iets heel anders gaat dan enkel die paar jaar minder aan lege, treurige, door kwellingen van allerlei aard verbitterde en steeds ongewisse existentie. Je zou haast gaan denken dat er wonder wat aan gelegen is of iemand al dan niet een paar jaartjes eerder daar terechtkomt waar hij na een vluchtig bestaan biljoenen jaren lang moet wezen. — Aan zulke verschijnselen wordt dus zichtbaar hoe terecht ik heb geponeerd dat datgene wat zelf niet verder verklaarbaar is, maar aan elke verklaring ten grondslag moet worden gelegd, de wil om te leven is. Ze leggen er getuigenis van af dat deze wil om te leven, verre van een hol verbalisme te zijn — zoals het Absolute, het Oneindige, de Idee, en andere soortgelijke uitdrukkingen — juist het allerreëelste is wat wij kennen, ja de kern zelf is van de realiteit.

SCHOPENHAUER *De wereld een hel*

De beste van alle mogelijke werelden?

En op deze wereld, dit strijdtoneel van gekwelde en angstige wezens die slechts kunnen bestaan doordat de een de ander verorbert, waar zodoende elk verscheurend dier het levend graf van duizend andere is en zijn zelfinstandhouding een keten van marteldoden vormt, waar verder, gelijk op met de graad van kennis, ook het vermogen om te lijden toeneemt, zodat dit in de mens zijn hoogtepunt bereikt, een punt dat hoger ligt naarmate hij intelligenter is — op deze wereld nu heeft men het systeem van het *optimisme* willen toepassen en men heeft haar voor de best mogelijke willen laten doorgaan. Een schrijnende absurditeit. — En dan komt zo'n optimist me vertellen dat ik mijn ogen moet opendoen en de wereld in kijken, hoe mooi die toch is in de zonneschijn, met haar bergen, dalen, stromen, planten, dieren, enzovoorts. Is de wereld soms een kijkkast? Om te *zien* zijn ze wel mooi, die dingen, maar ze te *zijn*, dat is heel wat anders.

> A. Schopenhauer, *Welt und Mensch*. Stuttgart: Philipp Reclam Jun., 1976; uitgegeven door A. Hübscher. Nederlandse vertaling: *De wereld een hel*, vertaling H.J. Pott. Meppel/Amsterdam: Boom, 2002, vijfde herziene druk, p. 72-74, 91-92, 183.

Comte

(1798 – 1857)

De negentiende eeuw kenmerkt zich door grote sociale veranderingen, ontwikkeling op het gebied van de wetenschappen en aandacht voor de geschiedenis. Auguste Comte is zich hiervan terdege bewust geweest en in zijn filosofie zijn deze drie kenmerken dan ook terug te vinden.

Comte is van mening dat de samenleving, die ingrijpend aan het veranderen is onder invloed van industriële ontwikkelingen, gereorganiseerd moet worden. Een nieuwe manier van denken is volgens hem een vereiste om tot een rechtvaardige en ordelijke samenleving te komen. De algemene beginselen van deze denkwijze, die door Comte 'het positieve denken' wordt genoemd, zijn in een samenvattende rede, met de titel *Discours sur l'esprit positif* (1844) uiteengezet. De gedachten die hierin te lezen zijn, vormen de basis voor de tot op heden bestaande wijsgerige stroming het positivisme.

Door middel van het positieve denken kunnen op wetenschappelijke wijze feiten geordend en wetmatigheden vastgesteld worden; bovendien kan op deze wijze de loop van de geschiedenis worden aangegeven. Comte meent dat het positieve denken de mens in staat stelt de werkelijkheid te begrijpen, te beheersen en te sturen: wanneer het maatschappelijk leven op wetenschappelijke wijze geordend en bijgestuurd wordt, zal dit automatisch leiden tot sociale verbeteringen. Deze wetenschappelijke denkwijze van ordenen en sturen past Comte niet alleen toe op de leer van de samenleving — door hem sociologie genoemd — maar op alle gebieden van de werkelijkheid. Zo acht hij de astronomie, die de regelmaat van de bewegingen in het heelal bestudeert, een voorbeeldige wetenschap, omdat deze zich met een zeer hoge ordeningsgraad bezighoudt. Hij erkent overigens dat de mens geen invloed heeft op de wetmatigheid van de natuurlijke processen in het heelal. Volgens Comte is de samenleving rijp geworden voor dit positieve of wetenschappelijke denken, waarbij, zoals hij zegt, «de heerschappij van de menselijke rede voorgoed op ieder gebied wordt gevestigd».

Het stadium van het positieve denken wordt voorafgegaan door twee eerdere fasen in de ontwikkeling van het menselijk denken, en wel de theologische en de metafysische fase. In deze stadia, die overeenkomen met de kinderjaren en de overgangsjaren naar volwassenheid van de mensheid, wordt het denken bepaald door een godsidee, respectievelijk een metafysisch systeem. Door middel van het religieuze en metafysische denken tracht de mens in die stadia de werkelijkheid te begrijpen.

In de hier volgende tekst geeft Comte aan dat het positieve denken noodzakelijk de rol van het theologische denken overneemt. Wetenschap, en vooral de astronomie, verklaart kosmische verschijnselen uit wetmatigheden en verdringt zodoende de vroeger geldende, religieuze verklaringen. Uit deze uiteenzetting blijkt Comtes vooruitgangsgeloof — «Ordre et progrès» is een van zijn lijfspreuken —, zijn onbeperkt vertrouwen in de wetenschappen en zijn opvatting van de geschiedenis als een uit zichzelf ontwikkelend, gedetermineerd en voor analyse toegankelijk proces.

Comte, *Het positieve denken* (fragment)
Hoe de wetenschap in laatste instantie onverenigbaar is met de theologie

25. Zo zijn we dan tenslotte op het punt gekomen vanwaar uit we onze primaire beoordeling van het eigenlijke positieve denken kunnen aanvullen met een laatste betoog, dat weliswaar in hoofdzaak negatief zal uitvallen, maar momenteel toch werkelijk niet gemist kan worden — willen we ter afsluiting althans een redelijke omschrijving geven van de aard en de voorwaarden die ten grondslag liggen aan de grote geestelijke vernieuwing waarheen de mensheid vandaag de dag onmiskenbaar op weg is. Hieruit zal eveneens rechtstreeks blijken dat de positieve begrippen in laatste instantie onverenigbaar zijn met alle denkbare theologische opvattingen, ongeacht of die nu monotheïstisch, polytheïstisch of fetisjistisch van aard zijn. Uit verschillende overwegingen binnen het bestek van deze *Rede* kwam al impliciet naar voren dat beide filosofieën zowel in methodisch als leerstellig opzicht onmogelijk op welke wijze dan ook blijvend verzoend kunnen worden; iedere onzekerheid daaromtrent kan dan ook moeiteloos terzijde geschoven worden. Ongetwijfeld is het zo dat wetenschap en

godsdienst niet al van stonde af aan openlijk met elkaar in strijd waren; de vragen die ze zich stelden vertoonden daartoe immers veel te weinig overeenkomst. Mede op grond hiervan kon het positieve denken zich deels nog een tijd lang blijven ontwikkelen, terwijl het theologische denken al volledig aan het bewind was en het aanvankelijk zelfs in vele opzichten onder zijn hoede nam. Toen echter de positieve rede — die zich eerst uitsluitend beperkt had tot nederige wiskundige werkzaamheden waar de theologie zich ternauwernood toe verwaardigde — haar terrein tenslotte ging uitbreiden tot een rechtstreeks wetenschappelijk natuuronderzoek, en zich met name begon toe te leggen op astronomische theorieën, kon een botsing niet lang meer uitblijven. Toch zou die zich aanvankelijk nog betrekkelijk in het verborgene afspelen, omdat de beide begrippenstelsels in zowel wetenschappelijk als logisch opzicht blijk gaven van een te wezenlijk onderling contrast, dat zich sindsdien gaandeweg scherper is gaan aftekenen. De logische motivatie, op grond waarvan het de wetenschap strikt verboden is nader in te gaan op de problemen die de theologie wezenlijk bezighouden, zou op zichzelf al voldoende kunnen zijn om in ieder weldenkend mens vroeg of laat een wantrouwen te wekken tegen speculaties die men vervolgens weer uit de weg moet ruimen, omdat de menselijke rede er onmogelijk toegang toe kan krijgen. Bovendien zal de bezonnen terughoudendheid waarmee het positieve denken ook zeer eenvoudige onderwerpen stap voor stap benadert eveneens langs een omweg duidelijk maken met welk een dwaze roekeloosheid het theologische denken de meest ingewikkelde vraagstukken te lijf gaat. Toch zal de onverenigbaarheid van beide filosofieën voor de meeste mensen vooral uit de leerstelsels zelf moeten blijken, omdat wij doorgaans niet al te zeer onder de indruk raken van methodische afwijkingen — ook al zijn die in de grond van de zaak nog zo belangrijk, omdat alle andere dwalingen er noodzakelijk uit volgen. Vanuit dit laatste gezichtspunt valt echter evenmin te ontkennen dat beide begrippenstelsels lijnrecht tegenover elkaar staan; dezelfde verschijnselen worden namelijk in het ene geval toegeschreven aan een leidinggevende wilsuitoefening, en in het andere teruggevoerd op onveranderlijke wetmatigheden. Eigenschappen als onregelmatigheid en wisselvalligheid, die van nature met iedere wilsidee samengaan, konden echter op geen enkele manier gerijmd worden met de bestendigheid die de reële betrekkingen moest worden toegeschreven. Daarnaast bracht een toenemende kennis van natuurkundige wetten met zich mee dat de invloed der bovennatuurlijke wilsuitingen steeds verder werd ingeperkt, omdat deze altijd met name verschijnselen gold waarvan de wetten vooralsnog onbekend bleven. Vervolgens wordt al helemaal duidelijk hoezeer beide benaderingen onverenigbaar zijn, wanneer men een vergelijking maakt tussen het rationele voorspellingsvermogen, voornaamste eigenschap van de ware wetenschap, en de enige legitieme methode volgens welke de theologie ons een blik in de toekomst gunt: voorkennis door bovennatuurlijke openbaring. Nu is het wel zo dat ook het positieve denken, eenmaal tot volle bloei gekomen, zal trachten de wil te onderwerpen aan reële wetten — waarvan het bestaan in ons dagelijks leven trouwens steeds al stilzwijgend wordt aangenomen, anders zouden onze pogingen om de menselijke wil in praktische zin om te buigen of te voorspellen immers op geen enkele redelijkheid gebaseerd zijn. Maar toch zal een dergelijke gang van zaken nog allerminst leiden tot een verzoening tussen de tegenovergestelde begrippen waarmee wetenschap en godsdienst vat proberen te krijgen op alle mogelijke verschijnselen. Want wanneer men voorspellingen wil doen waaruit een bepaald gedrag af te leiden valt, dan vereist dat uiteraard een zeer diepgaande kennis van het wezen dat de oorsprong der wilsuitingen in zich draagt. We kunnen dan echter uitsluitend uitgaan van iets wat op zijn minst gelijkwaardig is, en oordeelt op grond van overeenkomst; wat bij een lager wezen des te onvoorstelbaarder gaat worden naarmate de ongelijkheid toeneemt. Ook de theologie heeft iedere aanspraak op kennis van de beschikkingen der voorzienigheid altijd afgewezen; en op dezelfde manier zou het hoogst ongerijmd zijn te menen dat de lagere diersoorten het vermogen bezaten de wilsuitingen van mensen of hogere diersoorten te voorspellen. Toch heeft men in laatste instantie op deze dwaze hypothese terug moeten grijpen, om alsnog een verzoening tussen het theologische en het positieve denken te bewerkstelligen.

26. Historisch gezien werd de scherpe tegenstelling, die in de grond van de zaak op alle stadia van de aanvangsfilosofie van toepassing is, al lang algemeen onderkend bij die fasen, die de meest ontwikkelde volkeren reeds ver achter zich hadden liggen. Het is zelfs zo dat men dit type

onverenigbaarheid sterk is gaan overdrijven, omdat onze monotheïstische instelling blindelings zal neigen tot een algehele minachting voor de beide voorstadia der theologische wijsbegeerte. Een goede filosofie echter zal zich altijd verplicht voelen eveneens waardering op te brengen voor de manier waarop de mensheid door middel van een opeenvolging van belangrijke fasen haar fundamentele ontwikkelingsgang heeft doorlopen, en ze zal de onrechtvaardige vooroordelen die elke waarlijk historische theorievorming in de weg staan, zorgvuldig proberen recht te trekken. Maar ook al hebben het polytheïsme en zelfs het fetisjisme aanvankelijk inderdaad het nodige bijgedragen tot de opkomst van een denkwijze die de observatie vooropstelt, toch dient men nog steeds te erkennen dat ze zich niet werkelijk lieten verenigen met een toenemend besef van de onveranderlijkheid der natuurlijke betrekkingen — zodra dit althans een zekere systematische consistentie begint te vertonen. Deze tegenstelling dient tezelfdertijd beschouwd te worden als de verborgen voedingsbodem van al die veranderingsmechanismen die de theologische wijsbegeerte steeds verder ontleedden en inperkten. Hier zijn we namelijk op het punt gekomen dat we de verklaring waar aan het begin van deze *Rede* al op gewezen werd verder moeten afronden; we zeiden toen dat deze geleidelijke uitholling van de theologische wijsbegeerte met name moest worden toegeschreven aan het metafysische stadium, dat echter in de grond van de zaak slechts middel kon zijn, en nooit een werkelijk stuwende kracht. Vervolgens moet worden opgemerkt dat het positieve denken toentertijd als gevolg van een slechts partiële ontwikkeling nog niet voldoende algemeenheid bezat om een formulering te vinden voor zijn eigen wijsgerige strekking, die pas in de afgelopen eeuwen min of meer duidelijk aan het licht kon komen; en vandaar dat de tussenkomst van de metafysica toen noodzakelijk werd, omdat ze als enige in staat was een zeker systeem aan te brengen in de groeiende tegenstelling tussen de nog prille wetenschap en het oude theologische bestel. Deze functie heeft geleid tot een sterke overschatting van het eigenlijke belang der metafysische wijsbegeerte, maar men zal toch zonder meer moeten toegeven dat haar turbulente bezigheden louter dankzij de natuurlijke groei van onze reële kennis nog enige consistentie behielden. In de grond van de zaak is zelfs de overgang van fetisjisme naar polytheïsme aan deze permanente ontwikkeling te danken; maar in nog sterkere mate geldt dat voor de daaropvolgende vereenvoudiging, die het polytheïsme tot een monotheïsme omvormde. Aangezien deze ommekeer hoofdzakelijk in de hand gewerkt werd door astronomische theorieën, zal mijn *Verhandeling* me vanzelf in de gelegenheid stellen exact weer te geven in welk stadium van hun ontwikkeling de geestelijke aftakeling van het polytheïsme onherroepelijk inzette en pas werkelijk logisch onverenigbaar werd met de opkomst van de mathematische astronomie, die definitief haar beslag kreeg door de stichting van de school van Thales.

27. Wanneer een dergelijke tegenstelling rationeel bestudeerd wordt, komt duidelijk aan het licht dat ze onmogelijk louter beperkt kon blijven tot de allereerste theologische ideeën, en zich vervolgens ook over het monotheïsme zou gaan uitbreiden — ook al zou haar kracht afnemen met haar noodzaak, naar de mate waarin het theologische denken, op grond van diezelfde vooruitgang, steeds verder in verval raakte. Ongetwijfeld bood deze laatste fase van de aanvangsfilosofie, vergeleken met haar beide voorgangers, veel minder weerstand tegen de groei van onze reële kennis, en ondervond men nu niet langer voortdurend de gevaarlijke concurrentie van nauwkeurig geformuleerde bovennatuurlijke verklaringen. Daarnaast heeft de allereerste ontwikkeling van het positieve denken zich juist in deze monotheïstische fase voltrokken; maar ook al verliep een en ander hier minder uitdrukkelijk en wat trager, toch werd een botsing daardoor niet minder onvermijdelijk. Ze geschiedde zelfs nog voor de tijd dat de nieuwe wijsbegeerte voldoende veralgemeend was om een werkelijk organisch karakter te dragen, wat haar in staat zou stellen de theologie, even zozeer in sociaal als in geestelijk opzicht, volledig te vervangen. Omdat het conflict vooral door de astronomie in de hand gewerkt werd, zal ik hier nauwkeurig uiteenzetten welke ontwikkeling zo vooruitstrevend genoemd kan worden dat ze, na eerst nog tot het polytheïsme beperkt te blijven, zich tenslotte zelfs tegen het enkelvoudige monotheïsme zou keren: waarschijnlijk heeft men al begrepen dat hier de invloedrijke ontdekking van de tweevoudige omwenteling der aarde bedoeld wordt, al spoedig gevolgd door de leer van de bewegingen der hemellichamen. Vanuit onze huidige zienswijze kunnen we zonder meer stellen dat het monotheïsme, dat weliswaar lange tijd een gunstig klimaat bood voor een primitieve ontwikkeling van onze reële kennis, vervolgens een zware belemmering gaat vormen, wanneer we deze

kennis systematisch willen gaan uitbreiden: het verhindert immers dat een fundamenteel besef van de onveranderlijkheid der natuurwetten uitgroeit tot een volledig en onvervangbaar beginsel. Want iedere godsdienst zal, ook in zijn eenvoudigste vorm, steeds op zijn minst willen vasthouden aan althans de mogelijkheid van een plotselinge, willekeurige verstoring van de natuurlijke orde; en daar zullen we pas van af raken, wanneer het theologische denken volledig wordt opgegeven. Als deze belemmering ons niet voortdurend in de weg had gestaan, zou het feit dat we elke dag opnieuw de werkelijkheid onder ogen zagen al lang geleid hebben tot een universele erkenning van de principes die aan de positieve wijsbegeerte ten grondslag liggen.

A. Comte, *Discours sur l'esprit positif*. Parijs: C. Goeury & V. Dalmont, 1844. Nederlandse vertaling: *Het positieve denken*, vertaling Henriët Plantenga. Meppel/Amsterdam: Boom, 1979, p. 82-87.

Kierkegaard

(1813 – 1855)

De existentiefilosofie is een wijsgerige stroming, die zich in de twintigste eeuw sterk ontwikkeld heeft en diverse vertegenwoordigers kent. De centrale wijsgerige begrippen van deze filosofie, zoals 'existentie', 'verantwoordelijkheid', 'vrijheid' en 'angst', zijn grondig doordacht door de Deense filosoof Søren Kierkegaard. Het religieuze aspect van zijn denken vindt men evenwel niet bij alle latere existentiefilosofen terug; onder hen bevinden zich tevens uitgesproken atheïstische denkers.

Uitgangspunt van Kierkegaards filosofie is de menselijke existentie, dat wil zeggen: de mens die bestaat als individueel, concreet, subjectief en vrij wezen. Verantwoording voor zijn daden en voor de keuzen die hij maakt, heeft de mens alleen af te leggen aan God, met wie hij in een persoonlijke relatie staat. Met deze visie op de mens verzet Kierkegaard zich enerzijds tegen Hegel, voor wie de mens slechts een instrument is ten behoeve van de ontwikkeling van de Geest en anderzijds tegen het orthodoxe christelijke geloof. Kierkegaard beschouwt dit geloof als fatalistisch, omdat hierin een grote nadruk wordt gelegd op de erfzonde, die voor alle mensen geldt en onontkoombaar is; hierdoor wordt de persoonlijke schuld van de mens ten opzichte van God opgeheven.

Kierkegaard is doordrongen van de wezenlijke zondigheid van elk mens, welke de mens zélf, in vrijheid, voor God moet belijden. Dat niet ieder mens deze zondigheid ervaart en belijdt, weet Kierkegaard. Hij onderscheidt dan ook drie levensstadia die alle doorlopen moeten worden om het eigenlijke menszijn te vervullen; deze stadia noemt hij het esthetische, het ethische en het religieuze. De mens in de esthetische fase houdt zich in het geheel niet met zichzelf bezig, doch is alleen op de buitenwereld gericht, dat wil zeggen: op alles waar hij niet persoonlijk bij betrokken is. De ethische mens beseft weliswaar zijn eigen schuldigheid, maar meet deze nog af aan algemeen geldende normen van goed en kwaad. De religieuze mens tenslotte verbreekt alle banden met het algemene en treedt als individueel subject in relatie met Christus. Door het geloof in Hem wordt de mens geheel omgevormd.

Alleen het geloof, niet de filosofie, is in staat de mens te verlossen van zijn schuldigheid en tevens van zijn angst, waardoor de schuld ontstaan is. Kierkegaard beschouwt de angst als een grondtrek van de menselijke existentie. Hij spreekt daarbij van 'angst voor het Niets', waardoor de menselijke geest beheerst wordt en waardoor de mens besef van zijn eigen vrijheid en mogelijkheden krijgt. Het Niets, het onbekende, trekt de mens aan, maar stoot deze tegelijk af, zoals een kind wordt aangetrokken door avontuur, maar zich tegelijkertijd laat weerhouden door het gevaar dat dit kan opleveren. Dit dubbelzinnig karakter van de angst komt tot uitdrukking in Kierkegaards definitie van angst als sympathetische antipathie en antipathetische sympathie'.

Over de angst en de schuld die sinds de eerste mens, Adam, bestaan handelt de onderstaande, moeilijk leesbare, passage uit *Begrebet Angest*.

Kierkegaard, *Het begrip angst* (fragment)

De onschuld is onwetendheid. In de onschuld is de mens niet als geest — hij is in onmiddellijke eenheid met zijn natuurlijkheid. De geest is dromende in de mens. Deze opvatting stemt geheel met die van de bijbel overeen, die, door de mens in de onschuld de kennis van het onderscheid van goed en kwaad te ontzeggen, de staf breekt over alle katholieke fantasie inzake verdiensten.

In deze toestand is er vrede en rust; maar tegelijk is er iets anders wat toch geen onvrede en strijd is — want er is niets om mee te strijden. Wat is dat dan? Niets. Maar wat werkt Niets uit? Het roept angst op. De diepe geheimenis van de onschuld is dat ze tegelijk angst is. Dromend ontwerpt de geest zijn eigen werkelijkheid: deze werkelijkheid is niets, maar dit niets ziet de onschuld altijd vóór zich.

Angst is een gesteldheid van de dromende geest en hoort zo thuis in de psychologie. Wanneer ik waak is het verschil tussen mijzelf en het andere van mij gesteld, in de slaap is het opgeschort, in de droom is het een aanduiding van niets. De werkelijkheid van de geest laat zich zien, aanhoudend, als een gestalte die zijn mogelijkheid lokt; maar deze gestalte is weg zodra de geest naar haar grijpt en is een niets, dat slechts angst

KIERKEGAARD *Het begrip angst*

kan wekken. Meer kan deze gestalte niet, zolang ze zich slechts laat zien. Het begrip angst wordt maar zeer zelden in de psychologie behandeld. Ik moet er daarom de aandacht op vestigen dat de angst moet worden onderscheiden van vrees en dergelijke begrippen, die altijd betrekking hebben op iets bepáálds, terwijl angst is de werkelijkheid van de vrijheid als mogelijkheid vóór de mogelijkheid. Bij het dier zal men dan ook geen angst vinden, omdat het in zijn natuur niet is bepaald als geest.

Wanneer we letten op de dialectische bepalingen in de angst, dan komt aan het licht dat deze de psychologische dubbelzinnigheid hebben. Angst is *een sympathetische antipathie en een antipathetische sympathie*. Ik neem aan dat men wel inziet dat dit in héél andere zin een psychologische bepaaldheid is dan de reeds genoemde *concupiscentia*. Het spraakgebruik bevestigt dat volkomen: men spreekt van de zoete angst, van een vreemde, een schuwe angst enz.

De angst, die in de onschuld gegeven is, is dus om te beginnen geen schuld; verder is ze geen drukkende last en ook geen lijden (dat zou niet in harmonie met de zaligheid van de onschuld te brengen zijn). Wanneer men wil letten op de kinderen, zal men deze angst nader aangeduid vinden als een zoeken naar het avontuur, het griezelige, het raadselachtige. Dat er kinderen zijn bij wie men dat niet vindt, zegt niets; ook het dier heeft dat niet — en hoe minder geest, des te minder angst. Deze angst hoort zo wezenlijk tot het kind dat het er niet zonder wil; ook al maakt ze het angstig, toch houdt ze het vast in haar zoete angst. Bij alle volken, waar het kinderlijke bewaard gebleven is als het dromen van de geest, is deze angst; en hoe dieper de angst is, des te dieper gaat dat volk. Alleen een prozaïsche domheid kan denken dat dit een verstoring van het mens-zijn is. Angst heeft hier dezelfde betekenis als de zwaarmoedigheid op een véél later punt, waar de vrijheid — na de onvolmaakte stadia van haar geschiedenis te hebben doorlopen — in de meest strenge zin tot zichzelf moet komen.

Zoals dus de verhouding van de angst tot haar voorwerp — tot iets wat niets is (men spreekt dan ook heel treffend van angst voor niets) — volkomen dubbelzinnig is, zo zal dan ook de overgang van onschuld naar schuld, die hier kan plaatsvinden, zo dialectisch zijn dat ze laat zien dat de verklaring is wat ze moet zijn: psychologisch. De kwalitatieve sprong ligt buiten alle dubbelzinnigheid, maar wie door angst schuldig wordt is toch onschuldig: want hij was het zelf niet, maar de angst, een vreemde macht, die hem overweldigde, een macht, die hij niet liefhad, maar die hem angstig maakte — en toch is hij ook weer schuldig, omdat *hij* verzonk in de angst, die hij lief had, terwijl hij haar toch vreesde. Niets ter wereld is dubbelzinniger dan dit: daarom ook is dit de enige psychologische verklaring, die echter (om het nog eens weer te zeggen) nimmer op de gedachte komt van de verklaring te zijn, die de kwalitatieve sprong verklaart. Iedere andere voorstelling, bijvoorbeeld dat het verbod hem in verzoeking bracht, of dat de Verzoeker hem misleidde, is alleen voor een oppervlakkige waarneming dubbelzinnig genoeg, ze brengt de ethiek op een dwaalspoor, ze brengt een kwantitatief element in het geding, ze wil met de hulp van de psychologie de mens een compliment maken ten koste van de ethiek. Ieder die ethisch ontwikkeld is, moet dit compliment van de hand wijzen als een nieuwe en nog grotere verzoeking.

Waar alles om gaat is dat de angst aan het licht komt. De mens is een synthese van het psychische en het somatische. Maar een synthese is niet te denken, wanneer de twee niet in een derde verenigd worden. Dit derde is de geest. In de onschuld is de mens niet slechts een dier — trouwens, wanneer hij één moment van zijn leven niets dan dier zou kunnen zijn, zou hij nimmer mens worden. De geest is dus aanwezig, maar als de onmiddellijke, de dromende geest. Voorzover hij nu aanwezig is, is hij in zekere zin een vijandige macht; want aanhoudend verstoort hij de verhouding tussen ziel en lichaam, die wel zijn bestendigheid heeft, maar deze toch ook weer niet heeft, voorzover hij deze namelijk eerst krijgt door de geest. Anderzijds is hij ook een welgezinde macht, die juist de verhouding tot stand wil brengen. Hoe verhoudt de mens zich dus tot deze dubbelzinnige macht, hoe verhoudt de geest zich tot zichzelf en tot zijn voorwaarde? Hij verhoudt zich daartoe als angst. De geest kan niet van zichzelf afkomen — ook kan hij zichzelf niet grijpen, zolang hij zichzelf buiten zichzelf heeft; ook kan de mens niet verzinken in het vegetatieve, hij is immers bepaald als geest; de angst ontvluchten kan hij niet, want hij houdt van de angst — toch kan hij eigenlijk niet van hem houden, want hij ontvlucht hem. Nu is de onschuld tot het uiterste gebracht. Ze is onwetendheid, maar geen dierlijke bruutheid: een door geest bepaalde

KIERKEGAARD *Het begrip angst*

onwetendheid, die juist angst is, omdat ze weet van... niets. Hier is geen weten van goed en kwaad enz.: maar heel de werkelijkheid van het weten slaat neer in de angst als het griezelige niets van de onwetendheid.

Nog is er onschuld, maar er hoeft maar één woord te klinken, dan is de onwetendheid gericht. Dat woord kan de onschuld natuurlijk niet begrijpen, maar de angst heeft als het ware zijn eerste buit verworven — in ruil voor niets heeft ze een raadselwoord gekregen. Wanneer dus in Genesis wordt verteld dat God zeide tot Adam: «Alleen van de boom der kennis van goed en kwaad zult ge niet eten...», dan spreekt het wel vanzelf dat Adam dit woord eigenlijk niet begreep; want hoe zou hij het onderscheid tussen goed en kwaad begrijpen, daar dit onderscheid eerst na het eten voor hem bestond.

Neemt men nu aan dat het verbod de begeerte oproept, dan krijgt men een weten in plaats van de onwetendheid, want dan moet Adam hebben geweten van de vrijheid, omdat zijn begeren was die te gebruiken. Deze verklaring is dus *post factum*. Het verbod maakt hem angstig, want het wekt in hem de mogelijkheid van de vrijheid. Wat aan de onschuld voorbijgleed als het niets van de angst is nu in hem gekomen en is hier weer een niets, de angstwekkende mogelijkheid van het *kunnen*. Wat hij kan, daarvan heeft hij geen voorstelling; anders immers onderstelt men — wat meer dan eens gebeurt — het latere, het onderscheid tussen goed en kwaad. Alleen de mogelijkheid van het kunnen is er als een hogere vorm van onwetendheid, als een hogere expressie van de angst, omdat het in een hogere zin is en niet is, omdat hij het in een hogere zin liefheeft en ontvlucht.

Op het woord van het verbod volgt het woord van het gericht: «Dan zult ge voorzeker sterven...» Wat dat wil zeggen, sterven, daarvan begrijpt Adam natuurlijk niets; niets belet echter — wanneer men aanneemt dat dit tot hem gezegd is — dat hij de voorstelling van iets verschrikkelijks krijgt. Zelfs het dier kan immers in dit opzicht de gelaatsuitdrukking en de intonatie van een stem begrijpen zonder het woord te begrijpen. Wanneer men het verbod de begeerte laat opwekken, moet men ook het woord dat de straf aankondigt, een schrikwekkende voorstelling laten opwekken. Dat is echter verwarrend. De verschrikking wordt hier slechts angst; want wat gezegd werd heeft Adam niet begrepen, en wéér is hier niet meer dan de dubbelzinnigheid van de angst. De oneindige mogelijkheid van het

KIERKEGAARD *Het begrip angst*

kunnen, die het verbod opriep, wordt nu dichterbij gebracht, doordat deze mogelijkheid een andere als zijn gevolg laat opdoemen.

Zo is de onschuld tot het uiterste gebracht. In de angst staat ze in verhouding tot het verbodene en de straf. Ze is niet schuldig, toch is er een angst als was ze verloren.

Verder kan de psychologie niet komen, dit echter kan ze bereiken — en vooral: dit kan ze in haar waarneming van het mens-zijn keer op keer aanwijzen.

Aan het slot heb ik me bij het bijbelverhaal aangesloten. Ik liet het verbod en de bedreiging met de straf van buiten komen. Natuurlijk heeft dat heel wat denkers in moeilijkheid gebracht. Maar die moeilijkheid is niet meer dan een glimlach waard. De onschuld kan immers wel spreken — ze beschikt dus in de taal over de uitdrukking voor al het geestelijke. In zoverre hoeft men maar aan te nemen dat Adam met zichzelf gesproken heeft. Dan valt het onvolmaakte van het verhaal, namelijk dat een ander tot Adam spreekt over wat hij niet begrijpt, weg. Uit het feit dat Adam heeft kunnen spreken, volgt immers niet dat hij het gesprokene heeft kunnen begrijpen. Vooral geldt dat voor het onderscheid tussen goed en kwaad, dat wel in de taal bestaat, maar toch alleen voor de vrijheid *is*. De onschuld kan dat onderscheid wel uitspreken, maar het is er voor de onschuld niet en heeft voor haar slechts de betekenis, die we in het voorgaande hebben aangewezen.

S. Kierkegaard, *Begrebet Angest. En simpel psychologisk-paapegende Overveielse i Retming af det dogmatiske Problem om Arvesynden af Vigilius Haufniensis*, —1—. Kopenhagen: Faaes hos Universitets Boghandler C. A. Reitzel Trykt i Bianco Lunos Bogtrykkeri, 1844. Nederlandse vertaling: S. Kierkegaard, *Het begrip angst. Een eenvoudige psychologische meditatie, die heenwijst naar het dogmatische probleem van de erfzonde*. Baarn: Wereldvenster, 1958, vertaling J. Sperna Weiland, p. 48-52.

Marx

(1818 – 1883)

In het werk van Karl Marx heeft zich een ontwikkeling voorgedaan van wijsgerige mensleer via praktisch wordende filosofie naar een kritische theorie van de samenleving. Men kan niet spreken van een breuk tussen de humanistische filosofie van de jonge Marx en het wetenschappelijk socialisme van de latere Marx. Marx heeft zijn filosofie 'meegenomen' in zijn bestudering van de kapitalistische samenleving. Deze filosofie wordt wel benoemd als historisch dialectisch materialisme. Elk van deze drie componenten vindt men terug in de volgende teksten.

Het 'materialisme' van Marx is een reactie op het idealisme van Hegel. Marx streeft niet naar een ideeënconstructie, waarin allerlei tegenstellingen slechts begrippelijk worden overbrugd. In de werkelijkheid ontdekt hij onverzoende tegenstellingen, sociale problemen, die het gevolg zijn van heersende economische verhoudingen. Daarom wil hij in de concrete werkelijkheid de idee zoeken. Feuerbach wijst op het vervreemdend karakter van de godsdienst. De mens schept zijn godsbeeld als projectie van eigen verlangens. Marx brengt deze projectie in verband met de maatschappelijke ellende van de mens en wordt versterkt in zijn opvatting dat de werkelijkheid de idee bepaalt, en niet — zoals Hegel meende — de idee de werkelijkheid. De religieuze, politieke en sociale vervreemding van de mens vindt haar uiteindelijke oorsprong in de economische tegenstellingen binnen de burgerlijke samenleving. Stuwkracht van deze samenleving is het arbeidsproces. De basis van elke samenleving wordt gevormd door een specifieke productiewijze. Het materialisme van Marx is economisch materialisme, dat wil zeggen een leer die de maatschappelijke instellingen en de heersende denkbeelden bepaald acht door de economische onderbouw van de samenleving.

Het materialisme van Marx wordt 'historisch' genoemd, omdat hij arbeid als de eigenlijke drijfkracht van de geschiedenis beschouwt. Arbeid is een proces waardoor de mens zichzelf en de samenleving verandert. Deze opvatting leidt bij Marx tot de gedachte van stadia in de ontwikkeling van arbeid en productie. De verschillende historische perioden laten elk een specifieke productiewijze zien en daarmee corresponderende maatschappelijke verhoudingen. Zo krijgt de tegenstelling tussen arbeidsplanning en uitvoerende arbeid uiteindelijk vorm in de tegengestelde maatschappelijke positie van meesters en knechten, bezitters en niet-bezitters. Door de arbeidsverdeling raakt de samenleving letterlijk in twee klassen verdeeld: bourgeoisie en proletariaat. De proletariërs hebben geen bezit en wat ze in de samenleving aan instituties (huwelijk, gezin, positie van de vrouw), wetten, moraal en religie aantreffen zijn burgerlijke instellingen en vooroordelen, waarachter de belangen van de bourgeoisie schuilgaan.

Het historisch materialisme wordt 'dialectisch' genoemd, omdat de sociaal-economische geschiedenis er een is van tegenstellingen. De hele geschiedenis is een geschiedenis van klassenstrijd geweest. Maar in de burgerlijke samenleving heeft deze strijd een trap bereikt, waarop de uitgebuite en onderdrukte klasse van de arbeiders zich niet meer van de haar uitbuitende klasse kan bevrijden, zonder de hele maatschappij voor altijd van elke onderdrukking te bevrijden. De geschiedenis wordt vooruit gedreven door een onstuitbare logica en zal onvermijdelijk uitmonden in een klassenloze maatschappij, waarin alle tegenstellingen zullen zijn opgeheven en de mens weer zichzelf kan zijn. Het proletariaat vindt in de filosofie zijn geestelijke wapens. De waarachtige filosofie verwerkelijkt zich, wordt maatschappelijke praxis in de verheffing van het proletariaat, in de opheffing van het kapitalisme in de communistische gemeenschap, waarin iedereen zich vrij en veelzijdig kan ontwikkelen. «Der Kopf dieser Emanzipation ist die Philosophie, ihr Herz das Proletariat.»

Marx, *Het communistisch manifest* (fragmenten)

De geschiedenis van iedere maatschappij die tot dusver heeft bestaan, is een geschiedenis van klassenstrijden.

Vrije en slaaf, patriciër en plebejer, baron en lijfeigene, gildenmeester en gezel, kortom, onderdrukker en onderdrukte stonden steeds tegenover elkaar, voerden een onafgebroken, nu eens verholen, dan weer openlijke strijd, een strijd die telkens op een revolutionaire omvorming van de ganse maatschappij of op de gezamenlijke ondergang van de strijdende klassen uitliep.

In de voorbije perioden van de geschiedenis vinden wij bijna overal een volledige indeling van de maatschappij in verschillende standen, een menigvuldige hiërarchie van de maatschappelijke posities. In het oude Rome hebben we patriciërs, ridders, plebejers, slaven; in de Middeleeuwen feodale heren, vazallen, gildenmeesters, gezellen, lijfeigenen en bovendien in ieder van die klassen weer aparte onderverdelingen.

De moderne burgerlijke maatschappij, die uit de ondergang van de feodale maatschappij is voortgesproten, heeft de klassentegenstellingen niet opgeheven. Zij heeft slechts nieuwe klassen, nieuwe mogelijkheden van onderdrukking, nieuwe vormen van strijd in de plaats van de vroegere gesteld.

Onze tijd, de tijd van de bourgeoisie, heeft echter als karakteristiek dat hij de klassentegenstellingen vereenvoudigd heeft. De hele maatschappij splitst zich meer en meer in twee grote vijandige kampen, in twee grote, lijnrecht tegenover elkaar staande klassen: *bourgeoisie* en *proletariaat*.

(...)

De *bourgeoisie* heeft in de geschiedenis een uiterst revolutionaire rol gespeeld. Waar zij aan de macht kwam, heeft de bourgeoisie alle feodale, patriarchale, idyllische verhoudingen vernietigd. Zij heeft het bonte web van feodale bindingen, die de mens met zijn natuurlijke overste verbonden, meedogenloos verscheurd en geen andere binding van de ene mens aan de andere laten bestaan dan het naakte belang, geen andere binding dan de harteloze 'contante betaling'. Ze heeft de heilige huiver van de vrome exaltatie, de ridderlijke geestdrift, de kleinburgerlijke weemoed in het ijskoude water van egoïstische berekening verdronken. Zij heeft de persoonlijke waarde in de ruilwaarde doen opgaan en de talloze, in oorkonden vastgelegde en definitief verworpen vrijheden vervangen door de ene gewetenloze handelsvrijheid. Zij heeft, in één woord, in de plaats van de met religieuze en politieke illusies omhulde uitbuiting, de openlijke, onbeschaamde, directe, onomwonden uitbuiting gesteld.

De bourgeoisie heeft alle tot dusver eerbiedwaardige en met vroom ontzag omgeven activiteiten van hun aureool beroofd. De arts, de jurist, de paap, de dichter, de man van de wetenschap heeft zij tot haar betaalde loonarbeiders veranderd.

De bourgeoisie heeft het gezinsverband zijn ontroerend sentimentele sluier afgerukt en het tot een louter geld-verband herleid.

MARX *Het communistisch manifest*

(…)

Het *proletariaat* maakt verschillende ontwikkelingsfasen door. Zijn strijd tegen de bourgeoisie begint met zijn bestaan.

In het begin strijden de afzonderlijke arbeiders, later de arbeiders van eenzelfde fabriek, dan de arbeiders van een arbeidstak in een bepaalde plaats tegen de bepaalde bourgeois, die hen direct uitbuit. Zij richten hun aanvallen niet alleen tegen de burgerlijke productieverhoudingen, ze richten ze tegen de productie-instrumenten zelf; zij vernietigen de vreemde concurrentiegoederen, slaan de machines kapot, steken de fabrieken in brand, trachten de verloren positie van de middeleeuwse arbeider te heroveren.

In deze fase vormen de arbeiders een over het gehele land verstrooide en door de concurrentie versnipperde massa. De compactheid van de arbeidsmassa komt hier nog niet door hun eigen vereniging tot stand, maar is louter het gevolg van de vereniging van de bourgeoisie, die om haar eigen politieke doeleinden te bereiken het hele proletariaat in beweging moet zetten en het voorlopig nog kan. In deze fase bekampen de proletariërs dus hun vijanden niet, maar de vijanden van hun vijanden, de overblijfselen van de absolute monarchie, de grondeigenaars, de niet-industriële bourgeois, de kleine burgers. De hele historische beweging is zodoende in de handen van de bourgeoisie geconcentreerd, elke overwinning die behaald wordt is een overwinning van de bourgeoisie.

Maar met de ontwikkeling van de industrie groeit het proletariaat niet alleen aan; het wordt in grotere massa's samengedrongen, zijn kracht groeit, en het wordt zijn kracht ook meer gewaar. De belangen, de levenscondities van de verschillende proletariërs gaan steeds meer op elkaar gelijken, omdat de machine de verschillen in de arbeid meer en meer uitwist en het loon bijna overal op een even laag niveau brengt. De toenemende concurrentie van de bourgeois onder elkaar en de handelscrisissen die daaruit voortvloeien, maken het loon van de arbeiders steeds wankeler; de steeds sneller toenemende, onophoudelijke perfectionering van de techniek maakt hun hele levenspositie steeds onzekerder; steeds meer nemen de botsingen tussen de afzonderlijke arbeider en de afzonderlijke bourgeois het karakter aan van een botsing tussen twee klassen. De arbeiders beginnen coalities tegen de bourgeois te vormen; zij verenigen zich om hun arbeidsloon te verdedigen. Zij stichten zelfs stabiele associaties teneinde zich uit te rusten voor eventuele opstanden. Hier en daar breekt de strijd in oproer uit.

Van tijd tot tijd zegevieren de arbeiders, maar dat is slechts van voorbijgaande aard. Het eigenlijke resultaat van hun strijd is niet het onmiddellijk succes, maar de steeds wijder om zich heen grijpende vereniging van de arbeiders. Deze wordt bevorderd door de aangroeiende communicatiemiddelen, die door de grote industrie in het leven worden geroepen en de arbeiders uit verschillende streken met elkaar in contact brengen. Er is echter alleen maar contact nodig om de vele plaatselijke schermutselingen, die overal hetzelfde karakter hebben, tot een nationale strijd, tot een klassenstrijd te centraliseren. Iedere klassenstrijd is echter een politieke strijd. En deze vereniging, waarvoor de middeleeuwse burgers met hun landwegen eeuwen nodig hadden, brengen de moderne proletariërs dankzij de spoorwegen in enkele jaren tot stand.

(...)

De beschuldigingen, die van godsdienstig, wijsgerig en überhaupt ideologisch standpunt tegen het communisme worden ingebracht, zijn geen uitvoerige behandeling waard.

Is er een diep inzicht nodig om te begrijpen dat met hun levensverhoudingen, hun maatschappelijke betrekkingen, hun maatschappelijke bestaan, ook de voorstellingen van de mensen, hun opvattingen en begrippen, in één woord, ook hun bewustzijn verandert?

Wat bewijst de geschiedenis van de ideeën anders dan dat de geestelijke productie samen met de materiële evolueert? De heersende ideeën van een tijd waren altijd slechts de ideeën van de heersende klasse.

Men spreekt van ideeën, die een gehele maatschappij revolutioneren; men spreekt daarmee alleen maar het feit uit dat binnen de vroegere maatschappij zich de factoren van een nieuwe maatschappij gevormd hebben, dat de ontbinding van de vroegere idee gelijke tred houdt met de ontbinding van de vroegere levensverhoudingen.

Toen de wereld de ondergang nabij was, werden de oude religies door de christelijke religie overwonnen. Toen de christelijke ideeën in de achttiende eeuw voor de ideeën der Verlichting moesten onderdoen, streed de feodale maatschappij haar doodsstrijd tegen de toenmaals revolutionaire bourgeoisie. De ideeën van gewetens- en godsdienstvrijheid drukten slechts de heerschappij van de vrije concurrentie op het gebied van het bewustzijn uit.

«Maar», zal men zeggen, «religieuze, morele, filosofische, politieke, juridische ideeën enzovoort ondergingen ongetwijfeld veranderingen in de loop van de historische ontwikkeling. Maar de religie, de moraal, de filosofie, de politiek, het recht hebben zich steeds gehandhaafd in deze ontwikkeling. Er zijn bovendien eeuwige waarheden zoals vrijheid, gerechtigheid enzovoort die alle maatschappelijke toestanden gemeen hebben. Het communisme schaft echter de eeuwige waarheden af, het schaft de religie af, de moraal, in plaats van ze een nieuwe vorm te geven; het weerspreekt dus alle tot dusver gekende historische ontwikkelingen.»

Waarop komt deze aanklacht neer? De geschiedenis van de hele maatschappij werd tot dusver beheerst door klassentegenstellingen, die in verschillende perioden verschillende vormen vertoonden.

Welke vorm zij ook aangenomen hebben, de uitbuiting van het ene deel van de maatschappij door het andere is een feit dat alle voorbije eeuwen gemeen hebben. Geen wonder dus dat het maatschappelijk bewustzijn van alle eeuwen, ondanks alle veelvuldigheid en verscheidenheid, bepaalde gemeenschappelijke vormen vertoont, bewustzijnsvormen die pas met het totaal verdwijnen van de klassentegenstelling volledig opgeheven worden.

De communistische revolutie is de radicaalste breuk met de traditionele eigendomsverhoudingen; geen wonder dat in haar ontwikkelingsgang ook op de radicaalste wijze met de traditionele ideeën wordt gebroken.

Marx, *Bijdrage tot kritiek op de politieke economie* (fragment)

Het algemeen resultaat, waartoe ik kwam en dat sindsdien mijn studies tot leidraad diende, kan kort als volgt geformuleerd worden: in de maatschappelijke productie van hun leven treden de mensen in bepaalde, noodzakelijke, van hun wil onafhankelijke verhoudingen, productieverhoudingen, die aan een bepaalde ontwikkelingsfase van hun materiële productiekrachten beantwoorden. Het geheel van deze productieverhoudingen vormt de economische structuur van de maatschappij, de reële basis, waarop

MARX *Bijdrage tot kritiek op de politieke economie*

zich een juridische en politieke bovenbouw verheft en waaraan bepaalde bewustzijnsvormen beantwoorden. De productiewijze van het materiële leven conditioneert het sociale, politieke en geestelijke levenspatroon in het algemeen. Het is niet het bewustzijn van de mensen dat hun zijn, maar omgekeerd hun maatschappelijk zijn dat hun bewustzijn bepaalt. In een bepaalde ontwikkelingsfase geraken de materiële productiekrachten van de maatschappij in tegenspraak met de heersende productieverhoudingen, of wat slechts een juridische uitdrukking voor hetzelfde is, met de eigendomsverhoudingen, waarin zij zich tot dusver bewogen hadden. Van ontwikkelingsvormen van de productiekrachten worden die verhoudingen dan tot boeien. Een periode van sociale revolutie treedt dan in. Met de verandering van de economische grondslag wentelt zich de hele geweldige bovenbouw langzamer of sneller om. Bij het beschouwen van zulke omwentelingen moet men steeds onderscheid maken tussen de materiële, natuurwetenschappelijk nauwkeurig te constateren omwenteling in de economische productievoorwaarden en de juridische, politieke, religieuze, artistieke of filosofische, in één woord, ideologische vormen, waarin de mensen zich van dit conflict bewust worden en het uitvechten. Evenmin als men dat wat een individu is beoordeelt naar wat hij van zichzelf denkt, evenmin kan men zulk een omwentelingsperiode vanuit haar eigen bewustzijn beoordelen, maar men moet veeleer dat bewustzijn uit de tegenstrijdigheden van het materiële leven, uit het heersende conflict tussen maatschappelijke productiekrachten en productieverhoudingen verklaren. Een maatschappelijke structuur gaat nooit ten onder voordat alle productiekrachten, waarvoor zij ruimte genoeg biedt, ontwikkeld zijn, en nieuwe hogere productieverhoudingen komen nooit in de plaats alvorens hun materiële bestaansvormen in de schoot van de oude maatschappij zelf zijn uitgebroed. Daarom stelt de mensheid zich altijd slechts taken die zij kan vervullen, want nauwkeuriger beschouwd zal het steeds blijken dat de taak zelf eerst opkomt, waar de materiële voorwaarden voor haar vervulling reeds voorhanden of tenminste in staat van wording zijn. In grote trekken kunnen Aziatische, antieke, feodale en modern burgerlijke productiewijzen als progressieve perioden van de economische maatschappijvorming geduid worden. De burgerlijke productieverhoudingen zijn de laatste antagonistische vorm van het maatschappelijk productieproces, antagonistisch niet in de zin van individueel antagonisme, maar van een uit de maatschappelijke levensvoorwaarden van de individuen voortkomend antagonisme; maar de zich in de schoot van de burgerlijke maatschappij ontwikkelende productiekrachten scheppen tegelijkertijd de materiële voorwaarden voor de oplossing van dit antagonisme. Met deze maatschappelijke structuur wordt bijgevolg de voorgeschiedenis van de menselijke maatschappij afgesloten.

> K. Marx, F. Engels, *Werke*. Berlijn: Dietz, 1961 e.v. Deel IV, blz. 462-493 passim resp. Deel XIII, blz. 8-9. Nederlandse vertaling L. van Bladel, *Kerngedachten van Karl Marx*. Antwerpen: De Nederlandsche Boekhandel, 1978, p. 244-247, 252-254, 264-265, 270-271.

Nietzsche

(1844-1900)

Friedrich Nietzsche studeerde klassieke filologie en blonk al tijdens zijn studie zozeer uit dat hij nog vóór zijn promotie, op 24-jarige leeftijd, benoemd werd tot hoogleraar aan de universiteit van Basel. Na tien jaar geeft hij zijn leerstoel echter op, omdat voortdurende migraineaanvallen hem het werk onmogelijk maken. Bovendien wil hij zich volledig aan de filosofie gaan wijden.

Vanaf dat moment heeft hij geen vaste woon- of verblijfplaats meer. Hij zoekt steeds de streken op waar het klimaat gunstig lijkt voor zijn zwakke gestel en woont op kleine pensionkamertjes afwisselend in Zwitserland (Sils Maria) en Italië (Venetië, Genua, Rome, Napel) en Nice. Hij heeft geen eigen bibliotheek tot zijn beschikking en is dus alleen al in die zin geen studeerkamergeleerde. Nietzsches dagen bestaan voor een groot deel uit wandelingen, tijdens welke hij kleine notities maakt die hij later uitwerkt. Hij schrijft aforismen: korte teksten die veel te raden laten, die vaak meerzinnig zijn, die eerder de lezer tot zelf denken aanzetten dan dat ze een theorie van de auteur presenteren.

Regelmatig verzamelt hij deze aantekeningen in boeken die hij wel aanduidt als 'wandelboeken': het zijn boeken die men, evenmin als ze aan één stuk zijn geschreven, niet aan één stuk door kan lezen. Ze verzamelen gedachten over een grote verscheidenheid aan onderwerpen: van wetenschap en filosofie tot liefde en vriendschap, van mode tot eenzaamheid, van de democratische instellingen en het arbeidersvraagstuk tot heiligen en pausen, van opoffering en medelijden tot kunst en kunstenaars; en over nog veel en veel meer. Hoewel er wel enige orde zit in de verzameling van teksten per hoofdstuk, blijf je als lezer gedwongen steeds grote stappen te nemen, of van het ene onderwerp naar het andere te springen. Dat maakt het lezen ervan tot een bijzondere opgave. Nietzsche dwingt zijn lezer bijna tot opvolging van zijn eis: langzaam lezen, met ruimte voor eigen bijgedachten, met oog voor betekenisvolle associaties, met tijd voor herlezing en herdenking. Je moet «het lezen als kunst beoefenen» en dat impliceert onder meer, aldus Nietzsche, dat «je bijna tot koe moet worden en in ieder geval geen moderne mens moet zijn: herkauwen».

Eigenlijk beschouwde Nietzsche zich vooral als cultuurcriticus, of, zoals hij het zelf graag noemde: als arts van de cultuur. Dat beeld van iemand die geneeskunde beoefent met betrekking tot de cultuur, kan een indruk geven van waar Nietzsche het over heeft, van de wijze waarop hij dat doet, en van de inspiratie van waaruit hij het doet.

Als arts van de cultuur doet Nietzsche vooral twee dingen. Ten eerste en vooral stelt hij een diagnose, en ten tweede schrijft hij een medicatie voor, of voert hij zelfs een therapie door die tot gezondheid moet leiden. Volgens hemzelf is het mede dankzij zijn filologische studie van de Oudheid dat hij in staat is de ziekte van de eigen tijd waar te nemen. Hij heeft in de grote antieke cultuur immers een mogelijkheid van vergelijking, een beeld van een mogelijke gezondheid. Vergeleken bij de grote artistieke, filosofische, politieke en religieuze creaties van de Oudheid, verbleekt onze eigen tijd, hoe trots ze ook op zichzelf lijkt te zijn.

Het voorwerp van zijn medische praktijk is dus de cultuur. Die cultuur kan bij Nietzsche steeds worden onderverdeeld in vier domeinen: het domein van het weten (filosofie, wetenschap, het menselijk bewustzijn), het domein van het handelen (de moraal, de politiek, het sociale verkeer), het domein van het geloven (de godsdienst en alle surrogaten daarvan), en het domein van het scheppen (de kunst). In de meeste van Nietzsches aforistische werken zijn deze vier domeinen te herkennen, soms zelfs als afbakening van de verschillende hoofdstukken.

Hierna worden teksten gepresenteerd uit elk van de domeinen.

De diagnose van deze arts van de cultuur bestaat voor een groot deel in een interpretatie van elementen van de cultuur als symptomen van een ziekte. Wetenschappelijke en filosofische theorieën, morele deugden en ethische stelsels, religieuze voorstellingen en praktijken, alles wordt achterdochtig bekeken met het oog op een diagnose. Die diagnose luidt dat de huidige cultuur als geheel symptoom is van een ziek leven, dat zijn zin heeft opgehangen aan de fictie van een ander, beter leven, een andere, ware werkelijkheid. Nu die fictie wordt doorzien, verdwijnt die zin. Gevolg daarvan is dat ofwel de mens lijdt aan een vertwijfelde angst voor de leegte, ofwel zijn angst verhult in verstrooiing, verdoving en onverschillig hedonisme.

Nietzsches therapie bestaat deels uit destructie van het bestaande, deels uit een schets van een ander leven. Tegenover het bekritiseerde dogmatisme van wetenschap en filosofie plaatst Nietzsche een scheppend kennen; een kennen dat beseft dat de eigen begrippen creaties zijn die een werkelijkheid tot stand brengen in plaats van te weerspiegelen. Tegenover een moraal van gehoorzaamheid plaatst hij een moraal die de mens niet dwingt zich aan te passen aan de eenvormige maat van de kudde, maar die hem de taak geeft zichzelf en zijn eigen maatstaf te ontwerpen. Tegenover het mono(tono)theïsme van de ene God die zijn scheppingswerk heeft afgesloten, stelt hij een polytheïstische vergoddelijking van een wereld die zich voortdurend ontwikkelt en verandert.

Het is geen wonder dat dit werk niet onmiddellijk graag gelezen werd: Nietzsche is geen zachte heelmeester, en zijn denken geeft menig bittere pil te slikken. Bovendien bestaat zijn therapie voor een belangrijk deel uit een zeer selectieve zelfgenezing. Wie zijn gedachten werkelijk tot zich door laat dringen, ze zelfs incorporeert, die zal daardoor veranderen. Van zijn *Zarathustra* zegt hij dat je dat boek pas echt gelezen hebt wanneer het bloed waarmee het geschreven is zich vermengt met dat van jou als lezer. Maar er zijn waarschijnlijk maar weinigen die dat kunnen, en de anderen zullen zichzelf uitselecteren door hun onbegrip. Hoewel iedereen ziek is, zullen er maar weinigen de nieuwe grote gezondheid bereiken.

Nietzsche, *Voorbij goed en kwaad* (fragmenten)

Voorwoord

Aangenomen dat de waarheid een vrouw is — wat? Is de verdenking dan niet gegrond dat de filosofen, voorzover zij dogmatici waren, geen van allen veel verstand van vrouwen hadden? Dat de akelige ernst, de lompe opdringerigheid waarmee zij tot nu toe de waarheid benaderd hebben, onhandige en ongepaste middelen waren om uitgerekend een vrouw voor zich te winnen? Zeker is dat zij zich níét heeft laten winnen — en alle dogmatiek staat er vandaag bedroefd en moedeloos bij. *Als* zij tenminste nog staat! Want er zijn spotvogels die beweren dat zij gevallen is, dat de hele dogmatiek op haar achterste en zelfs op sterven ligt. In ernst gesproken, er is goede reden te hopen dat het dogmatiseren in de filosofie, hoe plechtig het zich ook het air van een laatste, definitieve geldigheid heeft aangemeten, misschien toch niet méér is geweest dan een veredelde dilettantistische flauwiteit; en het moment is wellicht zeer nabij waarop men telkens weer zal begrijpen *hoe weinig* eigenlijk al volstond om als hoeksteen te dienen voor de verheven en categorische filosofenbouwwerken die de dogmatici tot nu toe hebben opgetrokken — een populair bijgeloof uit onheuglijke tijden (zoals het bijgeloof aan de ziel, dat als bijgeloof aan subject en Ik ook thans nog onheil sticht), een woordenspel misschien, een verleiding die van de grammatica uitgaat of een roekeloze generalisering van zeer enge, persoonlijke, menselijk-al-te-menselijke feiten. De dogmatische filosofie was hopelijk slechts een belofte die millennia heeft omspannen: zoals in nog vroeger tijden de astrologie dat was, waaraan wellicht meer werk, geld, scherpzinnigheid, geduld is besteed dan aan enige werkelijke wetenschap tot dusver — in Azië en Egypte dankt men aan haar en haar 'bovenaardse' pretenties de grootse architectonische stijl. Het schijnt dat alle grote dingen, vóór zij zich met eeuwige eisen in het hart der mensheid kunnen griffen, als monsterlijke, angstaanjagende karikaturen over de aarde moeten wandelen: de dogmatische filosofie was zo een karikatuur, de Vedanta-leer in Azië bijvoorbeeld, of het platonisme in Europa. Laten wij haar niet ondankbaar zijn, al moet stellig worden erkend dat de ergste, hardnekkigste en gevaarlijkste van alle dwalingen tot nu toe een dwaling van een dogmaticus is geweest, namelijk Plato's uitvinding van de zuivere geest en het goede als zodanig. Maar nu, nu die dwaling overwonnen is, nu Europa van deze nachtmerrie herademt en althans een gezondere... slaap kan genieten, zijn wij, *wier taak juist het wakker-zijn is*, de erfgenamen van alle kracht die de strijd tegen deze dwaling heeft aangekweekt. Het was weliswaar de waarheid op haar kop gezet en een verloochening van het *perspectivische*, de grondvoorwaarde voor al het leven, om zo over de geest en het goede te praten als Plato deed; als arts kan men zelfs de vraag stellen: «Hoe komt de schoonste spruit van de Oudheid, Plato, aan een dergelijke ziekte? Heeft de slechte Socrates hem dan toch bedorven? Zou Socrates dan toch de bederver van de jeugd zijn geweest en zijn scheerlingbeker verdiend hebben?» — Maar de strijd tegen Plato, of, om het simpeler en voor 'het volk' te formuleren, de strijd tegen de druk die de christelijke kerk duizenden jaren heeft uitgeoefend — want christendom is platonisme voor 'het volk' –, heeft in Europa een magnifieke gespannenheid des geestes gecreëerd zoals deze op aarde nog niet bestond: met een zo strak gespannen boog kan men nu naar de verste doelen schieten. Natuurlijk, de Europese mens voelt deze spanning als een penibele toestand; en reeds twee keer is in grote stijl getracht de boog te ontspannen, een keer door middel van het jezuïtisme, de tweede keer door middel van de democratische Verlichting — die met behulp van de persvrijheid en het krantenwezen inderdaad heeft mogen bewerkstelligen dat de geest zichzelf niet zo licht meer als 'nood' zal ervaren! (De Duitsers hebben het buskruit uitgevonden — alle respect! Maar ze hebben het weer vereffend — ze vonden het perswezen uit.) Maar wij, die niet jezuïtisch of democratisch of zelfs Duits genoeg zijn, wij *goede Europeanen* en vrije, zeer vrije geesten — wij hebben haar nog, de volle nood des geestes en de volle spanning van zijn boog! En wellicht ook de pijl, de taak, en — wie weet? — het *doel*...

NIETZSCHE *Voorbij goed en kwaad*

1 *Over de vooroordelen van de filosofen*

[1] De wil tot waarheid, die ons nog tot vele waagstukken zal verleiden, de vermaarde waarheidsliefde waarover alle filosofen tot nu toe met eerbied hebben gesproken: wat een vragen heeft deze wil tot waarheid ons reeds voorgelegd! Wat een wonderlijke, lastige, precaire vragen! Een lange geschiedenis is dat al — en toch lijkt zij nog maar nauwelijks begonnen. Is het een wonder dat we eindelijk eens wantrouwend worden, het geduld verliezen, ons ongeduldig afwenden? Dat wij van deze sfinx leren ook zelf vragen te stellen? *Wie* is het eigenlijk die ons hier vragen stelt? *Wat* in ons wil eigenlijk 'waarheid'? — Inderdaad, we bleven lang treuzelen voor de vraag naar de oorzaak van deze wil — tot we tenslotte volkomen stil bleven staan voor een nog veel fundamenteler vraag. We vroegen naar de *waarde* van deze wil. Gesteld dat we waarheid willen: *waarom niet liever* onwaarheid? Of onzekerheid? Of zelfs onwetendheid? — Het probleem van de waarde der waarheid posteerde zich voor ons — of waren wij het die ons voor het probleem posteerden? Wie van ons is hier Oedipus, wie sfinx? Het is een rendez-vous, schijnt het, van vragen en vraagtekens. — En wil men wel geloven dat het ons tenslotte voorkomt alsof het probleem tot nu toe nooit gesteld is — alsof wij het voor de eerste keer zien, aan een beschouwing onderwerpen, *aandurven*? Want er zit een risico aan vast en misschien is er geen groter.

[2] «Hoe zou iets uit zijn tegenstelling *kunnen* ontstaan? Bijvoorbeeld de waarheid uit de dwaling? Of de wil tot waarheid uit de wil tot misleiding? De onbaatzuchtige handeling uit het eigenbelang? De zuivere, stralende blik van de wijze uit de begerigheid? Een zodanig ontstaansverloop is onmogelijk; wie daarover mijmert is een dwaas of erger nog; de dingen van opperste waarde moeten een andere, *eigen* oorsprong hebben — uit deze vergankelijke, verleidelijke, misleidende, onbeduidende wereld, uit deze warboel van wanen en begeerten kan men ze niet afleiden! In de schoot van het Zijn, in de verborgen God, in het 'Ding an sich' — *daarin* alleen kan hun grond liggen en nergens anders!» — Uit dit soort redeneringen bestaat het typische vooroordeel waaraan men de metafysici van alle tijden kan herkennen; waardeschattingen van dit soort vormen de achtergrond van al hun logische procedures; vanuit dit 'geloof' zoeken ze naar hun 'kennis', naar

iets wat ten slotte plechtig 'de waarheid' wordt gedoopt. Het fundamentele geloof van de metafysici is het geloof aan de *tegenstellingen der waarden*. Ook de meest voorzichtigen onder hen zijn nooit op het idee gekomen om hier op de drempel reeds te aarzelen, waar dat evenwel het noodzakelijkst was geweest: zelfs al hadden ze nog zoveel lof voor het *de omnibus dubitandum*. Men mag zich namelijk afvragen, ten eerste of er helemaal al tegenstellingen bestaan, en ten tweede of die populaire waardeschattingen en waardetegenstellingen waarop de metafysici hun stempel hebben gedrukt, misschien niet alleen maar evaluaties van de voorgrond zijn, voorlopige perspectieven, misschien zelfs perspectieven uit één hoek, van onderaf misschien, kikvorsperspectieven als het ware, om een term te gebruiken die onder kunstschilders gangbaar is. Ondanks alle waarde die het ware, waarachtige, onbaatzuchtige mag hebben, is het niet uitgesloten dat de schijn, de wil tot misleiding, het eigenbelang en de begeerte een hogere principiële waarde voor het leven moet worden toegekend. Het is zelfs niet onmogelijk dat de waarde van die goede en vereerde dingen juist *hierin* bestaat dat zij met die slechte, schijnbaar tegengestelde dingen op een pijnlijke manier verwant, verbonden, verstrengeld en misschien zelfs identiek zijn. Misschien! — Maar wie is van plan zich om zulke gevaarlijke eventualiteiten druk te maken! Daartoe moeten we de geboorte van een nieuw geslacht van filosofen afwachten, met in ieder geval een andere, tegenovergestelde smaak en voorliefde, — filosofen van het gevaarlijke 'misschien' in de ruimste zin. — En, in alle ernst, ik zie zulke nieuwe filosofen het toneel betreden.

[3] Nu ik de filosofen lang genoeg tussen de regels gelezen en op de vingers gekeken heb, zeg ik tegen mezelf: men moet het denken grotendeels aan de werkzaamheid van het instinct toerekenen, zelfs als het om filosofisch denken gaat; men moet hier iets nieuws leren, zoals men ook over de erfelijkheid en het 'aangeborene' iets nieuws heeft geleerd. Evenmin als de daad van de baring relevant is voor het proces en de continuïteit van de overerving, is 'bewust-zijn' in een beslissende zin aan het instinctieve *tegengesteld*, — het bewuste denken van een filosoof wordt in het verborgene vooral door zijn instincten geleid en in bepaalde banen gedrongen. Ook achter de logica en haar schijnbaar eigengerechtige operaties staan waardeschattingen of, duidelijker gezegd, fysiologische vereisten voor de

instandhouding van een bepaalde soort van leven. Bijvoorbeeld dat het bepaalde meer waard zou zijn dan het onbepaalde, de schijn minder waard dan de 'waarheid': dergelijke waardeschattingen kunnen, ondanks hun belangrijkheid als richtsnoer voor *ons*, toch nooit méér zijn dan evaluaties van de voorgrond, een bepaalde vorm van *niaiserie*, die voor de instandhouding van wezens als wij misschien nodig is. Want gesteld dat de mens nu eens niet de 'maat der dingen' is...

[4] De onwaarheid van een oordeel is voor ons nog geen argument tegen een oordeel; hier klinkt onze nieuwe taal wellicht het vreemdst. De kwestie is in hoeverre het levensbevorderend, levensbehoudend, soortbehoudend en misschien zelfs soort-telend is; en we zijn uit principe geneigd te beweren dat we de meest onware oordelen (waartoe de synthetische oordelen a priori behoren) het slechtst kunnen missen, dat de mens zonder logische ficties te laten gelden, zonder de werkelijkheid aan de puur denkbeeldige wereld van het niet-voorwaardelijke zichzelf-gelijke te meten, zonder de wereld te vervalsen door het getal, niet zou kunnen leven — dat het opgeven van onware oordelen zou betekenen dat men het leven opgeeft en ontkent. De onwaarheid erkennen als levensvoorwaarde: dat wil zonder twijfel zeggen dat we een riskant verzet bieden tegen de ons vertrouwde waardegevoelens; en een filosofie die dat waagt situeert zich alleen daardoor al aan gene zijde van goed en kwaad.

[5] Wat ertoe prikkelt de filosofen deels wantrouwend, deels spottend te bekijken, is niet dat men telkens weer ontdekt hoe onschuldig ze zijn — hoe vaak en gemakkelijk ze misgrijpen en zich vergissen, kortom hun kinderachtigheid en kinderlijkheid — maar dat het niet eerlijk genoeg bij hen toegaat, terwijl ze een hoop deugdzaam kabaal maken zodra het probleem van de waarachtigheid ook maar uit de verte wordt aangeroerd. Ze doen allemaal alsof ze hun eigenlijke opvattingen door de autonome ontwikkeling van een koele, zuivere, goddelijk bedaarde dialectiek ontdekt en gerealiseerd hebben (in tegenstelling tot de mystici van alle rangen en standen, die het, eerlijker en onhandiger dan zij, over 'inspiratie' hebben), terwijl zij au fond de anticipatie op een these, een inval, een 'ingeving', meestal een geabstraheerde en gezuiverde hartenwens, met achteraf gezochte argumen-

ten verdedigen — het zijn allen advocaten die niet zo willen heten, en voor het grootste deel listige pleitbezorgers van hun vooroordelen, die ze 'waarheden' dopen — en staan *zeer* ver van de gewetensmoed om dit, juist dit, zichzelf te bekennen; zeer ver van de goede smaak om dit ook moedig te verstaan te geven, hetzij om een vijand of vriend te waarschuwen, hetzij uit baldadigheid en zelfspot. De al even stijve als zedige tartufferie waarmee de oude Kant ons op de dialectische sluipwegen lokt die tot zijn 'categorische imperatief' leiden, of juister, verleiden — om dat schouwspel moeten wij, die er in onze verwendheid geen gering vermaak in scheppen de subtiele streken van oude moralisten en zedenprekers eens goed van dichtbij te bekijken, glimlachen. Of zelfs de hocus-pocus in mathematische gedaante waarmee Spinoza zijn filosofie — 'de liefde voor zijn wijsheid' tenslotte, om dat woord correct en rechtvaardig te verklaren als met brons pantserde en maskeerde, om daarmee bij voorbaat de aanvaller te ontmoedigen, die deze onoverwinnelijke maagd, deze Pallas Athene een blik zou durven toewerpen — hoeveel eigen timiditeit en kwetsbaarheid verraadt deze maskerade van een eenzelvige zieke!

[6] Allengs is mij gebleken wat alle grote filosofieën tot nu toe zijn geweest: namelijk een zelfbekentenis van hun schepper, een soort ongewilde, onbewuste *mémoires*; en ook dat in iedere filosofie de morele (of immorele) intenties de eigenlijke levenskiem vormden waaruit telkens de hele plant is gegroeid. Inderdaad, men doet er goed (en verstandig) aan om zich ter verklaring van de manier waarop de meest gezochte metafysische beweringen van een filosoof zijn ontstaan, altijd eerst af te vragen: op welke moraal stuurt het (stuurt *hij*—) aan? Ik geloof dan ook niet dat een 'aandrift tot kennis' de vader van de filosofie is, maar dat ook hier, als altijd, een andere aandrift het kennen (en het miskennen!) als instrument heeft gebruikt. Wie echter van de fundamentele aandriften van de mens onderzoekt in hoeverre ze hier als *inspirerende* geniussen (of demonen en kobolden) een rol kunnen hebben gespeeld, zal constateren dat ze alle al eens filosofie bedreven hebben — en dat iedere afzonderlijke aandrift *zichzelf* maar al te graag als laatste doel van het bestaan en legitiem *meester* over de aandriften wil opwerpen. Want iedere aandrift is heerszuchtig: en in *die* hoedanigheid tracht hij te filosoferen. — Toegegeven, met de geleerden, de eigenlijke

wetenschapsmensen, ligt het misschien anders—'beter', zo men wil—, bij hen bestaat er misschien werkelijk iets als een aandrift tot kennis, een onafhankelijk uurwerkje dat er, mits goed opgewonden, dapper op los tikt, *zonder* dat de overige aandriften van de geleerde er wezenlijk deel aan hebben. De werkelijke 'belangen' van de geleerde liggen derhalve gewoonlijk heel ergens anders, bijvoorbeeld in zijn gezin, de geldwinning of de politiek; ja, het maakt bijna niets uit aan welke tak van wetenschap zijn machientje wordt gekoppeld, en of de 'veelbelovende' jonge arbeider zich tot een goed filoloog, een paddestoelenkenner of een chemicus ontwikkelt—het *karakteriseert* hem niet, wat hij ook wordt. Omgekeerd heeft de filosoof in het geheel niets onpersoonlijks; en met name legt zijn moraal een beslist en beslissend getuigenis af van *wie hij is*—dat wil zeggen, in welke rangorde de diepste aandriften van zijn natuur zijn georganiseerd.

[7] Wat kunnen filosofen toch kwaadaardig zijn! Ik ken niets venijnigers dan de grap die Epicurus zich tegen Plato en de platonisten veroorloofde: hij noemde hen dionysiokolakes. Letterlijk en oppervlakkig genomen, betekent dat 'vleiers van Dionysios', een tirannen-entourage van flikflooiers dus; maar het wil bovendien zeggen: «Dat zijn allemaal *toneelspelers*, dat is allemaal even onecht» (want dionysiokolax was een populaire benaming voor de toneelspeler). En dat laatste is pas echt de kwaadaardigheid waarmee Epicurus Plato attaqueerde: hem ontstemden de verheven trant en de zucht om te imponeren waarvan Plato en zijn leerlingen zoveel verstand hadden—en waarvan Epicurus geen verstand had! Hij, de oude schoolmeester van Samos, die in zijn tuintje in Athene verstopt zat en driehonderd boeken schreef, wie weet uit woede en eerzucht jegens Plato?—het duurde honderd jaar eer Griekenland ontdekte wie deze tuingod Epicurus was geweest. Maar ontdekte Griekenland dat wel?
  (...)

[10] De ijver en schranderheid, ik zou zelfs willen zeggen sluwheid, waarmee men thans overal in Europa het probleem van 'de werkelijke en de schijnbare wereld' te lijf gaat, nodigt tot nadenken en luisteren; en wie hier op de achtergrond slechts een 'wil tot waarheid' hoort en verder niets, verheugt zich bepaald niet in scherpe oren. In speciale, zeldzame gevallen kan

er inderdaad een wil tot macht, een buitensporige, bizarre moed of een de metafysicus eigen eerzucht om een verloren positie te handhaven een rol spelen, die een handvol 'zekerheid' tenslotte altijd nog prefereert boven een karrenvracht mooie mogelijkheden; misschien zijn er zelfs puriteinse fanatici van het geweten die zich nog liever op een zeker niets dan op een onzeker iets te sterven leggen. Maar dat is nihilisme en wijst op een vertwijfelde, dodelijk vermoeide ziel, hoe moedig een zo deugdzame houding ons ook mag voorkomen. Maar met de sterkere, meer levenskrachtige, nog naar het leven dorstende denkers schijnt het anders gesteld: daar zij partij kiezen *tegen* de schijn en het woord 'perspectivisch' reeds met hoogmoed uitspreken, daar zij de geloofwaardigheid van hun lichaam ongeveer even laag aanslaan als de geloofwaardigheid van de evidentie die zegt: «De aarde staat stil», en dus, schijnbaar goedgeluimd, hun zekerste bezit uit handen geven (want waarin gelooft men nu met meer zekerheid dan in zijn lichaam?) — wie weet of zij eigenlijk niet iets willen veroveren wat men eertijds nog *zekerder* bezat, iets van het oude grondbezit dat het geloof in vroeger dagen was, wellicht ook 'de onsterfelijke ziel' of 'de oude God', kortom, ideeën waarmee beter, want energieker en vrolijker, te leven viel dan met de 'moderne ideeën'? Er speelt wantrouwen in mee tegen deze moderne ideeën, ongeloof aan alles wat gisteren en vandaag werd opgebouwd; wellicht is het vermengd met een lichte afkeer en hoon en verdraagt men het *bric-à-brac* van begrippen van de meest uiteenlopende oorsprong niet meer, als hoedanig het zogenaamde positivisme tegenwoordig aan de man wordt gebracht, een weerzin van de meer verwende smaak tegen de lorrige, kermisachtige bontheid van al deze filosofische realisten, aan wie niets nieuw of echt is op hun bontheid na. Men dient, dunkt me, de sceptische anti-realisten en kennis-microscopisten van vandaag in dit opzicht gelijk te geven: hun instinct, dat hen uit de *moderne* werkelijkheid verjaagt, blijft onweerlegd, — wat hebben we met hun regressieve sluipwegen te maken! Het wezenlijke aan hen is *niet* dat ze 'terug' willen: maar dat ze... *weg* willen. Een beetje kracht, vleugelwijdte, moed, kunstenaarschap *méér*: en ze zouden *eruit* willen — en niet terug! —

F. Nietzsche, *Jenseits von Gut und Böse. Vorspiel einer Philosophie der Zukunft*, in: F. Nietzsche, Werke in drei Bänden, herausg. von K. Schlechta. München:

Carl Hanser Verlag, 1966. Nederlandse vertaling: *Voorbij goed en kwaad. Voorspel van een filosofie van de toekomst*, vertaling Th. Graftdijk. Amsterdam: Arbeiderspers, 1979, p. 7-18.

TWINTIGSTE EEUW

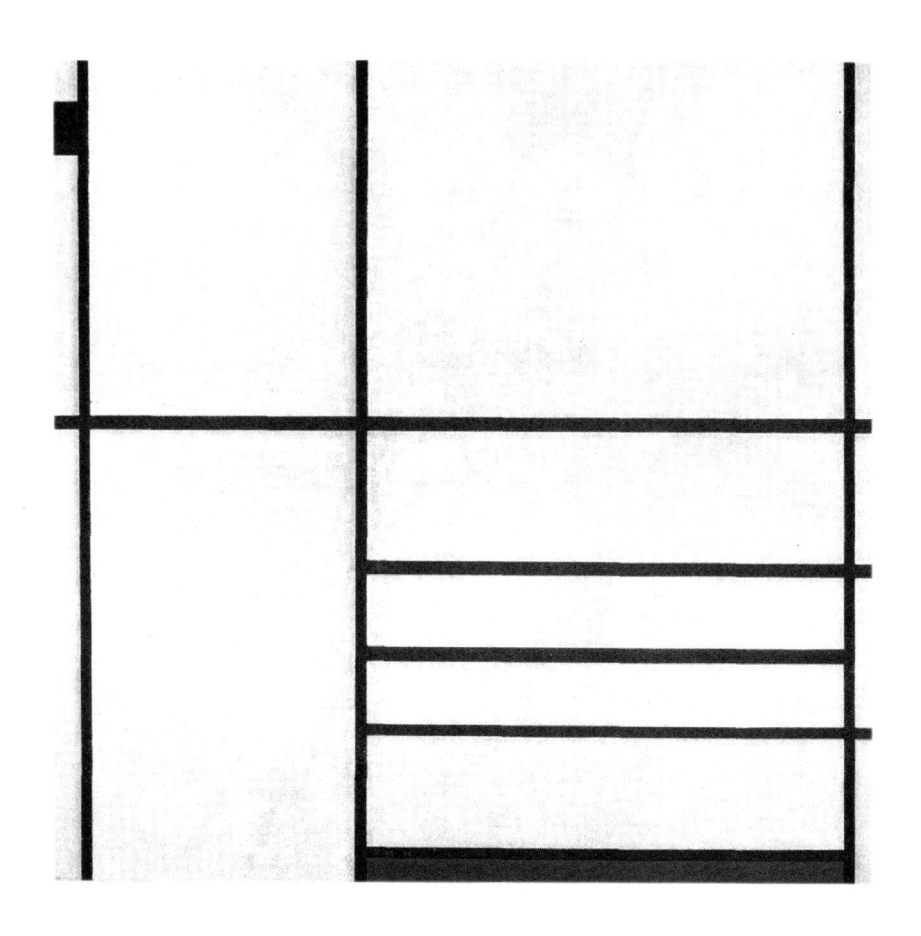

Piet Mondriaan, Compositie met rood en zwart *(1936). Sidney Janis Gallery, New York. In de twintigste eeuw voltrekt zich een omwenteling in de kunst, waaruit Mondriaan de uiterste consequentie heeft getrokken.*

Inleiding

Met Nietzsche, in 1889 gek geworden en in 1900 gestorven, sluit de negentiende eeuw af. Hij is de profeet van het nihilisme en het einde van de westerse metafysica, gedragen door de gedachte dat er een blijvende en eeuwige werkelijkheid is. Inderdaad zal de 'crisis der zekerheden' haar diepe sporen nalaten in het denken van de twintigste eeuw.

In 1889 verschijnt ook het proefschrift van Henri Bergson (1859–1941), dat handelt over de tijd. Zijn denken, dat gedurende het begin van de eeuw grote invloed uitoefent, levert forse kritiek op het mechanistische wereldbeeld van de klassieke fysica en het daaraan inherente determinisme. Daarmee rekent het eveneens af met de dominante trend van vijfentwintig eeuwen westerse filosofie, zoals deze staat in het teken van het onveranderlijke, blijvende en tijdloze. Daar stelt Bergson tegenover: «Elke beweging, beschouwd als een doorgang van de ene rusttoestand in de andere, is absoluut ondeelbaar.» En: «Elke verdeling van de materie in onafhankelijke lichamen met volstrekt bepaalde contouren is een kunstmatige verdeling.» Beweging is het primaire, en daarmee de reële en geleefde tijd (*durée*), die door Bergson van de abstracte, fysische tijd wordt onderscheiden.

Met zijn gedachten anticipeert Bergson deels op de revolutie in de fysica, ook in het begin van de eeuw. Op microniveau vervaagt het onderscheid tussen deeltjes- en golfverschijnselen. Door de ontwikkeling van de kwantumtheorie wordt zo het corpusculaire werkelijkheidsbeeld van de klassieke fysica ondergraven. En door de tweede belangrijke ontwikkeling binnen de fysica gedurende de eerste jaren van de twintigste eeuw, die van Einsteins relativiteitstheorie, verliezen ruimte en tijd hun absolute karakter die ze in Newtons ontwerp van de wereld genoten.

Filosofie als taalanalyse ♫ Deze revolutionaire ontwikkelingen binnen de fysica hebben hun weerslag op het wijsgerige denken. Zoals Nietzsche de bodem onder het metafysische denken wegslaat, zo wordt het speculatieve denken in een heel andere zin aangevallen door de verschillende vertegenwoordigers van wat wel de 'analytische filosofie' wordt genoemd. Dit leidt bij de jonge Ludwig Wittgenstein (1889–1951) tot een kritiek op de filosofie in haar geheel. «De meeste uitspraken en vragen die over filosofische zaken zijn geschreven», stelt hij, «zijn niet onwaar maar onzinnig. Wij kunnen dit soort vragen daarom helemaal niet beantwoorden, maar slechts de onzinnigheid ervan vaststellen. De meeste vragen en uitspraken van de filosofen berusten erop dat we de logica van onze taal niet begrijpen.» De diepste problemen blijken zo helemaal geen problemen te zijn. Of zoals de dadaïstische kunstenaar Marcel Duchamp het kort en bondig heeft gezegd: «Er is geen oplossing, want er is geen probleem!»

Wittgenstein laat zich in de eerste periode van zijn denken leiden door de jongste ontwikkelingen op het gebied van de logica, net zoals Bertrand Russell (1872–1970) dat al eerder had gedaan. In het voetspoor maar ook in kritiek op het werk van Gottlob Frege (1848–1925) heeft Russell belangrijke bijdragen geleverd aan de filosofie van de wiskunde. Hij staat een toepassing voor van de logisch-analytische benadering inzake filosofische kwesties.

De analytische filosofie wordt gekenmerkt door een wending naar de taal, de zogeheten *linguistic turn*. Want, stellen de filosofen die deze benadering voorstaan, filosofische problemen over de wereld moet je interpreteren als problemen over de beschrijving van de wereld. In dat licht zouden inderdaad een heleboel voor diepzinnig gehouden wijsgerige uitspraken ongefundeerd zijn of klinkklare nonsens bevatten. En ook de vragen die veel filosofen stellen zouden de toets van een nadere analyse niet kunnen doorstaan. Dat betreft dan vooral die oude vertrouwde traditie van de metafysica: de regels en conventies van de logica, de grammatica en de semantiek worden erin overtreden.

Filosofie in deze zin is niet uit op vermeerdering van kennis, laat staan op het construeren van alomvattende theorieën. In de ogen van de analytisch filosofen rest hun vak de bescheiden taak om uitspraken en begrippen te analyseren, en deze aldus te verhelderen. Dat verklaart de socratische stijl van filosoferen die Wittgenstein in zijn latere, postuum uitgegeven werk beoefent. Een invloedrijke notie erin is 'taalspel'. Daarmee wordt uitgedrukt dat taal geen ideële grootheid is, ons geopenbaard uit de platoonse hemel der Ideeën, maar te maken heeft met concreet handelen en de concrete interactie tussen mensen. Zo moet je, als je naar het feitelijke taalgebruik kijkt, constateren dat er niet één manier is om taal zinvol te bezigen. Er zijn verscheidene taalspelen gegeven, ieder met zijn eigen opvatting over waarheid en werkelijkheid; de regels van het spel leer je in de praktijk.

De filosofische analyse dient daarmee niet alleen een negatief doel, dat van de kritiek op de metafysica. Ze vindt onder andere als analyse van wetenschappelijke begrippen en uitspraken een positieve toepassing. Een en ander mondt uit in of houdt verband met de ontwikkelingen binnen de wetenschapsfilosofie, waarvan Karl Raimund Popper (1902-1994) een belangrijk vertegenwoordiger is. Hij gaat in tegen de indertijd invloedrijke opvatting van de logisch positivisten dat een wetenschappelijke theorie waar wordt bevonden als de feiten ervoor spreken. Maar, stelt Popper, ook niet-wetenschappelijke theorieën als die van Marx en Freud lijken door de feiten te worden bevestigd. Ze verschillen van echte wetenschap dat daarin naar tegenbewijzen wordt gezocht: ze moet voorspellingen kunnen doen die empirisch weersproken of gefalsifieerd kunnen worden.

De grote man op het gebied van de analytische filosofie in Amerika is Willard Van Orman Quine (1908-2000). In een belangrijk artikel valt hij een idee aan dat kan bogen op een lange en eerbiedwaardige traditie, namelijk de gedachte dat je een scherp onderscheid moet maken tussen beweringen waarvan de waarheid afhangt van de ervaring en beweringen die waar zijn los van de empirie, zoals de beweringen in de wiskunde en de logica. Die laatste hangen volgens Quine niet louter af van de betekenis van de gehanteerde termen; evenmin als uitspraken in de natuurkunde en andere empirische wetenschappen helemaal tot de ervaring te herleiden zijn. Wetenschap, stelt hij, is een menselijk maaksel waarop de ervaring alleen van opzij inwerkt.

Filosofie als zelfkennis en verheldering van het bestaan ❧ De taalanalytische kritiek op de metafysica — die William James (1842-1910) al voor er sprake was van analytische filosofie omschreef als een kritiek op 'the trick of turning names into things', dus op de tendens om algemene begrippen te hypostaseren en zo voor werkelijkheden aan te zien — vindt zijn tegenhanger in een wending naar de onmiddellijke ervaring. James zelf staat een 'radicaal empirisme' voor, terwijl zijn vriend Bergson een metafysica op empirische grondslag nastreeft, als alternatief voor de dominante metafysica van het blijvende. In een andere zin bepleit zijn tijdgenoot Edmund Husserl (1859–1938) een 'naar de zaken zelf'. Dat zijn de 'fenomenen': niet in de gebruikelijke zin opgevat als objecten voor wetenschappelijke studie, maar juist als dat wat direct aan het bewustzijn verschijnt.

Zo is Husserls naam verbonden met een andere tendens in de filosofie van de twintigste eeuw. Deze wordt niet opgelost in een analyse en verheldering van woorden en uitspraken; filosofie krijgt een eigen onderzoeksterrein toegewezen. Voor Husserl is het wijsgerige onderzoek met name gericht op een analyse van het bewustzijn. Evenals Kant en andere denkers vóór hem wil hij inzicht krijgen in de grondslagen van het menselijke kennen. Maar anders dan Kant is hij niet uit op het vaststellen van noodzakelijke principes waaraan het kennen onderworpen zou zijn. Husserl tracht het proces zichtbaar te maken waarin de dingen die we kennen door het bewustzijn tot stand worden gebracht. Daarbij dienen we ons van het oordeel te onthouden dat de dingen zoals we die kennen buiten het bewustzijn gegeven zijn; hij heeft het in dit verband over een 'reductie'. «Positieve wetenschap is wetenschap in het verlies van de wereld. Men moet de wereld door reductie verliezen, om haar in universele zelfbezinning terug te winnen.» Uiteindelijk is het Husserl om zelfkennis te doen.

Deze lijn wordt, zij het op een eigenzinnige wijze, door Husserls leerling Martin Heidegger (1889–1976) voortgezet. Hij ontwerpt in de eerste fase van zijn denken het menselijke zijn (*Dasein*) aan een analyse om zo nieuw licht werpen op de klassieke vraag wat 'zijn' ofwel 'werkelijkheid' betekent. In zijn bestaan is de mens op de wereld aangewezen, en daarin zou deze het 'zijn' van de dingen verstaan voordat er sprake is van een theoretisch begrip ervan. Dit 'zijn' dient dan onderscheiden te worden van de dingen, de 'zijnden' zelf. Wat er de strekking van is kan slechts vanuit de betrokkenheid van de mens op zijn wereld begrepen worden. Met dit uitgangspunt legt Heidegger een basis voor de zogenaamde existentiefilosofie, die het concrete menselijke existeren tot thema heeft. Toch staat voor hem de vraag naar dat opnieuw te duiden 'zijn' centraal. Later zal hij spreken van een 'vergeten van het zijn', dat volgens hem kenmerkend is voor de geschiedenis van de westerse metafysica. Hij staat dan een heel ander denken voor, dat niet langer gericht is op de objecten, de 'zijnden', maar aandacht heeft voor die andere vergeten dimensie.

Dus ook in de twintigste eeuw vinden we de opvatting dat filosofie zijnsleer is, al wordt met de traditionele opvatting ervan, gericht op het fixeren van een blijvende werkelijkheid, gebroken. Dat geldt ook voor het filosofische werk waarmee Jean-Paul Sartre (1905-1980) furore maakt. Beïnvloed door Husserl en Heidegger slaat hij niettemin een geheel eigen weg in. In zijn ontologie ligt alle nadruk op het menselijke bestaan en de menselijke vrijheid. Anders dan een object, waarvan het wezen vastligt, zijn wij 'veroordeeld' tot de vrijheid, want zijn wij oningevuld. Bestaat de ondoordringbare en in zichzelf gesloten materie 'in zich' (*en-soi*), ons bewustzijn is er 'voor zich' (*pour-soi*): het is zich bewust níet datgene te zijn waarvan het het bewustzijn is. Als filosoof, schrijver en politiek geëngageerd mens genoot Sartre na de Tweede Wereldoorlog een ongekende populariteit.

Filosofie als cultuurkritiek ❧ Sartre heeft zijn succes mede te danken aan het 'verlichte' standpunt dat hij verdedigde. Maar al gedurende de crisisjaren met hun opkomend nazisme en meer nog na de Tweede Wereldoorlog met zijn desastreuze gevolgen wordt de vraag knellend of we nog wel kunnen geloven in de 'verlichte' ideeën en idealen van een beschaving die zo barbaars blijkt. Deze kwestie bepaalt nu mede het wijsgerige debat. Filosofie wordt met andere woorden opgevat als een kritische reflectie op onze maatschappij en cultuur.

Dat geldt zeker voor een groep geleerden, voornamelijk van joodse komaf, die bekend is geworden onder de naam *Frankfurter Schule*. Oorspronkelijk is het hen om een revisie van het marxisme te doen. Maar algauw komt het accent van hun onderzoek op de zogenaamde bovenbouw, de cultuur, te liggen. Wat wordt beoogd is een 'kritische theorie' tot ontwikkeling te brengen, een kritische benadering van de bestaande maatschappij, en geen dogmatische standpunten te huldigen. In het bekendste werk van de school, *Dialektik der Aufklärung*, een coproductie van Max Horkheimer (1898-1973) en Theodor W. Adorno (1903-1969), betreft de kritiek vooral de vraag hoe de moderne, 'verlichte' westerse maatschappij en cultuur zich hebben ontwikkeld. Inmiddels is het optimisme van voor de oorlog omgeslagen in pessimisme en heeft Walter Benjamin (1892-1940), een geest-

TWINTIGSTE EEUW *Inleiding*

verwant van de Frankfurters, op de vlucht voor de nazi's zelfmoord gepleegd. Het geloof in een 'redelijke' samenleving, waarin de tegenstellingen zijn opgeheven, maakt nu plaats voor een 'negatieve dialectiek'. De auteurs verkondigen de gedachte dat de uitgangspunten en idealen van de Verlichting zijn omgeslagen in hun tegendeel. De vrijheid die deze beloofde heeft plaatsgemaakt voor een voortgaande vervreemding.

Een jongere vertegenwoordiger van de school (intussen op hoge leeftijd) is Jürgen Habermas (geb. 1929). Hij gaat niet mee in het pessimisme van Horkheimer en Adorno. De Verlichting, betoogt hij, is geen mislukt maar een 'onvoltooid' project. Wat ons verder moet brengen is juist de mondigheid, de moed om van het eigen verstand gebruik te maken, die Kant het devies van de Verlichting noemde. Redelijkheid moet dan niet alleen in dienst staan van instrumenteel, doelgericht handelen. Tegen wat hij de 'kolonisering van de leefwereld' noemt, zeg maar de infiltratie van het bedrijfsleven en de overheid in de cultuur, moet een ander soort redelijkheid ons beschermen. Deze betreft een 'communicatief handelen', overleg gericht op het bereiken van overeenstemming en het voorkomen van geweld.

Een andere teneur valt te beluisteren in de Franse filosofie vanaf de jaren zestig, waarin de kritische toon eveneens de overhand neemt. Zo vuurt Michel Foucault (1926–1984), na Sartre een tijdlang de centrale figuur daarin, zijn pijlen af op de moderne beschaving. Zijn onderzoek naar de geschiedenis van de moderne rationaliteit wijst uit dat zowel het wetenschappelijke wereldbeeld als het moderne zelfbeeld van de mens het product is van een bepaalde historische situatie. Ze liggen ingebed in een *discours*. Deze zijn aan verandering onderhevig en zijn onderling onverenigbaar, dus kunnen niet vergeleken worden met betrekking tot hun waarheid of onwaarheid. Later is Foucault geïnteresseerd in de macht die met wetenschappelijke praktijken en instituties is verbonden. In dat licht moeten zijn studies over de waanzin, de seksualiteit en de criminaliteit, al die in onze cultuur als afwijkend bevonden vormen van gedrag, worden gezien.

Postmoderne filosofie ❦ Jacques Derrida (geb. 1930) wordt tot het kamp van de zogeheten postmoderne filosofen gerekend. Zij zouden het einde van de moderne tijd en daarmee van de moderne filosofie verkondigen, al valt er het nodige af te dingen op de term 'postmodernisme'. Want is het idee

TWINTIGSTE EEUW *Inleiding*

van een na-moderne cultuur geen ideologisch antwoord op een ideologisch begrepen moderniteit, en dus gewoon een modern verschijnsel? Hoe dan ook breekt Derrida met de bestaande conventies en lijkt hij het dadaïstische beginsel te volgen dat het woord zaak op zichzelf is geworden. Want niet alleen draait in zijn denken alles om taal en teksten. Deze, stelt hij, verwijzen bovendien niet naar iets buiten zichzelf. De betekenis van woorden, datgene waarnaar ze refereren, wordt namelijk ook altijd weer binnen de taal uitgesproken. Vandaar: «Alles is tekst» (letterlijk: «Er is geen buiten-tekst»). In het voetspoor van Heidegger is het Derrida om een 'deconstructie' van de westerse ontologie, met haar gefixeerd zijn op de 'zijnden', te doen. Zo zoekt ook hij naar een ander soort denken, waarin het niet om het identieke, het gelijke, het bekende gaat (waarin dus alles onder één noemer wordt gebracht), maar juist om het verschillende, het andere, het vreemde. Recentelijk is er in dit denken steeds meer aandacht voor het ongedachte en onuitspreekbare, al blijft dit voor Derrida gedacht en uitgesproken.

Ook naar Amerika, waar de analytische filosofie zolang het toneel heeft bezet, is het postmodernisme overgewaaid. Vooral Richard Rorty (geb. 1931), ooit zelf analytisch filosoof, treedt met zijn werk op de voorgrond. Onze tijd zou er een zijn van revolutionaire filosofie. De 'moderne' opvatting dat het gaat om het zoeken naar de fundamenten van onze kennis, beschouwd als een weerspiegeling van de gegeven objecten, verwerpt hij. In de filosofie van nu gaat het om een voortgaande discussie over de huidige cultuur, waarbij de filosoof een verteller van verhalen wordt. Net als bij Derrida ligt bij hem het primaat bij de taal en is de wereld in en in talig. Daarom kunnen we maar beter afzien van het streven naar de Waarheid als representatie van een buitentalige werkelijkheid. Waar het om het streven naar zulke grote, allesomvattende theorieën gaat, is terughoudendheid geboden en ironie op haar plaats. Al met al begint de twintigste eeuw met een kritiek op de metafysica en eindigt ze ermee: dat kun je de rode draad door de twintigste-eeuwse filosofie noemen.

Frege

(1848-1925)

Gottlob Frege was een Duitse wiskundige en filosoof die op eigen kracht de moderne logica heeft uitgevonden. Onder invloed van Frege heeft de filosofie in de twintigste eeuw aan de analyse van taalgebruik zeer veel aandacht besteed. Tijdens zijn leven kreeg Frege vrijwel geen erkenning. Hij leidde een eenzaam bestaan als bijzonder hoogleraar te Jena, alwaar hij op een gegeven ogenblik slechts drie studenten had: Rudolf Carnap, die later zelf een groot filosoof zou worden en voorman werd van het logisch empirisme, een vriend van Carnap en een gepensioneerde kolonel uit het Pruisische leger.

Dat Frege zoveel invloed heeft uitgeoefend op de wijsbegeerte van de twintigste eeuw is voornamelijk te danken aan Bertrand Russell en Ludwig Wittgenstein. Helaas voor Frege zat aan deze erkenning ook een schaduwzijde. In een van zijn eerste brieven aan Frege attendeerde Russell hem op het feit dat er in Freges levenswerk, *Grundgesetze der Arithmetik* (1893), een paradox verscholen zat. Frege is deze klap pas aan het einde van zijn leven enigszins te boven gekomen.

In 1879 publiceerde Frege zijn *Begriffschrift*. Dit boek wordt algemeen beschouwd als de geboorte van de moderne logica. Frege zag zijn *Begriffschrift* niet als een calculus, maar primair als een methode om het denken inzichtelijker te maken.

De grootste vernieuwing van Frege in de logica is de ontdekking van de kwantificatie geweest. Dit was voor Frege reeds eerder geprobeerd, onder anderen door de Schotse logicus Sir William Hamilton (1788-1856). Freges poging slaagde, omdat hij het predikaat opvatte als een wiskundige functie en de eigennaam als het argument van die functie. Iedere beoordeelbare inhoud, propositie, werd zodoende opgevat als een eenheid van functie en argument. In een oordeelsact wordt vervolgens aan die eenheid een waarheidswaarde toegekend.

In zijn *Grundlagen der Arithmetik* (1884) formuleert Frege drie beginselen die zijn aanpak van wijsgerige problemen nadrukkelijk onderscheiden van die van zijn tijdgenoten: 1. altijd een scherp onderscheid maken tussen het psychologische en het logische, het subjectieve en het objectieve; 2. de betekenis van woorden moet in de samenhang van een zin, niet ieder afzonderlijk geanalyseerd worden; 3. het onderscheid tussen begrip en object moet overal in het oog worden gehouden.

Het eerste beginsel maakt duidelijk dat Frege een anti-psychologist is. Hij beschouwde de logica niet als wetten die beschrijven hoe de mens denkt, zoals sommige van zijn tijdgenoten deden (John Stuart Mill bijvoorbeeld). De logica is niet een tak van de descriptieve psychologie, maar *prescriptief* of *normatief*. Zij legt normen vast hoe wij *moeten* denken. Logica beschrijft niet hoe wij daadwerkelijk denken. Volgens Frege bestaan logische normen in een abstract derde rijk, een soort platoonse Ideeënwereld. De wetten van de logica beschrijven, zoals Frege aan het begin van zijn artikel 'Der Gedanke' (1918) schrijft, de normen die bestaan in dat abstracte, derde rijk.

Het tweede beginsel is het beroemde contextbeginsel. Na Frege is de eenheid van betekenis niet langer het woord, maar de volzin. Het derde beginsel is de toepassing van het functie/argument-onderscheid op beoordeelbare inhouden, ook wel proposities of gedachten genaamd. Hij vergelijkt de eigennaam (het onderwerp) van een zin met het argument van een wiskundige functie. Het begripswoord (predikaat) is onverzadigd, dat wil zeggen gelijk een wiskundige functie. Net zoals een wiskundige functie aanvulling behoeft met een getal om de waarde van de functie te kunnen berekenen, zo heeft een predikaat een eigennaam nodig om een volzin te maken waaraan een waarheidswaarde kan worden toegekend.

Typerend voor Frege is nu dat hij deze syntactische analyse gebruikt om te definiëren wat hij onder een object verstaat. Een object is datgene waar een eigennaam voor staat. Frege hanteert daarbij een ruime definitie van 'eigennaam'. Onder eigennamen verstaat hij niet alleen wat wij namen noemen, maar ook beschrijvingen, zoals 'de huidige bibliothecaris van de universiteitsbibliotheek'.

In paragraaf 62 van *Grundlagen* gebruikt Frege het tweede en derde beginsel om de volgende vraag te beantwoorden: «Hoe kunnen ons getallen gegeven zijn, indien wij geen voorstelling of waarneming van hen kunnen hebben?» Zijn antwoord is kenmerkend voor de linguïstische ommezwaai in de wijsbegeerte: «Alleen in de samenhang van een zin betekenen woorden iets. Het zal er dus op aan komen de betekenis van een zin te verklaren, waarin een getalswoord voorkomt.» Om te weten te komen wat getallen zijn moet men dus de betekenis van woorden voor getallen nagaan. Die betekenis geeft ons een criterium van identiteit op grond waarvan wij een object waar de eigennaam naar verwijst kunnen herkennen.

Aangezien getalswoorden overeenkomstig Freges syntactische analyse eigennamen zijn, moeten getallen derhalve ook objecten zijn. Getallen zijn abstracte objecten, dat wil zeggen: ze bestaan buiten ruimte en tijd en buiten de causale keten, het cement dat de uiterlijk waarneembare gebeurtenissen in de fysieke werkelijkheid met elkaar verbindt.

Als zijn hoofdwerk beschouwde Frege zijn *Grundgesetze der Arithmetik*. In dit werk probeerde hij zijn zogenaamde 'logicistische' programma uit te voeren. Hij probeerde de theorema's van de wiskunde af te leiden van de theorema's van de logica en die theorema's te funderen op een aantal direct inzichtelijke axioma's. Dit streven wordt 'logicisme' genoemd.

Een rivaliserende stroming in de wijsbegeerte van de wiskunde is het 'formalisme', dat onder anderen door de Duitse wiskundige David Hilbert (1862–1943) gepropageerd werd. Frege beschouwde wiskundige uitspraken als beschrijvingen van een abstract, buiten ruimte en tijd gelegen derde rijk. Hij had een uniforme betekenistheorie voor zowel wiskundige uitspraken als beschrijvingen van de fysieke werkelijkheid in de dagelijkse omgangstaal. Hilbert stelde daarentegen dat het in de wiskunde mogelijk is, indien de wiskunde volledig geformaliseerd is, af te zien van de gebruikelijke betekenis van de termen. Men kan wiskunde beschouwen als een abstract systeem met een bepaalde relationele structuur. Dat systeem is dan object van studie voor de wiskunde. Indien men de wiskunde wil toepassen, dan dient men dat systeem te interpreteren. Een belangrijke vraag wordt dan of dit systeem consistent is en of men dat ook kan bewijzen.

Frege zou uit een dergelijk bewijs van consistentie waarschijnlijk geconcludeerd hebben dat de mathematische werkelijkheid daarmee beschreven was. Volgens de derde stroming in de grondslagenstrijd van de wiskunde, het 'intuïtionisme', is dat een misvatting. De mathematische werkelijkheid wordt niet ontdekt, maar uitgevonden. Wiskundige objecten bestaan niet onafhankelijk van ons denken, maar zijn constructies van de menselijke geest. Om die reden kunnen wij niet aannemen dat uitspraken waar of onwaar zijn, zonder dat wij een bewijs daarvoor hebben. We zouden derhalve het beginsel van de uitgesloten derde niet mogen aanvaarden. De uitvinder van het intuïtionisme is de Nederlander L.E.J. Brouwer.

In het volgende fragment introduceert Frege het voor de moderne taalfilosofie zo belangrijke begrippenpaar *Sinn* en *Bedeutung*, dat moeilijk te vertalen is zonder Freges bedoelingen geweld aan te doen. Grofweg komt het onderscheid overeen met het onderscheid tussen de betekenisinhoud van een woord en de betekenisomvang. Synoniemen van deze begrippen zijn respectievelijk de woorden 'intensie' en 'extensie'.

Frege, *Over 'Sinn' en 'Bedeutung'*

Gelijkheid daagt het denken uit door vragen die daarmee verbonden zijn en helemaal niet gemakkelijk te beantwoorden zijn. Is zij een relatie? Een relatie tussen objecten? Of tussen namen of tekens voor objecten? Dat laatste had ik in mijn *Begriffsschrift* aangenomen. De redenen die daarvoor schijnen te spreken, zijn de volgende: $a = a$ en $a = b$ zijn klaarblijkelijk zinnen met een verschillende kenniswaarde: $a = a$ is a priori geldig en kan naar Kant analytisch genoemd worden, terwijl zinnen van de vorm $a = b$ vaak

FREGE *Over 'Sinn' en 'Bedeutung'*

zeer waardevolle vermeerderingen van onze kennis bevatten en a priori niet altijd te rechtvaardigen zijn. De ontdekking dat niet iedere ochtend een nieuwe zon op komt, maar telkens dezelfde, is toch wel een met de meeste gevolgen in de astronomie geweest. Ook tegenwoordig is de herkenning van een kleine planeet of van een komeet niet altijd iets vanzelfsprekends. Indien wij nu identiteit willen beschouwen als een relatie tussen dat waar de namen 'a' en 'b' naar verwijzen, dan schijnt a = b niet van a = a te kunnen worden onderscheiden, in het geval dat a = b waar is. Er zou hiermee een relatie van een ding met zichzelf worden uitgedrukt, en wel zo een waarin ieder ding met zichzelf, maar geen enkel ding met een andere staat. Wat men met a = b wil zeggen, schijnt te zijn dat de tekens of namen 'a' en 'b' hetzelfde betekenen, en dan zou men het juist over die tekens hebben; er zou een relatie tussen deze worden gelegd. Maar deze relatie tussen de namen of tekens zou alleen bestaan, voorzover ze iets benoemen of aanduiden. Ze zou tot stand zijn gekomen door de verbinding van ieder van beide tekens met hetzelfde benoemde. Deze is echter willekeurig. Men kan niemand verbieden zomaar een willekeurig te voorschijn gehaald voorval of object als teken voor iets anders aan te nemen. Daarmee zou dan een zin als a = b niet langer over de zaak zelf gaan, maar enkel over onze manier van praten daarover; we zouden daarin dan geen eigenlijke kennis uitdrukken. Maar dat willen wij toch in veel gevallen. Indien het teken 'a' zich van het teken 'b' enkel als object (hier door de vorm) onderscheidt, niet als teken; hetgeen wil zeggen: niet op de manier waarop het iets benoemt: zou de kenniswaarde van a = a wezenlijk dezelfde als die van a = b zijn, in het geval a = b waar is. Een verschil kan alleen totstandkomen, doordat het onderscheid van het teken overeenkomt met een onderscheid in de manier van het gegeven zijn (presentatie) van het benoemde. Laten a, b, c de rechte lijnen zijn die de hoeken van een driehoek met het midden van de tegenovergelegen zijde verbinden. Het snijpunt van a en b is dan hetzelfde als het snijpunt van b en c. Wij hebben dus verschillende benoemingen van hetzelfde punt, en deze namen ('snijpunt van a en b', 'snijpunt van b en c') duiden tegelijkertijd op de manier waarop het gegeven is (gepresenteerd wordt), en derhalve is in de zin werkelijke kennis vervat.

Het ligt nu voor de hand, met een teken (naam, combinatie van woorden, schriftteken) behalve het benoemde, wat de verwijzing (*Bedeutung*) van het

FREGE *Over 'Sinn' en 'Bedeutung'*

teken zou mogen heten, nog dat verbonden te denken wat ik de betekenis (*Sinn*) van een teken zou willen noemen, waarin de manier van gegeven zijn (manier van presentatie) vervat is. Er zou zodoende in onze voorbeelden weliswaar de verwijzing (Bedeutung) van de uitdrukkingen 'het snijpunt van a en b' en 'het snijpunt van b en c' dezelfde zijn, maar niet hun betekenis (Sinn). De verwijzing (Bedeutung) van 'Avondster' en 'Morgenster' zou dezelfde zijn, maar niet hun betekenis (Sinn).

In dit verband moet opgemerkt worden dat ik hier 'teken' en 'naam' opgevat heb als wat voor verbinding dan ook, die een eigennaam vertegenwoordigt, waarvan de verwijzing (Bedeutung) dus een bepaald object is (dit woord in de breedst mogelijke zin opgevat), maar geen begrip en geen relatie, waarop in een ander artikel nader zal worden ingegaan. De benoeming van een enkel object kan ook uit meerdere woorden of overige tekens bestaan. Om beknopt te zijn kan iedere zulke aanduiding 'eigennaam' genoemd worden.

De betekenis van een eigennaam wordt door iedereen begrepen, die de taal of het geheel van aanduidingen waar hij bij hoort afdoende kent; daarmee is de verwijzing echter, in het geval die voor handen is, toch nog steeds eenzijdig belicht. Tot kennis die de verwijzing van alle kanten belicht zou toebehoren dat wij van iedere gegeven betekenis (Sinn) onmiddellijk zouden kunnen aangeven of zij daarbij zou horen. Dat lukt ons nooit.

De regelmatige verbinding tussen het teken, zijn betekenis (Sinn) en zijn verwijzing (Bedeutung) is zodanig dat aan het teken een bepaalde betekenis (Sinn) en met deze weer een bepaalde verwijzing (Bedeutung) beantwoordt, terwijl bij een verwijzing (een object) niet slechts een teken hoort. Dezelfde betekenis (Sinn) kent in verschillende talen, ja zelfs in dezelfde taal, verschillende uitdrukkingsvormen. Alhoewel uitzonderingen op dit regelmatige gebruik voorkomen. Uiteraard zou in een volmaakt geheel van tekens iedere uitdrukking overeenkomen met een bepaalde betekenis (Sinn); maar de volkstalen willigen deze eis heel vaak niet in, en moet men al tevreden zijn, indien een woord tenminste in hetzelfde verband telkens dezelfde betekenis heeft. Misschien kan men toegeven dat een grammaticaal correct gevormde uitdrukking, die optreedt als eigennaam, telkens een betekenis (Sinn) heeft. Maar of met die betekenis (Sinn)

FREGE *Over 'Sinn' en 'Bedeutung'*

dan ook weer een verwijzing overeenkomt, wordt daarmee niet gezegd. De woorden 'het hemellichaam dat het verst van de aarde verwijderd is' hebben betekenis (Sinn); of zij echter ook een verwijzing hebben is zeer de vraag. De uitdrukking 'de minst convergerende rij' heeft een betekenis; maar men bewijst dat hij geen verwijzing heeft, aangezien men voor iedere convergente rij een minder convergente, maar nog steeds convergente kan vinden. Dus doordat men een betekenis (Sinn) vat, heeft men nog niet met zekerheid een verwijzing.

Wanneer men op de gebruikelijke manier woorden gebruikt, dan is dat waarover men spreken wil hun verwijzing (Bedeutung). Het kan echter voorkomen dat men over de woorden zelf of over hun betekenis wil praten. Zoiets gebeurt bijvoorbeeld, wanneer men de woorden van iemand anders in de directe rede citeert. De eigen woorden staan dan allereerst voor de woorden van de ander, en die hebben pas de gewoonlijke betekenis. We hebben in dat geval tekens voor tekens. Op papier zet men in zulke gevallen de geschreven woorden tussen aanhalingstekens. Je mag dus niet een woord dat tussen aanhalingstekens staat in zijn gebruikelijke betekenis opvatten.

Indien men over de betekenis (Sinn) van een uitdrukking 'A' wil praten, dan kan men dit eenvoudigweg doen door de zegswijze 'de betekenis (Sinn) van de uitdrukking 'A''. In de indirecte rede spreekt men van de betekenis van bijvoorbeeld de rede van iemand anders. Daaruit wordt duidelijk dat ook op deze manier van praten de woorden niet hun gewoonlijke betekenis hebben, maar dat aanduiden wat gewoonlijk hun betekenis is. Om een korte frase te hebben, zullen we zeggen: de woorden worden in de indirecte rede indirect gebruikt, of hebben hun indirecte betekenis. We onderscheiden derhalve de gewoonlijke verwijzing van een woord van zijn indirecte en zijn gewoonlijke betekenis (Sinn) van zijn indirecte betekenis (Sinn). Zulke uitzonderingen moet men telkens voor ogen houden, indien men het verband tussen teken, betekenis (Sinn) en verwijzing (Bedeutung) in afzonderlijke gevallen goed wil begrijpen.

Van de verwijzing (Bedeutung) en de betekenis (Sinn) van een teken moet de daarmee verbonden voorstelling onderscheiden worden. Indien de verwijzing (Bedeutung) van een teken een zintuiglijk waarneembaar object is, dan is mijn voorstelling daarvan een innerlijke afbeelding die bestaat uit herinneringen aan zintuiglijke indrukken die ik gehad heb, en

FREGE *Over 'Sinn' en 'Bedeutung'*

uit handelingen, zowel innerlijke als uiterlijke, die ik uitgevoerd heb. Dit is vaak met gevoelens doordrenkt; de duidelijkheid van zijn afzonderlijke delen verschilt en slingert heen en weer. Niet altijd is, ook bij dezelfde mens, dezelfde voorstelling met de dezelfde betekenis (Sinn) verbonden. De voorstelling is subjectief: de voorstelling van de een is niet die van de ander. Zodoende is het een vanzelfsprekend gegeven dat er meervoudige onderscheidingen tussen voorstellingen bestaan die verbonden zijn met dezelfde betekenis (Sinn). Een schilder, een ruiter, een zoöloog zullen waarschijnlijk zeer uiteenlopende voorstellingen aan de naam Bucephalus knopen. De voorstelling onderscheidt zich daardoor wezenlijk van de betekenis (Sinn) van een teken, die het gemeenschappelijk eigendom van velen kan zijn en ook niet deel uitmaakt van of een wijze van bestaan van een individuële ziel is; men kan immers niet ontkennen dat de mensheid een gemeenschappelijke schat aan gedachten bezit, die zij van het ene geslacht op het andere overdraagt.

Terwijl er derhalve geen bezwaren zijn aan te voeren tegen het eenvoudigweg spreken over de betekenisinhoud (Sinn), moet men bij de voorstelling strikt genomen toevoegen aan wie zij toebehoort en op welk tijdstip. Men zou misschien kunnen zeggen: net zo goed als dat de een met dezelfde woorden deze, de ander die voorstelling verbindt, net zo kan ook de een deze de andere die betekenisinhoud (Sinn) daaraan knopen. Niettemin bestaat het verschil dan toch enkel uit de manier waarop ze verbonden zijn. Dat voorkomt niet dat beide dezelfde betekenisinhoud vatten; maar dezelfde voorstelling kunnen ze niet hebben. *Si duo idem faciunt, non est idem.* [Als twee hetzelfde doen, is het niet hetzelfde.] Indien twee mensen zich hetzelfde voorstellen, heeft ieder toch zijn eigen voorstelling. Het is weliswaar soms mogelijk verschillen tussen voorstellingen, zelfs tussen zintuiglijke prikkelingen van verschillende mensen te constateren; maar een nauwkeurige vergelijking is niet mogelijk, omdat wij deze voorstellingen niet in hetzelfde bewustzijn kunnen hebben.

De verwijzing (Bedeutung) van een eigennaam is het object zelf, dat we daarmee aanduiden; de voorstelling, die we daarbij hebben, is geheel subjectief; daartussen ligt de betekenisinhoud (Sinn), die weliswaar niet meer subjectief is zoals de voorstelling, maar toch ook niet het object zelf is. De volgende vergelijking is misschien geschikt om deze verhoudingen

FREGE *Over 'Sinn' en 'Bedeutung'*

duidelijk te maken. Iemand bekijkt de maan door een telescoop. Ik vergelijk de maan zelf met de verwijzing (Bedeutung); zij is het object van de waarneming, die totstandkomt door de reële afbeelding die op het objectiefglas van de telescoop wordt ontworpen, en door het beeld op de retina van de waarnemer. De eerste vergelijk ik met de betekenisinhoud (Sinn), de tweede met de voorstelling of aanschouwing. Het beeld in de telescoop is weliswaar slechts eenzijdig; het is afhankelijk van standpunten; maar het is toch objectief, voorzover het meerdere waarnemers ten dienste kan staan. Het zou desnoods zo geregeld kunnen worden dat tegelijkertijd meerderen het gebruiken. Van de afbeeldingen op de retina zou echter ieder zijn eigen voorstelling hebben. Zelfs een geometrische congruentie zou vanwege de verschillende vorm van de ogen nauwelijks bereikt kunnen worden, een werkelijk samenvallen zou echter uitgesloten zijn. Deze vergelijking laat zich misschien nog verder uitwerken, doordat men zou aannemen dat de afbeelding op de retina van A zichtbaar gemaakt zou worden voor B; of A zelf zou in een spiegel de afbeelding op zijn eigen retina kunnen zien. Hiermee zou misschien zijn aan te tonen hoe een voorstelling weliswaar zelf als object kan worden beschouwd, maar als zodanig toch niet voor deze waarnemer dat is wat zij onmiddellijk is voor degene die de voorstelling heeft. Toch zou het te ver voeren dit verder uit te werken.

Wij kunnen nu drie niveaus onderscheiden waarop woorden, uitdrukkingen en gehele zinnen van elkaar verschillen. Ofwel betreft het onderscheid hooguit de voorstellingen, ofwel de betekenisinhoud (Sinn) van woorden, maar niet de verwijzing (Bedeutung), ofwel tenslotte de verwijzing (Bedeutung). Met betrekking tot het eerste niveau moet opgemerkt worden dat, vanwege de onzekere verbintenis tussen voorstellingen en woorden, voor de een een verschil kan bestaan, dat de ander niet aantreft. Het verschil tussen de vertaling en de oorspronkelijke tekst moet eigenlijk het eerste niveau niet ontstijgen. Tot de hier nog mogelijke onderscheidingen behoren ook de nuanceringen en schakeringen die dichtkunst en welsprekendheid de betekenisinhoud (Sinn) proberen mee te geven. Deze nuanceringen en schakeringen zijn niet objectief, maar iedere toehoorder of lezer moet ze zelf naar de wenken van de dichter of de redenaar toevoegen. Zonder een verwantschap van het menselijk voorstellingsvermogen zou zeker kunst niet mogelijk zijn; in hoeverre aan de bedoelingen van de

FREGE *Over 'Sinn' en 'Bedeutung'*

dichter tegemoet wordt gekomen, kan niet nauwkeurig worden vastgesteld.

Over voorstellingen en aanschouwingen wordt in het nu volgende niet meer gesproken; ze zijn hier alleen genoemd, opdat de voorstelling, die een woord bij een toehoorder opwekt, niet met zijn betekenisinhoud (Sinn) of verwijzing (Bedeutung) verwisseld wordt.

Om een korte en nauwkeurige uitdrukking mogelijk te maken, worden de volgende zegswijzen vastgelegd.

Een eigennaam (woord, teken, tekenverbinding, uitdrukking) drukt zijn betekenisinhoud (Sinn) uit, verwijst naar of duidt zijn verwijzing (Bedeutung) aan. Wij drukken met een teken een betekenisinhoud (Sinn) uit en duiden daarmee een verwijzing (Bedeutung) aan.

(…)

Tot nut toe zijn alleen betekenisinhoud (Sinn) en verwijzing (Bedeutung) van die uitdrukkingen, woorden, tekens in ogenschouw genomen die we eigennamen hebben genoemd. We vragen nu naar betekenisinhoud (Sinn) en verwijzing (Bedeutung) van een hele beweerzin. Zo'n zin bevat een gedachte. Is deze gedachte nu als zijn betekenisinhoud (Sinn) of als zijn verwijzing (Bedeutung) op te vatten? Laten we nu eens aannemen dat de zin een verwijzing (Bedeutung) heeft. Vervangen we nu daarin een woord door een ander met dezelfde verwijzing (Bedeutung), maar met een andere betekeninhoud (Sinn), dan kan dit op de verwijzing van de zin geen invloed hebben. Maar we zien nu dat de gedachte in zo'n geval verandert; want, bijvoorbeeld, de gedachte bij de zin «De morgenster is een door de zon verlicht lichaam» is een andere dan bij de zin «De avondster is een door de zon verlicht lichaam». Iemand die niet zou weten dat de avondster de morgenster is, zou de ene gedachte voor waar, de andere voor onwaar kunnen houden. De gedachte kan dus niet verwijzing (Bedeutung) van de zin zijn, we moeten die eerder als de betekenisinhoud (Sinn) opvatten. Maar hoe zit het nu met de verwijzing (Bedeutung)? Mogen we daar überhaupt naar vragen? Heeft een zin misschien als geheel alleen een betekenisinhoud (Sinn), maar geen verwijzing (Bedeutung)? Men zal in ieder geval kunnen verwachten dat zulke zinnen voorkomen, net zo goed als dat er zinsdelen zijn die wel een betekenisinhoud, maar geen verwijzing hebben. En zinnen, die eigennamen zonder verwijzing bevatten, zullen van dat soort zijn. De zin «Odysseus werd in diepe slaap te Ithaca aan land gezet» heeft duidelijk een betekenisinhoud. Aangezien het twijfelachtig is of de daarin voorkomende naam Odysseus verwijst, is het derhalve ook twijfelachtig of de hele zin een verwijzing heeft. Maar zeker is het toch dat iemand die in ernst de zin voor waar of onwaar houdt, ook denkt dat de naam Odysseus verwijst, en niet alleen maar een betekenisinhoud heeft; want aan de verwijzing van een eigennaam wordt immers een eigenschapswoord toe- of afgeschreven. Wie een verwijzing niet accepteert, kan daar ook geen eigenschapswoord aan toekennen of ontkennen. Nu zou echter het voortschrijden naar de verwijzing van de naam overbodig zijn; men zou zich met de betekenisinhoud tevreden kunnen stellen, indien men bij de gedachte stil zou willen blijven staan. Zou het alleen op de betekenisinhoud van de zin aankomen, de gedachte, dan zou het niet nodig zijn om zich om de verwijzing van een zinsdeel te bekommeren; voor de betekenisinhoud van de zin kan immers alleen de betekenisinhoud, niet de verwijzing van de delen in aanmerking komen. De gedachte blijft derhalve dezelfde, of de naam Odysseus verwijst of niet. Dat wij ons überhaupt om de verwijzing van een zin te sappel maken, is een aanwijzing van het feit dat wij ook, in het algemeen, voor de zin zelf een verwijzing accepteren en eisen. De gedachte zelf boet voor ons aan waarde in, zodra wij inzien dat een van zijn delen de verwijzing ontbeert. Wij staan dus in ons recht, wanneer we ons niet tevredenstellen met de betekenisinhoud van een zin, maat ook naar zijn verwijzing vragen. Waarom wille we dan toch dat iedere eigennaam niet alleen een betekenisinhoud, maar ook een verwijzing heeft? Waarom zijn we niet tevreden met de gedachte? Omdat en in zoverre ons het op haar waarheidswaarde aankomt. Dit is niet altijd het geval. Bij het aanhoren van, bijvoorbeeld, een epos, boeien ons naast de welluidendheid van de taal alleen de betekenisinhoud van de zinnen en de daardoor gewekte voorstellingen en gevoelens. Met de vraag naar de waarheid zouden we het kunstgenot achter ons laten en ons richten op het wetenschappelijk onderzoek. Om die reden maakt het ons niet uit of de naam Odysseus bijvoorbeeld verwijst, zolang wij het gedicht als een kunstwerk opvatten. Het streven naar waarheid is het dus wat ons overal van de betekenisinhoud naar de verwijzing voortstuwt.

Wij hebben gezien dat bij een zin alleen dan naar een verwijzing gezocht

FREGE *Over 'Sinn' en 'Bedeutung'*

wordt, indien het aankomt op de verwijzing van de bestanddelen; en dat is alleen en dan alleen het geval, indien we naar de waarheidswaarde vragen.

Zo worden we gedwongen de waarheidswaarde van een zin als zijn verwijzing op te vatten. Ik versta onder de waarheidswaarde van een zin het geval dat hij waar of onwaar is. Andere waarheidswaarden zijn er niet.

> Gottlob Frege, *Über Sinn und Bedeutung*, 1892. Uit Gottlob Frege, *Funktion, Begriff, Bedeutung*. Göttingen: Vandenhoeck & Ruprecht, 1980, p. 40-50. Vertaald voor deze bundel door M. Lievers.

Bergson

(1859 – 1941)

Henri Bergson geldt in het begin van de twintigste eeuw als de belangrijkste denker van zijn tijd. Later wordt hij, ten onrechte, door Russell en anderen voor een anti-intellectualist uitgemaakt en neemt de belangstelling voor zijn filosofie af. Thans valt er een opleving van de interesse voor zijn denkbeelden te bespeuren. Men krijgt oog voor zijn pioniersarbeid en stelt vast dat Bergson zijn gedachten in een, zij het kritische, uiteenzetting met de natuurwetenschap van zijn dagen heeft ontwikkeld, waarbij hij zelfs op bepaalde ontwikkelingen daarbinnen gepreludeerd heeft. Zijn filosofie is daarmee een van de vroege en serieuze antwoorden op de crisis waarin het natuurwetenschappelijke en wijsgerige denken indertijd verkeerde.

De gedachte die Bergsons hele denken beheerst, is die van de tijd. In de werkelijkheid, zoals die door de klassieke fysica beschreven wordt, constateert hij, is er geen sprake van reële opeenvolging oftewel *durée*. Wat de reële tijd dan wel is, wordt aan de hand van een psychologische analyse vastgesteld. Onze bewustzijnstoestanden, observeert Bergson in zijn eerste boek, *Essay sur les données immédiates de la conscience* uit 1889, zijn geen van elkaar onderscheiden, discrete gegevenheden; ze volgen elkaar in een ononderbroken zin op. Zo beschouwd ontwikkelen ze zich in de tijd, hebben ze een temporeel verloop. De tijd manifesteert zich, met andere woorden, in een ongebroken voortgang van kwalitatief verschillende toestanden. De wiskundige voorstelling van de tijd als een optelsom van onderscheiden en homogene momenten is daarmee ontoereikend. In het hieronder weergegeven fragment vat Bergson zijn gedachten op dit punt samen.

Maar, stelt hij vervolgens in zijn tweede grote werk uit 1896, *Matière et mémoire*, genoemde reële tijd heerst niet alleen op het vlak van het psychische. Ook fysische processen zouden door voortgang gekenmerkt worden, tijd innemen en derhalve onomkeerbaar zijn. Het is overigens op dit punt dat De Broglie een reële overeenkomst ziet tussen Bergsons ideeën en de inzichten van de kwantummechanica.

Na de kritiek op het klassieke tijdsbegrip komt Bergson in dit boek tot een kritiek op het klassieke ruimtebegrip.

De derde belangrijke stap wordt in *L'Evolution créatrice* (1907) gezet. De wereld van de biologie was rond de overgang van negentiende naar twintigste eeuw in verschillende kampen verdeeld; met name op het punt van de variatie bestond in deze pregenetische periode nog de grootste onduidelijkheid. Na 1907 komt immers pas het genetisch onderzoek op gang, wat leidt tot de zo belangrijke ontwikkelingen binnen het denken over de evolutie. Bergson draagt aan de discussie bij door een interpretatie van de evolutiegedachte in termen van zijn tijdsbegrip voor te stellen. In die zin moet zijn zo vaak misverstane idee van het *élan vital* begrepen worden. Dit staat in elk geval niet voor een 'levenskracht' die in de organismen werkzaam zou zijn; de veronderstelling daarvan, beseft ook Bergson, verklaart uiteindelijk niets.

Evenzo dient Bergsons theorie van de intuïtie vanuit zijn tijd-filosofische beschouwingen begrepen te worden. Inderdaad verwijst zijn *intuition* niet naar een of ander vaag, irrationeel en onbewust gevoel. Ze betreft een methode van denken, waarvan een onmiddellijke en innerlijke ervaring van de tijd (of liever, van de verschillende door hem geponeerde *durées*) de spil vormt. Daarmee gaat Bergson in tegen Kants uitgangspunt van «Anschauungen ohne Begriffe sind blind». Voor Bergson is een directe, niet door begrippen bemiddelde aanschouwing van de werkelijkheid in haar voortgang mogelijk en is deze verre van 'blind'. Ze vormt juist het uitgangspunt van wat hij in zijn *Introduction à la métaphysique* (1903) metafysica noemt. Die metafysica stelt zich ten doel de werkelijkheid als temporeel proces te doorgronden.

Zo komt Bergson tot het onderscheid tussen twee, weliswaar complementaire kenwijzen: die van de 'positieve' wetenschap en die van een even 'positieve' metafysica. De laatste, zoals hij zich deze voorstelt, beroept zich namelijk evenals de wetenschap op de ervaring, zij het één waarin de afstand tot het waargenomen object overbrugd is. «Er is niets meer tussengeschoven; er is geen stralenbreking meer door het prisma, waarvan de ruimte het ene, de taal het andere vlak is.» In het denkkader van de (klassieke) wetenschap wordt de voortgang die volgens Bergson aan de werkelijkheid eigen is, ontkend, wordt deze als het ware in mootjes gehakt. Door ons nu van dat kader te bevrijden en ons een rechtstreekse toegang tot de zaak te verschaffen, vallen we met de gegeven voortgang samen. Daarmee is, althans in Bergsons ogen, de empirische basis van de metafysica verzekerd.

Bergson, *Inleiding tot de metafysica* (fragment)

Er is tenminste één werkelijkheid die we allemaal van binnen uit vatten, door middel van intuïtie en niet door louter analyse. Dat is onze eigen persoon in zijn voortvlieden door de tijd. Dat is ons ik dat duurt. We kunnen intellectueel of liever gezegd geestelijk met geen enkel ander ding meevoelen. Maar zeker voelen we met onszelf mee.

Wanneer ik de innerlijke blik van mijn bewustzijn laat gaan over mijn persoon die, laten we even aannemen, niets doet, bemerk ik eerst, als een aan de oppervlakte gestolde korst, alle waarnemingen die hem bereiken vanuit de materiële wereld. Deze waarnemingen zijn helder, onderscheiden, naast elkaar geplaatst of naast elkaar te plaatsen: ze pogen zich tot *objecten* te groeperen. Daarna bemerk ik herinneringen die min of meer kleven aan deze waarnemingen en dienen om ze te interpreteren; deze herinneringen hebben zich als het ware losgemaakt van de bodem van mijn persoon, naar de buitenkant gelokt door de waarnemingen die er op lijken; ze zijn op me gelegd zonder absoluut mezelf te zijn. Ten slotte voel ik dat er neigingen in me opkomen, motorische gewoonten, een groot aantal mogelijke handelingen die min of meer hecht verbonden zijn met die waarnemingen en met deze herinneringen. Al deze vastomlijnde elementen schijnen me meer onderscheiden van mezelf naarmate ze onderling meer van elkaar verschillen. Van de binnenkant naar de buitenkant gericht vormen ze samen de oppervlakte van een bol die de neiging heeft op te zwellen en verloren te gaan in de buitenwereld. Maar als ik me van de buitenkant op het middelpunt concentreer, als ik diep in mezelf zoek naar wat het meest eenduidig, het meest constant, het meest duurzaam mezelf vormt, vind ik iets heel anders.

Onder deze fijn geslepen kristallen en dit aan de oppervlakte bevroren vlies loopt een ononderbroken stroom, in niets vergelijkbaar met wat ik heb zien voortvlieden. Het is een opeenvolging van toestanden waarvan elk de daaropvolgende aankondigt en de eraan voorafgaande in zich draagt. Eigenlijk vormen ze slechts veelvoudige toestanden wanneer ik ze al voorbij ben en me omkeer om er het spoor van te bekijken. Terwijl ik ze beleefde, waren ze zo hecht georganiseerd, zo diep bezield door een gemeenschappelijk leven dat ik niet had kunnen zeggen waar de ene ophield en de andere begon. In werkelijkheid begint noch eindigt niet één van hen, maar zetten ze zich allemaal in elkaar voort.

Het is, zo zou men kunnen zeggen, het afwikkelen van een rol, want er bestaat geen levend wezen dat zijn einde niet steeds dichter voelt naderen; en leven bestaat uit ouder worden. Maar het is evenzeer een voortdurend oprollen, zoals dat van een draad op een kluwen, want ons verleden volgt ons en wordt steeds voller door het heden dat het onderweg opraapt; en bewustzijn betekent herinnering.

In feite is het geen oprollen of afwikkelen, want deze twee beelden doen denken aan lijnen of oppervlakten waarvan de delen onderling homogeen zijn en op elkaar geplaatst kunnen worden. Er zijn echter geen twee momenten identiek voor een bewust wezen. Neem het eenvoudigste gevoel, veronderstel dat het constant is, ga er met je hele persoon in op: het bewustzijn dat met dit gevoel gepaard gaat kan niet twee opeenvolgende momenten aan zichzelf gelijk blijven, omdat het volgende moment, afgezien van het vorige, altijd de herinnering bevat die dit op hem heeft achtergelaten. Een bewustzijn met twee identieke momenten zou een bewustzijn zonder geheugen zijn. Het zou dus verdwijnen en onophoudelijk opnieuw ontstaan. Hoe moeten we ons het onbewuste anders voorstellen?

We moeten ons dus het beeld van een spectrum met talloze schakeringen voor de geest halen, met onmerkbare overgangen die het mogelijk maken om van de ene op de andere schakering over te gaan. Een gevoelsstroom die dit spectrum zou doorlopen en stuk voor stuk de tint van iedere nuance zou aannemen, zou graduele veranderingen ondergaan waarvan ieder de volgende zou aankondigen en degene die eraan voorafgingen in zich zou opnemen. Nu blijven de opeenvolgende schakeringen van het spectrum nog uitwendig aan elkaar. Ze liggen naast elkaar. Ze nemen ruimte in. Wat daarentegen zuivere duur is sluit ieder idee van juxtapositie, van wederkerige uitwendigheid en van uitgebreidheid uit.

Laten we ons dus liever een oneindig klein elastisch voorwerp voorstellen dat, zo mogelijk, samengebald is in een mathematisch punt. Dat rekken we dan geleidelijk op, zodat uit het punt een lijn ontstaan die steeds langer wordt. We concentreren ons niet op de lijn als lijn, maar op de handeling die haar tot stand brengt. Laten we deze handeling ondanks haar duur beschouwen als ondeelbaar, indien we veronderstellen dat ze zich zonder onderbreken voltrekt; en tevens dat, als deze handeling wel onderbroken wordt, er twee handelingen in plaats van één verricht worden, maar dat ieder van die handelingen dan het ondeelbare zal zijn waar we het hier over hebben; dat het niet de bewegende handeling zelf is die ooit deelbaar is, maar de onbeweeglijke lijn die ze als een spoor in de ruimte onder zich achterlaat. Laten we ons ten slotte losmaken van de ruimte die de beweging onderspant om slechts rekening te houden met de beweging zelf, de daad van spanning of uitbreiding, de zuivere beweeglijkheid dus. Dit keer zullen we een getrouwer beeld krijgen van onze ontwikkeling in de duur.

En toch zal dit beeld nog incompleet zijn, zoals trouwens iedere vergelijking mank zal gaan, omdat het afwikkelen van onze duur in sommige opzichten lijkt op de eenheid van een voortgaande beweging, in andere op een veelvoud van toestanden die zich ontvouwen en omdat geen enkele metafoor één van de twee aspecten kan weergeven zonder het andere op te offeren. Als ik het beeld van een spectrum met talloze schakeringen oproep, heb ik iets afgeronds voor ogen, terwijl de duur zichzelf voortdurend tot stand brengt. Als ik aan een elastisch voorwerp denk dat langer wordt, aan een veer die zich spant of ontspant, vergeet ik de kleurenrijkdom die kenmerkend is voor de beleefde duur, om slechts oog te hebben voor de eenvoudige beweging waarmee het bewustzijn van de ene op de andere schakering overgaat. Het innerlijke leven is dit alles tezamen, verscheidenheid aan kwaliteiten, ononderbroken vooruitgang, eenheid van richting. Het kan niet voorgesteld worden met beelden.

Maar nog minder goed is het voor te stellen met *begrippen*, dat wil zeggen met abstracte of algemene of eenvoudige ideeën. Ongetwijfeld zal geen enkel beeld het oorspronkelijke gevoel helemaal kunnen weergeven dat ik van mijn eigen voortvlieden [door de tijd] heb. Maar het is ook niet noodzakelijk dit te proberen. Wie niet zelf in staat is de intuïtie te verwerven van de duur die voor zijn wezen bepalend is, zal deze nooit verwerven, noch met behulp van begrippen, noch met behulp van beelden. Het enige doel van de filosoof moet hier zijn om een bepaalde bezigheid uit te lokken die bij de meesten bijna altijd gedwarsboomd wordt door de geestelijke gewoontes die eerder gericht zijn op het nut voor het praktische leven. Nu heeft het beeld tenminste dit voordeel dat het ons tot het concrete bepaalt. Geen enkel beeld zal de intuïtie van de duur kunnen vervangen, maar veel verschillende beelden, ontleend aan totaal andere orden van dingen, kunnen door hun gezamenlijke werking het bewustzijn richten op het exacte punt waarin een bepaalde intuïtie op te doen is. Door de beelden zo uiteenlopend mogelijk te kiezen wordt verhinderd dat niet één ervan de plaats van de intuïtie die het juist moet oproepen inneemt, omdat het dan onmiddellijk door zijn rivalen verjaagd zal worden. Door te zorgen dat ze, ondanks hun verschillen in uitdrukking, van onze geest allemaal dezelfde soort aandacht en als het ware dezelfde mate van spanning vereisen, wordt het bewustzijn langzamerhand gewend gemaakt aan een heel speciale en zeer bepaalde houding, namelijk die welke het zal moeten innemen om onverhuld aan zichzelf te verschijnen. Maar het moet wel met deze inspanning instemmen. Want er zal hem niets getoond zijn. Het zal alleen maar in de juiste houding gebracht worden om de verlangde inspanning te verrichten en uit zichzelf de intuïtie te bereiken. Het bezwaar van te eenvoudige begrippen ligt hem in deze materie daarentegen juist in het feit dat ze echt symbolen zijn, die in de plaats komen van het voorwerp dat ze symboliseren en van ons geen enkele inspanning vereisen. Als we ze nader beschouwen zouden we zien dat elk slechts van het voorwerp behoudt wat dit gemeen heeft met andere voorwerpen. We zouden zien dat elk, nog meer dan het beeld, een *vergelijking* uitdrukt tussen het object en de objecten die er op lijken. Maar omdat de vergelijking een gelijkenis tot stand heeft gebracht, omdat de gelijkenis een eigenschap is van het object, omdat een eigenschap er alle schijn van heeft een *deel* te zijn van het object dat deze bezit, kunnen we ons er moeiteloos van overtuigen dat we, door begrippen naast elkaar te leggen, het object als geheel reconstrueren met behulp van zijn delen; we krijgen er als het ware een verstandelijk equivalent van. We menen dus, door de begrippen van eenheid, veelvoudigheid, continuïteit, eindige of oneindige deelbaarheid enzovoort achter elkaar te zetten, een getrouwe weergave van de duur tot stand te brengen. Daarin schuilt hem nu juist de illusie. Daarin schuilt ook het gevaar. Hoe nuttig abstracte ideeën ook mogen zijn voor de analyse, dat wil zeggen voor een wetenschappelijke bestudering van het object in zijn relaties tot alle andere objecten, ze zijn niet in staat de intuïtie te vervangen, dat wil zeggen het metafysische onderzoek naar het wezenlijke en het eigene van het object. Enerzijds hebben die aan elkaar geknoopte begrippen ons inderdaad nooit meer te bieden dan een kunstmatige reconstructie van het object waarvan ze alleen maar enkele algemene en als het ware onpersoonlijke aspecten kunnen symboliseren: tevergeefs zouden we dus menen met hen een werkelijkheid te vatten waarvan ze ons slechts de afschaduwing laten zien. Maar aan de andere kant bestaat er naast de illusie ook nog een zeer ernstig gevaar. Want het begrip generaliseert niet alleen, maar het abstraheert ook. Het begrip kan alleen maar een bijzondere eigenschap symboliseren door haar gemeenschappelijk te maken aan een oneindig aantal dingen. Dus door haar uit te breiden misvormt het begrip haar altijd min of meer. Weer teruggeplaatst in het metafysische voorwerp dat haar bezit, valt een eigenschap met dat voorwerp samen, neemt er tenminste de vorm van aan en krijgt dezelfde omtrekken. Van het metafysische voorwerp losgemaakt en vervat in een begrip, dijt ze eindeloos uit, wordt groter dan het voorwerp, omdat ze het voortaan samen met andere moet bevatten. De verschillende door ons gevormde begrippen van de eigenschappen van een ding brengen daaromheen dus evenzoveel aanzienlijk ruimere cirkels aan, waarvan er niet één precies op het ding betrekking heeft. En binnen het ding zelf vielen de eigenschappen daar toch mee samen en vielen ze bijgevolg met elkaar samen. Er zit dus niets anders voor ons op dan een kunstgreep te bedenken om dit samenvallen te herstellen. We nemen één van deze begrippen en daarmee zullen we proberen het weer bij de andere te voegen. Maar al naar gelang we van het ene of het andere begrip uitgaan, zal de verbinding niet op dezelfde wijze totstandkomen. Al naar gelang we bijvoorbeeld uitgaan van de eenheid of de veelvoudigheid, zullen we de veeleenheid van de duur anders opvatten. Alles hangt af van het gewicht dat we aan bepaalde begrippen toekennen, en dit gewicht zal altijd iets willekeurigs hebben, omdat het begrip los van het voorwerp geen gewicht bezit, aangezien het maar de afschaduwing is van een lichaam. Zo ontstaat er een veelheid van verschillende *systemen*, evenveel als er uitwendige gezichtspunten zijn op de onderzochte werkelijkheid of als er ruimere cirkels getrokken worden om haar te omsluiten. Eenvoudige begrippen hebben dus niet alleen het nadeel dat ze de concrete eenheid van het voorwerp opdelen in evenzoveel symbolische uitdrukkingen, maar ook dat ze de filosofie verdelen in verschillende scholen, van wie elk haar eigen plaats bezet, haar eigen fiches kiest en met de andere een spelletje begint waaraan nooit een einde zal komen. De metafysica is ofwel dit ideeënspel, ofwel ze moet als serieuze bezigheid van de geest de begrippen transcenderen om bij de intuïtie uit te komen. Natuurlijk heeft ze begrippen nodig, want alle andere wetenschappen werken normaliter met begrippen en de metafysica zou het niet zonder andere wetenschappen kunnen stellen. Maar ze is pas echt zichzelf als ze het begrip overstijgt of tenminste, wanneer ze zich ontdoet van stramme en pasklare begrippen om heel andere begrippen te scheppen dan die welke we gewoonlijk hanteren, ik bedoel soepele, beweeglijke, bijna vloeibare voorstellingen, altijd gereed om de vluchtige vormen van de intuïtie aan te nemen. We zullen later op dit belangrijke punt terugkomen. Laten we ons er voorlopig tevreden mee stellen te hebben aangetoond dat onze duur ons direct getoond kan worden in een intuïtie, dat ze indirect aan ons gesuggereerd kan worden door beelden, maar dat ze niet in een begripsmatige voorstelling kan worden opgesloten, als we het woord 'begrip' in zijn eigenlijke betekenis nemen.

H. Bergson, *La pensée et le mouvant*, in *Oeuvres*, textes annotés par A. Robinet, intr. par H. Gouhier. Parijs: Presses Universitaires de France, 1963. Nederlandse vertaling: *Inleiding tot de metafysica*, vertaling E. de Marez Oyens, inleiding J. Bor. Meppel/Amsterdam: Boom, 1989, p. 52-59.

Husserl
(1859 – 1938)

Edmund Husserl, grondlegger van de fenomenologie, werd geboren te Prosznitz in Moravië, in het huidige Tsjechië. Hij studeerde aanvankelijk wiskunde en later filosofie bij Franz Brentano. Van deze neemt Husserl de gedachte over dat de oude taak van de filosofie, een grondslag voor alle vakwetenschappen te leggen, vervuld moet worden door een beschrijvende psychologie.

Eerst houdt Husserl zich bezig met filosofische problemen in de wiskunde. De taak van de filosofische opheldering van de wiskunde zou, meent hij dan, toekomen aan de psychologie. Deze opvatting brengt Husserl evenwel in moeilijkheden als hij de geldigheid van symbolische methoden in de wiskunde wil verklaren. Hoe kan immers de 'apodictische' geldigheid van wiskundige wetten verklaard worden door een empirische wetenschap als de psychologie? Hetzelfde probleem doet zich voor met betrekking tot de formele logica, waarvan Husserl ook de modernste mathematische ontwikkelingen bestudeerde.

In 1900-1901 publiceert Husserl een zeer doorwrochte oplossing van deze problematiek onder de titel *Logische Untersuchungen*. In het eerste deel van dit werk toont hij de onhoudbaarheid van alle empiristische opvattingen van logica en wiskunde aan. Volgens het empirisme kunnen wiskundige en formeel-logische wetten bevestigd of ontkracht worden door ervaringsgegevens. Een dergelijke opvatting leidt echter tot absurde consequenties. In het tweede deel probeert hij een nieuwe kennistheoretische conceptie van de formele logica en de wiskunde te ontwikkelen. Deze hebben volgens hem geen betrekking op verschijnselen uit de zintuiglijk waarneembare werkelijkheid, maar op 'ideale' objecten waarvan men niet zeggen kan dat ze op een bepaalde plaats of tijd bestaan. Husserl tracht dit 'platonisme' te legitimeren door een beschrijving van de bewustzijnsacten waardoor we het bestaan van ideale objecten kunnen constateren. De beschrijvende psychologie keert hier terug, maar met een ietwat gewijzigde taak. De platoonse theorie der 'ideale' objecten werd in de traditie vaak als enigszins raadselachtig ervaren. In welke zin kan men nu zeggen dat ideale objecten als getallen of zuiver geometrische figuren 'bestaan'? Husserl meent dat men deze vraag alleen kan beantwoorden door een analyse van de bewustzijnsacten waardoor deze objecten zich aan ons voordoen, zich voor ons 'constitueren'. Daarom noemt hij dit onderzoek later 'constitutieanalyse'.

In zijn volgende grote werk, de *Ideen zu einer reinen Phänomenologie und phänomenologische Philosophie*, waarvan het eerste boek in 1913 verschijnt, tracht Husserl de constitutieanalyse te ontwikkelen tot een algemene filosofische methode, de fenomenologie.

Husserls invloed is voor een zeer groot deel te danken aan de *Logische Untersuchungen*. Dit werk inspireerde mensen met de meest uiteenlopende belangstelling. Voor velen betekende het een mijlpaal in de filosofie van de logica. Anderen zagen er een aanzet in tot hernieuwing van de filosofische ontologie, zoals die in de Middeleeuwen werd bedreven. De psychologische analyses en vooral het van Brentano overgenomen en door Husserl verder ontwikkelde intentionaliteitsbegrip — de gedachte dat het bewustzijn altijd op iets gericht is — hadden grote invloed op het existentialisme en daardoor uiteindelijk op psychologie en psychiatrie.

Voor deze bundel is een stuk uit de *Logische Untersuchungen* gekozen. Husserl rekent erin af met twee onderling nauw verwante waarnemingstheorieën: de beeld- en de tekentheorie (onder punt 1). De beeldtheorie bestond al in de Griekse Oudheid en is bepalend geweest voor vele probleemstellingen in de moderne filosofie. Zo zijn we ons volgens Hume bij het waarnemen uitsluitend bewust van beelden in ons bewustzijn. Maar hoe kunnen we dan weten of met deze beelden iets buiten ons bewustzijn correspondeert? Husserls kritiek op de beeldtheorie is dat ze de uitdrukking 'beeld' **misbruikt**. In de normale zin van het woord is een beeld een object dat in de waarneming gegeven is. Dit object ('beeld-object') kunnen we als beeld van iets anders opvatten. Het beeld wordt dan, zoals Husserl het uitdrukt, 'geconstitueerd' in een bepaalde bewustzijnsact: de beeld-opvatting. Omdat deze beeld-opvatting alleen mogelijk is, indien er al een object wordt waargenomen, kan waarnemen zelf niet in een beeld-opvatting bestaan.

Dezelfde kritiek treft de tekentheorie. Ook het teken is in eerste instantie een waargenomen object, dat we moeten waarnemen om het als teken te kunnen opvatten. De tekentheorie is alleen iets abstracter dan de beeldtheorie.

Onder punt 2 speelt in de tekst nog een ander probleem, dat omstreeks de overgang van negentiende naar twintigste eeuw sterk in de belangstelling stond. Volgens Brentano had elke voorstelling een object. Hij zag in de intentionele gerichtheid op een object zelfs een wezenskenmerk van het psychische. Tegelijkertijd onderkende men de mogelijkheid dat met bepaalde voorstellingen geen object correspondeert, zoals met 'gouden berg' of 'vierkante cirkel'. Hoe nu deze twee stellingen met elkaar te verenigen? Dit is een van de 'zakelijke' moeilijkheden waarnaar Husserl onder punt 2 verwijst. Sommige denkers meenden een uitweg gevonden te hebben, door een 'immanent' en een 'werkelijk' object te onderscheiden. Met de voorstelling 'gouden berg' zou dan geen werkelijk, maar wel een immanent object corresponderen. Op die manier zou aan beide stellingen zijn voldaan. Husserl betoogt elders dat deze oplossing niet voldoet. Wanneer het uiterlijk object wél bestaat, dan zouden er plotseling twee objecten van de voorstelling zijn. Indien bij ontstentenis van het uiterlijk object niettemin een immanent object van de voorstelling bestaat, dan is de uitspraak «De voorstelling 'vierkante cirkel' heeft geen object» onwaar. Er is dan immers een immanent object van de voorstelling. Het onderscheid tussen het werkelijke en het immanente object lost dus niets op; integendeel, het doet allerlei nieuwe (schijn)problemen ontstaan.

Husserl, *Logische onderzoekingen* (fragment)

Kritiek op de 'beeldtheorie' en de leer van de 'immanente' objecten van de acten

Men moet zich bij de fenomenologische interpretatie van de verhouding tussen act en subject hoeden voor twee fundamentele en bijna onuitroeibare misvattingen.

1.
Voor de misvatting van de *beeldtheorie*, die meent het (in elke act besloten) feit van het voorstellen genoegzaam verhelderd te hebben doordat ze zegt: 'buiten' is, of is in elk geval onder bepaalde omstandigheden, het ding zelf; in het bewustzijn is als plaatsvervanger ervan een beeld.

Hiertegen moet worden ingebracht dat deze opvatting het belangrijkste punt volkomen over het hoofd ziet, namelijk dat wij bij het beeldmatig voorstellen *op grond* van het verschijnende *beeldobject* het *afgebeelde* object (het *origineel*) bedoelen. Nu is het beeld-zijn van het object dat als beeld fungeert kennelijk geen intrinsiek kenmerk (geen 'eigenlijk predikaat'); alsof een object net als het bijvoorbeeld rood en bolvormig is ook een beeld zou zijn. Hoe komt het dus dat we kunnen uitkomen boven het beeld dat alleen in het bewustzijn gegeven is, en dat we het als beeld op een bepaald object kunnen betrekken dat vreemd is aan het bewustzijn? De verwijzing naar de gelijkenis tussen het beeld en het origineel helpt ons niet verder. Die gelijkenis is ongetwijfeld een objectief feit, wanneer het origineel tenminste echt bestaat. Maar dit feit telt in het geheel niet voor het bewustzijn, dat volgens de gemaakte vooronderstelling alleen over het beeld beschikt; het kan bijgevolg geen dienst doen om het wezen van de voorstellende, nauwkeuriger gesproken, van de afbeeldende verhouding tot het eraan uiterlijke object (het origineel) op te helderen. De gelijkenis tussen twee voorwerpen, al is ze nog zo groot, maakt het ene nog niet tot beeld van het andere. Pas door het vermogen van een voorstellend ik om een op een object gelijkend gegeven te gebruiken als vertegenwoordigend beeld ervan, het vermogen alleen het ene aanschouwelijk present te hebben en toch in plaats ervan het andere te *bedoelen*, wordt het beeld geheel en al tot beeld. Dat kan echter niets anders betekenen dan dat het beeld zich als beeld in een eigensoortig intentioneel bewustzijn constitueert. Het *intrinsieke* karakter van deze act, de *specifieke* eigenaardigheid van deze 'opvattingsmodus', maakt dus niet alleen datgene uit wat we verstaan onder het voorstellen door middel van een beeld. Het maakt ook dat we, al naar gelang de bijzondere en eveneens intrinsieke bepaaldheid van die act, dit of dat *bepaalde* object beeldmatig voorstellen. Wanneer men daarentegen beeldobject en origineel in de reflectie aan elkaar relateert en tegenover elkaar stelt, gaat het niet om twee objecten die in de verbeeldende act zelf werkelijk verschijnen. Veeleer verwijst deze tegenoverstelling naar mogelijke kennisverbanden die in nieuwe acten tot stand kunnen komen, kennisverbanden waar*in* het beeldmatig bewustzijn vervuld zou worden, zodat de synthese tussen het beeld en de zaak die door het beeld vertegenwoordigd is, wordt gerealiseerd. Dat men in de beschrijvende psychologie (en zeker in de zuivere fenomenologie) op vage wijze spreekt over innerlijke beelden (in tegenstelling tot uiterlijke objecten) mag niet worden toegestaan. Het schilderij is alleen beeld voor een beeld-constituerend bewustzijn. Want dit laatste verleent aan een object, dat primair en in de waarneming verschijnt, door de beeld-opvatting (die hier dus in de waarneming gefundeerd is) pas de 'gelding' of 'betekenis' van een beeld.

Vooronderstelt de opvatting als beeld zo reeds een object dat intentioneel aan het bewustzijn gegeven is, dan raakt men natuurlijk in een oneindige regressie, indien men dit [intentioneel gegeven-zijn] zelf, en steeds opnieuw, in het hebben van een beeld laat bestaan; indien men dus met betrekking tot de gewone waarneming in ernst spreekt van een 'waarnemingsbeeld' dat in die waarneming huist, 'door middel waarvan' de waarneming op de 'zaak zelf' gericht zou zijn. Aan de andere kant moet men hier beslist leren inzien dat er in elk geval een of andere 'constitutie' van het voorstellingsobject *voor* het bewustzijn en *in* het bewustzijn nodig is, in de wezenlijke inhoud ervan; dat dus een object niet daardoor een voorgesteld object voor het bewustzijn is, doordat er in het bewustzijn gewoon een 'inhoud' bestaat die hoe dan ook lijkt op het [bewustzijns]transcendente object (hetgeen zich bij nauwkeurige overdenking in pure nonsens oplost), maar doordat in het *fenomenologische wezen* van het bewustzijn elke betrokkenheid op de objecten ervan besloten is en principieel alleen daarin besloten kan zijn, en wel als betrokkenheid op een 'transcendente' zaak. Deze betrokkenheid is 'direct' bij een ongefundeerde en indirect bij een gefundeerde, bijvoorbeeld een afbeeldende voorstelling.

Men mag bijgevolg niet zo spreken en denken, alsof het zogenaamde 'beeld' een analoge relatie tot het bewustzijn heeft als het beeld tot de kamer waarin het staat opgesteld, en ook niet alsof met de ondergeschoven constructie van het ene object in het andere ook maar in het minst iets begrijpelijk is gemaakt. Men moet zich verheffen tot het fundamentele inzicht dat het verlangde begrip alleen door een fenomenologische *wezens*analyse van de desbetreffende acten bereikt kan worden, te weten de intentionele belevingen van de 'verbeelding' in de oude, zeer ruime zin (de verbeeldingskracht van Kant en Hume). Waar het dan op aankomt is dat in deze acten krachtens hun (a priori te kennen) specifieke wezen 'een object verschijnt' en wel soms gewoonweg, direct verschijnt en dan weer zo, dat het niet zichzelf 'geldt' maar als 'beeld-representatie' geldt van een object dat erop lijkt. Men moet daarbij niet over het hoofd zien dat het representerende beeldobject zich ook zelf weer zoals elk verschijnend object constitueert in een act (waarin de beeld-opvatting eerst gefundeerd is).

Klaarblijkelijk is deze uiteenzetting *mutatis mutandis* van toepassing op de representatietheorie in de ruimere zin der *tekentheorie*. Ook het tekenzijn is geen eigenlijk predikaat. Het behoeft eveneens een gefundeerd intentioneel bewustzijn. Ook hier moet men teruggrijpen naar bepaalde nieuwe acten. Alleen déze zijn in fenomenologisch opzicht maatgevend en, met betrekking tot dit predikaat, het enige reëel fenomenologische.

Al dergelijke 'theorieën' worden bovendien getroffen door het bezwaar dat ze gewoonweg blind zijn voor de rijkdom van wezenlijk verschillende wijzen van voorstellen die door zuiver fenomenologische analyse aan het licht gebracht kunnen worden binnen de klassen van de aanschouwelijke en de lege, [niet aanschouwelijke] voorstelling.

2.

Het is een ernstige vergissing, wanneer men überhaupt een reëel onderscheid maakt tussen de 'louter immanente' of 'intentionele' objecten aan de ene kant en de eventueel ermee corresponderende 'werkelijke' en 'transcendente' objecten aan de andere kant: of men dit onderscheid dan uitlegt als bestaand tussen een reëel in het bewustzijn aanwezig teken of beeld en de aangeduide of afgebeelde zaak, dan wel of men op een andere manier een reëel tot het bewustzijn behorend gegeven in de plaats van het 'immanente' object stelt, zoals zelfs de inhoud in de zin van het betekenis verlenende moment. Zulke dwalingen, die zich door de eeuwen voortslepen (men denke aan het ontologisch bewijs van Anselmus), berusten op de dubbelzinnigheid van de term 'immanent' en van aanverwante uitdrukkingen, ofschoon ze ook wel uit zakelijke moeilijkheden zijn ontsproten. Men hoeft het maar uit te spreken en iedereen zal het moeten toegeven: *dat het intentionele object van de voorstelling hetzelfde is als het werkelijke en eventueel uiterlijke object ervan, en dat het absurd is om tussen beide een onderscheid te maken.* Het transcendente object zou in het geheel niet *het object van deze voorstelling* zijn, indien het niet het *intentionele* object van *juist deze* voorstelling was. En het spreekt vanzelf dat dit een zuiver analytische uitspraak is. Het object van de voorstelling of de 'intentie', dat *is en betekent* het voorgestelde, het intentionele object. Stel ik mij God of een engel, een intelligibel zijn op zich, een fysisch ding of een rond vierkant etc. voor, dan is dit hier genoemde en transcendente object precies bedoeld en dus (alleen maar anders uitgedrukt) intentioneel object. Het doet er daarbij niet toe of dit object bestaat, of dat het verzonnen of absurd is. Als we zeggen dat het object 'louter intentioneel' is, bedoelen we natuurlijk niet dat het *bestaat*, ofschoon alleen in de *intentio* (dus als een werkelijk bestanddeel ervan), of dat daarin de een of andere schaduw van het object bestaat. Het betekent veeleer dat de intentie, het *'bedoelen'* van een zo gekwalificeerd object bestaat, maar *niet* het object. — Maar genoeg over deze vanzelfsprekendheden, die tegenwoordig nog en door een niet gering aantal onderzoekers zo volkomen verkeerd worden uitgelegd.

Onze uiteenzetting van zo-even sluit natuurlijk niet uit dat onderscheid wordt gemaakt tussen het telkens geïntendeerde object *tout court* en het object *zoals* het daarbij geïntendeerd is (in welke zin opgevat en eventueel in welke 'rijkdom' van aanschouwing). Ze sluit evenmin uit dat bij deze laatste titel aparte analyses en beschrijvingen horen.

E. Husserl, *Logische Untersuchungen*, 2.-5. Auflage. Tübingen: Max Niemeyer Verlag, 1913, Bd. II/1, p. 421-425. Vertaald voor deze bundel door H. Philipse.

Russell

(1872 – 1970)

Als het om beroemdheid gaat overtrof Bertrand Russell gemakkelijk alle andere filosofen van zijn tijd. Maar die faam is misschien meer te danken aan zijn stellingnamen in politieke en andere maatschappelijke aangelegenheden dan aan zijn theoretische filosofische geschriften. Toch bezorgden ook de werken die hij op dat gebied tussen 1910 en 1930 publiceerde hem een wereldnaam: bij wiskundigen door het driedelige werk *Principia Mathematica* (1910-1913) en bij filosofen door een respectabel aantal originele publicaties, waaronder *Our Knowledge of the External World as a Field for Scientific Method in Philosophy* (1914), *The Analysis of Mind* (1921) en *The Analysis of Matter* (1927).

In de titels komt al naar voren dat Russell 'analyse' als de wetenschappelijke methode in de filosofie beschouwde. Het doel van zo'n analyse is tot zo nauwkeurig mogelijke resultaten te komen over bijvoorbeeld de aard van de wiskunde, de basiseenheden en basisprincipes van de andere wetenschappen én over de logische structuur van de gewone taal. Het materiaal voor zo'n analyse wordt geleverd door wat wij op een gegeven moment aan kennis hebben; dat kan 'kennis van de buitenwereld' zijn, verwoord in vage, complexe en inexacte bewoordingen, maar ook kennis vervat in wetenschappelijke systemen. De methode is die van logische analyse, waarover volgens Russell zelf «niets van enige waarde kan worden gezegd, behalve dan door middel van voorbeelden». Op dit punt heeft Russell een geweldige staat van dienst: zodra hij omstreeks 1900 in aanraking is gekomen met de nieuwe logica in de vorm die Guiseppe Peano eraan had gegeven, begint hij deze toe te passen. Met zijn artikel 'On the notion of order' in het tijdschrift *Mind* van 1901 kiest hij een onderwerp waarbij de traditionele logica faalde. Van dezelfde datum dateert Russells inzicht in het belang van de nieuwe logica voor de grondslagen van andere disciplines dan de wiskunde; ordeningen komen immers niet alleen voor tussen getallen en punten op een lijn, maar ook tussen tijdstippen, gebeurtenissen in de tijd, kleuren en tonen.

Iets hiervan keert terug in de onderstaande inleiding in de filosofie van de logische analyse die Russell schreef voor zijn *History of Western Philosophy*. Russell geeft hier een overzicht van verscheidene onderwerpen die hij met de methode van logische analyse in de loop der jaren behandeld heeft, vanaf zijn boek *The Principles of Mathematics* van 1903 tot en met zijn *Analysis of Matter*. Van 1905, in het artikel 'On denoting', dateert Russells oplossing van een probleem dat al op het niveau van de gewone taal ontstaat: hoe kunnen we praten over wat niet bestaat, zoals gouden bergen, ronde vierkanten en dergelijke? Filosofen als Meinong en Husserl hadden hierover theorieën bedacht, hetzij door 'onmogelijke objecten' te postuleren, hetzij door 'ideale betekenissen' aan te nemen. Russells logische theorie maakt zulke filosofische theorieën overbodig. Het is verleidelijk om dit negatieve aspect van de filosofie van de logische analyse als haar enige functie te zien. Russell deed dit zeker niet, evenmin trouwens als de leden van de *Wiener Kreis*, die de verwachting waarmaakten, die hij in 1914 uitsprak: «De enige voorwaarde die volgens mij nodig is om voor de filosofie in de nabije toekomst prestaties te leveren die alles overtreffen wat tot nu toe door filosofen tot stand is gebracht, is de vorming van een school van mensen met een wetenschappelijke training en filosofische interesses, onbelemmerd door de tradities van het verleden en niet misleid door de literaire methoden van diegenen die de klassieken in alles imiteren behalve in hun verdiensten.»

Russell, *Geschiedenis van de westerse wijsbegeerte* (fragment)

De logisch-analytische wijsbegeerte

Al sinds Pythagoras bestaat in de wijsbegeerte een tegenstelling tussen de aanhangers van een primair wiskundig geïnspireerde denkwijze en degenen die zich eerder door de empirische wetenschappen laten beïnvloeden. Plato, Thomas van Aquino, Spinoza en Kant behoren tot wat we de wiskundige richting kunnen noemen, terwijl we Democritus, Aristoteles en de moderne empiristen vanaf Locke tot de andere partij mogen rekenen. In recenter tijden is een wijsgerige stroming ontstaan die de beginselen van de wiskunde tracht te bevrijden van het pythagorisch dualisme, en het empirisme poogt te combineren met aandacht voor de deductieve kanten van het menselijk kennen. De doelstellingen van deze filosofen zijn minder opzienbarend dan die van het merendeel hunner voorgangers, maar er worden af en toe resultaten geboekt die zich kunnen meten met wat in de natuurwetenschappen bereikt wordt.

Deze nieuwe filosofie vindt haar oorsprong in de bevindingen van een aantal wiskundigen die zich erop toelegden hun studieobject van drogredenen en slordige formuleringen te bevrijden. De wiskundigen die in de zeventiende eeuw naam maakten waren bezield van een groot optimisme en een hang naar snelle resultaten, met als gevolg dat weinig zorg werd besteed aan de grondslagen van analytische meetkunde en infinitesimaalrekening. Leibniz geloofde stellig in het bestaan van differentialen en integralen, maar hoewel deze overtuiging zijn metafysica goed van pas kwam, was er geen deugdelijke wiskundige basis voor. Kort na het midden van de negentiende eeuw toonde Weierstrass aan dat deze calculus ook zonder differentialen en integralen kon worden opgebouwd, zodat ze tenslotte logisch gewaarborgd was. Daarna kwam Georg Cantor, die de theorie van de continuïteit en het oneindige getal ontwikkelde. Rond het woord 'continuïteit' bestond tot hij het nader definieerde grote onduidelijkheid, dankbaar aangegrepen door filosofen als Hegel, die zich tot doel stelden de wiskunde te larderen met metafysische ondoorgrondelijkheden. Cantor gaf het woord een nauwkeurige omschrijving, en toonde aan dat het begrip continuïteit zoals hij het definieerde door wis- en natuurkundigen uitstekend benut kon worden. Zodoende werden tal van mystieke opvattingen, waaronder die van Bergson, voorgoed naar het verleden verbannen.

Ook wist Cantor het eeuwenoude logische vraagstuk van het oneindige getal op te lossen. Stel men neemt de reeks van gehele getallen te beginnen bij 1, op hoeveel komt men dan uit? De reeks is duidelijk niet eindig. Tot en met duizend zijn er duizend getallen, tot en met miljoen een miljoen. Welk eindig getal men ook neemt, steeds zullen er uiteraard meer zijn; want vanaf 1 tot en met het getal in kwestie gaat het precies om die hoeveelheid getallen, en steeds zijn er grotere te bedenken. De hoeveelheid eindige gehele getallen moet derhalve oneindig zijn. Het merkwaardige is nu echter dat er in dat geval net zoveel gewone gehele getallen moeten zijn als even gehele getallen. Vergelijk de twee reeksen:

1, 2, 3, 4, 5, 6, ...
2, 4, 6, 8, 10, 12, ...

Voor iedere plaats in de bovenste reeks is er één in de onderste, en dientengevolge moeten beide reeksen evenveel termen bevatten, ook al bestaat de onderste reeks uit slechts de helft van de termen in de bovenste. Dit was ook Leibniz al opgevallen, en hij zag het als een contradictie; waaruit hij de conclusie trok dat er weliswaar oneindige verzamelingen waren, maar geen oneindige getallen. Georg Cantor daarentegen ontkende boudweg dat het hier om een contradictie zou gaan. Hij had gelijk; het is louter een curiositeit.

Georg Cantor definieerde een 'oneindige' verzameling als een verzameling waarvan de delen evenveel termen bevatten als de verzameling in haar geheel. Op grond hiervan was hij in staat een hoogst belangwekkende wiskundige theorie over de oneindige getallen op te bouwen, met als gevolg dat de exacte logica werd uitgebreid met een breed terrein dat eertijds aan verwarring en mystificatie ten prooi lag.

De volgende belangrijke figuur was Frege, die zijn eerste werk in 1879 publiceerde, en zijn definitie van 'getal' in 1884. Ondanks het ingrijpende belang van zijn ontdekkingen kreeg hij echter geen enkele erkenning, tot ik hem in 1903 onder de aandacht bracht. Het is opvallend dat elke definitie van het getal die vóór Frege beproefd werd fundamentele logische flaters bevatte. Zo was het gangbaar om 'getal' met 'aantal' te vereenzelvigen. Maar een voorbeeld van 'getal' is een specifiek getal, laten we zeggen 3, en een voorbeeld van 3 is een specifiek drietal. Dat drietal is een aantal, maar de klasse van alle drietallen — voor Frege lag pas daar de identiteit met het getal 3 — is een aantal van aantallen, en 'getal' in het algemeen, waarvan 3 een voorbeeld is, is een aantal van aantallen van aantallen. Dit te verwarren met het simpele aantal dat een gegeven drietal vertegenwoordigt is een elementaire grammaticale misvatting die de hele filosofie van het getal vóór Frege tot een aaneenschakeling van onzin maakt — onzin, in de meest strikte zin van dat woord.

Uit Freges werk volgde dat de rekenkunde, en de zuivere wiskunde in het algemeen, louter een verlengstuk waren van de deductieve logica. Dit weerlegde Kants theorie dat rekenkundige proposities 'synthetisch' waren en een verwijzing naar de tijd inhielden. De ontwikkeling van de zuivere wiskunde uit de logica is door Whitehead en mij in *Principia Mathematica* tot in details uitgewerkt.

Gaandeweg werd duidelijk dat een groot deel van de wijsbegeerte terug viel te brengen tot wat wellicht 'syntaxis' mag heten, hoewel het woord dan in een iets ruimere zin gebruikt moet worden dan tot dusver gangbaar was. Sommigen, met name Rudolf Carnap, verdedigden de theorie dat alle wijsgerige problemen in feite syntactisch van aard zijn, en dat het vermijden van syntactische fouten voldoende zou zijn om een wijsgerig probleem ofwel op te lossen, of onoplosbaar te verklaren. Ik denk dat dit te veel gezegd is, en daar is Carnap het intussen mee eens; maar het lijdt geen twijfel dat een filosofische syntaxis bij de behandeling van veel traditionele problemen van groot nut kan zijn.

Ik zal de waarde daarvan toelichten met een beknopte uiteenzetting van de zogenaamde 'theorie der beschrijvingen'. Met een 'beschrijving' bedoel ik een woordgroep als 'de huidige president van de Verenigde Staten', waarmee een persoon of zaak niet door een naam wordt aangeduid, maar door middel van een hoedanigheid waarvan men weet of aanneemt dat ze die persoon of zaak bij uitstek kenmerkt. Dergelijke woordgroepen nu gaven talloze problemen. Stel dat ik zeg: «De gouden berg bestaat niet», en stel dat u vraagt: «Wát bestaat niet?» Als ik dan antwoord: «De gouden berg», verleen ik er ogenschijnlijk een soort bestaan aan. Het gaat hier duidelijk niet om een bewering van het type «Het ronde vierkant bestaat niet», en daar leek uit te volgen dat de gouden berg één soort van ding was en het ronde vierkant een ander, hoewel geen van beide bestaat. De theorie der beschrijvingen was bedoeld om deze en aanverwante problemen te lijf te gaan.

Volgens deze theorie namelijk zullen moeilijkheden rond de woordgroep 'de zus-en-zo' verdwijnen als een bewering die een dergelijke woordgroep bevat op de juiste wijze geanalyseerd wordt. Neem bijvoorbeeld de bewering «Scott was de schrijver van *Waverley*». Volgens de theorie wil deze bewering zeggen: «Eén en slechts één man heeft *Waverley* geschreven, en die man was Scott»; of, nog volllediger: «Er is een entiteit c zodanig dat de bewering 'x heeft *Waverley* geschreven' waar is als x is c, en anders onwaar; bovendien is c Scott.»

Het eerste deel hiervan, voorafgaand aan het woord 'bovendien', krijgt in deze definitie de betekenis: «De schrijver van *Waverley* bestaat (of bestond, of zal bestaan).» Zo zal «De gouden berg bestaat niet» betekenen:

«Er is geen entiteit c zodanig dat 'x is van goud en bergachtig' waar is als x is c, maar anders niet.»

Door deze definitie is de vraag wat we bedoelen als we zeggen «De gouden berg bestaat niet» uit de wereld geholpen.

Volgens onze theorie kan 'bestaan' alleen maar van beschrijvingen beweerd worden. We kunnen wel zeggen «De schrijver van *Waverley* bestaat», maar grammaticaal, of in elk geval syntactisch gezien is het niet in de haak om te zeggen: «Scott bestaat.» Zo zijn de nevelen die sinds Plato's *Theaetetus* al tweeduizend jaar lang het woord 'bestaan' omhullen dan eindelijk opgetrokken.

Een ander resultaat van dit soort werkzaamheden was dat de wiskunde verstoten werd van de verheven positie die zij sinds Pythagoras en Plato bekleed had; waarmee tevens een einde kwam aan de geringschatting die de empirie vanuit die hoek steeds ten deel was gevallen. Nu is het zeker waar dat wiskundige kennis niet langs inductieve weg uit de ervaring verkregen wordt, want de reden waarom we geloven dat twee plus twee vier is ligt niet in het feit dat we door observatie telkens tot de ontdekking kwamen dat een tweetal en nog een tweetal telkens een viertal opleverden. Maar om *a priori* kennis van de wereld gaat het al evenmin; en in feite hebben we hier louter met verbale kennis te maken. '3' betekent '2 + 1', en '4' betekent '3 + 1'. Hieruit volgt (hoewel dat een lang bewijs vergt) dat '4' hetzelfde betekent als '2 + 2', en zo zien we heel het 'mysterie' der mathematische kennis in rook vervliegen; het blijkt allemaal ongeveer op hetzelfde neer te komen als de 'verpletterende waarheid' dat er tien decimeters in een meter gaan.

Naast de zuivere wiskunde hebben ook de natuurwetenschappen de logisch-analytische wijsbegeerte van het nodige materiaal voorzien. Dit geldt met name voor de relativiteitstheorie en de kwantummechanica.

De relativiteitstheorie is voor de filosoof vooral van belang omdat ze tijd en ruimte verving door tijd-ruimte. Het gezond verstand beschouwt de fysische wereld als een samenstel van 'dingen' die zich in de ruimte bevinden en daar gedurende een bepaalde tijd voortbestaan. Wijsbegeerte en natuurwetenschappen ontwikkelden het idee van een 'ding' tot dat van een 'materiële substantie', opgebouwd uit heel kleine afzonderlijke deeltjes die door alle tijden heen bleven voortbestaan; en Einstein verving die deeltjes tenslotte door 'gebeurtenissen'. Elke gebeurtenis had ten aanzien van iedere andere gebeurtenis een betrekking die 'interval' heette, en op verschillende manieren in een tijds- en een ruimte-element ontbonden kon worden. De keuze tussen de verschillende ontbindingsmogelijkheden was willekeurig, en theoretisch was de ene manier niet beter dan de andere. Neemt men als gegeven twee onderscheiden gebeurtenissen A en B, dan kan het voorkomen dat ze volgens de ene conventie gelijktijdig zijn, maar dat volgens een andere A aan B voorafgaat, en volgens nog een andere B aan A voorafgaat. Er zijn geen natuurkundige feiten die met deze uiteenlopende conventies corresponderen.

Uit dit alles lijkt te volgen dat de natuurwetenschappen zich met gebeurtenissen dienen bezig te houden, en niet met deeltjes; wat aanvankelijk voor een deeltje werd aangezien, zal nu als een reeks gebeurtenissen beschouwd moeten worden. De reeks gebeurtenissen die voor een deeltje in de plaats komt bezit een aantal belangrijke natuurkundige eigenschappen en verdient daarom de nodige aandacht; maar er kan niet meer substantie aan worden toegekend dan aan willekeurig welke andere gekozen reeks van gebeurtenissen. Zo is de 'materie' niet langer een van de elementaire bouwstenen waartoe de wereld in laatste instantie te herleiden valt, maar geldt ze als niet meer dan een praktische manier om gebeurtenissen te groeperen.

De kwantumtheorie zal deze conclusie bevestigen, maar wijsgerig gezien is haar voornaamste verdienste dat ze natuurkundige verschijnselen als mogelijk discontinu beschouwt. Gesteld wordt dat in atomen (op bovenstaande wijze opgevat) een gegeven stand van zaken een bepaalde tijd aanhoudt, om dan plotseling te worden vervangen door een andere eindige stand van zaken. Hieruit blijkt dat de tot dusver veronderstelde continuïteit van de beweging louter op een vooroordeel berustte. Er is echter nog steeds geen filosofie ontwikkeld die de kwantumtheorie op een bevredigende manier het hoofd biedt. Ik denk dat we, om zo ver te komen, het traditionele dogma van ruimte en tijd nog veel radicaler vaarwel moeten zeggen dan de relativiteitstheorie al van ons eiste.

Waar de natuurwetenschap de materie minder materieel maakte, zorgde de psychologie dat de geest ook aanzienlijk minder geestelijk werd. Elders wezen we al op het verschil tussen ideeënassociatie en geconditioneerde reflex. De laatste theorie, die intussen de plaats van de eerste heeft ingenomen, ligt duidelijk veel dichter bij de fysiologie. (Dit slechts ter illustratie;

ik wil het bereik van de geconditioneerde reflex nu ook weer niet overdrijven.) Zo lijken natuurwetenschappen en psychologie van weerszijden een toenadering te zoeken die langzaam maar zeker de weg vrijmaakt voor de leer van het 'neutraal monisme' die William James in zijn kritiek op het 'bewustzijn' lanceerde. Het onderscheid tussen geest en materie is de wijsbegeerte primair via de godsdienst binnengedrongen, hoewel er lange tijd ook elders goede redenen voor te vinden leken. Mijns inziens zijn zowel geest als materie louter praktische begrippen om gebeurtenissen mee samen te vatten. Er zijn, dat moet ik toegeven, wel bepaalde afzonderlijke gebeurtenissen die uitsluitend als materieel kunnen worden aangemerkt, maar er zijn er ook die tot beide groeperingen behoren, en dus tegelijk geestelijk en materieel zijn. Bovenstaande leer betekent dan ook een grote vereenvoudiging voor de opbouw van ons wereldbeeld.

Recente ontwikkelingen in natuurwetenschappen en fysiologie werpen ook een nieuw licht op het aloude probleem van de waarneming. Als er iets is wat 'waarneming' mag heten, dan moet het, wil het kennis over een voorwerp opleveren, tot op zekere hoogte een effect zijn van dat waargenomen voorwerp, en er min of meer op lijken. Aan die eerste vereiste kan alleen voldaan worden als er sprake is van oorzakelijke ketens die in meerdere of mindere mate onafhankelijk zijn van de rest van de wereld; en volgens de natuurkunde is dat ook zo. Er zijn lichtgolven die zich van de zon naar de aarde begeven en daarbij hun eigen wetten gehoorzamen. Dit geldt echter uitsluitend in ruimere zin, want Einstein heeft aangetoond dat lichtstralen door de zwaartekracht worden beïnvloed. Bereiken ze onze dampkring, dan vindt breking plaats; bij sommige lichtstralen meer dan bij andere. Zodra ze bij het menselijk oog zijn aangeland, doen zich allerhande dingen voor die elders niet plaats zouden vinden, met als resultaat datgene, wat wij uitdrukken als 'de zon zien'. Maar ook al is onze visuele ervaring van de zon heel iets anders dan de zon die de astronoom voor ogen staat, dan nog verschaft de eerste soort waarneming wel degelijk kennis over de tweede, omdat het verschil tussen 'de zon zien' en 'de maan zien' oorzakelijk verband houdt met het onderscheid dat de astronoom tussen zon en maan weet te maken. Zo komen we echter van fysische objecten niet veel méér te weten dan een aantal abstracte, structurele eigenschappen. We kunnen weten dat de zon in zekere zin rond is, ook al komt dat niet helemaal overeen met de manier waarop wat we zien rond is; maar we hebben geen reden om te veronderstellen dat ze stralend of warm is, want de natuurwetenschap kan verantwoorden dat het zo schijnt zonder eerst aan te nemen dat het zo is. Dientengevolge kan onze kennis van de fysische wereld alleen maar abstract en wiskundig zijn.

Het hedendaags analytisch empirisme waarvan ik hier een beeld schetste verschilt van dat van Locke, Berkeley en Hume, doordat de wiskunde er een belangrijke rol in speelt, en men een gedegen logische werkwijze heeft weten te ontwikkelen. Op deze manier kan voor bepaalde problemen een zo sluitend antwoord gevonden worden dat men er eerder een natuurwetenschappelijke dan een wijsgerige kwalificatie aan zou geven. Vergeleken met het filosofisch streven van de grote systeembouwers heeft het analytisch empirisme het voordeel dat het zijn vraagstukken een voor een kan aanvatten, en niet meteen een alomvattende theorie voor heel het universum hoeft te bedenken. Voor mij lijdt het geen twijfel dat dit de methode is die filosofische kennis, mocht zoiets mogelijk zijn, bereikbaar maakt, en dat met dergelijke middelen tal van traditionele problemen ooit volledig zullen worden opgelost.

B. Russell, *History of Western Philosophy and its Connection with Political and Social Circumstances from the Earliest Times to the Present Day*. Londen: Allen and Unwin, 1946, p. 857-862. Vertaald voor deze bundel door H. Plantenga.

Wittgenstein
(1889 – 1951)

Ludwig Wittgenstein is een filosoof die — hoewel de invloed van onder anderen Frege en Russell niet ontkend kan worden — in een opvallend grote mate van onafhankelijkheid van andere filosofen zijn denkbeelden gevormd heeft. Zijn leven lang weigerde hij zich aan te passen aan de heersende filosofische opvattingen. Dat zijn onderzoekingen wel eens op hun beurt door anderen zouden kunnen worden nagebootst, was een mogelijkheid die hij waarschijnlijk niet graag gerealiseerd zag. Hij wenste in elk geval niet te worden nagebootst door academische filosofen, door «filosofen die artikelen in filosofische tijdschriften publiceren». De ironie van de situatie wil echter dat, ondanks Wittgensteins minachting voor de academische filosofie, zijn werk van invloed is geweest op niet minder dan twee stromingen binnen die academische filosofie. Zo heeft het eerste en tevens laatste boek dat tijdens zijn leven werd gepubliceerd, de *Tractatus logico-philosophicus*, een rol gespeeld binnen het logisch positivisme van de *Wiener Kreis*.

Vervolgens is wat wel wordt genoemd de 'filosofie van de omgangstaal' bepaald door de colleges die Wittgenstein op latere leeftijd in Cambridge gaf.

In zijn vroege werk ziet Wittgenstein een juiste opvatting over logica als de sleutel voor de oplossing van alle filosofische problemen. Zijn grondgedachte is dat 'logische constanten' niet bestaan: er is bijvoorbeeld geen object dat 'niet' heet. Zijn uiteindelijke conclusie is dat er een radicaal onderscheid is tussen wat in taal kan worden uitgedrukt en wat alleen maar 'getoond' kan worden. De theorie van de logica die hij ontwikkelt om deze conclusie te onderbouwen, is tegelijkertijd een theorie voor elke tekentaal die aanspraak maakt op 'juistheid' in de zin dat de wereld daarmee beschreven kan worden. Zo'n tekentaal bevat een onontkoombare 'taallogica' die als een 'spiegelbeeld' van de wereld kan worden gezien. In principe voldoet de omgangstaal aan deze theorie: alle beschrijvende zinnen ervan zijn logisch volkomen in orde, het probleem is alleen dat de genoemde taallogica er niet onmiddellijk uit kan worden afgelezen. Hier en alleen hier ligt de taak van de filosofie: «Gedachten die anders als het ware troebel en door elkaar gelopen zijn, helder maken en scherp afbakenen.»

In zijn latere werk wordt Wittgenstein gedreven door de intentie af te rekenen met de filosofische neiging tot 'algemeenheid', de algemeenheid die ontstaat als men uiteenlopende verschijnselen door aanpassing of onderwerping aan een vooropgezet denkbeeld of uitgangspunt koste wat kost onder één noemer wenst te brengen. Wittgenstein beweert niet dat het streven naar algemeenheid onder alle omstandigheden zou moeten worden afgewezen. Ook al is het streven naar algemeenheid met name binnen de wetenschap succesvol, dat betekent volgens Wittgenstein nog niet dat aan de wetenschap een uitzonderingspositie moet worden toegekend. De wetenschappelijke benadering van de werkelijkheid is immers slechts een van de vele benaderingen die er mogelijk zijn. Door de obsessie voor algemeenheid wordt dit nogal eens vergeten en het zijn juist de filosofen die volgens Wittgenstein ten gevolge daarvan lijden aan nekkramp. Daardoor kunnen zij de werkelijkheid maar vanuit één perspectief bezien, om dan op geborneerde wijze te verklaren dat dit het enig mogelijke perspectief is. Een gevolg hiervan is dat zij andere visies en benaderingswijzen blokkeren en voor hun eigen zicht op de verschijnselen ten onrechte het alleenrecht opeisen.

Het perspectief van waaruit een mens op een bepaald moment handelt, is mede bepaald door zijn taalgebruik. Keer op keer beklemtoont Wittgenstein dat zinvol taalgebruik en handelen onlosmakelijk met elkaar verbonden zijn. De wijze waarop wij de werkelijkheid 'zien' hangt af van onze taal en het daarmee samenhangende handelen — van datgene wat Wittgenstein onze 'levensvorm' noemt. Juist omdat ons handelen en onze omgang met de werkelijkheid zozeer bepaald worden door ons taalgebruik, dienen we ervoor te waken dat één bepaald taalgebruik de boventoon gaat voeren. Gebeurt dit wel, dan treedt verarming op, omdat wij de verscheidenheid die met de verschillende taalgebruiken gegeven is, ontkennen. Ook lopen wij dan het risico dat onze taal geïsoleerd wordt van ons handelen met het gevolg dat ons gebruik van taal kant noch wal raakt. Filosofen lopen het gevaar in hun filosofisch bezig zijn een taal te construeren die deze kenmerken vertoont. Daarentegen stelt Wittgenstein dat onze omgangstaal «all right» is.

Een min of meer op zich staand taalgebruik en het daarmee samenhangende handelen worden door Wittgenstein een 'taalspel' genoemd. Deze term introduceert hij om te benadrukken dat zinvol taalgebruik niet op kunstmatige wijze kan worden afgezonderd van het handelen. Deze term wordt dan ook door hem gebruikt als hij de remedie geeft tegen de filosofische neiging tot algemeenheid. Om ons voor nekkramp te behoeden stelt Wittgenstein de volgende therapie voor: kijk en zie wat er in de omgangstaal gebeurt. Open je ogen voor de omstandigheid dat er met de omgangstaal een grote verscheidenheid aan taalspelen is gegeven. Om de vertekening die het gevolg is van een voorbarige veralgemening tegen te gaan, moet men telkens teruggaan naar de concrete situatie waarin men taal bezigt en waarin taal aan het werk is.

In zijn filosofische onderzoekingen stelt Wittgenstein de vraag: wat is nu het algemene kenmerk waaraan taalspelen voldoen en op grond waarvan men kan uitmaken of men in een bepaald geval wel of niet van een taalspel kan spreken? Zijn antwoord is dat hij een dergelijk algemeen kenmerk niet onder woorden kan brengen. Zou hij zo'n kenmerk wel hebben gegeven, dan zou hij zichzelf daarmee schuldig hebben gemaakt aan een voorbarige veralgemening. Om te laten zien dat het vaak niet mogelijk is om algemene kenmerken te geven gaat Wittgenstein na hoe in concrete gevallen in de omgangstaal het woord 'spel' wordt gehanteerd. In zijn onderzoek naar het taalspel van het woord 'spel' demonstreert hij hoe zijn therapie tegen voorbarige veralgemening moet worden gehanteerd.

Als wij Wittgenstein in zijn onderzoek volgen, zien wij hoe hij constateert dat het onmogelijk is om een gemeenschappelijk kenmerk te vinden waaraan alle spelen voldoen. Moet men hieruit nu de conclusie trekken dat de betekenis van dit woord niet vastligt? Betekent dat dan dat het gebruik van dit woord geheel en al willekeurig is? Dit is niet het geval, volgens Wittgenstein. Al kunnen we dan geen algemene karakteristiek voor alle spelen onder woorden brengen, toch kunnen we vaststellen dat de verschillende situaties waarin het woord 'spel' op zijn plaats is, bij elkaar horen: deze situaties vertonen een 'familiegelijkenis'.

Wittgensteins begrip 'familiegelijkenis' kan, op gebrekkige wijze, met het volgende plaatje worden geïllustreerd.

s_1	s_2	s_3	s_4
A	B	C	D
B	C	D	A
C	D	A	B

Hierbij stellen s_1, s_2, s_3 en s_4 een viertal spelen voor, de letters A, B, C en D een viertal kenmerken. Hoewel er dus geen enkel kenmerk voor alle spelen geldt, kan men toch van spelen spreken, omdat elk spel met elk ander spel minimaal één kenmerk gemeenschappelijk heeft.

Met het begrip 'familiegelijkenis' heeft Wittgenstein zijn oplossing gegeven voor het oude filosofische probleem hoe het mogelijk is dat eenzelfde begrip in vele en zeer uiteenlopende situaties kan worden gebruikt. Een oplossing die veel commentaar en discussie heeft uitgelokt en anderen het denken niet bespaarde. Dat was een doel van Wittgensteins filosoferen: anderen tot eigen gedachten aanzetten.

Wittgenstein, *Tractatus logico-philosophicus* (fragment)

4. Een gedachte is een zinvolle uitspraak (*Satz*).
4.001 De totaliteit van alle uitspraken is de taal.
4.002 Mensen zijn in staat talen te construeren, waarmee elke inhoud (*Sinn*) kan worden uitgedrukt, zonder dat zij er een notie van hebben hoe en wat elk woord betekent — net zoals men spreekt zon-

der te weten hoe de aparte klanken worden voortgebracht.
De omgangstaal is een deel van het menselijk organisme en niet minder gecompliceerd dan dit. Het is menselijk gesproken onmogelijk de logica van de taal er onmiddellijk uit te halen.
De taal verhult de gedachte; en wel zo dat men uit de uitwendige vorm van de verhulling niet de vorm van de verhulde gedachte kan afleiden; omdat de uitwendige vorm van de verhulling voor heel andere doeleinden gemaakt is dan om de vorm van het verhulde lichaam te laten uitkomen.
De stilzwijgende afspraken om de omgangstaal te kunnen begrijpen zijn enorm gecompliceerd.

4.003 De meeste uitspraken en vragen die over filosofische onderwerpen zijn geschreven, zijn niet onwaar, maar onzinnig. We kunnen daarom dit soort vragen helemaal niet beantwoorden, maar alleen hun onzinnigheid vaststellen. De meeste vragen en uitspraken van filosofen berusten op het feit dat wij de logica van onze taal niet begrijpen.
(Het zijn vragen van het soort of het goede meer of minder identiek is met het schone.)
Het is dan ook niet verwonderlijk dat de diepste problemen eigenlijk *geen* problemen zijn.

4.0031 Alle filosofie is 'taalkritiek' (maar niet in de zin van Mauthner). Het is de verdienste van Russell dat hij heeft laten zien dat de schijnbaar logische vorm van een uitspraak niet de werkelijke logische vorm ervan hoeft te zijn.

4.01 Uitspraken zijn een beeld van de werkelijkheid. Uitspraken zijn een model van de werkelijkheid zoals wij ons die denken.

4.011 Op het eerste gezicht lijken uitspraken, zoals die bijvoorbeeld op papier gedrukt staan, niet een beeld van de werkelijkheid te zijn waar zij over gaan. Maar het notenschrift lijkt ook op het eerste gezicht niet een beeld van de muziek te zijn en ons klankteken- of letterschrift geen beeld van onze klinkende taal. En toch blijken deze tekentalen ook in de gewone zin van het woord beelden te zijn van wat zij weergeven.

4.012 Het is duidelijk dat wij een uitspraak van de vorm «a staat in de

WITTGENSTEIN *Tractatus logico-philosophicus*

relatie R met b» als beeld ervaren. Hier zijn de tekens kennelijk een vergelijkingsobject voor wat er wordt aangeduid.

4.013 En als we tot het wezenlijke van dit beeldkarakter doordringen, dan zien we dat het *niet door schijnbare onregelmatigheden* (zoals toepassingen van tekens ♯ en ♭ in het notenschrift) wordt gestoord.
Want ook deze onregelmatigheden beelden datgene af wat zij moeten uitdrukken, alleen op een andere manier.

4.014 Grammofoonplaten, muzikale gedachten, notenschrift, klankgolven, al deze dingen staan in de afbeeldende interne betrekking tot elkaar, die er tussen taal en wereld bestaat.
Zij hebben alle de logische structuur gemeen. (Zoals in het sprookje de twee jongelingen, hun twee paarden en hun lelies; zij zijn alle in zekere zin één.)

4.0141 De interne overeenkomst tussen deze schijnbaar zo geheel verschillende structuren ligt in het feit dat er een algemene regel is waardoor musici de symfonie uit de partituur kunnen aflezen, waardoor men uit de groeven op de grammofoonplaat de symfonie en volgens de genoemde regel weer de partituur kan afleiden. En die regel is de projectiewet die de symfonie in de taal van het notenschrift projecteert. Het is de regel voor de vertaling van de taal van het notenschrift in de taal van de grammofoonplaat.

4.015 De mogelijkheid van alle vergelijkingsobjecten, van elk beeldend karakter van onze wijze van uitdrukken, berust op de logica van de afbeelding.

4.016 Om het wezen van uitspraken te begrijpen, denken we aan het hiëroglyfenschrift dat de feiten die het beschrijft afbeeldt.
En daaruit ontstond het letterschrift, zonder het wezenlijke van de afbeelding te verliezen.

4.02 Dit maken we op uit het feit dat we de inhoud van geschreven of gedrukte uitspraken begrijpen, zonder dat deze aan ons verklaard werd.

4.021 Een uitspraak is een beeld van de werkelijkheid; want ik ken de situatie die erdoor wordt weergegeven, als ik de uitspraak begrijp.

WITTGENSTEIN *Tractatus logico-philosophicus*

En de uitspraak zelf begrijp ik zonder dat de inhoud ervan mij verklaard werd.

4.022 Een uitspraak *toont* zijn inhoud.
Een uitspraak *toont* hoe de zaak ervoor staat *als* hij waar is. En hij *zegt dat* de zaak zich zo toedraagt.

4.023 De werkelijkheid moet door een uitspraak op 'ja' of 'nee' zijn vastgelegd.
Daarvoor moet zij volledig erdoor worden beschreven. Een uitspraak is de beschrijving van een stand van zaken.
Zoals een beschrijving een object volgens zijn externe eigenschappen beschrijft, zo beschrijft een uitspraak de werkelijkheid volgens haar interne eigenschappen.
Een uitspraak construeert een wereld met behulp van een logisch raamwerk en daarom kan men aan uitspraken ook zien hoe al het logische zich toedraagt als zij waar zijn. Men kan uit een onware uitspraak conclusies trekken.

4.024 Een uitspraak begrijpen betekent weten wat het geval is, als hij waar is.
(Men kan een uitspraak dus begrijpen, zonder te weten of hij waar is.)
Men begrijpt een uitspraak, als men zijn bestanddelen begrijpt.

4.025 De vertaling van een taal in een andere taal vindt niet plaats doordat men elke *uitspraak* van de ene taal in een *uitspraak* van de andere taal vertaalt, maar alleen de bestanddelen van uitspraken worden vertaald.
(En een woordenboek vertaalt niet alleen substantieven, maar ook werkwoorden, bijvoeglijke naamwoorden, voegwoorden, enz.; het behandelt ze alle op dezelfde manier.)

4.026 De betekenissen van de enkelvoudige tekens (van de woorden) moeten ons verklaard worden, willen we ze begrijpen.
Door middel van uitspraken communiceren wij echter.

4.027 Het ligt in het wezen van een uitspraak dat deze ons een nieuwe inhoud kan meedelen.

4.03 Een uitspraak deelt ons een situatie mee, dus moet de eerste *essentieel* met de tweede samenhangen.

En de samenhang is in feite dat de uitspraak het logische beeld van de situatie is.

Een uitspraak spreekt slechts in zoverre iets uit als hij een beeld is.

4.031 In een uitspraak wordt een situatie als het ware in de vorm van een proefopstelling samengesteld.

In plaats van: deze uitspraak heeft die en die inhoud, kan men net zo goed zeggen: deze uitspraak geeft die en die situatie weer.

4.0311 Een bepaalde naam staat voor een ding, een andere naam voor een ander ding, en onderling zijn zij verbonden — zo stelt het geheel, als een *tableau vivant*, een bepaalde situatie voor.

4.0312 De mogelijkheid van uitspraken berust op het principe van de representatie van objecten door tekens.

Mijn grondgedachte is dat de zogenaamde logische constanten niet representeren. Dat de *logica* van de feiten niet kan worden gepresenteerd.

4.032 Een uitspraak is slechts in zoverre een beeld van een situatie als hij logisch gestructureerd is.

(Ook de uitspraak 'ambulo' is samengesteld, want de stam ervan geeft met een andere uitgang een andere inhoud en hetzelfde geldt voor de uitgang ervan met een andere stam.)

4.04 Aan een uitspraak moet precies zoveel te onderscheiden zijn als aan de situatie die hij weergeeft.

Beide moeten dezelfde logische (wiskundige) complexiteit bezitten. (Vergelijk de mechanica van Hertz, over dynamische modellen.)

4.041 Deze wiskundige complexiteit kan men natuurlijk zelf niet weer afbeelden. Men kan er bij het afbeelden niet buiten treden.

L. Wittgenstein, *Tractatus logico-philosophicus*, with an introduction by Bertrand Russell, F. R. S. Londen, 1922, 4. – 4.041. Vertaald voor deze bundel door H. Visser.

Wittgenstein, *Filosofische onderzoekingen* (fragmenten)

65. Hier stuiten we op de grote vraag die achter al deze beschouwingen schuilt. Want iemand zou me nu kunnen verwijten: «Je maakt het je gemakkelijk! Je praat over alle mogelijke taalspelen, maar je hebt nergens gezegd wat dan het wezenlijke is van het taalspel, en dus van de taal. Wat al deze activiteiten gemeen hebben en wat ze tot taal, of tot onderdelen van de taal maakt. Je maakt je dus gemakkelijk af van juist dat deel van het onderzoek dat jouzelf indertijd de meeste hoofdbrekens gekost heeft, namelijk het deel dat de *algemene vorm van een bewering* en van de taal betreft.»
En dat is waar. — In plaats van iets aan te geven wat aan alles wat we taal noemen gemeenschappelijk is, zeg ik dat deze verschijnselen helemaal niet één ding gemeen hebben, dat maakt dat we voor allemaal hetzelfde woord gebruiken, — maar ze zijn onderling op vele verschillende manieren *verwant*. En vanwege deze verwantschap, of deze verwantschappen, noemen we ze allemaal 'talen'. Ik zal proberen dat uit te leggen.

66. Kijk bijvoorbeeld eens naar de activiteiten die we 'spelen' noemen. Ik bedoel bordspelen, kaartspelen, balspelen, en Olympische Spelen, enzovoort. Wat hebben deze allemaal gemeenschappelijk? — Zeg niet: «Ze *moeten* iets gemeen hebben, anders zouden ze geen 'spelen' heten» — maar *kijk* of ze allemaal iets gemeen hebben. — Want als je ze bekijkt, zul je weliswaar niet iets zien dat ze *allemaal* gemeen hebben, maar je zult gelijkenissen, verwantschappen, zien en wel een hele reeks. Zoals gezegd: denk niet, maar kijk! — Kijk bijvoorbeeld naar de bordspelen, met hun veelvuldige verwantschappen. Ga nu over naar de kaartspelen: hier vind je veel overeenkomsten met die eerste groep, maar veel gemeenschappelijke trekken verdwijnen, andere verschijnen. Wanneer we nu naar de balspelen overgaan, dan blijven veel gemeenschappelijke trekken behouden, maar veel gaan ook verloren. — Zijn ze allemaal *'onderhoudend'*? Vergelijk schaken met boter-kaas-en-eieren. Of gaat het overal om winnen en verliezen, of om rivaliteit tussen de spelers? Denk aan patience. Bij balspelen is sprake van winst en verlies; maar wanneer een kind een bal tegen de muur gooit en weer opvangt, is deze eigenschap verdwenen. Kijk welke rol

WITTGENSTEIN *Filosofische onderzoekingen*

behendigheid en geluk spelen. En hoe verschillend is bekwaamheid in het schaakspel en bekwaamheid in het tennisspel. Denk nu aan kringspelen: hier vinden we het ontspanningselement, maar hoeveel van de andere karakteristieke trekken zijn er niet verdwenen? En zo kunnen we de vele, vele andere groepen spelen afwerken. Gelijkenissen zien opduiken en verdwijnen.
En de slotsom van deze beschouwing luidt nu: we zien een gecompliceerd web van gelijkenissen, die elkaar overlappen en kruisen. Gelijkenissen in het groot en in het klein.

67. Ik kan deze gelijkenissen niet beter karakteriseren dan met het woord 'familiegelijkenissen'; want zo overlappen en kruisen de verschillende gelijkenissen tussen de leden van een familie elkaar: bouw, gelaatstrekken, kleur van de ogen, manier van lopen, temperament, etc. etc. — Daarom zeg ik: de 'spelen' vormen een familie.
En op dezelfde manier vormen de getalsoorten bijvoorbeeld een familie. Waarom noemen we iets 'getal'? Nu, bijvoorbeeld omdat het een — directe — verwantschap heeft met allerlei dingen die men tot dusver getal heeft genoemd; en daardoor, kun je zeggen, verkrijgt het een indirecte verwantschap met andere dingen die we ook zo noemen. En we breiden ons getalbegrip uit zoals we bij het spinnen van een draad vezel aan vezel draaien. En dat de draad sterk is, komt niet doordat er een vezel is die door de hele lengte van de draad loopt, maar doordat een groot aantal vezels elkaar overlapt.
Maar wanneer iemand wil zeggen: «Dus al deze constructies hebben iets gemeenschappelijk, — namelijk de disjunctie van al die gemeenschappelijkheden» — dan zal ik antwoorden: hier speel je alleen maar met een woord. Je zou net zo goed kunnen zeggen: er loopt een Iets door de hele draad, — namelijk het elkaar volledig overlappen van de vezels.

68. «Goed, voor jou is dus het begrip 'getal' gedefinieerd als de logische som van deze afzonderlijke met elkaar verwante begrippen: kardinaalgetal, rationeel getal, reëel getal, etc., en op dezelfde manier het begrip 'spel' als logische som van overeenkomstige deelbegrippen.» — Dat hoeft niet per se. Immers, ik *kan* het begrip 'getal' zo vaste grenzen geven, dat wil zeggen

het woord 'getal' gebruiken ter aanduiding van een vastomlijnd begrip, maar ik kan het ook zo gebruiken dat de reikwijdte van het begrip *niet* door een grens is afgebakend. En zo gebruiken we het woord 'spel'. Hoe is het begrip spel dan afgebakend? Wat is nog een spel en wat niet meer? Kun je de grenzen aangeven? Nee. Je kunt er een paar *trekken*: want er is er nog geen een getrokken. (Maar daar heb je nog nooit last van gehad toen je het woord 'spel' gebruikte.)
«Maar dan is het gebruik van het woord toch niet geregeld; het 'spel' dat we ermee spelen is niet geregeld.» — Het is niet overal door regels begrensd; maar er is bijvoorbeeld ook geen regel voor hoe hoog je bij tennis de bal mag gooien, of hoe hard, maar toch is tennis een spel en het heeft ook regels.

69. Hoe zouden we nu aan iemand uitleggen wat een spel is? Ik geloof dat we hem *spelen* zullen beschrijven, en we zouden aan die beschrijving kunnen toevoegen: «dat, *en soortgelijke dingen*, noem je 'spelen'.» En weten we zelf dan meer? Kunnen we misschien alleen niet precies aan anderen vertellen wat een spel is? — Maar dat is geen onwetendheid. We kennen de grenzen niet omdat die niet getrokken zijn. Zoals gezegd, we kunnen — met een speciaal doel — een grens trekken. Maken we daarmee pas het begrip bruikbaar? Helemaal niet! Behalve dan voor dit speciale doel. Net zo min als degene die de definitie gaf: 1 pas = 75 cm, de lengtemaat '1 pas' bruikbaar maakte. En wanneer je wilt zeggen: «Maar daarvoor was het toch geen exacte lengtemaat», dan antwoord ik: goed, dan was hij inexact. — Hoewel je me de definitie van exactheid nog schuldig bent.

70. «Maar als het begrip 'spel' op deze manier onbegrensd is, dan weet je toch eigenlijk niet wat je met 'spel' bedoelt.» — Wanneer ik de beschrijving geef: «De bodem was helemaal met planten bedekt», — wil je zeggen dat ik niet weet waarover ik praat, voordat ik een definitie van een plant kan geven?
Een verklaring van wat ik bedoel zou een tekening kunnen zijn en de woorden: «Zo ongeveer zag de bodem eruit.» Misschien zeg ik ook wel: «*Precies* zo zag hij eruit.» — Dus daar waren precies *deze* grassprieten en

bladeren, precies op deze manier? Nee, dat betekent het niet. En ik zou geen enkele afbeelding, in die zin, als nauwkeurig aanvaarden.

71. Je kunt zeggen dat het begrip 'spel' een begrip zonder duidelijke randen is. — «Maar is een onduidelijk begrip eigenlijk wel een *begrip*?» — Is een onscherpe foto eigenlijk wel een afbeelding van een mens? Is het wel altijd voordelig een onscherpe afbeelding door een scherpe te vervangen? Is het onscherpe niet vaak juist wat we nodig hebben?
Frege vergelijkt het begrip met een gebied en zegt: een onduidelijk begrensd gebied kun je eigenlijk geen gebied kunt noemen. Dat wil waarschijnlijk zeggen dat we er niets mee kunnen beginnen. — Maar is het zinloos om te zeggen: «Blijf hier ongeveer staan!»? Stel je voor dat ik met iemand anders op een plein sta en dat zeg. Ik zal daarbij nooit een of andere grens trekken, maar bijvoorbeeld met mijn hand een wijzende beweging maken — alsof ik hem een bepaald *punt* aanwijs. En precies zo verklaar je bijvoorbeeld wat een spel is. Je geeft voorbeelden en wilt dat ze op een bepaalde manier begrepen worden. — Met die uitdrukking bedoel ik echter niet: hij moet nu in deze voorbeelden zien wat ze gemeen hebben, en wat ik — om een of andere reden — niet kan uitspreken. Maar wel: hij moet deze voorbeelden nu op een bepaalde manier *gebruiken*. Het geven van voorbeelden is hier niet een *indirect* middel ter verklaring, — bij gebrek aan beter. Immers, elke algemene verklaring kan ook verkeerd begrepen worden. *Zo* spelen we nu eenmaal het spel. (Ik bedoel het taalspel met het woord 'spel'.)

L. Wittgenstein, *Philosophical Investigations / Philosophische Untersuchungen*. Oxford: Basil Blackwell, 1953. Nederlandse vertaling: *Filosofische onderzoekingen*, vertaling M. Derksen en S. Terwee. Amsterdam: Boom, tweede, herziene druk, 2002, p. 72-77.

Heidegger
(1889-1976)

'Ont-actualisering van de actualiteit': met deze trefwoorden zou de intentie van het denken van Martin Heidegger kunnen worden aangeduid. Deze woorden benoemen tevens de radicale breuk met de filosofische traditie, welke Heidegger voorstaat; een breuk die hierin bestaat dat hij voor het eerst in de geschiedenis van de filosofie het wezen van de werkelijkheid niet aan het licht wil brengen door een actueel denken, maar dit wil terugplaatsen in de toekomstige mogelijkheid van het vroeger gedachte. Dit hangt samen met de specifieke tijdsconceptie, die Heidegger heeft ontwikkeld in zijn programmatisch hoofdwerk *Sein und Zeit* (1926).

Anders dan in de traditioneel gangbare tijdsopvatting, die teruggaat op Aristoteles, staat in Heideggers conceptie niet het nu in zijn actuele gegevenheid centraal, maar de toekomst, die om plaats te kunnen vinden aangewezen blijft op wat reeds geweest is. Aan de hand van een analyse van het menselijk bestaan (*Dasein*) verduidelijkt Heidegger dat de tijd eigenlijk niet kan worden gedacht als een opeenvolging van nu-momenten, maar als samenhang die bestaat tussen wat reeds gebeurd is en wat nog te gebeuren staat. Aldus vindt het doen en laten van de mens nooit plaats in een geïsoleerd nu, maar beweegt het zich altijd binnen de spanwijdte van zijn verleden en zijn toekomst.

In omvattende zin worden volgens Heidegger de gebeurtenissen uit het menselijk bestaan omgeven door de grenzen van geboorte en dood. Deze grenzen maken de horizon uit, waarbinnen de mens in-de-wereld is, en hebben als zodanig een 'fundamenteel-ontologische' betekenis. Dat wil zeggen, deze grenzen vormen het fundament of de voorwaarde voor iedere uitleg (*logos*) van het zijnde (*on*), binnen welke de mens zich actueel beweegt. Maar omdat de dood als de uiterste toekomst en de geboorte als het uiterste geweest-zijn de eindigheid van het menselijk bestaan uitmaken, wordt de actualiteit van iedere ontologie en daarbij behorende praxis omgeven en doortrokken door een Niets, dat ligt buiten het temporeel begrensde in-de-wereld-zijn. (Ook een mogelijk voortbestaan na de dood kan gelden als een Niets, voorzover het een niet-in-de-wereld-zijn is, waarover de mens slechts vanuit zijn in-de-wereld-zijn kan speculeren.) Dit Niets vertegenwoordigt evenwel niet een te verwaarlozen gegevenheid voor Heideggers denken, maar staat daarin centraal, zoals moge blijken uit onderstaand tekstfragment uit *Was ist Metaphysik?* (1929).

De mens is voor Heidegger primair de open plaats (*Lichtung*), waarin de wereld als de totaliteit van het uitgelegde zijnde verschijnen kan. De wereld geldt omgekeerd als het, op grond van de actuele uitleg, vertrouwde en bekende, waarin de mens uit-staat of existeert. Omdat echter, zoals gezegd, het in-de-wereld-zijn teruggaat op het Niets, dat buiten de temporele begrenzing van geboorte en dood ligt, kan de actuele vertrouwdheid van de wereld de mens ontvallen: in de zeldzame grondervaring van de angst wordt de mens getroffen door de 'nietigheid' van de actualiteit van zijn wereld. Deze 'nietigende' werking van het Niets met betrekking tot het actuele is echter niet louter negatief, maar veeleer productief als aanzet tot bezinning. Eerst in de confrontatie met de fundamentele nietigheid van de actualiteit kan het denken het actuele tot probleem maken.

Met de eigenlijke 'ont-actualiserende' bezinning op de actualiteit is bovendien mede de gehele geschiedenis als toekomstige mogelijkheid van wat geweest is in het geding. Ook dat wat geweest is, verschijnt in deze bezinning niet langer als het vertrouwde object van de actuele historische interpretatie, maar verkrijgt in het licht van de nietigheid van de actuele historische interesse een niet-objectiveerbare openheid voor de toekomst. Daarom zal de latere Heidegger door middel van zijn analyses van de 'epochale', dat wil zeggen de geschiedenisfasen markerende, denkers en dichters pogen deze laatsten te ontrukken aan de objectiverend-antiquariserende greep van de historiografie, om aldus de mogelijkheid van hun toekomstige geschieden open te houden. Dit toekomstige geschieden van de epochale denkers en dichters (en niet het actuele wetenschappelijk-technologische denken) is constituerend voor een toekomstige wereld, die door Heidegger zeer voorlopig en *'unzeitgemäss'* (inactueel) wordt geduid als: het 'Vierspan' (*Geviert*) van hemel, aarde, goddelijken en sterfelijken.

Heidegger, *Wat is metafysica?* (fragment)

De uitwerking van het vraagstuk

De nadere uitwerking van de vraag naar het Niets moet het ons mogelijk maken haar te beantwoorden, of ons integendeel duidelijk doen inzien dat het geven van een antwoord onmogelijk is. Het Niets is toegegeven. De wetenschap bejegent het met superieure onverschilligheid en geeft het prijs als datgene wat 'er niet is'.

Wij trachten echter de vraag naar het Niets toch te stellen. Wat is het Niets? Reeds bij de eerste aanloop tot deze vraag doet zich iets ongewoons aan ons voor. Als wij de vraag aldus stellen, poneren wij het Niets bij voorbaat als iets wat zus of zo 'is' — als een zijnde. Maar daarvan verschilt het toch juist te enen male. Als wij naar het Niets vragen — naar wat en hoe dat Niets is — dan slaat het onderzochte in zijn tegendeel om. De vraag berooft zich aldus zelf van haar eigen onderwerp. Dienovereenkomstig is ook ieder antwoord op deze vraag van huis uit onmogelijk, want het neemt noodzakelijkerwijs deze vorm aan: het Niets 'is' dit of dat. Ten aanzien van het Niets zijn vraag en antwoord beide op dezelfde wijze ongerijmd.

Dan is het dus niet eens nodig dat de wetenschap het Niets van de hand wijst. Door de regel die men gewoonlijk als fundamentele regel van alle denken aanwendt, het beginsel van de te vermijden tegenspraak, de algemene 'logica', wordt deze vraag in de kiem gesmoord. Want het denken, dat wezenlijk altijd denken-van-iets is, zou juist *als* het denken van Niets in strijd met zijn eigen wezen handelen.

Omdat het ons niet vrij staat het Niets, hoe dan ook, tot object te maken, zijn wij met ons vragen naar het Niets reeds dadelijk vastgelopen — wanneer wij tenminste van de veronderstelling uitgaan dat bij deze vraag de 'logica' de hoogste instantie is, dat nu juist het verstand het middel en het denken de weg is om het Niets naar zijn aard te vatten en uit te maken of zijn ontsluiering al dan niet mogelijk is.

Maar kan men de heerschappij van de 'logica' wel aantasten? Is het verstand niet inderdáád heer en meester bij deze vraag naar het Niets? Enkel en alleen met behulp van het verstand zijn wij immers in staat om tot een bepaling van het Niets te komen en het in eerste aanleg ook maar te stéllen als probleem, zij het dan als een dat zichzelf opheft. Want het Niets is de negatie van de totaliteit van het zijnde, het is volstrekt het niet-zijnde. Als wij dat zeggen, brengen wij immers het Niets onder het omvattender begrip van het negatieve en daarmee van het genegeerde. Negatie is echter volgens de heersende en nimmer aangetaste leer van de 'logica' een specifieke verstandshandeling. Hoe zouden wij dus bij onze vraag naar het Niets en, nog sterker, bij de vraag of men naar het Niets wel kán vragen, het verstand zijn congé kunnen geven? Maar is het wel zo zeker wat wij daar onderstellen? Vormt het Niet, de negativiteit en bijgevolg de negatie zelf het omvattender begrip, waaronder ook het Niets valt als een bijzonder geval van genegeerd-zijn? Bestaat het Niets alleen maar, omdat het Niet, dat wil zeggen de negatie bestaat? Of is het juist andersom? Bestaan de negatie en het Niet alleen maar bij de gratie van het Niets? Dat is geen uitgemaakte zaak. Die vraag is als zodanig tot dusver nog niet eens uitdrukkelijk gesteld. Wij poneren de stelling: het Niets is oorspronkelijker dan het Niet en de negatie.

Bezit deze these geldigheid, dan hangt de mogelijkheid van de negatie als verstandshandeling, en daarmee het verstand zelf, op de een of andere manier van het Niets af. Hoe kan het verstand dan over dat Niets willen beslissen? Berust uiteindelijk de schijnbare ongerijmdheid van vraag en antwoord omtrent het Niets louter op de blinde eigengereidheid van het dwaalzieke verstand?

Wanneer wij ons echter door de formele onmogelijkheid van de vraag naar het Niets niet in de war laten brengen en ondanks alles die vraag toch stellen, dan moeten wij tenminste voldoen aan de eerste eis waaraan elke vraag is onderworpen, wil het zin hebben om haar te stellen: als men, hoe dan ook, het Niets — het Niets zelf — wil ondervragen, dan moet het eerst gegeven zijn. Wij moeten het tegemoet kunnen treden. Waar gaan wij het Niets zoeken? Hoe kunnen wij het Niets vinden? Moeten wij om iets te vinden, niet eigenlijk al weten dat het er is? Inderdaad! Over het algemeen is het zo dat de mens slechts dán kan zoeken wanneer hij van tevoren reeds heeft aangenomen dat het gezochte ook voorhanden is. Wat wij nu echter zoeken, dat is het Niets. Bestaat er dan tenslotte toch een zoeken zonder die anticipatie van het gezochte, een zoeken waaraan een zuiver vinden beantwoordt? Wat hier ook van zij, wij kennen het Niets, zelfs al is het dan slechts datgene waarover wij in het leven van alledag onbekommerd heen praten. Van dit doodgewone Niets, dat zo onopvallend in onze gesprekken rondwaart en tot de kleurloosheid van zulk vanzelfsprekend gebruik is verbleekt, kunnen wij zelfs zonder aarzelen een bruikbare 'definitie' geven.

Het Niets is de volstrekte negatie van de totaliteit van het zijnde. Geeft deze karakterisering van het Niets tenslotte toch niet een vingerwijzing in de enige richting van waaruit het ons tegemoet kan treden?

HEIDEGGER *Wat is metafysica?*

De totaliteit van het zijnde moet primair gegeven zijn, om als zodanig aan volstrekte negatie onderworpen te kunnen worden, waarin dan weer het Niets zelf zich te kennen zou moeten geven.

Maar, zelfs wanneer wij ervan afzien dat de verhouding tussen de negatie en het Niets problematisch is: hoe zouden wij — als eindige wezens — ertoe in staat kunnen zijn om het geheel van het zijnde in zijn totaliteit, als zodanig en helemaal inéén, voor ons toegankelijk te maken? Wij kunnen het geheel van het zijnde desnoods bij onszelf als 'idee' denken en wat wij ons aldus indenken, in gedachte aan negatie onderwerpen en dan als genegeerd 'denken'. Langs deze weg komen wij weliswaar tot het formele begrip van een bedacht Niets, maar nooit tot het Niets zelf. Maar het Niets is niets, en tussen het bedachte Niets en het 'eigenlijke' Niets kan geen onderscheid bestaan, als tenminste het Niets het volledig ontbreken van ieder onderscheid inhoudt. Het 'eigenlijke' Niets zelf echter — is dat weer niet in vermomming dat ongerijmde begrip van het Niets als een zijnde? Dit is nu de laatste keer geweest dat tegenwerpingen van het verstand ons bij onze speurtocht hebben opgehouden. Alleen een grondervaring van het Niets kan uitwijzen of die tocht gewettigd is.

Stellig kunnen wij het geheel van het zijnde als zodanig nooit in absolute zin vatten. Maar even zeker is het dat wij ons te midden van het zijnde geplaatst zien en dat, op de een of andere wijze, het zijnde in zijn geheel zich daarbij aan ons onthult. Er blijft tenslotte een essentieel onderscheid bestaan tussen het vatten van het geheel van het zijnde als zodanig en het zich-bevinden te midden van het zijnde in zijn geheel. Het eerste is in principe onmogelijk. Het tweede geschiedt in ons bestaan voortdurend. Weliswaar heeft het er de schijn van dat wij juist in het richtingloze doen en laten van alledag ons nu eens aan dit, dan weer aan dat zijnde vasthechten, en ons in een of ander domein van het zijnde verliezen. Hoe verbrokkeld echter het dagelijks leven ook mag schijnen, steeds blijven er, al zijn ze nog zo vaag, de omtrekken van het zijnde als ongedeelde eenheid, als 'geheel', in te herkennen. Zelfs dan, of liever: juist dan, wanneer wij niet speciaal met de dingen en met onszelf bezig zijn, komt dit 'geheel' over ons, bijvoorbeeld in de echte verveling. Die is nog verre, wanneer ons enkel het een of andere boek of toneelstuk, de een of andere bezigheid of verstrooiing verveelt. Zij breekt eerst door, wanneer 'je je verveelt'. Die diepe verveling, die als een

HEIDEGGER *Wat is metafysica?*

nevel zwijgend in de afgronden van het menselijk bestaan heen en weer trekt, doet alle dingen, alle mensen en met hen onszelf in een eigenaardige onverschilligheid samenvloeien. Deze verveling nu openbaart je het zijnde in zijn geheel.

Er is nog een andere mogelijkheid waardoor het zijnde zich kan openbaren. Die ligt in de vreugde om de tegenwoordigheid van een geliefd wezen — in zijn volle mens-zijn wel te verstaan, niet louter als persoon.

In een dergelijke gestemdheid is het ons op enigerlei wijze 'te moede'. Doordrongen van zo'n stemming beseffen wij hoe we ons te midden van het zijnde in zijn geheel bevinden. De stemming van deze bevinding onthult niet alleen telkens op haar eigen wijze het zijnde in zijn geheel, maar deze onthulling is tevens — verre van zomaar een voorval te zijn — het grondgebeuren van ons er-zijn.

Wat wij 'gevoelens' plegen te noemen, dat is geen vluchtige bijkomstigheid die onze houding van denkende en bewust willende wezens begeleidt. Het is ook niet louter een impuls die zulk een houding teweegbrengt, evenmin een toestand die zonder meer voorhanden is en waarin wij ons hoe dan ook schikken.

Maar als de stemmingen ons op dergelijke wijze met het zijnde in zijn geheel confronteren, verbergen ze ons juist het Niets, waarnaar wij op zoek zijn. Wij zullen nu nog minder de mening zijn toegedaan dat de negatie van het zijnde in zijn geheel, zoals de stemming ons dit openbaart — ons oog in oog met het Niets plaatst. Op even oorspronkelijke wijze zou zulks alleen maar in een stemming kunnen geschieden, die ons op een háár in het bijzonder eigen wijze van onthullen het Niets openbaart.

Overkomt de mens in zijn bestaan inderdaad een dergelijke gestemdheid waarin hij pal voor het Niets zelf wordt geplaatst?

Zulk een gebeurtenis is mogelijk en speelt zich ook werkelijk af — zij het ook zeer zelden en slechts voor enkele ogenblikken — in de grondstemming van de angst. Met deze angst bedoelen wij niet de zo vaak optredende angstgevoelens. Die zijn in de grond van de zaak verwant met een maar al te licht gewekte vreesachtigheid. Angst verschilt fundamenteel van vrees. Wij zijn altijd bevreesd voor een bepaald zijnde, dat ons in een bepaald opzicht bedreigt. Wic bevreesd is voor iets, ervaart tevens altijd vrees om iets bepaalds. Omdat deze beperking van waarvóór en waarom de vrees kenmerkt, komt de bevreesde en vreesachtige niet los van de situatie waarin hij zijn vrees gevoelt. In zijn streven om zich voor déze bepaalde dreiging in veiligheid te stellen, wordt hij met betrekking tot al het andere onzeker, dat wil zeggen: hij raakt helemaal, hij raakt in het geheel 'zijn hoofd kwijt'.

Angst duldt een dergelijke verwarring niet meer. Angst is veeleer doortrokken van een eigenaardige rust. Weliswaar is angst altijd angst vóór…, maar niet voor iets bepaalds. Angst vóór … is altijd angst óm …, maar niet om iets bepaalds. De onbepaaldheid van datgene, waar we angst voor en angst om ervaren, is echter niet slechts het feitelijk ontbreken van bepaaldheid: principiéél is hier bepaalbaarheid uitgesloten. Dit blijkt uit een bekende zegswijze.

In de angst — zo zeggen wij — 'beklemt je iets'. Wat betekent 'iets' hier? En wie is eigenlijk die 'je'? Wij kunnen niet zeggen wat het precies is, wat 'je' die beklemming doet gevoelen. 'Je' voelt 'het' eenvoudig zo, heel in het algemeen en over het gehéél genomen. Alle dingen en ook wijzelf zinken dan weg in onverschilligheid. Niet echter dat ze alleen maar verdwijnen, integendeel: juist in hun terugwijken als zodanig keren ze zich tegen ons. Dit terugwijken van het zijnde in zijn geheel, dat zich in de angst aan ons opdringt, is zo beklemmend, zo 'eng'. Er blijft geen houvast. Het enige dat blijft en dat juist in het ontglijden van het zijnde over ons komt, is dit 'geen'.

De angst openbaart het Niets.

Wij 'zweven' in angst. Duidelijker gezegd: de angst laat ons zweven, omdat hij het zijnde in zijn geheel aan het wegglijden brengt. Dit brengt met zich mee dat wijzelf — als mensen die er toch zijn — te midden van het zijnde meeglijden, onszelf ontglijden. Daarom laat men het, sprekend over de angst, in het midden wie zich beklemd voelt. Dat is niet 'jij' of 'ik', maar een onbepaald 'je': een 'men'. In het Duits gebruikt men dan zelfs een geheel onpersoonlijk 'een': es ist 'einem' unheimlich. Als wij sidderend in deze zweving geraken, blijft ons geen enkel houvast: het enige dat er nog is, dat is ons er-zijn als zodanig, en enkel dát. De angst maakt ons sprakeloos. Omdat in het ontglijden van het zijnde in zijn geheel juist het Niets zich aan ons opdringt, moeten wij, geconfronteerd met dit Niets, wel ophouden met elk 'is'-zeggen. Dat wij, ontheemd als wij in de beklemming van de angst zijn, dikwijls de leegte van de stilte door willekeurig gepraat trachten te vullen, bewijst juist slechts de tegenwoordigheid van het Niets. Dat angst het Niets onthult wordt door de mens zelf rechtstreeks bevestigd, wanneer de angst is geweken. Met de heldere kijk die wij op een gebeurtenis hebben waaraan de herinnering nog vers is, moeten wij dan wel zeggen: waarvoor en waarom wij angst voelden, dat was 'eigenlijk' — niets. Inderdaad: het Niets zelf — als zodanig was tegenwoordig.

Met de grondstemming van de angst hebben wij dat gebeuren in ons bestaan bereikt, waarin zich het Niets openbaart en vanwaar het moet worden onderzocht.

Hoe staat het met het Niets?

M. Heidegger, *Was ist Metaphysik?* Frankfurt am Main: V. Klostermann, 1965. Nederlandse vertaling: *Wat is metafysica?*, vertaling M.S.G.K. van Nierop. Tielt: Lannoo, 1970, p. 28-34.

Benjamin

(1892–1940)

«Ontwaken uit de droomslaap van de negentiende eeuw», dat was de inzet van de filosofie van de in Berlijn geboren Duits-joodse essayist en cultuurfilosoof Walter Benjamin. Dat hield vooral de weerlegging in van het ongebreidelde vooruitgangsoptimisme dat in die eeuw was gekoppeld aan processen van industrialisatie, verstedelijking, technologische vernieuwing en het oprukken van de kapitalistische marktsamenleving. Die inzet werd door Benjamin op een originele en vaak ook experimentele wijze vormgegeven, waarbij hij zich door uiteenlopende bronnen liet beïnvloeden, van de Duitse levensfilosofie en het marxisme tot het joods-mystieke denken en de poëzie van Baudelaire. «Ik heb niets te zeggen, alleen te tonen», luidde het motto van zijn nooit voltooide levenswerk, *Das Passagen-Werk*, een gigantische verzameling tekstfragmenten en commentaren, alle gewijd aan de stad Parijs en het nieuwe, moderne leven dat daar in de loop van de negentiende eeuw tot ontwikkeling kwam.

Benjamin zag het moderne leven als een radicaal nieuwe menselijke ervaringswijze, als een breuk met alle traditionele vormen van leven en ervaring. Dat thema van de breuk met de traditie werkte hij langs diverse lijnen uit, doorgaans in fragmentarische essays, bijvoorbeeld over de teloorgang van de orale vertelkunst, over de opkomst van de fotografie en de gevolgen daarvan voor de schilderkunst, en over de film, waaraan zijn beroemdste essay, 'Het kunstwerk in het tijdperk van zijn technische reproduceerbaarheid', is gewijd. De centrale gedachte van dit essay is dat de moderne ervaring en cultuur geheel in het teken van de reproductie, dat wil zeggen van de standaardisering, massificatie en herhaling staan. Waar veel van zijn tijdgenoten hierin een teken van cultureel verval zien, legt Benjamin juist alle nadruk op de vraag welke mogelijkheden die toegenomen reproduceerbaarheid biedt. De reproduceerbaarheid zou vooral vooruitwijzen naar een democratisering van de cultuur; nieuwe media als fotografie, film, radio en de dagbladen boden de kans op een actieve participatie aan de cultuur en het openbare leven door grote massa's mensen, die in de traditionele samenleving tot onmondigheid gedoemd waren.

In het tijdperk van de reproduceerbaarheid, kortweg de *moderniteit*, verliezen alle overgeleverde praktijken, rituelen en daaraan verbonden houdingen en waarden hun gangbare betekenis, niet omdat zij totaal verdwijnen, maar omdat zij door de modernisering op geheel nieuwe wijze voortbestaan. De industrie vervangt het ambacht, waardoor dat laatste voort bestaat als een bijzondere vaardigheid, een kunstvorm zelfs. De schilderkunst verdween niet dankzij de opkomst van de fotografie, maar sloeg sindsdien radicaal nieuwe wegen in. Meer in het algemeen maakte de op geleidelijkheid gebaseerde traditionele ervaring plaats voor een moderne ervaringswijze, die uiteenvalt in heftige shocks enerzijds (de hectiek van de metropool) en een eindeloze herhaling van belevenissen anderzijds (de routines en standaardisering die zovele instituties in de industriële samenleving kenmerken). Belevenissen zijn in feite het resultaat van shockafweer, het zijn steeds weer herhaalde, geïsoleerde en momentane gebeurtenissen die wij snel vergeten, die kortom geen *ervaring* opleveren. Om de emancipatie van die belevenissen gaat het Benjamin: filosofie moet net als de kunst de shock zichtbaar maken (tonen) die in de monotonie en routines van het moderne alledaagse leven ligt opgesloten, en zo dat leven weer ervaarbaar maken, dat wil zeggen: de greep op dat leven terugwinnen, in plaats van aan de routine en standaardisering ten onder te gaan.

Anders dan veel tijdgenoten, zoals Adorno of Heidegger, wees Benjamin die standaardisering zelf niet af — hij zag haar als noodzakelijk onderdeel van een grootschalige, stedelijke leefwijze. Wel begreep hij als geen ander hoezeer die leefwijze was getekend door melancholie, door een eindeloos mijmeren over de kleinschalige geborgenheid van de traditionele dorpssamenleving. Die melancholie leidde bij hem echter niet tot afwijzing van de moderniteit, maar werd ingezet om de mensheid wakker te schudden, om haar te confronteren met wat verloren was gegaan in het voortgaande moderniseringsproces. De filosofie dient met behulp van de geschiedschrijving de brokstukken die door dat proces worden achtergelaten te verzamelen en middels die herinneringsarbeid bij te dragen aan de emancipatie van de moderne mens. Ontwaken uit de droom is niet hetzelfde als totale ontnuchtering, aldus Benjamin. Het komt er juist op aan gebruik te maken van de droomresten: die zijn geen pure illusie, maar bevatten utopische elementen die ons kunnen helpen greep te krijgen op de labyrintische chaos, anonimiteit en herhaling van het moderne bestaan, niet om eraan te ontsnappen, maar om erin te leren leven.

Dat laatste was Benjamin zelf maar korte tijd vergund. Als jood was hij sinds 1933 zijn leven niet meer zeker, en na enkele jaren als balling in Parijs te hebben geleefd, pleegde hij in september 1940 op de vlucht voor de Gestapo zelfmoord na een mislukte poging naar Spanje en van daaruit naar de Verenigde Staten te ontkomen. Het *Passagen-Werk* verscheen pas in 1982, als onderdeel van de *Gesammelte Schriften*, en was van grote invloed op de postmoderne filosofie en op hedendaagse debatten over technologie, cultuur en nieuwe media. Zijn essays over Baudelaire, Proust, Kafka, de taal, de vertelkunst en de moderne ervaring spelen een cruciale rol in onderzoek en discussies op zulke uiteenlopende gebieden als de kunstgeschiedenis, de stedenbouwkunde, 'cultural studies' en literatuurwetenschappen. In die zin zijn de filosofische brokstukken van Benjamin zelf inmiddels voorwerp van een actieve herinneringsarbeid geworden.

Benjamin, Over het begrip van de geschiedenis (fragment)

III

De kroniekschrijver die de gebeurtenissen verhaalt zonder onderscheid te maken tussen grote en kleine, legt daarmee rekenschap af van de waarheid dat niets wat ooit is gebeurd voor de geschiedenis als verloren mag worden beschouwd. Wel is het zo dat pas aan de verloste mensheid haar verleden voluit ten deel valt. Dat wil zeggen: pas voor de verloste mensheid is haar verleden in elk van haar momenten citeerbaar geworden. Elk van haar geleefde ogenblikken wordt tot een citation à l'ordre du jour — welke dag inderdaad de jongste is.

IV

Streeft allereerst naar voedsel en kleding,
dan zal het rijk Gods u vanzelf ten deel vallen.
[Hegel, 1807]

De klassenstrijd, die een marxistisch geschoold historicus steeds voor ogen staat, is een strijd om de ruwe en materiële dingen, zonder welke er geen fijne en spirituele zouden bestaan. Niettemin zijn deze in de klassenstrijd anders aanwezig dan als de voorstelling van een buit die de overwinnaar toekomt. Ze zijn als vertrouwen, als moed, als humor, als list, als onverzettelijkheid in die strijd levend en hebben hun uitwerking tot ver terug in het verleden. Ze zullen telkens opnieuw iedere overwinning die de heersers ooit ten deel is gevallen, in twijfel trekken. Zoals bloemen hun kroon naar de zon keren, zo probeert krachtens een geheimzinnig soort heliotropisme het voorbije zich naar *die* zon toe te keren, die op het punt staat aan de hemel van de geschiedenis op te gaan. Voor de nietigste van alle veranderingen moet de historisch materialist oog hebben.

BENJAMIN Over het begrip van de geschiedenis

V

Het ware ogenblik *flitst* voorbij. Alleen als beeld dat op het ogenblik van zijn herkenbaarheid even opflitst, om nooit meer te worden teruggezien, kan het verleden worden vastgehouden. «De waarheid zal ons niet ontglippen» — deze uitspraak, die van Gottfried Keller afkomstig is, markeert in het geschiedbeeld van het historisme exact de plaats waar het door het historisch materialisme wordt doorboord. Want het is een niet terug te halen beeld van het verleden dat met elk heden dreigt te verdwijnen, dat zich niet als in dit beeld bedoeld herkende.

VII

Denkt aan het duister en de grote kilte
In dit dal dat van gejammer weergalmt.
[Brecht, *Die Dreigroschenoper*]

Fustel de Coulanges raadt de historicus aan om, wil hij een tijdperk opnieuw beleven, alles wat hij van het latere verloop van de geschiedenis weet uit zijn hoofd te zetten. Beter kan de methode waarmee het historisch materialisme heeft gebroken niet worden gekarakteriseerd. Het is een methode van inleving. De oorsprong ervan is de indolentie van het hart, de *acedia*, die versaagt het echte historische beeld, dat vluchtig oplicht, te bemachtigen. Zij gold bij de middeleeuwse theologen als de diepste oorzaak van de droefgeestigheid. Flaubert, die daarmee kennis had gemaakt, schrijft: «Weinig mensen zullen vermoeden hoeveel droefgeestigheid ervoor nodig was om Carthago weer tot leven te wekken.» De aard van die droefgeestigheid wordt duidelijker als je de vraag stelt in wie de geschiedschrijver van het historisme zich eigenlijk inleeft. Het antwoord luidt onvermijdelijk: in de overwinnaar. Maar de huidige machthebbers zijn de erfgenamen van al degenen die ooit hebben gezegevierd. De inleving in de overwinnaar komt dus de machthebber ten goede. Daarmee is voor de historisch materialist genoeg gezegd. Al wie tot op de dag van vandaag de zegen behaalde, marcheert mee in de triomftocht die de heersers heenvoert over hen die tegenwoordig in het stof bijten. Naar goed gebruik wordt de buit in de triomftocht meegevoerd. Die buit heet: de cultuurgoederen. Ze zullen in de historisch materialist een afstandelijk beschouwer vinden. Want

BENJAMIN Over het begrip van de geschiedenis

wat hij aan cultuurgoederen overziet, heeft voor hem zonder uitzondering een herkomst waaraan hij niet zonder afschuw kan denken. Het dankt zijn bestaan niet alleen aan de inspanning van de grote genieën die het hebben geschapen, maar ook aan de naamloze herendienst van hun tijdgenoten. Er is nooit een document van de cultuur dat niet tevens een document van de barbaarsheid is. En zoals het zelf niet vrij is van barbaarsheid, is ook het proces van de overlevering, waarin het van de een op de ander is overgegaan, dat niet. De historisch materialist distantieert zich derhalve zoveel mogelijk van die overlevering. Hij beschouwt het als zijn taak de geschiedenis tegen de haren in te strijken.

IX

Mijn vleugel is tot slaan bereid
Ik keerde gaarne weer
Want ook al bleef mij nog nauwelijks levenstijd
Geluk had ik toch nauwelijks meer
[Gerhard Scholem, *Gruß vom Angelus*]

Er bestaat een schilderij van Klee dat *Angelus Novus* heet. Daarop staat een engel afgebeeld die eruitziet als stond hij op het punt zich te verwijderen van iets waar hij naar staart. Zijn ogen zijn opengesperd, zijn mond staat open en zijn vleugels zijn uitgespreid. Zo moet de engel van de geschiedenis eruitzien. Hij heeft het gelaat naar het verleden toegekeerd. Waar voor *ons* een aaneenschakeling van gebeurtenissen verschijnt, ziet *hij* één grote catastrofe die onafgebroken puinhoop op puinhoop stapelt en ze hem voor de voeten smijt. Hij zou wel willen stilstaan, de doden wekken en het verpletterde samenvoegen. Maar een storm waait uit het paradijs die in zijn vleugels blijft hangen en zo sterk is dat de engel ze niet meer kan stuiten. Die storm drijft hem onstuitbaar de toekomst in, die hij de rug toekeert, terwijl de puinhoop vóór hem tot de hemel rijst. Wat wij de vooruitgang noemen is *die* storm.

W. Benjamin, *Maar een storm waait uit het paradijs. Filosofische essays over taal en geschiedenis*, vertaling I. Van der Burg en M. Wildschut. Nijmegen: Sun, 1996, p. 143-147.

Parijse passages II (fragment)

«Menigmaal», aldus de geïllustreerde gids van Parijs en haar omgeving uit 1852, «maakten wij gewag van de passages die op de centraal gelegen boulevards uitlopen. Deze passages, recente creaties van de industriële luxe, zijn corridors met een glazen kap en een marmeren plaveisel; zij doorsnijden huizenblokken waarvan de eigenaren zich tot dergelijke exploitaties hebben verenigd. Aan weerszijden van deze corridors, waar het licht van bovenaf invalt, rijgt zich een eersterangs winkelstand aaneen, zodat de passage een stad, een wereld in het klein is waar kooplustigen alles van hun gading vinden. Bij onverhoedse buien bieden de passages het verraste publiek een welkome beschutting, die aanzet tot een ongestoorde, zij het beperkte promenade, hetgeen de neringdoenden eveneens tot voordeel strekt.» Verrast of niet, die kooplustigen zijn verdwenen. Regen brengt niets beters binnen dan een sjofele klandizie zonder overmantel of gummi regenjas. Ooit was dit het domein van een generatie die weinig op had met het weer en zich op een sneeuwwitte zondag eerder in wintertuinen koesterde dan dat zij de ski's onderbonden. Voortijdig glas, voortijdig ijzer, nauw verwante constructies alom: passages, wintertuinen met majestueuze palmen en stationshallen waar de Adieu, een opzichtige imitatie-orchidee werd gekoesterd. De hangar heeft hen ruimschoots overvleugeld. Tegenwoordig laat de staat van de passage zich aflezen aan het allooi van haar bezoekers. Pooiers staan voor het ijzeren element van deze straat, het delicate glaswerk zijn de hoeren. Een laatste rustplaats vonden hier de wonderkinderen die als 'patentkoffer-met-binnenverlichting', als reuzenzakmes of als wettig gedeponeerde parapluknop-met-klok-en-revolver op wereldtentoonstellingen het levenslicht aanschouwden. En in het gezelschap van deze opgeschoten wangedrochten het halfwassen goed. Wij zijn de smalle, donkere gang binnengelopen tot waar zich tussen een tweedehands boekhandel met kleurig gebundelde compendia over het bankroet, en een winkel in knopen (van paarlemoer en, op zijn Parijs, 'de fantaisie') een soort woonvertrek bevond. Een gaslamp wierp licht op een vaal kleedje vol snuisterijen. Een oude vrouw zat eenzaam te lezen. Zo vraagt zij daar al jaar en dag kunstgebitten te koop, 'kapotte, van goud en van was'. Sindsdien weten wij ook waar dokter Mirakel de was voor zijn Olympia's vandaan had, die wereldberoemde

BENJAMIN Parijse passages

Parijse poppen van weleer. Deze onvervalste feeën van de passage waren goedkoper en handzamer dan hun zusters in het leven; zij draaiden rond op een muziekdoosje met aan hun arm een mandje waaruit bij een klagende kleine-tertsklank een lammetje zijn verschrikte snuitje naar voren stak.

De copernicaanse wending in de geschiedvorsing houdt het volgende in: men beschouwde 'het verleden' als het ijkpunt waarop het heden tastenderwijs zijn kennis afstemde. Deze verhouding moet zich wijzigen; het verleden dient zijn dialectische status te ontlenen aan de synthese die het ontwaken met tegendraadse droombeelden tot stand brengt. Geschiedenis komt onder het primaat van politiek. Historische 'feiten' blijken ons onverhoeds te hebben overvallen: hun tracering is een kwestie van herinneren. Een sprekend voorbeeld van herinnering is het ontwaken, wanneer onze onderhuidse belevingswereld voor het grijpen ligt. Wat Proust bedoelt met het meubilair in proefopstelling en wat Bloch als de nachtzijde van het ondervonden moment aanduidt, komt overeen met wat hier collectief op het niveau van de geschiedenis wordt gewonnen. Er is sprake van een 'nog niet bewust weten' omtrent het *voormalige* dat in het ontwaken wordt opgedolven.

Bij deze historische en collectieve registraties speelt het verzamelen een onmiskenbare rol. Het verzamelen is een praktische vorm van herinneren, en het is de meest overtuigende van de profane tekens die wijzen op de inwerking van het 'verleden' (van het 'onderhuidse'). Men kan dus stellen dat dit nederige blijk van politiek vernuft furore maakt onder curiosa. Daar vervaardigen wij een wekker die de kitsch uit de vorige eeuw alarmeert. Deze waarachtige vereffening met een tijdperk is ook hier structureel met het ontwaken verwant, dat zij onder auspiciën van de list staat. Bij het ontwaken is immers list geboden. Zonder list ontstijgen wij niet aan het droomland. Er is evenwel ook sprake van onwaarachtige vereffeningen die in het teken van geweld staan. Ook hier geldt de wet van de contraproductieve inspanning. Voor de tijd die in deze regels aan de orde wordt gesteld, is de Jugendstil de verbeelding van deze ijdele moeite.

W. Benjamin, *Kleine filosofie van het flaneren*, vertaling I. Van der Burg e.a. Amsterdam: SUA, 1992, p. 117-118.

Popper
(1902 – 1994)

Omdat de wetenschap in onze samenleving zo'n grote rol speelt, is het van belang dat men zich afvraagt waarom wetenschappelijke kennis zo hoog wordt aangeslagen. Wat is het verschil tussen wetenschappelijke kennis en andere vormen van kennis, zoals onze alledaagse kennis? Een van de meest invloedrijke wetenschapsfilosofen van onze tijd, Karl Raimund Popper, heeft dit probleem als een uitgangspunt voor zijn filosofie genomen. Toen hij voor het eerst zijn oplossing voor het demarcatieprobleem — hoe trek je de grens tussen wat wel en wat niet wetenschappelijk is? — onder woorden bracht, verschilde die nogal van de opvatting die men toentertijd over de wetenschap aanhing. Het demarcatieprobleem begon Popper te fascineren in de periode tussen de beide wereldoorlogen, die hij doorbracht in Wenen. In het academische en culturele klimaat daar nam het logisch positivisme, zoals dat door de leden van de *Wiener Kreis* werd ontwikkeld, een belangrijke plaats in. De leden van dit gezelschap gingen ervan uit dat wetenschappelijke kennis *bewezen* kennis behoort te zijn, of dat het kennis dient te zijn met de hoogst denkbare graad van waarschijnlijkheid. Volgens de aanhangers van het logisch positivisme kenmerkt de wetenschap zich door haar *inductieve* methode: op grond van waarneming en experiment vindt men steeds meer feiten die een theorie waarschijnlijker maken. Door de inductieve methode stuit men steeds op nieuwe regelmatigheden waardoor de theorie kan worden uitgebreid en waardoor de theorie weer wordt bevestigd of, zoals het ook wel heet, geconfirmeerd. Deze opvatting over de wetenschap wordt ook nu nog door vele onderzoekers en niet-wetenschappers aangehangen. Op het eerste gezicht lijkt deze opvatting een zekere aanvaardbaarheid te bezitten. Door Popper echter wordt deze radicaal afgewezen. Als een uitspraak of theorie door allerlei feiten wordt bevestigd, is dat nog geen reden om deze uitspraak of theorie wetenschappelijk te noemen. Als iemand bijvoorbeeld tot een uitspraak komt op grond van een vooroordeel, kan hij daarbij vaak op vele feiten wijzen die met zijn uitspraak in overeenstemming zijn te brengen, waardoor het lijkt alsof hij het gelijk aan zijn kant heeft.

Hoe legt Popper nu de grens tussen wetenschappelijk verkregen uitspraken en niet-wetenschappelijke uitspraken, zoals uitspraken die op een vooroordeel berusten? In wetenschappelijk onderzoek let men volgens Popper niet alleen op de voorbeelden die de voorgestelde oplossing van het probleem bevestigen, maar ook op tegenvoorbeelden die juist in strijd zijn met de voorgestelde theorie. Waardoor wetenschappelijke kennis van andere vormen van kennis verschilt, is juist — zo zegt hij — dat men in de wetenschapsbeoefening tegenvoorbeelden zo serieus mogelijk neemt. Tegenvoorbeelden vormen voor de wetenschapsbeoefenaar een creatieve uitdaging om naar nieuwe theorieën te gissen die niet mank gaan aan de onvolkomenheden van de oude theorie. En juist omdat de wetenschapsbeoefenaar op deze wijze handelt, komt men verder en is er groei in de wetenschap. De vooruitgang in de wetenschap wordt niet gestimuleerd door zo lang mogelijk aan een bepaalde theorie vast te houden, waarbij men allerlei feiten zoekt die ermee overeenstemmen. Nee, de vooruitgang wordt bevorderd doordat de zwakheden van de gevestigde theorieën zo duidelijk mogelijk aan de orde worden gesteld, waardoor naar betere alternatieven kan worden gezocht. In het dagelijks leven leren wij het meest van de fouten die we maken en in de wetenschap is dat niet anders.

De methode van de wetenschap is de methode van vallen en opstaan, van gissen en weerleggen. In de wetenschap komt men steeds dichter bij de waarheid door het opsporen en het elimineren van foutieve theorieën en door te trachten foutief gebleken oplossingen te vervangen door betere; mogelijk worden ook deze oplossingen weer eens weerlegd, of, zoals het in Poppers jargon heet, *gefalsifieerd*.

Wetenschappelijke kennis is voor Popper kennis die bij uitstek redelijk, rationeel is. De redelijkheid van de wetenschap verklaart hij door de methode van de wetenschap. De methode van de wetenschap bestaat uit de eliminatie van fouten zoals deze bij scherpe toetsing en wederzijdse kritiek van de onderzoekers aan het daglicht treden. Vandaar ook dat voor Popper redelijkheid onlosmakelijk verbonden is met het beoefenen van kritiek. Popper noemt zijn wetenschapsopvatting daarom ook wel 'kritisch rationalistisch'. Omdat in de wetenschap elke theorie onder het spervuur van de kritiek kan komen te liggen, kan men niet zeggen dat de wetenschap resulteert in bewezen of onbetwijfelbare kennis: ook wetenschap is mensenwerk en daarom is ook de wetenschap feilbaar.

Popper heeft zich niet alleen met wetenschapsfilosofie beziggehouden. Ook heeft hij een sociale filosofie ontwikkeld. Zijn maatschappijvisie ligt in het verlengde van zijn wetenschapsvisie. Als wetenschappelijke kennis een redelijk karakter heeft, en als de redelijkheid in de wetenschap staat en valt met de mogelijkheid van kritiek, moet men dan niet tot de conclusie komen dat die samenlevingsvorm de beste is waarin de mogelijkheid tot kritische discussie optimaal is? Als wij onze samenleving wensen te verbeteren, dienen we daarbij dan niet bereid te zijn om kritiek te verdragen op de fouten die we daarbij maken? Niet de 'gesloten samenleving' waar de criticus wordt uitgeschakeld, maar de 'open samenleving' waarin feilbare theorieën en gemaakte fouten worden geëlimineerd, wordt door Popper bepleit.

Popper, *De groei van kennis* (fragment)

Hoofdstuk 11, §1 *Wetenschap, gissingen en weerleggingen*

Toen ik de lijst met deelnemers aan deze cursus ontving en mij realiseerde dat ik voor medefilosofen zou moeten spreken, dacht ik na enige aarzeling en na enkele mensen te hebben geraadpleegd, dat u mij waarschijnlijk het liefst hoorde spreken over de problemen die mij het meeste interesseren en over die ontwikkelingen in ons vak waarmee ik uit eigen ervaring bekend ben. Ik besloot daarom iets te doen wat ik nog nooit heb gedaan: u een verslag te geven van mijn eigen werk in de wetenschapsfilosofie, te beginnen vanaf de herfst van 1919 toen ik voor het eerst begon te worstelen met het probleem: *wanneer moet een theorie een wetenschappelijke theorie worden genoemd?* of *is er een criterium voor het wetenschappelijk karakter of de wetenschappelijke status van een theorie?*

Het probleem waarmee ik in die tijd rondliep was niet «Wanneer is een theorie waar?» en ook niet «Wanneer is een theorie acceptabel?» Mijn probleem lag anders. Ik *wilde een onderscheid maken tussen wetenschap en pseudo-wetenschap*. Ik was mij er daarbij heel goed van bewust dat de wetenschap zich dikwijls vergist en dat pseudo-wetenschap soms toevallig op de waarheid stuit.

Ik kende natuurlijk het antwoord dat door bijna iedereen op mijn probleem werd gegeven: dat de wetenschap zich van de pseudo-wetenschap of van de 'metafysica' onderscheidt door een *empirische methode*. Dit is een *inductieve* methode die uitgaat van waarneming en experiment. Maar dit antwoord bevredigde mij niet. Integendeel, ik gaf vaak een andere formulering aan mijn probleem, namelijk: hoe kan men een onderscheid maken tussen een echte empirische methode en een niet-empirische of zelfs pseudo-empirische methode, dat wil zeggen een methode die wel een beroep doet op waarneming en experiment, maar desalniettemin niet aan wetenschappelijke normen voldoet. Een voorbeeld van een dergelijke methode vormt de astrologie met haar kolossale hoeveelheid empirische evidentie die op waarneming is gebaseerd, op horoscopen en op biografieën.

Maar omdat de astrologie niet het voorbeeld was dat mij op mijn probleem bracht, moet ik een korte beschrijving geven van de sfeer waarin mijn probleem ontstond en van de voorbeelden waardoor het voor mij een belangrijk probleem werd. Na de ineenstorting van het Oostenrijkse keizerrijk was er in Oostenrijk een revolutie uitgebroken: de lucht was vol revolutionaire leuzen en ideeën en nieuwe en vaak wilde theorieën. Onder de theorieën waarvoor ik belangstelling had, was de relativiteitstheorie van Einstein verreweg de belangrijkste. Drie andere waren Marx' theorie van de geschiedenis, Freuds psychoanalyse en Alfred Adlers zogenaamde 'Individualpsychologie'.

Er werd over deze theorieën veel onzinnigs gezegd en vooral over de relativiteitstheorie (zoals zelfs vandaag nog gebeurt), maar ik trof het enorm met degenen die mij met deze theorie kennis lieten maken. Wij, de kleine kring studenten waartoe ik behoorde, werden allen erg gegrepen door de resultaten van de observaties die Eddington bij een zonsverduistering had gedaan en die in 1919 de eerste belangrijke bevestiging van de zwaartekrachttheorie van Einstein opleverde. Het was voor ons een grootse ervaring en had op mijn intellectuele ontwikkeling een blijvende invloed.

De drie andere theorieën die ik noemde werden in die tijd onder studenten ook uitvoerig besproken. Ikzelf kwam in contact met Alfred Adler en ging zelfs met hem samenwerken bij het sociale werk dat hij onder de kinderen en jeugd in de arbeiderswijken van Wenen deed, waar hij sociale begeleidingscentra had gesticht.

In de zomer van 1919 begon ik mij steeds ontevredener over deze drie theorieën te voelen, de marxistische theorie van de geschiedenis, de psychoanalyse en de Individualpsychologie. Ik begon te betwijfelen of zij wel zo wetenschappelijk waren als zij zelf beweerden. Mijn probleem had misschien eerst nog de eenvoudige vorm: «Wat is er mis met het marxisme, de psychoanalyse en de Individualpsychologie? Waarom verschillen zij zo van natuurkundige theorieën, van die van Newton en met name van de relativiteitstheorie?»

Om deze tegenstelling duidelijk te maken, moet ik zeggen dat slechts enkelen onder ons in die tijd zouden hebben gezegd dat zij dachten dat Einsteins zwaartekrachttheorie *waar* was. Dit laat zien dat ik niet door mijn twijfel aan de *waarheid* van deze drie andere theorieën werd verontrust, maar door iets anders. Ook was het niet dat ik mathematische fysica gewoon meer *exact* vond dan een sociologische of psychologische theorie. Wat mij dus, in dit stadium tenminste, bezighield was niet het probleem van de waarheid van een theorie en ook niet het probleem van exactheid of meetbaarheid. Het was meer dat ik het gevoel had dat deze drie andere theorieën wel de allures van een wetenschap hadden, maar dat zij in feite meer met primitieve mythen dan met wetenschap gemeen hadden, dat zij meer op astrologie dan op astronomie leken.

Ik ontdekte dat die vrienden die bewonderaars van Marx, Freud en Adler waren, erg onder de indruk waren van een aantal gemeenschappelijke trekken van deze theorieën en vooral van het feit dat deze theorieën zoveel konden *verklaren*. Bijna alles wat op het vlak waarop deze theorieën betrekking hadden, gebeurde, leken zij te kunnen verklaren. De studie van een van deze theorieën leek een merkwaardig effect te hebben op eeniéder die haar deed: het was als een intellectuele bekering en openbaring waarbij de ogen voor een nieuwe waarheid werden geopend die voor nog niet ingewijden verborgen lag. Wanneer de ogen eenmaal geopend waren, zag men overal confirmerende gevallen: de wereld was vol *confirmaties* van de theorie. Wat er ook gebeurde, steeds werd de theorie bevestigd. De waarheid van de theorie leek dus manifest te zijn en ongelovigen waren duidelijk mensen die de manifeste waarheid niet wilden zien, hetzij omdat dit tegen hun klassenbelang was, of omdat zij iets 'verdrongen' hadden wat nog steeds niet geanalyseerd was en luid om behandeling schreeuwde.

Het meest kenmerkende element in deze situatie leek mij de niet-aflatende stroom confirmaties, observaties die de theorie in kwestie 'verifieerden'. Op dit punt werd door de aanhangers van deze theorieën dan ook voortdurend gehamerd. Een marxist kon geen krant openslaan zonder op iedere pagina evidentie voor zijn interpretatie van de geschiedenis te vinden, niet alleen in het nieuws, maar ook in de presentatie ervan, die het klassenvooroordeel van de krant liet zien en vooral natuurlijk in wat de krant *niet* zei. De freudiaanse analisten hamerden erop dat hun theorieën voortdurend door hun 'klinische observaties' werden geverifieerd. Wat Adler betreft was ik erg onder de indruk van een persoonlijke ervaring. Ik vertelde hem eens, het was in 1919, van een geval dat mij niet erg adleriaans leek, maar hij had geen enkele moeite het in termen van zijn theorie van minderwaardigheidsgevoelens te analyseren, hoewel hij het kind zelfs niet had gezien. Licht geschokt vroeg ik hem hoe hij zo zeker kon zijn. «Vanwege mijn duizendvoudige ervaring», antwoordde hij, waarop ik het niet kon laten te zeggen: «En met dit nieuwe geval is uw ervaring zeker duizend-en-een-voudig geworden.»

Waar ik aan dacht was dat zijn vorige ervaringen misschien niet veel betrouwbaarder waren geweest dan deze nieuwe, dat elke volgende waarneming in het licht van 'vorige ervaringen' was geïnterpreteerd en tegelijk als extra informatie telde. «Wat bevestigde dit alles?», vroeg ik mij af. Niet meer dan dat een geval in het licht van een theorie kon worden geïnterpreteerd. Maar dit betekende erg weinig, dacht ik, want elk voorstelbaar geval zou in het licht van Adlers theorie, maar voor hetzelfde geld in die van Freud kunnen worden geïnterpreteerd. Ik kan dit aan de hand van twee heel verschillende voorbeelden duidelijk maken; dat van een man die een kind het water in duwt met de bedoeling het te verdrinken en dat van een man die zijn leven opoffert in een poging het kind te redden. Deze beide gevallen kunnen even gemakkelijk in freudiaanse termen als in adleriaanse termen worden uitgelegd. Volgens Freud verdringt de eerste man iets (bijvoorbeeld een component van zijn Oedipuscomplex) en heeft de tweede zich gesublimeerd. Volgens Adler leed de eerste man aan minderwaardigheidsgevoelens (die in hem misschien de behoefte deden ontstaan zichzelf te bewijzen dat hij een misdaad durfde te begaan) en de tweede man ook (hij had de behoefte zichzelf te bewijzen dat hij het kind durfde te redden). Ik kon geen enkel voorbeeld van menselijk gedrag bedenken dat niet in termen van beide theorieën kon worden geïnterpreteerd. Juist dit feit, dat zij altijd klopten en altijd werden geconfirmeerd, vormde in de ogen van degenen die deze theorieën bewonderden, het sterkste argument ten gunste ervan. Het begon tot mij door te dringen dat deze ogenschijnlijke kracht in werkelijkheid een zwakheid was.

Met de theorie van Einstein lag het heel anders. Neem een kenmerkend geval: Einsteins voorspelling die toen net door de ontdekkingen van de expeditie van Eddington was geconfirmeerd. Volgens de zwaartekrachttheorie van Einstein werd licht door zware lichamen (als de zon) aangetrokken, net zo als materie werd aangetrokken. Hieruit kon men berekenen dat licht van een ver verwijderde vaste ster die schijnbaar dicht bij de zon stond, de aarde onder een zodanige hoek zou bereiken alsof de ster iets van de zon vandaan was gaan staan, of, met andere woorden, dat sterren dicht bij de zon zich iets van de zon (en van elkaar) af leken te hebben bewogen. Dit is iets wat onder normale omstandigheden niet kan worden waargenomen, omdat dergelijke sterren overdag door de geweldige zonneschittering onzichtbaar zijn geworden. Maar tijdens een zonsverduistering is het mogelijk foto's van deze sterren te nemen. Wanneer hetzelfde deel van de sterrenhemel 's nachts wordt gefotografeerd, kan men de afstanden op beide foto's meten en nagaan of het voorspelde effect inderdaad heeft plaatsgevonden.

Wat in dit geval zo'n indruk maakt, is het *risico* wat men met een voorspelling van dit soort maakt. Wanneer uit waarneming blijkt dat het voorspelde effect niet plaats heeft gevonden, dan is de theorie daarmee eenvoudig weerlegd. De theorie is *onverenigbaar met bepaalde mogelijke waarnemingen*, in feite met resultaten die iedereen voor Einstein zou hebben verwacht. Dit is heel iets anders dan de situatie die ik hiervoor heb beschreven. Die theorieën waren met het meest uiteenlopende menselijke gedrag verenigbaar, zodat het praktisch onmogelijk was een soort menselijk gedrag te beschrijven dat niet als een verificatie van deze theorieën kon worden beschouwd.

Deze overwegingen brachten mij in de winter van 1919-1920 tot een aantal conclusies die ik nu als volgt kan formuleren.

1. Het is gemakkelijk confirmaties, of verificaties, voor bijna elke theorie te vinden, als wij maar moeite doen ernaar te zoeken.

2. Confirmaties hebben alleen waarde, als zij het gevolg zijn van *riskante voorspellingen*, dat wil zeggen als wij een gebeurtenis hadden verwacht die niet met de theorie in overeenstemming was geweest, wanneer wij door de theorie in kwestie niet op betere gedachten waren gebracht.

3. Elke 'goede' wetenschappelijke theorie is een verbod: de theorie verbiedt dat bepaalde dingen gebeuren. Hoe meer de theorie verbiedt, hoe beter zij is.

4. Een theorie die door geen enkele voorspelbare gebeurtenis kan worden weerlegd, is onwetenschappelijk. Onweerlegbaarheid is geen deugd van een theorie (zoals de mensen vaak denken), maar een ondeugd.

5. Elke echte *test* van een theorie is een poging haar te falsificeren, te weerleggen. Testbaarheid is falsifieerbaarheid. Maar er zijn graden van

testbaarheid: sommige theorieën zijn beter testbaar, meer blootgesteld aan weerleggingen dan andere. Zij nemen als het ware grotere risico's.

6. Positieve evidentie heeft geen waarde, *behalve wanneer het het resultaat is van een echte test van de theorie*. Dit betekent dat het een serieuze maar onsuccesvolle poging moet zijn de theorie te falsificeren. (Ik spreek in dergelijke gevallen nu van 'versterkend bewijsmateriaal' of 'corroborating evidence'.)

7. Er zijn testbare theorieën die door hun aanhangers nog steeds worden verdedigd wanneer al ontdekt is dat zij onwaar zijn. Dit doen zij door bijvoorbeeld *ad hoc* een hulphypothese te introduceren of door de theorie *ad hoc* zo te herinterpreteren dat deze door de gevonden evidentie niet meer wordt weerlegd. Zoiets is altijd mogelijk, maar behoedt de theorie alleen voor weerlegging ten koste van haar wetenschappelijke status die hierdoor geheel verdwijnt of in ieder geval vermindert. (Later heb ik een dergelijke reddingsoperatie een *conventionalistische draai* of een *conventionalistische strategie* genoemd.)

Men kan dit alles als volgt samenvatten: *het criterium of een theorie wetenschappelijke status heeft is falsifieerbaarheid, weerlegbaarheid of testbaarheid.*

K.R. Popper, *Conjectures and Refutations: The Growth of Scientific Knowledge.* Londen: Routledge and Keagan Paul, 1963. Nederlandse vertaling: *De groei van kennis*, vertaling Z. Swijtink. Meppel/Amsterdam: Boom, 1978, herziene druk 2002, p. 73-79.

Adorno

(1903–1969)

Theodor W. Adorno geldt als een van de belangrijkste vertegenwoordigers van de 'kritische theorie', die ontwikkeld werd door de neomarxistische Frankfurter Schule. Hij werd geboren als Theodor Ludwig Wiesengrund, zoon van een joods zakenman. In toenemende mate identificeert hij zich met zijn moeder en de muzikale vorming die deze in zijn leven bracht. Adorno neemt haar achternaam aan; zijn vaders naam verschrompelt tenslotte tot de W., die evengoed de afkorting van een tweede voornaam zou kunnen zijn.

Gedurende zijn studietijd strijden filosofie en muziek om de voorrang. Na een promotie in de filosofie studeert hij compositieleer bij de Oostenrijkse componist Alban Berg en keert vervolgens terug naar Frankfurt om er filosofie te doceren. De opkomst van het nazisme dwingt hem echter Duitsland te verlaten. In 1934 vestigt Adorno zich in Engeland en in 1938 emigreert hij naar Amerika. Eerst in 1950 wordt hij in Frankfurt tot hoogleraar benoemd.

Adorno's keuze voor de filosofie betekent geen afscheid van de muziek; gedurende zijn hele leven blijft hij componeren en ongeveer de helft van zijn filosofische werk gaat over muziek. Ook schrijven beschouwt Adorno als een soort componeren; zijn producten laten zich lezen als zorgvuldig uitgewerkte filosofische partituren. Zo bestaat er een structurele verwantschap tussen Adorno's denken en de muziek uit de Weense school, waarvan Arnold Schönberg de grondlegger en Berg een van de belangrijkste representanten was. Daarin verzette men zich tegen de klassieke harmonieleer, waarin één toonsoort een dominante rol speelt. Schönbergs alternatief is de compositie met een reeks van twaalf gelijkwaardige tonen. Deze ontwikkeling wordt weerspiegeld in Adorno's eis dat in een filosofische verhandeling alle uitspraken *even ver van het midden* moeten staan.

Zijn preoccupatie met stilistische kwesties verbindt Adorno met een inhoudelijke betrokkenheid, die sterk gekleurd wordt door zijn traumatische confrontatie met het totalitarisme van nazi-Duitsland. Reeds vroeg spreekt hij uit dat het hem erom gaat het 'hopeloze' te redden en noemt dat zijn theologische intentie. Dit 'hopeloze' is volgens Adorno datgene wat onder de heersende ordeningen in de maatschappij, wetenschap, filosofie en kunst wordt verwaarloosd. De term die hij er later voor gebruikt is het 'niet-identieke'; dat is wat hij, met name in een laat werk, getiteld *Negative Dialektik*, tracht te begrijpen. Dit niet door het in een positieve zin te benoemen, maar via een kritiek op het 'identificerende', gelijkschakelende denken, zoals dat in zijn verschillende vormen tot uitdrukking komt in een totalitaire maatschappelijke praktijk, waarin tegenspraak niet geduld wordt.

Het tegenspraakloze, repressieve systeem wordt door hem ontmaskerd en bekritiseerd in maatschappelijke (sub)systemen, in filosofische en wetenschappelijke systemen, in de starre identiteit van het rationele subject en in de harmonieuze eenheid van het klassieke kunstwerk. De strekking van de kritiek komt er steeds weer op neer dat systematiek, identiteit en harmonieuze eenheid worden verkregen ten koste van datgene wat niet binnen de eenheid past. Dat laatste wordt weggestopt, buiten beschouwing gelaten of als minder waar(d) gezien en ten slotte vergeten.

Binnen de maatschappelijke praktijk wordt het niet-passende immers algauw gezien als iets wat afwijkt van de geldende norm, en voor Adorno is het datgene wat geliquideerd zal worden wanneer de repressieve maatschappelijke werkelijkheid zijn democratische schijn laat varen. Onder de schijnbaar formele ordeningen is er volgens hem een woede jegens het 'niet-identieke' werkzaam, die herleid wordt tot een angst voor het onbekende en onbeheersbare. Adorno onderzoekt deze mengeling van angst en woede in een empirische studie, de thans klassieke *The Authoritarian Personality*.

De problematische verhouding tot het 'niet-identieke' brengt Adorno in zijn samen met Max Horkheimer geschreven *Dialektik der Aufklärung* in verband met de westerse traditie. Deze wordt door hem bekritiseerd als een verabsoluteerd streven naar beheersing van de werkelijkheid, dat als streven naar natuurbeheersing het duidelijkst gestalte heeft gekregen in de enorme ontwikkeling van het technologische potentieel. Door een eenzijdige fixatie op beheersingsstrategieën vernietigt de Europese traditie van de Verlichting, die tegenover dwalingen en bijgeloof alle hoop op de ratio had gevestigd, zichzelf. Niet alleen worden in de westerse cultuur dwalingen of angstig bijgeloof bestreden. Alle zin, meent Adorno, dreigt te verdwijnen onder de kritiek van de formele ratio, die zich als legitimatie verbindt met een rationele maatschappelijke praktijk. Daardoor lopen de menselijke en niet-menselijke natuur, die zich rationeel niet adequaat laten vatten, het gevaar te worden vernietigd. In de plaats van de angst voor de niet-beheerste natuur treedt aldus de dreiging van een ongebreidelde natuurbeheersing. Het enige dat er overblijft van het idee van vooruitgang is volgens Adorno de vooruitgang van de beheersing, totdat ook deze zichzelf te gronde richt. In de menselijke subjecten is deze zelfvernietigende irrationaliteit aanwezig als een 'verdinglijkte ervaring', waardoor men blind en doof is voor wat er gebeurt. Adorno wil zo schrijven dat deze 'verdinglijking' doorbroken wordt. Door schokkende formuleringen, overdrijving, fantasie en provocatie tracht hij, via een anti-systematische polemiek, de lezer wakker te schudden.

In zijn verzet tegen de traditionele, repressieve harmonie vindt Adorno steun in de kunst van de avant-garde, voorzover daarin gezocht wordt naar samenhangen waarbinnen datgene wat door de opgelegde harmonie verdrongen is een plaats krijgt. Deze geweldloze esthetische syntheses vinden echter geen parallel in de maatschappelijke verhoudingen of in het denken. Want in de mate waarin kunst iets toont wat in de maatschappelijke werkelijkheid niet mogelijk is, wordt ze veroordeeld tot schone schijn en onwerkelijkheid. Adorno neigt er zelfs toe het onderdrukkende, identificerende en systematiserende te beschouwen als eigen aan begripsmatig denken. In deze radicale toespitsing van zijn kritiek lijkt Adorno's idee van verzoening met het 'niet-identieke' in de buurt te komen van een verlossing uit de wereld, aangezien er nog nauwelijks een positief aanknopingspunt te vinden is voor genoemde verzoening. Het licht van de wanhopig verwachte messiaanse verlossing is dan nog het enige licht dat op deze wereld valt. Met deze gedachte keert Adorno terug naar motieven uit de joodse traditie.

Adorno, *Minima moralia* (fragmenten)

Melange. Het gangbare argument van de tolerantie, dat alle mensen, alle rassen gelijk zijn, is een boemerang. Het staat bloot aan de gemakkelijke weerlegging door de zintuigen, en zelfs de dwingendste antropologische bewijzen dat de joden geen ras zijn, zullen in het geval van een pogrom nauwelijks iets eraan veranderen dat de totalitairen zeer goed weten wie ze willen ombrengen en wie niet. Zou men daarentegen de gelijkheid van al wat een menselijk gelaat heeft als ideaal willen eisen, in plaats van deze als feit te veronderstellen, dan zou dat weinig helpen. De abstracte utopie zou al te gemakkelijk met de meest doortrapte tendenties van de maatschappij verenigbaar zijn. Dat alle mensen op elkaar zouden lijken, is precies wat de maatschappij zo goed zou uitkomen. Ze beschouwt de feitelijke of ingebeelde verschillen als schandmerken die tonen dat men het nog niet ver genoeg gebracht heeft; dat er iets door de machinerie vrijgelaten, niet geheel door de totaliteit bepaald is. De techniek van de concentratiekampen loopt erop uit de gevangenen net zoals hun bewakers te maken, de vermoorden tot moordenaars. Het rasverschil wordt tot iets absoluuts verheven, opdat men het absoluut kan afschaffen, desnoods doordat niets verschillends meer overleeft. Een geëmancipeerde maatschappij zou echter geen eenheidsstaat zijn, maar de verwerkelijking van het algemene in de verzoening der verschillen. Politiek die het daar nog in ernst om zou gaan, zou daarom de abstracte gelijkheid van de mensen niet eens als idee moeten propageren. Ze zou in plaats daarvan op de huidige slechte gelijkheid, de identiteit van de film- met de wapenbelangen moeten wijzen, de betere toestand echter denken als die toestand waarin men zonder angst verschillend zijn kan. Verzekert men de zwarte dat hij precies zo is als de blanke, terwijl hij dat toch niet is, dan doet men hem in het geheim alweer onrecht aan. Men vernedert hem vriendschappelijk door een maatstaf, waaraan hij onder de druk van de systemen noodzakelijkerwijs niet kan voldoen en waaraan te voldoen bovendien een twijfelachtige verdienste zou zijn. De pleitbezorgers van de unitaire tolerantie zijn dan ook steeds geneigd zich intolerant tegen elke groep te keren die zich niet aanpast: de verbeten geestdrift voor de zwarten past bij de verontwaardiging over joodse ongemanierdheid. De *melting pot* was een institutie van het losgeslagen industriële kapitalisme. De gedachte daarin terecht te komen roept de marteldood op, niet de democratie.

Bangmaken telt niet. Wat objectief de waarheid is, blijft moeilijk genoeg uit te maken, maar in de omgang met mensen moet men zich daardoor niet laten terroriseren. Er bestaan wat dat betreft criteria die in eerste instantie voldoen. Een van de betrouwbaarste is dat iemand wordt voorgehouden dat een uitspraak 'te subjectief' is. Wordt dit naar voren gebracht en wel met die verontwaardiging waarin de woedende harmonie van alle redelijke mensen doorklinkt, dan heeft men een reden om een paar seconden met zichzelf tevreden te zijn. De begrippen 'subjectief' en 'objectief' hebben zich volledig omgekeerd. Objectief heet de niet betwiste zijde van de verschijning, haar zonder vragen aanvaarde voorstelling, de uit geclassificeerde gegevens samengevoegde façade, dus het subjectieve; en subjectief noemen ze datgene wat deze façade doorbreekt, tot specifieke ervaring van de zaak komt, zich van de oordeelsmatige afspraken ter zake ontdoet en de verhouding tot het onderwerp in de plaats stelt van het meerderheidsbesluit van degenen die dit onderwerp niet eens in het oog vatten, laat staan overdenken, dus het objectieve. Hoe oppervlakkig de formele tegenwerping van subjectieve betrekkelijkheid is, blijkt op het eigenlijke terrein ervan, dat van de esthetische oordelen. Wie zich ooit vanuit de kracht van zijn precieze reageren in ernst onderwerpt aan de discipline van een kunstwerk, aan zijn immanente vormwet, de dwang van zijn vormgeving, voor hem vergaat het voorbehoud van het slechts subjectieve van zijn ervaring als een armzalige schijn, en elke stap die hij krachtens zijn extreem subjectieve ervaring naar het binnenste van de zaak doet, heeft onvergelijkbaar veel grotere objectieve kracht dan de omvattende en veelal bevestigde begripsvorming zoals bijvoorbeeld die van de 'stijl', waarvan de wetenschappelijke pretentie ten koste van een dergelijke ervaring gaat. Dat is dubbel waar in het tijdperk van het positivisme en de cultuurindustrie, waarvan de objectiviteit door de manipulerende subjecten berekend is. Tegenover deze objectiviteit is de ratio volledig en vensterloos gevlucht in idiosyncrasieën, aan welke willekeur wordt verweten door de willekeur van de machthebbers, omdat zij de onmacht der subjecten willen, uit angst voor de objectiviteit die alleen bij deze subjecten bewaard is gebleven.

Voor na-socratici. (…) Het komt erop aan kennis te hebben die niet om maar iets te noemen absoluut juist, onfeilbaar en onkwetsbaar is — deze loopt onvermijdelijk op tautologieën uit –, maar kennis waartegenover de vraag naar de juistheid zich aan een gericht onderwerpt en waarin zij haar richting vindt. Daarmee wordt echter geen irrationalisme nagestreefd, het opstellen van willekeurige, door het openbaringsgeloof van de intuïtie gerechtvaardigde thesen, maar de afschaffing van het onderscheid tussen these en argument. Dialectisch denken betekent in dit opzicht dat het argument het drastische van de these moet krijgen en dat de these de volheid van haar grond in zich moet bevatten. Alle overbruggende begrippen, alle verbindingen en logische hulpoperaties die niet in de zaak zelf besloten liggen, alle secundaire en niet met de ervaring van het object verzadigde gevolgtrekkingen zouden moeten vervallen. In een filosofische tekst zouden alle zinnen even ver van het middelpunt moeten staan. (…)

Sur l'eau. Op de vraag naar het doel van de geëmancipeerde maatschappij krijgt men antwoorden als de vervulling der menselijke mogelijkheden of de rijkdom des levens. Zo illegitiem als deze onvermijdelijke vraag is, zo onvermijdelijk ook is het afstotende, overtroevende van het antwoord dat

ADORNO *Minima moralia*

de herinnering oproept aan het sociaal-democratische persoonlijkheidsideaal van baardige naturalisten van de jaren negentig die zich wilden uitleven. Teder zou alleen nog het grofste zijn: dat niemand meer honger mag lijden. Al het andere stelt in de plaats voor een toestand die naar menselijke behoeften te bepalen zou zijn, een menselijk gedrag dat naar het model van de productie als doel in zichzelf gevormd is. In het droombeeld van de ongeremde, superkrachtige, scheppende mens is precies het fetisjisme van de waar binnengesijpeld, dat in de burgerlijke maatschappij stagnatie, onmacht, de steriliteit van het onveranderlijke met zich brengt. Het begrip van dynamiek, waarvan de burgerlijke 'geschiedenisloosheid' het complement is, wordt tot iets absoluuts verheven, terwijl het toch, als antropologische reflex van de productiewetten, in de geëmancipeerde maatschappij zelf kritisch geconfronteerd zou moeten worden met de behoefte. De voorstelling van ongebreidelde activiteit, het ononderbroken voortbrengen, de bolwangige onverzadigbaarheid, de vrijheid als topbedrijvigheid teert op dat burgerlijke natuurbegrip dat altijd al uitsluitend geschikt was om het maatschappelijke geweld als onveranderlijk, als een stuk gezonde eeuwigheid te proclameren. Op dat punt en niet op het punt van de voorgewende gelijkmakerij bleven de positieve ontwerpen van het socialisme waartegen Marx zich verzette, in een barbaars stadium steken. Niet het verslappen van de mensheid in het goede leven is te vrezen, maar de woeste uitbreiding van het maatschappelijke, vermomd in al-natuur, collectiviteit als blinde woede van het maken. De naïef verondersteld eenduidigheid van het ontwikkelingsstreven in de richting van productieve groei maakt zelf deel uit van die burgerlijkheid, die ontwikkeling slechts in één richting toelaat, omdat ze als massieve totaliteit en door kwantificering beheerst, vijandig staat ten opzichte van kwalitatieve verschillen. Denkt men de geëmancipeerde maatschappij als emancipatie van juist een dergelijke totaliteit, dan worden vluchtbanen zichtbaar die met productieve groei en de menselijke weerspiegeling ervan maar weinig gemeen hebben. Gegeven het feit dat ongeremde lieden geenszins de aangenaamste en zelfs niet de meest vrije mensen zijn, zou de maatschappij waarvan de belemmering opgeheven is zich daarop kunnen bezinnen, dat ook de productiekrachten niet het laatste substraat van de mens leveren, maar diens historisch op de warenproductie toegesneden gedaante. Wellicht krijgt de ware maatschappij genoeg van ontplooiing

ADORNO *Minima moralia*

en laat ze uit vrijheid mogelijkheden onbenut, in plaats van onder dwaze dwang op vreemde sterren af te stormen. Een mensheid die geen nood meer kent, begint zelfs iets te vermoeden van het wezenloze, vergeefse van alle bedrijvigheid die tot nu toe plaatsvond om de nood te ontlopen, en die de nood samen met de rijkdom op grotere schaal reproduceerde. Het genot zelf zou daardoor aangeraakt worden, net zoals het huidige model ervan niet gescheiden kan worden van bedrijvigheid, planning, zijn wil doordrijven, onderwerpen. *Rien faire comme une bête*, op het water liggen en vredig in de hemel kijken, «zijn, verder niets, zonder enige verdere bepaling en vervulling», zou in de plaats van proces, doen, vervullen kunnen komen en zo waarlijk de belofte van de dialectische logica inlossen, in haar oorsprong uit te monden. Geen enkele onder de abstracte begrippen benadert de vervulde utopie meer dan dat van de eeuwige vrede. (...)

Ten slotte. Filosofie, zoals ze in het aangezicht van de vertwijfeling alleen nog te verantwoorden is, zou de poging zijn alle dingen zo te beschouwen als ze zich vanuit het standpunt van de verlossing zouden tonen. Kennis heeft geen ander licht dan wat vanuit de verlossing op de wereld schijnt: al het andere komt niet verder dan reconstructie en blijft een stuk techniek. Perspectieven zouden ontworpen moeten worden waarin de wereld zich op dezelfde wijze vervormt, vervreemdt, haar scheuren en kloven openbaart, als ze eens als behoeftig en misvormd in het messiaanse licht open zal liggen. Dergelijke perspectieven te verkrijgen, zonder willekeur en geweld, geheel vanuit de voeling met de objecten, alleen daarop komt het in het denken aan. Het is het allereenvoudigste, omdat de toestand ontegenzeglijk om zulke kennis roept, ja, omdat de voltooide negativiteit, wanneer ze eenmaal in ogenschouw genomen is, zich tot spiegelschrift van haar tegendeel aaneensluit. Maar het is ook het totaal onmogelijke, omdat het een standpunt veronderstelt dat aan de bankring van het bestaan, al was het ook maar voor een heel klein beetje, ontrukt is, terwijl toch elke mogelijke kennis niet alleen eerst ontworsteld moet worden aan datgene wat bestaat om verplichtend te kunnen worden, maar juist daarom zelf ook door dezelfde misvormdheid en behoeftigheid getroffen is waaraan ze wil ontkomen. Hoe hartstochtelijker de gedachte zich afschermt tegen zijn bepaaldheid omwille van het onbepaalde, hoe onbewuster en daarmee noodlottiger ze aan de wereld ten prooi valt. Zelfs haar eigen onmogelijkheid moet ze nog begrijpen omwille van de mogelijkheid. Vergeleken met de eis die daarmee aan haar gesteld is, is echter de vraag naar de werkelijkheid of onwerkelijkheid van de verlossing zelf bijna zonder belang.

> T.W. Adorno, *Minima Moralia. Reflexionen aus den beschädigten Leben.* Frankfurt am Main: Suhrkamp, 1964, blz. 130-131, 84-86, 206-208, 333-334. Vertaald voor deze bundel door J. Baars.

Sartre

(1905–1980)

Alleen een filosofie die de bewust levende, individuele mens aanspreekt, kan in brede kring ingang vinden. Dit geldt bij uitstek voor het existentialisme, zoals dit verwoord is door Jean-Paul Sartre. Zijn gedachten hebben, vooral in Frankrijk in de jaren vijftig, zelfs tot een existentialistische mode aanleiding gegeven.

Sartre heeft als jongen de Eerste en als verzetsstrijder de Tweede Wereldoorlog meegemaakt: die ervaringen hebben hem doordrongen van de nietigheid van de mens en de zinloosheid van het leven bij massale vernietiging, maar ook van de mogelijkheden en de uniciteit van de individuele existentie. In principe is de mens volgens hem namelijk geheel vrij; daardoor moet hij steeds in zijn leven keuzen maken en is hij ten volle voor zijn daden verantwoordelijk. Het is de mens zelf die aan zijn eigen bestaan waarde geeft; Sartre verwerpt de gedachte dat het wezen van de mens bij zijn geboorte gegeven is.

In filosofisch opzicht staat Sartre in een traditie die verwijst naar Kierkegaard, Husserl en Heidegger. De invloed van de twee laatstgenoemden blijkt reeds uit de titel van zijn eerste filosofische hoofdwerk, *L'être et le néant. Essay d'ontologie phénoménologique*. Hierin onderzoekt Sartre het zijn op fenomenologische wijze. Het zijn blijkt zich op twee verschillende wijzen aan ons voor te doen: enerzijds als zijn-op-zichzelf (*être-en-soi*), wat kenmerkend is voor dingen: ze zijn er, zonder meer; anderzijds is er het zijn-voor-zichzelf (*être-pour-soi*), wat eigen is aan de mens. Door zijn bewustzijn kan de mens afstand nemen van zichzelf en valt hij niet met zichzelf samen, zoals een ding. Het *être-pour-soi* bevat daarmee een element van negatie, van niet-zijn (*néant*). De absolute vrijheid van de mens nu, waarvan al sprake was, is volgens Sartre met het menselijk bewustzijn gegeven. De mens heeft daarmee zijn bestaan in zijn eigen hand. Dat het besef daarvan angst oproept, erkent hij, doch het zich daarachter verschuilen en vluchten in een instantie buiten zichzelf, om zodoende verantwoordelijkheid voor keuzen af te schuiven, veroordeelt hij ten scherpste. In dat verband spreekt Sartre van *kwade trouw* en aarzelt hij niet degenen die zich hieraan schuldig maken lafaards te noemen.

Dat Sartres begrip van absolute vrijheid geen godsbegrip verdraagt, ligt voor de hand. In onderstaande tekst uit *L'existentialisme est un humanisme* (1946), een samenvatting van de grondgedachten uit zijn eerste hoofdwerk, keert hij zich dan ook duidelijk af van de christelijke existentiefilosofen. Tevens maakt hij hierin duidelijk dat een consequent existentialisme zeker niet leidt tot egoïsme. Een uitwerking van deze gedachte is te vinden in zijn tweede hoofdwerk, *Critique de la raison dialectique* uit 1960. In dit boek poogt hij het vrijheidsdenken van het existentialisme aan te sluiten op de sociale filosofie van het marxisme.

Sartre, *Over het existentialisme* (fragment)

De twee existentialistische scholen

Wat de zaak ingewikkeld maakt is dat er twee soorten existentialisten zijn: ten eerste de christelijke, onder wie ik Jaspers en Marcel reken, die belijdende katholieken zijn; en ten tweede de atheïstische existentialisten, onder wie Heidegger moet worden gerekend, en ook de Franse existentialisten en ikzelf. Wat zij gemeen hebben is eenvoudig het feit dat zij van mening zijn dat het bestaan aan de wezensbepaling voorafgaat of, als u wilt, dat men moet uitgaan van de subjectiviteit. Wat moet daaronder precies worden verstaan?

Het bestaan gaat aan wezensbepaling vooraf

Wanneer men iets beschouwt wat gemaakt is, bijvoorbeeld een boek of een vouwbeen, dan is dat voorwerp gemaakt door een ambachtsman die is uitgegaan van een begrip: hij heeft het gemaakt aan de hand van het begrip 'vouwbeen' en bovendien volgens een reeds bestaand procédé, dat deel uitmaakt van het begrip, dat in feite een recept is. Het vouwbeen is dus niet alleen een voorwerp dat volgens een bepaald procédé wordt gemaakt, maar dat bovendien gemaakt is om voor een bepaald doel te worden gebruikt, en men kan zich niet voorstellen dat iemand een vouwbeen zou maken zonder te weten waar het toe dienen moet.

SARTRE *Over het existentialisme*

Een technische kijk op de wereld

Daarom zeggen we dus dat bij het vouwbeen de wezensbepaling — dat wil zeggen het geheel van voorschriften en eigenschappen die het mogelijk maken om het te vervaardigen en te omschrijven — aan het bestaan (de existentie) voorafgaat; en zo is dit vouwbeen of dat boek dat vóór mij ligt als zodanig bepaald. Zo wordt de wereld dus vanuit een technisch gezichtspunt bekeken en men kan zeggen dat vanuit dit gezichtspunt de productie aan het bestaan voorafgaat.

God en mens bij de zeventiende-eeuwse filosofen

Als wij ons een God voorstellen die de wereld heeft geschapen, dan wordt deze God meestal gezien als een superieur ambachtsman; en welke leer wij ook in ogenschouw nemen, of het een leer is als die van Descartes of een als die van Leibniz, altijd nemen we aan dat de scheppingsdaad min of meer volgt op de gedachte, of dat ze althans hand in hand gaan, en dat God onder het scheppen precies weet wát hij schept. Zo is het begrip 'mens' in Gods geest dus vergelijkbaar met het begrip 'vouwbeen' in de geest van de fabrikant; en God produceert de mens aan de hand van een procédé en een ontwerp, precies zoals de ambachtsman aan de hand van een omschrijving en een procédé een vouwbeen vervaardigt. De individuele mens verwerkelijkt dus een bepaald begrip dat in het goddelijk denken aanwezig is. In de achttiende eeuw wordt het godsbegrip door de atheïstische filosofen afgeschaft, maar niet even consequent de gedachte dat de wezensbepaling aan het bestaan voorafgaat.

De menselijke natuur bij de achttiende-eeuwse filosofen

Die gedachte vinden we vrijwel overal terug: bij Diderot, bij Voltaire, en zelfs bij Kant. De mens is in het bezit van een menselijke natuur; deze menselijke natuur, die het begrip 'mens' uitmaakt, is bij alle mensen te vinden en dat betekent dat ieder mens afzonderlijk een voorbeeld is van een algemeen begrip: de mens; bij Kant volgt uit deze algemeenheid dat de mensaap en de wilde met de geciviliseerde burger onder één definitie vallen en dezelfde fundamentele eigenschappen bezitten. Ook daar gaat het wezen van de mens dus vooraf aan het historisch bestaan dat wij in de natuur aantreffen.

Het atheïstisch existentialisme

Het atheïstisch existentialisme, dat ik vertegenwoordig, vertoont meer samenhang. Het verklaart dat, als God niet bestaat, er tenminste één wezen is waarbij het bestaan aan de wezensbepaling voorafgaat, een wezen dat bestaat alvorens het door enigerlei begrip nader bepaald kan worden, en dat wezen is de mens of, zoals Heidegger zegt, de menselijke werkelijkheid. Wat betekent hier de stelling dat het bestaan aan de wezensbepaling voorafgaat? Ze betekent dat de mens éérst bestaat, zich voordoet, in de wereld verschijnt, en dat hij daarná zich nader bepaalt. Dat de mens zoals de existentialist zich hem denkt iets onbepaalds is, komt doordat hij aanvankelijk nog niets is.

De existentialistische opvatting van de mens

Hij kan alleen iets wórden, en dan zal hij zijn wat hij van zichzelf maakt. Er bestaat dus niet zoiets als het 'wezen' van de mens, want er is geen God die zich dit wezen denken kan. De mens is niet alleen slechts zoals hij zichzelf denkt, maar ook zoals hij zichzelf wil, en zoals hij zichzelf ontwerpt nu hij er eenmaal is, zoals hij wil worden nu hij eenmaal bestaat; de mens is niets anders dan wat hij van zichzelf maakt.

De mens is wat hij van zichzelf maakt

Dat is het eerste beginsel van het existentialisme. Het is tevens wat men subjectivisme noemt en wat ons onder dezelfde naam wordt verweten. Maar wat willen wij daarmee anders zeggen dan dat de mens een grotere waardigheid heeft dan een steen of een tafel? Want wij bedoelen dat de mens begint met te bestaan, dat wil zeggen dat de mens allereerst iets is wat zich naar een toekomst beweegt en wat zich ervan bewust is dat hij zichzelf in de toekomst vooruitwerpt.

SARTRE *Over het existentialisme*

Het zelfontwerp

De mens is in de eerste plaats een ontwerp dat zichzelf subjectief beleeft, en niet een schimmel, viezigheid of bloemkool; er is niets wat nog aan dat ontwerp voorafgaat; er valt niets uit de sterren te lezen en de mens is in de eerste plaats zoals hij zichzelf ontwerpt. Niet wat hij wil zijn. Want wat wij gewoonlijk onder 'willen' verstaan is een bewuste beslissing, die voor de meesten onder ons pas komt nadat zij van zichzelf al iets gemaakt hebben. Ik kan tot een partij willen toetreden, een boek willen schrijven, willen trouwen, maar al die dingen zijn slechts een uiting van een oorspronkelijker, spontaner keuze dan dat wat men 'wil' noemt. Maar als het bestaan inderdaad aan de wezensbepaling voorafgaat, is de mens verantwoordelijk voor wat hij is.

De mens ten volle verantwoordelijk

De eerste stap die het existentialisme doet is dus dat het ieder mens in het bezit stelt van hetgeen hij is en hem de totale verantwoordelijkheid voor zijn bestaan in handen geeft. En wanneer wij zeggen dat de mens voor zichzelf verantwoordelijk is, bedoelen we niet dat de mens verantwoordelijk is alleen voor zijn eigen individualiteit, maar dat hij verantwoordelijk is voor alle mensen. Het woord subjectivisme heeft twee betekenissen, een omstandigheid waardoor onze tegenstanders ons willen misverstaan. Subjectivisme betekent ten eerste de keuze van het individuele subject door zichzelf, en ten tweede de onmogelijkheid voor de mens om de menselijke subjectiviteit te boven te komen. Die tweede betekenis vormt de essentie van het existentialisme.

De keuze

Als wij zeggen dat de mens zichzelf kiest, bedoelen wij dat ieder van ons zichzelf kiest, maar óók dat hij door die keuze van zichzelf de keuze doet voor allen. Eigenlijk kunnen wij geen daad stellen waarmee wij de mens scheppen die wij willen zijn, zonder tegelijkertijd een beeld te scheppen van de mens zoals hij naar onze mening zijn moet. Kiezen tussen het één of het ander betekent tegelijkertijd: de waarde poneren van wat wij kiezen, want het verkeerde kiezen kunnen wij niet; wat wij kiezen is altijd het goede, en niets kan goed zijn voor ons dat niet tegelijk goed is voor iedereen. Waar bovendien het bestaan aan de wezensbepaling voorafgaat en wij graag willen bestaan en tegelijk een beeld van onszelf vormen, heeft dat beeld geldigheid voor iedereen en voor de ganse tijd waarin wij leven.

Wie kiest, kiest voor allen

Onze verantwoordelijkheid is dus veel groter dan wij zouden veronderstellen, want ze sluit de gehele mensheid in. Als ik als arbeider verkies mij bij een christelijke vakbond aan te sluiten en niet bij een communistische, en ik wil door mijn toetreding getuigen dat zich neerleggen bij de bestaande toestand de mens in feite het meest past, dat het vaderland van de mens niet op aarde is gelegen, sluit ik mij niet slechts aan voor mijn eigen geval: ik wil mij erbij neerleggen voor allen, dientengevolge raakt de hele mensheid betrokken in de stap die ik neem.

De daad van de enkeling bindt de hele mensheid

En als ik, om een persoonlijker geval te nemen, wil trouwen en kinderen krijgen, dan voer ik daarmee, ook als dat huwelijk alleen van mijn situatie, mijn begeerte of mijn hartstocht afhangt, niet alleen mijzelf, maar de hele mensheid op de weg van de monogamie. Zo ben ik dus verantwoordelijk voor mijzelf en voor allen en schep ik een bepaald beeld van de mens die ik verkies te zijn, en als ik mijzelf kies, kies ik de mens.

> J.-P. Sartre, *L'existentialisme est un humanisme*. Parijs: Gallimard, 1966.
> Nederlandse vertaling: *Over het existentialisme*, vertaling C. Hendriks. Utrecht: Bruna, 1981, p. 10-17.

Arendt

(1906–1975)

Het œuvre van Hannah Arendt is doortrokken van de vraag naar de betekenis van de politieke dimensie van het menselijk bestaan. Deze vraag vloeit direct voort uit haar ervaringen als Duitse jodin met het totalitarisme van het nationaal-socialisme, waarin het politieke handelen volledig was gecorrumpeerd.

Arendt studeerde theologie en filosofie bij onder anderen Heidegger en Husserl, en promoveerde bij Jaspers op het liefdesbegrip in het werk van Augustinus. Als antwoord op het om zich heen grijpende antisemitisme, engageert ze zich meer en meer met politieke thema's, zoals de assimilatie van de joden in Duitsland. In 1933 vlucht ze naar Parijs en in 1941 weet ze een visum te bemachtigen voor de Verenigde Staten, waar haar carrière een aanvang neemt.

Arendt beschouwt zichzelf niet als filosofe, omdat in haar visie de traditie van de westerse filosofie niet in staat is geweest de politiek adequaat te denken. Zij bekritiseert de politieke filosofie die sinds Plato het handelen — dat voor haar identiek is aan de politieke dimensie van het bestaan — voornamelijk heeft opgevat als een vorm van maken. Plato was een van de eersten die zijn utopie van de ideale staat wilde realiseren. En omdat hij zich als filosoof buiten of boven de sfeer van de menselijke aangelegenheden plaatste, legde hij geen rekenschap af van de menselijke vrijheid en pluraliteit. Arendts belangrijke stelling uit *The Human Condition* (1958), dat het handelen, de *praxis*, is verdrongen door *poiesis* (maken), dankt zij aan Heidegger. Maar waar Heidegger met zijn fenomenologische herwaardering van de praxis, gericht op een authentieke existentie, uiteindelijk afstand neemt van de gemeenschappelijke wereld als de wereld van het 'men', is voor Arendt deze praxis juist verbonden met het bestaan in een gemeenschappelijke wereld. Deze gemeenschappelijke wereld wordt primair gekenmerkt door pluraliteit: alleen het bestaan van vele, verschillende perspectieven is een garantie voor een gemeenschappelijke werkelijkheid. Pluraliteit is voor Arendt de voorwaarde voor het politieke handelen, dat onverbrekelijk is verbonden met spreken.

Spreken is de actualisering van de menselijke conditie van pluraliteit. Handelen correspondeert met de politieke dimensie van het in woord en daad aan elkaar verschijnen. Handelen betekent initiatief nemen, beginnen. Hierin ligt voor Arendt de authentieke betekenis van vrijheid. Vrijheid, in de betekenis van nieuw begin, correspondeert met de menselijke conditie van nataliteit. Met het begrip 'nataliteit' geeft zij een politiek-filosofische uitwerking van het feit dat elke geboorte een nieuw begin inhoudt. Elke intrede in de openbare sfeer is een nieuw begin, waartoe moed is vereist. Handelen produceert een netwerk van relaties in de vorm van verhalen en elke handeling is een interventie in een bestaand netwerk van verhalen en bewerkstelligt daarin iets nieuws.

Met deze opvatting van politiek, waartoe ze zich heeft laten inspireren door de Griekse *polis*, keert Arendt zich tegen de reductie van politiek tot een instrumenteel handelen dat is gericht op het verwerkelijken van vooraf gegeven doelen waarbij het gaat om het realiseren van bepaalde programma's, belangenbehartiging en vertegenwoordiging. De onderlinge uitwisseling van opinies in de polis heeft Arendt uitgewerkt tot een vorm van oordelen over afzonderlijke gebeurtenissen, die aan geldigheid wint, voorzover men rekening houdt met perspectieven van anderen. Verbeeldingskracht speelt hierbij een grote rol.

Haar diagnose van de moderne tijd houdt niet alleen in dat het handelen overheersend is opgevat als een vorm van maken (vergelijkbaar met het werk van een ambachtsman die nuttige of mooie dingen maakt), alsook dat maken uiteindelijk is verworden tot een vorm van arbeiden, dat wil zeggen tot een gecompliceerde functie van het levensproces. De activiteit van het arbeiden omvat voor Arendt primair de bezigheden die het biologische levensproces van individu en soort instandhouden: het produceren omwille van het consumeren. Zij ziet de opkomst van de massamaatschappij als een proces van toenemend conformisme en van verval van het openbare domein.

Met haar opvatting van politiek als gekenmerkt door vrijheid en pluraliteit geeft Arendt zich rekenschap van de fundamentele kwetsbaarheid van de menselijke aangelegenheden. Gegeven de condities van nataliteit en pluraliteit heeft elke handeling gevolgen die de motieven en doelen van de actoren overstijgen. De remedie tegen deze onvoorspelbaarheid en de onomkeerbaarheid van het handelen ligt niet in de poging het handelen te vervangen door een vorm van maken, maar in de performatieve acten van het beloven en vergeven.

Het onvermogen van de filosofische traditie om de politiek te denken gaat gepaard met het onvermogen om het denken zelf te doordenken. Om te kunnen concurreren met de wereld van de opinies heeft Plato het vluchtige moment van de verwondering waarmee alle filosofie begint tot een manier van beschouwend leven gemaakt. Hierdoor is de illusie ontstaan van de solitaire beroepsdenker als toeschouwer bij uitstek. Het denken wordt tot middel om kennis te verwerven, gericht op waarheid in plaats van op zin. Zie hiertoe het postuum verschenen *The Life* (1975). Arendt bepleit een niet-metafysisch denken dat niet vijandig staat tegenover de menselijke aangelegenheden. Voor haar dient een filosofie die zich politiek wil noemen de verwondering over de menselijke pluraliteit tot haar object te maken. In het onderstaande fragment wordt een voorbeeld gegeven van de wijze waarop Arendt zich over pluraliteit verwondert.

Arendt, *Vita activa* (fragmenten)

De menselijke pluraliteit, de fundamentele voorwaarde voor zowel handelen als spreken, draagt het tweeledige karakter van gelijkheid en verscheidenheid. Indien mensen niet gelijk waren, zouden zij elkaar en zij die voor hen kwamen niet kunnen verstaan, noch in staat zijn plannen te maken voor de toekomst en de behoeften te anticiperen van zij die na hen zullen komen. Indien mensen niet verschillend waren, ieder menselijk wezen niet verschilde van ieder ander dat is, was, of ooit zal zijn, zouden zij noch de spraak, noch het handelen nodig hebben om zich verstaanbaar te maken. Met tekens en geluiden voor het kenbaar maken van dringende, voor ieder eendere noodzakelijkheden en behoeften zou dan kunnen worden volstaan.

De menselijke pluraliteit is niet hetzelfde als het anderszijn — die merkwaardige eigenschap, *alteritas*, eigen aan alles wat is, en daarom in de middeleeuwse filosofie een van de vier fundamentele, universele kenmerken van het zijnde, uitstijgend boven iedere bijzondere eigenschap. Het anderszijn is stellig een belangrijk aspect van de pluraliteit, en dit is dan ook de reden waarom al onze definities onderscheidingen zijn, waarom wij niet kunnen zeggen wat iets is zonder het te onderscheiden van iets anders. Het anderszijn is in zijn meest abstracte vorm slechts te vinden in de pure veelvoudigheid van anorganische voorwerpen, terwijl alle organisch leven reeds als zodanig variaties en verschillen te zien geeft, zelfs tussen exemplaren van dezelfde soort. Maar slechts de mens kan aan deze verschillen uitdrukking geven en zich van anderen onderscheiden, en slechts hij kan *zichzelf* meedelen en niet alleen maar iets — honger of dorst, genegenheid of vijandschap of vrees. Bij de mens worden het anderszijn, dat hij gemeen heeft met alles wat is, en het verschillend zijn, dat hij gemeen heeft met alles wat leeft, tot een uniek zijn, en de menselijke pluraliteit is de paradoxale pluraliteit van unieke wezens.

Met woord en daad treden wij de mensenwereld binnen, en dit binnentreden is als een tweede geboorte, waarmee wij het naakte feit van onze oorspronkelijke fysieke verschijning bevestigen en er de consequenties van aanvaarden. Deze intrede wordt ons niet opgedrongen door de noodzaak, zoals arbeiden, en ze wordt ons ook niet ingegeven door overwegingen van praktisch nut, zoals werken. Ze kan misschien worden gestimuleerd door de aanwezigheid van anderen bij wie wij ons wensen aan te sluiten, maar wordt daardoor nooit geconditioneerd; de drang ertoe ontspringt aan het nieuwe begin, dat in de wereld kwam toen wij werden geboren, en wij geven aan deze drang gehoor door eigener beweging iets nieuws te beginnen. Handelen wil, in de meest algemene betekenis van het woord, zeggen: een initiatief nemen, beginnen (zoals het Griekse woord *archein*, 'beginnen', 'voorgaan' en tenslotte 'regeren' aanduidt), iets aan de gang brengen (wat de oorspronkelijke betekenis is van het Latijnse *agere*). Omdat zij *initium* (begin) zijn, nieuwelingen en beginnelingen krachtens geboorte, nemen mensen initiatief, voelen zij zich gedrongen tot handelen. *[Initium] ergo ut esset, creatus est homo, ante quem nullus fuit* («Opdat er een begin zij werd de mens geschapen; voor hem was er niemand»), zegt Augustinus in zijn politieke filosofie. Dit begin is niet hetzelfde als het begin van de wereld; het is niet het begin van iets maar van iemand, die zelf een beginneling is. Met de schepping van de mens is het beginsel 'beginnen', een begin maken, in de wereld zelf gekomen, hetgeen natuurlijk slechts een andere manier is om te zeggen dat het beginsel vrijheid werd geschapen toen de mens werd geschapen, maar niet eerder.

Het ligt in het wezen van beginnen opgesloten dat een begin wordt gemaakt met iets nieuws dat niet vanzelfsprekend kan worden verwacht van, niet rechtstreeks en onvermijdelijk voortvloeit uit wat er ook aan vooraf mag zijn gegaan.

In handelen en spreken laten mensen zien wie zij zijn, onthullen mettertijd hun unieke persoonlijkheid zelf, en worden aldus tot verschijningen in de mensenwereld, terwijl hun fysieke zelf, ook zonder enigerlei activiteit hunnerzijds, reeds tot een verschijning is geworden in de unieke gestalte van het lichaam en het unieke geluid van de stem. Deze onthulling van 'wie', in tegenstelling tot 'wat' iemand is — zijn eigenschappen, gaven, deugden en tekortkomingen, die hij kan demonstreren of verbergen — is onwillekeurig begrepen in alles wat iemand zegt en doet. Men kan dit 'wie' slechts verborgen houden bij volledig zwijgen en volstrekte passiviteit, maar men kan het bijna nooit willekeurig en bewust onthullen, alsof men dit 'wie' zou bezitten en tot gelding zou kunnen brengen zoals men zijn eigenschappen bezit en tot gelding kan brengen. Integendeel: het is meer waarschijnlijk dat het 'wie', dat zo duidelijk en onmiskenbaar aanwezig is voor anderen, verborgen blijft voor de persoon zelf, gelijk de *daimon* die in de Griekse godenleer ieder mens zijn gehele leven als een schaduw begeleidt, altijd van achteren en over zijn schouder kijkend en dus slechts zichtbaar voor hen die hij ontmoet.

De zelfonthulling van de spreker en de handelende, de manifestatie van wie hij onverwisselbaar is, blijft, ofschoon duidelijk zichtbaar, iets merkwaardig ongrijpbaars behouden, dat alle pogingen verijdelt er ondubbelzinnig uitdrukking aan te geven in woorden. Zodra wij willen zeggen *wie* iemand is, laten de woorden die wij moeten gebruiken ons zeggen *wat* hij is; wij raken de draad kwijt en geven een opsomming van eigenschappen, die hij uiteraard gemeen heeft met anderen zoals hij; wij gaan een type beschrijven, een karakter in de oude betekenis van het woord, met het gevolg dat juist zijn specifieke uniek zijn ons ontsnapt.

    Dit falen houdt ten nauwste verband met de algemeen bekende filosofische onmogelijkheid van de mens een definitie te geven, daar alle definities neerkomen op omschrijvingen of interpretaties van *wat* de mens is, van eigenschappen dus die hij gemeen zou kunnen hebben met andere levende wezens, terwijl het specifieke uniek zijn, waardoor hij zich juist daarvan onderscheidt, slechts terug te vinden zou zijn in een vaststellen van welke soort 'wie' hij is. Maar ook afgezien van deze filosofische impasse drukt de onmogelijkheid de levende essentie van een persoon, zoals die zich openbaart in het voortdurend bewegende van zijn handelen en spreken, in woorden te vangen en als het ware vaste vorm te geven, in hoge mate haar stempel op het gehele domein van de menselijke aangelegenheden, waar wij voor alles handelende en sprekende wezens zijn. Daardoor is het in principe uitgesloten in deze aangelegenheden te werk te gaan zoals wij te werk gaan met betrekking tot dingen, waarvan wij de aard kunnen vaststellen omdat wij ze een naam kunnen geven. Want de manifestatie van het 'wie' heeft veel weg van de, zoals bekend, ongewisse uitspraken van de orakels der Oudheid, die volgens Heraclitus «onthullen noch verbergen in woorden, maar onmiskenbare tekenen geven». Dit is een fundamentele factor in de, eveneens algemeen bekende, onzekerheid, niet slechts van alle politieke zaken, maar van alle aangelegenheden die zich rechtstreeks tussen mensen afspelen, zonder het houvast gevende intermedium van dingen.

Dit is nog maar het eerste van de vele voetangels en klemmen die het handelen, en bijgevolg de saamhorigheid van en het verkeer tussen mensen op hun weg vinden. Het is wellicht de meest fundamentele van de moeilijkheden waar wij het over zullen hebben, in zoverre ze niet opduikt bij vergelijking met betrouwbaarder en productiever activiteiten, zoals vervaardiging of contemplatie of zelfs arbeiden, maar in het handelen zelf, in zijn eigen doeleinden ligt opgesloten. In het geding is immers het karakter van openbaring, zonder hetwelk handelen en spreken alle zin voor de mens *als* mens zouden verliezen.

Handelen en spreken spelen zich af onder mensen, daar zij hun rechtstreeks aangaan en zij hun vermogen de handelende of sprekende te onthullen zelfs behouden wanneer ze naar hun inhoud uitsluitend 'objectief' zijn, betrekking hebben op de zaken van de wereld der dingen waarin mensen zich bewegen, de wereld die als een fysieke realiteit tussen hen in staat en waaraan hun specifieke objectieve, en wereldse interessen ontspringen. Deze interessen vormen een, in de meest letterlijke betekenis van het woord, *inter-est*, iets wat zich tussen de mensen bevindt en hen daarom in staat stelt relaties en banden met elkaar aan te knopen. In de meeste gevallen staan handelen en spreken in verband met dit intermedium — dat bij iedere groep mensen weer verschillend is —, zodat de meeste woorden en daden tevens, behalve een onthulling van de handelende en sprekende persoon te zijn, een of andere wereldse realiteit betreffen. Daar deze zelfonthulling van het subject een integrerend deel uitmaakt van alle, zelfs het meest 'objectieve' verkeer onder mensen, gaat het fysieke wereldse intermedium, met de daarmee samenhangende interessen, schuil achter, wordt het als het ware overwoekerd door een geheel ander intermedium, dat bestaat uit daden en woorden en zijn ontstaan uitsluitend dankt aan het handelen *met* en het spreken *tot* elkaar dat rechtstreeks tussen mensen plaatsvindt. Dit tweede, subjectieve medium heeft geen substantie, daar er geen tastbare dingen zijn waarin het zich zou kunnen concretiseren; het proces van handelen en spreken kan nooit zulke tastbare eindresultaten voortbrengen. Maar hoe onsubstantieel dit medium ook mag zijn, het is daarom niet minder reëel dan de wereld der dingen die wij zichtbaar gemeen hebben. Wij noemen deze realiteit het 'netwerk' van de intermenselijke betrekkingen, in welke beeldspraak haar min of meer ongrijpbare karakter reeds is aangeduid.

Het domein van de menselijke aangelegenheden bestaat, strikt genomen, uit het netwerk van de intermenselijke betrekkingen, dat er eenvoudig *is* waar en wanneer mensen samenleven. De onthulling van een 'wie' in het gesproken woord en het maken van een nieuw begin in handelend optreden voegen zich altijd in een reeds bestaand netwerk, waar hun uitwerking onmiddellijk voelbaar is. Tezamen brengen ze een nieuw proces op gang, dat zich tenslotte uitkristalliseert als het unieke levensverhaal van de nieuweling, dat op unieke wijze van invloed is op het levensverhaal van allen met wie hij in contact komt. Het is vanwege dit reeds bestaande netwerk van intermenselijke betrekkingen met zijn ontelbare, tegenstrijdige wensen en bedoelingen, dat handelen bijna nooit zijn doel bereikt; maar het is ook vanwege dit intermedium — en alleen daaraan dankt het handelen zijn realiteit — dat handelen even natuurlijk levensgeschiedenissen 'produceert', al dan niet opzettelijk, als vervaardiging tastbare dingen produceert. Deze levensgeschiedenissen kunnen dan weer worden vastgelegd in documenten en monumenten, ze kunnen af te lezen zijn uit gebruiksvoorwerpen of kunstwerken, ze kunnen worden verteld en naverteld en vorm krijgen in allerlei soorten materiaal. In hun levende werkelijkheid echter zijn ze van een totaal andere aard dan zulke reïficaties.

De plaats der ontmoeting ontstaat overal vanzelf waar mensen tezamen zijn in die zin dat zij met elkaar spreken en handelen, en ze gaat dus altijd vooraf aan de formele vestiging van het publieke domein en aan de verschillende vormen van regering, dat wil zeggen de verschillende vormen waarin het publieke domein kan worden georganiseerd. Het bijzondere van deze ontmoetingsplaats is dat ze, anders dan de vestigingsplaatsen die het werk zijn van onze handen, de activiteit van de beweging die haar deed ontstaan niet overleeft, maar slechts verdwijnt wanneer een mensengroep uiteenvalt — bijvoorbeeld ten gevolge van grote rampen die de politieke eenheid van een volk vernietigen —, doch ook bij het wegvallen of stagneren van die activiteit zelf. Waar mensen ook samenkomen is ze in potentie aanwezig, maar slechts in potentie, niet per definitie en niet voor altijd. Dat beschavingen kunnen opkomen en ondergaan, dat machtige rijken en grote culturen in verval kunnen geraken en verdwijnen, ook zonder rampen van buitenaf — en vaker wel dan niet gaat aan zulke uiterlijke 'oorzaken' een minder in het oog springend innerlijk verval vooraf dat de catastrofe oproept — moet worden toegeschreven aan deze bijzonderheid van het publieke domein dat, omdat het tenslotte berust op handelen en spreken, nooit geheel dit 'potentiële' karakter verliest. Wat politieke gemeenschappen eerst aan het wankelen brengt en dan te gronde richt, is machtsverlies en tenslotte machteloosheid; en macht kan niet, zoals geweldsmiddelen, worden opgeslagen en in reserve gehouden voor in geval van nood, maar bestaat slechts in zijn effectuering. Macht die niet wordt geëffectueerd ebt weg; de geschiedenis geeft talrijke voorbeelden van het feit dat de grootste materiële rijkdommen dit manco niet kunnen oplossen. Macht wordt slechts geëffectueerd waar woord en daad geen gescheiden wegen gaan, waar woorden geen leeg gepraat en daden geen gewelddaden zijn, waar woorden niet worden gebezigd om er bedoelingen mee te verbergen, maar om er werkelijkheden mee te onthullen, en waar daden niet zijn gericht op het verstoren en het verbreken, maar op het aanknopen van relaties en het scheppen van nieuwe werkelijkheden.

Hannah Arendt, *Vita activa*, fragmenten uit paragrafen 1, 2 en 5, vertaling C. Houwaard. Amsterdam: Boom, derde druk 2002.

Quine

(1908 – 2000)

Willard Van Orman Quine heeft vanaf de Tweede Wereldoorlog de Amerikaanse wijsbegeerte gedomineerd. Hij deed dit vanuit zijn werkkamer, Emerson Hall 201, van de filosofische faculteit van de Harvard Universiteit. De invloed van Quine is in de gehele filosofische wereld aanwezig. Iedereen die eigen wijsgerige opvattingen begint te articuleren stuit al gauw op hem. Hij heeft bepaald over welke onderwerpen men nadacht en waarmee men wijsgerige tijdschriften vulde, en hij heeft dat grotendeels alleen gedaan. Zijn fenomenale denkkracht blijkt alleen al uit de lijst van onderwerpen waar hij tot twee jaar voor zijn dood over geschreven heeft: de logica van mogelijkheid en noodzakelijkheid, de interpretatie van logische symbolen, betekenis en vertaling, waarheid, linguïstiek, de filosofie van de geest, identiteit, verwijzing, verzamelingenleer.

Daarnaast heeft hij een aantal handboeken over logica geschreven waarvan zelfs zijn scherpste critici moeten toegeven dat ze zowel helder als exact zijn. Quine werd daarbij geholpen door een buitengewoon pakkende stijl van schrijven, die het hem mogelijk maakte zijn wijsgerige opvattingen samen te ballen in slogans, zoals «No entity without identity» en «To be is to be the value of a bound variable».

Zijn kenleer, ontologie en wetenschapsfilosofie werden bepaald door zijn opvatting over de relatie tussen filosofie en wetenschap. Zijn positie staat, niet alleen in dit opzicht, in schril contrast met die van Heidegger en Wittgenstein, filosofen met wie Quine in één adem genoemd moet worden. Waar Heidegger uitgesproken sceptisch was over de ontwikkeling van de wetenschap en Wittgenstein wetenschappelijke theorievorming binnen de wijsbegeerte uit den boze achtte, daar heeft Quine de wetenschap altijd enthousiast omhelsd.

Hierin moet ook de rechtvaardiging gezocht worden voor de uitspraak dat Quine een van de belangrijkste filosofen van de twintigste eeuw is geweest. In de vakwetenschappen kan een dergelijke uitspraak gerechtvaardigd worden door te wijzen op de onderzoeksresultaten die iemand geboekt heeft. In de filosofie is dat moeilijker, want bestaan filosofische resultaten eigenlijk wel?

Heidegger meende van wel, Wittgenstein ontkende dat. Quine ontkende het ook. Maar terwijl Wittgenstein zich hoe langer meer afzette tegen het logisch positivisme, dat een *wetenschappelijke* filosofie propageerde, is Quine die idealen zijn leven lang trouw gebleven.

Met het logisch positivisme kwam Quine in aanraking, toen hij, na aan de Harvard Universiteit in sneltreinvaart gepromoveerd te zijn op een logisch onderwerp, een reisbeurs gewonnen had. Hij reisde naar Wenen, omdat hij gehoord had dat daar een nieuwe, wetenschappelijke filosofie ontwikkeld werd. Quine bewonderde vooral het werk van de logisch positivist Rudolf Carnap (1891–1970) met wie hij bevriend raakte. Deze vriendschap weerhield hem er niet van Carnaps filosofie aan te vallen, zoals ook in zijn essay 'Two Dogmas of Empiricism' (1951), een hoogtepunt in zijn œuvre, dat beschouwd kan worden als de spil van zijn werk. Het luidde de val in van het logisch positivisme, juist door het ideaal van een wetenschappelijke filosofie consequent na te blijven streven.

In de filosofie was al eeuwenlang bekend dat je begripsmatige van feitelijke waarheden moet onderscheiden. Sinds Kant staan de eerste bekend als *analytische* oordelen, waarvan je de waarheid kunt inzien door enkel na te denken. De tweede worden *synthetische* oordelen genoemd, die geverifieerd moeten worden door de werkelijkheid te onderzoeken.

Volgens Quine is het logisch positivisme, door vast te houden aan Kants tweedeling, ontrouw aan zijn ideaal van een wetenschappelijke filosofie. Neem de zin «Een walvis is een zoogdier», waarvan het logisch positivisme meent dat die analytisch is. Die zin roept onmiddellijk twee vragen op. Ten eerste: waarom is die zin analytisch? Ten tweede: wat betekent 'analytisch' eigenlijk?

Om met de laatste vraag te beginnen: Quine meent dat alle pogingen te definiëren wat 'analytisch' betekent uiteindelijk circulair zijn. Een bevredigend antwoord op de vraag wat 'analytisch' betekent is er dus niet, volgens Quine. Nu zou je kunnen zeggen dat we weliswaar geen goede beschrijving kunnen geven van het begrip 'analytisch', maar dat we er wel van uit moeten gaan dat analytische zinnen bestaan. De waarheid van een zin hangt af van zijn betekenis en van de feiten. Er zijn nu eenmaal zinnen waarvoor de feiten er niet toe doen.

Dit accepteert Quine niet. Ooit waren mensen ervan overtuigd dat walvissen geen zoogdieren waren, maar vissen. In die tijd was de zin «Walvissen zijn vissen» een analytische uitspraak. Tegenwoordig menen we beter te weten en daarom denken we nu dat «Walvissen zijn zoogdieren» een analytische zin is. Hieruit blijkt al dat onze opvatting over welke zinnen analytisch zijn afhankelijk is van de huidige stand van de wetenschap.

Als we vast blijven houden aan uitspraken waarvan wij op dit moment menen dat het analytische beweringen zijn, dan ontkennen wij dus eigenlijk dat wetenschappelijke vooruitgang bestaat. Maar wetenschappelijke vooruitgang bestaat, dus moet het onderscheid tussen analytische en synthetische zinnen overboord.

De meeste wijsgerige opvattingen van Quine zijn consequenties van deze stelling. Een eerste consequentie is dat, als we praten over betekenis, we niet moeten kijken naar individuele woorden of zinnen, maar naar de hele taal. Immers, zelfs een woord als 'walvis', zo zagen we, staat in verband met de woorden 'vis' en 'zoogdier'. Het woord 'zoogdier' op zijn beurt onderhoudt relaties met begrippen voor andere diersoorten, maar ook met de begrippen 'geweerveld' en 'zogen'. Zo staan alle woorden van een taal met elkaar in verband.

Hieruit volgt onmiddellijk de tweede consequentie, namelijk dat we, wanneer we onze moedertaal leren spreken, al doende een theorie over de werkelijkheid verwerven. Dat wat er volgens ons bestaat, onze ontologie, is dus relatief aan de taal die we spreken.

Een derde consequentie is dat we niet moeten denken dat, als we praten over betekenis, we het dan hebben over vastliggende feiten. Als we met elkaar praten, vertalen we elkaars woorden in ons individuele vocabulaire en dus in onze eigen theorie over de werkelijkheid. We kunnen niet buiten onze taal gaan staan, om te kijken welke vertaling correct is. Dat betekent dat vertalingen altijd onbepaald zijn.

Een laatste, dramatische consequentie van de ogenschijnlijk zo onschuldige verwerping van het onderscheid tussen analytische en synthetische oordelen is dat filosofie gedoemd is te verdwijnen. Als analytische oordelen niet bestaan, heeft de filosofie geen eigen domein van begrippen waarover zij na kan denken. Als de wetenschappelijke methode ook in de filosofie moet worden toegepast, is filosofiebeoefening niet langer een aparte activiteit. Dit is de paradoxale rechtvaardiging voor de bewering dat Quine een van de belangrijkste filosofen van de twintigste eeuw is.

Quine, *Van stimulus tot wetenschap*, Naturalisme

(…)
Naturalisme is de rationele reconstructie van de manier waarop het individu en/of de soort feitelijk een verantwoorde theorie over de buitenwereld aanleert. Het houdt zich bezig met de vraag hoe wij, fysieke bewoners van een fysieke wereld, onze wetenschappelijke theorie van die wereld kunnen hebben ontworpen uitgaande van onze magere contacten met haar: louter van de inwerkingen van stralen en deeltjes op onze oppervlakten en wat rimpels en gedoe zoals de inspanning van het heuvel op lopen.

Dit is mijn keuze. Het is een integrerend onderdeel van de empirische wetenschap zelf, waarin rationele reconstructie alleen binnendringt in de ruimte van gissingen of daar waar de verwikkelingen van toevallige historische gebeurtenissen het systematisch inzicht dat we nastreven verduisteren. De motivering is nog steeds filosofisch, zoals de motivering in de natuurwetenschappen inderdaad geneigd is te zijn, en het onderzoek gaat voort, zonder acht te slaan op de grenzen tussen de vakwetenschappen, maar met respect voor de vakwetenschappen zelf en nieuwsgierig naar hun bijdrage. Anders dan de oude epistemologen zoeken we geen steviger basis voor de wetenschap dan de wetenschap zelf; dus het staat ons vrij om de voortbrengselen van diezelfde wetenschap te gebruiken om haar wortels te onderzoeken. Zoals altijd in de wetenschap, is het een kwestie van het aanpakken van één probleem met behulp van onze antwoorden op andere.

(…) Wat kunnen we nemen als grondelementen [van ons naturalisme]? Eenvoudigweg de verzameling van alle zintuiglijke receptoren die op een bepaald moment geprikkeld zijn; of, beter, de in de tijd geordende verzameling van receptoren die geprikkeld werden op dat grootse tijdstip. De input wordt verwerkt door de hersenen, maar wat het onderscheid maakt tussen de ene onopgesmukte input en de andere is nu net welke receptoren geprikkeld werden en in welke volgorde. (…) Dit noem ik een globale stimulus.

(…) Tussen globale stimuli — geordende verzamelingen van receptoren — bestaat een relatie van *waarnemingsgelijkenis*. Ofschoon dit een fysieke relatie is, moet die niet verward worden met een meer voor de hand liggende soort gelijkenis tussen globale stimuli. Ieder globale stimulus is een geordende deelverzameling van de zenuwuiteinden van het subject, en twee van zulke deelverzamelingen zijn min of meer gelijk, naarmate zij min of meer dezelfde zenuwuiteinden bevatten in min of meer dezelfde volgorde, hetgeen voor de hand ligt. Dit noem ik *receptorgelijkenis*.

Waarnemingsgelijkenis, aan de andere kant, is meer een zaak van het effect op het subject: een kwestie van reactie. Twee receptoir erg op elkaar lijkende globale stimuli zullen inderdaad wel waarnemingsgelijkenis vertonen, maar twee receptoir erg verschillende stimuli kunnen ook waarnemingsgelijkenis vertonen; veel receptoren die geprikkeld worden bij een bepaalde gelegenheid zijn immers ongevoelig voor de reactie.

De standaarden van waarnemingsgelijkenis van een individu, in enig stadium van zijn ontwikkeling, zijn in beginsel objectief te testen en wel als volgt. Het overkomt een individu dat hij naar aanleiding van een globale stimulering een bepaalde beweging maakt, en wij belonen die beweging. Later stimuleren we hem weer op een receptoir enigszins gelijke manier, en gelet op de beloning uit het verleden maakt hij dezelfde beweging opnieuw,

QUINE Naturalisme

maar deze keer bestraffen we hem. Uiteindelijk stimuleren we hem opnieuw, deze keer op een manier die qua receptoire gelijkenis het midden houdt tussen de twee stimuleringen. Indien hij de beweging een derde keer maakt, ondanks de recente straf, concluderen we dat de derde stimulering perceptoir meer leek op de eerste dan op de tweede.

Door mij op zenuwuiteinden te richten, in plaats van op de verderaf gelegen eigenschappen van de fysieke wereld, is het natuurlijk mijn bedoeling om onze aandacht te richten op de beperkte fysieke contacten waarop onze theorie over de wereld is gebaseerd. Toch merkten we op dat zelfs deze globale stimuli overdadig zijn: de meeste receptoren die op een bepaald ogenblik geprikkeld worden, hebben geen effect op de waarneming. Degene die er toe doen zijn de opvallende. We kunnen nu doorgaan met het richten van onze aandacht op deze, want opvallendheid is definieerbaar in termen van receptoire en waarnemingsgelijkenis. De receptoren die verantwoordelijk zijn voor opvallendheid binnen een globale stimulus zijn degene die de stimulus deelt met andere globale stimuli waaraan het waarnemingsgelijk is maar receptoir verschillend. Het opvallende deel is het deel dankzij welke de globale stimulus perceptoir gelijkt op andere ondanks afwijkende andere delen.

(…) Opvallendheid is de werkzame factor in aanwijzende definities. Beweging vergroot opvallendheid, en zwaaiende en aanwijzende gebaren in de buurt of de richting van het gedeelte van het schouwspel dat bedoeld wordt bewerkstelligt zo de gewenste verbinding met het uitgesproken woord.

Opvallendheid stelt ons in staat om de zintuiglijke vermogens te rubriceren. Een globale stimulus is visueel of auditief afhankelijk van het feit of zijn opvallende receptoren in het netvlies of het slakkenhuis zitten; hetzelfde geldt voor de andere vermogens. Het is nog steeds de globale stimulus die ik aan dit of dat vermogen toeken al naargelang waar het opvallend is. (…)

Waarnemingsgelijkenis wijkt af van receptoire gelijkenis, niet alleen wat betreft opvallendheid. Neem bijvoorbeeld een rechthoek, plat op de vloer en achtereenvolgens vanuit verschillende hoeken bekeken, altijd de aandacht trekkend. De stimuli zal receptoir ongelijk zijn, want het beeld op de retina van de rechthoek zal variëren van een rechthoek tot uiterste versies van trapezoïden en parallellogrammen. Toch zullen ze nog steeds waarnemingsgelijk zijn, want we hebben een aangeleerde dan wel instinctieve neiging om gezichtspunten te verbinden.

Ik ben tot op dit punt gekomen in mijn fysieke nabootsing van de fenomenologische kenleer, zonder het waarnemende organisme verder binnen te gaan dan zijn zintuiglijke receptoren. Al dat er toe deed waren de kenmerkende reacties van het individu op hun prikkeling. Ik hoef hem niet verder binnen te gaan, ondanks de verhelderende vooruitgang van de neuropsychologie.

Waarnemingsgelijkenis is de basis van elke verwachting, al het leren, iedere gewoontevorming. Het werkt door middel van onze neiging om te verwachten dat op elkaar lijkende waarnemingsstimuli opvolgers kennen die waarnemingsgelijk zijn. Dit is primitieve inductie.

Aangezien leren dus afhangt van waarnemingsgelijkenis, kan waarnemingsgelijkenis zelf niet worden geleerd — tenminste niet geheel. Een deel is aangeboren. Iemands standaarden voor waarnemingsgelijkenis veranderen echter radicaal en misschien radicaal voor enige tijd, ten gevolge van ervaring en leren.

Primitieve inductie draagt bij aan het overleven, omdat het anticipatie mogelijk maakt van iets eetbaars, of van een schepsel waardoor men zelf opgegeten zou kunnen worden. Op deze manier heeft natuurlijke selectie ons begiftigd met standaarden van waarnemingsgelijkenis die aardig goed overeenkomen met de natuurlijke loop der dingen, en komen onze voorspellingen niet zomaar willekeurig uit. Op deze manier komt inductie ons en andere dieren zo uitstekend van pas. Wat de toekomst brengen moge, wij blijven hoopvol volhouden.

Bovendien heeft de evolutie sommige dieren onder ons, met name vogels, apen, en mensen, het grote voordeel gegeven dat wij onze horizon kunnen verbreden door informatie uit te wisselen. Vogels hebben hun lokroep en apen hun gegil.

Apen hebben een repertoire van bepaalde signalen voor bepaalde doeleinden. Een signaal waarschuwt de medeapen van het nabijkomen van een leeuw of een luipaard, een ander waarschuwt voor een arend, een ander bericht misschien over de aanblik van een paar vruchtbomen, terwijl de troep door het woud zwerft. Ieder bepaald signaal is de sleutel tot een

QUINE Naturalisme

bepaalde reeks van stimuli, hetzij door het instinct, hetzij door conditionering. Ieder lid van de stam heeft de neiging om het geëigende signaal rond te bazuinen wanneer hij een uit de reeks van globale stimuli ondergaat die onderling een sterke waarnemingsgelijkenis vertonen, en om te reageren met het gepaste motorische gedrag wanneer hij het signaal hoort.

Dit is raadselachtig. Globale stimuli zijn privé: elk is een in de tijd geordende verzameling van iemands individuele receptoren. Hun waarnemingsgelijkenis, gedeeltelijk aangeboren en gedeeltelijk gevormd door ervaring, is ook privé. Waar komt deze coördinatie in gedrag in de hele groep vandaan? Nodig is dat, als twee individuen gezamenlijk getuige zijn van een tafereel, en vervolgens gezamenlijk getuige zijn van een ander tafereel, en de globale stimuli van de ene getuige tijdens de twee gelegenheden voor hem als waarnemingsgelijk gelden, de stimuli van de andere getuige ook op die manier gelden voor de andere getuige.

Hetzelfde is vereist van het signaal. Herhalingen daarvan moeten in ieder individu globale stimuli activeren die waarnemingsgelijk zijn voor dat individu.

Dus we zien een van tevoren vastgelegde harmonie van standaarden van waarnemingsgelijkenis. Wanneer twee taferelen waarnemingsgelijke globale stimuli opwekken bij een getuige, doen ze dat waarschijnlijk ook bij een ander.

Deze publieke harmonie van privé-standaarden van waarnemingsgelijkenis wordt verklaard door natuurlijke selectie. (…)

Een paar pagina's terug maakte ik een opmerking over wezens die *geneigd* zouden zijn om signalen op gepaste gelegenheden uit te zenden. Ik zal vrijelijk verwijzen naar neigingen (disposities). We doen dat wanneer we vertellen wat iemand *zou doen*, of wat *zou* gebeuren, *indien*. Wat is nu een dispositie? Het is gewoon een of andere fysieke eigenschap, een of ander kenmerk van de interne structuur of samenstelling van het object met die neiging of verwante objecten. Het schijnbare verschil tussen disposities en andere fysieke eigenschappen bestaat er enkel in hoe wij ze nader aanduiden. We noemen een eigenschap een dispositie, indien we die nader aanduiden door een symptoom te noemen of een test. Het paradigma van disposities, oplosbaarheid in water, is een verborgen aangelegenheid van microscopische structuur, maar het is een die we gemakkelijk specificeren door enkel een symptoom of een test te noemen: de substantie zal oplossen wanneer zij ondergedompeld wordt. De dispositie (neiging) van een aap of vogel om het passende signaal uit te zenden is opnieuw een fysiek kenmerk, dat iets te maken heeft met de organisatie van het neurale netwerk van het schepsel.

Laten we de draad weer oppakken. Ik was bezig met de vogels en de apen, en ik ga nu verder met de mens. Wat ik waarnemingszinnen noem zijn, op het meest primitieve niveau, de menselijke tegenhangers van vogelgeluiden en apengeroep. Voorbeelden zijn «Het regent», «Het is koud», «Hond!». Het zijn gelegenheidszinnen — waar in sommige omstandigheden, onwaar in andere. Bovendien beschrijven ze intersubjectief waarneembare situaties, volledig waarneembaar. Dat wil zeggen dat alle leden van de taalgemeenschap ter plekke geneigd zijn in te stemmen met de waarheid of onwaarheid van zo'n zin, indien hun waarneming normaal is en getuigen zijn van de gebeurtenis.

De betreffende taalgemeenschap is een parameter die we in brede of enge zin kunnen toepassen al naargelang het doel van ons onderzoek. Ook moeten we rekening houden met vaagheid. Hoeveel seconden nadenken staat 'ineens' toe? Of neem opnieuw «Zwaan!» of «Hé, een zwaan»: zou onze spreker dat zeggen van een zwarte? Hij zou aarzelen en één kant uitgaan of een andere, of gewoon perplex staan, ofschoon het binnen de gebruikelijke grenzen van een waarnemingszin valt. We kunnen echter het beste doorgaan met het gebruikmaken van de notie van een waarnemingszin alsof die nauwkeurig gedefinieerd is, terwijl we deze gradaties in ons achterhoofd houden.

Op het niveau van het individu is de waarnemingszin gekoppeld aan een reeks van globale stimuli die zintuiglijk tamelijk op elkaar lijken, zoals de vogelgeluiden en het apengeschreeuw bij individuele vogels en apen. Het is opnieuw dankzij de van tevoren vastgelegde harmonie dat ze in aanmerking komen als waarnemingszinnen in de gehele gemeenschap. De harmonie is verantwoordelijk voor alle taal en haar voorlopers, tot aan de vogels en de apen aan toe.

Onze waarnemingszinnen zijn niet alleen onze tegenhangers van deze prehumane voorbodes van taal, zij zijn de aanvang van de taal. Zij zijn haar aanvang niet alleen prehistorisch, zoals ik ze veronderstel te zijn, maar ook thans telkens wanneer ieder nieuw kind wordt opgenomen in de taalgemeenschap. Zij zijn de enterhaken van het kind aan de cognitieve taal, want ze zijn de uitdrukkingen die afhankelijk kunnen worden gemaakt van globale prikkelingen zonder de hulp van voorafgaande taal. Sommige van hen, zoals «Melk!» en «Hond!», zijn termen die wij onze wijsheid beschouwen als staande voor dingen, maar voor het kind, dat nog geen weet heeft van objectualisatie en verwijzing, staan ze op dezelfde voet als «Het is koud» en «Het regent»: dingen die je zegt in verschillende omstandigheden. Voortaan zal ik ze allemaal zinnen noemen.

Het kind leert zijn eerste waarnemingszinnen, zo zien we, door aanwijzen, in een wat wijdere betekenis van de term; dat wil zeggen, doordat globale prikkelingen passende opvallende kenmerken en trekken hebben die zelf niet verbaal zijn. Maar al op vroege leeftijd heeft het kind razendsnel een repertoire aan waarnemingszinnen vergaard die in geen vergelijking staat met die van de vogel of de aap. Hij heeft een aangeboren vlugheid om nieuwe waarnemingszinnen te leren door aanwijzen, en leert daarnaast al snel verbindingswoorden waarmee nieuwe waarnemingszinnen samengesteld kunnen worden uit oude. 'Niet' en 'en' komen voor de geest. Een ontkennende waarnemingszin, 'niet p', wordt waarschijnlijk voor het eerst geleerd wanneer de leraar van het kind die uit als een verbetering, nadat het kind ten onrechte heeft ingestemd met de oorspronkelijke waarnemingszin 'p'. Het verbindingswoord 'en' wordt zonder een pijntje aangeleerd, aangezien het neerkomt op niet meer dan een onderbreking tussen twee bevestigingen. Maar ondanks deze nietigheid toont 'en' zijn nut in samenwerking met 'niet'. De ontkenning van een conjunctie is een nieuw gereedschap, 'niet beide'.

Wanneer het 'niet' en 'en' leert, verwerft het kind al een stuk logica; want wie instemt met een samenstelling van de vorm 'p en niet p' heeft één of beide voegwoorden niet goed geleerd.

Het kind beheerst andere verbindingswoorden: 'boven', 'onder', 'voor', 'na', 'in', 'naast', elk van deze dient om waarnemingszinnen twee bij twee te combineren tot een samengestelde waarnemingszin. Misschien leert het kind zo'n verbindingswoord door eerst een samengestelde waarnemingszin onmiddellijk als geheel door direct aanwijzen te leren. Vervolgens, nadat hij ook ieder van de samenstellende zinnen onafhankelijk heeft geleerd, heeft hij het trucje door en kan hij voortaan het verbindingswoord toepassen op andere paren.

Een van deze primitieve grammaticale constructies in het bijzonder is van belang als een eerste stap richting de objectualisatie van voorwerpen. Toegepast op eenvoudige waarnemingszinnen als «Zwart» of «Dat is een hond», vormt het de samenstelling «Zwarte hond», of «De hond is zwart». Als een waarnemingszin kan de samenstelling op beide manieren geformuleerd worden, aangezien de termen nog niet opgevat worden als zouden ze ergens voor staan. Ik noem deze primitieve grammaticale constructies *waarnemingsprediceringen*, vooruitlopend op de volwassen prediceringen waarin ze zich zullen ontwikkelen.

Ofschoon «Zwarte hond» en «De hond is zwart» op dit niveau nog niet onderscheiden moeten worden, is waarnemingspredicering iets geheel anders dan de simpele conjunctie «Zwart en hond». De conjunctie beschrijft ieder tafereel waarin zwart en hond beide opvallen, terwijl «Zwarte hond» vereist dat ze samen gesitueerd worden, de zwarte plek overspoelt de hondse plek. De predicering getuigt van de aangesloten groepering van visuele eigenschappen die karakteristiek is voor een voorwerp.

Lichamen zijn onze eerste objectualisaties: de eerste voorwerpen die opgevat worden als objecten. Het is naar analogie van deze dat alle verdere veronderstellingen over objecten plaatsvinden. Ongetwijfeld waren ze de eerste voor de mens als een sprekende soort, en ze zijn de eerste voor de het kind. Wat onderscheidt ze van andere bronnen van prikkeling? Typerend is dat een lichaam een contrast vormt met zijn visuele omgeving in kleur en in beweging of parallax, en typerend is dat het nogal hompelig is en compact. Indien het leeft en in het gezicht wordt bekeken, is het bilateraal symmetrisch. Indien we het aanraken, weerstaat het druk. Het zijn enkel zulke kenmerken die in het begin lichamen onderscheiden van de gloed aan de avondhemel, het voelen van een koude bries, of andere details uit de voorbijtrekkende voorstelling. De manier waarop waarnemingszinnen samengesteld worden die ik predicering heb genoemd, is zodoende een stap in de richting van de objectualisatie van lichamen, vooral door de nadruk die ligt op ruimtelijke groepering.

(...)

QUINE Naturalisme

Ik richt me nu op wat ik zie als de eerste stap voorbij gewone waarnemingszinnen; namelijk een algemene uitdrukking van een verwachting. Het is een manier om twee waarnemingszinnen samen te voegen om de algemene verwachting uit te drukken dat in al die gevallen waarin de ene waarnemingszin opgaat, de andere ook waargemaakt zal worden. Voorbeelden: «Wanneer het sneeuwt, is het koud»; «Waar rook is, is vuur»; «Wanneer de zon opgaat, zingen de vogels»; «Wanneer het bliksemt, dondert het». Ze zijn onze eerste weifelende wetenschappelijke wetten. Ik noem ze categorische waarnemingsuitspraken.

In de evolutie van taal, en dus ook in het leren daarvan door een kind, was de sprong van gewone waarnemingszinnen naar categorische waarnemingsuitspraken gigantisch. Ik zou graag willen weten hoe dat tot stand is gekomen en hoe het geleerd wordt. Het was een ontwikkeling van levensbelang, want categorische waarnemingsuitspraken zijn de directe uitdrukking van inductieve verwachtingen, die de grondslag zijn voor al het leren.

De overlevingswaarde van het geschreeuw van apen, en van onze gewone waarnemingszinnen zat in de plaatsvervangende waarneming: wij vernemen iets over wat alleen iemand anders kan zien waar hij zit. Categorische waarnemingsuitspraken leveren ons veel meer. Ze leveren ons plaatsvervangende gewenning, plaatsvervangende inductie. Men geniet van de voordelen van algemene verwachtingen die door de jaren heen zijn verzameld door een ervaren waarnemer of zelfs door de al lang gestorven informant van die veteraan zelf. Categorische waarnemingszinnen kunnen overgeleverd worden.

Zelfs in dit stadium is er nog geen denotatie, geen verwijzing naar lichamen of andere voorwerpen, voorzover ik kan nagaan. De categorische waarnemingsuitspraak stelt eenvoudigweg dat afzonderlijk aangeduide verschijnselen samengaan of elkaar direct opvolgen. De waarnemingszinnen van het kind als «Mamma» en «Hond» beschrijven in dit stadium slechts herhaalbare kenmerken van de voorbijtrekkende voorstelling, van hetzelfde niveau als «Koud» en «Donder». Enig verschil hier is enkel kwalitatief, niet ontologisch.

Desalniettemin wordt op dit punt een bescheiden nabootsing van een oude kennistheoretische zoektocht op een primitieve manier volbracht. We hebben een schets van een causale keten uitgaande van de inwerkingen van stralen en deeltjes op onze zintuigen tot een elementaire theorie over de buitenwereld. Want de categorische waarnemingsuitspraken zijn inderdaad een theorie over de wereld, compleet met empirische controles overeenkomstig de experimentele methode. Een categorische waarnemingsuitspraak is een miniatuur-wetenschappelijke theorie die we experimenteel kunnen testen door te wachten op een gelegenheid waar de eerste component van categorische waarnemingsuitspraak opgaat, of zelfs door die waar te maken, en dan te kijken of de tweede component ook opgaat. Een ongewenste uitkomst weerlegt de theorie — categorische waarnemingsuitspraak. Een gunstige uitkomst behoudt de theorie voor nadere beschouwing.

W.V.O. Quine, 'Naturalisme', hoofdstuk 2 van *From Stimulus to Science*. Harvard University Press, 1995, p. 15-26. Vertaald voor deze bundel door M. Lievers.

Foucault
(1926 – 1984)

De Franse filosoof Michel Foucault heeft in zijn werk de westerse universalia van de moderniteit zoals rede, waarheid, mens en vooruitgang, ontmaskerd als 'wil tot macht'. Om deze reden wordt hij, onder anderen door de filosoof Habermas, tot de zogenaamde 'postmodernen' gerekend, maar dat etiket heeft hij zelf van de hand gewezen. Moderniteit is juist het onderkennen van de grondeloosheid en contingentie van alles, inclusief van ons weten en van onze identiteit, zo stelde Foucault in zijn later werk, waarmee hij zich tot modernist bij uitstek afficheerde.

Foucault heeft de keerzijde willen laten zien van het ontstaan van de moderne verlichtingsidee, die inhoudt dat de mens, als redelijk en autonoom wezen, de natuur en de maatschappij via de rede kan beheersen en zo algemene vooruitgang kan bewerkstelligen. Hij schreef onder andere werken over waanzin, misdaad en seks, waarin hij liet zien dat door het benoemen en classificeren van deze categorieën van onredelijkheid het concept van de redelijke mens ontstond. Daarbij liet hij zien op welke wijze wetenschappen als psychiatrie, biologie, geneeskunde en economie, en later psychoanalyse en psychologie, sociologie en etnologie, pedagogie en criminologie, een rol hebben gespeeld in het benoemen, onderverdelen en 'behandelen' van de zogenaamde afwijkenden of niet-redelijken, waarbij hij ook uitdrukkelijk de praktische kanten van deze wetenschappen betrok: hun gebouwen, spreekkamers, cellen en meetapparatuur.

De 'vertogen' van deze moderne wetenschappen hebben met hun metingen volgens Foucault vastgelegd wat redelijk en niet redelijk, wat normaal en abnormaal, wat menselijk en niet-menselijk is. Ze hebben het moderne subject geproduceerd: de redelijke mens met een persoonlijke, innerlijke identiteit. Die subjectvorm geldt in de westerse cultuur als norm(aal), maar in feite vormt zij een keurslijf voor de hedendaagse mens én het criterium uit naam waarvan velen steeds opnieuw als afwijkend worden geclassificeerd. Foucault wijst kortom machtspraktijken aan waar die tot nu toe niet zijn gezien, namelijk in het hart van de westerse rede: de wetenschappen zelf. Het zijn de menswetenschappen die het moderne subject, datgene wat 'de mens' wordt genoemd, creëren als een historisch product dat volgens Foucault ook een tijdelijk product zal blijken te zijn. Beroemd is zijn uitspraak dat de mens een rimpel is in het zand die door de golven zal worden uitgewist.

De moderne westerse maatschappij wordt door Foucault ontmaskerd als een 'panoptische' (alziende) en 'disciplinerende' maatschappij. De individuele mens wordt in deze maatschappij voortdurend onderworpen aan toezicht, dat zich uitstrekt van zijn lichamelijke gedragingen tot het diepste niveau van zijn zielenroerselen; en op al deze niveaus wordt het moderne individu door fijnmazige machtstechnieken gemodelleerd en in het gareel gehouden. De menswetenschappen met hun behandelmethodes hebben niet alleen 'ware normen' geproduceerd die vastleggen wat de mens is, wat normaal, rationeel, gezond, menselijk gedrag is, ze staan ook klaar om elke afwijking daarvan te behandelen. Foucault liet zien dat dit waarheidsdenken omtrent de mens ten eerste als keerzijde heeft het voortdurend uitstoten van de zogenaamde 'non-mensen', de geesteszieken, de misdadigers, de seksueel afwijkenden — en meer en meer de vreemdelingen — als degenen die niet rationeel, niet geciviliseerd en in feite niet-menselijk zijn. En ook liet hij zien dat de zogenaamde normale mens is gekoppeld aan regels die voorschrijven hoe te handelen om normaal te zijn, in die mate dat de moderne mens in feite geen grip heeft op zijn eigen leven, laat staan op het politieke en maatschappelijke leven.

Foucault is vaak als 'moreel nihilist' betiteld, onder andere door de genoemde Habermas, maar in zijn teksten na 1976 heeft hij wel degelijk expliciet aandacht besteed aan de ethische dimensie. In zijn studies *Het gebruik van de lust* en *De zorg voor het zelf* en in kortere teksten, colleges en interviews uit de periode 1976 tot 1984, brengt hij een type ethiek naar voren dat zich onderscheidt van het volgen van algemene regels of universele, vaste, normen. In deze periode laat hij zich inspireren door de ethiek uit de klassieke Oudheid waarin de nadruk ligt op het zelf ontwikkelen van een 'ethos' of 'levenskunst' in plaats van op het zich onderwerpen aan morele regels. Foucault spreekt in dit verband van vrijheidspraktijken: een vrijheid om zichzelf als ethisch subject te creëren stond centraal in de vertogen van de antieke ethiek, die instrumenten aanboden — zogenaamde 'zelftechnieken' — voor een ethische 'zorg voor het zelf'.

Vrijheid bestaat voor Foucault dus niet in absolute of pure vorm: het 'vrije' subject is altijd een subject dat is ingebed in vertogen en praktijken. Foucault bepleit het type ethos uit de klassieke Oudheid opnieuw op te nemen. Maar hij haast zich daarbij te stellen dat het heropnemen van 'de zorg voor zichzelf' in de huidige context natuurlijk iets nieuws zal opleveren. Analoog aan het antieke type ethiek zouden wij weer zelf een ethos moeten ontwikkelen in plaats van ons te onderwerpen aan morele regels van de maatschappij. Op deze wijze kunnen wij weer eigen normatieve afwegingen maken en zélf oordelen, en deze wijze laat zich verzoenen met de eigenlijke betekenis van moderniteit, namelijk met het besef van de contingentie van onze waarden en onze identiteit.

Tegenover het gekoppeld zijn van de identiteit van de westerse mens aan de waarheid brengt Foucault zo de mogelijkheid en wenselijkheid van een ethisch-politiek engagement naar voren. Wanneer dit normatief engagement de vorm aanneemt van een ethos of levenskunst en dus niet gebaseerd is op de waarheid of de rede, kan vanuit deze ethische ruimte — de levenskunst — stelling worden genomen tegen allerlei vormen van overheersing, zonder zelf opnieuw normaliserend te zijn, dat wil zeggen nieuwe vaste en eenduidige normen op te leggen. En dan denkt Foucault natuurlijk allereerst aan het stelling nemen tegen de disciplinerende overheersing van de zogenaamde niet-rationelen — degenen die niet voldoen aan wat als norm(aal) geldt; én daarnaast aan het stelling nemen tegen de westerse disciplines waar en wanneer zij de zogenaamde normale mensen verhinderen om in vrijheidspraktijken te leven.

Foucault, *Discipline, toezicht en straf* (fragment)

Misschien moeten we ook afstand nemen van een traditie die suggereert dat kennis slechts kan bestaan waar machtsverhoudingen zijn opgeschort, en dat kennis zich alleen kan ontwikkelen los van de belangen, eisen en geboden van de macht. Misschien moeten we het denkbeeld laten varen dat macht waanzinnig maakt, en omgekeerd dat afstand doen van macht een voorwaarde is om kennis te verwerven. We moeten veeleer erkennen dat macht kennis produceert (en niet alleen gebruikt omdat ze nuttig is, of begunstigt omdat ze dienstbaar is), dat kennis en macht elkaar direct impliceren, dat er geen machtsverhouding bestaat zonder de vorming van een daaraan gecorreleerd kennisgebied, en dat er geen kennis bestaat die niet tegelijk machtsverhoudingen veronderstelt en vormt. Deze 'kennis-macht'-betrekkingen kunnen dus niet geanalyseerd worden uitgaande van een kennend subject dat vrij dan wel onvrij is in verhouding tot het systeem van de macht; het kennende subject, de te kennen objecten en de kennismodaliteiten moeten daarentegen beschouwd worden als evenzovele effecten van deze fundamentele verstrengeling van kennis en macht en van hun historische gedaanteveranderingen. Kortom, het is niet de activiteit van het kennende subject die een voor de macht nuttige of nadelige kennis produceert; het is het complex van kennis en macht, de strijd en de processen waaruit het is opgebouwd en waarvan het is doortrokken, die de mogelijke vormen en domeinen van kennis bepalen.

FOUCAULT *Discipline, toezicht en straf*

De analyse van de politieke inkapseling van het lichaam en de microfysica van de macht veronderstelt dus dat we, waar het de macht betreft, afzien van de tegenstelling ideologie-geweld, van eigendom als metafoor en van de verovering of het verdrag als model; en dat we, waar het de kennis betreft, afzien van de tegenstelling tussen 'betrokken' en 'niet-betrokken', van het oude kennismodel en het primaat van het subject. We zouden ons een politieke 'anatomie' kunnen voorstellen, mits we dit begrip in een andere betekenis gebruiken dan Petty en zijn tijdgenoten in de zeventiende eeuw. Dit zou niet de studie zijn van de staat opgevat als een 'lichaam' (met zijn elementen, vermogens en krachten), en evenmin de studie van het lichaam en zijn omgeving opgevat als een staat in het klein. We moeten het 'politieke lichaam' behandelen als een geheel van materiële elementen en technieken die als wapen, tussenschakel, verbinding en steunpunt dienen voor de kennis- en machtsverhoudingen die het menselijke lichaam inkapselen en onderwerpen door het tot kennisobject te maken.

Het gaat er dus om de straftechnieken — ongeacht of ze gericht zijn op het lichaam, in het ritueel van de lijfstraf, of op de ziel — in verband te brengen met de geschiedenis van het politieke lichaam, en de strafpraktijken niet te beschouwen als het uitvloeisel van juridische theorieën, maar als een hoofdstuk van de politieke anatomie.

Kantorowicz heeft indertijd een opmerkelijke analyse gegeven van het 'lichaam van de koning'. Het is volgens de middeleeuwse rechtstheologie een dubbel lichaam, omdat het naast een vergankelijk element dat geboren wordt en sterft nog een ander element bevat dat voortbestaat en de tijd trotseert als de fysieke en toch ontastbare basis van het koninkrijk. Rond deze dualiteit, die aanvankelijk verwantschap vertoonde met het christologische model, ontwikkelen zich een iconografie, een politieke theorie van de monarchie, en juridische mechanismen die de persoon van de koning en de belangen van de kroon onderscheiden en tegelijk verbinden, en bovendien een heel ritueel dat zijn hoogtepunt heeft in de kroning, de begrafenisplechtigheid en de ceremoniën van onderwerping. Als tegenpool kunnen we het lichaam van de veroordeelde nemen; ook dit heeft een juridische status die een eigen ceremonieel voortbrengt en een theoretisch discours oproept, niet om de 'overmacht' in de persoon van de soeverein te rechtvaardigen, maar om de 'onmacht', het kenmerk van de gestrafte, te coderen. In het don-

FOUCAULT *Discipline, toezicht en straf*

kerste gebied van het politieke veld vormt de figuur van de veroordeelde het exacte tegenbeeld van de vorst. Dit, in de geest van Kantorowicz, 'mindere lichaam van de veroordeelde' zouden we moeten analyseren.

Indien bij de koning de toegevoegde macht een gespletenheid van zijn lichaam teweegbrengt, heeft dan de overmacht die op het onderworpen lichaam van de veroordeelde wordt uitgeoefend niet eveneens een soort gespletenheid tot stand gebracht? Een gespletenheid door iets niet-lichamelijks, een 'ziel', zoals De Mably het noemde. De geschiedenis van deze 'microfysica' van de straffende macht zou dan een genealogie of een onderdeel van een genealogie van de moderne 'ziel' zijn. We moeten deze ziel beschouwen als het feitelijke aangrijpingspunt van een bepaalde technologie van de macht over het lichaam en niet als de geractiveerde resten van een ideologie. We kunnen ook niet stellen dat de ziel een illusie is of een effect van de ideologie. Ze bestaat wel degelijk, ze heeft een realiteit, ze wordt in de praktijk van de machtsuitoefening permanent om, op en in het lichaam van de gestrafte geproduceerd — en meer in het algemeen bij hen die bewaakt, gedresseerd en gecorrigeerd worden, bij krankzinnigen, kinderen, scholieren en gekoloniseerden, en bij hen die aan een productie-apparaat zijn gekluisterd en hun leven lang worden gecontroleerd. Dit is de historische werkelijkheid van deze ziel, die niet schuldig en strafbaar geboren wordt, zoals voorgesteld in de christelijke theologie, maar ontstaat in procedures van straf, toezicht, tuchtiging en dwang. Deze reële en niet-lichamelijke ziel is geen substantie. Ze is het element waarin de effecten van een bepaald soort macht en de referentie van een bepaald soort kennis zijn gekoppeld, ze is het raderwerk waarin de machtsverhoudingen een kennis mogelijk maken en de kennis de effecten van de macht vergroot en versterkt. Op deze koppeling van realiteit en referentie heeft men verscheidene concepten geconstrueerd en onderzoeksgebieden afgebakend: psyche, subjectiviteit, persoonlijkheid, geweten, enzovoort; men heeft er wetenschappelijke technieken en discoursen op gebouwd; ze is het fundament voor de morele imperatieven van het humanisme. Maar we moeten ons hierdoor niet laten misleiden: de ziel, die illusie van theologen, is niet vervangen door een reële mens, voorwerp van kennis, van filosofische reflectie of technisch ingrijpen. De mens die ons beschreven wordt en die men zo graag wil bevrijden is zelf al het resultaat van een onderwerping die veel dieper reikt dan hijzelf. De 'ziel' die in hem huist en hem het leven schenkt, is zelf een deel van de greep die de macht op het lichaam heeft. De ziel, effect en instrument van een politieke anatomie. De ziel, gevangenis van het lichaam.

> Michel Foucault, *Surveiller et punir*, 1975. Nederlandse vertaling: *Discipline, toezicht en straf*, vertaling Vertalerscollectief. Groningen: Historische Uitgeverij, 1989, p. 43-46.

Putnam
(1926)

Toen Hilary Putnam in 1963 benoemd werd tot hoogleraar in de filosofie aan de Harvard Universiteit sprak men daar in Europa schande van: «Hoe kan men nu een wiskundige tot hoogleraar in de filosofie benoemen?» Ofschoon deze vraag strikt genomen op onkunde berust — Putnam werd hoogleraar in de mathematische logica — heeft hij zijn critici van het eerste uur gelogenstraft. Hij heeft zich ontpopt tot een van de meest creatieve filosofen van de twintigste eeuw en is tegenwoordig in datzelfde Europa de meest gevraagde en bestudeerde Amerikaanse filosoof.

Voor deze omslag in waardering was wel een aantal kenteringen in zijn denken noodzakelijk. Putnam promoveerde bij de logisch positivist Hans Reichenbach. Ofschoon het werk uit die periode waarschijnlijk tot het beste behoort dat hij geschreven heeft, kwam zijn doorbraak pas toen hij zijn opvattingen over de geest ging publiceren. Hij verwierp de dualistische opvatting dat de mens bestaat uit een lichaam en een geest. Een mysterieuze, niet-stoffelijke substantie, genaamd 'de geest', bestaat niet. Maar tegelijk verwierp hij ook de behavioristische stellingname dat de geest überhaupt niet bestaat en dat onze talige uitdrukkingen voor geestelijke toestanden slechts beschrijvingen van uiterlijk waarneembaar gedrag zijn. Putnam introduceerde in het begin van de jaren zestig de computermetafoor: hij vergeleek geestelijke toestanden en het denken met de software van een willekeurige computer. In het geval van de mens is de hardware van de computer de hersenen. Maar de hersenen zijn niet essentieel voor die geestelijke toestand.

Een computer krijgt via het toetsenbord een bepaalde input, vervolgens gaat hij aan de slag, afhankelijk van het programma dat op dat ogenblik actief is, waarna hij een resultaat, een output, produceert. Net zo werkt de menselijke geest, volgens Putnam. Een geestelijke toestand van een mens, een machine of een marsmannetje ontleent zijn identiteit aan drie dingen: de waarneming, het netwerk van de geestelijke toestanden waar hij deel van uitmaakt en het gedrag dat daar het gevolg van is. Dus de geestelijke toestand 'bang zijn voor spinnen' ontleent haar identiteit in de eerste plaats aan de waarneming van een spin; vervolgens aan de plaats die deze inneemt in het netwerk van andere geestelijke toestanden, bijvoorbeeld de overtuiging dat er inderdaad een spin over het hoofdkussen kruipt; en tenslotte aan het vluchtgedrag

Putnam houdt van gedachte-experimenten. Zo stelde hij zichzelf de vraag of wij mensen geen hersenen op sterk water zouden kunnen zijn. Hoe weten we nu zo zeker dat onze hersenen niet in een laboratorium in een bak drijven, terwijl onze zenuwuiteinden vastzitten aan een computer die ons allerlei beelden van een zogenaamde werkelijkheid voortovert? Putnams antwoord is heel kort (volgens sommigen te kort). Descartes zei ooit: «Ik denk, dus ik besta.» Nu zou het heel goed kunnen dat we bestaan, maar niet denken. Dat spreekt Descartes ook niet tegen. Hij zegt alleen dat, als we denken, we dan ook moeten bestaan. Putnam zegt iets dergelijks: als we hersenen op sterk water zijn, dan kunnen we niet meer denken dat we hersenen op sterk water zijn, dan is de zin «Wij zijn hersenen op sterk water» onwaar. De hypothese dat we hersenen op sterk water zijn kan dus niet waar zijn, want vooronderstelt haar eigen onwaarheid. De hypothese weerlegt zichzelf, net zoals de zin «Ik besta niet». Dus zijn we geen hersenen op sterk water.

De laatste tijd houdt Putnam zich bezig met de waarneming. Veel filosofen denken dat, als we een object zien, bijvoorbeeld een paard, we dan eigenlijk een afbeelding, een representatie van dat paard waarnemen. Representaties zweven als het ware tussen ons en de werkelijkheid in. Volgens Putnam is die gedachte helemaal verkeerd. We zien dat paard direct, zonder tussenstations in onze ogen of onze hersenen. Als Putnam gelijk heeft, dan staat onze geest veel directer in contact met de werkelijkheid om ons heen dan de meeste filosofen en wetenschappers denken. De geest werkt dan niet als een donker gedeelte van een fototoestel waarin op de gevoelige film beelden van een buitenwereld worden vastgelegd. Nee, onze zintuigen en onze geest kun je veel beter vergelijken met onze handen die direct dingen kunnen oppakken en weggooien. De geest zit niet gevangen in onze hersenen (een opvatting die 'internalisme' wordt genoemd), maar ons denken vindt altijd plaats in een omgeving die uitmaakt waar wij over denken (hetgeen 'externalisme' wordt genoemd).

De basis voor deze laatste opvatting heeft Putnam gelegd in een reeks van artikelen in de jaren zeventig, waarin hij zijn taalfilosofie ontwikkelt. Onderstaand fragment is uit het bekendste van die artikelen, getiteld 'The Meaning of Meaning'.

Putnam heeft enorm veel geschreven. De laatste jaren richt hij zich steeds vaker op een groot publiek. Zijn boek *Pragmatism*, uit 1996, is in het Nederlands vertaald. Lezenswaardig zijn ook zijn verspreide essays die hij in *Realism with a Human Face* (1990) en in *Words and Life* (1994) gebundeld heeft. Zijn gedachte-experiment over hersenen op sterk water staat in het eerste hoofdstuk van *Reason, Truth and History* (1981). Zijn huidige opvattingen over de waarneming staan in *The Threefold Cord: Mind, Body, and World* (1999).

Putnam, *De betekenis van betekenis* (fragment)

(…)
Tenminste sinds de Middeleeuwen hebben schrijvers over de theorie van betekenis voorgewend dat zij een dubbelzinnigheid ontdekt hadden in het alledaagse begrip 'betekenis' en een paar termen geïntroduceerd — extensie of intensie, of Sinn en Bedeutung, of wat dan ook — om die dubbelzinnigheid teniet te doen. De extensie van een term, in gebruikelijk logisch jargon, is eenvoudigweg de verzameling van dingen waarvan de term waar is. Dus 'konijn', in de meest gangbare Engelse betekenis, is waar van alle konijnen en alleen maar van konijnen dus de extensie van 'konijn' is precies de verzameling van konijnen. (…)

Bekijk nu eens de samengestelde uitdrukkingen 'schepsel met een hart' en 'schepsel met een nier'. Als we ervan uitgaan dat ieder schepsel met een hart een nier bezit en vice versa, is de extensie van deze twee termen exact gelijk. Maar ze verschillen uiteraard wel in betekenis. Vooronderstel dat er een zin is van 'betekenis' waarin betekenis = extensie, dan moet er een andere zin van betekenis zijn waarin de betekenis van een term niet zijn extensie is, maar iets anders, laten we zeggen het 'begrip' dat geassocieerd is met de term. Laten we dit 'iets anders' de *intensie* van de term noemen. Het begrip van een schepsel met een hart is duidelijk een ander begrip dan dat van schepsel met een nier. Dus de twee termen hebben een verschillende intensie. Wanneer we zeggen dat ze een verschillende betekenis hebben, dan betekenis = intensie.

Intensie en extensie

Iets wat lijkt op de voorafgaande alinea's verschijnt in iedere standaarduitleg van de noties 'intensie' en 'extensie'. Maar het stemt geheel niet tevreden. Waarom het niet tevredenstelt is, op een bepaalde manier, de portee van dit gehele essay. Maar een paar punten kunnen meteen al gemaakt worden: om te beginnen, welk bewijs is er dat 'extensie' een betekenis van het woord 'betekenis' is? De canonieke verklaring van de noties 'intensie' en 'extensie' lijkt erg op 'in een bepaalde zin betekent «betekenis» extensie en in een andere zin betekent «betekenis» *betekenis*'. Feit is dat, terwijl de notie van 'extensie' tamelijk precies gemaakt wordt, afhankelijk van de fundamentele logische notie van waarheid, de notie van extensie niet nauwkeuriger kan worden gemaakt dan de vage (en, zoals we zullen zien, misleidende) notie 'begrip'.

Hoe onduidelijk zij ook is, de traditionele leer dat de notie 'betekenis' een extensie/intensie-ambiguïteit geniet heeft bepaalde typische consequenties. De meeste traditionele filosofen dachten dat begrippen iets mentaals waren. Dus de leer dat de betekenis van een term (dat wil zeggen, de betekenis 'in de zin van intensie') een begrip is impliceerde dat betekenis mentale entiteiten zijn. (...) Geen enkele filosoof twijfelde eraan dat het begrijpen van een woord (het kennen van zijn intensie) neerkwam op het verkeren in een bepaalde psychologische toestand.

Zodoende berustte de theorie over betekenis stilzwijgend op twee vooronderstellingen:

1. dat het kennen van de betekenis van een term neerkomt op het verkeren in een bepaalde psychologische toestand (in de zin van 'psychologische toestand' waarin herinneringen en psychologische neigingen 'psychologische toestanden zijn; niemand dacht natuurlijk dat het kennen van de betekenis van een woord een continu bewustzijnstoestand was);

2. dat de betekenis van een term (in de zin van 'intensie') de extensie bepaalt (in de zin dat uit identiteit van intensie noodzakelijkerwijs identiteit van extensie volgt).

Ik zal betogen dat deze twee vooronderstellingen niet gezamenlijk opgaan voor wat voor notie dan ook, laat staan voor een notie van betekenis. Het traditionele betekenisbegrip is een begrip dat gefundeerd is op een onware theorie.

'Psychologische toestand' en methodologisch solipsisme

Om dit in te zien moeten we eerst de traditionele notie van een psychologische toestand verhelderen. (...) Wanneer traditionele filosofen spraken over psychologische toestanden (of 'mentale' toestanden), maakten ze een onderstelling die we de onderstelling van methodologisch solipsisme zouden mogen noemen. Deze onderstelling is de onderstelling dat geen enkele psychologische toestand, in eigenlijke zin, het bestaan van een ander individu anders dan het subject aan wie die toestand wordt toegeschreven vooronderstelt. Deze onderstelling is behoorlijk expliciet in Descartes, maar is impliciet in zo ongeveer de hele traditionele filosofische psychologie. Het doen van deze onderstelling komt natuurlijk neer op het aannemen van een restrictief programma — een programma dat met opzet het bereik en het karakter van de psychologie beperkt om bepaalde mentalistische vooroordelen te kunnen inbedden of, in sommige gevallen, om een idealistische reconstructie van kennis en de wereld in te bedden. Precies hoe beperkend dit programma is wordt echter vaak niet opgemerkt. Zo'n huis-, tuin- en keukenpsychologische toestand als 'jaloezie' moet geherinterpreteerd worden, wil de onderstelling van methodologisch solipsisme gehandhaafd blijven. Immers, in het alledaagse gebruik, x is jaloers op y houdt in dat y bestaat, en x is jaloers op y's respect voor z houdt in dat zowel y als z bestaan (net zo goed als x, natuurlijk). Dus *jaloers zijn* en *jaloers zijn op iemands respect voor iemand anders* zijn geen psychologische toestanden die worden toegestaan door de onderstelling van het methodologisch solipsisme. (We zullen ze 'psychologische toestanden' in wijde zin noemen en naar psychologische toestanden die wel worden toegestaan door het methodologisch solipsisme verwijzen met 'psychologische toestanden in enge zin'.)

(...)

We kunnen nu nauwkeuriger zeggen wat we beweerden aan het eind van de vorige paragraaf. Stel A en B zijn twee termen met een verschillende extensie. Volgens onderstelling 2 moeten ze verschillen in betekenis (in de zin van 'intensie'). Volgens onderstelling 1 zijn *het kennen van de betekenis van A* en *het kennen van de betekenis van B* psychologische toestanden in de enge zin — want zo zullen we onderstelling 1 interpreteren. *Maar deze psychologische toestanden moeten de extensie van de termen A en B net zo goed vastleggen als de betekenis (intenties) dat doen.*

(...)

Kortom, indien S een psychologische toestand is van het soort dat we besproken hebben — een psychologische toestand van de vorm *weten dat I de betekenis is van A*, waar I een intensie is en A een term —, dan gelden dezelfde noodzakelijke en voldoende voorwaarden voor het vallen in de extensie van A in iedere logisch mogelijke wereld waarin de spreker in de psychologische toestand S verkeert. Want de toestand S bepaalt de intensie I, en vanwege onderstelling 2 komt de intensie neer op een noodzakelijke en voldoende voorwaarde voor het lidmaatschap van de extensie.

(...)

Dus twee sprekers kunnen niet in een psychologische toestand die in alle opzichten dezelfde is en de term A verschillend begrijpen; de psychologische toestand van de spreker bepaalt de intensie (en derhalve, vanwege onderstelling 2, de extensie) van A.

Het is deze laatste consequentie van de gezamenlijke onderstellingen 1 en 2 waarvan we beweren dat die onwaar is. Wij beweren dat het mogelijk is voor twee sprekers om in exact dezelfde psychologische toestand (in enge zin) te verkeren, ofschoon de extensie van de term A in de privé-taal van de een verschilt van de extensie van de term A in de privé-taal van de ander. De extensie wordt *niet* vastgelegd door de psychologische toestand.

Zitten betekenissen in het hoofd?

Dat een psychologische toestand niet de extensie vastlegt zal nu aangetoond worden met behulp van een klein sciencefiction verhaal. Voor het doel van de nu volgende sciencefiction voorbeelden zullen we veronderstellen dat er ergens in het heelal een planeet is die we Tweeling Aarde zullen noemen. Tweeling Aarde lijkt heel erg op Aarde; in feite, de mensen op Tweeling Aarde spreken zelfs Engels. In feite, even afgezien van de verschillen die we zo zullen aangeven in onze sciencefiction voorbeelden, kan de lezer ervan uitgaan dat Tweeling Aarde exact op Aarde lijkt. Hij mag er zelfs van uitgaan dat hij een dubbelganger — een identieke kopie — op Tweeling Aarde heeft, indien hij dat wenst, hoewel mijn verhalen daar niet op gebaseerd zijn.

Ofschoon sommige mensen op Tweeling Aarde (laten we zeggen degenen die zichzelf 'Amerikanen' noemen en degenen die zichzelf 'Canadezen' noemen en degenen die zichzelf 'Engelsen' noemen, etc.) Engels spreken, zijn er — het zal niet verbazen — toch een paar kleine verschillen tussen de dialecten van het Engels die op Tweeling Aarde en standaard Engels die we nu zullen beschrijven. Deze verschillen zijn afhankelijk van sommige eigenaardigheden van Tweeling Aarde.

Een van de eigenaardigheden van Tweeling Aarde is dat de vloeistof die 'water' genoemd wordt geen H_2O is, maar een andere vloeistof waarvan de chemische formule erg lang en ingewikkeld is. Ik zal deze chemische formule simpelweg afkorten tot XYZ. Ik zal veronderstellen dat XYZ niet te onderscheiden is van water van normale temperatuur en druk. In het bijzonder, het smaakt als water en het lest de dorst net als water. Ik zal ook veronderstellen dat de oceanen en meren en zeeën op Tweeling Aarde XYZ bevatten en niet water, dat het XYZ regent op Tweeling Aarde en water, etc.

Als een ruimtevaartuig afkomstig van Aarde ooit Tweeling Aarde bezoekt, dan zal de veronderstelling eerst zijn dat 'water' dezelfde betekenis heeft op Aarde als op Tweeling Aarde. Deze veronderstelling zal gecorrigeerd worden wanneer er ontdekt wordt dat 'water' op Tweeling Aarde XYZ is, en het Aardse ruimteschip zal ongeveer het volgende rapporteren: «Op Tweeling Aarde betekent het woord 'water' XYZ.»

(...)

Omgekeerd, wanneer een ruimteschip afkomstig van Tweeling Aarde ooit Aarde bezoekt, dan zal de veronderstelling eerst zijn dat het woord 'water' dezelfde betekenis op Tweeling Aarde heeft als op Aarde. Deze veronderstelling zal gecorrigeerd worden wanneer ontdekt wordt dat 'water' op Aarde H_2O is, en het ruimteschip van Tweeling Aarde zal rapporteren: «Op Aarde betekent het woord 'water' H_2O.»

Merk op dat er geen probleem bestaat over de extensie van de term 'water'. Het woord heeft simpelweg twee verschillende betekenissen (bij wijze van spreken): in de betekenis waarmee het gebruikt wordt op Tweeling Aarde, de betekenis van water$_{TA}$, is wat *wij* water noemen eenvoudigweg geen water; terwijl de betekenis waarmee het gebruikt wordt op Aarde, de betekenis van water$_A$, is wat de mensen op Tweeling Aarde 'water' noemen eenvoudigweg geen water. De extensie van 'water' in de zin van water$_A$ is de verzameling van alle eenheden die bestaan uit H_2O-moleculen of iets wat daarop lijkt; de extensie van water in de betekenis van water$_{TA}$ is de verzameling van alle eenheden die bestaan uit XYZ-moleculen, of iets wat daarop lijkt.

Laten we nu de tijd eens terugdraaien tot ongeveer 1750. Rond die tijd was de scheikunde noch op Aarde, noch op Tweeling Aarde ver ontwikkeld. De typische aardse spreker van het Engels wist niet dat water bestond uit waterstof en zuurstof, en de typische Tweeling Aarde spreker van het Engels wist niet dat 'water' bestond uit XYZ. Laat Oscar$_1$ nu zo'n typische Aardse

Engelse spreker zijn, en Oscar$_2$ zijn tegenhanger op Tweeling Aarde. Je mag ervan uitgaan dat er geen overtuiging over water is die Oscar$_1$ had over water die Oscar$_2$ niet had over 'water'. Als je dat wil, mag je zelfs veronderstellen dat Oscar$_1$ en Oscar$_2$ exacte duplicaten waren in verschijningsvorm, gevoelens, gedachten, monologue intérieur, etc. Toch was de extensie van de term 'water' op Aarde net zo goed H$_2$O in 1750 als in 1950; en de extensie van de term 'water' was net zo goed XYZ op Tweeling Aarde in 1750 als in 1950. Oscar$_1$ en Oscar$_2$ begrepen de term 'water' op een verschillende manier, ofschoon zij in dezelfde psychologische toestand verkeerden, en ofschoon, gegeven de stand van de wetenschap in die tijd, het nog vijftig jaar zou duren voor hun wetenschappelijke kringen zouden ontdekken dat ze de term 'water' op een verschillende manier begrepen. Dus de extensie van de term 'water' (en, in feite, zijn betekenis in het intuïtieve, preanalytische gebruik van die term) is niet een functie van de psychologische toestand van de spreker op zichzelf.

(...)

Laat mij nog een niet-sciencefiction voorbeeld introduceren. Veronderstel dat u net als ik niet een olm van een beuk kan onderscheiden. Wij zeggen nog steeds dat de extensie van 'olm' in mijn privé-taal dezelfde is als de extensie van 'olm' in dat van ieder ander, de verzameling van alle bomen, en dat de verzameling van alle beuken de extensie van 'beuk' in de privé-taal van ons beiden is. Dus 'olm' in mijn privé-taal heeft een andere extensie dan die van 'beuk' in uw privé-taal (zoals het hoort). Is het echt geloofwaardig dat dit verschil in extensie voortkomt uit een verschil in onze *begrippen*? Mijn begrip van een olm is exact hetzelfde als mijn begrip van een beuk (ik heb het schaamrood op mijn kaken staan). (Dit toont, tussen haakjes, aan dat de gelijkschakeling van betekenis 'in de zin van intensie' met begrip niet correct kan zijn.) Als iemand een heroïsche poging doet om vol te houden dat het verschil tussen de extensie van 'olm' en de extensie van beuk' in mijn privé-taal verklaard wordt door een verschil in mijn psychologische toestand, dan kunnen we hem altijd weerleggen door een Tweeling Aarde voorbeeld te fabriceren — draai gewoon de woorden 'olm' en 'beuk' om op Tweeling Aarde. Bovendien kan ik veronderstellen dat ik een dubbelganger heb op Tweeling Aarde die molecuul voor molecuul identiek is aan mij (zoals twee stropdassen identiek kunnen zijn). Als je een dualist bent, ver-

PUTNAM *De betekenis van betekenis*

onderstel dan ook dat mijn dubbelganger dezelfde verwoorde gedachten als ik koester, dezelfde zintuiglijke indrukken heeft, dezelfde neigingen, etc. Het is absurd om te denken dat zijn psychologische toestand ook maar een haar verschilt van die van mij: toch 'bedoelt' hij beuk, wanneer hij 'olm' zegt en ik 'bedoel' olm wanneer ik olm zeg. Snijd de taart maar aan zoals je wilt, 'betekenissen' zitten gewoon niet in je hoofd!

> Hilary Putnam, 'The Meaning of Meaning', 1975, herdrukt in *Mind, Language and Reality. Philosophical Papers*, Volume 2. Cambridge: Cambridge University Press, 1975, p. 215-217. Vertaald voor deze bundel door M. Lievers.

Habermas

(1929)

Te midden van alle culturele verschillen tussen mensen en ondanks alle totalitaire rampen van de twintigste eeuw is er de mogelijkheid van het rationele gesprek. In ieder feitelijk gesprek over de waarheid van uitspraken of de juistheid van normen speelt het beginsel van redelijke overeenstemming mee. Dit is simpel gezegd de kern van Jürgen Habermas' 'theorie van het communicatieve handelen', zoals hij die in 1981 op een indrukwekkende wijze in het gelijknamige boek heeft uiteengezet. Het rationele gesprek is in zijn ogen geen utopisch ideaal, geen idylle die schetst hoe mensen zouden moeten samenleven. Het is uitdrukking van de procedurele of communicatieve rationaliteit, die in meer of mindere mate aanwezig kan zijn in de gesprekken die wij daadwerkelijk voeren.

Habermas meent dat dit beginsel werkzaam is in de hedendaagse cultuur en maatschappij, in wat hij noemt de 'leefwereld'. De moderne cultuur is gerationaliseerd en geïndividualiseerd, waaronder hij verstaat dat eenieder zich oriënteert aan de principes van het redelijke gesprek en van de persoonlijke autonomie. Het historische proces dat daartoe geleid heeft, noemt Habermas daarom de 'rationalisering' van de leefwereld.

Dit is echter slechts de ene kant van de medaille. Want tegelijk met deze rationalisering van de leefwereld krijgen economie en overheidsbureaucratie een eigen plaats, grotendeels onafhankelijk van die leefwereld. De groei van deze subsystemen neigt er zelfs toe ten koste te gaan van de rationalisering en kan zo de mogelijkheid van het rationele gesprek tenietdoen. Dit kan betekenen dat dit gesprek wordt uitgeschakeld en dat geld en bureaucratische macht de overhand krijgen in de relaties tussen mensen. Net als koloniale machten vestigen economie en overheid zich in de communicatief gestructureerde leefwereld.

Habermas heeft zijn basisinzichten op verschillende niveaus uitgewerkt. Om te beginnen heeft hij een 'theorie van het rationele gesprek' opgesteld. Een van de kernpunten daarin is dat in iedere overlegsituatie de deelnemers een viervoudige aanspraak maken op geldigheid, die de feitelijke situatie overstijgt. Met hun beweringen over standen van zaken maken zij een waarheidsaanspraak. Met hun normatieve aanbevelingen en geboden en verboden maken ze vervolgens een aanspraak op juistheid. Ook maken ze een aanspraak op oprechtheid, en wel in hun gevoelsuitingen. Ten slotte maken ze met hun talige uitingen als zodanig een aanspraak op begrijpelijkheid. Wanneer een toehoorder deze aanspraken betwist, kunnen de deelnemers van de overlegsituatie proberen een rationeel gesprek op gang te brengen waarin ze deze aanspraken ter discussie stellen.

Maar Habermas is niet alleen nader ingegaan op het specifieke karakter van die discussie; ook over de filosofische consequenties ervan heeft hij zijn licht doen schijnen. Een groot aantal filosofen in onze metafysische traditie heeft namelijk geprobeerd een archimedisch punt in de werkelijkheid te vinden dat fungeert als fundament voor de genoemde vier aanspraken. Habermas betwist zo'n metafysische fundering: er is volgens hem niets anders dan de communicatieve rationaliteit, die is als een 'wankele schaal' op de woelige baren der contingentie. Vanuit deze opvatting verzet hij zich tegen het metafysische objectivisme van uiteenlopende denkers als Hegel, Marx en Heidegger, terwijl hij zich eveneens keert tegen Nietzsches extreme relativering van elke aanspraak op waarheid. Meer sympathie heeft hij in dit verband met de nadruk die Wittgenstein legt op taal en taalspel. Wittgenstein stapt daarmee immers af van het idee van een bewustzijn, dat in het rationalisme en empirisme zo'n belangrijke rol speelt. Alleen door deel te nemen aan een taalspel en niet via introspectie met behulp van het bewustzijn is kennis van de werkelijkheid mogelijk.

Naast een theorie van het rationele gesprek heeft Habermas een 'maatschappijtheorie' ontworpen met als kernbegrippen 'leefwereld' en 'systeem'. De leefwereld is het geheel van vooronderstellingen van de feitelijke interactie tussen mensen. Terwijl mensen met elkaar communiceren, maken ze namelijk stilzwijgend gebruik van culturele kaders bij het interpreteren van hun natuurlijke, sociale en subjectieve werkelijkheid. Daarnaast verschaft de leefwereld ook 'solidariteitsbetrekkingen' (normen), die de participanten van een interactie met elkaar delen en op basis waarvan ze met elkaar kunnen communiceren. Ten slotte zijn de deelnemers opgevoed en daarmee voorzien van bepaalde vermogens en idealen.

De leefwereld is derhalve een bron van kennis, van zogenoemde 'solidariteitsnetwerken' en van individuele competenties. Rationalisering van de leefwereld houdt in dat discussies ten aanzien van deze drie terreinen een steeds belangrijker rol gaan spelen. Traditionele normen en waarden verliezen daarbij hun geloofwaardigheid. Het is echter niet per definitie zo dat de rationalisering steeds verder voortschrijdt. De systemen van economie en overheid kunnen de rol van traditionele conventies in de leefwereld overnemen en de bedoelde rationalisering tegengaan. In dit opzicht verzet Habermas zich met name tegen bepaalde eenzijdige marxistische theorieën, die de rol van de economische verhoudingen in de samenleving dominant achten en de rol van de overheid daarbij verwaarlozen. Ook beklemtoont hij dat de markteconomie en de overheid nuttige functionele systemen zijn, wanneer ze hun grenzen niet overschrijden.

Habermas heeft zich tevens beziggehouden

met een 'geschiedenistheorie' waarin niet bij voorbaat wordt uitgegaan van de ideeën van vooruitgang of achteruitgang. Hij heeft maatstaven ontworpen op basis waarvan historische processen geëvalueerd kunnen worden. De geschiedenis is in zijn ogen niet altijd een proces van verval. Habermas meent aan te kunnen tonen dat in de westerse geschiedenis wel degelijk sprake is van morele vooruitgang, vooral waar het de parlementaire democratie en de onafhankelijke rechtspraak betreft. In dit verband heeft hij gepolemiseerd met onder anderen Foucault, die stelt dat er in het geheel geen sprake is van vooruitgang, alleen van een duistere wil tot macht. In het hieronder weergegeven tekstfragment gaat Habermas in op de rol van de filosofie. In plaats van rechter te spelen en te pretenderen onze kennis van de wereld, onze ethische normen en esthetische uitingen van hechte fundamenten te voorzien, doet deze er beter aan de rol op zich te nemen van interpreet, die de verbanden tussen de verschillende aspecten van onze cultuur of leefwereld voor het voetlicht brengt.

Habermas, De filosoof als stadhouder en interpreet (fragment)

Met het geheel van de cultuur staat het er hetzelfde voor als met de wetenschappen: de cultuur heeft geen fundering nodig en behoeft geen vakje om in ondergebracht te worden. Ze heeft namelijk in de moderne tijd sinds de achttiende eeuw zelf die rationaliteitsstructuren voortgebracht, die Max Weber met Emil Lask beschrijft als culturele waardesferen.

    Met de moderne wetenschap, met het positieve recht en de door principes geleide wereldse ethieken, met een autonoom geworden kunst en de geïnstitutionaliseerde kunstkritiek hebben zich ook zonder toedoen van de filosofie drie momenten van de rede uitgekristalliseerd. Ook zonder de kritiek van de rede leren de zonen en dochters van de moderne tijd hoe zij in het culturele erfgoed de verschillende aspecten van de rationaliteit moeten onderscheiden; hetzij als waarheidsvragen, hetzij als vragen van de rechtvaardigheid of als vragen van de smaak. Dat is te zien aan interessante afscheidingsprocessen. De wetenschappen stoten steeds meer elementen van wereldbeelden af en zien af van een interpretatie van natuur en geschiedenis als geheel. De cognitivistische ethieken zonderen de problemen van het goede leven af en concentreren zich op de streng deontische aspecten die zich lenen voor veralgemenisering, zodat van het goede alleen nog maar het rechtvaardige overblijft. En een autonoom geworden kunst dringt aan op de steeds sterkere profilering van de esthetische grondervaring, die de gedecentreerde, zich van de ruimte- en tijdsstructuren van het dagelijkse leven afzettende subjectiviteit in de omgang met zichzelf maakt — de subjectiviteit bevrijdt zich hier van de conventies van de dagelijkse waarneming en de doelmatigheid, van de imperatieven van de arbeid en het nuttige.

Deze grootscheepse eenzijdigheden, die de signatuur van de moderne tijd uitmaken, hebben geen fundering of rechtvaardiging nodig; maar zij roepen bemiddelingsproblemen op. Hoe kan de in haar momenten uiteengevallen rede binnen het culturele domein de eenheid daarvan handhaven en hoe kunnen de deskundigheidsculturen, die zich op esoterische hoogte teruggetrokken hebben, een relatie met de communicatieve dagelijkse praktijk onderhouden? Een filosofisch denken dat zich nog niet van het thema van de rationaliteit afgewend heeft en zich nog niet vrijgesteld heeft van een analyse van de voorwaarden van het onvoorwaardelijke, ziet zichzelf geconfronteerd met deze dubbele behoefte aan bemiddeling.

Bemiddelingsproblemen doen zich ten eerste voor binnen de sfeer van respectievelijk wetenschap, moraal en kunst. Hier ontstaan tegenbewegingen. Zo brengen de niet-objectivistische onderzoeksbenaderingen binnen de menswetenschappen ook gezichtspunten van de morele en esthetische kritiek tot gelding, zonder het primaat van de waarheidsvragen in gevaar te brengen. Zo brengt de discussie over verantwoordings- en gezindheidsethiek en de grotere aandacht voor utilistische motieven binnen de universalistische ethieken gezichtspunten van de calculatie van de gevolgen en de interpretatie van behoeften in het spel, die in het geldingsbereik van het cognitieve en expressieve liggen. De post-avant-gardistische kunst ten slotte wordt gekenmerkt door het op merkwaardige wijze samengaan van realistische en politiek geëngageerde richtingen met richtingen, die op authentieke wijze de klassieke ideeën van de moderne tijd voortzetten, die de eigenzin van het esthetische aan het licht gebracht heeft. Een realistische en geëngageerde kunst brengt cognitieve en moreel-praktische momenten tot gelding op het niveau van de vormenrijkdom, die de avant-garde heeft opengelegd. Het lijkt erop alsof in dergelijke tegenbewegingen de radicaal gedifferentieerde momenten van de rede naar een eenheid verwijzen, die echter slechts aan deze zijde van de deskundigheidsculturen te heroveren is, dus in het dagelijkse leven en niet aan gene zijde, in de gronden en afgronden van de klassieke filosofie van de rede.

In de communicatieve praktijk van het dagelijkse leven lopen cognitieve betekenissen, morele verwachtingen, expressies en waarderingen door elkaar heen. De processen van verstandhouding van de leefwereld hebben derhalve een culturele overleving *over de gehele breedte* nodig, en niet alleen de zegeningen van de wetenschap en techniek. Zo zou de filosofie haar betrokkenheid op de totaliteit kunnen actualiseren in de rol van een interpreet, die op de leefwereld gericht is. Zij zou op zijn minst kunnen helpen het vastgelopen samenspel weer in beweging te zetten, waarin het cognitief-instrumentele met het moreel-praktische en het esthetisch-expressieve zich als een mobile hardnekkig vastgedraaid hebben. In elk geval kan het probleem aangegeven worden, waarvoor een filosofie zal komen te staan wanneer zij de rol van een de cultuur inspecterende rechter ten gunste van de bemiddelende rol van interpreet opgeeft. Hoe kunnen de als deskundigheidsculturen ingekapselde sferen van wetenschap, moraal en kunst zich weer openstellen en op zo'n manier aansluiting vinden bij de verarmde traditities van de leefwereld, dat hun eigenzinnige rationaliteit niet geschonden wordt en dat de uiteengetreden momenten van de rede een nieuw evenwicht vinden in de communicatieve praktijk van het dagelijkse leven?

Nu kunnen de critici van de meesterdenkers nog eens hun wantrouwen uitspreken en vragen wat de filosoof het recht geeft niet alleen plaats vrij te houden voor pretentieuze theoriestrategieën in het hart van het wetenschapssysteem, maar ook nog haar diensten als vertaler aan te bieden om te bemiddelen tussen de wereld van het dagelijkse leven en een moderne cultuur, die zich op haar autonome gebieden teruggetrokken heeft. Ik denk dat juist de pragmatische en de hermeneutische filosofie op deze vraag antwoord geven, wanneer zij epistemisch gezag toeschrijven aan de gemeenschap van degenen die samenwerken en met elkaar spreken. Deze communicatieve praktijk van het dagelijkse leven maakt een verstandhouding mogelijk die aan geldigheidsaanspraken georiënteerd is en wel als enig alternatief voor een in meer of mindere mate gewelddadige onderlinge beïnvloeding. De geldigheidsaanspraken, die wij in het gesprek verbinden aan onze overtuigingen, gaan uit boven de bestaande context en verwijzen voorbij de in ruimte en tijd beperkte horizonten. Daarom berust dat op communicatie gerichte en gereproduceerde wederzijdse begrip op een potentieel van redenen, die weliswaar te betwisten zijn, maar wel op grond van redenen. Redenen hebben een speciaal karakter; zij dwingen ons met ja of nee stelling te nemen. Daarmee is in de voorwaarden van het handelen een moment van onvoorwaardelijkheid ingebouwd, dat op verstandhouding gericht is. Dit moment onderscheidt de geldigheid waar wij met onze opvattingen aanspraak op maken, van de alleen maar sociale geldigheid van een ingeburgerde praktijk. Wat wij voor gerechtvaardigd houden, is vanuit het perspectief van de eerste persoon een vraag naar de fundeerbaarheid en niet een functie van gewoontes. Daarom bestaat het filosofische belang erin «in onze sociale praktijk van rechtvaardiging van overtuigingen meer te zien dan alleen maar een praktijk». Hetzelfde belang zit ook achter de hardnekkigheid, waarmee de filosofie aan de rol van een hoeder van de rationaliteit vasthoudt — een rol die naar mijn ervaring in toenemende mate ergernis oproept en zeker geen voorrechten meer geeft.

J. Habermas, *Moralbewusstsein und Kommunikatives Handeln*. Frankfurt am Main: Suhrkamp, 1983. Nederlandse vertaling: *De nieuwe onoverzichtelijkheid en andere opstellen*, vertaling J. Boom e.a. Meppel/Amsterdam: Boom, 1989, p. 73-76.

Derrida

(1930)

'*Il n'y a pas de hors-texte*' is waarschijnlijk de meest geciteerde uitspraak van Jacques Derrida. Ze heeft de charme van de eenvoud en de bondigheid, twee onmisbare voorwaarden voor een strijdlustig motto. En als strijdkreet is ze veelvuldig gebruikt in de filosofie en in de literatuurtheorie.

Maar de tegenstemmen bleven niet uit. Te beweren dat er niets anders bestond dan tekst, was veel critici al te gortig. Werd hier niet een nieuw idealisme gepreekt, dat de wereld opgaf ten gunste van een mentale constructie, een verbaal luchtkasteel waarmee rap van de tongriem gesneden Parijzenaars toonden de band met de werkelijke wereld definitief te hebben doorgesneden? En bleek uit hun afwijzing van het begrip 'waarheid' niet duidelijk dat het denken hier zozeer in zichzelf verstrikt was geraakt dat aan relativisme en nihilisme niet meer te ontkomen viel?

Het probleem ontstond al bij de interpretatie of vertaling van de slagzin die op het eerste gezicht zo bedrieglijk stellig leek. Nooit, zo benadrukte Derrida keer op keer, was het de bedoeling geweest te zeggen dat er buiten de 'tekst' niets bestond, dat alleen de 'tekst' onze werkelijkheid was. In plaats daarvan ging het erom aan te tonen dat er niets was dat geen 'tekst' was. Een subtiel verschil, waarvan de implicaties groot waren. Niet de hele werkelijkheid werd gereduceerd tot een 'tekst' — nee, het begrip 'tekst' werd opgerekt om de hele werkelijkheid te omvatten.

Alles wat wij waarnemen, kennen, denken of voelen is tekstueel gestructureerd, zo zei Derrida de Zwitserse taalgeleerde Ferdinand de Saussure na. En dat betekende: niets van wat ons ter bewustzijn komt, kan zich eraan onttrekken beladen te zijn met betekenis. Alles is reeds opgenomen in een netwerk van interpretatie, van samenhang en verwijzing. Zoals de woorden naar elkaar verwijzen, zo verwijzen ook de dingen naar elkaar: slechts in hun samenhang (die het conflict of de tegenstrijdigheid zeker niet uitsluit) hebben zij betekenis, en slechts in zoverre zij betekenis hebben, *bestaan* zij voor ons. Wij zijn wezen van zin, een term die beter dan het nogal strikte begrip 'betekenis' deze algemene verwijzingssamenhang uitdrukt.

In dit netwerk van samenhangen en zinsverweving leven wij, zo luidde het ook onder de al wat oudere generatie structuralisten. Maar toen Derrida in 1967 zijn eerste hoofdwerk *De la grammatologie* publiceerde, scherpte hij dat besef nog verder aan. Niet alleen leven wij in een samenhang van betekenissen waarvan wij zelf niet de onmiddellijke bron of oorsprong zijn, maar deze 'zin' is zelfs principieel aan elke bron of bestemming ontheven. Zo is de betekenis van een woord of uitspraak niet te reduceren tot de intentie van degene die deze woorden uitsprak. Tot die intentie hebben we immers geen directe toegang; het enige dat we hébben zijn de woorden zelf, en dus kan alleen vanuit *hun* functioneren het effect van de zin of betekenis ontstaan.

Om dezelfde reden is de betekenis van een woord nooit voor immer vastgelegd. Zoals er geen 'bron' of oorsprong van de betekenis is, zo is er ook geen 'eindpunt', waarin de uitspraak zich — in hegeliaanse zin — zou opheffen: zou overgaan in een hoger stadium (een definitieve, mentale, volstrekt doorzichtige en doorgronde betekenis) en daarmee als meerduidig woord zou ophouden te bestaan. De betekenis van een uitspraak is nooit veiliggesteld en we kunnen nooit zeggen dat we haar definitief in bezit hebben.

De Saussure had al vastgesteld dat de betekenis van woorden niet kan worden herleid tot de intentie van de gebruiker van die woorden, noch tot een intrinsieke band tussen het woord en het ding waar het voor staat. Taal is geen simpele afbeelding van de wereld, maar vormt een eigen, in zichzelf gesloten systeem, dat de wereld niet *weergeeft*, maar mede helpt duiden. We zouden kunnen zeggen dat pas dankzij de taal en betekenissystemen in de bredere zin de wereld voor ons een geordend geheel wordt, en daarmee eigenlijk pas bestaat.

Maar hoe komt de betekenis van woorden tot stand, wanneer die niet teruggaat op een inwendige koppeling tussen woord en betekende, wanneer het betekende niet (bijvoorbeeld door gelijkenis — denk aan het woord 'koekoek') al in het woord aanwezig is? De verhouding tussen woorden en hun betekenden is willekeurig, zei De Saussure. Dat de taal toch een geordend geheel vormt (ja zelfs een beginsel van ordening is), is te danken aan haar interne structuur: het feit dat de woorden op een heel specifieke wijze met elkaar samenhangen. En die onderlinge relaties worden bepaald door hun verschillen. Woorden zetten zich van elkaar af en structureren zich in een bepaald verband door hun onderlinge *differenties*. De structuur van taal en betekenis is absoluut autonoom; ze gaat op geen enkele inhoud of oorsprong terug. Ze bestaat slechts in en dankzij de *werking* van de differentie. En dankzij die differentiestructuur kunnen we óók de wereld structureren: een tafel is geen stoel op 'dezelfde' manier als het woord 'tafel' van het woord 'stoel' verschilt.

Maar taal is geen statisch gegeven. Ze verandert, is actief en is in die activiteit een voortdurende bron van betekenissen. De differentie is dan ook niet louter een kwestie van een eens en voor altijd gegeven verschil tussen woorden, maar is een kwestie van blijvende creatie of generering. Om dit actieve aspect van de differentie-structuur aan te geven, gebruikt Derrida het woord 'differ*a*ntie', waarbij de *a* in het Frans het woord een actieve, niet-statische lading geeft. Deze werkingsimpuls van de differantie brengt als het ware in een soort voortdurend scheppingsproces de differenties voort en houdt de werking van de taal in stand: ze vormt er de motor van.

De taal is, met andere woorden, niet alleen een structuur van verschillen, ze bestaat ook in een voortdurende dynamiek van afstand nemen van zichzelf, ze differeert van zichzelf, ze maakt in haar werking voortdurend het *verschil* voelbaar. Welk verschil? Het verschil tussen het ene en het andere gebruik van *hetzelfde* woord. Elke herhaling van hetzelfde woord brengt tussen die twee momenten al een zekere *scheiding* teweeg. De woorden of zinsneden zijn nooit *helemaal* hetzelfde; altijd klinken ze de tweede keer iets anders — al was het alleen maar *omdat* ze herhaald worden. Dichters en musici weten dat: een refrein of thema is juist zo werkzaam, omdat het bij elke herhaling weer een andere kleur en daarmee een andere betekenis krijgt.

Differantie is niet alleen een taalkundig verschijnsel, aldus Derrida, maar een verschijnsel dat ten grondslag ligt aan elke betekenis, elke 'zin' en dus uiteindelijk aan de wereld (in de zin van kosmos) zelf. De wereld gaat niet terug op een statische oergrond, zoals de metafysici en ontologen willen, maar op een actief proces (zelfs het woord 'beginsel' is hier te veel) van differering, van voortdurend afstand nemen van zichzelf, van het scheppen van speelruimte binnen datgene wat gesloten leek en met zichzelf leek samen te vallen, van niet-identiteit binnen datgene wat een solide eenheid leek te vormen: een samenvallen van substantie, eigenheid en eenheid. Heidegger trachtte op dergelijke wijze het identiteitsdenken van de metafysica voorbij te gaan door te spreken van een *ontologische differentie* tussen de 'zijnden' en 'het zijn'. Voor Derrida klinkt dat laatste nog altijd te statisch, te ding-achtig. Voor hem is het proces van differering, de loutere activiteit van *differantie*, de 'laatste werkelijkheid'.

Maar hoe 'oorspronkelijk' de differentie ook is, ook zij kan niet bestaan zonder een zekere inertie of duurzaamheid in het veld waarin ze werkzaam is — werkzaam als voortdurende ontbinding en ontmanteling ván diezelfde duurzaamheid. Uiteraard mag die duurzaamheid niet worden gedacht als een identiteit of substantie in de klassieke zin van het woord. Dat zou ons onmiddellijk weer terugbrengen in het kamp van de identiteitsfilosofie of metafysica, waarvan de contradicties nu juist aan het licht zijn getreden. Ter aanduiding van deze kracht van inertie ijkt Derrida een al even ongehoord woord als 'differentie': de term 'restantie' (*restance*). Opnieuw een woord met een actieve *a*, en opnieuw een neologisme met een dubbele betekenis: het duidt op datgene wat *overschiet* (vanuit de dynamiek van de differentie) en op datgene wat op een of andere manier blijft — resteert —, ook al mogen we dat niet in de klassieke termen van onbeweeglijke en onveranderlijke permanentie duiden. Zo tekent zich in de structuur van de zin een dubbele dynamiek af: die van het verschil en die van de identiteit, die geen van beide mogen worden genegeerd.

Met deze gedachten is Derrida een veel klassieker filosoof dan voor- én tegenstanders wel van hem maken. Zijn denken wordt bewogen door dezelfde raadsels die de wijsbegeerte al sinds de Grieken bezighoudt: het raadsel van de algemeenheid en de bijzonderheid; van het absolute dat het menselijk denken altijd op de achtergrond blijft besturen en het relatieve waarin de mens zich, krachtens zijn feitelijke existentie, moet bewegen; het vraagstuk van de wet die universele regels stelt en het individuele leven dat de universaliteit in overeenstemming tracht te brengen met de specifieke situatie waarin hij zich altijd bevindt. En in al deze gevallen speelt het al door Hegel uitgesproken besef een centrale rol, dat de mens het werkelijke specifieke niet eens kent, omdat hij nu eenmaal in een zinssamenhang en daarmee altijd al in een zekere algemeenheid leeft.

Als ongelukkige burger van twee werelden stuit hij keer en keer op de grens die het specifieke van het algemene scheidt. Op die grens leeft de filosofie, vanuit het gebrek aan samenwerking dat het denken in zijn eigen status wel móet ervaren. Die incoherentie, die uitmondt in de onmogelijkheid van een waarheid, maar ook van een absolute relativiteit, wordt door Derrida steeds weer opnieuw gethematiseerd. Daarbij bedrijft hij geen nihilisme, dat de zekerheden van het denken frivool ondermijnt, maar laat hij zich leiden door de vraag *naar* de zekerheid, aangespoord door het (ook voor Derrida) verontrustende besef dat nihilisme en absoluut relativisme, maar ook het concept 'waarheid', überhaupt *mogelijk* zijn.

Om de raadselachtige structuur van de 'zin' te benadrukken, vergeleek Derrida in *De la grammatologie* de werking daarvan met die van het schrift. Ook het schrift 'spreekt' immers in afwezigheid van de auteur van de tekst, van het onderwerp waarover gesproken wordt, en van de geadresseerde of de bestemming die men aan de tekst toekent.

Enkele jaren na *De la grammatologie* vatte Derrida zijn inzichten nog eens samen in een voordracht waarin hij liet zien hoe zelfs in de *speech act*, de persoonlijke taaldaad van de spreker die zo onmiddellijk verbonden lijkt te zijn met de woorden die hij *op dat moment* uitspreekt, de wet van het schrift, de niet-beheersing en de afstand of afwezigheid geldig blijft. Het kwam hem op een bits antwoord van de Amerikaanse taalfilosoof John Searle te staan, gerepliceerd met een uitgebreid weerwoord van Derrida in *Limited Inc.*, dat pas in 1990 in de oorspronkelijke Franse versie werd gepubliceerd. Hieronder volgt een fragment uit dit eerste artikel, 'Signature événement contexte', dat te lezen valt als een beknopte inleiding tot een van de kernproblemen van het denken van Derrida.

Derrida, *Marges van de filosofie* (fragment)

'Signatuur, evenement, context'

Een schriftteken treedt op in afwezigheid van de geadresseerde. Hoe moeten we deze afwezigheid kenmerken? We kunnen zeggen dat de geadresseerde, op het moment waarop ik schrijf, aan het veld van mijn presente waarneming afwezig kan zijn. Maar is deze afwezigheid wel iets anders

DERRIDA *Marges van de filosofie*

dan een verre, vertraagde of in haar voorstelling op een of andere wijze geïdealiseerde tegenwoordigheid? Het lijkt van niet; deze afstand, deze speling, deze vertraging, deze differantie moeten althans tot een zeker absolutum van afwezigheid kunnen worden doorgetrokken, wil de structuur van het schrift, verondersteld dat er zoiets als schrift bestaat, zich kunnen constitueren. Juist hierdoor kan de differantie als schrift niet langer een (ontologische) modificatie van de tegenwoordigheid (zijn). Van node is, zo u wilt, dat mijn 'schriftelijke mededeling' leesbaar blijft, ook al is elke specifieke geadresseerde volledig verdwenen, als mijn mededeling althans als schrift wil functioneren, dat wil zeggen leesbaar zijn. Zij moet herhaalbaar — iterabel — zijn in de absolute afwezigheid van de geadresseerde of de empirisch bepaalbare verzameling van geadresseerden. Deze iterabiliteit — (*iter*, 'opnieuw', zou van *itara* komen, *ander* in het Sanskriet, en alles wat hierna volgt kan gelezen worden als een uitbuiting van deze logica, die herhaling verbindt met andersheid of alteriteit) structureert het markeringsteken van het schrift zelf, van welk type dat ook is (pictografisch, hiëroglyfisch, ideografisch, fonetisch, alfabetisch, om deze oude categorieën te gebruiken). Schrift dat niet, ook na de dood van de geadresseerde, structureel leesbaar — iterabel — is, is geen schrift. Hoewel dat vanzelfsprekend lijkt, wil ik het nog niet op die gronden aanvaard zien en zal ik eerst ingaan op het uiteindelijke bezwaar dat tegen deze uitspraak kan worden ingebracht. Laten we ons een schrift voorstellen waarvan de code zo idiomatisch is dat het, als geheimschrift, slechts bekend is bij twee 'subjecten', die het hebben opgesteld. Zouden we een door een van hen nagelaten markeringsteken na de dood van de geadresseerde of zelfs van beiden nog altijd 'schrift' kunnen noemen? Ja, in de mate waarin dat markeringsteken, bestierd als het wordt door een code, eventueel zelfs een onbekende en niet-linguïstische code, door zijn iterabiliteit in zijn identiteit van markering geconstitueerd wordt, in afwezigheid van wie dan ook, dus aan de grens van elk empirisch bepaalbaar 'subject'. Dat betekent dat geen enkele code — organon van iterabiliteit — structureel geheim kan zijn. De mogelijkheid van herhaling en dus van identificatie van de markeringen ligt in elke code vervat en maakt deze voor een derde partij en vervolgens voor elke mogelijke gebruiker in het algemeen tot een communiceerbaar, overdraagbaar, ontcijferbaar, iterabel raster. Elk schrift moet dus, wil het zijn wat het is, kunnen functio-

DERRIDA *Marges van de filosofie*

neren in de radicale afwezigheid van elke empirisch bepaalde geadresseerde in het algemeen. Deze afwezigheid vormt geen geleidelijke modificatie van de tegenwoordigheid, maar vormt een breuk in de tegenwoordigheid, de 'dood' of de mogelijkheid van de 'dood' van de geadresseerde, ingeschreven in de structuur van de markering.

(…)

Wat geldt voor de geadresseerde, geldt om dezelfde redenen ook voor de zender of producent. Schrijven is het produceren van een markering die op haar beurt een productiemachine vormt, waarvan de werking door mijn toekomstige verscheiden niet principieel zal worden verijdeld en die (zich) te lezen en te herschrijven zal blijven geven. Ik zeg 'mijn toekomstige verscheiden' om deze uitspraak directer ingang te doen vinden. Ik moet ook kunnen zeggen: mijn verscheiden zonder meer, mijn niet-tegenwoordigheid in het algemeen, of de niet-tegenwoordigheid van mijn zeggingswil, van mijn intentie-tot-betekenis, van mijn dit-willen-communiceren, bij de uitstoting of productie van de markering. Wil een geschrift een geschrift zijn, dan moet het blijven 'werken' en leesbaar blijven, ook al staat de zogenaamde auteur niet langer garant voor wat hij geschreven heeft, voor wat hij ondertekend lijkt te hebben, bijvoorbeeld omdat hij tijdelijk afwezig is, of dood, of omdat hij nu eenmaal nooit met zijn volstrekt actuele, tegenwoordige intentie of aandacht, met de volheid van zijn zeggingswil, onderschreven heeft wat hij 'in zijn naam' geschreven lijkt te hebben. We zouden hier de analyse kunnen herhalen die we zojuist ten aanzien van de geadresseerde hebben geschetst. De situatie van de schrijver en ondertekenaar is ten aanzien van het geschrevene fundamenteel gelijk aan die van de lezer. Het is deze essentiële afdrijving, gegeven met de iteratieve structuur van het schrift, losgemaakt van elke absolute verantwoordelijkheid en van het *bewustzijn* als laatste gezagsinstantie, sinds de geboorte verweesd en van de bijstand van de vader afgesneden — het is deze drift die Plato in de *Phaedrus* veroordeelt. En als die manoeuvre van Plato inderdaad, zoals ik meen, de filosofische beweging bij uitstek vormt, dan zien we hoe vérstrekkend de inzet is van wat ons hier bezighoudt.

Alvorens de onontkoombare gevolgen van deze kernelementen van elk schrift nader te preciseren (…) zou ik eerst willen aantonen dat de kenmerken die we in het klassieke, eng gedefinieerde begrip 'schrift' kunnen ontwaren, kunnen worden gegeneraliseerd. Zij gaan niet alleen op voor alle 'teken'-orden en voor alle talen in het algemeen, maar ook, boven de semiotisch-linguïstische communicatie uit, voor het hele veld van wat de filosofie de ervaring, ja zelfs de ervaring van het zijn, de zogenaamde 'tegenwoordigheid', zou noemen.

Wat zijn dan, binnen een minimale bepaling van het klassieke schriftbegrip, de wezenlijke predikaten daarvan?

1. Een schriftteken, in de gangbare zin van het woord, is een markering die blijft resteren, die zich niet uitput in het heden van zijn inscriptie en ruimte kan bieden aan iteratie in afwezigheid van, en boven de tegenwoordigheid uit, van het empirisch bepaalde subject dat het binnen een gegeven context in omloop heeft gebracht of geproduceerd. Op deze wijze wordt, althans traditioneel, 'schriftelijke communicatie' onderscheiden van 'gesproken communicatie'.

2. Tegelijkertijd draagt een schriftteken een kracht in zich die een breuk bewerkstelligt met de context, dat wil zeggen met de verzameling van presenties die het moment van zijn inscriptie organiseren. Deze brekingskracht is geen bijkomstig predikaat, maar vormt de structuur van het geschrevene zelf. Gaat het daarbij om een zogenaamde 'reële' context, dan is wat ik naar voren heb gebracht maar al te evident. Tot deze vermeende reële context behoren een zekere 'tegenwoordigheid' van de inscriptie, de aanwezigheid van de schrijver bij hetgeen hij geschreven heeft, de hele entourage en horizon van diens ervaring en vooral de intentie, de zeggingswil die zijn inscriptie op een bepaald moment moet hebben bezield. Het komt een teken rechtens toe leesbaar te zijn, zelfs wanneer het moment van zijn voortbrenging onherroepelijk teloor is gegaan en zelfs als ik niet weet wat de vermeende auteur-scribent bewust en intentioneel heeft willen zeggen op het moment waarop hij dat neerschreef, dat wil zeggen prijsgaf aan de essentiële drift daarvan. In het geval van de semiotische, interne context is die brekingskracht echter niet minder groot: op grond van zijn wezenlijke iterabiliteit kunnen we een geschreven syntagma altijd onttrekken aan de keten waarin het vervat ligt of gegeven is, zonder het van elke mogelijkheid tot functioneren, zo niet tot 'communicatie' te beroven. We kunnen daarin zelfs eventueel nieuwe mogelijkheden onderkennen, wanneer we het in andere ketens inschrijven of daarop *enten*. Het kan door geen enkele context

DERRIDA *Marges van de filosofie*

worden ingesloten, noch door enige code, in zoverre deze hier tegelijkertijd de mogelijkheid én onmogelijkheid van het schrift, van zijn essentiële iterabiliteit (herhaling/alteriteit) uitmaakt.

3. Deze brekingskracht hangt samen met de verruimtelijking die het schriftteken constitueert: een verruimtelijking die het scheidt van de andere elementen binnen de interne contextuele keten (de altijd bestaande mogelijkheid van onttrekking en enting), maar ook van elke vorm van tegenwoordige (of, in de gemodificeerde vorm van verleden of toekomstige tegenwoordigheid: elke vorm van verleden of toekomstige) objectieve of subjectieve referent. Deze verruimtelijking is niet de loutere negativiteit van een lacune, maar ligt vervat in het optreden van de markering. Zij mag echter niet worden gezien als de werking van het negatieve ten dienste van de zin, van het levende begrip, van de *telos*, en is niet *opheflaar* en reduceerbaar in de dialectische *Aufhebung*.

Zijn deze drie predikaten, met het hele stelsel dat daarmee gepaard gaat, voorbehouden aan de 'schriftelijke' communicatie in de enge zin van het woord, zoals zo vaak gedacht wordt? Of vinden we ze veeleer in elk taalgebruik terug, in de gesproken taal bijvoorbeeld, en uiteindelijk zelfs in de 'ervaring' als geheel in zoverre ook deze niet buiten het veld van de markering staat, dat wil zeggen: in het raster van uitwissing en differentie, van eenheden van iterabiliteit, gescheiden als deze kunnen worden van hun interne en externe context en van zichzelf, in zoverre de iterabiliteit (die hun identiteit constitueert) hun de eenheid van een opzichzelfstaande identiteit ontzegt?

Nemen we een willekeurig element in de gesproken taal, klein of groot. De eerste voorwaarde voor het functioneren ervan is de situering ervan ten aanzien van een bepaalde code; ik wil me hier echter niet al te veel met het begrip 'code' inlaten, dat me niet betrouwbaar lijkt; laten we zeggen dat een bepaalde identiteit-met-zichzelf van dat element (markering, teken, etc.) de herkenning en herhaling daarvan mogelijk moet maken. In weerwil van empirische variaties van toon, van stem en dergelijke, bijvoorbeeld van een bepaald accent, moeten we de identiteit van, laten we zeggen, een betekenende vorm kunnen herkennen. Waarom is, paradoxaal genoeg, juist in deze identiteit de interne splijting of dissociatie gelegen die het fonische teken tot een grafeem maakt? De reden is dat de eenheid van de

DERRIDA *Marges van de filosofie*

betekenende vorm slechts totstandkomt op grond van zijn iterabiliteit, van zijn mogelijkheid herhaald te worden in afwezigheid, niet alleen van zijn 'referent' — dat spreekt vanzelf –, maar ook van een specifiek betekende of de actuele betekenisintentie, evenals van elke tegenwoordig zijnde intentie tot communicatie. Deze structurele mogelijkheid te worden losgesneden van de referent of het betekende (dus van de communicatie en de context daarvan) maakt mijns inziens elke markering, zelfs een orale, tot een grafeem in het algemeen, dat wil zeggen, zoals we al gezien hebben, tot de niet-tegenwoordige *restantie* van een differentiële markering, losgemaakt van zijn vermeende 'productie' of oorsprong. Ik zal deze wet zelfs uitbreiden tot elke 'ervaring' in het algemeen, ervan uitgaande dat er geen ervaring van *zuivere* tegenwoordigheid bestaat, maar alleen ketens van differentiële markeringen.

J. Derrida, *Marges de la philosophie*. Parijs: Minuit, 1972. Nederlandse vertaling: *Marges van de filosofie*, vertaling G. Groot. Hilversum: Gooi en Sticht, 1989, p. 200-205.

Taylor
(1931)

«De mens is een zichzelf interpreterend en articulerend dier.» Deze slagzin zou als motto kunnen gelden voor de filosofie van de Canadees Charles Taylor, die in Montréal werd geboren en het grootste deel van zijn leven daar les gaf aan McGill University. De notie van zelfinterpretatie en -articulatie beheerst alle geledingen van Taylors veelzijdig filosofisch corpus: van zijn reflecties op het statuut van de sociale wetenschappen, via zijn handelingstheorie tot zijn cultuur- en politieke filosofie. Geïnspireerd door Hegel, Heidegger en Hans-Georg Gadamer ziet Taylor de mens als een historisch, talig en door de cultuur bepaald wezen. Hij bekritiseert vanuit deze visie het in de moderne wetenschappen dominante naturalisme. De menselijke bestaansconditie, aldus Taylor, is niet begrijpbaar als een geheel van 'brute' natuurlijke feiten die kunnen worden ontleed en verklaard vanuit strikt objectiveerbare wetmatigheden. Toch heeft sinds de Verlichting deze benadering van het menselijk bestaan als een ideaal en richtsnoer gefungeerd voor de menswetenschappen en een groot deel van de praktische filosofie. Dit heeft geleid, aldus Taylor, tot het verbrokkelde en gefragmenteerde denken van de moderne mens. In onze westerse cultuur gaat de triomf van het verlichte wetenschapsideaal sinds de zeventiende en achttiende eeuw, paradoxaal genoeg, hand in hand met een verlies aan inzicht in 'onze' identiteit en existentiële bestemming. Aan deze toestand kan de filosofie iets verhelpen, zo meent Taylor. Zij moet de kritiek leveren van het mensbeeld voorgestaan door naturalisme en sciëntisme, maar tevens een verheldering bieden van de historische en culturele context waarbinnen dit mensbeeld tot stand is gekomen. Tevens moet de filosofie constructief werken aan de articulatie van een rijker, meer geïntegreerd mensbeeld dat recht doet aan de typisch menselijke verzuchting tot spirituele oriëntatie en dat tegemoetkomt aan het identiteitsverlies en gevoel van onbestemdheid in de (post)moderne cultuur.

In *The Explanation of Behaviour* (1964) en

enkele van zijn *Philosophical Papers* (1985) werkt Taylor zijn kritiek van het op het naturalisme en sciëntisme teruggaand psychologisch behaviorisme uit. Hij verdedigt het idee dat de mens geen natuurlijk wezen is, gedreven door instinct en speelbal van anonieme maatschappelijke en psychische processen, maar een door de cultuur bepaald en talig 'zelf'. Verwikkeld in een blijvende dialoog met andere zelven of subjecten articuleert het zelf de zin van zijn verhouding tot de wereld en de ander. Zo ontwikkelt het zelf, in dialoog en eventueel in tegenspraak met de ander, een geheel van sterke evaluaties, waarmee het zijn handelingen en verlangens ordent en toetst aan een hiërarchie van waarden en doeleinden. Door de omgang in dialoog met de ander vormt zich, aldus Taylor, een collectief gedeelde 'betekenishorizon'. De betekenishorizon geeft oriëntatie aan het leven van individu en groep. Deze levert een set van gedeelde waarden, opvattingen en identificaties en vormt een interpretatiekader voor de beleving en ontwikkeling van de moraal, de politiek, de religie, enzovoort, binnen een volk, een natie, een cultuurgroep (bijvoorbeeld 'de westerse wereld'). Maar ook voor de uitbouw van ieders hoogst particuliere levensverhaal is de situering ten aanzien van zo'n betekenishorizon onontbeerlijk.

In zijn magnum opus *Sources of the Self* — met de veelzeggende ondertitel *The Making of the Modern Identity* — integreert Taylor zijn theorie van het zelf in een historisch onderzoek naar 'de malaise van de moderniteit'. Men herkent in de grootse historische opzet van dit werk de invloed van een van de grote leermeesters, Hegel. De voornoemde malaise betreft de latente existentieel-spirituele desoriëntatie waaraan de westerse cultuur vandaag de dag ten prooi lijkt. Taylor onderscheidt in de moderniteit drie dominante interpretatiekaders waarmee de hedendaagse man of vrouw zich poogt te oriënteren in zijn of haar leefwereld: het naturalisme en het verlichte ideaal van rationele zelfbeschikking; de Romantiek en het daarmee verbonden ideaal van individuele authenticiteit; de 'ethiek van het gewone leven' en de daarmee verbonden waardering van de mens als arbeidend en emotioneel wezen. Hoewel elk van deze kaders een eigen legitimiteit heeft, leidt de confrontatie tussen de drie juist tot voornoemde malaise en identiteitscrisis van het moderne zelf. Deze crisis wordt bovendien bestendigd door het onvermogen van de hedendaagse filosofie en wetenschap om de complexiteit en spanningsvelden van de moderne cultuur passend in kaart te brengen. Daaraan wil *Sources of the Self* iets verhelpen door de ontwikkeling van 'subtielere talen' of, anders gezegd, een meer accurate en verhelderende articulatie van 'onze' bestaansconditie.

Zo'n articulatie behelst vooreerst de nauwgezette reconstructie van de wijze waarop in de geschiedenis van het westerse denken de drie interpretatiekaders zijn ontstaan en als morele bron zijn gaan fungeren voor het zelf. Taylor introduceert in dit verband de gedachte dat de Verlichting, de Romantiek en de ethiek van het gewone leven elk een sterke opvatting inhouden over 'het goede' en een daarmee verbonden hiërarchie van waarden en doeleinden (*goods* en *hypergoods*). Nauwgezet wordt aangegeven hoe deze morele bronnen tot uitdrukking komen in de verschillende dominante politieke ideologieën van deze tijd: marxisme, liberalisme en nationalisme. Tegelijk wil Taylor een cultuurkritische diagnose leveren van de spiritueel-existentiële desoriëntatie van de twintigste-eeuwse mens. Opvallend gaat hij in dialoog met de grote namen uit de hedendaagse literatuur: de lectuur van Marcel Proust, Rainer Maria Rilke en James Joyce is blijkbaar even belangrijk voor de ontwikkeling van een meer accuraat zelfbegrip als de studie van Nietzsche, Habermas en John Rawls.

Het toegankelijke *The Malaise of Modernity* (1991) herneemt beknopt en helder de diagnose van de identiteitscrisis van het hedendaagse zelf.

Taylor, *De malaise van de moderniteit* (fragment)

Drie kwalen (aanhef)

Ik wil hier schrijven over enkele kwalen van de moderniteit. Daarmee bedoel ik de eigenschappen van onze hedendaagse cultuur en maatschappij die men ervaart als verlies of achteruitgang, ondanks het feit dat onze beschaving 'zich ontwikkelt'. Soms heeft men het gevoel dat er de laatste jaren of tientallen jaren een belangrijke achteruitgang is opgetreden — bijvoorbeeld sinds de Tweede Wereldoorlog of de jaren vijftig. En soms ervaart men een verlies over een veel langere historische periode: de hele moderne tijd vanaf de zeventiende eeuw wordt vaak gezien als een tijdperk van achteruitgang. Maar hoewel de tijdschaal sterk kan verschillen, is er een bepaalde overeenstemming inzake de thematiek van de achteruitgang. Vaak is er sprake van variaties op enkele centrale thema's. Ik wil hier twee van zulke centrale thema's behandelen en er een derde aan toevoegen dat grotendeels van deze beide kan worden afgeleid. (…) De veranderingen waardoor de moderniteit wordt gekenmerkt, zijn enerzijds bekend en anderzijds verbijsterend; daarom is het de moeite waard er nog meer over te spreken.

1. De eerste bron van verontrusting is individualisme. Natuurlijk, individualisme is ook de aanduiding van wat veel mensen beschouwen als de innemendste vrucht van de moderne beschaving. Wij leven in een wereld waarin mensen het recht hebben hun eigen levenspatroon te kiezen, bewust te beslissen welke overtuigingen zij zullen aanhangen, de vorm van hun leven te bepalen op een menigte manieren die hun voorouders niet in de hand hadden. En deze rechten worden meestal verdedigd door onze juri-

dische systemen. In principe worden mensen niet langer opgeofferd aan de eisen van sacraal geachte rangordes die boven hen staan.

Er zijn maar heel weinig mensen die deze verworvenheid willen opgeven. Velen denken zelfs dat het nog onvolledig is, dat economische omstandigheden of familiepatronen of traditionele hiërarchische ideeën nog te veel beperkingen opleggen aan onze vrijheid om onszelf te zijn. Maar velen van ons aarzelen ook. De moderne vrijheid werd veroverd, doordat wij ons vrijmaakten van onze oudere ethische horizonten. Mensen plachten zichzelf te beschouwen als een deel van een groter geheel. In sommige gevallen was dit een kosmische orde, een 'grote keten van het zijn', waarin mensen een eigen plaats innamen naast engelen, hemellichamen en onze medeschepselen op aarde. Deze hiërarchische orde in het heelal weerspiegelde zich in de hiërarchieën van de menselijke samenleving. Mensen zaten meestal gevangen in een bepaalde situatie, een rol en een positie die werkelijk de hunne was en waaruit het bijna ondenkbaar was zich te bevrijden. De moderne vrijheid ontstond door de ontwaarding van dergelijke rangordes.

Maar terwijl deze ordes ons beperkten, verleenden zij tegelijkertijd betekenis aan de wereld en aan de sociale activiteiten. De dingen die ons omgeven, waren niet slechts potentiële grondstoffen of instrumenten voor onze projecten, maar zij bezaten de betekenis die zij ontvingen van hun plaats in de keten van het zijn. De arend was niet zomaar een vogel, maar de koning van een heel domein in het dierenrijk. Op dezelfde wijze bezaten de rituelen en normen van de maatschappij een meer dan instrumentele betekenis. De ontwaarding van deze ordes is genoemd de 'onttovering' van de wereld. Hiermee verloren de dingen een deel van hun betovering.

Al een paar eeuwen lang wordt er fel gediscussieerd over de vraag of dit zonder meer een goede ontwikkeling is. Maar dit is niet waarvoor ik de aandacht wil vragen. Ik wil veeleer kijken naar wat sommigen beschouwen als de consequenties voor het menselijke leven en de zin daarvan.

Herhaaldelijk is de zorg uitgesproken dat het individu iets belangrijks heeft verloren, tegelijk met de bredere sociale en kosmische horizonten van het handelen. Sommigen hebben hierover geschreven als het verlies van een heroïsche dimensie van het bestaan. Mensen hebben niet langer een gevoel voor een hogere bestemming, voor iets wat waard is om voor te sterven. In de negentiende eeuw sprak Alexis de Tocqueville soms op deze manier, en

TAYLOR *De malaise van de moderniteit*

verwees naar de 'petits et vulgaires plaisirs' waarnaar mensen in het democratische tijdperk de neiging hebben te zoeken. In een andere verwoording lijden wij aan een gebrek aan hartstocht. Kierkegaard zag de 'tegenwoordige tijd' in deze termen. En Nietzsches 'laatste mensen' bevinden zich op het definitieve dieptepunt van deze neergang; voor hen zijn geen aspiraties overgebleven, behalve naar een 'zielige behaaglijkheid'.

Dit verlies aan zin was gekoppeld aan een versmalling. Mensen verloren de bredere visie, omdat zij de blik richtten op hun individuele leven. Democratische gelijkheid, aldus De Tocqueville, trekt het individu naar zichzelf toe 'et menace de le renfermer enfin tout entier dans la solitude de son propre coeur'. Met andere woorden, de donkere kant van het individualisme is een concentratie op het zelf, waardoor ons leven zowel vlakker als enger, armer aan betekenis en minder betrokken op anderen of op de samenleving wordt.

Deze zorg is onlangs weer naar boven gekomen in de vorm van bezorgdheid over de vruchten van een 'permissieve samenleving', het gedrag van de 'ik-generatie', of de overheersing van het 'narcisme', om slechts drie van de bekendste hedendaagse formuleringen te noemen. Het gevoel dat levens vlakker en enger zijn geworden, en dat dit te maken heeft met een abnormale en betreurenswaardige navelstaarderij, is teruggekeerd in vormen die typisch zijn voor de hedendaagse cultuur. (...)

2. De onttovering van de wereld is gekoppeld aan een onder ontzaglijk belangrijk verschijnsel van de moderne tijd, dat ook veel mensen ernstig zorgen baart. We zouden dit het primaat van de instrumentele rede kunnen noemen. Met 'instrumentele rede' bedoel ik het soort rationaliteit waarvan wij gebruikmaken wanneer wij berekenen wat de meest economische toepassing van middelen is voor een gegeven doel. Maximale efficiëntie, de beste verhouding van kosten en baten, is de maatstaf voor het succes ervan.

Ongetwijfeld heeft de vervaging van de oude ordes het bereik van de instrumentele rede enorm vergroot. Zodra de structuur van de samenleving niet langer sacraal is, zodra maatschappelijke ordeningen en handelwijzen niet langer gebaseerd zijn op de orde der dingen of de wil van God, zijn zij in zekere zin vogelvrij. Wij kunnen ze opnieuw ontwerpen met hun consequenties voor het geluk en het welzijn van de individuen als doel. De maatstaf die voortaan van toepassing is, is die van de instrumentele rede. Op soortgelijke wijze zijn de schepselen die ons omringen, zodra zij de betekenis verliezen die paste bij hun plaats in de keten van het zijn, blootgesteld aan een behandeling als waren zij grondstof voor onze projecten.

Op een bepaalde manier is deze verandering bevrijdend geweest. Maar er leeft ook een wijdverbreid onbehagen dat de instrumentele rede niet alleen haar bereik heeft vergroot, maar ook ons leven dreigt over te nemen. De vrees bestaat dat zaken die zouden moeten worden vastgesteld aan de hand van andere criteria beslist gaan worden in termen van efficiënte 'kosten en baten', dat de onafhankelijke doelen die ons leven zouden moeten leiden worden verdrongen door de eis van een maximaal resultaat. Er zijn veel dingen waarop men kan wijzen om deze zorg te onderbouwen: bijvoorbeeld de manieren waarop de eisen van economische groei worden gebruikt om een zeer ongelijke verdeling van rijkdom en inkomen te rechtvaardigen, of de manier waarop diezelfde eisen ons ongevoelig maken voor de behoeften van het milieu, wat zelfs tot catastrofes kan leiden. Verder kunnen we denken aan de manier waarop veel van onze sociale plannen, op wezenlijke gebieden als de vaststelling van risico's, wordt beheerst door vormen van een 'kosten-batenanalyse' met groteske berekeningen waarbij de waarde van mensenlevens in geld wordt uitgedrukt.

Het primaat van de instrumentele rede is ook duidelijk zichtbaar in het prestige waarmee de techniek omgeven is, wat ons ertoe brengt te geloven dat wij zelfs dan technische oplossingen moeten zoeken wanneer iets heel anders nodig is. Wij zien dit vaak genoeg op het terrein van de politiek. (...) Maar het dringt ook binnen op andere gebieden, zoals de geneeskunde. Patricia Benner heeft in een aantal belangrijke werken betoogd dat het soort zorg waarbij de patiënt als een volledige persoon wordt behandeld, en niet als een technisch probleem, door de technologische benadering van de geneeskunde dikwijls op een zijspoor is gezet. De samenleving en de medische instanties onderwaarderen dikwijls bijdragen van verpleegkundigen, die vaak deze menselijke wel zorg verlenen, in tegenstelling tot specialisten met een geavanceerde technische kennis.

Men denkt dat ook de dominante plaats van de techniek heeft bijgedragen aan de versmalling en vervlakking van ons leven die ik zojuist heb besproken in verband met het eerste thema. Er is gesproken over een verlies aan weerklank, diepte of rijkdom in onze menselijke omgeving. Bijna 150 jaar geleden merkte Marx in *Het communistisch manifest* op dat een van de gevolgen van de kapitalistische ontwikkeling was dat «alles wat vastzit in lucht oplost». De bewering luidt dat de vaste, blijvende, vaak veelzeggende voorwerpen die ons in het verleden hebben gediend, opzij worden gezet om plaats te maken voor de snelle, prullerige, vervangbare artikelen waarmee wij ons nu omgeven. (...) Hannah Arendt vroeg aandacht voor de steeds kortere levensduur van moderne gebruiksvoorwerpen en stelde dat «de realiteit en betrouwbaarheid van de mensenwereld in de eerste plaats berust op het feit dat wij omringd zijn door dingen die duurzamer zijn dan de activiteit waarmee zij worden geproduceerd. In een wereld van moderne artikelen wordt deze duurzaamheid bedreigd.»

Dit gevoel van bedreiging neemt toe door de wetenschap dat dit primaat niet maar een zaak is van een mogelijk onbewuste oriëntatie, waartoe wij in de moderne tijd worden aangezet en verleid. Als zodanig zou het nog moeilijk genoeg te bestrijden zijn, maar het zou althans vatbaar zijn voor overreding. Maar het is ook duidelijk dat krachtige sociale mechanismen ons in deze richting duwen. Een manager kan, ondanks zijn eigen opvattingen, door de marktomstandigheden gedwongen worden een expansiestrategie te volgen waarvan hij voelt dat deze destructief is. Een ambtenaar kan, ondanks zijn persoonlijke inzichten, door de regels waaronder hij werkt, worden gedwongen beslissingen te nemen waarvan hij weet dat deze onmenselijk en onverstandig zijn.

Marx en Weber en andere grote theoretici hebben deze onpersoonlijke mechanismen onderzocht, welke Weber heeft aangeduid met de suggestieve term 'de ijzeren kooi'. En sommigen trekken uit deze analyses de conclusies dat wij volkomen machteloos staan tegenover dergelijke krachten, of althans machteloos zolang wij de institutionele structuren waaronder wij de laatste eeuwen hebben gewerkt niet totaal ontmantelen — dat wil zeggen, de markt en de staat. Dit lijkt tegenwoordig zo slecht realiseerbaar dat het gelijkstaat met onszelf machteloos te verklaren.

Ik zal hier later op terugkomen, maar ik denk dat deze zware noodlotstheorieën abstract en fout zijn. De mate van onze vrijheid is niet gelijk aan nul. Het is zinvol te overwegen wat onze doelstellingen moeten zijn en of de instrumentele rede een kleinere rol in ons leven moet spelen dan nu het geval is. Maar de waarheid van deze analyses is dat het niet alleen een zaak is van wijziging van de visie van individuen, het is niet alleen een strijd van 'harten en geesten', hoe belangrijk deze ook is. Verandering op dit terrein zal ook institutioneel moeten zijn, ook al kan ze niet zo radicaal en totaal zijn als de grote theoretici van de revolutie voorstellen.

3. Hiermee komen we op het politieke niveau en bij de gevreesde consequenties van individualisme en instrumentele rede voor het politieke leven. Een daarvan heb ik al aangestipt, namelijk dat de instellingen en structuren van de technisch-industriële maatschappij onze keuzemogelijkheden ernstig beperken, dat zij zowel maatschappij als individu dwingen meer gewicht te hechten aan de instrumentele rede dan wij bij serieuze ethische afweging ooit zouden doen; iets wat zelfs hoogst destructief zou kunnen zijn. Een voorbeeld zijn onze grote problemen bij de bestrijding van zelfs vitale bedreigingen van ons leven door milieurampen, zoals de aantasting van de ozonlaag. Men kan een samenleving die is opgebouwd rondom de instrumentele rede zien als een samenleving die ons komt te staan op een groot verlies aan vrijheid, zowel de enkeling als de groep — want niet alleen onze sociale beslissingen worden beïnvloed door deze krachten. (...)

Maar er is nog een soort verlies van vrijheid, die eveneens uitvoerig is besproken, het meest indrukwekkend door Alexis de Tocqueville. Een samenleving waarin mensen ten slotte eindigen als individuen die zijn 'opgesloten in hun eigen hart' is een samenleving waarin maar weinig mensen actief aan het eigen bestuur zullen willen deelnemen. Zij zullen liever thuis blijven en genieten van wat het privé-leven aan bevrediging biedt, zolang de zittende overheid de middelen voor deze bevrediging verschaft en op grote schaal verspreidt.

Dit brengt het gevaar met zich mee van een nieuwe, typisch moderne vorm van tirannie, door De Tocqueville 'zachte' tirannie genoemd. Deze zal geen gebruikmaken van terreur en onderdrukking zoals in vroegere dagen. De overheid zal mild en paternalistisch zijn. Er kunnen zelfs democratische vormen blijven bestaan, met periodieke verkiezingen. Maar in werkelijkheid zal alles worden geleid door een 'immense bevoogdende macht' waarover mensen weinig te zeggen hebben. De enige verdediging hiertegen, meent De Tocqueville, is een krachtige politieke cultuur met waardering

TAYLOR *De malaise van de moderniteit*

voor participatie op diverse regeringsniveaus en eveneens in vrijwillige verbanden. Maar het atomisme van het op zichzelf gerichte individu druist hiertegen in. Zodra de participatie afneemt, zodra de dwarsverbanden die er het voertuig van waren, wegkwijnen, staat het individu alleen tegenover de enorme bureaucratische staat en voelt het zich, terecht, machteloos. Dat berooft de burger nog meer van zijn motivatie, en daarmee is de vicieuze cirkel van de zachte tirannie rond.

(…) Als dat zo is, lopen wij gevaar de politieke greep op ons lot te verliezen, die wij gezamenlijk als burgers zouden kunnen hebben. Dit is wat De Tocqueville 'politieke vrijheid' noemde. Wat er hier wordt bedreigd is onze waardigheid als burgers. (…)

Dit zijn dan de drie kwalen van de moderniteit waarover ik het in dit boek wil hebben. De eerste betreft wat wij een verlies aan zin kunnen noemen, het verflauwen van morele horizonten. De tweede heeft te maken met de ondergang van doelstellingen, ten overstaan van een welig tierende instrumentele rede. En de derde betreft een verlies van vrijheid.

> Charles Taylor, *The Malaise of Modernity*, 1991. Nederlandse vertaling: *De malaise van de moderniteit*, vertaling M. van der Marel. Kampen: Kok Agora, 1994, p. 15-24.

Rorty
(1931)

Richard Rorty werd in New York geboren. In de jaren vijftig raakte hij, zoals bijna alle Amerikaanse filosofiestudenten, in de ban van het logisch positivisme, dat hij onder anderen bij Rudolf Carnap in Chicago en bij Carl Hempel in Yale bestudeerde — twee uit Duitsland uitgeweken filosofen die na de Tweede Wereldoorlog hun stempel zouden drukken op Amerika's filosofische cultuur. In 1961 verwierf Rorty een aanstelling aan het prestigieuze Princeton, een bolwerk van degelijk analytisch filosoferen. Rorty schreef er artikelen op het gebied van de filosofische psychologie en vestigde in 1967 zijn reputatie als serieus filosoof met een inmiddels klassieke inleiding in *The Linguistic Turn*, een door hem verzorgde bloemlezing van artikelen op het gebied van de moderne taalfilosofie.

Al in de jaren zestig, wanneer hij actief wordt in de Vietnam-beweging, werkt Rorty aan een project dat hem in één klap tot het 'enfant terrible' van de hedendaagse wijsbegeerte zal maken. In 1979 verschijnt zijn filosofisch programma onder de titel *Philosophy and the Mirror of Nature*. Het boek slaat in als een bom en maakt hem vrijwel onmiddellijk beroemd en berucht, niet alleen binnen de Anglo-Amerikaanse wijsbegeerte, maar ook op het continent.

In zijn boek doet Rorty een frontale aanval op wat hij de obsessie van de westerse wijsbegeerte noemt: haar fixatie op het kennisprobleem. Sinds Descartes de 'geest' uitvond, als een zelfstandig mentaal orgaan dat cognitieve operaties uitvoert, hebben filosofen zich een nieuwe en gewichtige taak gesteld: een antwoord te vinden op de vraag naar de aard, de oorsprong en de grenzen van de menselijke kennis. Zonder het beeld van de geest als een grote spiegel waarin de natuur weerspiegeld wordt, is de westerse wijsbegeerte van Descartes tot en met het hedendaagse analytische filosoferen niet denkbaar. Zonder dit beeld zouden filosofen nooit op het idee gekomen zijn dat er een speciale, wijsgerige methode bestaat om vast te stellen welke kennis 'echt' is en welke 'pseudo'. De inspanningen van het rationalisme, het empirisme en het kantianisme om door het inspecteren en polijsten van de spiegel tot beter kloppende afbeeldingen van de werkelijkheid te komen, zouden zonder dit beeld zinloos geweest zijn. De filosoof zou zichzelf nooit hebben gepresenteerd als iemand die iets weet over kennis en waarheid dat anderen niet weten, en filosofie was nooit een funderingswetenschap geworden, een wetenschap over de grondslagen van de menselijke kennis.

Rorty betoogt dat dit zelfbegrip van de filosofie, gebaseerd op de spiegelmetafoor, zijn beste tijd gehad heeft. Het idee van een spiegelende geest is volgens hem alleen nog historisch interessant: als een antwoord op de specifieke intellectuele problemen waar Descartes en de cartesiaanse traditie zich indertijd voor gesteld zagen. Voor ons, aan het begin van de eenentwintigste eeuw, na John Dewey, na Nietzsche, na Wittgenstein, Heidegger, Gadamer en Thomas Kuhn, heeft dit idee haar bruikbaarheid en plausibiliteit verloren. Kennis laat zich volgens deze filosofen niet uitleggen in termen van 'overeenstemming met de werkelijkheid', maar moet worden opgevat als een praktische activiteit. Kennis is geen spiegel, maar een instrument waarmee wij onze realiteit vorm en inhoud geven. Waarheden worden niet gevonden, maar gemaakt — niet door elk individu afzonderlijk, maar door de collectieve inspanning van velen. Kennis is daarom niet los te maken uit de praktische, sociale en historische context waarbinnen ze ontstaat. En dat geldt voor wetenschappelijke en *common sense* kennis evengoed als voor de filosofie. Ook filosofen kunnen niet uit hun eigen vel stappen en hun traditites, hun cultuur en hun taal afleggen om de 'ware' werkelijkheid, het boven-historische, transculturele 'wezen der dingen', onder woorden te brengen. Zij zullen moeten ophouden zich te beroepen op de vraagstellingen uit het verleden, vindt Rorty. Wat voor Descartes en Kant gold, werkt bij ons niet meer. Sterker nog: deze traditionele preoccupatie met abstracte kennis- en rechtvaardigingskwesties verhindert dat filosofen een relevante rol kunnen spelen in de discussie over complexe, concrete problemen, zoals die zich voordoen in onze hedendaagse cultuur.

Drie jaar na deze pragmatisch geïnspireerde oorlogsverklaring aan alle filosofen die hun vak opvatten als een discipline die de onveranderlijke grondslagen van onze kennis blootlegt, verschijnt Rorty's volgende boek: *Consequences of Pragmatism*. Daarin valt enerzijds een verdiepte belangstelling voor de continentale traditie (speciaal Heidegger, Derrida en Foucault) op, anderzijds een uitgesproken politieke inzet. Rorty beperkt zich niet meer tot het kritiseren van traditionele kennistheoretische en metafysische denkbeelden, maar vraagt zich ook af welke consequenties zijn anti-fundamentalisme heeft voor ons beeld van de moderne westerse samenleving. Indien het pragmatisme (zonder 'methode') en de continentale filosofie (zonder 'diepzinnigheid') zouden kunnen samenkomen, zouden we in een betere positie zijn om de westerse, liberale samenleving te verdedigen, zo zal hij zijn filosofische intenties onder woorden brengen. Een uitvloeisel van deze aandachtsverschuiving is zijn vertrek uit het bedaagde Princeton; in 1982 wordt hij Kenan Professor of Humanities aan de universiteit van Virginia. De wending naar politieke theorie en cultuurfilosofie is vooral zichtbaar in *Contingency, Irony and Solidarity* en in de bundel *Solidariteit of objectiviteit*. Rorty's stelling in beide boeken luidt dat de verdediging van de westerse democratie het beste wordt gediend met een 'ongefundeerd' streven naar solidariteit, een filosofische optie die niet stoelt op diepe wijsgerige inzichten, maar die verbonden is met een (ironisch) besef van de contingentie van al onze vocabulaires, van onze persoonlijkheid en van onze cultuur.

Rorty, *Solidariteit of objectiviteit* (fragment)

Mensen die nadenken en hun leven zin willen geven door het in een ruimere context te plaatsen, kunnen dat in principe op twee manieren doen. Ten eerste kunnen ze vertellen van hun bijdrage aan een gemeenschap. Dat kan de concrete historische gemeenschap zijn waarin zij leven, maar ook een gemeenschap die in tijd of ruimte ver weg ligt, of een geheel denkbeeldige, die misschien uit een handjevol helden of heldinnen uit de geschiedenis, de literatuur of allebei bestaat. Ten tweede kunnen ze zichzelf beschrijven als mensen die in directe relatie staan tot een niet-menselijke werkelijkheid. Deze relatie is in zoverre direct dat ze geen afgeleide is van een meer omvattend verband tussen die niet-menselijke werkelijkheid en de groep, natie of kring van imaginaire geestverwanten waartoe ze behoren. Ik ga ervan uit dat verhalen van het eerste type model staan voor het verlangen naar solidariteit en verhalen van het tweede type voor het verlangen naar objectiviteit. Wie op solidariteit uit is, stelt geen belang in een relatie tussen de praktijken van de gekozen gemeenschap en iets daarbuiten. Wie naar objectiviteit streeft, neemt afstand van de mensen in zijn omgeving, niet door zichzelf als lid van een andere, bestaande of denkbeeldige, groep te beschouwen, maar door zich te verbinden met iets wat beschreven kan worden zonder enige verwijzing naar wat voor menselijke wezens ook.

Het duidelijkste voorbeeld van de poging om zin te geven aan het eigen bestaan door solidariteit in te ruilen voor objectiviteit, is de traditie in de westerse cultuur die zich richt op de idee van de waarheid. Deze traditie begint bij de Griekse filosofen en mondt uit in de Verlichting. Haar centrale thema is dat de waarheid niet gezocht wordt uit eigenbelang of omdat ze onze bestaande dan wél denkbeeldige gemeenschap ten goede zal komen. Nee, we zoeken haar zonder enige bijbedoeling. Het was misschien het groeiende besef van de enorme verscheidenheid aan menselijke culturen dat bij de Grieken het ontstaan van dit ideaal in de hand heeft gewerkt. Vrees voor provincialisme — het gevoel gevangen te zijn binnen de horizon van de groep waarin men toevallig geboren is — en een zekere behoefte om de dingen te zien met de ogen van een buitenstaander hebben bijgedragen aan het ontstaan van de sceptische en ironische toon die zo karakteristiek is voor Euripides en Socrates. Wellicht was Herodotus' bereidheid de barbaren voldoende serieus te nemen om hun zeden en gewoonten gedetailleerd te beschrijven een noodzakelijke prelude op Plato's stelling dat de overwinning op het scepticisme gelegen is in de idee dat de mensheid een gemeenschappelijk doel kent — een doel dat niet in de Griekse cultuur besloten ligt, maar in het wezen van de mens. Uit de combinatie van socratische vervreemding en platoonse hoop ontstond het beeld van de intellectueel als iemand die niet via de opinies van zijn eigen gemeenschap, maar op een meer directe wijze voeling heeft met het wezen der dingen.

Plato ontwikkelde het idee van zo'n intellectueel door een onderscheid te maken tussen kennis en opinie en tussen schijn en werkelijkheid. Dergelijke onderscheidingen suggereren dat rationeel onderzoek een rijk zichtbaar moet maken waar niet-intellectuelen nauwelijks toegang hebben, en waarvan zij het bestaan soms zelfs betwijfelen. In de Verlichting werd dit idee concreet toen de op de newtoniaanse fysica georiënteerde wetenschapper model kwam te staan voor de intellectueel in het algemeen. Voor de meeste achttiende-eeuwse denkers stond vast dat de toegang die de natuurwetenschap tot de natuur had verschaft, gevolgd moest worden door de instelling van sociale, politieke en economische instituties die met die natuur overeenstemden. Sindsdien staat in het liberale sociale denken steeds de gedachte centraal dat sociale hervorming gebaseerd moet zijn op objectieve kennis van de menselijke natuur — waarbij het dan niet gaat om kennis van de eigenschappen van de Grieken, de Fransen of de Chinezen, maar om kennis van de eigenschappen van de mensheid als zodanig. Wij zijn de erfgenamen van deze objectivistische traditie. Wij gaan nog steeds uit van de gedachte dat we zover mogelijk buiten onze eigen cultuur moeten treden, om haar te kunnen zien in het licht van wat haar transcendeert, van wat zij gemeen heeft met alle andere werkelijke en mogelijke menselijke culturen.

Deze traditie droomt van een ultieme gemeenschap, die het onderscheid tussen het natuurlijke en het sociale overwonnen heeft, een gemeenschap waarin solidariteit een universeel karakter heeft, omdat zij is geworteld in een boven-historische menselijke natuur. Veel van de retoriek van het hedendaagse intellectuele leven is gebaseerd op de vanzelfsprekende gedachte dat wetenschappelijk onderzoek naar de mens gericht moet zijn op het begrijpen van 'onderliggende structuren', 'cultureel invariante factoren' of 'biologisch gedetermineerde patronen'.

Degenen die solidariteit in objectiviteit willen funderen — noem ze 'realisten' — moeten waarheid als overeenstemming met de werkelijkheid opvatten. Dus moeten ze een metafysica construeren die ruimte biedt voor een speciale relatie tussen overtuiging en object, opdat ware van onware overtuigingen te onderscheiden zijn. Ze moeten bovendien aantonen dat er rechtvaardigingsprocedures voor overtuigingen bestaan die een natuurlijke en niet slechts een lokale geldigheid bezitten. Ze dienen daarom ook nog een kentheorie te construeren, die plaats inruimt voor het type rechtvaardiging dat niet een sociale maar een natuurlijke basis bezit, dat zijn oorsprong in de menselijke natuur zelf vindt en dat mogelijk is op grond van een connectie tussen deze menselijke natuur en de overige natuur. Voor de diverse rechtvaardigingsprocedures die in deze of gene cultuur te boek staan als rationeel, staat volgens de realist nog helemaal niet vast dat ze ook werkelijk rationeel zijn. Want om werkelijk rationeel te zijn moeten rechtvaardigingsprocedures ons leiden naar de waarheid, naar overeenstemming met de werkelijkheid, naar het innerlijk wezen der dingen.

Degenen die daarentegen objectiviteit tot solidariteit willen herleiden — noem ze 'pragmatisten' — hebben noch een metafysica, noch een kentheorie nodig. Zij vatten waarheid op als datgene wat goed voor ons is om in te geloven, om met William James te spreken. Over het bestaan van een zogenaamde 'correspondentierelatie' tussen overtuigingen en objecten, of over het bestaan van cognitieve vermogens die onze soort in staat stellen aan deze relatie deel te hebben, hoeven zij dan ook geen uitsluitsel te geven. De kloof tussen de waarheid en haar rechtvaardiging kan volgens hen niet worden overbrugd door eerst een natuurlijke en transculturele rationaliteit te isoleren, om daarmee vervolgens de ene cultuur te kritiseren en de andere te prijzen; zij zien die kloof simpelweg als de afstand tussen het bestaande goede en het mogelijk betere. Wie vanuit het pragmatisch gezichtspunt opmerkt dat alles waar we redelijkerwijze in geloven nog niet waar hoeft te zijn, zegt niet meer dan dat er morgen best iemand met een beter idee kan komen. Omdat er zich altijd nieuw bewijsmateriaal, een nieuw stel hypothesen of een heel nieuw vocabulaire kan aandienen, blijft er ook altijd ruimte voor een nog betere overtuiging. Voor pragmatisten is het verlangen naar objectiviteit niet het streven om te ontsnappen aan de beperkingen van de eigen gemeenschap, maar eenvoudigweg het verlangen naar zoveel mogelijk intersubjectieve overeenstemming, naar een zo breed mogelijk toepassingsgebied voor het woordje 'wij'. Voorzover pragmatisten al onderscheid maken tussen kennis en opinie, verwijzen zij louter naar het onderscheid tussen onderwerpen waarover zo'n overeenstemming relatief eenvoudig te bereiken is en onderwerpen waarover overeenstemming relatief moeilijk totstandkomt.

'Relativisme' is een traditioneel epitheton dat door realisten op het pragmatisme wordt geplakt. Met dit woord worden gewoonlijk drie verschillende opvattingen aangeduid. De eerste is de opvatting dat iedere overtuiging even goed is als elke andere. De tweede is de opvatting dat 'waar' een ambigu begrip is, dat net zoveel betekenissen heeft als er rechtvaardigingsprocedures zijn. De derde is de opvatting dat er buiten de beschrijving van bekende rechtvaardigingsprocedures om die een bepaalde maatschappij — *de onze* — in een of ander onderzoeksgebied gebruikt, over waarheid en rationaliteit niets gezegd kan worden. De pragmatist onderschrijft deze derde, etnocentrische opvatting. Hij huldigt noch het zichzelf weerleggende eerste standpunt, noch de overspannen tweede opvatting. Weliswaar denkt hij dat zijn opvattingen beter zijn dan die van de realist, maar hij meent niet dat zijn opvattingen met de natuur der dingen overeenstemmen. Hij vindt dat juist de flexibiliteit van het woord 'waar' — het feit dat dit woord niet meer dan een aanbeveling uitdrukt — de eenduidigheid ervan garandeert. De term 'waar' betekent volgens zijn uitleg in alle culturen hetzelfde, net als andere flexibele termen zoals 'hier', 'daar', 'goed', 'slecht', 'jij' en 'ik' ook in alle culturen hetzelfde betekenen. Maar deze overeenkomstige betekenis is natuurlijk altijd verenigbaar met een diversiteit aan verwijzingen en met een veelvoud aan toeschrijvingsprocedures voor zulke termen. De pragmatist acht zich derhalve vrij om op dezelfde manier als zijn realistische opponent de term 'waar' als algemene aanbevelingsterm te hanteren — en speciaal om er zijn eigen opvattingen mee aan te bevelen.

Het is echter niet duidelijk waarom 'relativistisch' voor deze etnocentrische derde opvatting — de opvatting die de pragmatist inderdaad onderschrijft — een adequate benaming zou zijn. Want een pragmatist houdt er geen positieve theorie op na die stelt dat iets relatief is ten opzichte van iets anders. Het gaat hem daarentegen om het louter negatieve punt dat wij het traditionele onderscheid tussen kennis en opinie moeten laten vallen, voorzover dat althans wordt uitgelegd als een onderscheid tussen waarheid als overeenstemming met de werkelijkheid en waarheid als een aanbeveling voor voldoende gerechtvaardigde overtuigingen. De reden dat de realist deze *negatieve* uitspraak 'relativistisch' noemt, is dat hij niet geloven kan dat er mensen zijn die in alle ernst willen bestrijden dat de waarheid een innerlijk wezen bezit. Terwijl de pragmatist dus vindt dat we niets over de waarheid kunnen zeggen behalve dat ieder van ons precies die opvattingen als waar zal aanbevelen waarvan hij of zij het goed vindt om erin te geloven, is de realist geneigd dit standpunt op te vatten als de zoveelste positieve theorie over het wezen van de waarheid: een theorie die zegt dat waarheid simpelweg identiek is met de toevallige opinies van een bepaald individu of een bepaalde groep. Natuurlijk zou zo'n theorie zichzelf tegenspreken. Maar de pragmatist beschikt helemaal niet over een waarheidstheorie, laat staan over een relativistische waarheidstheorie. Als voorstander van solidariteit waardeert hij coöperatief menselijk onderzoek. Maar deze waardering kent bij hem slechts een ethische achtergrond, ze rust niet op een epistemologisch of metafysisch fundament. En daar hij over *geen enkele* kentheorie beschikt, verdedigt hij *a fortiori* geen relativistische kentheorie.

De vraag of waarheid en rationaliteit een innerlijk wezen bezitten — of wij er ten aanzien van deze thema's een positieve theorie op na moeten houden — valt samen met de vraag of een beschrijving van onszelf dient te cirkelen rond onze verhouding tot de menselijke natuur of rond onze band met een specifieke groep mensen, of wij objectiviteit of solidariteit moeten nastreven. Er valt nauwelijks in te zien hoe wij tot een keuze tussen deze alternatieven kunnen komen door ons nader te verdiepen in het wezen van de kennis, de mens of de natuur. Sterker nog, de suggestie om het keuzeprobleem langs deze weg op te lossen betekent dat men eigenlijk al gekozen heeft voor de positie van de realist. Want zo'n aanpak veronderstelt dat kennis, mens en natuur inderdaad een innerlijk wezen bezitten dat voor het onderhavige probleem relevant is. Voor de pragmatist echter is 'kennis', net zoals 'waarheid', niet meer dan een compliment aan het adres van overtuigingen die wij zo aannemelijk vinden dat er op dit moment geen nadere rechtvaardiging voor nodig is. Een onderzoek naar het wezen van de kennis kan in de ogen van de pragmatist niet meer opleveren dan een sociaal-historisch verslag van de manieren waarop allerlei mensen hebben getracht overeenstemming te bereiken over wat zij geloven moesten.

R. Rorty, *Solidarität oder Objektivität? Drei philosophische Essays*. Stuttgart: Reclam, 1988. Nederlandse vertaling: *Solidariteit of objectiviteit. Drie filosofische essays*, vertaling H.J. Pott, L. van der Sluys en R. de Wilde. Meppel/Amsterdam: Boom, 1990, p. 19-24.

Bibliografie

GESCHIEDENIS VAN
DE FILOSOFIE

BOR, J., & E. PETERSMA (red.), *De verbeelding van het denken. Geïllustreerde geschiedenis van de westerse en oosterse filosofie.* Amsterdam / Antwerpen, 2000.
COPLESTON, F., *A History of Philosophy*, delen I-IX. Kent, 1999.
STÖRIG, H.J., *Geschiedenis van de filosofie.* Utrecht, 2002.
DELFGAAUW, B., & F. VAN PEPERSTRATEN, *Beknopte geschiedenis van de wijsbegeerte. Van Thales tot Lyotard.* Kampen / Kapellen, 1993.

OUDHEID

Algemene werken

HADOT, P., *What is Ancient Philosophy?* Cambridge (Mass.) / Londen, 2002.
GUTHRIE, W.K.C., *A History of Greek Philosophy*, delen I-VI. Cambridge, 1962-1981 (verschillende herdrukken).
DE STRYCKER, E., *Beknopte geschiedenis van de antieke filosofie.* Kapellen / Baarn, 1987.

Werken van en over afzonderlijke denkers

KIRK, G.S., J.E. RAVEN & M. SCHOFIELD, *The Presocratic Philosophers.* Cambridge, 1983.
PARMENIDES EN ZENO, *Het leerdicht en de paradoxen*, vertaling J. Mansfeld. Kampen, 1988.
HERACLITUS, *Fragmenten*, vertaling J. Mansfeld. Amsterdam, 1979.
TAYLOR, C.C.W., *Socrates.* Rotterdam, 2001.
VLASTOS, G., *Socrates. Ironist and Moral Philosopher.* Cambrigde, 1991.
PLATO, *Verzameld werk*, vertaling X. de Win; geheel herziene uitgave door J. Ector, R. Ferwerda, K. Kleisen, C. Steel e.a. Kapellen, 1999.
De uitgelezen Plato (red. J. Decorte), vertaling X. de Win; bewerkt door J. Ector e.a. Tielt / Amsterdam, 2000.
Plato, schrijver, redactie en vertaling G. Koolschijn. Amsterdam, 1998.
VOGEL, C.J. DE, *Plato. De filosoof van het transcendente.* Baarn, 1974.
HARE, R.M., *Plato.* Rotterdam, 1999.
ARISTOTELES, *De eerste filosofie. Metaphysica Alpha*, vertaling C. Steel. Groningen, 2002.

BIBLIOGRAFIE

ARISTOTELES, *Het opperwezen. Metaphysica Lambda*, vertaling C. Verhoeven. Baarn, 1989.
ARISTOTELES, *Ethica Nicomachea*, vertaling C. Pannier en J. Verhaeghe. Groningen, 1999.
ARISTOTELES, *Poetica*, vertaling N. van der Ben en J. M. Bremer. Amsterdam, 1988.
ARISTOTELES, *Over dieren*, vertaling R. Ferwerda. Groningen, 2000.
BARNES, J., *Aristoteles*. Rotterdam, 2000.
ACKRILL, J. L., *Aristoteles*. Groningen, 2000.
EPICURUS, *Over de natuur en het geluk*, vertaling K. Algra. Groningen, 1998.
RIST, J. M., *Epicurus. An Introduction*. Cambridge, 1972.
SENECA, *Brieven aan Lucilius*, vertaling C. Verhoeven. Baarn, 1980.
SENECA, *Dialogen*, vertaling T. H. Janssen. Meppel / Amsterdam, 2001.
WERF, H. VAN DER, *Seneca. Achtergrond en actualiteit van zijn levensfilosofie*. Baarn / Kapellen, 1999.
PLOTINUS, *Enneaden* en Porphyrius, *Over het leven van Plotinus en de indeling van zijn traktaten*, vertaling R. Ferwerda. Baarn / Amsterdam, 1984.
RIST, J. M., *Plotinus. The Road to Reality*. Cambridge, 1987.
AUGUSTINUS, *Belijdenissen*, vertaling G. Wijdeveld. Amsterdam, 1981.
AUGUSTINUS, *De stad van God*, vertaling G. Wijdeveld. Baarn, 1984.
VAN BAVEL, T. J., *Augustinus*. Kampen, 1986.

BOËTHIUS, *De vertroosting van de filosofie*, vertaling R. F. M. Brouwer. Baarn, 2000.
MARENBON, J., *Boethius*. Oxford, 2003.

MIDDELEEUWEN

Algemene werken

FLASCH, K., *Das philosophische Denken im Mittelalter. Von Augustin zu Machiavelli*. Stuttgart, 1986.
WEINBERG, J. R., *A Short History of Medieval Philosophy*. New York, 1964.
DE RIJK, L. M., *Middeleeuwse wijsbegeerte. Traditie en vernieuwing*. Assen, 1981.

Werken van en over afzonderlijke denkers

O'MEARA, J. J., *Eriugena*. Cork, 1969.
ANSELMUS VAN CANTERBURY, *Proslogion. Gevolgd door de discussie met Gaunilo*, vertaling C. Steel. Bussum, 1981.
ANSELMUS VAN CANTERBURY, *Over waarheid*, vertaling A. J. Vanderjagt. Kampen, 1990.
PRANGER, M., *Consequente theologie. Een studie over het denken van Anselmus van Canterbury*. Assen, 1975.
ABÉLARD, *De briefwisseling met Héloïse*, vertaling Ch. Tazelaar. Amsterdam / Leuven, 1998.
TWEEDALE, M. M., *Abailard on Universals*. Amsterdam / New York / Oxford, 1976.

BIBLIOGRAFIE

MARENBON, J., *The Philosophy of Peter Abelard*. Cambridge, 1999.
THOMAS VAN AQUINO, *Theologische Summa van den H. Thomas van Aquino. Latijnse en Nederlandse tekst uitgegeven door een groep Dominicanen*, 15 delen. Antwerpen, 1927-1943.
THOMAS VAN AQUINO, *Over de wet*, vertaling M. Buijsen. Baarn, 1996.
THOMAS VAN AQUINO, *Over het zijnde en het wezen*, vertaling B. Delfgaauw. Kampen, 1986.
KENNY, A., *Aquino*. Rotterdam, 2000.
WEISHEIPL, J. A., *Friar Thomas d'Aquino. His Life, Thought and Works*. Oxford, 1974.
DUNS SCOTUS, JOHANNES, *Het eerste beginsel*, vertaling W. A. M. Peters. Baarn, 1985.
VOS, A., *Johannes Duns Scotus*. Leiden, 1994.
OCKHAM, WILLEM VAN, *Evidente kennis en theologische waarheden*, vertaling E. P. Bos. Weesp, 1984.
LEFF, G., *William of Ockham. The Metamorphosis of Scholastic Discourse*. Manchester, 1975.
ECKHART, MEISTER, *Het boek van de goddelijke troost*, vertaling J. Calis, B. Nagel en Th. Van Velthoven. Kampen / Kapellen, 1997.
MAAS, F., *Van God houden als van niemand. Preken van Meister Eckhart*. Kampen / Averbode, 1997.

RENAISSANCE

Algemene werken

KRISTELLER, P. O., *Renaissance Thought and its Sources* (red. M. Mooney). New York, 1979.
KRISTELLER, P. O., *Eight Philosophers of the Italian Renaissance*. Stanford (Cal.), 1964.
BLUM, P. R. (red.), *Philosophen der Renaissance. Eine Einführung*. Darmstadt, 1999.

Werken van en over afzonderlijke denkers

CUSANUS, *De leek over de geest*, vertaling I. Bocken. Budel, 2001.
FLASCH, K., *Nicolauus Cusanus*, München, 2001.
ERASMUS, DESIDERIUS, *Lof der zotheid*, vertaling P. Bange. Nijmegen, 2000.
ERASMUS, DESIDERIUS, *Gesprekken. Colloquia*, vertaling J. de Landtsheer. Amsterdam, 2001.
ERASMUS, *Een portret in brieven*, vertaling J. Papy, M. van der Poel en D. Sacré. Amsterdam / Mortsel, 2001.
AUGUSTIJN, C., *Erasmus*. Baarn, 1986.
MACHIAVELLI, NICCOLÒ, *De heerser*, vertaling F. van Dooren. Amsterdam, 1982.
SASSO, G., *N. Machiavelli. Geschichte seines politischen Denkens*. Stuttgart, 1965.

BIBLIOGRAFIE

MONTAIGNE, MICHEL DE, *Essays I, II, III*, vertaling F. de Graaff. Amsterdam, 1998.
SCREECH, M.A., *Montaigne & Melancholy. The Wisdom of the Essays.* Londen, 2000.
BURKE, P., *Montaigne.* Rotterdam, 1999.

ZEVENTIENDE & ACHTTIENDE EEUW

Algemene werken

VERMIJ, R., *De wetenschappelijke revolutie*, Amsterdam, 1999.
ISRAEL, J., *Radical Enlightenment. Philosophy and the Making of Modernity 1650-1750*. Oxford, 2001.
MITTELSTRASS, J., *Neuzeit und Aufklärung. Studien zur Entstehung der neuzeitlichen wissenschaft und Philosophie.* Berlijn, 1970.

Werken van en over afzonderlijke denkers

De uitgelezen Descartes (red. H. van Ruler), vertaling W. van Dooren, J. De Keyser, H. van Ruler en Th. Verbeek. Tielt/Amsterdam, 1999.
DESCARTES, RENÉ, *Over de methode*, vertaling Th. Verbeek. Amsterdam, 2002.
VERBEEK, TH., *Essays over Descartes en zijn tijdgenoten*, Amsterdam, 1996.

GAUKROGER, S., *Descartes. An Intellectual Biography.* Oxford, 1995.
HOBBES, THOMAS, *Leviathan*, vertaling W. F. Krul. Amsterdam, 2002.
TUCK, R., *Hobbes*. Rotterdam, 2000.
SPINOZA, *Ethica*, vertaling H. Krop. Amsterdam, 2002.
SPINOZA, *Theologisch-politiek traktaat*, vertaling F. Akkerman. Amsterdam, 1997.
SPINOZA, *Korte geschriften*, vertaling F. Akkerman e.a. Amsterdam, 1982.
SCRUTON, R., *Spinoza*. Rotterdam, 2000.
HUBBELING, H. G., *Spinoza*. Baarn, 1978.
LOCKE, JOHN, *Leidraad voor het verstand*, vertaling I. de Lange. Meppel/Amsterdam, 1979.
YOLTON, J. W., *Locke and the Compass of Human Understanding.* Cambridge, 1970.
LEIBNIZ, GOTTFRIED WILHELM, *Metafysische verhandeling*, vertaling M. Karskens. Bussum, 1981.
LEIBNIZ, GOTTFRIED WILHELM, *De monadologie. Over samenhang in het universum*, vertaling H. Boering en H. C. Meinsma. Amsterdam, 1991.
ROSS, G.M., *Leibniz*. Rotterdam, 2001.
BERKELEY, GEORGE, *Drie dialogen tussen Hylas en Philonous*, vertaling W. de Ruiter. Meppel/Amsterdam, 1981.
URMSON, J.O., *Berkeley*. Rotterdam, 2001.
HUME, DAVID, *Het menselijke inzicht. Een onderzoek naar het denken van de mens*, vertaling J. Kuin. Amsterdam, 2002.
AYER, A. J., *Hume*. Rotterdam, 1999.

BIBLIOGRAFIE

MARTELAERE, P. DE, & W. LEMMENS (red.), *David Hume.* Kapellen / Kampen, 2001.

ROUSSEAU, JEAN-JACQUES, *Het maatschappelijk verdrag of Beginselen der Staatsinriichting*, vertaling S. van den Braak en G. van Roermund. Amsterdam, 2002.

ROUSSEAU, JEAN-JACQUES, *Vertoog over de ongelijkheid*, vertaling W. Uitterhoeve. Amsterdam, 2003.

LEMAIRE, T., *Het vertoog over de ongelijkheid van Jean-Jacques Rousseau. Of de ambivalentie van de vooruitgang.* Baarn, 1980.

KANT, IMMANUEL, *Prolegomena*, vertaling J. Veenbaas en W. Visser. Amsterdam, 1999.

KANT, IMMANUEL, *Fundering voor de metafysica van de zeden*, Amsterdam, 2002.

KANT, IMMANUEL, *Over schoonheid*, vertaling I. Rondas en J. de Visscher. Amsterdam, 2002.

ALLISON, H. E., *Kant's Transcendental Idealism. An Interpretation and Defense.* New Haven / Londen, 1983.

SCRUTON, R., *Kant.* Rotterdam, 2000.

NEGENTIENDE EEUW

Algemene werken

LÖWITH, K., *Von Hegel zu Nietzsche. Der revolutionäre Bruch im Denken des 19. Jahrhunderts. Marx und Kierkegaard.* Hamburg, 1978.

POGGI, S., & W. RÖD, *Positivismus, Sozialismus und Spiritualismus im 19. Jahrhundert. Die Philosophie der Neuzeit 4.* München, 1989.

Werken van en over afzonderlijke denkers

HEGEL, GEORGE WILHELM FRIEDRICH, *Fenomenologie van de geest* (selectie), vertaling W. van Dooren. Amsterdam, 2003.

HEGEL, GEORGE WILHELM FRIEDRICH, *Het wetenschappelijke kennen. Voorwoord tot de Fenomenologie van de Geest*, vertaling P. Jonkers. Meppel / Amsterdam, 1978.

HEGEL, GEORGE WILHELM FRIEDRICH, *Over de esthetiek*, vertaling S. van Keulen. Meppel / Amsterdam, 1989.

SINGER, P., *Hegel.* Rotterdam, 2000.

STERN, R., *Hegel and the Phenomenology of Spirit.* Londen, 2002.

SCHOPENHAUER, ARTHUR, *De wereld als wil en voorstelling*, vertaling H. Driessen. Amsterdam, 1997.

SCHOPENHAUER, ARTHUR, *Parerga und Paralipomena. Kleine filosofische geschriften*, vertaling H. Driessen. Amsterdam, 2002.

SCHOPENHAUER, ARTHUR, *De wereld een hel*, vertaling H. J. Pott. Amsterdam, 2002.

SAFRANSKI, R., *Arthur Schopenhauer. De woelige jaren van de filosofie.* Amsterdam, 2002.

COMTE, AUGUSTE, *Het positieve denken*, vertaling H. Plantenga. Meppel / Amsterdam, 1980.

PICKERING, M., *Auguste Comte. An Intellectual Biography.* Cambridge, 1993.

KIERKEGAARD, SØREN, *Of / Of*, vertaling J. Marquart Scholtz. Amsterdam, 2000.

KIERKEGAARD, SØREN, *Denken en zijn*, vertaling G. Rasch. Meppel / Amsterdam, 1988.

KIERKEGAARD, SØREN, *Over de vertwijfeling. De ziekte tot de dood*, vertaling H. A. van Munster en A. P. Klaver. Utrecht / Antwerpen, 1963.

KIERKEGAARD, SØREN, *Vrees en beven*, vertaling W. R. Scholtens. Baarn, 1982.

GARDINER, P., *Kierkegaard*. Rotterdam, 2001.

SCHOLTENS, W.R., *Kierkegaards werken. Een inleiding.* Baarn, 1988.

MARX, KARL, *Het kapitaal. Een kritische beschouwing over de economie*, vertaling I. Lipschits. Haarlem, 1981.

MARX, KARL, & FRIEDRICH ENGELS, *De Duitse ideologie. Deel 1: Feuerbach*, vertaling H. C. Boekraad en H. Hoeks. Nijmegen, 1974.

SINGER, P., *Marx*. Rotterdam, 1999.

NIETZSCHE, FRIEDRICH, *Aldus sprak Zarathoestra. Een boek voor iedereen en niemand*, vertaling W. Oranje. Amsterdam, 1996.

NIETZSCHE, FRIEDRICH, *Over de genealogie van de moraal. Een polemisch geschrift*, vertaling Th. Graftdijk. Amsterdam / Antwerpen, 1994.

NIETZSCHE, FRIEDRICH, *Herwaardering van alle waarden [De wil tot macht]*, vertaling Th. Graftdijk. Amsterdam, 1997.

NIETZSCHE, FRIEDRICH, *Waarheid en cultuur* (geselecteerde fragmenten), vertaling T. Ausma. Amsterdam, 2003.

TANNER, M., *Nietzsche*. Rotterdam, 2000.

VAN TONGEREN, P. (red.), *Nietzsche als arts van de cultuur. Diagnoses en prognoses.* Kampen, 1990.

TWINTIGSTE EEUW

Algemene werken

ACHTERHUIS, H., J. SPERNA WEILAND, S. TEPPEMA & J. DE VISSCHER (red.), *De denkers. Een intellectuele biografie van de twintigste eeuw.* Amsterdam / Antwerpen, 1999.

DELACAMPAGNE, C., *A History of Philosophy in the Twentieth Century.* Baltimore / Londen, 2001.

DOORMAN, M., & H. POTT (red.), *Filosofen van deze tijd.* Amsterdam, 2000.

Werken van en over afzonderlijke denkers

FREGE, GOTTLOB, *De grondslagen der arithmetica. Een logisch-mathematisch onderzoek van het getalbegrip*, vertaling A. Phalet. Bussum, 1981.

FREGE, GOTTLOB, *Over betekenis en verwijzing*, vertaling P. Swiggers. Amersfoort, 1984.

BIBLIOGRAFIE

KENNY, A., *Frege*. Harmondsworth, 1995.
BERGSON, HENRI, *Inleiding tot de metafysica*, vertaling E. de Marez Oyens. Meppel / Amsterdam, 1989.
BERGSON, HENRI, *Het lachen. Essay over de betekenis van het komische*, vertaling E. de Marez Oyens. Amsterdam, 1993.
KOLAKOWSKI, L., *Bergson. Een inleiding in zijn werk*. Kampen, 2003.
HUSSERL, EDMUND, *Over de oorsprong van de meetkunde*, vertaling J. Duytschaever. Bussum, 1977.
HUSSERL, EDMUND, *Filosofie als strenge wetenschap*, vertaling G. Groot. Meppel / Amsterdam, 1980.
BERNET, R., L. KERN en E. MARBACH, *Edmund Husserl. Darstellung seines denkens*. Hamburg, 1989.
RUSSELL, BERTRAND, *De menselijke kennis. Haar oorsprong en beperkingen*, vertaling R. Limburg. Katwijk, 1978.
RUSSELL, BERTRAND, *Problemen der filosofie*, vertaling H. Plantenga. Meppel / Amsterdam, 1980.
RUSSELL, BERTRAND, *Mystiek en logica*, vertaling E. Geerlings. Katwijk, 1986.
GRAYLING, A.C., *Russell*. Rotterdam, 2001.
WITTGENSTEIN, LUDWIG, *Tractatus logico-philosophicus*, vertaling W.F. Hermans. Amsterdam, 1989.
WITTGENSTEIN, LUDWIG, *Filosofische onderzoekingen*, vertaling M. Derksen en S. Terwee. Amsterdam, 2002.
WITTGENSTEIN, LUDWIG, *Over zekerheid*, vertaling S. Terwee. Meppel / Amsterdam, 1977.
GRAYLING, A.C., *Wittgenstein*. Rotterdam, 1999.
JANIK, A., & S. TOULMIN, *Het Wenen van Wittgenstein*. Meppel / Amsterdam, 1990.
HEIDEGGER, MARTIN, *Zijn en tijd*, vertaling M. Wildschut. Nijmegen, 1998.
HEIDEGGER, MARTIN, *Inleiding in de metafysica*, vertaling H.M. Berghhs en M. De Tollenaere. Nijmegen, 1997.
HEIDEGGER, MARTIN, *De techniek en de omkeer*, vertaling H.M. Berghs. Tielt, 1973.
INWOOD, R., *Heidegger*. Rotterdam, 2000.
SAFRANSKI, R., *Heidegger en zijn tijd*. Amsterdam / Antwerpen, 1995.
BENJAMIN, WALTER, *Kleine filosofie van het flaneren. Passages, Parijs, Baudelaire*, vertaling I. van der Burg, J. van Heemst en W. Notenboom. Amsterdam, 1992.
BENJAMIN, WALTER, *Maar een storm waait uit het paradijs. Filosofische essays over taal en geschiedenis*, vertaling I. van der Burg en M. Wildschut. Nijmegen, 1996.
CAUTER, L. DE, *De dwerg in de schaakautomaat. Benjamins verborgen leer*. Nijmegen, 1999.
POPPER, KARL RAIMUND, *De groei van kennis*, vertaling Z. Swijtink. Meppel / Amsterdam, 1978.
POPPER, KARL RAIMUND, *De vrije samenleving en haar vijanden*, twee delen, vertaling J. Meijer. Bussum, 1950.
SCHÄFER, L., *Popper*. Rotterdam, 2002.
ADORNO, THEODOR W., *Minima moralia*, vertaling M. Mok. Utrecht, 1971.

BIBLIOGRAFIE

ADORNO, THEODOR W. (met Max Horkheimer), *Dialektiek van de Verlichting*, vertaling M. van Nieuwstadt. Nijmegen, 1987.
WIGGERHAUS, R., *Adorno*. Rotterdam, 2002.
SARTRE, JEAN-PAUL, *Het zijn en het niets*, vertaling F. de Haan. Rotterdam, 2003.
SARTRE, JEAN-PAUL, *Het ik is een ding. Schets ener fenomenologische beschrijving*, vertaling F. Montens en L. Fretz. Meppel / Amsterdam, 1978.
De uitgelezen Sartre (red. G. Groot), vertaling F. Montens, L. Fretz. F. de Haas, M. Kaas en G. Groot e.a. Tielt / Amsterdam, 2000.
SUHR, M., *Sartre*. Rotterdam, 2003.
ARENDT, HANNAH, *Vita Activa. De mens: bestaan en bestemming*, vertaling C. Houwaard. Amsterdam, 2002.
ARENDT, HANNAH, *Politiek in donkere tijden*, vertaling R. Peeters en D. De Schutter. Amsterdam, 1999.
BREIER, K.-H., *Arendt*. Rotterdam, 2002.
QUINE, W.V., *Quintessenties*, vertaling E. Dabekaussen, B. de Lange en T. Maters. Amsterdam, 1989.
ORENSTEIN, A., *W.V. Quine*. Chesham, Bucks, 2002.
FOUCAULT, MICHEL, *De woorden en de dingen. Een archeologie van de menswetenschappen*, vertaling C.P. Heering-Moorman. Bilthoven, 1973.

FOUCAULT, MICHEL, *Geschiedenis van de waanzin in de zeventiende en achttiende eeuw*, vertaling C.P. Heering-Moorman. Meppel, 1995.
FOUCAULT, MICHEL, *Discipline, toezicht, straf. De geboorte van de gevangenis*, vert. vertalercollectief. Groningen, 1997.
MERQUIOR, J.G., *De filosofie van Michel Foucault*. Utrecht, 1988.
PUTNAM, HILARY, *Pragmatisme. Een open vraag*, vertaling R. Gerritsen. Amsterdam, 2001.
MORAN, D., *Hilary Putnam*. Chesham, Bucks, 2003.
HABERMAS, JÜRGEN, *De nieuwe onoverzichtelijkheid. En andere opstellen*, vertaling J. Boom e.a. Amsterdam, 1989.
HABERMAS, JÜRGEN, *Na-metafysisch denken*, vertaling A. Middelhoek. Kampen, 1990.
HORSTER, D., *Habermas zur Einführung*. Hamburg, 1995.
DERRIDA, JACQUES, *Geweld en metafysica. Essays over het denken van Emmanuel Levinas*, vertaling D. De Schutter. Kampen / Kapellen, 1996.
DERRIDA, JACQUES, *Marges van de filosofie*, vertaling G. Groot. Kampen / Kapellen, 1995.
OGER, E., *Jacques Derrida*. Kapellen / Kampen, 1995.
TAYLOR, CHARLES, *De malaise van de moderniteit*, vertaling M. van den Marel. Kampen / Kapellen, 1994.

BIBLIOGRAFIE

TAYLOR, CHARLES, *De politieke cultuur van de moderniteit*, vertaling M. van den Marel. Kampen/Kapellen, 1996.

BREUER, I., *Taylor*. Rotterdam, 2002.

RORTY, RICHARD, *Contingentie, ironie en solidariteit*, vertaling O. van den Boogaard en K. Vuyk. Kampen, 1991.

RORTY, RICHARD, *De voltooiing van Amerika*, vertaling H. Moerdijk en K. Jonk. Amsterdam, 1998.

VAN DEN BUSSCHE, M., *Ironie en solidariteit. Een kennismaking met het werk van Richard Rorty.* Derdermonde, 2001.

Over de auteurs

JAN BOR (1946) studeerde filosofie en opvoedkunde aan de Universiteit van Amsterdam. Hij promoveerde aan de Universiteit Leiden op *Henri Bergson en de onmiddellijke ervaring* (1990). Hij werkte mee aan een twintigtal boeken, bundels en catalogi, en redigeerde met Errit Petersma de bestseller *De verbeelding van het denken: Geïllustreerde geschiedenis van de westerse en oosterse filosofie* (1995). Jarenlang schreef hij een wekelijkse column in het *Algemeen Dagblad*. Hij is parttime docent aan de Hogeschool van Amsterdam en adviseert het topmanagement van het bedrijfsleven en de publieke sector. Verder werkt hij momenteel mee aan een televisieserie voor de Boeddhistische Omroep Stichting.

INIGO BOCKEN (1968) studeerde filosofie, godsdienstwetenschappen en middeleeuwse studie in Antwerpen en Leuven en promoveerde in 1997 te Nijmegen op een proefschrift over de godsdienstfilosofie van Nicolaus Cusanus. Momenteel is hij coördinator van het Centrum voor Ethiek van de Katholieke Universiteit Nijmegen (CEKUN) waar zijn onderzoek zich vooral richt op de verhouding van religie en moraal in de moderne samenleving. Enkele publicaties van hem zijn *Bij gratie van de burger: Religie en civil society* (2000), *Waarheid en interpretatie: Perspectieven op het conjecturele denken van Nicolaus Cusanus* (2002), *Die Moral des Monotheismus* (2003).

REIN FERWERDA (1937) studeerde klassieke taal- en letterkunde aan de Vrije Universiteit te Amsterdam. In 1964 promoveerde hij op een proefschrift over Plotinus. Van 1968-1993 was hij rector van het Marnix College te Ede. Daarnaast publiceerde hij Nederlandse vertalingen van onder andere Augustinus (*Over het gelukkige leven*, 1999), Aristoteles (*Over dieren*, 2000), Aristoteles (*Over kleuren*, 2001) en Julianus de Afvallige (2003). Hij werkte mee aan de herziening van de vertaling door Xaveer de Win van Plato (1999) en publiceerde een Engelse vertaling van een traktaat van Gregorios Palamas.

HENRI A. KROP (1954) studeerde theologie en filosofie in Leiden. Hij promoveerde op het proefschrift *De status van de theologie volgens*

OVER DE AUTEURS

Johannes Duns Scotus: De verhouding tussen theologie en metafysica en werd universitair docent geschiedenis van de filosofie aan de Erasmus Universiteit in Rotterdam. Zijn specialisme is de geschiedenis van de wijsbegeerte in Nederland. Over dit onderwerp publiceerde hij naast monografieën een aantal artikelen in tijdschriften en bundels, waarin met name de institutionele context van de filosofie centraal staat. Onlangs verscheen van zijn hand een geannoteerde vertaling van de *Ethica* van Spinoza. Momenteel werkt hij met collega's van de Erasmus Universiteit Rotterdam aan de uitgave van het *Dictionary of 17th and 18th Century Dutch Philosophers* (2003).

PIETER PEKELHARING (1948) studeerde filosofie in Amsterdam en is als docent ethiek en politieke en sociale filosofie verbonden aan de afdeling Wijsbegeerte van de faculteit Geesteswetenschappen van de Universiteit van Amsterdam. Zijn belangstelling richt zich momenteel op globaliseringsprocessen en internationale rechtvaardigheid. Hij publiceert regelmatig in de tijdschriften *Krisis, Filosofie & Praktijk*, en *Filosofie Magazine* en is bezig met het schrijven van een boek over de geschiedenis van de sociale en politieke filosofie.

HAN VAN RULER (1963) studeerde filosofie in Utrecht en promoveerde cum laude in Groningen op het proefschrift *The Crisis of Causality: Voetius and Descartes on God, Nature and Change* (1995). Sindsdien werkte hij in Leuven en Rotterdam en publiceerde hij onder andere *De uitgelezen Descartes* (Tielt en Amsterdam, 1999). Momenteel is hij als stafmedewerker verbonden aan de Internationale School voor Wijsbegeerte in Leusden. Met een internationaal team van onderzoekers werkt hij aan de Engelstalige uitgave van de *Ethica* (1675) van de Vlaamse filosoof Arnold Geulincx (1624-1669) en met zijn collega's van de Erasmus Universiteit Rotterdam bereidt hij de uitgave voor van het *Dictionary of 17th and 18th Century Dutch Philosophers* (2003).